every

Students: Get Learning that Fits You

Effective tools for efficient studying

Connect is designed to make you more productive with simple, flexible, intuitive tools that maximize your study time and meet your individual learning needs. Get learning that works for you with Connect.

Study anytime, anywhere

Download the free ReadAnywhere app and access your online eBook when it's convenient, even if you're offline. And since the app automatically syncs with your eBook in Connect, all of your notes are available every time you open it. Find out more at **www.mheducation.com/readanywhere**

> *"I really liked this app—it made it easy to study when you don't have your text-book in front of you."*
>
> - Jordan Cunningham,
>   Eastern Washington University

Calendar: owattaphotos/Getty Images

Everything you need in one place

Your Connect course has everything you need—whether reading on your digital eBook or completing assignments for class, Connect makes it easy to get your work done.

Learning for everyone

McGraw Hill works directly with Accessibility Services Departments and faculty to meet the learning needs of all students. Please contact your Accessibility Services Office and ask them to email accessibility@mheducation.com, or visit **www.mheducation.com/about/accessibility** for more information.

Top: Jenner Images/Getty Images, Left: Hero Images/Getty Images, Right: Hero Images/Getty Images

EIGHTH EDITION

DEUX MONDES
A Communicative Approach

Tracy D. Terrell
Late, University of California, San Diego

Mary B. Rogers

Betsy J. Kerr
Retired, University of Minnesota, Minneapolis

Guy Spielmann
Georgetown University

Consultant: Françoise Santore
Retired, University of California, San Diego

Mc
Graw
Hill

DEUX MONDES: A COMMUNICATIVE APPROACH, 8TH EDITION

1 2 3 4 5 6 7 8 9 LWI 24 23 22 21 20

ISBN 978-1-259-12695-6 (bound edition)
MHID 1-259-12695-1 (bound edition)
ISBN 978-1-260-39309-5 (loose-leaf edition)
MHID 1-260-39309-7 (loose-leaf edition)
ISBN 978-1-260-39304-0 (instructor's edition)
MHID 1-260-39304-6 (instructor's edition)

Senior Portfolio Manager: *Katherine K. Crouch*
Product Developer: *Sylvie Waskiewicz*
Senior Product Developer: *Shaun Bauer*
Executive Marketing Manager: *Ann Helgerson*
Content Project Managers: *Sherry Kane / Vanessa McClune*
Senior Buyer: *Susan K. Culbertson*
Designer: *Beth Blech*
Lead Content Licensing Specialist: *Carrie Burger*
Cover Image: *MIKISTOCKER/Shutterstock*
Compositor: *Aptara®, Inc.*

Library of Congress Cataloging-in-Publication Data

Names: Terrell, Tracy D., author.
Title: Deux mondes : a communicative approach / Tracy Terrell, Mary Rogers, Betsy Kerr, Guy Spielmann.
Description: Eighth edition. | Dubuque : McGraw-Hill Education, 2020. | Includes index. | Audience: Ages 18+ | Audience: Grades 10-12
Identifiers: LCCN 2020017689 | ISBN 9781259126956 (hardcover) | ISBN 9781260393095 (spiral bound) | ISBN 9781260393040 (hardcover) | ISBN 9781260393088 (ebook) | ISBN 9781260393033 (ebook other)
Subjects: LCSH: French language—Textbooks for foreign speakers—English.
Classification: LCC PC2129.E5 D48 2020 | DDC 448.2/421—dc23
LC record available at https://lccn.loc.gov/2020017689

mheducation.com/highered

Contents

PREMIÈRE ÉTAPE
Premières rencontres   1

DEUXIÈME ÉTAPE
Le monde étudiant   21

CHAPITRE 1
Ma famille et moi 45

CHAPITRE 2
La vie quotidienne et les loisirs 75

Boris Stroujko/Alamy Stock Photo

CHAPITRE 3
En ville   103

Mike Kemp/Blend Images LLC

CHAPITRE 4
La maison et le quartier   135

Source: Library of Congress Prints and Photographs Division [LC-DIG-ppmsc-05136].

CHAPITRE 5
Dans le passé   169

commerceandculturestock/ Moment/Getty Images

CHAPITRE 6
L'enfance et la jeunesse   201

Alex Segre/Alamy Stock Photo

CHAPITRE 7

À table! 233

David McGlynn/Photographer's Choice/Getty Images

CHAPITRE 8

Parlons de la Terre! 265

Chagnon/age fotostock

CHAPITRE 9
L'enseignement, les carrières et l'avenir   293

Gerald Haenel/laif/Redux Pictures

CHAPITRE 10
Les voyages   323

DiversityStudio/Shutterstock

Guillaume Souvant/AFP/
Getty Images

Godong/Alamy Stock Photo

CHAPITRE 13
La famille et les valeurs en société   409

Thierry Orban/Sygma/Getty Images

CHAPITRE 14
Les enjeux du présent et de l'avenir   437

To the Instructor

Deux mondes, 8th edition, continues to offer a natural approach to language learning that fosters communicative and cultural competence in the introductory classroom while responding to the changing needs of students and instructors with digital resources to support them.

The *Deux mondes* program is built around the following principles:

- emphasizing cultural competency and authentic contexts
- fostering community through group work
- focusing on communication rather than form
- creating a low-anxiety environment

Firmly grounded in research on second-language learning, the 8th edition of *Deux mondes* supports the ACTFL National Standards, as outlined in the five "C" goal areas—Communication, Cultures, Connections, Comparisons, and Communities—of the *World-Readiness Standards for Learning Languages,* and provides a strong foundation for meeting those standards.

In response to extensive reviewer feedback, the main goal of this revision was to modernize the cultural elements of the program and to make it even more diverse, inclusive, and engaging. To that end, we have updated language, images, and cultural information throughout the program. These and other substantial changes will enhance the user experience and bring the program solidly up to date.

Here are the key changes in the 8th edition:

- *Tranche de vie*: Each chapter frontloads cultural content in the new *Tranche de vie* feature, a brief activity inspired by authentic documents that introduces students to the theme of the chapter.
- *Vocabulaire*: Following a corpus analysis, the vocabulary in *Deux mondes* has been completely overhauled, reducing the number of words on active vocabulary lists by 10% and ensuring that we included the most frequently used words in French today.
- *La nouvelle orthographe*: In order to simplify student learning and follow the most recent practices in France, key recommendations from *Les Rectifications de l'orthographe* (1990) have been implemented in this edition.
- *À propos...* and *À la rencontre des arts* feature boxes: Updates include recent popular sports stars and artists like Kylian Mbappé (Chapter 2) and Stromae (Chapter 6) as well as cultural symbols like Marianne (Chapter 5).
- *Micro-trottoir* videos: New video segments of authentic, on-the-street interviews related to each chapter's theme are now available.
- On Connect, the 8th edition features a new eBook with embedded audio and video—accessible via the ReadAnywhere app—as well as two new communication tools—powered by GoReact—so students can easily interact in the target language with their classmates and instructors online:
  - **Recordable Video Chat** is a chat tool that allows students to practice live, synchronous communication. Up to six students can participate in a recorded conversation and instructors can provide personalized and on-the-spot feedback. Instructors can choose from a wide variety of pre-built activities or create their own.
  - **Voice Board** is our new asynchronous voice tool that gives students the ability to post video, audio, or text comments related to the topic and respond to their classmates' posts.

À la rencontre des arts

Stromae, un chanteur entre tradition et musiques actuelles

• Stromae en concert à Chicago

Né à Bruxelles (Belgique) en 1985, Paul Van Haver est devenu célèbre en 2009 sous le nom Stromae—«maestro» en verlan[1]—avec le tube[2] «Alors on danse», un texte sérieux sur la musique électro, que le rappeur américain Kanye West a adapté en anglais. L'année suivante, son album Cheese a remporté[3] une Victoire de la musique, une distinction importante pour un jeune artiste. Stromae offrait un style original, où se mêlaient[4] plusieurs influences: la chanson française «à texte», la musique électronique et les rythmiques africaines. Le public a alors découvert que Van Haver avait une histoire personnelle douloureuse:[5] son père vivait au Rwanda, et il est mort durant la guerre civile qui déchirait[6] le pays dans les années 90. La chanson «Papaoutai», autre immense succès en 2013, évoque la détresse d'un jeune enfant qui ne sait pas où se trouve son père. En 2014–2015, Stromae a effectué une tournée mondiale terminée par un concert au Madison Square Garden, de New York, ce qui constituait une performance exceptionnelle pour un chanteur francophone. Star internationale, Stromae a pourtant annoncé en 2016 qu'il arrêtait de chanter en scène et qu'il prenait deux années sabbatiques.

[1] argot où les syllabes sont inversées: «mae-stro» devient «stro-mae»
[2] chanson qui a beaucoup de succès
[3] obtenu, reçu
[4] combinaient
[5] malheureuse, tragique
[6] divisait avec violence

TRANCHE DE VIE

Une ville du Maghreb, Marrakech

Marrakech est une des grandes villes du Maroc, avec Tanger, Fez, Casablanca et Rabat (la capitale). Ancienne cité impériale, elle est aujourd'hui un centre économique majeur où vivent près d'un million d'habitants. Au cœur de la ville se trouve la *médina*, cité médiévale fortifiée et densément peuplée; c'est un véritable labyrinthe! Dans les *souks* (marchés) de la médina, on vend des étoffes, des poteries et des bijoux traditionnels. Symbole de la ville, le minaret de la mosquée de Koutoubia (XIIᵉ siècle) est visible à des kilomètres.

Il y a de quoi dire
Se repérer en ville

Vous êtes à Marrakech avec votre famille. Personne ne connaît la ville, mais vous avez un plan et vous parlez français! C'est donc vous qui allez aider la famille à se repérer. Trouvez les bonnes réponses dans la colonne de droite.

1. On arrive en bus: où se trouve la gare routière?
2. Faisons un piquenique à midi! Tu connais un espace vert?
3. Allons d'abord à l'endroit le plus animé de la ville. Tu vois comment y aller?
4. Le jardin Majorelle est incontournable, parait-il; tu vois où c'est?
5. La fameuse mosquée de la Koutoubia est à côté de l'aéroport, n'est-ce pas?
6. Le Maghreb est désertique, alors je suppose qu'il n'y a pas de rivière?
7. Et si on allait voir un spectacle ce soir?
8. Si on est malade, il y a un hôpital, au moins?

a. Dans le quartier de Safi, au nord de la ville.
b. Pas du tout! Elle est en plein centre-ville, voyons...
c. Rassure-toi, il y en a trois, dont un à proximité des tombeaux Saadiens.
d. Si! L'oued Issil, juste à l'extérieur de la ville, à l'est.
e. D'accord, le Théâtre Royal se trouve en face du lycée Hassan II, tout près de la gare.
f. Au coin de l'avenue du 11 janvier et du boulevard de Safi.
g. Mais bien sûr, le magnifique parc botanique des jardins de l'Aguedal, au sud de la médina.
h. Évidemment, c'est la place Jemaa-el-Fna. On prend la porte Doukkala et on suit la rue Fatima Zohra, c'est facile.

* La place Jemaa-el-Fna à Marrakech

Emphasizing Cultural Competency and Authentic Contexts

The authors of *Deux mondes* consider cultural competence to be an integral part of language learning and believe that competent speakers must have an appropriate background knowledge of the communicative and cultural contexts in which language occurs. *Deux mondes* helps students to develop communicative competence by providing for meaningful and comprehensible input and offering many perspectives on Francophone culture through readings and authentic materials.

In the 8th edition, we updated culture in every possible way, using real-life, up-to-date, authentic data, content, and sources to give students access to the French-speaking world as it is today.

The newest cultural feature is a chapter-opening section called *Tranche de vie*, which uses authentic documents (or replicas of authentic documents) to introduce students to the theme of the chapter. The focus of each *Tranche de vie* is a large, easy-to-read version of a cultural document (photographs, brochures, or other realia) with one activity designed to be completed prior to the full introduction of the chapter vocabulary.

The 8th edition of *Deux mondes* offers three types of videos that showcase Francophone culture in different ways, all of which are viewable and assignable with related activities on Connect:

- **Micro-trottoir:** Filmed in the summer of 2017 in Aix-en-Provence, France, these videos feature a charming presenter who interviews native speakers on the street about topics related to the theme of each chapter.
- **Les Francophones sur le vif:** These videos feature contextualized interviews with a variety of native speakers of French. The participants are not actors; they are simply French people who allowed us to film them as they went about their daily activities. The unscripted, documentary style of the videos allows students to experience what native speakers actually sound and look like, enabling them to become comfortable with authentic language beyond their level of linguistic mastery.
- **Le Chemin du retour:** This feature-length film presents an intriguing mystery story, introducing another rich source of authentic language, history, and culture that holds students' interest and draws them into discussion.

Fostering Community Through Group Work

Deux mondes emphasizes communication in meaningful contexts in the target language. Throughout the program, students have ample opportunities to use French in interview, information gap, role-play, and other personalized activities that are theme-based, not grammar-driven.

Most of the communicative activities in *Deux mondes* are meant to be conducted by a group of two or more students and can be done in a face-to-face classroom. Many of these activities can also be assigned on Connect using the new Recordable Video Chat tool (powered by GoReact). Students can now have conversations and complete assignments in real time with up to five classmates. Within the tool, instructors can provide personalized and on-the-spot feedback.

For additional interactive practice and group work, each chapter includes one or more *Cliquez-là* internet exercises, which have been reviewed for the 8th edition to ensure that they are workable and relevant. These activities can be used to encourage students to research a topic independently or as a group. You may choose to assign these activities, use them for special reports or class presentations, or have them serve as the basis for small-group discussions.

Focusing on Communication Rather than Form

Deux mondes seeks to create an atmosphere where students will *want* to communicate by offering them the opportunity to do so in relation to stimulating subject matter. By focusing on interactive practice, the program strives to minimize obstacles to self-expression and to accommodate the complex nature of communication.

Grammar study is a useful part of language acquisition but is not the primary goal of the course. Improvement in speech takes place primarily as the result of an increased ability to comprehend input. However, the study of grammar improves comprehension by focusing attention on specific linguistic markers, and it provides forms and rules useful for self-monitoring.

Deux mondes offers a complete grammar syllabus, minimally changed in the 8th edition, arranged to coordinate functionally with the *Activités et lectures*. Many grammar points are spiraled, that is, reentered and developed after the initial presentation. It is our belief that most grammar lessons do not need to be explicitly presented in class, but that grammar should be clarified as necessary to facilitate comprehension and communication. However, the grammar treatment of *Deux mondes* is entirely flexible, so that you, the instructor, can choose the best way to introduce grammar in your own classroom.

TRANCHE DE VIE

La famille royale belge

La Belgique est une monarchie depuis 1830. Dans ce pays, on parle deux langues: le français dans la région de Wallonie au sud et le flamand dans la région des Flandres au nord.

Photo de la famille royale belge prise par Michel Gronemberger le 21 juillet 2013 au Palais Royal de Bruxelles. Ce jour-là, Philippe de Saxe-Cobourg devient le 7ᵉ roi de Belgique. Sur cette photo, le roi Philippe est au centre, en uniforme. Il y a aussi...

- sa femme, la reine Mathilde
- leurs deux filles, les princesses Élisabeth (l'aînée, 11 ans) et Éléonore
- leurs deux fils, les princes Gabriel (9 ans) et Emmanuel
- son père, l'ancien roi Albert II, avec sa femme, Paola
- son frère, le prince Laurent (il porte des lunettes) avec sa femme, la princesse Claire
- sa sœur, la princesse Astrid, avec son mari, le prince Lorenz
- sa tante, la reine Fabiola, veuve du roi Baudouin et la doyenne de la famille

Il y a de quoi dire
Qui est-ce?

A. Trouvez le membre de la famille royale qui correspond à la description.

1. Elle est juste à côté du roi. Elle a 40 ans.
2. Elle est assise au premier rang. Elle a 5 ans.
3. Elle n'a plus de mari. Elle a 85 ans.
4. C'est le beau-frère du roi. Il a 57 ans.
5. C'est le neveu de Laurent. Il a 7 ans.
6. C'est l'oncle d'Élisabeth. Il a 49 ans.
7. C'est la tante de Gabriel. Elle a 51 ans.
8. C'est la belle-sœur du roi. Elle a 39 ans.
9. C'est la grand-mère d'Éléonore. Elle a 75 ans.

a. la reine Paola
b. le prince Emmanuel
c. la princesse Astrid
d. la princesse Éléonore
e. le prince Laurent
f. le prince Lorenz
g. la reine Fabiola
h. la reine Mathilde
i. la princesse Claire

B. Regardez la photo et associez la personne / les personnes avec la description.

1. Cette personne porte un costume bleu et une cravate bleue.
2. Cette personne est habillée en vert.
3. Ces personnes sont petites et elles portent un costume.
4. Ces personnes portent un chapeau.
5. Ces personnes sont petites et elles portent des chaussures blanches.
6. Ces personnes sont habillées en blanc.
7. Ces personnes sont assises sur des chaises.
8. Cette personne est adulte, et elle est petite.

a. Ce sont Gabriel et Emmanuel.
b. C'est le prince Lorenz.
c. Ce sont les deux filles et les deux garçons.
d. Ce sont Mathilde, Claire et Astrid.
e. C'est la reine Fabiola.
f. C'est Paola.
g. Ce sont Élisabeth et Éléonore.
h. Ce sont Mathilde et Astrid.

Allons plus loin!

En groupes, inventez toutes les descriptions possibles de la personne nommée par votre professeur.

MODÈLE: VOTRE PROFESSEUR: La reine Fabiola
VOUS: C'est la doyenne de la famille.
Elle est vieille.
Elle est petite.
Elle a les cheveux gris.
Elle porte une veste rose.
... ?

Creating a Low-Anxiety Environment

A low-anxiety atmosphere is easily created when the instructor provides students with interesting, culturally authentic, comprehensible input, along with communicative activities, and does not place an excessive emphasis on form. *Deux mondes* helps create a positive atmosphere by encouraging student involvement in activities relating to their own lives and to the French-speaking world.

In this edition, we eliminated excessive vocabulary so that the total number of words on the active vocabulary lists was reduced by 10%. Now, the *Vocabulaire* section in the middle of each chapter is limited to only those words that should be learned deliberately. We also performed an analysis of all of the vocabulary included in the program and compared it to the most frequently used words in French to ensure that we included more of the words in the top 1,000 words and excluding more words that aren't in the top 4,000. This should make the vocabulary in this edition much more manageable and useful for students.

We also applied changes recommended by the **Conseil supérieur de la langue française** in their 1990 report, *Les Rectifications de l'orthographe*, commonly known as *la nouvelle orthographe*, and approved for usage by the **Académie française**. Namely, in order to simplify students' learning of the spelling of certain words and follow the most recent practices in France, this edition removes the circumflex from the letters *i* and *u* when they are not necessary to distinguish words (e.g., *du* and *dû*) and hyphens are removed from compound words of foreign origin (e.g., *piquenique, weekend*). Certain new phonetic spellings have also been implemented (e.g., *évènement, ognon, shampoing*).

Deux mondes continues to be available on Connect, a student-friendly, digital learning environment that allows students to engage in their course material via the devices they use every day. The digital tools available on the Connect platform include LearnSmart®, a revolutionary adaptive technology that builds a learning experience unique to each student's needs. These powerful tools support the goals of the *Deux mondes* program and facilitate student progress by providing extensive opportunities for students to practice and hone their developing skills so that they come to class ready to communicate.

The Deux mondes Program

For Instructors and Students

- **Student Edition:** The full-color textbook contains vocabulary presentations and practice activities, realia, grammar explanations and exercises, and helpful appendices. It is available in print and also as a digital ebook on Connect.
- **Workbook/Laboratory Manual / Cahier d'exercices:** This combined workbook/laboratory manual contains both acquisition activities and practice activities for use outside the classroom. It also contains the activities for the film, *Le Chemin du retour*. The Answer Key at the end of the print Cahier allows students to correct many of the activities themselves. The Cahier activities and the related audio recordings are also accessible on Connect.
- **Audio Program:** This audio program contains pronunciation practice, listening comprehension texts, recorded dialogues, narratives, and the *Vocabulaire* lists. The audio files are available on Connect as well as on the Online Learning Center.
- **Video Program:** The video series *Micro-Trottoir, Les Francophones sur le vif, and Le Chemin du retour* are all viewable and assignable with related activities on Connect.
- **Grammar Tutorials:** These animated tutorials allow students to brush up on a wide range of grammar points on their own. They can be accessed and assigned with related activities on Connect.

Taxi Champlain

For Instructors

- **Annotated Instructor's Edition:** The print textbook contains marginal notes with suggestions for using and expanding most of the *Activités* and *Exercices* in the text. These notes offer additional cultural information; teaching hints for using readings, photos, and realia; and tips on teaching selected grammar points. These annotations are visible to instructors in the eBook using the instructor view.

Instructor resources available on Connect:

- **Instructor's Manual:** This guide offers more detailed teaching suggestions and theoretical background on the Natural Approach, including a fully illustrated guided tour of the *Première étape* and *Chapitre 1*. Also included are two useful handouts (Tips for Effective Learning and Getting Started with the *Étapes*) that will introduce students to language learning in general and help orient them to the *Deux mondes* program.
- **Instructor's Resource Kit:** This kit provides supplementary communicative activities, games, and other resources that correspond to the themes in the student text.
- **Testing Program:** This program offers a variety of test components emphasizing listening, speaking, reading, writing, vocabulary, and grammar. Available as a Word document, the Testing Program gives instructors the ability to modify or adapt the tests to suit the particular needs of their class.
- **Remote Proctoring & Browser-Locking Capabilities:** Seamlessly integrated within Connect, these services, hosted by Proctorio within Connect, provide control of the assessment environment by enabling security options and verifying the identity of the student. They allow instructors to control students' assessment experience by restricting browser activity, recording students' activity, and verifying students are doing their own work. Instant and detailed reporting gives instructors an at-a-glance view of potential academic integrity concerns, thereby avoiding personal bias and supporting evidence-based claims.

Acknowledgments

The authors would like to express their gratitude to the following members of the language-teaching profession whose valuable suggestions contributed to the preparation of this revised edition. The appearance of these names does not necessarily constitute an endorsement of *Deux mondes* or its methodology:

Aims Community College
David Olson

Chapman University
John Boitano
Allan MacVicar

Dickinson College
Lucille Duperron

Gonzaga University
Benjamin Semple

Kent State University—Salem
MaryAnn Weber

Liberty University
Annik Miller

Norwalk Community College
Pascale van Tulder

Pennsylvania State University
Zohra Melaouah-Shaffer

Pikes Peak Community College
Amy Cornish

Providence College
Nathan Germain

St. John's University
Steve Puig

Tarrant County College
Floreen Henry

Trinity College
Isabel Evelein

University of Miami
Catalina Quesada Gómez
Amine Zidouh

University of Pittsburgh at Greensburg
Stacey Triplette

University of Saint Francis
Gregory Smith

University of South Florida
Sandrine Savona

University of Southern California
Julia Chamberlin
Atiyeh Showrai

About the Authors

Tracy D. Terrell, late of the University of California, San Diego, received his Ph.D. in Spanish Linguistics from the University of Texas at Austin. His extensive research publications were in the area of Spanish dialectology, with a particular focus on the sociolinguistics of Caribbean Spanish. Professor Terrell's publications on second-language acquisition and on the Natural Approach are widely known in the United States.

Mary Bassett Rogers holds her undergraduate and graduate degrees in French from Vanderbilt University. She was a faculty member at Wichita State University for many years, where she taught French and served as coordinator for foreign language education and supervision of student teachers in that field. Rogers is a past president and board member of the Kansas Foreign Language Association and was twice certified as tester for the ACTFL Oral Proficiency Interview. She has given numerous presentations and workshops on second-language teaching and also taught French and second-language pedagogy at Friends University (Kansas), where she was Research Fellow in Second-Language Acquisition. Professor Rogers is co-author of *¡Bravo!,* a Natural Approach program for teaching Spanish in secondary and middle schools.

Betsy J. Kerr is Professor Emerita of French at the University of Minnesota, Twin Cities. She received her Ph.D. in French linguistics from Indiana University and has published in the areas of French syntax and pragmatics, specializing in the analysis of spoken French discourse, and in applications of corpus linguistics to second-language education. At the University of Minnesota, Professor Kerr served as both Director of the Lower Division French Program and Director of Undergraduate Studies in French.

Born and raised in Marseille, *Guy Spielmann* (Ph.D., Vanderbilt University) is Associate Professor of French at Georgetown University. He was also Associate Director, then Director, of the French School, Middlebury College. He has done research, lectured, and published extensively on second-language acquisition and performing arts in Early Modern Europe. He has also pioneered work in the scholarly and pedagogical use of information technology. Visit *La Page de Guy* at Georgetown University.

Getting to Know the Characters

You will get to know a number of characters in the **Deux mondes** textbook and *Cahier* and in other components of the program. They include people in North America and in France.

First you'll meet a group of young people from the University of Louisiana at New Orleans. They are students in Professor Anne Martin's 8:00 A.M. beginning French class: Albert Boucher, Barbara Denny, Daniel Moninger, Denise Allman, Jacqueline Roberts, and Louis Thibaudet. Louis is very proud of his Acadian ancestry. (The Acadians were French-speaking colonists who came to Louisiana from *Acadie,* now Nova Scotia.) Professor Martin was born in Montreal and is completely bilingual in French and English.

You will also meet two international students from French-speaking countries who are studying at the University of Louisiana. Raoul Durand, a doctoral student in mechanical engineering, is a Quebecois from Montreal. Caroline Njanga comes from Yaoundé in Cameroon and is working on a master's degree in American Studies. Both Raoul and Caroline were pleased to meet Professor Martin, and they have visited her class and gotten to know her students.

In Paris are Sarah Thomas, an American exchange student, Agnès Rouet, and Jean-Yves Lescart, friends at the Université Paris Diderot (Paris 7).

Julien Leroux is a native of Brussels who has lived in Paris for several years and who works in news broadcasting at Télévision Française 1 (TF1). Adrienne Petit lives in Marseille. She works as a human resources manager in an import-export firm and loves to travel. She is an active person with a lively social life.

The Lasalle-Colin family has three branches. The grandparents, Francis and Marie Lasalle, have always lived in Lyon, where they are now retired.

Claudine Colin is the daughter of Francis and Marie Lasalle. She teaches at a *lycée* (high school). She and her husband, Victor Colin, live in Clermont-Ferrand with their five children. Marise and Clarisse (19) are twins; Marise is studying French literature at the Université Blaise-Pascal in Clermont-Ferrand, and Clarisse is taking courses in hotel management at the École Victor Hugo. Charles (17) and Emmanuel (14) are both *lycée* students, and their brother, Joël (8), is in primary school.

Bernard Lasalle is the son of Francis and Marie. He and his wife, Christine, live near Bernard's parents in Lyon. Bernard is an engineer, and Christine works in a hospital as a nurse. They have three daughters, Camille (11), Marie-Christine (8), and Nathalie (6).

Édouard and Florence Vincent are old friends of Francis and Marie Lasalle and live nearby in Lyon. They are an interesting couple, though somewhat old-fashioned in some of their views.

You will enjoy meeting these characters and learning more about their personalities, their daily lives, and the French-speaking regions they are from. And now . . . **Au boulot!** *Let's get to work!* Enjoy learning French and working with **Deux mondes**.

DEUX MONDES

A Communicative Approach

PhotoAlto/Getty Images

Deux amies se font la bise.

Premières rencontres

Objectifs

In the **Première Étape**, you will learn to understand a good deal of spoken French and get to know your classmates. The listening skills you develop will enhance your ability to understand and speak French.

ACTIVITÉS

La communication en classe
Qui est-ce? Les camarades de classe
Comment sont-ils? La description des personnes
Les vêtements et les couleurs
Les nombres (0–39)
Rencontres
À voir en vidéo Micro-trottoir: Au sujet des rencontres

GRAMMAIRE

A.1 Giving instructions: Commands with **vous**
A.2 Identifying people: **C'est...** , **je m'appelle...**
A.3 Gender and articles
A.4 Describing people: **Être**, subject pronouns, and **ne... pas**
A.5 Plural nouns and articles
A.6 Addressing others: **Tu** and **vous**

Activités

La communication en classe

★ Attention! Étudier Grammaire A.1

Activité 1 Associations: Les ordres

a. Tournez la page!
b. Ouvrez le livre!
c. Fermez le livre!

d. Regardez le tableau!
e. Écrivez votre nom!

f. Levez la main!
g. Prenez un stylo!

Qui est-ce? Les camarades de classe

 Attention! Étudier Grammaire A.2

Activité 2   Dialogues: Les amis

—Comment s'appelle l'ami de _____?
—Il s'appelle _____.

—Qui est-ce?
—C'est _____.

—Comment s'appelle l'amie de _____?
—Elle s'appelle _____.

—Qui est-ce?
—C'est _____.

Comment sont-ils? La description des personnes

 Attention! Étudier Grammaire A.3 et A.4

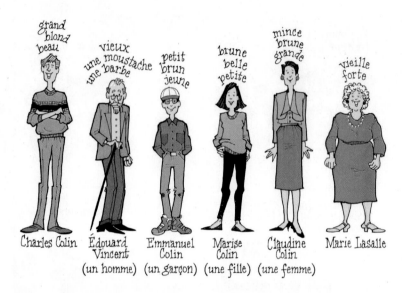

Activité 3   Discussion: Comment sont les camarades de classe?

1. Dans la classe de français, qui est _____?
   a. grand et blond (grande et blonde)
   b. jeune et brun (jeune et brune)
   c. intelligent et beau (intelligente et belle)

2. Dans la classe de français, qui n'est pas _____?
   a. petit et brun (petite et brune)
   b. vieux (vieille)
   c. riche et célèbre

Activité 4   Associations: Images stéréotypées

Voici des personnages célèbres. Comment sont-ils?

MODÈLE: Kylie Jenner est belle. Elle n'est pas forte.

1. Céline Dion
2. Cléopâtre
3. Lin-Manuel Miranda
4. Chrissy Teigen
5. Dwayne "The Rock" Johnson
6. le monstre de Frankenstein
7. Serena Williams
8. Taylor Swift
9. Bill Gates
10. Emmanuel Macron

a. laid/laide ≠ beau/belle
b. vieux/vieille ≠ jeune
c. fort/forte ≠ mince
d. grand/grande ≠ petit/petite
e. riche ≠ pauvre
f. ?

Les vêtements et les couleurs

⭐ Attention! Étudier Grammaire A.5

Activité 5 Associations: Les couleurs

De quelle couleur est... ?

1. un pingouin
2. un éléphant
3. un lion
4. une plante
5. une tragédie
6. un jean
7. une banane
8. une tomate
9. une carotte
10. le chocolat

a. vert/verte
b. noir/noire
c. gris/grise
d. brun/brune
e. orange
f. blanc/blanche
g. rouge
h. jaune
i. bleu/bleue

Activité 6 Dans le monde francophone: Couleurs et vêtements

Dites **oui** ou **non**. Sur ces tableaux, il y a...

1. un homme qui porte un pantalon bleu.
2. une femme qui porte une jupe rouge.
3. un homme qui porte un chapeau noir.
4. une femme qui porte une robe verte.
5. un homme qui porte une chemise orange.
6. un homme qui porte une veste grise.
7. une femme qui porte une robe rouge.
8. une femme qui porte un chapeau blanc.

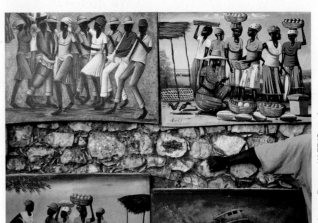

• Un vendeur d'art haïtien à Pétion-Ville, une commune dans la banlieue de Port-au-Prince, Haïti

Activité 7   Discussion: Mes camarades de classe

Regardez vos camarades de classe. Donnez le nom de l'étudiant(e), d'un vêtement et de la couleur du vêtement.

LE NOM		LE VÊTEMENT	LA COULEUR
1. *Caroline*	porte	*une jupe*	*blanche* .
2. _____	porte	_____	_____ .
3. _____	porte	_____	_____ .
4. _____	porte	_____	_____ .
5. _____	porte	_____	_____ .

Les nombres (0–39)

0 zéro		**20** vingt	
1 un		**21** vingt et un	
2 deux		**22** vingt-deux	
3 trois		**23** vingt-trois	
4 quatre		**24** vingt-quatre	
5 cinq		**25** vingt-cinq	
6 six		**26** vingt-six	
7 sept		**27** vingt-sept	
8 huit		**28** vingt-huit	
9 neuf		**29** vingt-neuf	
10 dix		**30** trente	
11 onze		**31** trente et un	
12 douze		**32** trente-deux	
13 treize		**33** trente-trois	
14 quatorze		**34** trente-quatre	
15 quinze		**35** trente-cinq	
16 seize		**36** trente-six	
17 dix-sept		**37** trente-sept	
18 dix-huit		**38** trente-huit	
19 dix-neuf		**39** trente-neuf	

Activité 8   Discussion: Il y en a combien?

Comptez le nombre de vos camarades qui...

PORTENT...

un pantalon. _____
une jupe. _____
des chaussures noires. _____
un short. _____
une chemise. _____
?

ONT...

une barbe. _____
un chapeau / une casquette. _____
une moustache. _____
un livre de maths. _____
un stylo. _____
?

Activité 9 Casse-tête: Un peu d'arithmétique

1. Complétez les séries.
   a. deux, _____, quatre, cinq, six
   b. neuf, dix, onze, _____, treize
   c. dix-sept, _____, dix-neuf, _____
   d. six, sept, _____, _____, dix

2. Et à rebours...
   a. trois, _____, un, zéro
   b. sept, _____, cinq, quatre
   c. douze, _____, dix, neuf
   d. vingt et un, vingt, _____, dix-huit

3. Faites les calculs.
   a. deux + deux   **e.** sept − trois
   b. trois + quatre   **f.** huit − trois
   c. huit + deux   **g.** dix − neuf
   d. trois + deux

Rencontres

★ Attention! Étudier Grammaire A.6

a.

b.

c.

d.

e.

f.

g.

Activité 10   Dialogue: Les salutations

Écoutez votre professeur.

1. Victor Colin parle au directeur du bureau.
   —Bonjour, monsieur. Comment allez-vous?
   —Très bien, merci. Et vous?
   —Bien, merci.

2. Après le match de foot, Charles Colin parle avec sa cousine Camille.
   —Salut, Camille. Ça va?
   —Je suis très fatiguée! Et toi?
   —Moi, ça va.

3. Louis présente Barbara à Raoul Durand, un étudiant canadien.
   —Raoul, je te présente une camarade de classe, Barbara.
   —Enchanté, mademoiselle.
   —Enchantée.

4. Claudine Colin parle au téléphone avec sa mère, Marie Lasalle.
   —Bonsoir, maman. Tu vas bien?
   —Pas mal. Un peu fatiguée.
   —Et papa? Il va bien?
   —Il va très bien.

Activité 11   Dialogue: Échanges

À vous la parole!   Vous parlez avec un/une camarade de classe.
É1*: Bonjour. Je m'appelle _____.
É2: Enchanté(e). Je _____ _____.
É1: Salut, _____. Ça va bien?
É2: _____, et toi?
É1: _____, merci.

À voir en vidéo

Micro-trottoir: Au sujet des rencontres

Répondez aux questions suivantes à partir de votre point de vue personnel. Puis regardez la vidéo et comparez vos réponses à celles des gens interrogés.

1. Quels termes est-ce que vous utilisez pour saluer vos amis? Et comment est-ce que vous dites «au revoir»?

2. Vous rencontrez une personne pour la première fois. Montrez-nous comment vous la saluez.

3. Comment se passe la bise en France?

---

*É1 et É2 = Étudiant(e) 1 et Étudiant(e) 2

🎧 Vocabulaire

See the **Lexique** for a key to the abbreviations used in **Vocabulaire** lists.

Dans la classe de français

In the French classroom

un/une camarade de classe	a classmate
un étudiant / une étudiante	a student
un livre	a book
un stylo	a (ballpoint) pen
un tableau	a board

Mots apparentés: une activité, la grammaire, une page, un professeur,* une table, le vocabulaire

Asseyez-vous.	Sit down.
Dites *bonjour.*	Say *hello.* (Say *good morning.*)
Écoutez!	Listen!
Écrivez votre nom.	Write your name.
Faites attention!	Pay attention!
Fermez le livre.	Close the book.
Levez la main.	Raise your hand.
Levez-vous.	Stand up.; Get up.
Lisez.	Read.
Ouvrez le livre.	Open the book.
Prenez un stylo.	Get a pen.
Regardez le tableau.	Look at the board.
Tournez la page.	Turn the page.

Les personnes

People

un ami / une amie	a friend
une femme	a woman
une fille	a girl
un garçon	a boy
un homme	a man

Comment s'appelle... ?	What is . . .'s name?
Il/Elle s'appelle...	His/Her name is . . .
Comment t'appelles-tu? (*fam.*)	What's your name?
Comment vous appelez-vous? (*form.* or *pl.*)	What's your name?
Je m'appelle...	My name is . . .
Qui est-ce?	Who's that? (Who is it?)
C'est...	It's . . .

La description des personnes

Describing people

Comment est-il/elle?	What's he/she/it like?
Comment sont-ils/elles?	What are they like?
Qui est... ?	Who is . . . ?
Qui n'est pas... ?	Who isn't . . . ?
beau/belle	handsome/beautiful
blond/blonde	blond
brun/brune	dark-haired
fort/forte	heavy, plump
grand/grande	tall
jeune	young
laid/laide	ugly
mince	thin, slender
petit/petite	small, little; short
vieux/vieille	old; elderly
Qui a... ?	Who has . . . ?
une barbe	a beard
une moustache	a moustache

Les couleurs

Colors

blanc/blanche	white
bleu/bleue	blue
gris/grise	gray
jaune	yellow
marron (*inv.*)	brown
noir/noire	black
rose	pink
rouge	red
vert/verte	green

Mots apparentés: orange (*inv.*), **violet/violette**

---

*For the purpose of this edition, **un professeur** is presented as an invariable masculine noun. See p. 22 for more information.

Les vêtements

Clothing

Qui dans la classe porte... ?	Who in class is wearing . . . ?
Il/Elle porte...	He's/She's wearing . . .
Ils/Elles portent...	They're wearing . . .
des baskets (*f. pl.*)	sneakers
un blouson	a jacket, windbreaker
des bottes (*f.*)	boots
une casquette	a cap
un chapeau	a hat
des chaussures (*f.*)	shoes
une chemise	a man's shirt
un chemisier	a woman's blouse
un costume	a man's suit
une cravate	a necktie
une jupe	a skirt
un manteau	a coat
un pantalon	a pair of pants
une robe	a dress
une veste	a sport coat, blazer
un vêtement	a piece of clothing

Mots apparentés: **un jean, un pull-over (un pull)**

Mots et expressions utiles

Useful words and expressions

l'ami / l'amie de Daniel	Daniel's friend
avec	with
bien	well
dans	in
et	and
Il y a...	There is/are . . .
moi aussi	me too
Moi, je...	I . . . (*emphatic*)
ne... pas	not
non	no
ou	or
oui	yes
tu (*fam.*)	you
vous (*form. or pl.*)	you

Les nombres (0–39)

Numbers

zéro, un, deux, trois, quatre, cinq, six, sept, huit, neuf, dix, onze, douze, treize, quatorze, quinze, seize, dix-sept, dix-huit, dix-neuf, vingt, vingt et un, vingt-deux, vingt-trois, vingt-quatre, vingt-cinq, vingt-six, vingt-sept, vingt-huit, vingt-neuf, trente, trente et un, trente-deux, trente-trois, trentre-quatre, trente-cinq, trente-six, trente-sept, trentre-huit, trente-neuf

Salutations et formules de politesse

Greetings and polite expressions

À bientôt.	See you soon.
aujourd'hui	today
Au revoir.	Goodbye.
Bonjour.	Hello; Good morning/ afternoon/day.
Bonsoir.	Good evening; Goodbye (*in the evening*).
Ça va?	How's it going?
Moi, ça va. Et toi?	Fine. How about you?
Comment allez-vous? (*form.*)	How are you?
Très bien, merci. Et vous?	Fine, thanks. And you?
Pas mal, merci.	Not bad, thanks.
Je suis un peu fatigué/fatiguée.	I'm a little tired.
Comment vas-tu? (*fam.*)	How are you?
Bien. Et toi?	Fine. And you?
Je vous (te) présente...	I want you to meet . . .
Enchanté/Enchantée.	Delighted.
madame	madam, ma'am; Mrs.
mademoiselle	miss; Miss
monsieur	sir; Mr.
Salut! (*fam.*)	Hi!; Bye!

Questions

Questions

Combien de... ?	How many . . . ?
Comment va... ?	How is . . . ?
Il/Elle va bien/mal.	He's/She's fine / not well.
De quelle couleur est... ?	What color is . . . ?
Est-ce que c'est un/ une... ?	Is this a . . . ?
Oui, c'est un/une...	Yes, it's a . . .
Non, ce n'est pas un/ une...	No, it's not a . . .
n'est-ce pas?	isn't it?, right?

Mots apparentés

Cognates

une banane, une carotte, le chocolat, un éléphant, une image, un lion, un pingouin, une plante, un tigre, une tomate, une tragédie

Grammaire et exercices

Introduction

The **Grammaire et exercices** section of each chapter presents grammar points used in the preceding **Activités** section.

The **Attention!** notes that begin each new topic in the **Activités** section tell you which grammar point(s) to focus on at that time. Study the grammar point(s) carefully, reading the examples out loud. Then do the exercises, both orally and in writing, and check your answers in Appendix D. Your instructor may choose not to discuss grammar in class because it is explained in non-technical language in the book and because answers to the exercises are provided.

Keep in mind that successful completion of a grammar exercise indicates that you have understood the explanation. However, you are not immediately expected to use that grammar without error. As you listen to your instructor, your fellow students, and the audio program, and as you talk with others, you will gradually assimilate that grammar point into your own speech and writing.

If you have trouble with an exercise or with a particular point, ask your instructor for assistance. With difficult concepts, your instructor may go over the material in class to be sure that everyone understands. However, class time is best used for real experience in communicating in French.

A.1 Giving instructions: Commands with **vous**

A. Commands are verb forms used without a subject pronoun to tell or ask someone to do something.

> Raise your hand.   Open your book, please.

B. The commands in the **Première étape** are all verb forms that end with **-ez.** This ending is associated with the pronoun **vous** and can refer to a single person or to a group of people.

> Louis, **ouvrez** la fenêtre, s'il vous plait.   *Louis, open the window, please.*
> Barbara et Denise, **regardez** le tableau.   *Barbara and Denise, look at the board.*

C. Notice that some commands have the word **vous** attached to the verb, whereas others do not.

> **Asseyez-vous,** s'il vous plait!   *Sit down, please!*

Verbs of this sort are called *reflexive verbs* and are presented in **Chapitre 2**. At this point, you need only understand the meaning of these commands.

Definition: A verb conveys an action or a state: *sit, raise, be.*

Definitions: A subject performs the action or exists in the state conveyed by the verb. A noun represents a person or thing. A subject pronoun substitutes for a subject noun: *Joël sits. He sits.*

★ *You will learn more about the pronoun **vous** in **Grammaire A.6**.*

★ *You will learn more about verb endings in following chapters.*

Pronunciation Hint

Most final consonants are not pronounced in French, for example, **ouvre**~~z~~, **françai**~~s~~, **asseye**~~z~~, **vou**~~s~~, **e**~~t~~, **écoute**~~z~~. In pronunciation hints, a slash through a letter indicates when a letter is not pronounced.

Exercice 1 Écoutez!

Are these commands given in a logical order? Answer **oui** or **non**.

1. Ouvrez le livre! → Lisez!
2. Asseyez-vous! → Faites attention!
3. Écrivez! → Prenez un stylo!
4. Tournez la page! → Regardez!
5. Levez-vous! → Fermez le livre!
6. Prenez un stylo! → Écoutez!
7. Levez-vous! → Asseyez-vous!
8. Fermez le livre! → Regardez la page!

A.2 Identifying people: **C'est... , je m'appelle...**

A. To ask who someone is, use the interrogative (question) expression **Qui est-ce?** The usual reply is **C'est** and the name of a person, or simply the name of a person.

—**Qui est-ce?**	*Who's that?*
—**C'est** Denise.	*It's Denise.*

B. If you are not sure of someone's identity, you can use the expression **Est-ce que c'est... ?** with the name of a person. The reply is **oui** or **non**.

—**Est-ce que c'est** Jacqueline?	*Is that Jacqueline?*
—**Non**, c'est Barbara.	*No, it's Barbara.*

> ➤ **tu** = used for family and friends
>
> ➤ **vous** = used for groups and in public or other formal settings
>
> ⭐ *You will learn more about **tu** and **vous** in* ***Grammaire A.6***.

C. When you ask someone's name or give your own, use these patterns:

—Comment tu t'appelles?	*What's your name? (informal)*
—Je m'appelle Barbara.	*My name is Barbara.*
—Comment vous appelez-vous?	*What's your name? (formal)*
—Je m'appelle Raoul Durand.	*My name is Raoul Durand.*
—Comment s'appelle-t-il?	*What's his name?*
—Il s'appelle Daniel.	*His name is Daniel.*
—Comment s'appelle-t-elle?	*What's her name?*
—Elle s'appelle Denise.	*Her name is Denise.*

Pronunciation Hint

Qui est-ce? C'est... Comment vous‿appelez-vous? Je m'appelle...

The symbol ‿ indicates liaison (pronunciation and linking of a final consonant to a following vowel).

Exercice 2 Identités

Match the answers with the questions.

QUESTIONS	ANSWERS
1. Qui est-ce?	**a.** Non, c'est Jacqueline.
2. Est-ce que c'est Denise?	**b.** Je m'appelle Daniel Moninger.
3. Comment vous appelez-vous?	**c.** C'est Louis.
4. Comment s'appelle le professeur?	**d.** Elle s'appelle Mme Martin.

A.3 Gender and articles

A. All French nouns are classified as either masculine or feminine. However, the terms *masculine* and *feminine* are grammatical classifications only: French speakers do not perceive things such as shirts or windows as being inherently "male" or "female." On the other hand, nouns that refer to males are usually of the masculine gender, and nouns that refer to females are usually feminine. For example, **ami** refers to a male friend, whereas **amie** is used for a female friend.

> Raoul est l'**ami** de Daniel et Barbara est son **amie** aussi.

> *Raoul is Daniel's friend, and Barbara is also his friend.*

B. French adjectives usually change their endings to agree with the gender of the noun they modify. In many cases, this simply means adding **-e** to the adjective to agree with a feminine noun; in other cases, the adjective has two entirely different forms.

> Joël est **petit** et Marise est **petite** aussi.

> *Joël is short, and Marise is also short.*

> Francis Lasalle est **vieux** et Marie Lasalle est **vieille** aussi.

> *Francis Lasalle is old, and Marie Lasalle is also old.*

Definition: An adjective describes (modifies) a noun or pronoun: *Claudine is **tall**, but Joël is **short**.*

⭐ *You will learn more about adjective agreement in **Grammaire A.5** and **Deuxième étape, Grammaire B.6** and **B.7**.*

Pronunciation Hint

A consonant at the very end of an adjective is usually not pronounced. A consonant followed by **-e** *is* pronounced. So, if you hear a final consonant pronounced, it is likely a feminine form.

MASCULINE	FEMININE
fort	forte
petit	petite
grand	grande
blond	blonde

Definition: An article is a word such as *a* or *the* that introduces a noun.

C. Articles in French also change form according to the gender of the nouns they accompany. Here are the definite and indefinite articles for singular nouns:

	DEFINITE (*the*)	INDEFINITE (*a, an*)
Masculine	**le** livre	**un** livre
Feminine	**la** page	**une** page

D. The definite articles **le** and **la** become **l'** before a word that starts with a vowel (**a, e, i, o, u**) or a mute **h**; this includes most words that begin with the letter **h**. You will learn more about mute **h** in the **Cahier d'exercices** (**Prononciation et orthographe**).

l'étudiant(e)	*the student*
l'homme	*the man*
l'autre classe	*the other class*

Exercice 3 Descriptions

Complete these sentences with the correct adjective.

1. Louis est _____ et Jacqueline est _____ aussi. (petit/petite)
2. Barbara est _____ et Albert est _____ aussi. (grand/grande)
3. Mme Martin n'est pas _____. Elle est jeune. (vieux/vieille)
4. Idris Elba est très _____. (beau/belle)
5. Albert est _____. (noir/noire)
6. Claudine n'est pas blonde. Elle est _____. (brun/brune)

Exercice 4 Les photos de Mme Martin

Today, Mme Martin's class is identifying people and things. Complete the sentences with **un**, **le**, or **l'**.

1. Regardez la photo. C'est _____ tigre. _____ tigre est beau, non?
2. Et voilà la photo d'_____ autre tigre. _____ autre tigre est très grand!
3. Regardez bien! Est-ce _____ livre ou _____ stylo? Oui, c'est _____ livre. C'est _____ livre de Daniel.

Complete the following sentences with **une**, **la**, or **l'**.

4. Est-ce _____ moustache ou _____ barbe? Bravo, c'est _____ barbe!
5. Est-ce que c'est _____ table? Oui, c'est _____ table de Mme Martin.
6. C'est _____ cathédrale. C'est _____ cathédrale Notre-Dame de Chartres. Elle est très belle et très vieille, n'est-ce pas?

➤ **le livre de Daniel** = *Daniel's book*

⭐ *You will learn more about expressing possession in* **Grammaire 1.1** *and* **1.6**.

A.4 Describing people: **Être**, subject pronouns, and **ne... pas**

A. To describe yourself and others, use the verb **être**.

être *(to be)*		
je	**suis**	*I am*
tu	**es**	*you are* (informal, singular only)
il/elle/on	**est**	*he/she/it/one is*
nous	**sommes**	*we are*
vous	**êtes**	*you are* (formal or plural)
ils/elles	**sont**	*they are* (people or things)

> The terms below are sometimes used for forms of verbs and pronouns:
>
> * first-person singular (**je**)
> * second-person singular (**tu**)
> * third-person singular (**il/elle/on**)
> * first-person plural (**nous**)
> * second-person plural (**vous**)
> * third-person plural (**ils/elles**)

Marie Lasalle **est** petite.   *Marie Lasalle is short.*
Moi, je **suis** grand et brun. (male speaker)   *I'm tall and brown-haired.*

Être is the *infinitive* form of the equivalent English verb *to be*. The infinitive form is used to refer to the whole set of all the possible forms of a verb. Only infinitives appear in the dictionary or in the **Lexique** at the end of this book.

⭐ *You will learn more about the pronoun on in* ***Grammaire 2.4***.

Pronunciation Hint

Final consonants are not pronounced: **je suis̸, tu es̸, il es̸t̸, nous̸ sommes̸, vous̸ᶻêtes̸, ils̸ sõn̸t̸.** At the end of a word, the letter **e** with no accent is also silent: **nous sommes̸, vous̸ᶻêtes̸.** In pronunciation hints, the symbol ~ over a vowel indicates a nasalized vowel.

> Negation: **ne... pas**

B. Use **ne... pas** to make a sentence negative. **Ne** precedes the verb and **pas** follows it. **Ne** becomes **n'** if the verb begins with a vowel.

—Est-ce que tu es étudiante?   *Are you a student?*
—Non, je **ne** suis **pas** étudiante.   *No, I'm not (a student).*

—Est-ce que votre ami est français?   *Is your friend French?*
—Non, il **n'**est **pas** français.   *No, he's not French.*

Pronunciation Hint

Il n'es̸t̸ pas̸ frãn̸çais̸. Je ne suis̸ pas̸ᶻétudiãn̸t̸.

C. There are two French words for expressing the English word *it* and two French words for *they*. This is because French classifies nouns as either masculine or feminine, as you have already seen.

> **il est** = *he is, it is*
> **elle est** = *she is, it is*

> **ils sont** = *they are* (masc.)
> **elles sont** = *they are* (fem.)

—Comment est la chemise de Raoul?   *What is Raoul's shirt like?*
—**Elle** est verte.   *It's green.*
—Et le jean de Daniel?   *And Daniel's jeans?*
—**Il** est bleu.   *They're (It's) blue.*
—Comment sont les chaussures de Jacqueline?   *What are Jacqueline's shoes like?*
—**Elles** sont blanches.   *They're white.*

To refer to a mixed-gender group, use the pronoun **ils**.

—Comment sont Barbara et Albert?   *What do Barbara and Albert look like?*
—**Ils** sont grands.   *They're tall.*

⭐ *You will learn more about **tu** and **vous** in **Grammaire A.6**.*

➤ Use as clues the form of **être** and the form of the following adjective (*masc./fem.*).

D. French has two words to express the English word *you*. **Tu** always refers to only one person, but **vous** can be singular or plural. The choice of **tu** or **vous** for the singular depends on your relationship with the person to whom you are speaking.

Exercice 5 La classe de français

Daniel is telling you about his French teacher and classmates. Complete his sentences with **je**, **tu**, **il**, **elle**, **nous**, **vous**, **ils**, or **elles**.

1. _____ m'appelle Daniel et _____ suis américain.
2. Et Louis? _____ est américain aussi.
3. Le professeur s'appelle Mme Martin. _____ est canadienne. Beaucoup de* Canadiens parlent† anglais et français. _____ sont bilingues.
4. Denise et moi, _____ sommes dans le même‡ cours de maths.
5. Barbara et Jacqueline? _____ sont absentes aujourd'hui.
6. Et toi? _____ es aussi étudiant(e)?

Exercice 6 La famille Colin

Marise Colin is describing her family in a letter to Barbara, her new American correspondent. Choose the correct form of the verb **être**: **suis**, **es**, **est**, **sommes**, **êtes**, or **sont** to complete each sentence.

1. Moi, je _____ petite et brune.
2. Clarisse aussi _____ petite et brune.
3. Clarisse et moi, nous _____ étudiantes à l'université.
4. Charles et Emmanuel _____ grands.
5. Et toi? Est-ce que tu _____ grande ou petite, brune ou blonde?
6. Combien _____-vous dans la famille?

Exercice 7 Discussions dans la classe de français

Complete the following statements made by students in Mme Martin's French class while they were practicing descriptions. Use **ne... pas** and the verb **être**.

MODÈLE: Les roses sont rouges. Elles _____ orange! →
Les roses sont rouges. Elles *ne sont pas* orange!

1. Les amis de Daniel sont jeunes. Ils _____ vieux!
2. Non, Jacqueline! Tu _____ grande. Tu es petite.
3. Ah non, Mme Martin! Vous _____ vieille! Vous êtes jeune!
4. Mme Martin: Non, je _____ américaine. Je suis canadienne.
5. Non, nous _____ une classe d'italien! Nous sommes une classe de français.
6. Albert est très grand! Il _____ petit.

---

*Beaucoup... *Many*
†*speak*
‡*same*

A.5 Plural nouns and articles

A. French and English nouns may be singular (**chemise**) or plural (**chemises**). Most plural nouns in French end with **-s**. Articles that accompany French plural nouns must also be plural. Here are the plural articles:

SINGULAR		PLURAL	
un costume vert	*a green suit*	**des** costumes verts	*green suits*
une robe rouge	*a red dress*	**des** robes rouges	*red dresses*
la jupe blanche	*the white skirt*	**les** jupes blanches	*the white skirts*
le chapeau noir	*the black hat*	**les** chapeaux noirs	*the black hats*
l'autre chemise	*the other shirt*	**les** autres chemises	*the other shirts*

➤ Gender: A French noun is either masculine or feminine.

➤ Agreement: Articles and adjectives take different forms according to the gender and number of the noun they accompany.

★ *You will learn about irregular plurals like* **chapeaux** *in* **Deuxième étape, Grammaire B.7**.

B. Notice in the preceding examples that adjectives are also plural when the nouns they modify are plural.

Pronunciation Hint

Note that the **-s** on plural nouns is not pronounced. The final **s** of **des** and **les** is pronounced only if followed by a vowel or mute **h**: de$\cancel{s}$ robe$\cancel{s}$, le$\cancel{s}$ botte$\cancel{s}$, but des͜étudiã$\cancel{nts}$, les͜ami$\cancel{s}$, des͜homme$\cancel{s}$.

Exercice 8 Comment est votre université?

Fill in the blanks with **le**, **la**, **l'**, or **les**, and complete each sentence in a way that describes your university and your French class.

MODÈLE: _____ campus est grand/petit. → Le campus est grand.
(Le campus est petit.)

1. _____ université est grande/petite.
2. _____ professeurs sont compétents/incompétents.
3. _____ étudiants sont jeunes/vieux.
4. _____ classe de français est grande/petite.
5. _____ professeur de français s'appelle...

Exercice 9 Test de mémoire

Louis has been blindfolded and must try to remember what his classmates are wearing. Fill in the blanks with **un**, **une**, or **des**.

1. —Est-ce que Barbara porte _____ jupe noire?
   —Non, elle porte _____ robe jaune.
2. —Est-ce qu'Albert porte _____ chemise blanche et _____ pantalon noir?
   —Non, il porte _____ pull bleu et _____ pantalon gris.
3. —Est-ce que Denise porte _____ bottes noires?
   —Oui, elle porte _____ bottes noires.
4. —Est-ce que Daniel porte _____ blouson vert et _____ chaussures noires?
   —Non, il porte _____ blouson violet et _____ chaussures blanches.
5. —Est-ce que Mme Martin porte _____ robe rose et _____ manteau violet?
   —Oui, elle porte _____ robe rose et _____ manteau violet.

A.6   Addressing others: **Tu** and **vous**

A. In French, there are two pronouns that correspond to English *you:* **tu** and **vous**. In general, **tu** is used among peers, that is, with friends and other students and, in most cases, with family members. **Vous** is used with people who are older than you or with those to whom you wish to show respect; **vous** is also used with people you don't know well or from whom you wish to keep a certain distance. In general, **vous** is used in public with administrators, cashiers, servers, and so on.

➤ **tu** = always singular; always with close family and friends, peers, or children

➤ **vous** = singular in public or other formal settings; plural in all situations

—Albert, **tu** vas bien?   *Albert, are you doing well?*
—Oui, très bien, merci.   *Yes, great, thanks.*

—Bonjour, madame. Comment   *Good morning (ma'am). How*
  allez-**vous**?   *are you?*
—Très bien. Et **vous**?   *Fine. And you?*

Note that in French, the usual and polite practice is to follow **Bonjour** with one of the terms of address: **madame**, **monsieur**, or **mademoiselle**.

B. **Vous** is also used for speaking to more than one person, regardless of the nature of the relationship between the speakers.

Joël et Emmanuel, êtes-**vous** fatigués? *Joël and Emmanuel, are you tired?*

C. The use of **tu** and **vous** varies somewhat from country to country and even within a country. For example, in Quebec, it is acceptable to use **tu** with a wide range of people. No matter where you are, it is best to use **vous** with adults you do not know personally or who are older than you. With children, other students, or friends your own age, it is customary to use **tu**.

Exercice 10 **Tu** ou **vous**?

Choose the correct form, **tu** or **vous**.

Un étudiant français parle...

1. à une amie.
   a. Tu es fatiguée aujourd'hui?
   b. Vous êtes fatiguée aujourd'hui?
2. à un autre étudiant.
   a. Est-ce que tu es canadien?
   b. Est-ce que vous êtes canadien?
3. au professeur.
   a. Comment vas-tu aujourd'hui?
   b. Comment allez-vous aujourd'hui?
4. à un petit garçon de 9 ans.*
   a. Tu portes un beau chapeau de cowboy.
   b. Vous portez un beau chapeau de cowboy.
5. à une dame de 60 ans.
   a. Comment t'appelles-tu?
   b. Comment vous appelez-vous?

---

*years

Odilon Dimier/PhotoAlto/Getty Images

Un groupe d'étudiants et
d'étudiantes à Paris

Le monde étudiant

Objectifs

In the **Deuxieme étape**, you will continue to develop your listening and speaking skills in French. You will learn more vocabulary to talk about your classes and friends, the calendar, and the clock. You will also learn more about your classmates.

◐ ACTIVITÉS

Qu'est-ce qu'il y a dans la salle de classe?

La date et l'alphabet

Les nombres de 40 à 100 et l'heure

Les cours

La description des autres

À voir en vidéo   Micro-trottoir: Au sujet du monde étudiant

◐ GRAMMAIRE

B.1 Expressing existence: **Il y a**

B.2 Asking questions

B.3 Spelling in French: The French alphabet

B.4 Telling time: **Quelle heure est-il?**

B.5 Expressing possession: The verb **avoir**

B.6 Describing with adjectives: More on gender

B.7 Irregular plurals

Activités

Qu'est-ce qu'il y a dans la salle de classe?

★ Attention! Étudier Grammaire B.1 et B.2

Activité 1   Interro: Description de la classe

Regardez le dessin et répondez aux questions du professeur.

MODÈLES: Est-ce qu'il y a des fenêtres dans la classe?
Il y a combien de pupitres?
Est-ce que Barbara porte un pantalon ou une jupe?
Qui arrive en retard?

---

*Professeur has traditionally been considered to be a masculine noun, so le professeur has been used even when the person in question was female. As with many other such nouns, new feminine forms (la professeur or la professeure) are now officially sanctioned and widely used, although France has been slower than other French-speaking countries (Quebec, Switzerland, Belgium) to adopt these new forms. Most French speakers use le/la prof informally.

Activité 2 Discussion: Les objets

Qu'est-ce qu'il y a sur la table?

MODÈLE: Il y a une montre.
Il n'y a pas de vase.

1. un cahier
2. un portable
3. un livre
4. une plante
5. un chapeau
6. une lampe
7. une brosse
8. une cravate
9. un stylo
10. un crayon

Activité 3 Discussion: Qu'est-ce qu'il y a dans la classe?

Dites **oui** ou **non**. Dans la classe de français, il y a...

1. des pupitres?
2. des chaises confortables?
3. une grande table?
4. une horloge numérique?
5. un grand bureau?
6. des tableaux bleus?
7. une petite fenêtre?
8. des crayons rouges?
9. une porte ouverte?
10. ?

Activité 4 Discussion: Qu'est-ce que c'est?

MODÈLE: une fenêtre ou une porte? →
—Est-ce que c'est une fenêtre
ou une porte?
—C'est une porte.

Est-ce que c'est...

1. un stylo ou un crayon?
2. une chaise ou un pupitre?
3. un pupitre ou un bureau?
4. un livre ou un cahier?
5. une horloge ou une montre?
6. une table ou un tableau?

une porte

La date et l'alphabet

⭐ Attention! Étudier Grammaire B.3

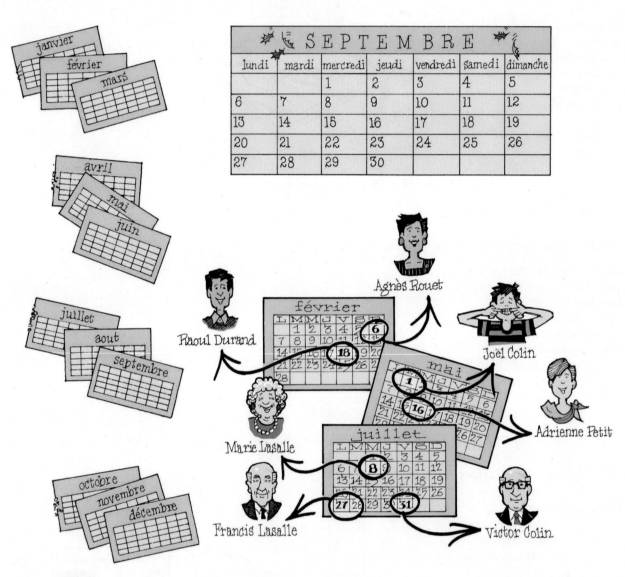

Activité 5   Interro: Les anniversaires

Regardez le dessin qui précède et posez des questions.

MODÈLE: É1: Quelle est la date de l'anniversaire de Joël?
        É2: C'est le premier mai.
        É1: Et cette année, c'est quel jour?
        É2: C'est un mardi.

Activité 6 Associations: Le calendrier

Qu'est-ce que vous associez avec les mois suivants?

1. septembre	**a.** les résolutions du Nouvel An
2. juillet	**b.** les examens finaux
3. décembre	**c.** un manteau et des bottes
4. mai/juin	**d.** les vacances
5. février	**e.** les élections américaines
6. avril	**f.** des sandales et un short
7. novembre	**g.** les tulipes
8. janvier	**h.** l'amour
	i. les cours
	j. Noël

Activité 7 Dialogue: Sarah Thomas arrive à Paris Diderot

Sarah arrive au bureau d'inscription à l'université.

L'EMPLOYÉE: Votre nom, s'il vous plait.
SARAH: Sarah Thomas.
L'EMPLOYÉE: Sarah, c'est s-a-r-a?
SARAH: Ah non, c'est Sarah avec un *h*. S-a-r-a-h.
L'EMPLOYÉE: Merci, mademoiselle.

Consultez **Grammaire B.3** pour l'alphabet français.

Les nombres de 40 à 100 et l'heure

⭐ Attention! Étudier Grammaire B.4

40 quarante	**60** soixante	**80** quatre-vingts
41 quarante et un	**61** soixante et un…	**81** quatre-vingt-un…
42 quarante-deux…	**64** soixante-quatre…	**90** quatre-vingt-dix
50 cinquante	**70** soixante-dix	**91** quatre-vingt-onze…
51 cinquante et un…	**71** soixante et onze…	**97** quatre-vingt-dix-sept…
53 cinquante-trois…	**75** soixante-quinze…	**100** cent

Activité 8 Interro: Il y en a combien?

Il y a…

1. combien de minutes dans une heure?
2. combien de secondes dans une minute?
3. combien d'heures dans un jour?
4. combien de mois dans une année?
5. combien de lettres dans l'alphabet?
6. combien de crayons dans une douzaine?
7. combien de roses dans une demi-douzaine?
8. combien de jours dans une semaine?

Quelle heure est-il?

Le matin

Il est neuf heures.

Il est neuf heures et demie.

Il est dix heures vingt-cinq.

L'après-midi

Il est midi.

Il est midi et demi.

Il est une heure.

Il est une heure et quart.

Le soir

Il est huit heures moins le quart.

Il est onze heures moins vingt.

Il est minuit.

Il est minuit et demi.

Activité 9   Dialogue: Après le cours

Quelle heure est-il?

MME MARTIN: Quelle heure est-il, s'il vous plaît?
ALBERT: Il est huit heures moins le quart.
MME MARTIN: Merci bien.
ALBERT: De rien, madame. Au revoir.
MME MARTIN: Au revoir. À demain.

Activité 10   Interro: Quelle heure est-il?

MODÈLE: É1: Quelle heure est-il?
É2: Il est _____.

1.   2.   3.   4.

5.   6.   7.   8.

Les cours

Quels cours avez-vous ce semestre?

 Attention! Étudier Grammaire B.5

Activité 11 Dialogue: Mon emploi du temps

1. É1: Tu as quels cours ce semestre?

   É2: J'ai un cours de _____, un cours de _____,... Et toi?

   É1: Moi, j'ai _____.

   É2: Est-ce que tu as cours tous les jours?

   É1: Oui, j'ai cours tous les jours.

       (Non, je n'ai pas cours le _____.)

2. É2: Quel est ton cours préféré? Il est à quelle heure?

   É1: C'est mon cours de _____. Il est à _____. Et toi?

   É2: _____. _____.

   É1: Tu as un cours difficile?

   É2: Mon cours de _____ est très difficile. Et toi?

       (Je n'ai pas de cours difficile ce semestre.)

   É1: _____.

Activité 12   Enquête: Points de vue

Quelle est votre opinion sur les cours suivants?

Est-ce que...

1. le français est difficile ou facile?
2. la chimie est pratique ou abstraite?
3. l'histoire est utile ou inutile?
4. la sociologie est importante ou superflue?
5. les maths sont compliquées ou faciles?
6. la littérature est passionnante ou ennuyeuse?
7. le marketing est intéressant ou ennuyeux?
8. la gymnastique est superflue ou importante?
9. le génie civil est abstrait ou pratique?
10. la géographie est utile ou inutile?

Activité 13   Discussion: La semaine de cours

Certains étudiants de Mme Martin ont cours le même jour et à la même heure.

1. Écoutez le professeur.

PROFESSEUR: Qui a un cours de marketing? (Louis)
            À quelle heure est le cours de géologie? Et quel jour?
            (8 h, lundi)
            Est-ce que Jacqueline a un cours de maths? (non)

2. Dites si c'est vrai ou c'est faux.

PROFESSEUR: Albert a un cours de psychologie. (Non, c'est faux.)
            Le cours de comptabilité est à neuf heures et demie.
            (Oui, c'est vrai.)

QUAND	LOUIS	JACQUELINE	ALBERT
8 h, lundi	marketing	philosophie orientale	géologie
9 h 30, mardi	comptabilité	informatique	histoire de l'art
13 h, vendredi	économie	chimie	dessin

a. Jacqueline a un cours d'informatique et un cours de philo.
b. Albert a un cours d'histoire africaine à 8 h.
c. Louis n'a pas de cours de marketing.
d. Le cours de chimie de Jacqueline est à 13 h.
e. Albert et Louis ont un cours d'économie.
f. Le cours de géologie d'Albert est à 9 h 30.
g. Jacqueline a un cours de dessin.
h. Louis a un cours de comptabilité le mardi.

La description des autres

⭐ Attention! Étudier Grammaire B.6 et B.7

blonde
belle
les yeux bleus

les cheveux
longs
les yeux verts

de taille moyenne
les cheveux courts
les yeux
marron
des lunettes

grand
mince
noir
une barbe

brun
beau
une moustache
noire
les cheveux
frisés

Denise   Jacqueline   Daniel   Albert   Louis

le ventre

l'œil
(les yeux)
l'oreille
le nez
la bouche

le visage

les cheveux
la tête
l'épaule
le dos
le bras
la main
la jambe
le pied

le corps

Activité 14   Interro: Les étudiants de Mme Martin

1. Échanges
   É1: Qui a une moustache noire?
   É2: Louis a une moustache noire.
      Alors, qui a les cheveux... ?
   É1: C'est...

2. Et maintenant, vos camarades de classe...
   a. Qui a les cheveux blonds? (roux? châtains? longs? mi-longs?)
   b. Qui a une barbe? (une moustache?)
   c. Qui a les yeux marron? (bleus? verts? noirs? gris?)
   d. Qui porte des lunettes? (des lentilles [de contact]?)

Activité 15 Dans le monde francophone: Qui est-ce?

Regardez les personnages suivants de la bande dessinée *Astérix.* Ce sont des dessins d'Albert Uderzo. Écoutez chaque description et donnez le nom du personnage.

Cliquez là!

Consultez un site sur Astérix pour découvrir les autres personnages de la bande dessinée. Choisissez un homme et une femme. Donnez le nom et faites la description de ces deux personnages pour vos camarades de classe.

Obélix est l'ami inséparable d'Astérix. Le chien, Idéfix, est l'ami inséparable d'Obélix.

Assurancetourix, c'est le poète.

Le druide Panoramix prépare la potion magique.

Activité 16 Associations: Stéréotypes

Comment sont les gens suivants?

> MODÈLE: les étudiants en Beaux-Arts →
> Les étudiants en Beaux-Arts sont dynamiques.

a. courageux	**d.** résolus	**g.** pessimistes	**j.** sérieux
b. dynamiques	**e.** idéalistes	**h.** prudents	**k.** sociables
c. égoïstes	**f.** intelligents	**i.** raisonnables	**l.** timides

1. les étudiants en maths
2. les professeurs de philosophie
3. les étudiants en arts du spectacle
4. les cyclistes professionnels
5. les mécaniciens
6. les étudiants en physique
7. les étudiants en informatique
8. les PDG (Présidents-directeurs généraux)
9. les explorateurs
10. les vedettes de cinéma

Activité 17 Dialogue: Une actrice ou un acteur

É1: Comment s'appelle ton actrice préférée (acteur préféré)?
É2: Elle/Il s'appelle _____.
É1: Comment est-elle/il physiquement?
É2: Elle/Il a les cheveux _____ et les yeux _____. Elle/Il est _____.
É1: C'est quel type de personne?
É2: Elle/Il est _____, _____ et _____. Elle/Il n'est pas _____.

À voir en vidéo

Micro-trottoir: Au sujet du monde étudiant

Répondez aux questions suivantes à partir de votre point de vue personnel. Puis regardez la vidéo et comparez vos réponses à celles des gens interrogés.

1. Quelles matières est-ce que vous préférez?

2. Quelles sont les matières que vous détestez?

3. Qu'est-ce qu'il y a de sympa dans votre vie d'étudiant(e)?

4. Quelles sont vos distractions quand vous ne travaillez pas?

🎧 Vocabulaire

La salle de classe

The classroom

Qu'est-ce qu'il y a dans... ?	What's in . . . ?
Il y a un/une...	There's a/an . . .
Il n'y a pas de...	There isn't a/an/any . . .
Qu'est-ce que c'est?	What's that/this?
C'est un/une...	It's a/an . . .
Ce n'est pas un/une...	It's not a/an . . .
Est-ce que c'est... ?	Is this/that . . . ?
une brosse	a board eraser
un bureau	a (teacher's) desk
un cahier	a notebook
une chaise	a chair
un crayon	a pencil
une fenêtre	a window
une horloge	a clock
un marqueur	a marker
une montre	a watch
un mur	a wall
un nom	a name
un ordinateur	a computer
un ordinateur portable	a laptop
le plafond	the ceiling
le plancher	the floor
un portable	a cellphone
une porte	a door
un pupitre	a classroom desk

Le calendrier

The calendar

Quelle est la date aujourd'hui?	What's the date today?
les jours (m.) de la semaine	the days of the week
lundi, mardi, mercredi, jeudi, vendredi, samedi, dimanche	Monday, Tuesday, Wednesday, Thursday, Friday, Saturday, Sunday
tous les jours	every day
une année	a year
les mois (m.) de l'année	the months of the year
janvier, février, mars, avril, mai, juin, juillet, aout, septembre, octobre, novembre, décembre	January, February, March, April, May, June, July, August, September, October, November, December

Les nombres de 40 à 100

Numbers from 40 to 100

quarante, cinquante, soixante, soixante-dix, quatre-vingts, quatre-vingt-dix, cent

L'heure

Telling time

À quelle heure... ?	At what time . . . ?
Quelle heure est-il?	What time is it?
Il est... heure(s).	It's . . . o'clock.
...et demi(e).	. . . thirty. (half past . . .)
...et quart.	. . . fifteen. (a quarter past . . .)
...moins le quart.	a quarter to . . .
...du matin.	. . . A.M., in the morning.
...de l'après-midi.	. . . P.M., in the afternoon.
...du soir.	. . . P.M., in the evening.
Il est midi/minuit.	It's noon/midnight.
À quelle heure commence... ?	What time does . . . begin?
Il/Elle commence à...	It begins at . . .
une heure	an hour
une minute	a minute
une seconde	a second

Les cours

Courses/Classes

les arts (m.) du spectacle	performing arts
les beaux-arts (m.)	fine arts
la chimie	chemistry
la comptabilité	accounting
le dessin	graphic arts
le français	French
le génie civil	civil engineering
l'informatique (f.)	computer science
la publicité	advertising

Mots apparentés: **la biologie, l'économie** (f.), **la géographie, la géologie, la gymnastique, l'histoire** (f.), **la littérature, le marketing, les mathématiques (maths)** (f.), **la musique, la philosophie (orientale), la physique, la psychologie, les sciences** (f.), **le théâtre**

Est-ce que tu as un cours de... ?	Do you have a . . . class/course?
Oui, j'ai un cours de...	Yes, I have a . . . class/course.
Non, je n'ai pas de cours de...	No, I don't have a . . . class/course.
Il est / Il n'est pas...	It's / It's not . . .
ennuyeux	boring
facile	easy
inutile	useless
passionnant	exciting
utile	useful

Mots apparentés: **abstrait(e), compliqué(e), difficile, important(e), intéressant(e), pratique, superflu(e)**

La description des personnes

Describing people

Il/Elle est...	He/She is . . .
de taille moyenne	of medium height
égoïste	selfish
raisonnable	sensible
roux/rousse	a redhead
sympathique	nice
Il/Elle a les cheveux...	He/She has . . . hair.
blonds	blond
bruns	brown
châtains	light brown
courts	short
frisés	curly
mi-longs	medium-length
noirs	black
Il/Elle a les yeux marron.	He/She has brown eyes.
Il/Elle porte...	He/She wears, is wearing . . .
des lunettes (*f.*)	glasses
des lentilles (*f.*) **de contact**	contact lenses

Mots apparentés: **amusant(e), courageux/ courageuse, dynamique, enthousiaste, idéaliste, intelligent(e), optimiste, pessimiste, prudent(e), résolu(e), sérieux/sérieuse, sociable, timide**

Les parties du corps

Parts of the body

la bouche	mouth
le bras	arm
les cheveux (*m.*)	hair
le corps	body
le dos	back
l'épaule (*f.*)	shoulder
la jambe	leg
la main	hand
le nez	nose
l'œil (*m.; pl.* **les yeux**)	eye
l'oreille (*f.*)	ear
le pied	foot
la tête	head
le ventre	stomach
le visage	face

La description

Description

numérique	digital
ouvert(e)	open
préféré(e)	favorite
premier/première	first

Substantifs

Nouns

un acteur / une actrice	an actor/actress
l'amour (*m.*)	love
un anniversaire	a birthday
une chambre	a bedroom
un examen	an exam
les gens (*m. pl.*)	people
une interrogation	a quiz
les lumières	lights
un objet	an object
un/une PDG	a CEO
une vedette	a star (celebrity)

Mots apparentés: **un/une cycliste, une description, un dialogue, une lampe, une lettre de l'alphabet, une opinion, un/une poète, un semestre**

Mots et expressions utiles

Useful words and expressions

À demain.	See you tomorrow.
après	after
De rien.	You're welcome.
même	same
Merci.	Thank you.
Quel cours?	Which (What) course?
Quelle est votre opinion sur... ?	What's your opinion of . . . ?
S'il te plait. (*fam.*)	Please.
S'il vous plait. (*form.* or *pl.*)	Please.
sur	on

Grammaire et exercices

B.1 Expressing existence: Il y a

A. Use the expression **il y a** (*there is / there are*) to talk about the presence or existence of people or things. Use **Est-ce qu'il y a... ?** or **Y a-t-il... ?** to ask a question.

➤ Questions:
Est-ce qu'il y a... ?
Y a-t-il... ?

➤ Answers:
Il y a...
Il n'y a pas de...

★ *You will learn more about the pronoun **en** in Grammaire 7.3.*

—**Est-ce qu'il y a** une horloge dans la salle de classe?	*Is there a clock in the classroom?*
—Oui, **il y a** une horloge.	*Yes, there's a clock.*
—**Y a-t-il** des garçons dans la classe?	*Are there any boys in the class?*
—Oui, **il y a** trois garçons.	*Yes, there are three boys.*

B. If the answer is negative, use **il n'y a pas de**.

—Est-ce qu'il y a des fenêtres ouvertes?	*Are there any windows open?*
—Non, **il n'y a pas de** fenêtres ouvertes.	*No, there aren't any windows open.*

C. You may substitute the expression **il y en a** or its negation, **il n'y en a pas**, in answers where you wish to avoid repeating the noun.

—Est-ce qu'il y a des étudiants canadiens dans la classe?	*Are there any Canadian students in the class?*
—Oui, il y **en** a.	*Yes, there are (some).*
—Il y a aussi des étudiants suisses?	*Are there some Swiss, students too?*
—Non, il n'y **en** a pas.	*No, there aren't any.*

Exercice 1 La salle de classe

Complete the paragraph with **un**, **une**, **des**, or **de**.

Dans la salle de classe, il y a _____¹ étudiants intelligents et _____² professeur brillant. Il y a aussi _____³ chaises, _____⁴ grand bureau et _____⁵ tableaux. Il n'y a pas _____⁶ télévision et il n'y a pas _____⁷ chaises confortables.

Exercice 2 Qu'est-ce qu'il y a dans votre chambre?

Say whether you have these objects in your bedroom.

MODÈLE: Est-ce qu'il y a une télévision? →
Oui, il y a une télévision. (Non, il n'y a pas de télévision.)

Est-ce qu'il y a...

1. une bicyclette?
2. une grande fenêtre?
3. une horloge?
4. une plante?

5. un bureau?
6. une lampe?
7. un ordinateur?
8. un projecteur?

B.2 Asking questions

A. There are three simple ways to ask questions in French.

In everyday conversation, the most common way is to use a rising intonation.

—Salut Daniel! Ça va? →   *Hi, Daniel! Everything all right?*
—Oui, ça va très bien, merci.   *Yes, everything's going fine,*
    thanks.

> **Definition:** *Intonation* is the musical pitch of the voice.

Another common question form is the expression **est-ce que** (**est-ce qu'** before a vowel or mute **h**) followed by a statement.

—**Est-ce que** tu es dans la classe   *Are you in Madame Martin's*
  de Mme Martin?   *class?*
—Oui, je suis dans sa classe.   *Yes, I'm in her class.*
—**Est-ce qu'**il y a des Français   *Are there any French people*
  dans la classe?   *in the class?*
—Non, il n'y a pas de Français   *No, there aren't any French*
  dans la classe.   *people in the class.*

You can also add **n'est-ce pas?** to the end of a sentence to ask for confirmation of the statement.

—Barbara et Denise sont amies,   *Barbara and Denise are friends,*
  n'est-ce pas?   *aren't they?*
—Oui, elles sont amies.   *Yes, they're friends.*

B. Both English and French use inversion to form questions in which the verb comes before the subject (*Is he at home?*). In French, inversion questions are more commonly used in writing than in speaking. However, some common short questions are often expressed with inversion.

Est-ce un crayon?   *Is that a pencil?*
Comment **allez-vous**?   *How are you?*
Où **est le marqueur**?   *Where is the marker?*
Comment **s'appelle ton ami**?   *What's your friend's name?*
Êtes-vous américain(e)?   *Are you American?*

> ➤ You can ask a question by using:
> - **Est-ce que...?**
>   **Est-ce que c'est Daniel?**
> - Inversion of the subject and verb:
>   **Est-ce Daniel?**
> - Or **...n'est-ce pas?**
>   **C'est Daniel, n'est-ce pas?**

Notice that when the subject is a pronoun, it is joined to its verb by a hyphen. Also, when inversion of the subject and the verb causes two vowels to come together, a **-t-** is added between them.

Y a-**t**-il un autre stylo?   *Is there another pen?*

Except for common short questions such as in the preceding examples, you do not need to use inversion questions at this point in your French studies because you can always use rising intonation or **est-ce que** instead. However, you should be able to understand inversion questions when you read or hear them.

C. The question **Qui est-ce?** is used to ask about people; the question **Qu'est-ce que c'est?** is used to ask about things.

—**Qui est-ce?**   *Who's that?*
—C'est Jacqueline.   *It's Jacqueline.*
—**Qu'est-ce que c'est?**   *What's that (this)?*
—C'est un stylo.   *It's a pen.*

> ➤ **Qui est-ce?** = Who is that?
> ➤ **Qu'est-ce que c'est?** = What is that/this?

⭐ *You will learn more about **c'est** and **ce sont** in **Grammaire 9.3**.*

D. Ce (C') is a subject pronoun used to identify people and things. It refers to nouns, either masculine or feminine, singular or plural.

C'est Agnès.	*This is / That's Agnès.*
C'est le tableau.	*This is / That's the board.*
Ce sont des crayons.	*These/Those are pencils.*

Exercice 3 Personne ou chose?

What's the correct question? Use **Qui est-ce?** or **Qu'est-ce que c'est?**

MODÈLES: ____? C'est Daniel. → Qui est-ce?
____? C'est une lampe. → Qu'est-ce que c'est?

1. ____? C'est le professeur.
2. ____? C'est un examen.
3. ____? Ce sont des amis.
4. ____? C'est Mme Martin.
5. ____? C'est un ordinateur.
6. ____? Ce sont des stylos.

Exercice 4 Qui est-ce?

Madame Martin is talking with a colleague in the university cafeteria. Find the logical answer to her colleague's questions.

1. Cette étudiante aux cheveux noirs, est-ce Barbara Denny?
2. Elle est dans votre classe, n'est-ce pas?
3. C'est une bonne étudiante?
4. Et l'autre étudiant, comment s'appelle-t-il?
5. Est-ce qu'il est en cours de français?

a. Oui, elle est intelligente et très dynamique.
b. Il s'appelle Raoul Durand.
c. Non, c'est Jacqueline Roberts.
d. Non, il n'est pas en cours de français. Il est québécois.
e. Oui, elle est dans ma classe de première année.

B.3 Spelling in French: The French alphabet

⭐ *See **La prononciation et l'orthographe, Deuxième étape** in the **Cahier d'exercices**, for more information on the alphabet. You can hear the letters pronounced on the audio program.*

A. French uses the same 26-letter alphabet as English. Here, the French pronunciation of the letters is given in French spelling.

a	a	**h**	ache	**o**	o	**v**	vé
b	bé	**i**	i	**p**	pé	**w**	double vé
c	cé	**j**	ji	**q**	ku	**x**	iks
d	dé	**k**	ka	**r**	erre	**y**	i grec
e	e	**l**	elle	**s**	esse	**z**	zède
f	effe	**m**	emme	**t**	té		
g	gé	**n**	enne	**u**	u		

➤ Pronunciation of **c**:
c before **i, e** = /s/
c before **a, o, u** = /k/
except **ç**:
  c in **cahier** = /k/,
  but **ç** in **français** = /s/

B. French uses several accents or diacritical marks.

accent aigu	´	fatigu**é**, **é**conomie
accent grave	`	tr**è**s, **à**
accent circonflexe	^	**â**ge, **ê**tre, d**ô**me
tréma	¨	No**ë**l
cédille	͵/ç	fran**ç**ais

When spelling aloud, the type of accent is named *after* the letter:

café = c – a – f – e accent aigu.

Pronunciation Hint

The **t** in the word **accent** is a liaison consonant, so it is pronounced only before a vowel, as in the phrase **accent aigu**, but not in **accent grave** or **accent circonflexe**. The word **cédille** is pronounced "say-dee-yuh."

C. Here is other useful information for talking about spelling or writing in French:

b **minuscule**	**b**	= *lowercase b*	**les parenthèses ( )**	= *parentheses*
b **majuscule**	**B**	= *capital b*	**les guillemets « »**	= *French quotation marks*
le point	**.**	= *period*		
la virgule	**,**	= *comma*	**la voyelle**	= *vowel*
les deux-points	**:**	= *colon*	**la consonne**	= *consonant*
le point-virgule	**;**	= *semicolon*		

B.4   Telling time: **Quelle heure est-il?**

A. To ask what time it is, use **Quelle heure est-il?** The answer is **Il est... heure(s)**.

—Quelle heure est-il?	*What time is it?*
—Il est dix heures.	*It's ten o'clock. (It's one o'clock.)*
(Il est une heure.)	

B. For *twelve o'clock noon*, use **midi**; for *twelve o'clock midnight*, use **minuit**.

—Tu as l'heure?	*Do you know what time it is?*
—Il est **midi**. (Il est **minuit**.)	*It's twelve (noon). (It's midnight.)*

C. Fractions of the hour are expressed in the following ways:

- Minutes after the hour (up to 30) are simply indicated following the hour.

Il est dix heures **vingt**.	*It's 10:20.*

- The half hour is expressed by **et demi(e)**.

Il est neuf heures **et demie**.	*It's 9:30.*
Il est midi **et demi**.	*It's 12:30.*

  ➤ **Demi** (not **demie**) is used with **midi** and **minuit**. The pronunciation is the same.

- Minutes before the hour are expressed with **moins**.

Il est cinq heures **moins dix**.	*It's ten to five (4:50).*

- The quarter hour is expressed with **quart**.

Il est deux heures **et quart**.	*It's (a) quarter after two (2:15).*
Il est onze heures **moins le quart**.	*It's (a) quarter to eleven (10:45).*

D. For A.M. and P.M., use **du matin**, **de l'après-midi**, and **du soir**.

Il est une heure **du matin**.	*It's 1:00 A.M. (one in the morning).*
Il est trois heures **de l'après-midi**.	*It's 3:00 P.M. (three in the afternoon).*
Il est neuf heures **du soir**.	*It's 9:00 P.M. (nine in the evening).*

E. In official announcements, such as TV, radio, train, or plane schedules, and curtain times at the theater, the 24-hour system is used. The numbers one through twelve are used for the morning hours, thirteen through twenty-three for the afternoon and the evening.

Il est **sept heures (du matin)**.	= Il est **7 h.**
Il est **midi**.	= Il est **12 h.**
Il est **trois heures et demie** (**de l'après-midi**).	= Il est **15 h 30.**
Il est **onze heures moins le quart (du soir)**.	= Il est **22 h 45.**
Il est **minuit**.	= Il est **0 h.**

Exercice 5 Quelle heure est-il?

MODÈLE: 2 h 20 → Il est deux heures vingt.

1. 4 h 20
2. 3 h 40
3. 8 h 13
4. 5 h 30
5. 12 h
6. 8 h 50
7. 10 h 45
8. 7 h 07
9. 6 h 15
10. 1 h 10

Exercice 6 L'heure officielle

First, read the time as given, then convert it to the usual 12-hour system, indicating the time of day with the appropriate expression (**du matin**, **de l'après-midi**, **du soir**, **midi**, **minuit**).

MODÈLES: 14 h → Il est quatorze heures.
Il est deux heures de l'après-midi.

12 h 30 → Il est douze heures trente.
Il est midi et demi.

1. 15 h
2. 7 h 15
3. 13 h 30
4. 20 h
5. 22 h 30
6. 10 h 45
7. 18 h 20
8. 19 h
9. 16 h 45
10. 11 h 50

B.5 Expressing possession: The verb **avoir**

A. Use the verb **avoir** to say what someone *has*.

avoir (*to have*)				
j'**ai**	*I have*	nous	**avons**	*we have*
tu **as**	*you have*	vous	**avez**	*you have*
il/elle/on **a**	*he/she/it/one has*	ils/elles	**ont**	*they have*

Hélène **a** des stylos et des crayons.

Hélène has some pens and pencils.

—Louis, **as**-tu un cours de français?

Louis, do you have a French class?

—Oui, et j'**ai** aussi un cours d'anglais.

Yes, and I also have an English class.

Note that **je** contracts to **j'** before a word that begins with a vowel or a mute **h**.

> **je** → **j'** before a vowel: **je suis, je m'appelle**, but **j'ai**

Pronunciation Hint

A consonant at the end of the verb form is silent, but at the end of the subject pronoun, it is pronounced because of liaison: **tu as, on a, nous avons, vous avez, ils ont, elles ont.**

B. When a sentence with **avoir** is negative, the preposition **de** replaces **un, une**, or **des**.

—Tu as une bicyclette?

Do you have a bicycle?

—Non, je n'ai pas **de** bicyclette.

No, I don't have a bicycle.

> Reminder: To make a sentence negative, put **ne** (or **n'**) and **pas** around the verb.
>
> **J'ai *un* crayon.** → **Je *n'*ai *pas* de stylo.**

C. Recall from **Grammaire B.2** that **-t-** is inserted in inversion questions with **a** (the third-person singular form of **avoir**). It is inserted when the inverted pronoun begins with a vowel.

Y a-**t**-il un marqueur?

Is there a marker?

Exercice 7 Dans mon université

Complete Barbara's letter to her French correspondent, Marise Colin, by using the correct forms of the verb **avoir**.

Dans mon université, nous _____[1] cours cinq jours par semaine, mais nous _____[2] le weekend de libre. Moi, ce semestre, je n'_____[3] pas de cours le lundi, mais ma camarade de chambre _____[4] trois cours et un travail dirigé (un TD) au labo de biologie. Tous les étudiants _____[5] beaucoup d'examens chaque semestre. Tes amis et toi, dans votre université, est-ce que vous _____[6] cours le samedi? Combien de cours _____[7]-vous pendant une journée typique? Et toi, personnellement, tu _____[8] des cours difficiles ce semestre? Est-ce que tu _____[9] des professeurs intéressants?

Exercice 8 Un étudiant désorganisé

Complete these sentences describing a rather disorganized student by using **un**, **une**, **des**, **d'**, or **de**.

1. J'ai _____ cours (*m.*) à 8 h, mais je n'ai pas _____ énergie.
2. J'ai _____ examen (*m.*) demain, mais je n'ai pas _____ livre.
3. J'ai _____ feuille (*f.*) de papier, mais je n'ai pas _____ stylo.
4. J'ai _____ cours (*m.*) de maths, mais je n'ai pas _____ calculatrice.
5. J'ai _____ cahier (*m.*), mais je n'ai pas _____ crayons.

Exercice 9 Qu'est-ce que tu as?

Say whether you have the following things by using **Oui, j'ai un/une...** or **Non, je n'ai pas de (d')...**

MODÈLE: Est-ce que tu as une voiture de sport*? →
Oui, j'ai une voiture de sport. (Non, je n'ai pas de voiture de sport.)

Est-ce que tu as...

1. un dictionnaire français?
2. un appartement?
3. des amis français?
4. une télévision dans ta chambre?
5. une bicyclette?
6. un cours de biologie?
7. des cours ennuyeux?
8. une guitare?

B.6 Describing with adjectives: More on gender

A. As you know, French nouns that refer to a male are usually masculine and those that refer to a female are usually feminine. Nouns referring to things also have grammatical gender and are either masculine or feminine. The endings in the following table generally indicate masculine or feminine nouns.

> By learning these few general rules, you will almost always know the gender of other nouns with the same endings.

USUALLY MASCULINE		USUALLY FEMININE	
-eau	un bur**eau**	-ette	une tromp**ette**
-eur	un serv**eur**	-ie	la biolog**ie**
-ier	un cah**ier**	-ion	une composit**ion**
-ment	un apparte**ment**	-ure	la littérat**ure**
		-é	la beaut**é**

We recommend that you learn new nouns in combination with the appropriate indefinite article **un** or **une** because **le** and **la** become **l'** before a vowel or mute **h**. Some nouns, as shown in the chart above, are normally used with a definite article. Learn those with the definite article.

---

*voiture... *sports car*

B. Adjectives must agree in gender with the nouns they describe.

- To agree with a feminine noun, adjectives usually add **-e**.

un chapeau noir	une jupe noir**e**
un étudiant intelligent	une étudiante intelligent**e**

Pronunciation Hint

If the masculine form ends in a pronounced consonant or **é,** the masculine and feminine forms are pronounced the same: **noir, noir~~e~~; fatigué, fatigué~~e~~.** If the masculine form ends in a silent consonant, this consonant is pronounced in the feminine form: **peti~~t~~, petit~~e~~; gra~~nd~~, gra~~nde~~.**

- Adjectives that already end with an **e** (with no accent) do not change their spelling.

un homme minc**e**	une femme minc**e**
un pantalon roug**e** et jaun**e**	une chemise roug**e** et jaun**e**

- Some adjective types follow slightly irregular patterns. Adjectives ending in **-eux** change to **-euse** in the feminine, and those ending in **-if** change to **-ive**.

un homme **sérieux**	une femme **sérieuse**
un garçon **sportif**	une fille **sportive**

- Some adjectives have very different masculine and feminine forms. Here are the most common of this type.

un **bon** livre	une **bonne** classe	(*good*)
un sac **blanc**	une robe **blanche**	(*white*)
un **vieux** monsieur	une **vieille** dame	(*old; elderly*)
un **beau** garçon	une **belle** fille	(*handsome; beautiful*)
un **nouveau** chapeau	une **nouvelle** chemise	(*new*)

  Vieux, beau, and **nouveau** have a third form that is used before a masculine noun beginning with a vowel or mute **h**: **un *vieil* homme, un *nouvel* appartement, un *bel* enfant.** (These forms are pronounced like the feminine forms.)

C. You may have noticed that some adjectives come before the noun and others after it. In general, French adjectives come after nouns, but there are several exceptions. This is discussed further in **Chapitre 4.**

> ➤ A few adjectives are invariable, that is, they do not change their spelling according to either the gender or number of the noun they accompany: **un costume marron, une jupe marron; un sac chic, une robe chic; un pull orange, des pulls orange.**

> ★ *You will learn more about these special forms and the placement of adjectives in* **Grammaire 4.1.**

Exercice 10 Masculin ou féminin?

Drawing on your knowledge of endings, give the correct indefinite article (**un** or **une**) for each noun.

1. _____ télévision
2. _____ acteur
3. _____ majorité
4. _____ chapeau
5. _____ casquette
6. _____ département
7. _____ nation
8. _____ pharmacie
9. _____ fracture
10. _____ quartier

Exercice 11 Les camarades de classe

Which adjectives can be used to describe the following people?

> MODÈLE: Barbara: enthousiaste, blond, optimiste, petit →
> Barbara est enthousiaste et optimiste.

1. Daniel: nerveuse, sympathique, intelligent, vieille
2. Barbara: sportive, beau, généreuse, grand
3. Louis: beau, raisonnable, sérieuse, sportive
4. Albert: grand, petite, mince, brune
5. Denise: blonde, petit, intelligent, belle
6. Jacqueline: brun, petite, intelligente, studieux

Exercice 12 Quelle est votre opinion?

Make a sentence for each noun, using the correct form of the adjective.

> MODÈLE: intéressant/intéressante: le livre de français, la vie →
> Le livre de français est (n'est pas) intéressant.
> La vie est (n'est pas) intéressante.

1. beau/belle: Juliette Binoche, un tigre, une vieille Ford, un tableau de Van Gogh
2. bon/bonne: le chocolat, la programmation à la radio publique, la télévision, le fastfood
3. dangereux/dangereuse: une motocyclette, une bombe, le tennis, la politique
4. amusant/amusante: un livre de science-fiction, la politique, un examen de physique, une comédie
5. vieux/vieille: l'astronomie, le Louvre, le président américain, l'université où je suis

B.7   Irregular plurals

A. As you know, the plural of the written form of most nouns and adjectives is formed by adding an **s**:

> un examen facile → des examen**s** facile**s**
> le professeur américain → les professeur**s** américain**s**

B. There are several exceptions, however. Nouns and adjectives ending in **s**, **x**, or **z** do not change in the plural. Some other nouns and adjectives also have irregular plural endings. Here are some examples:

WORDS ENDING IN...	SINGULAR	PLURAL
s, x, z (no change)	un mauvai**s** cour**s** l'enfant curieu**x** le ne**z** rouge	des mauvai**s** cour**s** les enfant**s** curieu**x** les ne**z** rouge**s**
-eau, -eu (add **-x**)	un b**eau** chap**eau** un j**eu** amusant	des b**eaux** chap**eaux** des j**eux** amusant**s**
-al, -ail (→ **-aux**)	un journ**al** radic**al** un trav**ail** municip**al**	des journ**aux** radic**aux** des trav**aux** municip**aux**

➤ An adjective agrees in gender *and* number with the noun it modifies.

> *Caroline* **est très** *sérieuse.*
>
> *Les enfants* **sont** *énergiques.*

⭐ *Review* **Première étape, Grammaire A.5** *and* **Deuxième étape, Grammaire B.6** *on singular and plural forms of articles and adjectives.*

Pronunciation Hint

Remember that the plural **-s** or **-x** is usually not pronounced: **leş bõnş restaurantş, deş beaux̸ chapeaux̸**. However, the letter **s** at the end of **des** or **les** is pronounced in liaison, that is, when the next word begins with a vowel or a mute **h: des͜ ͜z étudiantş américãinş**.

C. Remember that adjectives must agree in both gender and number with the nouns they modify. For this reason, an adjective may have as many as four different forms.

MASCULINE SINGULAR	MASCULINE PLURAL	FEMININE SINGULAR	FEMININE PLURAL
un pantalon noir un petit chapeau	des pantalons noir**s** des petit**s** chapeaux	une robe noir**e** une petite moustache	des robes noir**es** des petit**es** moustaches

Exercice 13 Descriptions

Choose the appropriate adjective and the correct form.

1. Comment sont les étudiants de votre université?

    sérieux/sérieuses   intelligents/intelligentes

    nerveux/nerveuses   amusants/amusantes

2. Comment est le professeur idéal?

    patient/patiente   raisonnable

    intéressant/intéressante   amusant/amusante

3. Comment est un examen difficile?

    long/longue   amusant/amusante

    compliqué/compliquée   intéressant/intéressante

4. Comment sont les hommes qui portent la barbe?

    beaux/belles   sportifs/sportives

    amusants/amusantes   individualistes

5. Comment est la langue française?

    beau/belle   facile

    compliqué/compliquée   mystérieux/mystérieuse

Les familles françaises aiment faire des promenades ensemble.

Patrick Forget/Sagaphoto/age fotostock

Ma famille et moi

Objectifs

In **Chapitre 1**, you will discuss your family and favorite activities. You will learn how to give your address and phone number, and more ways to describe people.

● ACTIVITÉS

Tranche de vie La famille royale belge
La famille
Gouts personnels
Origines et renseignements personnels
La vie de famille
À voir en vidéo Micro-trottoir: Au sujet de la famille

● LECTURES

À propos... Familles en évolution
À propos... Qui sont les Français?
À vous de lire Les chansons pour les enfants

● GRAMMAIRE

1.1 Expressing relationships: Possessive adjectives
1.2 Expressing likes and dislikes: **Aimer** + infinitive
1.3 Talking about dates and personal data: Numbers beyond 100
1.4 Stating origin: The verb **venir**
1.5 Talking about actions: Present tense of **-er** verbs
1.6 Expressing relationships and possession: Contractions of **de**

TRANCHE DE VIE

La famille royale belge

La Belgique est une monarchie depuis 1830. Dans ce pays, on parle deux langues: le français dans la région de Wallonie au sud et le flamand dans la région des Flandres au nord.

Photo de la famille royale belge prise par Michel Gronemberger le 21 juillet 2013 au Palais Royal de Bruxelles. Ce jour-là, Philippe de Saxe-Cobourg devient le 7e roi de Belgique. Sur cette photo, le roi Philippe est au centre, en uniforme. Il y a aussi...

- sa femme, la reine Mathilde
- leurs deux filles, les princesses Élisabeth (l'ainée, 11 ans) et Éléonore
- leurs deux fils, les princes Gabriel (9 ans) et Emmanuel
- son père, l'ancien roi Albert II, avec sa femme, Paola
- son frère, le prince Laurent (il porte des lunettes) avec sa femme, la princesse Claire
- sa sœur, la princesse Astrid, avec son mari, le prince Lorenz
- sa tante, la reine Fabiola, veuve du roi Baudouin et la doyenne de la famille

Il y a de quoi dire
Qui est-ce?

A. Trouvez le membre de la famille royale qui correspond à la description.

1. Elle est juste à côté du roi. Elle a 40 ans.
2. Elle est assise au premier rang. Elle a 5 ans.
3. Elle n'a plus de mari. Elle a 85 ans.
4. C'est le beau-frère du roi. Il a 57 ans.
5. C'est le neveu de Laurent. Il a 7 ans.
6. C'est l'oncle d'Élisabeth. Il a 49 ans.
7. C'est la tante de Gabriel. Elle a 51 ans.
8. C'est la belle-sœur du roi. Elle a 39 ans.
9. C'est la grand-mère d'Éléonore. Elle a 75 ans.

a. la reine Paola
b. le prince Emmanuel
c. la princesse Astrid
d. la princesse Éléonore
e. le prince Laurent
f. le prince Lorenz
g. la reine Fabiola
h. la reine Mathilde
i. la princesse Claire

B. Regardez la photo et associez la personne / les personnes avec la description.

1. Cette personne porte un costume bleu et une cravate bleue.
2. Cette personne est habillée en vert.
3. Ces personnes sont petites et elles portent un costume.
4. Ces personnes portent un chapeau.
5. Ces personnes sont petites et elles portent des chaussures blanches.
6. Ces personnes sont habillées en blanc.
7. Ces personnes sont assises sur des chaises.
8. Cette personne est adulte, et elle est petite.

a. Ce sont Gabriel et Emmanuel.
b. C'est le prince Lorenz.
c. Ce sont les deux filles et les deux garçons.
d. Ce sont Mathilde, Claire et Astrid.
e. C'est la reine Fabiola.
f. C'est Paola.
g. Ce sont Élisabeth et Éléonore.
h. Ce sont Mathilde et Astrid.

Allons plus loin!

En groupes, inventez toutes les descriptions possibles de la personne nommée par votre professeur.

MODÈLE: VOTRE PROFESSEUR: La reine Fabiola
VOUS: C'est la doyenne de la famille.
Elle est vieille.
Elle est petite.
Elle a les cheveux gris.
Elle porte une veste rose.
... ?

Activités et lectures

La famille

⭐ Attention! Étudier Grammaire 1.1

Activité 1 Interro: La famille de Claudine Colin

MODÈLE: É1: Comment s'appelle la mère de Claudine?
É2: Elle s'appelle Marie Lasalle.

É2: Quel âge a Charles?
É1: Il a 17 ans.

É1: Qui est Joël?
É2: C'est le fils de Victor et Claudine et...

É1: ?

Activité 2 Dialogue: Ma famille

É1: Combien de personnes y a-t-il dans ta famille?

É2: Il y a _____ personnes dans ma famille.

É1: Comment s'appellent les membres de ta famille?

É2: Mes _____ s'appellent _____ et _____, mon/ma _____ s'appelle _____ et...

É1: Quel âge ont-ils?

É2: Mon/Ma _____ a _____, mes _____ ont _____ et _____.

É1: Comment est ta famille?

É2: Nous sommes _____ et _____. Nous ne sommes pas _____.

É1: Est-ce que ta famille a une maison ou un appartement?

É2: Nous avons _____. Il/Elle est _____.

Vocabulaire utile   mon beau-père (beau-frère), ma belle-mère (belle-sœur), mon demi-frère, ma demi-sœur

Activité 3 Échanges: Ma famille et mes amis

Quelles sont les qualités importantes des personnes sur la liste?

MODÈLE: le petit frère

  É1: Imagine le petit frère idéal: comment est-il?

  É2: Pour moi, le petit frère idéal est affectueux et amusant. En général, il est calme et pas trop difficile.

1. la sœur

2. le frère ainé

3. la mère

4. l'ami(e)

5. le fiancé / la fiancée

6. le professeur

7. le père

8. ?

affectueux/affectueuse

amusant(e)

calme

compréhensif/compréhensive

difficile

énergique

flexible

généreux/généreuse

intéressant(e)

patient(e)

poli(e)

raisonnable

réaliste

réservé(e)

résolu(e)

sérieux/sérieuse

sportif/sportive

strict(e)

sympathique

?

À propos...

Familles en évolution

La famille française moyenne[1] a seulement entre un et deux enfants. C'est une situation normale en Europe, mais dans les pays francophones d'Afrique et au Québec, les familles nombreuses (trois enfants et plus) sont fréquentes.

De plus, un tiers (1/3) des Français reste célibataire[2] (surtout dans les grandes villes), et la moitié (1/2) des couples stables vit en «union libre»[3] ou liée par un

• Grands-parents et leurs petits-enfants dans un jardin public

PACS,[4] équivalent légal du mariage. Avec la loi du 17 mai 2013 sur le mariage pour tous, la France est le 14e pays au monde à autoriser le mariage homosexuel (3,70 % des unions en 2016). La cérémonie de mariage religieuse n'a pas de valeur officielle en France: il est nécessaire d'être marié par un maire[5] ou son adjoint.[6]

À l'extérieur de l'Europe, la vie de famille reste plus traditionnelle: on se marie religieusement et on divorce moins (en France, il y a un divorce pour deux mariages). Pourtant, les Français continuent d'apprécier certains aspects de la famille: les enfants, la joie d'être ensemble,[7] la solidarité et, bien sûr, les fêtes.[8]

[1]typique
[2]≠ marié
[3]habite à deux, mais n'est pas marié
[4]Pacte civil de solidarité
[5]principal personnage officiel d'une ville; son bureau s'appelle la mairie
[6]assistant
[7]en groupe
[8]célébrations

Gouts personnels

 Attention! Étudier Grammaire 1.2

Moi, j'aime beaucoup jouer au tennis! Et toi?

Clarisse   Marise

Je n'aime pas étudier le vendredi soir.

Joël

Raoul

Marie Lasalle

Claudine aime faire les courses.

Joël et ses amis aiment jouer au football.

Charles adore lire un bon livre.

Emmanuel aime nager à la piscine municipale.

Caroline aime courir et écouter de la musique.

Julien préfère envoyer des textos. Il n'aime pas parler au téléphone.

Activité 4 Discussion: Portrait familial

Choisissez une réponse pour chaque liste ou donnez une réponse personnelle.

1. Dans ma famille, nous sommes…
  - petits, de taille moyenne, grands.
  - calmes, énergiques, réservés
  - ambitieux, sportifs, très organisés.

2. Nous avons…
  - une maison moderne, un appartement.
  - un chat, un chien, un poisson rouge.
  - une voiture par personne, une voiture pour la famille.

3. Moi, j'ai…
  - un frère (un demi-frère), une sœur (une demi-sœur).
  - un appartement, une chambre chez mes parents, une chambre sur le campus.
  - une bicyclette, une motocyclette, une voiture.

4. Nous adorons…
  - parler ensemble, inviter nos amis.
  - aller au cinéma, jouer aux jeux vidéo.
  - regarder un match de foot, faire du camping.

Activité 5 Discussion: Les activités préférées

Dites **oui** ou **non**.

1. Pendant les vacances, j'aime…
  a. voyager.
  b. dormir tard.
  c. aller à la plage.
  d. lire un bon livre.

2. Je n'aime pas…
  a. nager à la piscine.
  b. faire du ski à la montagne.
  c. jouer aux cartes.
  d. faire les courses.

3. Le weekend, mes parents (mes amis) aiment…
  a. regarder la télé.
  b. diner au restaurant.
  c. sortir avec leurs amis.
  d. jouer au golf.

4. Le vendredi, mes amis et moi, nous aimons…
  a. rester à la maison.
  b. faire la fête.
  c. regarder un film ou une série.
  d. écouter la radio.

Exprime-toi!

Moi aussi!
Moi non!
Moi non plus!
Moi si!
C'est vrai?
Pas possible!
Tiens! C'est intéressant!

MODÈLE: É1: Pendant les vacances, j'aime voyager. Oui, c'est vrai.
É2: Moi aussi! J'aime beaucoup voyager. (Moi non! Je n'aime pas voyager.)

Activité 6 Interro: Le weekend

MODÈLE: É1: Qu'est-ce que Julien Leroux aime faire le samedi?
É2: Il aime aller au cinéma.
É1: Et toi, tu aimes aussi aller au cinéma?
É2: Oui, j'adore aller au cinéma.

NOM	LE SAMEDI	LE DIMANCHE
Julien Leroux, 32 ans journaliste belge	aller au cinéma	lire le journal
Adrienne Petit, 28 ans directrice des ressources humaines (DRH)	cuisiner	nager dans la mer
Raoul Durand, 21 ans étudiant québécois à La Nouvelle-Orléans	faire la fête	étudier
Charles Colin, 17 ans lycéen français	sortir avec ses copains	dormir tard
Agnès Rouet, 25 ans étudiante à Paris	faire les courses	inviter des amis

Activité 7 Échanges: Qu'est-ce que tu aimes faire?

MODÈLE: É1: Est-ce que tu aimes étudier avec quelqu'un d'autre?
É2: Non, je n'aime pas étudier avec quelqu'un d'autre. J'aime mieux étudier seul(e). Et toi?

1. jouer aux jeux vidéo
2. regarder des tutos en ligne
3. faire la fête
4. cuisiner

5. faire du camping
6. danser
7. dormir tard
8. voyager

Exprime-toi!

Je déteste...
J'adore...
J'ai horreur de...
Je préfère...
J'aime mieux...
Je ne sais pas...

Activité 8 Dans le monde francophone: Les leçons de ski

Regardez la publicité et dites si c'est **vrai** ou **faux**.

À l'école de ski français...

1. il y a des leçons particulières pour groupes de trois à cinq personnes.
2. il y a des leçons de danse.
3. il n'y a pas de leçons pour enfants.
4. il y a des leçons de monoski.

Et encore...

1. Est-ce que vous aimez faire du ski? Comment s'appelle votre station de ski préférée?
2. Quel est votre sport favori? Quel sport est-ce que vous n'aimez pas faire?

École de Ski Français
La Joue-du-Loup
Tél. saison 04.92.58.82.70 - Hors saison 04.92.58.84.63
Ski alpin - Fond - Monoski - Randonnées - Organisation courses

	Tarifs
Leçons particulières (l'heure):	
1-2 personnes.........................	60€
3-5 personnes.........................	70€
Stages enfants et adultes	
du lundi au samedi inclus:	
6 x 1 heure 30	95€
6 x 3 heures	120€
Stages des neiges: de 3 à 5 ans	
Demi-journée (3 heures)	45€
Journée (6 heures)......................	85€
Du lundi au samedi inclus:	
6 x 1/2 journée	110€
6 journées	150€

Tarifs E.F.S.   *Document non contractuel*

Origines et renseignements personnels

⭐ Attention! Étudier Grammaire 1.3 et 1.4

101	cent un	10.000	dix mille
102	cent deux	100.000	cent mille
200	deux cents	150.000	cent cinquante mille
201	deux cent un	1.000.000	un million
300	trois cents	2.000.000	deux millions
1.000	mille	1.000.000.000	un milliard
		2.000.000.000	deux milliards

Julien

Jean-Yves   Sarah

Activité 9 Interro: Les coordonnées

É1: Quel est le numéro de téléphone de Sarah?
É2: C'est le 01 48 74 94 23.
É1: Où habite Adrienne?
É2: À Marseille.
É1: Quelle est l'adresse de Raoul?
É2: 280 boulevard de Maisonneuve Est.

Activité 10 Dialogue: Renseignements personnels

É1: De quelle ville viens-tu?
É2: Je viens de _____. Et toi?
É1: Moi, je viens de _____.
É2: Quelle est ton adresse mail?
É1: C'est _____. Et toi?
É2: Moi, c'est _____.
É1: Quand et où est-ce que tu es né(e)?
É2: Je suis né(e) le _____, 19/20 _____, à _____.

Activité 11 Interro: Les origines et les nationalités

PAYS	NATIONALITÉ	LANGUE(S) PRINCIPALES
l'Algérie (*f.*)	algérien, algérienne	l'arabe, le français, le berbère
l'Allemagne (*f.*)	allemand, allemande	l'allemand
la Belgique	belge	le français, le flamand
le Canada	canadien, canadienne	l'anglais, le français
la Chine	chinois, chinoise	le chinois
l'Espagne (*f.*)	espagnol, espagnole	l'espagnol, le catalan, le basque
les États-Unis (*m.*)	américain, américaine	l'anglais, l'espagnol
la France	français, française	le français
le Japon	japonais, japonaise	le japonais
le Sénégal	sénégalais, sénégalaise	le français, le wolof

MODÈLE: É1: De quelle nationalité est Yasmina Diouf?
  É2: Elle est sénégalaise.
  É1: Quelle(s) langue(s) est-ce qu'elle parle?
  É2: Elle parle wolof et/ou français.

1. Mario Desjardins, Chicoutimi, Québec (Canada)
2. Willy Maertens, Anvers (Belgique)
3. Francis Lasalle, Lyon (France)
4. Abdelkader El Akari, Blida (Algérie)
5. Coumba Gwalo, Dakar (Sénégal)
6. Wang Yu, Shanghai (Chine)
7. Ulrike Schneider, Francfort (Allemagne)
8. Sarah Thomas, Eau Claire, Wisconsin (États-Unis)
9. Yuko Watanabe, Osaka (Japon)
10. Marianna Vasco, Bilbao (Espagne)

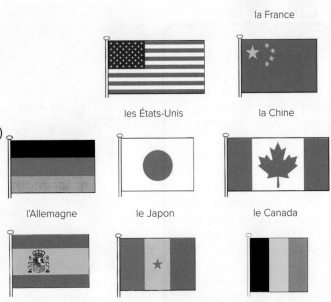

la France

les États-Unis

la Chine

l'Allemagne

le Japon

le Canada

l'Algérie

l'Espagne

le Sénégal

la Belgique

À propos...

Qui sont les Français?

Jason Wang est un étudiant américain d'origine chinoise. Il passe une année en France, à l'université Louis Lumière de Lyon. Il pose des questions à son professeur d'histoire, M. Gondrand, sur la question de l'identité des Français.

Jason: On dit que le «Français typique» est un descendant des Gaulois.[1] C'est vrai?

M. Gondrand: Pas exactement... En réalité, la population de la France est très diverse: les Bretons sont celtiques, les Alsaciens, germaniques, les gens du Midi,[2] méditerranéens comme les Italiens et les Grecs. Et, naturellement, les Français d'outre-mer[3] représentent une grande variété de races et de cultures.

Jason: Et les immigrés?

M. Gondrand: Sur une population totale de 67 millions, il y a en France plus de 6 millions d'immigrés, en majorité des anciennes[4] colonies françaises du Maghreb (Algérie, Maroc, Tunisie) et d'Afrique sub-saharienne (Sénégal, Mali, Côte d'Ivoire, etc.).

Jason: Et tous ces gens-là sont des «Français typiques»!

[1] groupe de nombreux peuples celtiques installés sur le territoire actuel de la France
[2] sud de la France
[3] régions administrativement français, mais situés à l'extérieur de l'Europe
[4] du passé

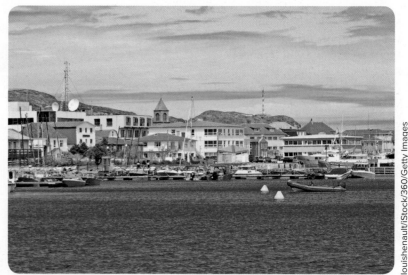

• Le footballeur Kylian Mbappé rend visite aux enfants de la clinique Édouard Rist à Paris dans le cadre du programme «Sport à l'hôpital».

Cliquez là!

Visitez le site du ministère des Outre-mer, territoires français qui se trouvent loin de la France métropolitaine (en Europe). Choisissez un des territoires d'Outre-mer et faites des recherches là-dessus. Où se trouve-t-il? De quand datent ses premiers contacts avec l'Europe? Comment sont sa topographie, son climat, sa population? Présentez ce territoire d'Outre-mer à la classe.

• La ville de Saint-Pierre, à Saint-Pierre-et-Miquelon, près des côtes canadiennes de l'île de Terre-Neuve

La vie de famille

⭐ Attention! Étudier Grammaire 1.5 et 1.6

La famille de Bernard Lasalle

Voilà Bernard Lasalle avec sa femme, Christine. Elle est infirmière dans un hôpital à Lyon.

Les enfants de Bernard et Christine s'appellent Camille (11 ans), Marie-Christine (8 ans) et Nathalie (6 ans).

Voilà la sœur de Bernard, Claudine Colin, avec sa famille. Son mari Victor travaille dans un bureau.

Toute la famille passe le mois d'août ensemble dans une maison au bord de la mer.

Christine parle beaucoup avec sa belle-sœur Claudine et sa belle-mère Marie Lasalle.

Les petites Lasalle adorent faire une promenade avec leur oncle Victor et leur tante Claudine.

Quelquefois, Victor Colin joue à la pétanque avec son beau-frère, son beau-père et ses fils.

Activité 12 Définitions: La famille

Donnez la bonne définition.

> MODÈLE: É1: Cette personne est la mère de la mère ou du père.
> É2: C'est la grand-mère.

1. la mère du mari ou de la femme
2. le père du père ou de la mère
3. le fils du frère ou de la sœur
4. l'époux de la femme
5. le mari de la sœur
6. la femme du frère
7. le fils de l'oncle ou de la tante
8. l'épouse du mari
9. la sœur de la mère ou du père
10. ?

a. le mari
b. la femme
c. le beau-frère
d. la belle-sœur
e. le neveu
f. le grand-père
g. le cousin
h. la belle-mère
i. la tante
j. ?

• Un mariage à Bordeaux, dans le sud-ouest de la France

À voir en vidéo

Micro-trottoir: Au sujet de la famille

Répondez aux questions suivantes à partir de votre point de vue personnel. Puis regardez la vidéo et comparez vos réponses à celles des gens interrogés.

1. Comment est ta famille?

2. Est-ce que ta famille est typique ou atypique des familles d'aujourd'hui?

3. Est-ce que tu aimes les animaux? Quels animaux domestiques as-tu chez toi?

4. Pour toi, quels sont les «bons moments» passés en famille?

Activité 13 Enquête: Les activités de ma famille

Dans votre famille, qui fait les activités suivantes?

> MODÈLE: _____ aime/aiment faire des achats sur l'internet. →
> Ma mère aime faire ses achats sur l'internet. Elle déteste aller
> au centre commercial.

1. _____ travaille/travaillent dans un bureau.
2. _____ achète/achètent beaucoup de vêtements neufs.
3. _____ aime/aiment conduire vite.
4. _____ écoute/écoutent de la musique classique.
5. _____ reste/restent à la maison le samedi soir.
6. _____ rentre/rentrent tard très souvent.
7. _____ chante/chantent sous la douche.
8. _____ parle/parlent beaucoup sur son/leur portable dans la rue.

Allons plus loin! Posez les mêmes questions à un(e) partenaire.

> MODÈLE: É1: Est-ce que tu travailles dans un bureau?
> É2: Non, mais je travaille dans un restaurant. Et toi?

Activité 14 Enquête: La famille et les amis

Dites **oui** ou **non**. Si vous dites **non**, corrigez la phrase.

Vocabulaire utile

mon copain / ma copine
mon/ma camarade de chambre
mon/ma colocataire
mon petit ami / ma petite amie
Je ne… avec/à/de personne
seul(e)

1. Je parle avec ma camarade de chambre quand j'ai des problèmes.
2. Je téléphone souvent à mes grands-parents.
3. Je passe le samedi soir avec mes copains.
4. Je regarde la télé avec mes colocataires.
5. Je rigole avec mes frères.
6. J'étudie avec mes camarades de classe.
7. J'achète des vêtements avec ma mère.
8. J'écoute toujours les conseils de mon père.

Allons plus loin! Maintenant, comparez vos réponses avec les réponses
de votre partenaire et expliquez quand vous dites **non**.

> MODÈLE: Quand j'ai des problèmes, je parle avec ma tante. Elle est très
> discrète et elle m'écoute attentivement.

Activité 15 Entretien: Ma famille

Répondez aux questions. Ensuite, posez les questions à votre partenaire.

1. Est-ce que tu viens d'une famille nombreuse? Combien de personnes y a-t-il dans ta famille?
2. Est-ce que tes grands-parents sont vivants ou morts? Où habitent-ils? Quel âge ont-ils?
3. Dans ta famille, qui préfères-tu? Comment est cette personne? Pourquoi est-ce que tu préfères cette personne?
4. Est-ce que tu discutes de tes problèmes importants avec tes parents? Pourquoi ou pourquoi pas? Autrement, avec qui préfères-tu parler?
5. À qui est-ce que tu ressembles physiquement? Et du point de vue personnalité?

AGENCE MATRIMONIALE «ESPOIR FAMILIAL»
20, rue Paul Gourdon

RENCONTRES

31 ans, célibataire, tendre, raisonnable, jolie et intelligente en plus! Milieu médical, elle désire faire des projets d'avenir avec jeune homme affectueux et protecteur.

58 ans, veuve, douce, un peu timide, elle aime la campagne, cuisiner; désire rencontrer compagnon simple mais gentil et affectueux.

36 ans, célibataire, dynamique, charmant, brun, 1,78m, sportif (squash, tennis, randonnée, planche à voile...); désire fonder un foyer, avoir des enfants.

Grand-père, veuf, 75 ans, aisé, dynamique, aimant nature, voyages et sorties; désire rencontrer une dame 65/70 ans, mêmes intérêts.

Activité 16 Dans le monde francophone: L'agence matrimoniale «Espoir familial»

1. Est-ce que la personne de 31 ans est un homme ou une femme?
2. Est-ce que la personne qui aime cuisiner est veuve ou célibataire?
3. Quel âge a le «grand-père» dynamique?
4. Qui joue au tennis?
5. Qui vient d'un milieu médical?

À vous la parole! Vous désirez rencontrer une personne intéréssante. Préparez une petite annonce pour l'agence matrimoniale «Espoir familial». Pour commencer, quel âge avez-vous? Et comment êtes-vous? Qu'est-ce que vous aimez faire? Qu'est-ce que vous désirez?

POUR RÉSUMER

À vous de parler

A. Associations

Avec un(e) partenaire, utilisez les préférences sur la liste pour créer deux profils, (1) *une personne branchée (hip, cool)* et (2) *une personne vieux jeu (old-fashioned)*.

MODÈLE: É1: Qui déteste lire des tweets?
É2: C'est probablement la personne vieux jeu.

- a 501 amis sur Facebook
- achète des vêtements en ligne
- adore conduire vite
- adore la télé-réalité
- adore rigoler avec ses copains
- aime aller au zoo
- aime écrire de longues lettres

- aime lire le journal
- arrive toujours à l'heure
- déteste les textos
- joue au bridge
- parle constamment sur son portable
- passe des heures sur son ordinateur
- regarder des tutos en ligne

Maintenant... Comparez vos profils avec ceux de vos camarades de classe.
Et enfin... Votre profil ressemble-t-il à un de ces profils? Expliquez.

B. Profil d'un proche

1. Comment s'appelle la personne? Est-ce un membre de votre famille?
2. Quel âge a-t-il/elle?
3. Où est-ce qu'il/elle habite?
4. Décrivez la personne.
5. Quelles sont les qualités de la personne?
6. Quelles activités aimez-vous faire ensemble?
7. ?

À vous de lire

Les chansons pour les enfants

La vie en famille est l'occasion de faire des jeux, de réciter des comptines, de raconter des histoires (les contes) et de chanter ensemble des chansons traditionnelles. Tous les petits Français connaissent «Au clair de la lune», «Fais dodo» et «Ah! Vous dirais-je, maman». Quand ils deviennent parents eux-mêmes, ils chantent ces chansons à leurs enfants.

«Ah! Vous dirais-je, maman»

Ah! Vous dirais-je, maman,
Ce qui cause mon tourment?
Papa veut que je raisonne
Comme une grande personne;
Moi, je dis que les bonbons
Valent mieux que la raison.

<small>Source: Wolfgang Amadeus Mozart, "Ah vous
dirai-je, Maman" on Twelve Variations, 18th Century.</small>

«Fais dodo»

Fais dodo, Colas, mon p'tit frère,
Fais dodo, t'auras du lolo.

Maman est en haut,
Qui fait des gâteaux;
Papa est en bas,
Qui fait du chocolat.

Fais dodo, Colas, mon p'tit frère,
Fais dodo, t'auras du lolo.

On fait la bouillie
Pour l'enfant qui crie,
Et tant qu'il criera
Il n'en aura pas.

Fais dodo, Colas, mon p'tit frère,
Fais dodo, t'auras du lolo.

<small>Source: Anonymous, "Fais dodo" 18th Century</small>

«Au clair de la lune»

Au clair de la lune
Mon ami Pierrot,
Prête-moi ta plume
Pour écrire un mot.
Ma chandelle est morte,
Je n'ai plus de feu;
Ouvre-moi ta porte
Pour l'amour de Dieu.

Source: E. Plon, Nourri, "Au clair de la lune" 1910. Old Songs for Children.

À vous d'écrire

Vous écrivez une lettre à l'agence Accueil France Famille parce que vous désirez passer deux mois dans une famille française. Dans votre lettre, décrivez comment vous êtes, les choses que vous aimez faire et le type de famille que vous préférez trouver.

ACCUEIL FRANCE FAMILLE

Séjours individuels en famille, toute l'année, sur toute la France.

A PARIS:
Chambre et Petit Déjeuner ou Demi-Pension

EN PROVINCE:
Pension complète

5, rue François Coppée
75015 PARIS FRANCE

UN ACCUEIL QUI TIENT SES PROMESSES

MODÈLE:

Accueil France Famille
5, rue François Coppée
75015 Paris

Madame, Monsieur,

Je désire passer deux mois dans une famille française. Je m'appelle... , j'ai... ans et je suis étudiant(e) en... à l'université de... Je suis une personne plutôt... J'aime beaucoup... Si possible, je préfère loger dans une famille...

En attendant votre réponse, je vous prie d'agréer l'expression de mes sentiments distingués.

(signature)

🎧 Vocabulaire

La famille
Family

le beau-frère	brother-in-law
le beau-père	father-in-law; stepfather
la belle-mère	mother-in-law; stepmother
la belle-sœur	sister-in-law
le cousin / la cousine	cousin
le demi-frère	half brother; stepbrother
la demi-sœur	half sister; stepsister
l'enfant (*m., f.*)	child
l'époux / l'épouse	spouse
la femme	wife
la fille	daughter
le fils	son
le frère	brother
la grand-mère	grandmother
le grand-père	grandfather
les grands-parents (*m.*)	grandparents
le mari	husband
la mère	mother
le neveu	nephew
la nièce	niece
l'oncle (*m.*)	uncle
le père	father
la petite-fille	granddaughter
le petit-fils	grandson
les petits-enfants (*m.*)	grandchildren
la sœur	sister
la tante	aunt

La description
Description

bon/bonne	good
branché(e)	hip, cool
célibataire	single, unmarried
compréhensif/ compréhensive	understanding
jumeau/jumelle	twin
mort(e)	deceased, dead
nombreux/nombreuse	numerous
poli(e)	polite
seul(e)	alone
tout(e)	all
trop	too
vieux jeu	old-fashioned
vite	quickly
vivant(e)	living, alive

Mots apparentés: **affectueux/affectueuse, ambitieux/ambitieuse, attentivement, calme, discret/discrète, favori/favorite, flexible, généreux/généreuse, moderne, organisé(e), patient(e), physiquement, réaliste, réservé(e), sportif/sportive, strict(e)**

Activités favorites et distractions
Favorite activities and entertainment

Qu'est-ce que tu aimes faire?	What do you like to do?
J'adore...	I love . . .
J'ai horreur de...	I hate . . .
J'aime...	I like . . .
J'aime mieux...	I prefer . . .
aller au cinéma	to go to the movies
à la plage	to the beach
à la montagne	to mountains
chanter sous la douche	to sing in the shower
conduire une voiture	to drive a car
cuisiner	to cook
danser	to dance
diner au restaurant	to eat at a restaurant
dormir tard	to sleep late
écouter la radio	to listen to the radio
faire du camping	to go camping
faire les courses	to go grocery shopping
faire la fête	to party
faire une promenade	to take a walk
faire du ski	to go skiing
inviter des amis	to invite friends over
jouer aux cartes	to play cards
au foot(ball)	to play soccer
au tennis	to play tennis
aux jeux vidéo	to play video games
lire (le journal)	to read (the newspaper)
nager à la piscine	to swim in the pool
parler au téléphone	to talk on the phone
passer la soirée ensemble	to spend the evening together
regarder la télé(vision)	to watch television
rester à la maison	to stay home
rigoler	to laugh; to have fun
sortir avec des ami(e)s	to go out with friends
travailler dans le jardin	to work in the yard
voyager	to travel

Les endroits

Places

au bord de la mer	at the seashore
un bureau	an office
un centre commercial	a shopping mall
une maison	a house

Mots apparentés: **un appartement, un hôpital**

Quand

Saying when

maintenant	now
pendant	during
quelquefois	sometimes
souvent	often

Substantifs

Nouns

un/une camarade de chambre	a roommate
un chat / une chatte	a cat
un chien / une chienne	a dog
un/une colocataire	a housemate
un copain / une copine	a close friend, pal
un petit ami / une petite amie	a boyfriend / a girlfriend
un renseignement	a piece of information
une réponse	an answer
une rue	a street
les vacances (*f. pl.*)	vacation
une ville	a city

Mots apparentés: **une adresse, un film, une langue, un match, la musique, la nationalité, un numéro de téléphone, la radio, un sport**

Verbes

Verbs

acheter	to buy
déjeuner	to eat lunch
discuter (de)	to discuss
étudier	to study
faire des achats	to shop (*make purchases*)
habiter	to live (inhabit)
passer (un mois)	to spend (a month)
rentrer	to return; to come back
ressembler (à)	to resemble, to look like
travailler	to work
venir (de)	to come (from)

Mots apparentés: **adorer, détester, préférer, téléphoner**

Mots et expressions utiles

Useful words and expressions

à	to; at
beaucoup	a lot, many
C'est vrai?	Is that right (correct)?
chez moi (chez mes parents)	at my home (at my parents' house)
D'où venez-vous? (**...viens-tu?**)	Where are you from?
Je viens de...	I come from . . .
ensemble	together
Je ne sais pas	I don't know.
Je suis né(e)...	I was born . . .
mais	but
Moi aussi!	Me too!
Moi non!	Not me!
Moi non plus!	Me neither!
Moi si!	Yes (I do)!
où	where
Pas possible!	No way!; You're kidding!
pour	for
pourquoi	why
Quel âge avez-vous? (**...as-tu?**)	How old are you?
J'ai 19 ans.	I'm 19 (years old).
Tiens!	Well!; Look here!
voilà	there is/are

Les pays et les nationalités

Countries and nationalities

l'Algérie (*f.*) / **algérien(ne)**	Algeria/Algerian
l'Allemagne (*f.*) / **allemand(e)**	Germany/German
la Belgique / belge	Belgium/Belgian
le Canada / canadien(ne)	Canada/Canadian
la Chine / chinois(e)	China/Chinese
l'Espagne (*f.*) / **espagnol(e)**	Spain/Spanish
les États-Unis (*m.*) / **américain(e)**	the United States/ American
la France / français(e)	France/French
le Japon / japonais(e)	Japan/Japanese
le Québec / québécois(e)	Quebec/Quebecois
le Sénégal / sénégalais(e)	Senegal/ Senegalese
la Suisse / suisse	Switzerland/Swiss

Les langues

Languages

l'arabe (*m.*)	Arabic
l'allemand (*m.*)	German
l'anglais (*m.*)	English
le chinois	Chinese
l'espagnol (*m.*)	Spanish
le français	French
le japonais	Japanese

Grammaire et exercices

1.1   Expressing relationships: Possessive adjectives

Definition: Possessive adjectives modify nouns by indicating ownership or relationship: *my book, your sister.*

A. Here are the forms of the possessive adjectives in French:

ENGLISH	BEFORE MASCULINE SINGULAR NOUNS	BEFORE FEMININE SINGULAR NOUNS	BEFORE PLURAL NOUNS
my	mon	ma	mes
your (**tu**)	ton	ta	tes
his, her, its	son	sa	ses

	BEFORE SINGULAR NOUNS	BEFORE PLURAL NOUNS
our	notre	nos
your (**vous**)	votre	vos
their	leur	leurs

> Voici une photo de **mon** frère avec **sa** femme et **leurs** enfants. Et voilà **ma** sœur avec **son** mari et **leur** bébé.

> *Here's a photo of my brother with his wife and their children. And there's my sister with her husband and their baby.*

Pronunciation Hint

A final **s** or **n** is pronounced when the following word begins with a vowel: **mes enfants** but **mes filles**; **mon ami** but **mon fils**.

B. French possessive adjectives agree in gender and number with the nouns they modify. *Exception:* the possessive form ending in the letter **n** (**mon, ton, son**) is always used before a singular noun or adjective starting with a vowel or mute **h**, even if the noun is feminine.

⭐ *Review **Première étape, Grammaire A.3** and **A.5** on gender and number agreement.*

mon cousin Charles	*but*	**mon** autre cousine Marise
ma cousine Clarisse		**mon** étudiante
		son amie Agnès
		ton horloge

C. Keep in mind that the gender and number of the possessive adjective are determined *by what is possessed*, not by the possessor. This is why **son, sa,** and **ses** can all mean *his, her,* or *its,* depending on the context.

Definition: "Number" refers to whether a word is singular or plural.

> Voilà Victor Lasalle avec **sa** femme Claudine et **son** fils Charles. Mme Martin regarde **son** livre.

> *There's Victor Lasalle with his wife Claudine and his son Charles. Madame Martin is looking at her book.*

Exercice 1 En famille

Denise et Jacqueline parlent de leur famille. Remplacez les tirets par un des adjectifs possessifs: **mon**, **ma**, **mes**; **ton**, **ta**, **tes**; **son**, **sa**, **ses**.

1. —Jacqueline, comment est _____ famille? Est-ce que _____ frères et sœurs sont jeunes?
   —Non, pas trop. _____ frère a 19 ans et _____ sœurs ont 12 et 14 ans.
2. —Est-ce que _____ grands-parents habitent dans la même ville que toi?
   —_____ grand-mère habite chez nous, mais _____ grand-père est mort.
3. —Est-ce que _____ mère est une personne active?
   —Oui. Avec _____ job (m.) et _____ enfants, elle est très occupée.
4. —_____ frère habite encore chez toi?
   —Non, il a _____ propre* appartement (m.).

Exercice 2 Votre classe de français

Répondez aux questions avec **notre** ou **nos**.

MODÈLE: Combien de garçons y a-t-il dans votre classe? →
        Il y a huit garçons dans notre classe.

1. Combien d'étudiants y a-t-il dans votre classe?
2. Est-ce que vos camarades de classe sont timides ou extravertis?
3. Comment s'appelle votre professeur?
4. À quelle heure est votre cours?
5. Est-ce que vos devoirs sont difficiles ou faciles?

Exercice 3 Une nouvelle amie

Vous avez une nouvelle correspondante, Évelyne Casteret. Dans un mail récent, elle décrit sa famille. Qu'est-ce qu'elle dit? Changez les adjectifs possessifs.

MODÈLE: *Ma* grand-mère s'appelle Marie. →
        Sa grand-mère s'appelle Marie.

1. *Mes* parents sont jeunes et énergiques.
2. *Ma* sœur Madeleine est très amusante.
3. *Mon* père travaille avec *mon* oncle.
4. *Notre* maison est très vieille et très grande.
5. En général, *mes* amis sont très sympathiques. *Mon* amie Sabrine est aussi très intelligente.

---

*own

1.2 Expressing likes and dislikes: **Aimer** + infinitive

A. The verb **aimer** is used to say that you like or love something or someone.

J'**aime** mon petit frère.	*I love my little brother.*
Nous **aimons** beaucoup le professeur.	*We really like the teacher.*
Est-ce que tu **aimes** ton cours d'informatique?	*Do you like your computer science class?*

B. Like **être** and **avoir**, **aimer** has different forms depending on the subject (noun or pronoun) used with the verb. The word **aimer** itself is the infinitive form. Most French infinitives end in **-er**, like **aimer**; they are called regular **-er** verbs. Their present-tense forms are created by dropping **-er** from the infinitive and adding the endings shown in the following chart.

Definition: The infinitive form corresponds to the English "to" form: *to do, to sing,* etc. In French dictionaries, verbs are listed in the infinitive form.

aimer (*to like; to love*)	
j'aim**e**	nous aim**ons**
tu aim**es**	vous aim**ez**
il/elle/on aim**e**	ils/elles aim**ent**

Notice that all the forms in the L-shaped shaded area are pronounced the same.

Pronunciation Hint

aime~~r~~: j'aim~~e~~, tu aim~~es~~, il aim~~e~~, nous ͜aim~~ons~~, vous ͜aim~~ez~~, ils/elles ͜aim~~ent~~

C. Use **aimer** + infinitive to say what someone likes to do. Use **aimer** with **ne... pas** to indicate what someone doesn't like to do.

J'**aime diner** au restaurant.	*I like to eat dinner in a restaurant.*
Joël **n'aime pas danser**.	*Joël doesn't like to dance.*
Mes amis **aiment jouer** au football.	*My friends like to play soccer.*

D. Other groups of regular French verbs have infinitives that end in **-ir** (**finir**, *to finish*) and **-re** (**répondre**, *to answer*). Still others have irregular infinitives, such as **être** and **avoir**. You will learn more about these verbs in later chapters.

★ *You will learn more about regular **-er** verbs in **Grammaire 1.5**.*

E. **Détester** and **adorer** are conjugated like **aimer** and may also be used with a following infinitive to express feelings.

Je **déteste étudier** le samedi soir.	*I hate to study on Saturday nights.*
J'**adore dormir** tard le dimanche matin.	*I love to sleep late on Sunday mornings.*

Exercice 4 Le dimanche d'Albert

Remplacez les tirets par une forme du verbe **aimer**.

1. Ma sœur _____ dormir jusqu'à* midi.
2. Mes parents _____ jouer aux cartes.
3. Daniel et moi, nous _____ jouer au tennis.
4. Moi, j' _____ lire le journal.
5. Tes amis et toi, qu'est-ce que vous _____ faire?
6. Et toi, tu _____ faire les mêmes choses?

Exercice 5 Passetemps préférés

Répondez et puis indiquez un autre passetemps préféré.

Vocabulaire utile: aller au cinéma, danser, dormir tard, écouter de la musique classique, jouer aux cartes, lire des livres / le journal, regarder la télé, surfer sur l'internet

> MODÈLE: Est-ce que vos amis aiment cuisiner? →
> Mes amis aiment cuisiner, mais ils aiment aussi diner au restaurant. (Mes amis n'aiment pas cuisiner, mais ils aiment diner au restaurant.)

1. Est-ce que vos amis aiment surfer sur l'internet?
2. Est-ce que votre mère aime jouer du piano?
3. Est-ce que votre père aime écouter du rock?
4. Est-ce que votre petit ami / petite amie aime faire une promenade?
5. Est-ce que votre professeur de français aime aller au cinéma?
6. Est-ce que vous aimez jouer au tennis le weekend?

1.3 Talking about dates and personal data: Numbers beyond 100

➤ In French, the day is always given before the month: 25.12.20 = **le 25 décembre 2020**.

➤ Use **le premier** to express the first of the month.

A. To talk about the date, use one of these expressions.

Quelle est la date aujourd'hui?	*What's today's date?*
Aujourd'hui **c'est le vingt** (**le huit**, etc.) **avril**.	*Today is April 20th (8th, etc.).*
Aujourd'hui **nous sommes le premier** janvier.	*Today is January 1st (first).*

➤ **Quel âge as-tu? J'ai (20) ans.**

B. To express age, use **avoir** (*to have*) + number + **ans**.

—Joël, quel âge **as**-tu?	*Joël, how old are you?*
—J'ai 8 **ans**.	*I'm eight.*
—Et ton frère Emmanuel?	*How about your brother Emmanuel?*
—Il **a** 14 **ans**.	*He's fourteen.*

➤ **avoir**

j'ai	**nous avons**
tu as	**vous avez**
il/elle a	**ils/elles ont**

---

*until

C. Here is how to tell your birthday and birthdate.

Mon anniversaire est le vingt et un septembre.   *My birthday is September 21st.*

Je suis né(e) en 2003.   *I was born in 2003.*

D. Years before 2000 can be expressed in two ways in French. For 2000 and after, there is just one way.

    1998 = dix-neuf cent quatre-vingt-dix-huit
          mille neuf cent quatre-vingt-dix-huit
    2000 = deux mille
    2020 = deux mille vingt

E. Here are the numbers from 101 to two billion.

101 cent un	400 quatre cents	1.000	mille
102 cent deux	500 cinq cents	10.000	dix mille
200 deux cents	600 six cents	100.000	cent mille
201 deux cent un	700 sept cents	1.000.000	un million (de)
202 deux cent deux	800 huit cents	2.000.000	deux millions (de)
300 trois cents	900 neuf cents	1.000.000.000	un milliard (de)
		2.000.000.000	deux milliards (de)

➤ The **-s** of **cents** is dropped if it is followed by another number: **deux cents, deux cent un**. **Mille** never takes an **-s**: **deux mille**.

➤ In French, a period (not a comma) is used in higher numbers.

Exercice 6 La famille Colin

Dites l'âge de chaque membre de la famille.

MODÈLE: Joël / 8 →
    Quel âge a Joël? Il a huit ans.

1. Francis Lasalle / 70
2. Claudine Colin / 45
3. Victor Colin / 47
4. Marise et Clarisse / 19
5. Charles / 17
6. Emmanuel / 14

Exercice 7 Au téléphone

Lisez à haute voix ces numéros de téléphone français.

MODÈLE: 01 42 68 13 03 →
    zéro un, quarante-deux, soixante-huit, treize, zéro trois

1. 02 65 10 80 30   **4.** 01 98 75 21 60   **7.** 04 45 62 86 43
2. 03 87 53 40 16   **5.** 02 77 38 82 97   **8.** 03 83 76 64 90
3. 01 20 55 70 81   **6.** 04 91 18 39 78   **9.** 02 53 67 07 11

Exercice 8 Codes postaux

Lisez les codes postaux de certaines villes françaises à haute voix.

MODÈLE: 29200 Brest → vingt-neuf mille deux cents

1. 44000 Nantes	**4.** 13002 Marseille	**7.** 75015 Paris
2. 67000 Strasbourg	**5.** 59000 Lille	**8.** 33000 Bordeaux
3. 69009 Lyon	**6.** 64200 Biarritz	

Exercice 9 Anniversaires

Posez la question et répondez avec les renseignements donnés entre parenthèses.

MODÈLE: Stromae (12.03.1985) → Quelle est la date de naissance de Stromae?
C'est le 12 mars 1985 (le douze mars mille neuf cent quatre-vingt-cinq).

1. Elvis Presley (8.1.1935)
2. Serena Williams (26.9.1981)
3. Frédéric Chopin (1.3.1810)
4. Paul McCartney (18.6.1942)
5. Sigmund Freud (6.5.1856)
6. Mickey Mouse (18.11.1928)
7. Marion Cotillard (30.9.1975)
8. Yves Saint Laurent (1.8.1936)
9. MC Solaar (5.3.1969)
10. Édith Piaf (19.12.1915)

1.4 Stating origin: The verb **venir**

A. Here are the present-tense forms of **venir**:

➤ Note that most French verbs have the same plural endings: **-ons**, **-ez**, **-ent**.

With a few exceptions, verbs other than **-er** verbs have the same singular endings: **-s**, **-s**, **-t**.

venir *(to come)*	
je **viens**	nous **venons**
tu **viens**	vous **venez**
il/elle/on **vient**	ils/elles **viennent**

Use the verb **venir** and the preposition **de** to ask or say where someone is from.

—**D'où viens** Mme Martin?	*Where's Madame Martin from?*
—Elle **vient de** Montréal.	*She's from Montreal.*
—Et **d'où viens**-tu?	*And where are you from?*
—Moi, je **viens de** Kansas City.	*I'm from Kansas City.*

Other verbs conjugated like **venir** are **devenir** *(to become)* and **revenir** *(to come back, return)*.

Pronunciation Hint

All singular forms of **venir** are pronounced alike: vi~~ens~~. The pronunciations of the plural forms are ven~~ons~~, ven~~ez~~, vien~~nent~~.

B. To ask for a specific country or city of origin, use **De quel pays... ?** or **De quelle ville... ?**

—**De quel pays** vient Julien Leroux?
What country does Julien Leroux come from?
—Il vient de Belgique.
He comes from Belgium.

—**De quelle ville** viennent les Lasalle?
What city do the Lasalles come from?
—Ils viennent de Lyon.
They come from Lyon.

C. In some cases, **de** is replaced by **du** or **des** when speaking of countries.

• Use **du** when the name of a country is masculine and singular.

—De quel pays viennent ces étudiants?
What country are these students from?
—Ils viennent **du** Japon (**du** Brésil, **du** Portugal).
They're from Japan (Brazil, Portugal).

• Use **des** if the name of a country is plural.

—D'où venez-vous?
Where are you from?
—Je viens **des** États-Unis.
I'm from the United States.

> ➤ —**Tu viens *de* France?**
> —**Oui, je viens *de* Paris.**
>
> —**Raoul vient *des* États-Unis?**
> —**Non, il vient *du* Canada.**

★ *You will learn more about country names in* **Grammaire 8.1**.

Exercice 10 À la maison internationale

Utilisez les formes du verbe **venir**.

1. Voici mon ami Jean-Michel. Il _____ du Canada et il parle français.
2. Voilà Julie et Mark. Ils _____ des États-Unis.
3. Voilà Mohammed. Il _____ d'Algérie et sa femme Natacha _____ de Russie.
4. Voilà Carmen et José. Ils _____ de Madrid, en Espagne.
5. Et vous, d'où _____-vous?
 —Nous _____ de Côte d'Ivoire. Moi, je m'appelle Madi et mon amie s'appelle Ramatou.
6. Christiane, tu _____ de Suisse, n'est-ce pas?
 —Oui, je _____ de Genève.

1.5 Talking about actions: Present tense of **-er** verbs

A. Infinitives ending in **-er** are conjugated like **aimer**. (The only exception is **aller**, *to go*.) To conjugate these verbs, drop **-er** from the infinitive and add the endings **-e, -es, -e, -ons, -ez, -ent**.

★ *You will learn about* **aller** *in* **Grammaire 2.3**.

travailler *(to work)*	
je travaill**e**	nous travaill**ons**
tu travaill**es**	vous travaill**ez**
il/elle/on travaill**e**	ils/elles travaill**ent**

habiter (*to live*)	
j' habit**e**	nous habit**ons**
tu habit**es**	vous habit**ez**
il/elle/on habit**e**	ils/elles habit**ent**

Remember that the forms of **-er** verbs in the L-shaped shaded area are pronounced the same because their endings are silent.

Pronunciation Hint

In **travailler**, the letters **aill** sound like English "eye." Also note that because the initial **h** in **habiter** is silent, **je** contracts to **j'**, and you must make the liaison with all the plural forms: **j'habite, nous habitons, vous habitez, ils habitent, elles habitent.** This applies to all verbs beginning with vowels: **étudier** (*to study*): **j'étudie, nous étudions,** etc.

➤ **j'étudie** = *I study, I am studying,* or *I do study*

B. Notice that the French present tense has three possible equivalents in English.

Denise travaille à la bibliothèque ce soir.	*Denise **is working** at the library tonight.*
Denise travaille à la bibliothèque tous les samedis.	*Denise **works** at the library every Saturday.*
Oui, Denise travaille quelquefois le dimanche après-midi.	*Yes, Denise **does work** on Sunday afternoons sometimes.*

C. Here are some **-er** verbs you can use to talk about activities and actions:

chanter *to sing*	**dîner** *to eat dinner*	**parler** *to talk; to speak*
chercher *to look for; to go get*	**donner** *to give*	**regarder** *to look at*
	écouter *to listen to*	**rencontrer** *to meet*
cuisiner *to cook*	**inviter** *to invite*	**rentrer** *to return, come back* (*home*)
danser *to dance*	**jouer** *to play*	
déjeuner *to eat lunch*	**manger** *to eat*	**rester** *to stay*
dessiner *to draw*	**nager** *to swim*	**voyager** *to travel*

D. Some **-er** verbs like **préférer, acheter,** and **appeler** have a spelling change in their present-tense forms before the silent endings (**-e, -es, -ent**). Verbs like **manger** and **commencer** have a spelling change in the **nous** form. See Appendix A for more information about spelling changes in **-er** verbs.

Exercice 11 La vie de Joël

Joël décrit les activités de sa famille et de ses amis. Complétez ses phrases avec la forme appropriée du verbe.

1. Moi, je _____ à la piscine le samedi. (nager)
2. Ma sœur Clarisse _____ beaucoup au téléphone. (parler)
3. Et toi aussi, Marise, tu _____ souvent au téléphone, non? (parler)
4. Nous _____ à 20 heures, d'habitude. (diner)
5. Ma tante Christine _____ dans un hôpital. (travailler)
6. Mes grands-parents _____ dans la même ville que nous. (habiter)
7. Mes amis et moi, nous _____ souvent. (chanter)
8. Mon copain Malik _____ beaucoup avec sa famille. (voyager)
9. Mes copines Sophie et Lourdes _____ au football. (jouer)
10. Et mes parents _____ beaucoup d'amis pendant le weekend. (inviter)

Exercice 12 Ma vie

Complétez par la forme correcte et dites si la phrase correspond à votre situation.

MODÈLE: Tu *travailles* beaucoup. →
Oui, je travaille beaucoup. (Non, je ne travaille pas beaucoup.)

1. C'est l'opinion de mes parents:
   a. «Tu _____ excessivement!» (travailler)
   b. «Tu _____ trop au téléphone.» (parler)
2. Dans ma famille,
   a. nous _____ beaucoup la télé. (regarder)
   b. nous _____ ensemble. (diner)
3. Mes amis sont intéressants.
   a. Ils _____ toutes sortes de musique. (écouter)
   b. Ils _____ aux jeux vidéo. (jouer)
4. C'est l'opinion de notre professeur:
   a. «Vous _____ beaucoup!» (étudier)
   b. «Vous _____ vos devoirs tous les jours.» (préparer)
5. Moi,
   a. j' _____ dans une résidence universitaire. (habiter)
   b. je _____ normalement à l'université. (déjeuner)
6. C'est mon opinion:
   a. Mes professeurs _____ trop de devoirs. (donner)
   b. Mon professeur de français _____ vite! (parler)

1.6 Expressing relationships and possession: Contractions of **de**

A. You have already learned how to express relationships using possessive adjectives such as **mon** and **votre**. To express a relationship to someone using that person's name, use the preposition **de** + name. This is the equivalent of -'s in English.

—Est-ce que c'est la sœur **de Denise**?   *Is that Denise's sister?*
—Oui, c'est sa sœur.   *Yes, that is her sister.*

★ *Review **Grammaire 1.1** on possessive adjectives.*

⭐ *Review the use of l' in **Première étape, Grammaire A.3.D**.*

➤ Contractions of **de**:
de + le = du
de + les = des

➤ **Des** has two meanings:
1. indefinite article (*some*)
un ami algérien →
des amis algériens
2. contraction of **de + les** (*of the*)
Voilà le père *des* enfants.

B. To express a relationship to a person who is not named directly, use **de** + definite article + noun.

C'est le chat de la sœur de Paul.	*It's Paul's sister's cat.*
La femme de l'oncle Victor a 43 ans.	*Uncle Victor's wife is 43 years old.*

If **de** is followed by **le** or **les**, the two words combine: **de + le** is replaced by **du**, and **de + les** becomes **des**. Note that **de + l'** does not contract.

Voici les livres **du** professeur.	*Here are the instructor's books.*
C'est la voiture **des** amis de Patrick.	*It's Patrick's friends' car.*
Voici la sœur **de l'**amie de Sarah.	*Here is Sarah's friend's sister.*

Exercice 13 L'album de Raoul

Raoul Durand montre son album de photos à Barbara. Terminez les phrases par **de** et les informations entre parenthèses.

MODÈLE: (les enfants) Voici la nouvelle bicyclette _____. →
Voici la nouvelle bicyclette *des enfants.*

1. (Paul) Voici la voiture _____. Elle est rapide.
2. (les petites filles) La femme blonde est notre amie Marie. C'est la mère _____.
3. (la femme blonde) Ça, c'est le mari _____. Il s'appelle Albert.
4. (Mme Haddad) Voilà la belle maison _____. Quel beau jardin!
5. (le cousin de mon père) Voici la fille _____. Elle s'appelle Claire.
6. (Claire) Voici l'ami _____. Il est beau, n'est-ce pas?

Exercice 14 Relations familiales

Répondez à ces questions sur les relations familiales.

MODÈLE: Le grand-père, c'est le mari de qui? →
Le grand-père, c'est le mari de la grand-mère.

1. La grand-mère, c'est la femme de qui?
2. La tante, c'est la femme de qui?
3. Le cousin, c'est le fils de qui?
4. La belle-sœur, c'est la femme de qui?
5. Le grand-père, c'est le père de qui?
6. L'oncle, c'est le père de qui?

Mike Kemp/Blend Images/Getty Images

Faire des courses à vélo (dans une rue de Rennes, en Bretagne), c'est plus écologique.

La vie quotidienne et les loisirs

Objectifs

In **Chapitre 2**, you will talk about the weather, your recreational activities, and your routine. You will also learn to describe your abilities and to express plans and wishes.

ACTIVITÉS

Tranche de vie Se loger à Pralognan-la-Vanoise
Le temps, les saisons et les loisirs
Les activités quotidiennes
Les habitudes et les projets
Aptitudes et rêves

LECTURES

À propos... Sport: La France dans sa diversité au sommet
À voir en vidéo Les francophones sur le vif: Salem Haji
À la rencontre des arts Le coq sportif, symbole de la France
À vous de lire «Mots croisés»

GRAMMAIRE

2.1 Talking about activities and weather: The verb **faire**
2.2 Talking about everyday activities: Reflexive verbs
2.3 Going places and future actions: The verb **aller**, contractions of **à**
2.4 Making general statements: The subject pronoun **on**
2.5 Abilities and desires: The verbs **pouvoir**, **vouloir**, and **savoir**

TRANCHE DE VIE

Se loger à Pralognan-la-Vanoise

Pralognan-la-Vanoise est une localité située en Savoie, dans les Alpes (centre-est de la France). On y trouve de nombreux hôtels qui offrent des activités de loisirs, en hiver et en été. En voici deux: «Les Marmottes» et «Le Grand Duc». Ces hôtels sont ouverts toute l'année, mais comme il fait très froid l'hiver dans les montagnes, certaines activités sont possibles seulement en été.

Les Marmottes***

Redécouvrez les plaisirs de la montagne à l'hôtel les Marmottes. En face des massifs du Parc national de la Vanoise profitez d'un chalet hôtel chaleureux qui allie calme, confort et services.

Après une journée au cœur de nos massifs, venez profiter de nos équipements, du bar et de la terrasse plein sud avant d'aller diner au restaurant.

Bons plans: piscine extérieure chauffée, sauna et jacuzzi GRATUITS.

21 chambres   Marc DUCOURT
58 couchages   T: +33 (0)4 79 08 71 68
               contact@lescharmilles.com
               www.hotel-les-marmottes.fr

Chambre 2 pers.	95 à 120 €
Chambre 3/4 pers.	135 à 160 €
Demi-pension par pers. (sur base 2 pers.)	72 à 90 €

Le Grand Duc***

Chalet hôtel de charme: confort, détente (2 piscines + spa), ambiance chaleureuse, gastronomie d'un Maitre Restaurateur, séminaires.

Bons plans: Retrouvez nos tarifs, nos promotions, nos séjours à thème, nos stages (bridge, danse, peinture sur bois, scrabble, échecs, yoga/bien être) sur hoteldugrandduc.fr.

39 chambres   Anne-Marie FABRE et Josiane BENAMOU
90 couchages   T: +33 (0)4 79 08 74 41 - F: +33 (0)4 79 08 74 98
               legrandduc@wanadoo.fr
               www.hoteldugrandduc.fr

Chambre 2 pers.	75 à 130 €
Demi-pension par pers.	60 à 90 €
Pension complète par pers.	+ 15 € / jour
Pension - de 10 ans par pers.	+ 10 € / jour

Alastair Wallace/Shutterstock

ELEPHOTOS/Shutterstock

🗨 *Il y a de quoi dire*
Mes activités à Pralognan

Vous avez l'intention d'aller à Pralognan pour les vacances d'été. Utilisez les descriptifs et les légendes pour discuter avec un/une partenaire de ce qu'il (n')est (pas) possible de faire dans ces hôtels.

MODÈLE: É1: Jouer avec son chien, c'est possible?
          É2: Oui, les deux hôtels acceptent les animaux.
          É1: J'aime aussi jouer aux échecs.
          É2: Au Grand Duc, il y a des stages pour ça. Moi, je préfère faire de la musculation.
          É1: C'est possible aux Marmottes, mais pas au Grand Duc.

1. faire une sieste au soleil
2. se baigner ou nager
3. faire de l'exercice
4. jouer au tennis
5. jouer aux boules
6. regarder son émission de télé-réalité préférée
7. transpirer pour éliminer les toxines
8. profiter d'un massage
9. se relaxer dans un bain à bulles
10. faire du yoga
11. sortir sans ses enfants
12. jouer aux jeux en ligne

Légendes

♿ Accès handicapés	Jacuzzi
🐕 Animaux	Hammam
💳 Carte bancaire	Soin du corps
📶 Internet / Wifi	Salle musculation Fitness
🚸 Garderie Enfants	Coffre-fort
👥 Accueil Séminaire	Accueil automatique
🚗 Garage parking couvert	**Été seulement**
🚌 Navette	Piscine découverte chauffée
🌳 Terrasse	Tennis
🛗 Ascenseur	Pétanque
TV Télévision	**Hôtellerie de Plein air**
Piscine chauffée couverte	Emplacements délimités
Sauna	R Réservation possible

Le temps, les saisons et les loisirs

★ Attention! Étudier Grammaire 2.1

Quel temps fait-il?

En hiver, il fait froid. Jean-Yves fait du ski dans les Alpes, à Chamonix.

Au printemps, il fait du vent et il fait frais.

Francis Lasalle pêche dans un lac.

En été, il fait chaud.

Quand il fait beau, Adrienne fait de la planche à voile.

En automne, Emmanuel et ses amis font des promenades à la campagne.

Activité 1   Interro: L'hiver en France

☀	Il fait du soleil.
🌬	Il fait du vent.
▨	Il y a du brouillard.
☁	Le ciel est couvert.
🌧	Il pleut.
❄	Il neige.

Regardez la carte et répondez.

MODÈLE: É1: Quel temps fait-il à Lille?
          É2: Il pleut et il fait frais.

Activité 2   Discussion: Les quatre saisons

Quels sont vos passetemps préférés? Écoutez votre professeur et dites **oui** ou **non**.

1. En été, quand il fait très chaud, je/j'…
   a. fais du camping avec des copains.
   b. aime nager à la piscine.
   c. fais de la planche à voile.
   d. reste à la maison.
2. Au printemps, s'il fait beau, mes amis et moi, nous…
   a. piqueniquons à la campagne.
   b. étudions sous les arbres.
   c. jouons souvent au frisbee.
   d. faisons des promenades.
3. En automne, très souvent, je…
   a. regarde des matchs à la télé.
   b. fais du vélo.
   c. fais de longues promenades en voiture.
   d. joue au basket au gymnase.
4. Quand il neige en hiver, ma famille et moi, nous…
   a. faisons du ski.
   b. passons nos vacances à la plage.
   c. allumons un grand feu dans la cheminée.
   d. invitons des amis chez nous.   :

MODÈLE: É1: Moi, je fais du camping avec ma famille.
          É2: Pas moi! J'ai horreur de ça.

Exprime-toi!

C'est vrai?
Moi aussi!
Moi, jamais!
J'aime ça.
Je n'aime pas ça.
C'est barbant!
C'est génial!
C'est super!
C'est nul!

À propos...

Sport: La France dans sa diversité au sommet

Aujourd'hui, le football est de toute évidence le sport préféré au niveau international. L'Équipe[1] de France («les Bleus») est devenue championne du monde en 1998, puis de nouveau en 2018 lors du Mondial en Russie. Victorieux de la Croatie en finale (quatre buts à deux), les Français ont aussi triomphé des Belges et des Argentins, favoris de la compétition. De nombreux commentateurs ont remarqué, dans un sens positif

• Kylian Mbappé en finale de la Coupe du monde à Moscou le 15 juillet 2018.

ou négatif, la diversité de cette équipe, par contraste avec la majorité des autres formations européennes. Il y a plusieurs joueurs d'origine africaine: Adil Rami (Maroc), Samuel Umtiti (Cameroun), Djibril Sidibé (Mali) et le héros de l'équipe, Kylian Mbappé. Né à Paris en 1998, Mbappé est d'origine camerounaise par son père et algérienne par sa mère. Auteur de deux buts en finale, il obtient le trophée de meilleur jeune joueur de la Coupe du monde 2018.

[1]groupe de joueurs

Cliquez là!

Cherchez un site sur la Fédération de tennis ou sur le Tour de France. Qui sont les derniers champions et de quelle(s) nationalité(s) sont-ils? Est-ce qu'il y a des participants qui viennent de votre pays? Quels sont leurs noms?

Activité 3   Échanges: Mes activités préférées

MODÈLE: É1: Tu aimes mieux danser ou faire une promenade?
           É2: Moi, j'aime mieux... Et toi?

1. aller à la plage ou aller à la montagne?
2. surfer sur l'internet ou faire du sport?
3. lire un bon livre ou regarder la télé?
4. faire du sport ou faire la sieste?
5. faire du vélo ou faire une promenade?
6. dîner au restaurant ou dîner à la maison?
7. danser ou bavarder avec des amis?
8. écouter de la musique ou aller au cinéma?
9. faire des courses ou sortir avec tes amis?

Activité 4   Associations: Les endroits et les activités

Cherchez les endroits logiques.

MODÈLE: Nous y voyons des films. →
           Nous voyons des films au cinéma.

Christian Charisius/dpa/Alamy Stock Photo

LES ACTIVITÉS

1. On y fait du ski en hiver.
2. Nous y faisons les courses.
3. On y fait de longues promenades.
4. On y pêche la truite ou le saumon.
5. Nous y piqueniquons parfois.
6. Beaucoup d'étudiants y font la fête.
7. On y allume un feu quand il fait froid.
8. Nous y étudions et regardons la télé.
9. On aime y aller pour voir des films.
10. Beaucoup de gens y font de la gym.

LES ENDROITS

a. à la maison
b. dans la cheminée
c. au gymnase
d. au cinéma
e. au centre commercial
f. à la campagne
g. dans une rivière
h. à la discothèque
i. sous un arbre
j. à la montagne

 Les activités quotidiennes

★ Attention! Étudier Grammaire 2.2

Une journée typique chez la famille Lasalle (à Lyon)

Christine se lève tous les jours de bonne heure. Elle se réveille très lentement.

Bernard se douche toujours le matin. Ensuite, il se rase devant le miroir.

Camille se dépêche le matin. Elle s'habille toujours très vite parce qu'elle n'aime pas être en retard pour l'école.

Bernard s'entraine au gymnase trois fois par semaine.

Marie-Christine se brosse les dents avant d'aller au lit.

Marie-Christine et Nathalie se couchent tôt les jours de classe.

Activité 5 Ordre logique: La toilette et les habitudes

Mettez ces activités dans le bon ordre.

Vocabulaire utile d'abord, ensuite, puis

MODÈLE: je m'habille / je me douche / je me lève →
D'abord je me lève, ensuite je me douche et puis je m'habille.

1. je m'habille / je me sèche / je me douche
2. je me couche / je me douche / je me déshabille
3. je me rase (maquille) / je me réveille / je me lave le visage
4. je me sèche les cheveux / je me brosse les cheveux / je me lave les cheveux
5. je me brosse les dents / je me maquille (rase) / je me lève
6. je me dépêche / je me lève / je m'habille
7. je dine / je me couche / j'étudie
8. je me douche / je fais de la gym / je m'habille

Activité 6 Échanges: La vie chez moi

Vocabulaire utile mon/ma colocataire (camarade de chambre), mon frère / ma sœur, mes parents, tout le monde

MODÈLE: É1: Chez toi, qui se dépêche le matin?
É2: Tout le monde se dépêche le matin.

Chez toi, qui…

1. se couche tard? tôt? (À quelle heure?)
2. chante sous la douche? (Il/Elle chante bien?)
3. s'entraine au gymnase? (Combien de fois par semaine?)
4. se lave les cheveux tous les jours?
5. cuisine, d'habitude? (Tous les jours? C'est bon?)
6. se lève le premier / la première? (À quelle heure?)
7. s'habille vite et laisse ses affaires par terre?
8. se couche de bonne heure? (À quelle heure? Pourquoi?)
9. ?

Activité 7 Enquête: Une semaine typique

Est-ce que les déclarations suivantes s'appliquent à vos habitudes?

Vocabulaire utile toujours (T), souvent (S), quelquefois (Q), rarement (R), jamais (J)

_____ **1.** Les jours de classe, je me lève de bonne heure.
_____ **2.** Je prends un solide petit déjeuner.

_____ **3.** Je m'habille avant de prendre le petit déjeuner.

_____ **4.** Le matin, je suis en retard et je me dépêche.

_____ **5.** Je fais mon lit et je laisse ma chambre en ordre le matin.

_____ **6.** Je préfère me doucher et me laver les cheveux le soir.

_____ **7.** Le soir, je prépare mes vêtements pour le lendemain.

_____ **8.** Avant de m'endormir, j'aime lire un peu.

_____ **9.** J'aime aller à l'université en voiture.

_____ **10.** J'ai un emploi et je travaille après les cours.

Activité 8 Entretien: Questions personnelles

1. À quelle heure est-ce que tu te couches d'habitude? Tu aimes lire avant de te coucher?

2. À quelle heure est-ce que tu te lèves? (les jours de semaine? le weekend?) Tu aimes dormir avec la fenêtre ouverte?

3. Est-ce que tu préfères prendre un bain ou te doucher? Avec du savon ou du gel douche?

4. Tu te laves les cheveux tous les jours? Quel est ton shampoing préféré?

5. Est-ce que tu te rases tous les jours? Avec un rasoir mécanique ou électrique?

6. Est-ce que tu te maquilles tous les jours ou seulement pour les grandes occasions?

7. Combien de fois par jour est-ce que tu te brosses les dents? Tu achètes souvent une nouvelle brosse à dents?

À voir en vidéo

Les francophones sur le vif: Salem Haji, marin à Marseille

McGraw-Hill/Klic Vidéo Productions

Je vis à Marseille depuis douze... treize ans, et je suis marin depuis une dizaine d'années sur les cargos, les gros navires.[1] Pour devenir marin, j'ai passé la formation[2] des officiers de la marine marchande. Je travaille trois mois sur le bateau, et ensuite j'ai trois mois de vacances. Alors, les horaires de travail, ça dépend du poste qu'on a. Moi, je suis «second capitaine»: je conduis le navire, en quelque sorte, de quatre heures du matin à neuf heures du matin. Ensuite, de neuf heures à midi, je supervise la maintenance sur le pont.[3] Ensuite je mange, je fais une petite sieste. Dans l'après-midi, j'organise des exercices de sécurité, et je reprends le quart[4] de seize heures à dix-neuf heures. Ensuite, ma journée se termine. Quand j'ai du temps libre, à bord, souvent je bouquine,[5] ou alors, je regarde des films avec les collègues. Des fois on fait des jeux de société.[6]

[1]bateaux
[2]cours, diplôme
[3]_bridge_
[4]période de travail
[5]_read (fam.)_
[6]jeux... le Monopoly, Cluedo, Risk, etc.

▶

Les habitudes et les projets

 Attention! Étudier Grammaire 2.3

Qu'est-ce qu'ils vont faire?

Christine va au parc après le diner. Elle aime se promener.

M. et Mme Martin vont à leur restaurant favori le vendredi soir.

La semaine prochaine, Jean-Yves va faire de la voile.

Ce weekend, Camille va lire un bon roman.

Demain, Bernard et Christine vont diner chez des amis.

Ce soir, Nathalie va prendre un bain avant d'aller au lit.

Activité 9 Discussion: Les projets

Dites **oui** ou **non**.

1. Ce soir, je vais…
   a. faire les courses.
   b. travailler.
   c. faire mes devoirs.
   d. ?
2. À la fin du semestre, mes amis et moi, nous allons…
   a. partir en voyage.
   b. chercher un travail.
   c. faire la fête.
   d. ?

3. Ce weekend, je vais…
   a. faire la sieste.
   b. inviter des amis chez moi.
   c. aller au cinéma.
   d. ?
4. Le semestre prochain, je ne vais pas…
   a. étudier le weekend.
   b. sortir pendant la semaine.
   c. regarder la télé.
   d. ?

MODÈLE: É1: Ce soir, je vais travailler et faire mes devoirs.
        É2: Quelle coïncidence! Moi aussi!

Exprime-toi!

Quelle chance!
Bonne idée!
Quel dommage!
Ah! Le/La pauvre!
Moi non plus!
Quelle coïncidence!
Tu parles!
Tiens! C'est rigolo!

Activité 10   Dialogue: Le Salon de l'auto

Julien Leroux parle avec un ami.

JULIEN: On va au Salon de l'auto ce soir?
L'AMI: Je ne sais pas. Je suis fauché.
JULIEN: Pas de problème, j'ai deux billets gratuits.
L'AMI: Tu as des billets gratuits? Ah, ça, c'est formidable!
JULIEN: Alors, je passe chez toi vers 19 h 30. Ça te va?
L'AMI: Parfait. Ciao! À ce soir!

Activité 11   Récit: Les projets de Clarisse

Regardez les dessins et racontez la journée de Clarisse.

Vocabulaire utile   prendre l'autobus, à la librairie, au théâtre, payer

Activité 12   Entretien: Les habitudes

1. Où vas-tu d'habitude pour fêter ton anniversaire? Pourquoi est-ce que tu aimes y aller?
2. Tu préfères aller seul(e) pour acheter des vêtements ou avec quelqu'un d'autre? Pourquoi?
3. Tu vas souvent au cinéma? Avec qui? À quel cinéma? Tu achètes toujours du popcorn et un coca?
4. Est-ce que tu aimes explorer ta ville ou ta région? Où vas-tu pour sortir de la routine quotidienne?
5. Où vas-tu le weekend pour te détendre? Qu'est-ce que tu fais d'habitude? Avec qui?

Aptitudes et rêves

⭐ Attention! Étudier Grammaire 2.4 et 2.5

La réalité

Barbara et Denise savent faire du canoë.

Jacqueline sait faire de l'escalade.

Daniel ne peut pas courir parce qu'il a la jambe cassée.

Les Martin ne peuvent pas dîner dans leur restaurant favori.

Le rêve

Charles veut apprendre à conduire cette année.

Agnès et Sarah veulent partir dans un pays tropical.

Joël rêve de devenir champion d'escrime.

Activité 13 Échanges: Qu'est-ce que tu sais faire?

Vocabulaire utile très bien, un peu, plus ou moins, très peu, mal, pas du tout

MODÈLE: É1: Est-ce que tu sais faire de la planche à voile?
É2: Non, pas du tout, mais je sais nager. Et toi?

1. faire du canoë
2. faire de l'escalade
3. cuisiner
4. créer une page web
5. conduire une voiture de sport
6. réparer ton ordinateur
7. jouer au bridge
8. jouer d'un instrument
9. faire de l'escrime
10. chanter
11. danser la salsa
12. faire du patin à glace
13. monter à cheval
14. piloter un avion

À la rencontre des arts
Le coq sportif, symbole de la France

La République française a plusieurs[1] symboles nationaux: Le plus important est Marianne, une femme qui représente la liberté. Pour le sport, on utilise un emblème particulier: le coq. Pourquoi cet animal? Le mot latin *gallus* a une double signification: *coq* et *Gaulois*. Sous la Révolution (1789–1803), le coq symbolise l'identité nationale, puis, au XIXe siècle, il représente le courage et la fierté[2] face à l'aigle[3] ennemi des Allemands. En 1911, on décide de le transformer en «coq sportif»; il figure alors sur le maillot[4] bleu des équipes sportives nationales. En 1998, quand la France organise la Coupe du monde de football, le coq prend l'apparence d'un personnage amusant et sympathique, Footix, aux couleurs bleu-blanc-rouge, naturellement!

• Footix, mascotte de la Coupe du monde de football 1998

Matthew Ashton/PA Images/Alamy Stock Photo

[1] de multiples
[2] sentiment de valeur personnelle ou communautaire
[3] oiseau rapace
[4] chemise portée par les sportifs

Cliquez là!

Visitez le site du Parc national des Pyrénées. Quels animaux habitent dans ce parc? Quelles sont les activités possibles? Quels moyens de transport peut-on utiliser pour y aller?

Activité 14   Échanges: Qu'est-ce qu'on peut faire?

Avec votre partenaire, suggérez des choses que vous pouvez faire dans ces situations.

> MODÈLE: Votre télé est cassée jusqu'à la semaine prochaine. →
> On peut surfer sur l'internet, on peut lire, on peut...

1. C'est le weekend et vous êtes fauchés.
2. Il fait beau, mais vous êtes très fatigués.
3. Pas de cours aujourd'hui! Il y a trop de neige.
4. Vous voulez piqueniquer, mais il pleut.
5. Aujourd'hui, des amis arrivent en visite et veulent voir la ville.
6. Vous faites du camping dans des conditions très primitives.
7. Tu es obligé(e) de rester au lit pendant deux jours.

Activité 15   Récit: Les vacances de rêve de Julien

Julien va aller à la Martinique cette année. Qu'est-ce qu'il veut faire pendant sa visite?

> MODÈLE: Julien veut dormir tard tous les matins.

Vocabulaire utile   faire de la plongée sous-marine, des fruits, un marché, des poissons

Activité 16 Dans le monde francophone:
Les Français en vacances

Voici quelques activités préférées des Français, classées en trois catégories.

VACANCES SPORTIVES	VACANCES CULTURELLES	VACANCES DÉTENTE
faire du VTT (vélo tout-terrain) apprendre à jouer au golf faire un stage intensif de tennis faire des randonnées pratiquer des sports «extrêmes» (le deltaplane, le parachutisme)	visiter un musée visiter un monument historique s'initier à la poterie lire des romans assister à un festival de théâtre visiter des caves à vin	bronzer à la plage faire des mots croisés partir en croisière faire la sieste tous les jours diner dans des restaurants

Qu'est-ce que vous recommandez à ces vacanciers?

MODÈLE: Jean-Paul Dubrac est sédentaire et n'a pas beaucoup d'argent. →
Il peut bronzer à la plage, faire des mots croisés et lire des romans.

1. Karine Halimi est une jeune femme plutôt intellectuelle.
2. M. et Mme Delaunay sont extrêmement actifs et ont la passion de l'aventure.
3. Anne-Marie Bonno n'a pas beaucoup d'argent, mais elle est très cultivée.
4. Frédéric Lopez adore le risque.

Allons plus loin! Vous allez partir en vacances avec votre camarade de classe. Choisissez des activités amusantes que vous allez faire ensemble. (*Nous pouvons...*)

POUR RÉSUMER

À vous de parler

A. Le poste

Une colonie de vacances pour pré-ados cherche un moniteur / une monitrice pour ses activités sportives. Lisez l'annonce et les descriptions des candidats. Ensuite, avec un/une camarade de classe, décidez qui est la bonne personne pour le poste et dites pourquoi.

Les candidats

Agnès Joly (23 ans): Le sport, c'est ma passion! Je joue au tennis, au basket, au hockey et au disc-golf (Frisbee-golf). J'aime nager, faire de la voile, du canoë, de la planche à voile. Je fais du ski, du patin à glace, et j'adore l'escalade. Voici mon C.V. en bref: monitrice dans une colonie de vacances d'ados (deux ans; canoë, voile et planche à voile); assistante en ski pendant des classes de neige pour enfants (quatre ans). J'aime bien les enfants et je travaille bien avec eux. Je voudrais devenir directrice d'une colonie de vacances à la fin de mes études.

Koffi Diallo (24 ans): Ma spécialité, c'est l'escalade, mais j'aime tous les sports, le parapente, la pêche, la voile, le foot, le hockey. J'adore regarder des matchs à la télé. Je n'ai pas d'expérience professionnelle avec les jeunes, mais je suis un bon étudiant. Je voudrais travailler avec des adolescents. J'ai beaucoup de nièces et de neveux et j'aime jouer avec eux.

Samia Noureddine (18 ans): Je suis d'une famille nombreuse; j'ai cinq sœurs et trois frères et je suis la plus jeune. J'aime lire, surfer sur le web et j'adore parler avec mes amis sur Facebook. Le vélo est ma passion et j'adore regarder des courses à la télé. Je suis championne de tennis et j'aime nager. J'aime les enfants; je joue avec mes nièces et mes neveux. Je n'ai pas d'expérience professionnelle mais je voudrais apprendre.

B. Qu'est-ce que vous allez (voulez, pouvez) faire?

je vais...   je veux...   je voudrais...   je peux...

1. Ce soir, avant de me coucher,...
2. Demain, avant de partir en cours,...
3. À Noël,...
4. Vendredi, s'il ne pleut pas,...
5. Dimanche matin,...
6. Aujourd'hui, après la classe de français,...
7. Au mois de juillet,...
8. ?

À vous de lire

«Mots croisés» par René Goscinny

Nicolas est un garçon français d'une dizaine d'années. Il n'aime pas beaucoup l'école. Il adore jouer avec ses amis; mais le dimanche, tout le monde reste chez soi.

• Le Petit Nicolas fait des mots croisés.

J'aime bien rester à la maison avec papa et maman, le dimanche, quand il pleut, sauf si[1] je n'ai rien à faire d'amusant; alors je m'ennuie,[2] je suis insupportable[3] et ça fait des tas[4] d'histoires.[5]

Nous étions[6] dans le salon; [...] je regardais un illustré[7] avec des histoires formidables, avec plein de bandits, de cow-boys, d'aviateurs, de pirates, très chouette.[8] Et puis j'ai fini mon illustré et j'ai demandé:

—Et maintenant, qu'est-ce que je fais? [...]
—Mais, [...] il y a des mots croisés dans ton journal! C'est très bien, ça! Tu n'as qu'à faire les mots croisés, c'est amusant et instructif.

—Je ne sais pas les faire, les mots croisés, j'ai dit. [...]
—C'est très simple: tu lis la définition, tu comptes le nombre de cases blanches et tu mets le mot correspondant. [...]

Alors, [...] je me suis couché sur le tapis, [...] et j'ai commencé à faire les mots croisés.

—Empereur des Français, j'ai lu, vaincu[9] à Waterloo, en huit cases.
—Napoléon, m'a dit papa, avec un gros sourire.
—Capitale de la France, j'ai dit, en cinq cases.
—Paris, m'a dit papa.

Et il a rigolé.[10] Ça doit être chouette de tout savoir comme ça! [...]

—Famille de plantes dicotylédones gamopétales, en quinze cases, j'ai lu.

Papa a repris son livre, et il m'a dit:

—Bon, Nicolas, joue un peu tout seul, maintenant. Laisse-moi lire mon livre tranquille. [...]

Alors j'ai continué à faire les mots croisés tout seul. [...] Antilope d'Afrique du Sud en quatre cases, c'était[11] «Veau»,[12] bien sûr; pour «Embarcation», je savais que c'était «Bateau», mais [...] ils se sont trompés en faisant les mots croisés, et ils avaient mis un tas de cases en plus. Alors j'ai écrit très grand...

C'est vrai que c'est très instructif, les mots croisés! Par exemple, vous saviez, vous, qu'un «Xmplf» c'est un mammifère commun [...], qui rumine et qui nous donne son lait?

Illustration and Story: R. Goscinny and J-J. Sempé, excerpt from «Mots croisés», *Histoires inédites du Petit Nicolas*, IMAV éditions, Paris 2004. Reprinted by permission.

[1]sauf si: indique une exception [2]≠ je m'amuse [3]incontrôlable, irrépressible [4]des... beaucoup (*fam.*) [5]de problèmes [6]*passé de «être»* [7]livre d'images, bande dessinée [8]excellent (*fam.*) [9]défait [10]*passé de «rigoler»* = rire [11]*passé de «c'est»* [12]veau: jeune bœuf

Avez-vous compris?

1. Le héros, Nicolas, est _____.
  a. une petite fille
  b. un petit garçon
  c. un jeune homme
  d. un adolescent

2. Les livres préférés de Nicolas sont _____.
  a. des histoires d'animaux
  b. des jeux
  c. des histoires d'aventure
  d. des histoires d'amour

3. Le père de Nicolas rigole parce que _____.
  a. son fils est amusant
  b. son journal est amusant
  c. les mots croisés sont amusants
  d. il connait toutes les réponses

4. Le père de Nicolas ne joue plus parce que/qu'_____.
  a. il ne sait pas la réponse
  b. il préfère lire
  c. il est fatigué
  d. Nicolas est insupportable

5. Quand il continue de jouer tout seul, Nicolas trouve des mots correspondant _____ aux définitions.
  a. exactement
  b. approximativement
  c. systématiquement
  d. précisément

 À vous d'écrire

Écrivez une lettre à un étudiant français / une étudiante française qui se prépare à passer un an dans votre université. Il/Elle demande des renseignements avant de choisir ses vêtements pour le séjour. Parlez-lui du climat, des saisons et de quelques activités typiques des étudiants.

MODÈLE:

Cher/Chère...,

Tu te prépares déjà pour ton année ici à... ? Bon, je vais répondre à tes questions. Ici à... , nous avons un climat... En été, il fait... En général, les étudiants (font du sport)... Ils portent...

Bonne chance avec tes préparatifs!

À bientot et amitiés,

🎧 Vocabulaire

Le temps et les saisons

Weather expressions and seasons

Quel temps fait-il?	What's the weather like?
Il fait beau.	It's nice.
Il fait chaud.	It's warm.
Il fait du soleil.	It's sunny.
Il fait du vent.	It's windy.
Il fait frais.	It's cool.
Il fait froid.	It's cold.
Il neige.	It's snowing.
Il pleut.	It's raining.
Il y a du brouillard.	It's foggy.
Le ciel est couvert.	It's cloudy.
la boue	mud
le ciel	the sky
le climat	the climate
la neige	snow
un nuage	a cloud
le soleil	the sun
en été (*m.*)	in summer
en automne (*m.*)	in autumn
en hiver (*m.*)	in winter
au printemps (*m.*)	in spring

Les endroits

Places

à la campagne	in the country
à l'école (*f.*)	at school
à la librairie	at the bookstore
à la maison	at home
au marché	at the market
dans la cheminée	in the fireplace
sous un arbre	under a tree

Mots apparentés: **un café, un gymnase, un lac, un parc, une rivière, une université**

Sports et loisirs

Sports and leisure

apprendre à (nager)	to learn to (swim)
bavarder avec des amis	to chat with friends
courir	to run
créer une page web	to create a web page
se détendre	to relax
s'entraîner	to work out, train
faire du canoë	to go canoeing
des courses	to do errands
de l'escalade	to go rock climbing

de l'escrime	to fence (to do fencing)
de la gymnastique	to exercise
du patin à glace	to ice-skate
de la planche à voile	to windsurf
de la plongée sous-marine	to scuba dive
une promenade en voiture	to go for a (car) ride
la sieste	to take a nap
du sport	to do sports
du vélo	to bicycle
de la voile	to sail
fêter un anniversaire	to celebrate a birthday
jouer au frisbee	to play frisbee
jouer du piano	to play the piano
monter à cheval	to ride a horse; to go horseback riding
pêcher	to fish
prendre l'autobus	to take the city bus
se promener	to take a walk
rêver de (voyager)	to dream of (traveling)
sortir de la routine quotidienne	to escape the daily grind

Mots apparentés: **explorer, piloter, piqueniquer, surfer sur l'internet**

La routine et les soins corporels

Routine activities and personal care

une brosse à dents	a toothbrush
un miroir	a mirror
un rasoir (mécanique)	a razor
le savon	soap
le shampoing	shampoo
se brosser les dents	to brush one's teeth
se coucher	to go to bed; to lie down
se dépêcher	to hurry
se déshabiller	to undress
se doucher	to take a shower
s'endormir	to fall asleep
s'habiller	to get (oneself) dressed
se laver le visage	to wash one's face
se lever	to get up
se maquiller	to put on makeup
prendre un bain	to take a bath
se raser	to shave
se réveiller	to wake up
se sécher	to dry oneself

La description

Description

cassé(e)	broken
cher/chère	dear; expensive
fauché(e)	broke, out of money
gratuit(e)	free (*no cost*)
lentement	slowly
mal	badly, poorly
nourrissant(e)	nourishing; filling
parfait(e)	perfect
pas du tout	not at all
très peu	very little
un peu	a little

Mots apparentés: électrique, obligé(e), tropical(e), typique

Substantifs

Nouns

l'argent (*m.*)	money
un avion	an airplane
un billet	a ticket
un emploi	a job
une habitude	a habit
un lit	a bed
le petit déjeuner	breakfast
un rêve	a dream
un roman	a novel
un travail	a job

Mots apparentés: un aquarium, un(e) champion(ne), un fruit, une occasion, un projet, la réalité

Verbes

Verbs

allumer un feu	to light a fire
chercher	to search, to look for
faire ses devoirs	to do one's homework
laisser (par terre)	to leave (on the floor)
partir	to leave (*from a place*)
passer chez toi	to come by your place
pouvoir	to be able (to)
prendre	to take; to have (*s.th. to eat or drink*)
savoir	to know
voir	to see
vouloir	to want; to wish

Mots apparentés: arriver, changer, commencer à, préparer, réparer, signifier, visiter

Quand et à quelle fréquence

Saying when and how often

à la fin (de)	at the end (of)
avant (de)	before
ce matin	this morning
ce soir	this evening
d'abord	first; at first
de bonne heure	early
d'habitude	usually
en retard	late
ensuite	next; then
une fois (par jour)	once (a day)
jusqu'à	until
le lendemain	the next day
le vendredi	(on) Fridays
le vendredi soir	(on) Friday evenings
parfois	sometimes
pendant la semaine	during the week
puis	then, next
la semaine prochaine	next week
tard/tôt	late/early
toujours/jamais	always/never

Mots et expressions utiles

Useful words and expressions

alors	so; then
Bonne idée!	Good idea!
Ça te va?	Does that suit you?
—Parfaitement.	—Perfectly.
C'est barbant!	It's really boring!
C'est génial! Super!	Cool! Awesome!
C'est nul!	It's awful!
C'est rigolo!	That's funny! (*amusing*)
Ciao! À ce soir.	So long! See you tonight.
Le/La pauvre!	Poor guy/woman!
personne... ne	nobody
le premier / la première	the first one
Quel dommage!	What a shame!
Quelle chance!	What (good) luck!
seulement	only
tout le monde	everybody
Tu parles!	You don't say!

Grammaire et exercices

2.1 Talking about activities and weather: The verb **faire**

A. **Faire** is one of the most frequently used verbs in French. In addition to its basic meanings, it is used in many idiomatic expressions. Here are the present-tense forms:

faire (*to do*; *to make*)	
je **fais**	nous **faisons**
tu **fais**	vous **faites**
il/elle/on **fait**	ils/elles **font**

Pronunciation Hint

fais̸, fai̸t, faisõn̸s, faite̸s, fõn̸t

B. Use the verb **faire** to ask what someone is doing or what work people do.

—Qu'est-ce que tu **fais** ce soir?
—J'écoute de la musique.

What are you doing tonight?
I'm listening to music.

—Que **fait** ton frère?
—Il travaille dans un restaurant.

What does your brother do?
He works in a restaurant.

C. Another important use of **faire** is to talk about the weather.

—Quel temps **fait**-il?
—Il **fait** mauvais.

What's the weather like?
The weather is bad.

★ *Review vocabulary for weather in the **Vocabulaire, Chapitre 2**.*

D. **Faire** is used in many expressions that name specific activities (**faire une promenade, faire du camping**).

Au lac, nous **faisons de la voile**.
Je **fais de l'anglais** pour être professeur d'anglais.

At the lake, we go sailing.
I'm studying English in order to be an English teacher.

★ *Review expressions with **faire** in the **Vocabulaire, Chapitres 1** and **2**.*

Exercice 1 Les activités

Complétez les questions par la forme correcte de **faire** et puis répondez.

1. Est-ce que tes copains aussi _____ du français? Ou est-ce qu'ils _____ de l'espagnol?
2. Qu'est-ce que tu _____ comme études? Tu _____ de la chimie, de l'économie, de la littérature?
3. Que _____ ta mère? Elle travaille dans un bureau?
4. Que _____ ton père? Où est-ce qu'il travaille?
5. Tes copains et toi, qu'est-ce que vous _____ ensemble le weekend? Vous _____ du camping? Vous jouez aux jeux vidéo?
6. Ta famille et toi, est-ce que vous _____ des voyages ensemble?

2.2 Talking about everyday activities: Reflexive verbs

Definition: The object of a verb is the person or thing affected by the action expressed by the verb: *He cut **his finger***.

A. Reflexive pronouns are used whenever the object of the verb is the same as the subject.

> *He cut **himself** while shaving.*　　*She taught **herself** to play the violin.*

B. Many verbs that require reflexive pronouns in French do not require them in English.

> —Comment **s'appelle** cet étudiant?　　*What is that student's name?*
> —Il **s'appelle** Daniel.　　*His name is Daniel.*
>
> Je **me lève** toujours à 7 heures du matin.　　*I always get up at 7 o'clock in the morning.*

➤ **je *m*'appelle**
tu *t*'appelles
il/elle *s*'appelle

Here are the reflexive pronouns and examples of their use with two reflexive verbs. Note that the **e** of **me**, **te**, and **se** is dropped before a verb beginning with a vowel or a mute **h**.

⭐ See **Appendices A** and **C** for spelling changes in **s'appeler**, **se lever**, and **se promener**.

	se promener (*to take a walk*)	**s'amuser** (*to have fun*)
me/m'	je **me** promène	je **m'** amuse
te/t'	tu **te** promènes	tu **t'** amuses
se/s'	il/elle/on **se** promène	il/elle/on **s'** amuse
nous	nous **nous** promenons	nous **nous** amusons
vous	vous **vous** promenez	vous **vous** amusez
se/s'	ils/elles **se** promènent	ils/elles **s'** amusent

> Raoul et moi, **nous nous amusons** avec nos amis français.
> Jacqueline ne dort pas beaucoup: **elle se couche** tard et **elle se lève** tôt.
> **Tu te baignes** souvent dans ce lac?

> *Raoul and I have a good time with our French friends.*
> *Jacqueline doesn't sleep much: She goes to bed late and she gets up early.*
> *Do you often swim in this lake?*

Pronunciation Hint

nou͟s nou͟s promͤnõn͟s, vou͟s vou͟s promͤneͮ, but nou͟s nous ᶻamusõn͟s, vou͟s vous ᶻamuseͮ

C. Here are some common reflexive verbs:

⭐ See **Appendices A** and **C** for spelling changes in **sécher** (like **préférer**).

s'amuser *to have a good time, to enjoy oneself*	**se laver** *to wash oneself; to bathe*
se baigner *to take a bath, to bathe; to swim*	**se lever** *to get up*
se coucher *to go to bed; to lie down*	**se promener** *to take a walk*
	se reposer *to rest*
s'habiller *to get dressed*	**se réveiller** *to wake up*
	se sécher *to dry oneself*

D. In negative sentences, **ne** always precedes the reflexive pronoun.

> M. Vincent **se réveille** de bonne heure, mais il **ne se lève pas** tout de suite.
>
> *Mr. Vincent wakes up early, but he doesn't get up immediately.*

E. If an infinitive with a reflexive pronoun follows another verb (such as **aimer**, **préférer**), the reflexive pronoun comes before the infinitive. The reflexive pronoun must agree with the subject.

> —Est-ce que vous aimez **vous** promener en ville?
>
> —Non, je préfère **me** promener à la campagne. Adrienne aime rester chez elle et **se** reposer.
>
> *Do you like to take walks in the city?*
>
> *No, I prefer to take walks in the country. Adrienne likes to stay at home and rest.*

> ➤ **Albert *ne se couche pas* avant minuit.**
>
> **Il aime *se coucher* tard.**

Exercice 2 Les habitudes et les préférences

Posez des questions et répondez en suivant l'exemple.

MODÈLE: se lever à 8 h →
—Est-ce que tu te lèves à 8 h?
—Oui, je me lève à 8 h. (Non, je me lève à 7 h.)

1. se lever tôt
2. se maquiller tous les jours
3. se laver les cheveux tous les jours
4. se brosser les dents trois fois par jour

MODÈLE: aimer se coucher tôt →
—Tu aimes te coucher tôt?
—Oui, j'aime me coucher tôt. (Non, je n'aime pas me coucher tôt.)

5. aimer se coucher tard
6. préférer se doucher le soir
7. aimer se détendre après les cours
8. préférer se lever tard le weekend

Exercice 3 Êtes-vous des étudiants typiques?

D'abord, dites si vous êtes d'accord, puis indiquez si c'est vrai pour vous et vos copains.

MODÈLE: Les étudiants se couchent tard. →
Oui, en général, les étudiants se couchent tard.
Mes copains et moi, nous nous couchons tard (nous ne nous couchons pas tard).

1. Les étudiants s'amusent bien le vendredi soir.
2. Les étudiants s'habillent toujours en jean.
3. Les étudiants ne se reposent pas assez.*
4. Les étudiants se couchent après minuit.
5. Les étudiants se lèvent tard le weekend.

---

*enough

2.3 Going places and future actions: The verb **aller**, contractions of **à**

A. To talk about going places, use the irregular verb **aller**.

aller (*to go*)	
je **vais**	nous **allons**
tu **vas**	vous **allez**
il/elle/on **va**	ils/elles **vont**

—Qu'est-ce que vous faites ce soir?   *What are you doing tonight?*
—Nous **allons** chez Raoul.   *We're going to Raoul's.*

Mes parents **vont** à l'église tous   *My parents go to church every*
les dimanches.   *Sunday.*

Pronunciation Hint

je vais̸, tu vas̸, nous ᶻallõn̸s̸, vous ᶻallez̸, ils̸ võn̸t̸

➤ **à + le = au**
➤ **à + les = aux**

B. When talking about going *to* a place, the most frequently used preposition is **à** (*to*). Like **de**, **à** contracts with some of the definite articles: **à + le = au**; **à + les = aux**.

—Où vont les étudiants entre   *Where do the students go*
leurs cours?   *between their classes?*
—Ils vont souvent **au** café avec   *They often go to the café with*
leurs amis.   *their friends.*
Bernard aime aller **aux** Halles   *Bernard likes to go to Les*
quand il va à Paris.   *Halles (an underground mall)*
                                                        when he goes to Paris.

➤ **Vas-y! Allez-y!** = *Go ahead!*
  Allons-y! = *Let's go!*

C. The pronoun **y** can replace the preposition **à** + a noun referring to a place and phrases with **dans** or **chez**. The **y** is placed just before the verb.

—Est-ce que Fatima va **à la**   *Is Fatima going to the library*
bibliothèque aujourd'hui?   *today?*
—Oui, elle **y** va après ses cours. *Yes, she's going (there) after*
                                                        her classes.

—Tu vas **chez Denise** ce soir?   *Are you going to Denise's this*
                                                        evening?
—Oui, j'**y** vais.   *Yes, I'm going (there).*

D. Use **aller** followed directly by an infinitive to express future actions. This construction is called the **futur proche** (*near future*).

—Où est-ce que vous **allez diner**   *Where are you going to have*
ce soir?   *dinner tonight?*
—Je **vais diner** chez Michèle.   *I'm going to have dinner at*
                                                        Michèle's.

E. Here are some expressions for talking about the future:

demain	*tomorrow*
demain matin/après-midi/soir	*tomorrow morning/afternoon/evening*
samedi prochain	*next Saturday*
la semaine prochaine / l'année prochaine	*next week / next year*
dans un mois / dans un an	*in a month / in a year*

Exercice 4 Dans la classe de Mme Martin

Complétez chaque phrase avec la forme correcte du verbe **aller**.

1. Moi, je _____ à la plage avec mes copains ce weekend.
2. Ce soir, nous _____ tous chez Daniel écouter de la musique.
3. Mme Martin, vous _____ au nouveau restaurant italien ce soir, n'est-ce pas?
4. Louis et Albert _____ au café maintenant, comme d'habitude.
5. Daniel, tu _____ au cinéma demain avec une nouvelle amie, n'est-ce pas?
6. Et Raoul _____ à Montréal ce weekend. Il a de la chance!

Exercice 5 Où vas-tu?

Faites des questions et répondez avec **y**.

MODÈLE: le restaurant →
—Tu vas au restaurant?
—Oui, j'y vais souvent/quelquefois. (Non, je n'y vais pas.)

1. la piscine
2. le théâtre
3. le bar
4. l'hôpital
5. le gymnase
6. la banque
7. le café
8. l'église

Exercice 6 Les projets

Répondez en employant le futur proche.

MODÈLE: Ce soir, est-ce que vous allez faire la cuisine ou diner au restaurant?
Ce soir, je vais diner au restaurant. (Ce soir, je ne vais pas manger. Je n'ai pas faim.)

1. Ce soir, est-ce que vous allez faire vos devoirs ou sortir avec des amis?
2. Demain matin, allez-vous vous lever à 7 h ou dormir jusqu'à 9 h?
3. Demain soir, est-ce que vous allez regarder votre émission* préférée à la télé ou vous coucher de bonne heure?
4. Ce weekend, est-ce que vos amis vont faire du ski ou regarder un film ensemble?
5. Samedi soir, est-ce que votre camarade de chambre (mari, femme) va rester à la maison et jouer aux cartes ou aller à un concert?

*program

2.4   Making general statements: The subject pronoun **on**

▶ Nonspecific **on**:

Est-ce qu'on parle anglais ici? = *Does anyone speak English here?*
Comment dit-on *water*? = *How do you say* water?

▶ **On** used in place of **nous**:

On y va? = *Shall we go?*
On y va! = *Let's go!*

A. The subject pronoun **on** is similar in meaning to the nonspecific uses of *you*, *people*, *they*. Because the form **on** is grammatically singular, it is always used with the same verb form as **il** and **elle**.

En France, **on fait** les courses tous les jours.	*In France, people (they) do their shopping every day.*
En France, **on ne trouve pas** de médicaments au supermarché.	*In France, you don't find medicine at the supermarket.*

B. In everyday conversation, French speakers often use **on** in place of the subject pronoun **nous**.

—Vous rentrez à quelle heure, Monique et toi?	*What time are you and Monique coming home?*
—**On** rentre tard, après le film.	*We'll be home late, after the movie.*
Albert et moi, **on** aime le cinéma.	*Albert and I like the movies.*

Pronunciation Hint

The **n** of õ𝗇 is a liaison consonant: õ𝗇 fai𝘁, but on‿achèt𝖾.

Exercice 7 Aux États-Unis

Un Français curieux vous pose des questions sur les habitudes des Américains. Répondez par **oui** ou **non**.

MODÈLE: Aux États-Unis, est-ce qu'on va à l'école le samedi? →
          Non, on ne va pas à l'école le samedi.

1. Aux États-Unis, est-ce qu'on regarde beaucoup la télévision?
2. Est-ce qu'on mange toujours des hamburgers?
3. Est-ce qu'on va au restaurant tous les jours?
4. Est-ce qu'on dine à huit heures du soir?
5. Est-ce qu'on aime les films français?
6. Est-ce qu'on fait des promenades en famille le dimanche après-midi?
7. Est-ce qu'on aime parler de la politique?
8. Est-ce qu'on étudie beaucoup la géographie?

2.5   Abilities and desires: The verbs **pouvoir**, **vouloir**, and **savoir**

A. To talk about what you can do or have permission to do, use **pouvoir**. **Vouloir** is used to indicate wishes or desires. These two irregular verbs are very similar in their conjugation patterns. Like **aimer**, they are often followed by an infinitive.

▶ **vouloir** + infinitive = *to want to (do s.th.)*
Je veux manger.

▶ **pouvoir** + infinitive = *to be able to, can (do s.th.)*
Tu peux sortir ce soir?

pouvoir (*to be able to, can*)				**vouloir** (*to want to*)			
je	p**eux**	nous	p**ou**vons	je	v**eux**	nous	v**ou**lons
tu	p**eux**	vous	p**ou**vez	tu	v**eux**	vous	v**ou**lez
il/elle/on	p**eut**	ils/elles	p**eu**vent	il/elle/on	v**eut**	ils/elles	v**eu**lent

—Tu **veux** aller au cinéma ce soir? | *Do you want to go to the movies tonight?*

—Je ne **peux** pas. Je suis fauché(e). | *I can't. I'm broke.*

> Negation:
> **Je ne veux pas sortir.**
> **Je ne peux pas dormir.**

Pronunciation Hint

peu$\not{x}$, peu$\not{t}$, pouvõ$\not{n}$$\not{s}$, pouve$\not{z}$, peuv$\not{e}$$\not{n}$$\not{t}$; veu$\not{x}$, veu$\not{t}$, voulõ$\not{n}$$\not{s}$, voule$\not{z}$, veul$\not{e}$$\not{n}$$\not{t}$

B. Savoir is used to talk about knowing facts.

> **savoir** = *to know* (a fact)
> **Je sais la réponse.**
> **Je sais que c'est vrai.**

savoir *(to know)*	
je **sais**	nous **savons**
tu **sais**	vous **savez**
il/elle/on **sait**	ils/elles **savent**

Tu **sais** la date d'aujourd'hui? | *Do you know the date today?*
Je ne **sais** pas son adresse mail. | *I don't know his/her e-mail address.*

Pronunciation Hint

sai$\not{s}$, sai$\not{t}$, savõ$\not{n}$$\not{s}$, save$\not{z}$, sav$\not{e}$$\not{n}$$\not{t}$

C. When **savoir** is used with an infinitive, it conveys the notion of knowing how to do something.

Je ne **sais** pas nager. | *I don't know how to swim.*
Tu **sais** cuisiner, n'est-ce pas? | *You know how to cook, don't you?*

> **savoir** + infinitive = *to know how to (do something)*
> **Je sais nager.**
> **Je ne sais pas danser.**

D. Use **je voudrais** or **j'aimerais** instead of **je veux** to express a wish more politely. Other useful forms are **tu voudrais** and **il/elle/on voudrait.** (These are forms of the present conditional. For now, you need only recognize and use these forms in conversation.)

> **je voudrais, j'aimerais** = *I would like (to)*
> **Je voudrais dormir maintenant!**

—Où est-ce que tu **aimerais voyager**? | *Where would you like to travel?*
—Je **voudrais aller** en France. | *I'd like to go to France.*

★ *You will learn more about the conditional in* **Grammaire 11.1**.

Pronunciation Hint

voudrai$\not{s}$, voudrai$\not{t}$

Exercice 8 Désirs et possibilités

Dites d'abord si la personne *veut* faire l'activité, puis dites si elle *peut* la faire.

MODÈLE: moi / sortir tous les soirs →
Oui, je veux sortir tous les soirs. (Non, je ne veux pas...)
Oui, je peux sortir tous les soirs. (Non, je ne peux pas...)

1. moi / aller en Europe l'été prochain
2. mes parents / passer l'hiver en Floride
3. le professeur / se lever tard en semaine
4. nous / comprendre un film en français
5. mon ami(e) _____ / m'aider avec mes devoirs de français

Exercice 9 Qu'est-ce que tu aimerais vraiment faire?

Voudrais-tu faire ces activités?

MODÈLE: faire du ski →
   Oui, je voudrais faire du ski. (Non, je ne voudrais pas...)

1. dîner dans un bon restaurant français
2. manger des escargots
3. habiter à Paris
4. faire de la plongée sous-marine
5. visiter une autre planète
6. être président(e) des États-Unis

Exercice 10 Savoir-faire

Complétez la question par une forme du verbe **savoir** et répondez à la question.

MODÈLE: Est-ce que votre professeur de français _____ danser la salsa? →
   Est-ce que votre professeur de français *sait* danser la salsa?
   Oui, il/elle sait danser la salsa. (Non, il/elle ne sait pas danser la salsa.)

1. Est-ce que vous _____ faire de l'escalade?
2. Est-ce que votre père _____ faire la cuisine?
3. Est-ce que votre sœur _____ réparer une voiture?
4. Est-ce que vos amis et vous, vous _____ jouer au billard?
5. Est-ce que vos grands-parents _____ utiliser un ordinateur?
6. _____-vous allumer un feu?

Le tramway traverse la vieille ville de Reims, dans le Grand Est (France).

Boris Stroujko/Alamy Stock Photo

En ville

Objectifs

In **Chapitre 3**, you will talk about things to do in the city. You will learn names of places, how to ask for and give directions, and expressions useful for shopping. You will also learn how to say what you have to do.

●ACTIVITÉS

Tranche de vie   Une ville du
   Maghreb, Marrakech
S'orienter en ville
La ville et les transports
Les achats
Les distractions
À voir en vidéo   Micro-trottoir:
   Au sujet de la vie urbaine

●LECTURES

À propos...   La Casbah d'Alger
La langue en mouvement
   L'anglais et le français:
   les mots apparentés
À vous de lire   Montréal,
   c'est toi ma ville!

●GRAMMAIRE

3.1 Saying where things are:
   Prepositions of location
3.2 Asking questions: Interrogative
   words
3.3 Verbs like **prendre**
3.4 Expressing necessity: **Il faut** and
   the verb **devoir**
3.5 Pointing things out: Demonstrative
   adjectives
3.6 Expressing quantities: Partitive
   articles
3.7 The verbs **courir**, **sortir**, and **dormir**

TRANCHE DE VIE

Une ville du Maghreb, Marrakech

Marrakech est une des grandes villes du Maroc, avec Tanger, Fez, Casablanca et Rabat (la capitale). Ancienne cité impériale, elle est aujourd'hui un centre économique majeur où vivent près d'un million d'habitants. Au cœur de la ville se trouve la *médina,* cité médiévale fortifiée et densément peuplée; c'est un véritable labyrinthe! Dans les *souks* (marchés) de la médina, on vend des étoffes, des poteries et des bijoux traditionnels. Symbole de la ville, le minaret de la mosquée de Koutoubia (XIIe siècle) est visible à des kilomètres.

Il y a de quoi dire
Se repérer en ville

Vous êtes à Marrakech avec votre famille. Personne ne connait la ville, mais vous avez un plan et vous parlez français! C'est donc vous qui allez aider la famille à se repérer. Trouvez les bonnes réponses dans la colonne de droite.

1. On arrive en bus: où se trouve la gare routière?
2. Faisons un piquenique à midi! Tu connais un espace vert?
3. Allons d'abord à l'endroit le plus animé de la ville. Tu vois comment y aller?
4. Le jardin Majorelle est incontournable, parait-il; tu vois où c'est?
5. La fameuse mosquée de la Koutoubia est à côté de l'aéroport, n'est-ce pas?
6. Le Maghreb est désertique, alors je suppose qu'il n'y a pas de rivière?
7. Et si on allait voir un spectacle ce soir?
8. Si on est malade, il y a un hôpital, au moins?

a. Dans le quartier de Safi, au nord de la ville.
b. Pas du tout! Elle est en plein centre-ville, voyons...
c. Rassure-toi, il y en a trois, dont un à proximité des tombeaux Saadiens.
d. Si! L'oued Issil, juste à l'extérieur de la ville, à l'est.
e. D'accord, le Théâtre Royal se trouve en face du lycée Hassan II, tout près de la gare.
f. Au coin de l'avenue du 11 janvier et du boulevard de Safi.
g. Mais bien sûr, le magnifique parc botanique des jardins de l'Aguedal, au sud de la médina.
h. Évidemment, c'est la place Jemaa-el-Fna. On prend la porte Doukkala et on suit la rue Fatima Zohra, c'est facile.

• La place Jemaa-el-Fna à Marrakech

Matej Kastelic/Shutterstock

Activités et lectures

S'orienter en ville

⭐ Attention! Étudier Grammaire 3.1 et 3.2

Activité 1 Discussion: Où se trouvent ces endroits?

Regardez le plan de la ville et dites si ces descriptions sont vraies ou fausses.

1. Le bureau de poste est dans la rue Danton.
2. La mairie est à côté d'un lycée.
3. Il y a une église en face du jardin public.
4. Le théâtre est loin de la banque.
5. La bibliothèque est devant la mairie.
6. Il y a une sculpture sous un arbre, sur la terrasse du musée.
7. L'hôpital est derrière le théâtre.
8. L'école primaire est près du jardin public.
9. Il y a une cheminée sur le toit de l'église.
10. Il y a un café entre le lycée et la gare.

Activité 2   Entretien: Mon logement

Vocabulaire utile   un appartement (appart), une chambre, un/une colocataire (coloc), la faculté (fac), une maison, une résidence d'étudiants

1. Où est-ce que tu habites? Tu aimes l'endroit?
2. Quel type de logement as-tu?
3. Tu as des colocs? Comment sont-ils/elles?
4. Est-ce que ta rue est tranquille?
5. Tu vas à la fac à pied, d'habitude?
6. Il (Elle) est loin du centre-ville, ton appart? (ta chambre? / ta maison?)
7. Y a-t-il un parc tout près? un café agréable? une librairie?

Allons plus loin!

Imaginez votre maison idéale: comment est-elle? Est-ce qu'elle est située à la campagne ou en ville? Quelles sont les activités que vous pouvez faire quand vous y allez?

Suggestions

Endroits: à la campagne, à la montagne, au centre-ville, loin de la ville, dans une forêt, près d'un lac
Activités: aller au cinéma (à la plage, etc.), courir, cuisiner, diner au restaurant, faire la fête (des achats, du camping, du canoë, de l'escalade, etc.), jouer au football (au tennis, aux jeux vidéo, etc.), nager, pêcher, regarder la télévision, travailler dans le jardin

À propos...
La Casbah d'Alger

• **Des habitants de la Casbah d'Alger**

Abdel Slimani habite aujourd'hui à Paris, mais sa ville d'origine est El Djazair (Alger), capitale de l'Algérie, au bord de la Méditerranée.

Le cœur d'Alger, c'est la Casbah. C'est un site historique habité depuis le IVe siècle av. J.-C., un type unique de *médina*, la ville islamique traditionnelle, mais aussi une citadelle de l'époque ottomane (XVIe siècle). Elle est inscrite sur la liste du patrimoine universel de l'UNESCO. Pourtant, ce n'est pas un musée ou une zone touristique: 50.000 personnes y vivent et y travaillent. En plus des habitations traditionnelles, il y a des palais, des *hammams* (le sauna arabe), des mosquées et des *souks* (le marché arabe). Les rues sont très étroites: les voitures ne circulent pas dans la Casbah! On marche à pied, on s'arrête pour discuter, on boit du thé; c'est un mode de vie musulman ancestral, caractérisé par un grand sens de la communauté. J'apprécie le confort de la ville moderne, certainement, mais le rythme de vie de la Casbah est incomparable.

Activité 3   Associations: Qu'est-ce qu'on peut y faire?

Qu'est-ce qu'on peut faire dans les endroits suivants?

> MODÈLE: É1: Qu'est-ce qu'on peut faire au musée?
>   É2: On peut y voir des tableaux et des sculptures.

1. à la banque	acheter des timbres
2. à la bibliothèque	nager
3. au bureau de poste	voir une pièce de Molière ou
4. au théâtre	Shakespeare
5. au restaurant	chanter et prier
6. à la gare	déposer de l'argent
7. à la piscine	emprunter des livres
8. à la mairie (en France)	faire des achats
9. au centre commercial	lire un journal
10. à l'église, au temple ou à la mosquée	manger avec des amis
	prendre le train
	se marier
	?

Activité 4   Interro: Le plan de Paris

Utilisez le plan de Paris pour indiquer le chemin à votre partenaire.

Vocabulaire utile

Tu vas tout droit.
Tu prends (la rue Royale).
Le musée est (sur ta droite).

MODÈLE: É1: Qu'est-ce que je fais pour aller de la cathédrale Notre-Dame jusqu'à mon hôtel derrière la Sorbonne (D → I)?

É2: Tu traverses la Seine et tu tournes à gauche au quai St-Michel. Puis, tu tournes à droite au boulevard St-Michel et tu tournes à gauche au boulevard St-Germain.

1. de l'Opéra Garnier jusqu'au musée national d'Art moderne au Centre Pompidou (N → L)
2. du jardin des Tuileries jusqu'à l'Arc de Triomphe (B → R)
3. du musée Rodin jusqu'au jardin du Luxembourg (P → A)
4. du Palais-Royal jusqu'au musée du Louvre (O → E)
5. de la cathédrale de Notre-Dame jusqu'à la tour Eiffel (D → Q)
6. ?

 # La ville et les transports

★ Attention! Étudier Grammaire 3.3 et 3.4

Les transports en commun

Adrienne prend l'autobus au coin de la rue. Pour elle, c'est commode.

Sarah et Agnès prennent le métro pour aller à la fac. C'est très rapide.

La sécurité et les précautions

Il ne faut pas prendre le train aux heures de pointe.

Pour rouler en scooter, il faut porter un casque.

On doit avoir de la patience dans un embouteillage.

Parfois, les gens oublient d'obéir aux règles!

Activité 5 Sondage: Comment se débrouiller en ville

Dites **oui** ou **non** à ces propositions. Ensuite, comparez vos réponses aux réponses de votre partenaire.

> MODÈLE: En ville, est-ce une bonne idée de... prendre l'autobus? →
> Oui, parce qu'il y a trop de voitures dans les villes.

En ville, est-ce une bonne idée de (d')...

_____ lire quand on est dans un embouteillage?
_____ prendre le métro aux heures de pointe?
_____ se promener seul(e) dans un jardin public à minuit?
_____ porter un casque si on roule en scooter?
_____ utiliser les transports en commun?
_____ rouler en voiture tout le temps?
_____ ne pas respecter les feux de signalisation?
_____ regarder dans les deux sens avant de traverser la rue?
_____ stationner dans une zone interdite?
_____ conduire et envoyer des textos en même temps?

Exprime-toi!

Je suis d'accord. C'est (dangereux).
Pourquoi pas? Tout le monde le fait.
Pas du tout! C'est trop (risqué).
C'est fou! On risque d'avoir (un accident).

Activité 6 Définitions: Qu'est-ce que c'est?

> MODÈLE: É1: Qu'est-ce que c'est qu'un autobus?
> É2: C'est un grand véhicule automobile de transport en commun.

1. un scooter
2. une foule de gens
3. le métro
4. une voiture
5. les heures de pointe
6. un feu de signalisation
7. un arrêt d'autobus
8. un coin
9. un embouteillage
10. un casque

a. l'endroit à l'intersection de deux rues
b. un véhicule routier à moteur
c. l'endroit où on prend l'autobus
d. un blocage de la circulation
e. une protection pour la tête
f. un grand nombre de personnes
g. une bicyclette motorisée
h. un train souterrain
i. un signal lumineux
j. la partie du jour où la circulation est très intense

LA LANGUE EN MOUVEMENT

L'anglais et le français: les mots apparentés

Si vous parlez anglais, vous avez déjà un grand avantage pour apprendre le français. Selon les linguistes, plus que la moitié[1] des mots anglais ont des mots apparentés[2] en français. En voici des exemples: *bureau, théâtre, musée.* L'anglais est une langue germanique, mais le français est une des langues romanes (dérivées du latin). Alors, comment expliquer ce très grand nombre de mots communs? Il y a deux explications principales: (1) les deux langues ont exploité le latin comme source de nouveaux mots, et (2) après la défaite des Anglais par le duc de Normandie Guillaume le conquérant en 1066, le français a été la langue de l'élite britannique pendant trois cents ans. À la fin de cette longue période de bilinguisme, des milliers[3] de mots français sont restés en anglais.

MISE EN PRATIQUE Regardez la liste de phrases de l'Activité 1 à la page 106. Soulignez tous les mots qui ont des mots apparentés en anglais. Combien en comptez-vous? Est-ce que le mot anglais a toujours approximativement le même sens que le mot français, ou est-ce qu'il y a des «faux amis»?

[1] 50 pour cent
[2] qui ont une origine commune
[3] multiples de 1000

Activité 7 Discussion: Situations et choix

En visite à Paris, on peut se trouver devant les situations suivantes. À votre avis, qu'est-ce qu'il faut faire? Choisissez une des suggestions ou proposez-en une autre.

1. Le feu de signalisation passe au rouge juste au moment où vous désirez traverser la rue.
   a. Il faut courir très vite pour traverser la rue.
   b. Vous devez vous arrêter et attendre.
2. Votre taxi est coincé dans un embouteillage.
   a. Vous devez rester calme.
   b. Il faut descendre du taxi et prendre le métro.
3. Vous êtes horrifié(e)! Votre chauffeur de taxi conduit comme un fou.
   a. Il faut penser: «Bon, voilà une expérience typiquement parisienne!»
   b. Il faut descendre du taxi.

• Les embouteillages dans les rues de Paris à une heure de pointe

Hans-Peter Merten/Photodisc/Getty Images

Cliquez là!

Découvrez des idées d'activités à faire quand on visite Paris. Ensuite, indiquez celles qui vous intéressent. En classe, comparez vos préférences avec celles de vos camarades de classe.

4. Vous bousculez une autre personne au moment où vous montez dans un autobus.
   a. Vous devez lui demander pardon.
   b. Vous ne vous excusez pas parce que c'est normal dans une grande ville.
5. Le chauffeur de la voiture à côté de vous vous insulte parce qu'il n'aime pas votre façon de conduire.
   a. Il faut ignorer ses remarques.
   b. Vous devez aussi l'insulter.

Activité 8   Entretien: Ma ville préférée

1. Quelle est ta ville (ou ta région) préférée? Tu y vas souvent? Quand?
2. Pourquoi aimes-tu cette ville (ou cette région)? (L'ambiance? Le shopping? Les distractions? La vie culturelle?)
3. Comment t'y déplaces-tu d'habitude? (En bus? En métro? En taxi? À pied? À vélo?)
4. Tu aimes te balader dans les rues? À quel moment de la journée? Tu fais souvent les vitrines?
5. Qu'est-ce que tu aimes faire quand tu sors le soir? Tu aimes diner dans un certain restaurant? Tu aimes aller au théâtre ou à un spectacle?

Les achats

⭐ Attention! Étudier Grammaire 3.5 et 3.6

Les commerces

Dans une boutique

—Vous désirez, mademoiselle?
—Je voudrais voir cette robe que vous avez en vitrine.
—Laquelle, mademoiselle?
—La bleue, s'il vous plait.

—Nous avons ces trois modèles.
—Ils sont dans ma taille, madame?
—Le bleu et le jaune, oui, mais pas le gris.
—Bon, je prends les deux: le bleu et le jaune.

Activité 9 Associations: Les magasins et les produits

Dans quel magasin ou établissement est-ce qu'on peut trouver ces articles?

> MODÈLE: du shampoing →
> > É1: Où est-ce qu'on peut trouver du shampoing?
> > É2: On peut trouver du shampoing dans une supérette.

1. du jus d'orange
2. un roman policier
3. le journal *Le Monde*
4. un café ou une bière
5. une brosse à dents
6. des timbres
7. du rouge à lèvres
8. un médicament
9. des cartes postales
10. un cahier et des crayons
11. un collier de perles
12. une lampe
13. du dentifrice
14. un jean et une chemise

une épicerie
un bureau de poste
une pharmacie
une parfumerie
une librairie
un café
un grand magasin
un kiosque à journaux
une supérette

Allons plus loin!

Est-ce que tu aimes faire des courses en ville? Tu fais parfois les courses en ligne? Tu fais des achats en ligne? Quels sont les avantages et les inconvénients de chaque méthode?

Activité 10 Échanges: Pour faire des économies

Vous allez en ville pour faire des achats. Dans chaque magasin, on voudrait vous vendre des produits chers. Vous avez très peu d'argent et vous inventez des excuses pour acheter les produits les moins chers.

> MODÈLE: VENDEUR: Vous désirez, monsieur (madame/mademoiselle)?
> VOUS: Du papier à lettres, s'il vous plait.
> VENDEUR: J'ai ce papier à 2,50€ et j'ai cet autre papier à 15€. Le papier à 15€ est de très bonne qualité.
> VOUS: C'est vrai, mais je préfère le papier à 2,50€. J'adore le papier bleu!

Exprime-toi!

> La bouteille (boite) est si chic!
> L'odeur est (exquise).
> Le modèle est trop (compliqué).
> Les produits importés sont si (exotiques).

1. du shampoing (un shampoing à 2,61€ ou un gel-shampoing démêlant à 5,25€)
2. du parfum (un parfum à 17€ ou un parfum de bonne marque à 60€)
3. des fleurs (des marguerites en solde à 1,05€ ou des roses à 20€)
4. une chemise pour un copain (un modèle à 25€ ou un autre en coton égyptien à 82€)
5. un dictionnaire espagnol (un mini à 7,50€ ou un grand format à 32€)
6. un portable (un modèle à 25€ ou un autre avec toutes les options à 769€)

Activité 11 Échanges: Opinions diverses

Vous allez sortir avec un(e) camarade de classe ce weekend. Décidez de vos projets entre vous. Si vous n'êtes pas d'accord, proposez autre chose.

Vocabulaire utile regarder un match, faire des courses, regarder un documentaire à la télé, faire de l'escalade en salle, faire les vitrines, aller à une exposition au musée, rencontrer des amis, diner au restaurant...

É1: J'ai une bonne idée. Allons à l'opéra!
É2: Euh... , tu sais, je n'aime pas beaucoup l'opéra.
É1: Quoi? Tu n'aimes pas l'opéra? Qu'est-ce que tu voudrais faire alors?
É2: Moi, j'adore la boxe! Tu voudrais regarder un match?
É1: La boxe! Euh...
É2: Tu n'aimes pas la boxe? Alors...

Activité 12 Dans le monde francophone: Cadeaux sur l'internet

Sur l'internet, on peut trouver des cadeaux intéressants. Décidez à qui vous pouvez offrir chaque objet à la page 115 et pourquoi.

1. une copine qui s'intéresse aux nouvelles technologies
2. votre grand-père, qui aime regarder des photos de tous ses petits-enfants
3. votre cousin, qui adore parler au téléphone avec ses amis
4. votre oncle, qui invite ses amis à des diners gastronomiques
5. votre ami, qui adore lire
6. votre nièce, qui adore se maquiller
7. votre sœur, qui voudrait devenir cinéaste
8. ?

Les cadeaux

Tire-bouchon Laguiole: Apprécié par les connaisseurs du vin, le tire-bouchon Laguiole est très résistante et supporte une utilisation intensive. Son ergonomie, son élégance et son efficacité lui ont valu de recevoir le Prix Design Plus à Francfort (Allemagne). 84,00€

UrbanImages/Alamy Stock Photo

Oreillette Bluetooth: Pour une connexion sans fil à votre téléphone portable. 110,00€

Oleg Troino/123RF

Alexa: Nouvel Echo Dot (3ème génération), enceinte connectée avec Alexa. 59,00€

travelbetter.co.uk/Alamy Stock Photo

Smartphone 4G. Appareil photo, compatible Bluetooth, écran tactile, enregistrement vidéo, GPS, lecteur MP3. Accessoires inclus: adaptateur secteur, carte mémoire. 249,00€

HO/AFP/Newscom

Cadre photo numérique Kodak: Écran 4/3; mémoire interne de 2 Go; économiseur d'énergie avec détecteur de mouvements. (0,15€ éco-part. inclus). 89,90€

YAY Media AS/Alamy Stock Photo screen: violin/123RF

Carte cadeau Sephora: Carte cadeau de la chaine de parfumeries Sephora. 40,00€

40€

carte **cadeau** SEPHORA

Caméscope numérique semi-professionnel: Ultra-compact, peut s'emporter partout pour enregistrer de la vidéo en haute définition. 381,00€

wanrung stock/Shutterstock

Le premier homme: Le dernier roman d'Albert Camus, écrivain français, né en Algérie, qui a reçu le prix Nobel. 21,00€

Albert Camus
Le premier homme

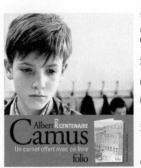

Camus, Albert. *The First Man*. Collection Folio, Éditions Gallimard.

Les distractions

⭐ Attention! Étudier Grammaire 3.7

Qu'est-ce que vous aimez faire?

Le samedi matin, Marise et
Clarisse courent dans le parc.

Elles font souvent les vitrines
au centre-ville.

Les Colin vont au théâtre quand
ils partent en weekend.

Parfois Julien danse toute la nuit
et s'endort au petit matin.

Francis sait faire de l'exercice
et s'amuser en même temps.

De temps en temps, Sarah part
à la montagne avec ses copains.

Activité 13 Associations: Clichés du monde étudiant

En groupes, organisez les phrases pour créer des profils stéréotypés: (1) la bonne vivante et (2) l'intellectuelle.

- Elle sort tous les soirs.
- Elle part souvent en weekend.
- Le soir, elle reste à la maison.
- Elle déteste faire les magasins.
- Elle préfère les films sérieux.
- Elle étudie souvent en écoutant du rock.

- Elle n'a pas de portable.
- Elle s'habille à la mode.
- Elle surfe sur l'internet.
- Elle va très souvent au musée.
- Elle dort à la bibliothèque.
- Elle étudie les maths avancées.

Allons plus loin! Créez d'autres clichés. Idées: les non-conformistes, les sportifs, les casse-pieds

Activité 14 Récit: Un weekend à Paris

Bernard et Christine Lasalle vont passer un weekend à Paris. Maintenant, ils font leurs projets. Racontez ce qu'ils vont faire.

Vocabulaire utile

un appareil photo
prendre des photos
chercher un cadeau

Cliquez là!

Qu'est-ce qui se passe à Paris cette semaine? Qu'est-ce qu'on peut voir au cinéma? au théâtre? Qu'est-ce qu'il y a comme manifestations sportives? Y a-t-il une exposition intéressante? Où voudriez-vous dîner?

Activité 15   **Dans le monde francophone: Les Français et le weekend**

À la question «Pour vous, qu'est-ce qui symbolise le plus le weekend?», les Français répondent:

• le déjeuner en famille	• la grasse matinée
• les moments passés avec les enfants et les petits-enfants	• la sortie du samedi soir
	• les câlins à deux
• la promenade à la campagne	• les courses du samedi
• les travaux ménagers, le bricolage et le jardinage	• la messe
	• le jogging du matin

Trouvez l'équivalent de ces activités parmi les activités préférées des Français.

1. dormir tard
2. assister à un service religieux
3. aller au cinéma, au théâtre, au restaurant, etc.
4. faire du shopping
5. travailler à la maison
6. manger tous ensemble
7. faire l'amour
8. être simplement en famille
9. courir
10. marcher dans la nature

Allons plus loin!   Qu'est-ce que vous aimez faire le weekend? Est-ce que vous avez les mêmes priorités que les Français?

À voir en vidéo

Micro-trottoir: Au sujet de la vie urbaine

Répondez aux questions suivantes à partir de votre point de vue personnel. Puis regardez la vidéo et comparez vos réponses à celles des gens interrogés.

1. Qu'est-ce qu'un village typique de France?

2. Quelle différence faites-vous entre Paris et la province?

3. Quelle est votre ville préférée dans le monde et pourquoi est-ce que vous l'aimez tant?

4. À votre avis, quels sont les plus grands avantages de la vie urbaine? Et en ce qui concerne la vie à la campagne, quels sont les bons côtés?

POUR RÉSUMER

À vous de parler

A. Entretien: Distractions et préférences!

Posez des questions à votre partenaire.

1. Est-ce que tu aimes la ville où tu habites? Pourquoi? Pourquoi pas?
2. Le samedi soir, si tu n'as pas d'argent, qu'est-ce que tu fais?
3. Tu as des gadgets électroniques? Lesquels? Lequel est ton préféré?
4. Tu aimes la musique? Qu'est-ce qu'il y a dans ta playlist préférée?
5. As-tu une voiture? Aimes-tu conduire? Tu conduis souvent?
6. Tu parles sur ton portable quand tu conduis? Tu envoies des textos?
7. Tu aimes le sport et les matchs? Quel sport fais-tu?
8. Est-ce que tu utilises les transports en commun? Pourquoi? Pourquoi pas?
9. Tu aimerais faire un voyage en train? Pour aller où? Avec qui?
10. Tu habites près de la fac? Explique-moi comment aller chez toi.

B. En groupes, créez une description des vacances imaginaires de votre professeur de français pendant un séjour en France. Où va-t-il/elle? Qu'est-ce qu'il/elle fait? Ensuite, présentez votre création à la classe.

Suggestions

Destination: aller à la campagne, à la montagne, à la plage, à Orléans…
Logement(s): rester dans un hôtel, un gite rural,* un terrain de camping…
Activités: parler français, faire les vitrines, monter en haut de la tour Eiffel…
Le soir: aller au concert, voir un spectacle, regarder les étoiles…
Dépenses importantes: diner chez Maxim's, louer une voiture, acheter des vêtements chic…
Économies: diner dans sa chambre, marcher et prendre les transports en commun…

À vous de lire

«Montréal, c'est toi ma ville!» par Patrick Dion

Patrick Dion est romancier (Fol Allié, Montréal: La Grenouille bleue, 2010), chroniqueur et blogueur. Dans son blog, il prend la défense de sa ville, Montréal. Pour certaines personnes, la métropole a mauvaise réputation, mais Dion propose une discussion avec d'autres internautes québécois sur les mérites et les problèmes de sa ville.

Spaces Images/Blend Images

• La silhouette de Montréal, en hiver

---

*gite… *bed and breakfast cottage*

Patrick Dion: On voit souvent des gens de l'extérieur de la ville affecter un air de dédain[1] face à la métropole. On entend même quelques préjugés énormes:

—Montréal c'est sale, ça pue,[2] c'est laid.
—Je ne veux pas élever mes enfants dans cette ville-là. Y'a pas d'espaces verts.
—C'est plein de drogués, pis d'itinérants.
—C'est tellement violent. Y a des meurtres, des vols, des agressions. C'est bien trop dangereux.

Je suis content d'habiter la ville, heureux d'y élever mon fils, enchanté d'avoir accès à une vie culturelle très riche et de pouvoir côtoyer[3] une panoplie de gens de différentes origines et cultures. J'y vis en sécurité, dans la tranquillité.

Je trouve dommage que l'image de Montréal soit telle. Le vol, les agressions, le vandalisme, la violence et les meurtres existent partout.[4] À Laval, à Longueuil, au Saguenay, en Abitibi, partout!

Commentaires

Julie A-B a dit... Ah bon? Autour de moi, j'entends plutôt le contraire. On n'arrête pas de louanger[5] Montréal et de dire que c'est la ville occidentale où il fait le moins cher vivre, qu'on s'y sent en sécurité presque partout, qu'il y a une multitude de parcs, qu'y circuler à vélo n'est pas (trop) dangereux... Même mes amis français ont une vision plutôt idyllique de la ville.

Joanie a dit... J'pourrais pas dire mieux, pour avoir déjà habité à Laval[6] aussi. Laval c'est gris, laid, t'es obligé d'avoir un char[7] pour avoir une vie sociale (y'a rien qui se passe, surtout pas au coin de ta rue). C'est vide, trop espacé, frigide.

L'Ange Vagabond a dit... Oui, Montréal est grande, violente et il y est un peu plus difficile de s'y faire un cercle d'amis, mais tabarnouche[8] qu'elle est belle.

On a pas besoin d'y perdre sa chemise pour assister à de magnifiques spectacles, de grandes expositions d'art ou profiter de l'art de la rue. Il faut seulement choisir le bon quartier, si on veut se promener tout seul après la tombée de la nuit.

tchendoh a dit... Personnellement, Laval me fait plus peur que Montréal. Quand les gens parlent de Montréal, ils n'ont pas l'air de réaliser que Montréal est une grosse ville avec des arrondissements[9] très différents les uns des autres.

Panthère rousse a dit... J'ai l'impression d'habiter un gros village (le Mile-End) et pourtant je suis en plein cœur de Montréal. J'aime ma ville!

garamond335 a dit... Qu'on le veuille ou non,[10] Montréal est plus dangereux que Chibougamau... Même à Outremont, même dans le Mile-End. Allez passer une semaine dans une ville de moins de 25.000 personnes et vous allez voir c'est quoi, la paix et la tranquillité...

perplexeetsigne a dit... J'aime Montréal, elle est hétéroclite,[11] vivante et colorée.

---

[1]supériorité   [2]ça... il y a de mauvaises odeurs   [3]vivre à côté de   [4]dans toutes les villes   [5]dire du bien de   [6]*banlieue au nord de Montréal*   [7]voiture (*mot québécois*)   [8]*expression d'enthousiasme (mot québécois)*   [9]quartiers   [10]Qu'on... objectivement   [11]diverse

Avez-vous compris?

Déterminez qui exprime les opinions suivantes parmi les contributeurs au forum de Patrick Dion:

1. _____ estime que l'expérience de la ville diffère selon le quartier où on habite.

2. _____ adore la diversité qu'offre une grande ville.

3. _____ pense qu'on idéalise un peu trop Montréal.

4. _____ trouve qu'on ne peut pas comparer la vie dans la métropole et dans une petite ville.

5. _____ apprécie surtout la richesse culturelle de Montréal.

6. _____ déteste la banlieue.

À vous d'écrire

Écrivez une publicité pour la firme Taxi Champlain à Montréal. Utilisez votre imagination, mais n'oubliez pas de donner certains renseignements: les avantages de prendre le taxi, la compétence des chauffeurs, les tarifs, les heures et, bien sûr, pourquoi les taxis Champlain sont supérieurs aux autres taxis.

Taxi Champlain

Suggestions

Vous allez trouver (admirer, arriver, rencontrer)...
Vous n'allez pas payer...
Nos taxis sont propres (très confortables)...
Les chauffeurs sont/savent...

Vocabulaire

Les endroits dans une ville

Places in a city

une bibliothèque	a library
un bureau de poste	a post office
un commerce	a shop, business
le commissariat de police	the police station
une école primaire	a primary school
une église	a Catholic church
une épicerie	a grocery store
la faculté (la fac)	the university
une gare	a station (*train, bus*)
un grand magasin	a department store
un jardin public	a park
un kiosque (à journaux)	a newsstand
une librairie	a bookstore
un lycée	a high school
un magasin	a store
la mairie	city hall
une mosquée	a mosque
une parfumerie	a perfume store
une place	a public square
une supérette	a mini-market
un temple	a temple; a Protestant church

Mots apparentés: **une avenue, une banque, un boulevard, une cathédrale, le centre-ville, un hôtel, un musée, une pharmacie, une terrasse**

Les courses et les distractions

Errands and entertainment

s'amuser	to have fun
assister à un spectacle	to attend a show
déposer de l'argent	to deposit money
emprunter un livre	to borrow a book
envoyer une lettre	to send a letter
envoyer un texto	to text, to send a text message
faire les magasins	to shop
faire les vitrines	to window-shop
manger avec des amis	to eat with friends
marcher	to walk
oublier (de)	to forget (to)
partir en weekend	to go away for the weekend
prendre des photos	to take pictures
sortir	to go out
voir une pièce de théâtre	to see a play
voir un tableau	to see a painting

Pour indiquer le chemin

Giving directions

à côté de	beside
au coin de la rue	at the corner, just around the corner
coincé(e)	stuck, squeezed (into)
dans	in, inside
derrière	behind
devant	in front of
en face de	opposite, across from
entre	between
loin (de)	far (from)
près (de)	near (to)
sous	under
sur	on, upon
aller tout droit	to go straight ahead
tourner à droite (à gauche)	to turn right (left)
traverser (un pont)	to cross (a bridge)

Pour se déplacer en ville: Les transports

Getting around in a city: Transportation

un arrêt d'autobus	a bus stop
la circulation intense	heavy traffic
un embouteillage	a traffic jam
un feu de signalisation	a traffic signal
une foule (de gens)	a crowd (of people)
les heures (*f.*) de pointe	rush hour
le métro	the subway
un quai	a (station) platform
les transports (*m.*) en commun	public transportation
un wagon	a (train) car

Mots apparentés: **un chauffeur / une chauffeuse de taxi, un moteur, motorisé(e), un scooter**

descendre d'un taxi	to get out of a taxi
monter dans un autobus	to get on a bus
obéir aux règles	to obey the rules
porter un casque	to wear a helmet
prendre un train	to take a train
rouler en voiture	to travel by car
stationner dans une zone interdite	to park in a no-parking zone
utiliser un plan (de ville)	to use a (city) map

Se promener en ville

Walking in the city

aller à pied	to walk, to go on foot
s'arrêter	to stop (oneself)
avoir de la patience	to be patient
se balader	to stroll
se débrouiller	to manage, to get along
se déplacer	to go someplace
obéir au signal lumineux	to obey a flashing sign
s'orienter	to get oriented
penser à	to think about
regarder dans les deux sens	to look both ways
se repérer	to get one's bearings
risquer	to risk

Pour faire des achats

Shopping

J'en prends (deux).	I'll take (two).
Lequel? Laquelle?	Which one?
acheter (un cadeau)	to buy (a gift)
couter	to cost
demander	to ask (for)
faire des courses	to do errands
faire les courses	to go grocery shopping
faire des économies	to save money
louer une voiture	to rent a car
vendre	to sell
un biscuit	a cookie
une boite	a box
une bouteille	a bottle
une carte postale	a postcard
un choix	a choice
un collier	a necklace
le dentifrice	toothpaste
l'eau (f.) minérale	mineral water
l'euro (m.)	the euro (European currency unit)
une fleur	a flower
le lait	milk
le maquillage	makeup
une marguerite	a daisy
une marque	a brand
un médicament	a medication
un modèle	a style

les œufs	eggs
le pain	bread
le prix	the price
un produit étranger	an imported product
un roman policier	a detective novel
le rouge à lèvres	lipstick
une serviette	a briefcase
un timbre	a postage stamp
un vendeur / une vendeuse	a salesman/saleswoman
le vin	wine

Mots apparentés: **une bière, le café, chic** (*inv.*), **désirer, exotique, importé(e), le jus d'orange, le papier à lettres, le parfum, la qualité, le thé**

La description des personnes

Describing people

bon(ne) vivant(e)	pleasure-loving
un casse-pied	a bore
fou/folle	crazy, nuts

Mots apparentés: **intellectuel(le), non-conformiste, normal(e)**

Quand

Saying when

au moment où	at the time of; when
au petit matin	in the early morning
de temps en temps	from time to time
en même temps	at the same time, simultaneously
tout le temps	all the time

Mots et expressions utiles

Useful words and expressions

à la mode	in style
C'est commode.	It's convenient.
d'accord	okay; agreed
devoir	to have to, must
un diner gastronomique	a gourmet dinner
il faut (payer)	it is necessary (to pay)
sans	without
selon	according to
stationnement interdit	no parking
tous ensemble	all/everyone together

Grammaire et exercices

3.1 Saying where things are: Prepositions of location

A. Here are the most common prepositions of location in French.

Definition: Prepositions are used before nouns and can express spatial or temporal relationships: **near** the bank; **after** midnight.

dans	*in, inside*	**entre**	*between*
sur	*on, on top of*	**sous**	*under*
devant	*in front of*	**derrière**	*behind*
près (de)	*near (to)*	**loin (de)**	*far (from)*
à côté de	*beside, next to*	**en face de**	*opposite, across from*
à gauche de	*to the left of*	**à droite de**	*to the right of*

—Où est le gymnase?   *Where's the gym?*
—**Entre** le restaurant universitaire   *Between the student restaurant*
et le stade.   *and the stadium.*

⭐ Review **Grammaire 1.6** on contraction of **de** + articles.

B. Notice that some prepositions end with **de**. When they are followed by **le** or **les**, you need to use the appropriate contraction (**du** or **des**).

➤ **près de + le = près du**

➤ **en face de + les = en face des**

—Où est la bibliothèque?   *Where's the library?*
—**À côté du** bureau de poste.   *Next to the post office.*
—Est-ce que la faculté des   *Is the Natural Sciences*
sciences naturelles est **en face**   *Department across from*
des laboratoires?   *the labs?*
—Non, elle est **à côté des**   *No, it's next to the labs.*
laboratoires.

Exercice 1 Dans la salle de classe

Denise décrit sa salle de classe. Choisissez la préposition logique et employez des contractions si nécessaire.

MODÈLE: Le pupitre de Barbara est (dans / à côté de) la fenêtre. →
Le pupitre de Barbara est à côté de la fenêtre.

1. Le bureau de Mme Martin est (devant/derrière) le tableau.
2. Les livres de Mme Martin sont (sous/sur) son bureau.
3. Mme Martin écrit* au tableau, puis elle regarde les étudiants. Elle est (devant/sous) la classe.
4. Jacqueline écrit au tableau. Elle est (près de / loin de) le tableau.
5. Albert travaille avec Daniel. Les papiers de Daniel sont (sur / à côté de) les papiers d'Albert.
6. Louis regarde par la fenêtre. Il regarde un match de football dans le parc (en face de / loin de) la salle de classe.
7. Barbara est trop (loin de / près de) le tableau; elle ne peut pas lire les mots au tableau.
8. La salle 300A se trouve (devant/entre) les salles 300 et 301.

---

*writes

3.2 Asking questions: Interrogative words

A. The following words can be used to ask questions.

combien (de)?	*how many?*
comment?	*how?*
où?	*where?*
pourquoi?	*why?*
quand?	*when?*

—Tu veux aller à Paris? **Quand?**   *You want to go to Paris? When?*
—L'année prochaine.   *Next year.*

—Tu ne viens pas demain. **Pourquoi?**   *You aren't coming tomorrow. Why?*
—Parce que j'ai rendez-vous chez   *Because I have a doctor's*
le médecin.   *appointment.*

B. Often, an interrogative word is combined with **est-ce que** to ask a question.

⭐ *Review **Deuxième étape, Grammaire B.2** on asking questions.*

Quand est-ce que tu vas à la fac?   *When are you going to campus?*
Combien d'argent est-ce que   *How much money do we have?*
nous avons?

C. In short, simple questions, reversing the order of the subject and verb can be used instead of **est-ce que**. This is called an inversion question.

Comment va Claudine?   *How is Claudine?*
Où habite ton ami?   *Where does your friend live?*
Que fait Adrienne ce soir?   *What's Adrienne doing tonight?*
Comment est Sylvie?   *What is Sylvie like? (What does Sylvie look like?)*

D. You have already seen the interrogative forms **que (qu')** (*what*) and **qui** (*who, whom*). These can be combined with **est-ce que** to ask *what* (**Qu'est-ce que... ?**) or *who/whom* (**Qui est-ce que... ?**). Note that **qui** is never contracted. **Qui** may also be followed directly by the verb.

➤ **Qui... ?**
= *Who . . . ? (subject)*

➤ **Qui est-ce que... ?**
= *Who/Whom . . . ? (object)*

➤ **Qu'est-ce que... ?**
= *What . . . ? (object)*

Qu'est-ce que tu veux?   *What do you want?*
Qui est-ce que tu retrouves en ville?   *Who (Whom) are you meeting in town?*

Qui sait la date?   *Who knows the date?*

E. To ask *which* or *what*, use the appropriate form of **quel** (**quelle, quels, quelles**) in front of the noun. Use **quel(le)** + **être** to ask for a name, a date, etc.

⭐ *You will learn more about asking questions in **Grammaire 7.5**.*

Le bureau de poste se trouve dans   *What street is the post office on?*
quelle rue?
Quelles lignes d'autobus est-ce   *Which bus lines do we (you) have*
qu'il faut prendre?   *to take?*
Quelle est la bonne **réponse**?   *What's the right answer?*

➤ **Quel est... ?** and **Quelle est... ?** = *What is . . . ?*

Pronunciation Hint

All forms of **quel** are pronounced the same except when there is a liaison:
quel, quelle, quels, quelles, but **quels‿étudiants, quelles‿étudiantes.**

Exercice 2 Au bureau de tourisme

Agnès Rouet fait du tourisme. Trouvez la bonne question pour chaque réponse du réceptionniste.

1. Comment est-ce que je peux aller d'ici au musée?
2. Combien coute un ticket de bus?
3. Où est le musée municipal?
4. Quand ferme le musée?
5. Qu'est-ce qu'il y a à voir au musée?
6. Quel est le numéro du bus pour y aller?
7. Où est-ce qu'on achète des tickets de bus?
8. Pourquoi ne pas y aller à pied?

a. _____ Il est dans la rue du 11 novembre.
b. _____ Il y a des tableaux et des sculptures modernes.
c. _____ Vous pouvez prendre le bus.
d. _____ Parce que c'est loin d'ici.
e. _____ Ça coute 1€.
f. _____ On peut acheter un ticket dans le bus.
g. _____ C'est le numéro 19.
h. _____ Il ferme à 17 heures.

Exercice 3 Les dernières nouvelles

Agnès téléphone à sa sœur Mireille. Regardez bien ses questions et les réponses de sa sœur, puis complétez ses questions avec le mot interrogatif approprié.

Utilisez **comment**, **où**, **pourquoi**, **quand**, **que** ou **qui**.

1. _____ va maman? —Elle va *bien*.
2. _____ fait Charles? —Il *ne* fait *rien*,* comme d'habitude.
3. _____ est papa? —Il est *à Genève*.
4. _____ fait Jean-Claude? —Jean-Claude? Il *joue au foot avec Michel*.
5. _____ est Michel? —Michel, c'est *mon nouveau petit ami*.
6. _____ est-il? —Il est *très sympa et très beau*!
7. _____ s'appelle le nouveau bébé des voisins? —Il s'appelle *Olivier*.
8. _____ va la mère d'Olivier? —Elle va *très bien*.
9. _____ commencent tes vacances? —*Dans quinze jours*.
10. _____ est-ce que tu ne viens pas à Paris? —*Parce que* je dois rester ici pour aider maman.

Exercice 4 Visite à Paris

Des amis de Sarah Thomas viennent visiter Paris. Posez la question qui correspond à chaque réponse.

MODÈLE: Ils restent *huit jours* à Paris. →
Combien de temps est-ce qu'ils restent à Paris? (Combien de temps restent-ils à Paris?)

Utilisez **comment**, **où**, **pourquoi**, **quand**, **que** ou **qu'est-ce que**.

1. Ils logent *dans un hôtel du Quartier latin*.
2. Ils se déplacent *en autobus*.
3. Ils sont contents *parce qu'il fait beau*.
4. Ils quittent Paris *lundi prochain*.
5. Ils veulent visiter *tous les monuments*.
6. Ils achètent *des souvenirs* pour leurs amis.

*nothing

Utilisez une forme de **quel** (**quelle, quels, quelles**).

7. Ils visitent le musée *d'Orsay.*
8. Ils préfèrent les restaurants *grecs et tunisiens.*
9. Le numéro de l'hôtel est *le 01 43 83 51 07.*

3.3 Verbs like **prendre**

A. The irregular verb **prendre** is very useful for talking about transportation.

prendre (*to take*)	
je **prends**	nous **prenons**
tu **prends**	vous **prenez**
il/elle/on **prend**	ils/elles **prennent**

—Comment viens-tu à la faculté? *How do you come to campus?*
—Je **prends** toujours le bus. *I always take the bus.*

Pronunciation Hint

All the singular forms are pronounced with a nasal vowel (nasal ã) and sound the same: prĕn̄ds̸, prĕn̄d. In the plural forms, the stem vowel is not nasal: prenōn̄s̸, prenez̸, prenn̄ent̸.

B. Use **prendre** to express *to have* (*something*) *to eat or drink.*

—Que **prenez**-vous quand il fait froid? *What do you drink when it's cold?*
—J'aime **prendre** un chocolat chaud. *I like to have a hot chocolate.*

Raoul ne **prend** jamais de déjeuner. *Raoul never has lunch.*

C. **Apprendre** (*to learn*) and **comprendre** (*to understand*) are conjugated like **prendre**.

Nous **apprenons** tous le français, mais *We're all learning French, but*
  Albert **apprend** aussi le japonais.   *Albert is also learning Japanese.*
Les étudiants ne **comprennent** *The students don't always*
  pas toujours le professeur.   *understand the instructor.*

Exercice 5 En faveur des transports en commun

Daniel parle du choix de moyens de transport. Utilisez le verbe logique à l'infinitif ou à la forme correcte.

Verbes à utiliser: prendre, apprendre, comprendre

Moi, je _____[1] toujours l'autobus pour aller à la fac. En général, mes camarades _____[2] toujours leur voiture parce qu'ils n'aiment pas prendre le bus. Moi, je ne sais pas conduire. J'_____[3] à conduire maintenant. Mais j'aime prendre le bus. Je ne _____[4] pas pourquoi mes amis ne veulent pas _____[5] le bus. Quand on vient à la fac en voiture, il faut payer le parking, si on arrive à trouver une place! Et puis, les gens ne _____[6] pas que trop utiliser son automobile risque d'avoir des conséquences très graves pour la planète. Nous _____[7] maintenant toutes les conséquences de cette dépendance. Et vous? _____[8]-vous toujours la voiture pour aller à la fac, ou bien, comme moi, pensez-vous à l'environnement?

Exercice 6 Questions et réponses

Répondez aux questions et dites si vous faites les mêmes actions et quand.

MODÈLE: Qui prend l'autobus? →
Barbara prend l'autobus. Moi, je prends l'autobus tous les jours.
(Moi, je ne prends jamais l'autobus.)

Barbara   Julien et son amie   Joël   Denise

Barbara   Nathalie   Jean-Yves et ses camarades

1. Qui prend du vin?
2. Qui voudrait apprendre à faire du ski?
3. Qui prend trop de risques?

4. Qui ne comprend pas la leçon?
5. Qui prend un café?
6. Qui prend un bain?

3.4 Expressing necessity: **Il faut** and the verb **devoir**

A. One way to express necessity is with the impersonal expression **il faut** (*it is necessary*) + infinitive. In this case, the obligation applies to people in general, or the context indicates the particular people concerned.

> **Definition:** In an impersonal expression, the subject pronoun (*it* or **il**) does not refer to a specific person or thing: *To learn a language, **it** is necessary to practice.*

Quand on prend le métro, **il faut acheter** un ticket à l'entrée.
Charles, tu vas au cinéma ce soir? **Il ne faut pas rentrer** tard.

When you take the metro, you must buy a ticket at the entrance.
Charles, are you going to the movies tonight? You mustn't come home late.

B. To express an obligation with respect to a particular person, you can also use the verb **devoir** + infinitive.

devoir (*to have to, must*)	
je **dois**	nous **devons**
tu **dois**	vous **devez**
il/elle/on **doit**	ils/elles **doivent**

Nous **devons prendre** le train à 10 h.	*We have to take the train at 10:00.*
Tu **ne dois pas être** en retard.	*You must not be late.*

Pronunciation Hint

The letters **oi** are pronounced [wa]: **doiṣ** ([dwa]), **doiṭ** ([dwa]), **doivenṭ** ([dwav]).

C. Note that **devoir** can also express probability or supposition.

Charlotte n'est pas au travail; elle **doit** être malade!	*Charlotte isn't at work; she must be sick!*

D. Other impersonal expressions can also be used to express necessity: **il est nécessaire** (**essentiel**, **important**, **obligatoire**) **de** + infinitive.

Avant de prendre le métro, **il est nécessaire d'**étudier le plan du métro.	*Before taking the metro, it is necessary to study the metro map.*
Il **n'est pas nécessaire d'**appeler le taxi avant 8 h.	*You don't have to call the taxi before 8:00.*

➤ To say *must not*:

Tu *ne dois pas* rouler trop vite.
(*You must not drive too fast.*)

or

Il *ne faut pas* avoir un accident.
(*You must not have an accident.*)

➤ Other expressions must be used to say that one *doesn't have to*:

Tu n'as pas besoin de rouler vite.
(*You don't need to drive fast.*)

or

Il n'est pas nécessaire de prendre le métro.
(*You don't have to take the metro.*)

Exercice 7 Problèmes de transport

Quelle est la solution à chacun de ces problèmes? Qu'est-ce qu'on doit faire? Utilisez la forme correcte du verbe **devoir**.

Vocabulaire utile: aller au travail à pied, appeler un taxi, arriver plus tôt,* étudier le plan du métro, prendre le bus, se déplacer à bicyclette

MODÈLE: Je ne peux pas aller au travail à pied. C'est trop loin. →
Tu dois prendre le bus.

1. Je n'ai pas de voiture.
   Alors, tu...
2. Nous devons être à l'aéroport dans une demi-heure et nous avons beaucoup de bagages.
   Vous...
3. Je ne sais pas prendre le métro.
   Bon, vous...
4. À la fac, il n'y a jamais assez de place aux parkings et les étudiants arrivent souvent en retard.
   On...
5. Mes parents encouragent mon frère à faire plus d'exercice.
   Il...

*plus... *earlier*

3.5 Pointing things out: Demonstrative adjectives

Demonstrative adjectives agree in number and gender with the noun modified. These forms can mean either *this* or *that*, *these* or *those*; this difference is usually clear from the context. Note the special form **cet** for masculine nouns beginning with a vowel or mute **h**.

Definition: Demonstrative adjectives point out a certain object or person: *this bus, that girl.*

➤ **ce garçon** but **cet homme, cet étudiant**

	SINGULIER	PLURIEL
MASCULIN	**ce** livre (*this/that*) **cet** ami (*this/that*)	**ces** livres (*these/those*) **ces** amis (*these/those*)
FÉMININ	**cette** table (*this/that*) **cette** amie (*this/that*)	**ces** tables (*these/those*) **ces** amies (*these/those*)

—Combien coutent **ces** biscuits?   *How much do these cookies cost?*
—Un euro dix (1,10€) le paquet.   *One euro ten (1,10€) a package.*

—Tu aimes **cette** carte postale?   *Do you like this postcard?*
—Oui, beaucoup.   *Yes, very much.*

Pronunciation Hint

cet‿ami (*m.*), **cet*t*é‿amié** (*f.*), **ces͜ᶻamis, ces livres**

Exercice 8 Sarah fait les vitrines

Remplacez les tirets par **ce, cet, cette** ou **ces**.

1. _____ magasin est très beau. Oh, _____ chaussures sont superbes!
2. _____ livres sont très intéressants, mais _____ prix sont ridicules!
3. _____ montre est jolie, n'est-ce pas?
4. _____ vêtements sont trop chers! _____ jolie robe coute 97€ et _____ blouson bleu coute 115€!
5. _____ chemises sont si belles et _____ cravate aussi est très belle!
6. _____ autre chemise verte est très pratique.
7. _____ chapeau est joli mais _____ autre chapeau est vraiment bizarre!

3.6 Expressing quantities: Partitive articles

⭐ *Review **Première étape, Grammaire A.3** and **A.5** on articles, and **Grammaire 1.6.B** on **de** + definite article.*

➤ Partitive articles:

du papier (*m.*)
de la bière (*f.*)
*de l'*eau (*f.*)
*de l'*argent (*m.*)

A. You are already familiar with the definite articles (**le, la, l', les**) and indefinite articles (**un, une, des**) in French. The third type of article is called the partitive article. Its forms are identical to the combination of **de** + the singular definite article: **du, de la, de l'**.

On peut acheter **du** dentifrice au supermarché.   *You can buy toothpaste at the supermarket.*
Nous préparons **de la** soupe.   *We are making soup.*
Je prends **de l'**eau minérale.   *I'm having mineral water.*

B. The partitive article indicates an unspecified quantity of a *mass noun*. It is roughly equivalent to *some* in English.

du café	*(some) coffee*
de la confiture	*(some) jam*
de l'huile	*(some) oil*

Definitions: A mass noun cannot be counted: *sand, sugar.* A count noun can be counted: *tables, lamps, children.*

C. Note that the partitive article is always required in French, although the word *some* is often omitted in English.

—Qu'est-ce que tu dois acheter à la pharmacie? → *What do you have to buy at the pharmacy?*

—**Du** dentifrice et **de l'**aspirine. → *(Some) toothpaste and (some) aspirin.*

D. In negative sentences, partitive articles and indefinite articles (**un**, **une**, **des**) become **de** or **d'**.

J'ai des cartes postales, mais je **n'**ai **pas de** papier à lettres ou **d'**enveloppes. → *I have some postcards, but I don't have any stationery or (any) envelopes.*

E. Expressions of quantity are also followed by **de**.

> **J'ai *des* biscuits.**
> **J'ai *beaucoup de* biscuits.**
> **Je *n'ai pas de* biscuits.**

un peu **de**	*a little*	combien **de**	*how much, how many*
assez **de**	*enough*	une tasse **de**	*a cup of*
beaucoup **de**	*a lot of, many*	un verre **de**	*a glass of*
trop **de**	*too much, too many*		

Combien d'œufs faut-il acheter? → *How many eggs do we need to buy?*

Veux-tu **un peu de lait** avec ton thé? → *Do you want a little milk with your tea?*

Exercice 9 Petits achats

Vous faites des courses en ville. Utilisez l'article partitif (**du**, **de la**, **de l'**), l'article indéfini (**un**, **une**, **des**) ou **de**.

1. Je vais d'abord à la librairie pour chercher _____ livre, _____ stylos et _____ cartes postales.
2. Ensuite, je vais à la poste pour acheter _____ timbres.
3. À l'épicerie, j'achète _____ eau minérale, _____ café (*m.*), _____ pain, _____ confiture (*f.*) et _____ œufs.
4. Je n'achète pas _____ viande, parce que je suis végétarien(ne).
5. À la pharmacie, je prends _____ shampoing et _____ aspirine (*f.*).
6. Il faut aussi chercher _____ argent; je passe donc à la banque.

Exercice 10 Qu'est-ce que vous prenez comme boisson?

Répondez en employant l'article partitif approprié (**du, de la, de l'**) ou **de (d')**.

> MODÈLE: Qu'est-ce que vous prenez d'habitude avec le déjeuner?
> —D'habitude je prends...
> **a.** eau   **b.** lait   **c.** café   **d.** coca (*m.*)   **e.** ? →
> D'habitude je prends *de l'eau.*

1. Que prenez-vous quand vous ne pouvez pas dormir? —Je prends...
   a. lait   **b.** café   **c.** vin (*m.*)   **d.** eau minérale   **e.** ?

2. Que prenez-vous le matin d'habitude? —Je prends une tasse...
   a. thé (*m.*)   **b.** chocolat chaud   **c.** café   **d.** eau chaude   **e.** ?

3. Qu'est-ce que vous ne prenez jamais? —Je ne prends jamais...
   a. whisky (*m.*)   **b.** champagne (*m.*)   **c.** coca   **d.** café   **e.** ?

4. Qu'est-ce que vous aimez commander quand vous sortez avec des amis? —J'aime commander...
   a. bière (*f.*)   **b.** jus (*m.*) de fruits   **c.** coca   **d.** vin   **e.** ?

5. Qu'est-ce que vous aimez prendre en été quand il fait chaud? —J'aime prendre un verre...
   a. thé glacé   **b.** coca   **c.** eau froide   **d.** jus de fruits   **e.** ?

6. Qu'est-ce que vous prenez quand vous êtes malade? —Je prends...
   a. eau   **b.** jus de fruits   **c.** thé   **d.** coca   **e.** ?

3.7 The verbs **courir**, **sortir**, and **dormir**

A. The irregular verb **courir** has a single stem for all forms. The singular endings are those you have seen for most verbs other than **-er** verbs: **-s, -s, -t**. Remember that these endings are not pronounced.

courir (*to run*)	
je cou**rs**	nous cour**ons**
tu cou**rs**	vous cour**ez**
il/elle/on cour**t**	ils/elles cour**ent**

B. Though verbs like **sortir** and **dormir** are not considered regular verbs, there is a common pattern to their forms. Note that the singular forms have the **-s, -s, -t** pattern of endings. Note also that the stem derived from the infinitive (**sort-** and **dorm-**) loses its final consonant in the singular forms (**sor-** and **dor-**).

sortir (*to go out*)		dormir (*to sleep*)	
je so**rs**	nous sor**tons**	je do**rs**	nous dor**mons**
tu so**rs**	vous sor**tez**	tu do**rs**	vous dor**mez**
il/elle/on sor**t**	ils/elles sor**tent**	il/elle/on dor**t**	ils/elles dor**ment**

Je **sors** avec ma camarade de chambre ce soir.	*I'm going out with my roommate tonight.*
Est-ce que vous **dormez** plus de huit heures?	*Do you sleep more than eight hours?*

Pronunciation Hint

sor~~s~~, sor~~t~~, sort~~ons~~, sorte~~z~~, sort~~ent~~. Note that only the singular forms are pronounced the same. The third-person plural form (**ils/elles**) differs from the singular in that the final consonant of the stem is pronounced.

C. Here are other verbs like **sortir** and **dormir**:

s'endormir	*to fall asleep*
mentir	*to lie, to tell falsehoods*
partir	*to leave, to go away*
sentir	*to smell; to feel*
servir	*to serve*

Moi, je **m'endors** toujours très vite.	*I always go to sleep very quickly.*
Ici, on **sert** des plats tunisiens.	*They serve Tunisian dishes here.*

Notice the differences in meaning:

sortir

Sortez de la maison.	*Leave the house.*
Nous sortons au cinéma ce soir.	*We're going out to the movies tonight.*

partir

Je dois partir à 9 h.	*I have to leave at 9:00.*
Nous partons en vacances demain.	*We're leaving on vacation tomorrow.*

Exercice 11 Sondage sur la course

Répondez par des phrases complètes, avec autant de détails que possible.

1. Courez-vous régulièrement?
   a. Si oui, quand courez-vous? Courez-vous en toute saison? À quel moment de la journée? Combien de fois par semaine? Où?
   b. Sinon, expliquez pourquoi vous ne courez pas.
2. Est-ce qu'il y a des membres de votre famille qui courent régulièrement? Lesquels? (Répondez aux questions 1a et 1b dans vos descriptions des habitudes de votre famille.)
3. Vos amis courent-ils? Courez-vous ensemble quelquefois?
4. Selon vous, pour quelles raisons court-on? Pour rester en forme? Pour vivre plus longtemps? Pour réduire son stress? Pour quelles autres raisons?

Exercice 12 Qu'est-ce que tu fais?

Posez des questions et donnez les réponses.

> MODÈLE: sortir souvent avec des amis →
> Tu sors souvent avec des amis?
> Oui, je sors souvent avec des amis. (Non, je ne sors pas souvent avec des amis.)

1. partir en vacances en été
2. sortir du cinéma si un film est mauvais
3. courir dans des marathons
4. servir du vin chez toi
5. mentir quand tu ne veux pas révéler un secret
6. sentir les fruits au supermarché
7. sortir souvent le samedi soir
8. dormir pendant la journée quelquefois

Maintenant, imaginez que vous interviewez le président / la présidente et son époux/épouse. Posez les questions et donnez leurs réponses probables.

> MODÈLE: VOUS: Vous sortez souvent?
> EUX: Non, nous ne sortons pas souvent... Nous sommes très occupés.

Exercice 13 Généralisations

Une Française vous pose des questions sur les habitudes des Américains. Répondez d'abord avec une généralisation sur les Américains, puis expliquez vos propres habitudes (ou les habitudes de vos amis, de votre famille, etc.).

> MODÈLE: Les jeunes Américains ne sortent jamais en groupe, n'est-ce pas? →
> Si, ils sortent souvent en groupe.
> Moi, je sors tout le temps avec mes amis.

➤ **si** = réponse affirmative à une question négative

—Tu **ne** parles **pas** anglais?
—**Si**, je parle anglais.

1. Les habitants des grandes villes américaines ne sortent pas seuls la nuit parce que c'est dangereux, n'est-ce pas?
2. Au printemps, la grande majorité des étudiants américains partent en vacances en Floride, n'est-ce pas?
3. La majorité des Américains partent en Europe en été, n'est-ce pas?
4. Les étudiants américains sortent tous les soirs, n'est-ce pas?
5. C'est vrai que tous les petits Américains s'endorment vers minuit?
6. C'est vrai que les Américains ne servent jamais de vin au diner?
7. Beaucoup d'Américains courent pour être en forme, n'est-ce pas?

Mike Kemp/Blend Images LLC

Dans le centre-ville médiéval de Dinan, en Bretagne (France)

La maison et le quartier

Objectifs

In **Chapitre 4,** you will learn to describe your home and neighborhood and to talk about what you do there.

TRANCHE DE VIE

Un appartement en France

En France, les appartements sont catégorisés selon un système standardisé: un «studio» comporte une pièce unique, et un «T1» est composé d'une pièce principale, d'une cuisine et d'une salle de bains séparées. Dans un «T2» il y a en plus une chambre à coucher séparée, et dans un «T3», deux chambres à coucher. La surface est exprimée en mètres carrés (m^2); elle varie d'un appartement à l'autre.

Examinez les plans ci-dessous, et identifiez les éléments suivants:

ABRÉVIATION	NOM COMPLET	USAGE
sdb	**1.** la salle de bains	**a.** c'est l'entrée de l'appartement
wc	**2.** les wc / vécés (*water closet*)	**b.** on y range ses vêtements
séjour	**3.** la salle de séjour	**c.** on y dort
	4. un dressing	**d.** c'est un espace vide
	5. le cellier	**e.** ce sont des toilettes séparées
dgt	**6.** un dégagement	**f.** on y stocke des aliments
pl	**7.** un placard	**g.** c'est un espace extérieur
chambre	**8.** une chambre à coucher	**h.** on y va pour se laver
	9. la terrasse	**i.** on y range des affaires diverses
	10. le hall	**j.** c'est la pièce principale

Spacieux T3 de 74,2 m² — 210 000€ — Royal Mazargues Résidence — La qualité d'une résidence de standing — 0820 510 510 (prix d'un appel local) — Bureau de vente: 812, Bd de Mazargues 13008 Marseille — VICTOIRE IMMOBILIER

Ricochet64/Shutterstock

T3 de 69,27 m²
+ terrasse 16,56 m²

◀ **232 000€**

lot C08 - prix hors stationnement

0820 378 873

(prix d'un appel local)

Bureau de vente:
908, Avenue Marcel Pagnol
13190 Allauch

 Il y a de quoi dire
   Comment c'est, chez eux?

Driss Oussedik a acheté un appartement T3 de 74,2 m² à la résidence Royal Mazargues à Marseille. Claudine Sanguinetti a acheté un appartement T3 de 69,27 m² au Clos des Oliviers à Allauch. Observez bien les deux documents et répondez par **oui** ou **non** aux phrases suivantes.

Chez Driss Oussedik,...   Chez Claudine Sanguinetti,...

il y a trois chambres à coucher.

la cuisine est séparée de la salle de séjour.

il y a un dressing.

le séjour donne sur la terrasse.

il y a un cellier.

les WC sont dans une pièce séparée.

il y a une seule salle de bains.

il y a une salle à manger.

Activités et lectures

Les pièces et les meubles

⭐ Attention! Étudier Grammaire 4.1 et 4.2

la chambre à coucher — la table de nuit — la salle de bains
le miroir — la lampe — le lavabo — la douche
les rideaux — le lit — les W.C. — la baignoire
la commode
la salle à manger — le lave-vaisselle — la cuisine
les chaises — la table — la cuisinière — les placards — l'évier
le buffet — le réfrigérateur
le tableau — la table basse — le canapé
la salle de séjour — un chat
le fauteuil — le tapis
un chien

Cliquez là!

Allez sur le site d'un magasin français ou francophone qui vend des meubles en ligne. Choisissez quelque chose d'intéressant et de beau pour votre chambre ou appartement.

Activité 1 Échanges: Comment c'est, chez toi?

Qu'est-ce qu'il y a chez vous?

MODÈLES: É1: Chez moi, il y a un four à micro-ondes.
É2: Un four à micro-ondes! Ça, c'est pratique.

É1: Chez moi, il n'y a pas de climatisation.
É2: Ah bon? Ça doit te manquer!

1. une machine à expresso
2. une petite terrasse
3. un garage pour deux voitures
4. un grand lit
5. une commode ancienne
6. un lavabo
7. une cuisinière à gaz
8. une table et des chaises
9. un évier double
10. un grand canapé en cuir
11. un tapis persan
12. des fauteuils confortables
13. une baignoire balnéo
14. la climatisation
15. une télé à haute définition (HD)
16. un four à micro-ondes
17. un frigo-congélateur
18. des sculptures africaines

À vous la parole!

Tu as de la chance!
Tiens! C'est original!
Quel luxe!
Quelle chance!

C'est bien pratique!
Ça me plait. / Ça ne me plait pas.
Je suis jaloux/jalouse.

Ça doit te manquer!
Quel dommage!
Ah bon? C'est étrange.

Activité 2 Associations: À quoi ça sert?

Dites à quoi servent les meubles et les appareils suivants.

MODÈLE: (une lampe) On se sert d'une lampe pour lire.

LES OBJETS	LES USAGES
une bouilloire électrique	nettoyer un tapis
un aspirateur	conserver les aliments
un réfrigérateur	se reposer ou dormir
une baignoire	repasser les vêtements
un fer à repasser	ranger les vêtements
un grille-pain	faire chauffer les aliments
un lit	faire la vaisselle
un lave-vaisselle	faire bouillir de l'eau
un four à micro-ondes	faire des toasts
une commode	prendre un bain

Activité 3 Échanges: Décisions

un four à micro-ondes
125€

un grille-pain
24€

un coussin
39€

un ventilateur
45€

un balai
17€

une bouilloire électrique
15€

un fer à repasser
49€

une machine à expresso
99€

un radio-réveil
35€

un aspirateur
227€

Cliquez là!

Allez sur le site d'un magasin comme Carrefour et choisissez un appareil électronique pour votre cuisine idéale. Téléchargez la photo et les détails sur votre choix pour les discuter avec vos camarades de classe.

Vous allez partager un deux-pièces meublé avec votre camarade de classe. Ensemble, vous avez un budget de 500€. Vous devez décider ce que vous allez acheter et expliquer pourquoi.

MODÈLE: É1: Moi, je bois beaucoup de thé. Achetons une bouilloire.
É2: Je préfère une machine à expresso parce que j'adore le café fort.
É1: Mais la machine à expresso est bien plus chère que la bouilloire.
É2: Si nous achetons un four à micro-ondes...

Activité 4 Entretien: Chez toi

1. Est-ce que tu aimes l'endroit où tu habites? Pourquoi?
2. Dans quelle pièce est-ce que tu étudies d'habitude? Où regardes-tu la télé?
3. Comment est ta chambre? Est-ce qu'elle est grande? propre? Y a-t-il un placard, des étagères pour tes livres, des plantes vertes? Ton lit est confortable?
4. Est-ce que ta cuisine est bien équipée? Qu'est-ce qu'il y a comme équipement?
5. As-tu ta propre salle de bains? Sinon, avec qui la partages-tu? Y a-t-il parfois des conflits? Quand et pourquoi?
6. À ton avis, quelle est la pièce la plus importante d'une maison? Pourquoi?
7. Comment est la maison que tu voudrais avoir plus tard?

Le logement

 Attention! Étudier Grammaire 4.3

Ces architectes finissent les plans d'un immeuble dans un ensemble résidentiel.

On démolit une vieille maison.

Les constructeurs bâtissent de nouveaux édifices.

Les futurs locataires choisissent leur appartement.

Activité 5 Échanges: Deux villas

D'abord, regardez les maisons et répondez aux questions de votre professeur.

LES ORMES
5 chambres à coucher
1 salle de séjour
1 salle à manger
1 bureau
2 salles de bains
sous-sol

LES MYRTILLES
4 chambres à coucher
1 salon-salle à manger
3 salles de bains
1 bureau
1 salle de jeux
grande cuisine
sous-sol

Cliquez là!

Cherchez un trois-pièces, pas très cher, dans un quartier près de l'Université Stendhal Grenoble 3. Notez l'adresse, les détails importants et le prix du loyer. Ensuite, avec votre coloc (partenaire), comparez vos résultats et faites votre sélection.

Ensuite, avec un/une camarade, comparez *Les Myrtilles* et *Les Ormes*. (plus de… que, moins de… , toutes les deux)

É1: Les Myrtilles a plus de fenêtres que Les Ormes.
É2: C'est vrai. Mais elle a moins de chambres.
É1: Elles ont toutes les deux un bureau.

Enfin, décidez avec votre camarade quelle est la meilleure maison pour la famille Colin: les deux parents, Marise et Clarisse (19 ans), Charles (17 ans), Emmanuel (14 ans) et Joël (8 ans).

Activité 6 Associations: Qui est-ce?

Les Duclos louent un studio au 10ᵉ étage d'un grand immeuble. Les Martinez vivent dans leur maison. Quelle famille associez-vous avec chacune des phrases suivantes?

- Ils dinent dans la salle à manger.
- Ils finissent vite le ménage.
- Leurs enfants jouent dans le jardin.
- Ils ont seulement une salle de bains.
- Ils prennent l'ascenseur tous les jours.
- Leurs invités dorment dans la chambre d'amis.
- Ils mangent et dorment dans la même pièce.
- Ils adorent la belle vue sur la ville.
- Ils paient le loyer tous les mois.
- Ils allument un feu dans la cheminée en hiver.

Allons plus loin! Comment est le logement de votre professeur? Posez-lui des questions pour découvrir tous les détails.

MODÈLE: Vous avez une cheminée chez vous, madame (monsieur)?

TRANSACTIONS IMMOBILIÈRES

Locations vides (demandes)	Locations vides (offres)
Cherche grand studio, 40 m2, ou 2 pièces, ascenseur, calme. Tél. 04.93.62.11.10.	Mini. studio kitchen, WC. Douche 400 € mensuel. Tél. 04.93.58.72.23 (répondeur)
Personne sérieuse cherche 2 pièces avec jardin, Nice/ouest, loyer, maxi 450 €. Tél. 04.45.65.20.71.	Exceptionnel, Nice centre: vaste studio, terrasse, Sud, cuisine indépendante, 525 €, NISSIMO PAGANINI 04.93.08.85.23.
Couple italien recherche 3-4 pièces pour se loger Nice Est. CÉRUTI, 04.63.09.77.20.	Centre Nice: 2 pièces, balcon, ascenseur, calme, urgent, 475 € CABINE-TORY. 04.93.80.19.00.
	Nice Est, superbe 3 pièces, duplex, petite résidence, frais réduits, 980 € charges comprises. SUD CONTACT 04.93.20.25.10.
	Nice Ouest: magnifique, cuisine équipée, terrasse, parking, piscine, 1150 € + charges. MAISON DE L'IMMOBILIER 04.93.96.34.15.

Activité 7 Dans le monde francophone: Les petites annonces

En groupes, choisissez un appartement pour les personnes qui cherchent à louer. Ensuite, expliquez vos choix à la classe.

À vous la parole! Imaginez que vous allez partager un appartement avec des camarades de classe l'année prochaine. Ensemble, écrivez l'annonce que vous allez mettre sur le site Le Bon Coin. Ensuite, lisez-la à la classe.

Activité 8 Ordre logique: Pour louer un appartement

Quelles sont les démarches à faire pour louer un appartement? Mettez les étapes en ordre.

_____ On prend une décision.
_____ On demande le prix du loyer.
_____ On signe un contrat.
_____ On prend rendez-vous pour voir des appartements.
_____ On visite les appartements intéressants.
_____ On cherche des appartements à louer.
_____ On réfléchit aux avantages et aux inconvénients de chaque appartement.
___1___ On décide dans quel quartier on voudrait vivre.
_____ On paie le loyer.
_____ On reçoit la clé de l'appartement de l'agent immobilier.

Activité 9 Dans le monde francophone: Demeures de rêve

GEMENOS   439M57
Splendide villa luxe, 180m² + salle de jeux 30m², déco et prest. soignées, très gd séjour, cuis. éq., 5 chbres, 3 bains, sur très beau jardin paysager 1200m², piscine, à voir absolument.   **897.000 €**

NeydtStock/Shutterstock

CASSIS   307M54
Rare emplacement et demeure d'exception, maison de maître, charme et caractère, 300m², grande réception, séj. et SàM, 5 chbres, 3 SdB, maison de gardien, terrain plat 3000m².   **635.000 €**

Florent Baudy/Alamy Stock Photo

EOURES/CAMOINS   440M57
Cadre de camp. superbe villa provençale, proche comm., 180m² + 30m² studio indép., gd séj. chem., SàM, cuis. éq., 5 chbres, 3 bains, sur terrain plat, vue dégagée, piscine et nbrses dép.   **385.000 €**

Alfgar/Shutterstock

Regardez ces propriétés à vendre près d'Aubagne, pas loin de Marseille. Dites si les phrases sont vraies ou fausses et justifiez votre réponse.

1. La villa à Cassis a trois salles de bains.
2. La maison à Eoures/Camoins a un studio indépendant.
3. La villa à Gémenos a une piscine impressionnante.
4. La maison à Cassis a deux réceptions.
5. Les trois maisons ont une piscine.
6. La villa à Eoures/Camoins a un terrain plat.
7. La villa à Gémenos a un jardin.
8. La maison à Cassis a une maison de gardien.
9. Deux de ces maisons ont une salle à manger.
10. La villa à Gémenos coute le plus cher.

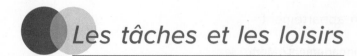

Les tâches et les loisirs

⭐ Attention! Étudier Grammaire 4.4 et 4.5

Le weekend chez les Lasalle

Samedi matin, avant le déjeuner

Bernard tond le gazon.

Camille passe l'aspirateur.

Après le déjeuner

Camille fait la vaisselle.

Marie-Christine essuie les assiettes, puis elle les met dans le placard.

Nathalie sort les ordures.

Bernard aime bricoler.

Christine répond à la lettre d'une amie.

Activité 10 Échanges: Les tâches domestiques

Qui fait ces activités le plus souvent chez vous? Et vous, aimez-vous les faire? Pourquoi ou pourquoi pas?

MODÈLE: nettoyer la salle de bains →
Ma sœur nettoie la salle de bains. Moi, je déteste faire ça.

1. faire le ménage
2. aller au supermarché
3. bricoler
4. tondre le gazon
5. cuisiner
6. faire la lessive
7. s'occuper des animaux
8. faire réparer la voiture
9. passer l'aspirateur
10. sortir les ordures
11. repasser les vêtements
12. ?

Exprime-toi!

Personne ne fait ça.
C'est dégoutant!
Je n'aime pas faire ça.
Je refuse de faire ça.
J'adore faire ça.
Je déteste faire ça.

Activité 11 Récit: Un samedi chargé

Racontez la journée d'Adrienne.

Vocabulaire utile arroser les plantes, entendre le téléphone sonner, faire les courses (la lessive, la vaisselle), repasser, répondre au téléphone

Activité 12   Casse-tête: Qu'est-ce que c'est?

Vocabulaire utile l'aspirateur, la bouilloire, le four à micro-ondes, le gazon, le grille-pain, la lessive, le lit, le ménage, les ordures, la vaisselle

1. On la fait après les repas si on n'a pas de lave-vaisselle.
2. On le tond et quelquefois, on l'arrose. Généralement, on ne le tond pas en hiver.
3. On la fait quand on a trop de vêtements sales.
4. On le passe pour nettoyer les tapis et la moquette.
5. On peut le faire toutes les semaines ou très rarement. Normalement, on le fait avant d'inviter des amis à la maison.
6. On les sort après les repas. Ce n'est pas une tâche très agréable.
7. On le fait chaque matin si on n'est pas trop pressé(e).
8. On l'utilise pour faire bouillir de l'eau pour le thé.
9. On le trouve indispensable pour faire du pain grillé le matin.
10. On l'utilise pour préparer un diner rapidement.

À voir en vidéo

Les francophones sur le vif: Éloïse Roux, étudiante à Aix-en-Provence

McGraw-Hill/Klic Vidéo Productions

Je m'appelle Éloïse, j'ai 22 ans. Je suis étudiante à l'université d'Aix-en-Provence depuis quatre ans. Je prépare un master en Langues Étrangères[1] Appliquées, Anglais-Espagnol, avec des cours d'économie, de gestion[2] et de droit[3] pour travailler dans une entreprise comme commerciale[4] export. Je travaille le soir après mes cours. Quelquefois je fais du babysitting, souvent je donne des cours particuliers[5] en anglais et espagnol.

Le campus d'Aix est vraiment très agréable. Moi, j'habite à côté d'Aix-en-Provence, à vingt minutes en voiture de l'université. La majorité des étudiants habite à Aix, pas loin de l'université ou en cité universitaire. En Cité-U, les chambres sont assez petites mais confortables avec un bureau, des rangements,[6] des placards et une salle de bains individuelle. Les étudiants disposent d'une cuisine et d'une salle de travail communes.

[1]*Foreign*   [2]*management*   [3]études juridiques   [4]personne qui travaille dans le secteur commercial
[5]cours... leçons privées   [6]meubles pour ranger une chambre

Activité 13 Dans le monde francophone: Perceptions

Voici les résultats d'une enquête sur le niveau de participation de l'époux (le mari) au travail ménager. Lisez le tableau et les conclusions suivantes, puis dites si vous êtes d'accord ou pas et pourquoi.

EST-CE QUE L'ÉPOUX «FAIT QUELQUE CHOSE»?		
tâches	**réponse de l'époux**	**réponse de l'épouse**
Marché/achats	54 %	48 %
Vaisselle	48 %	44 %
Véhiculer les enfants	49 %	49 %
Habiller les enfants	38 %	31 %
Cuisine	37 %	27 %
Ménage	35 %	24 %

Conclusions. Êtes-vous d'accord?

1. Presque 50 % des hommes aident à conduire les enfants.
2. Les hommes aiment mieux faire des achats que cuisiner.
3. Les hommes refusent de faire le ménage.
4. On ne précise pas si l'épouse ou l'époux travaille hors de la maison.
5. Les femmes pensent que leurs époux ne font pas beaucoup le ménage.
6. Les femmes sont injustes envers leurs époux.
7. Dans cette enquête, les hommes exagèrent leur niveau de participation dans tous les domaines.

 La vie de quartier

⭐ Attention! Étudier Grammaire 4.6 et 4.7

Dans le quartier de Jean-Yves Lescart

Jean-Yves va au lavomatic parce qu'il a besoin de faire la lessive.

Il va au café parce qu'il a soif et qu'il a envie de voir ses copains.

Quand il a faim et qu'il est pressé, il mange un morceau dans une sandwicherie.

Il connait beaucoup de gens dans le quartier.

Tous les voisins le connaissent aussi.

Activité 14   Associations: Les courses dans le quartier

Où est-ce qu'on peut faire les courses ou les activités suivantes?

LES COURSES	LES ENDROITS
1. acheter un éclair au chocolat	**a.** à la poste
2. boire un cappuccino	**b.** au lavomatic
3. trouver un détergent	**c.** chez le coiffeur / la coiffeuse
4. faire la lessive	**d.** dans une brasserie
5. se faire couper les cheveux	**e.** au café
6. faire réparer une montre	**f.** dans une pâtisserie
7. trouver une clé USB	**g.** à la bijouterie
8. acheter des timbres	**h.** dans un magasin d'électronique
9. prendre un pot (une bière)	**i.** dans une librairie
10. trouver un roman policier	**j.** à l'épicerie

Allons plus loin!

En petits groupes, faites la liste d'autres activités possibles dans les commerces mentionnés. Ensuite, comparez vos idées avec celles de vos camarades de classe.

Exprime-toi!

Bien sûr!
Aucune idée!
Pas du tout!
Sans blague?

Activité 15   Enquête: Mon quartier et moi

Dites **oui** ou **non**. Comparez vos réponses avec celles de votre partenaire.

    MODÈLE: É1: Moi, je sais le nom du facteur. Et toi?
                   É2: Aucune idée! Je suis en cours quand le facteur arrive chez nous.

1. Je connais mes voisins.
2. Je fais mes achats dans mon quartier.
3. Beaucoup de mes voisins me connaissent et me saluent.
4. Je sais le nom des agents de police qui travaillent dans le quartier.
5. Je reconnais les gens qui passent devant chez moi.

6. Je me promène dans le quartier de temps en temps.

7. Je peux laisser la clé de mon appartement chez des voisins.

8. Je sais où prendre l'autobus dans mon quartier.

9. Je connais certains des enfants du quartier.

10. Je sais où se trouve le bureau de poste le plus proche.

À propos...

Vous habitez où?

À cette question, on peut répondre par le nom d'une ville (Paris, Abidjan, Marseille, Montréal), ou par une adresse précise («42, rue Victor Hugo», «2050 boulevard de Maisonneuve Ouest», «12, place des Tamarins»). En fait, du point de vue social, culturel et sentimental, on habite d'abord[1] un quartier. Le quartier est comme un village dans la ville: il a une identité propre. Il y a des bars et des restaurants «du quartier»,

• Petits commerces dans le Marais, quartier parisien

essentiellement fréquentés[2] par les habitants des environs; des associations sportives et des clubs «de quartier». Les arrondissements sont de simples numéros (1er, 2e ...), mais le quartier a un nom qui évoque l'histoire ancienne (la Bastille), la topographie (le Marais[3] à Paris, la Plaine à Marseille, le Plateau à Montréal), un personnage local célèbre (Belsunce à Marseille, Pigalle à Paris) ou la religion (Saint-Just, Sainte-Marthe). Un quartier se distingue des autres par son ambiance, sa réputation (plus ou moins bonne) et son caractère: chic, bobo,[4] populaire, ethnique...

[1]principalement
[2]patronized
[3]swamp, marsh
[4]**bo**urgeois **bo**hème

*(crédit photo vertical:)* edpics/Alamy Stock Photo

Activité 16 Entretiens: Le logement et la vie

1. Où habites-tu? Dans une grande ville, dans une petite ville, ou à la campagne?

2. Si tu habites dans une grande ville, dans quel quartier habites-tu?

3. Tu habites dans quel type de logement: une résidence universitaire, une chambre louée, un appartement, une maison?

4. Tu habites seul(e) ou avec quelqu'un? Avec qui? Avec un/une colocataire, de la famille?

5. Y a-t-il des commerces près de chez toi? Lesquels? Est-ce que tu y vas souvent?

6. Où habitent tes parents? Est-ce que tu habitais chez eux avant?

7. Où vas-tu quand tu as faim? tu as soif? tu as besoin de te concentrer? tu es de mauvaise humeur? tu as besoin d'être seul(e)?

Et enfin... À l'avenir, où voudrais-tu vivre? (Dans une petite ville? à la campagne? au centre d'une grande ville? à la montagne?...) Pourquoi?

POUR RÉSUMER

 À vous de parler

A. Vos études sont enfin finies! Vous avez un bon emploi et vous allez choisir une maison ou un appartement dans un endroit qui vous plaît. Écoutez votre professeur et notez l'importance que les considérations suivantes vont avoir pour vous.

1. C'est très important.   **3.** C'est sans importance.
2. C'est important.   **4.** C'est un point négatif.

___ le calme	___ des distractions à proximité
___ des jardins et des arbres	___ des gens de mon âge
___ des parcs à proximité	___ des commerces à proximité
___ des voisins de différentes cultures	___ des musées assez proches
___ des transports en commun	___ la réputation du quartier
___ l'absence de crime	___ la proximité de mon travail
___ le caractère historique du quartier	___ le nombre de cafés

B. Comparez vos préférences avec celles d'un/une camarade, en donnant vos raisons.

> MODÈLE: É1: Pour moi, des commerces à proximité, c'est très important. J'adore le centre-ville.
> É2: Pas moi! Il y a trop de bruit. Je préfère le calme et un beau jardin!

C. Écrivez une description de l'endroit où vous voudriez vivre. Est-ce en ville, à la campagne, à la montagne, au centre-ville, en banlieue… ? Expliquez pourquoi vous préférez cette situation et décrivez votre maison ou appartement idéal.

 À vous de lire

«Venez chez nous… on a fait la place» par Farid Boudjellal

Farid Boudjellal est un auteur de bande dessinée, né en France mais dont la famille est immigrée d'Algérie. Ses histoires racontent la vie quotidienne de ces «nouveaux Français» dans les années 1970, dans des conditions matérielles souvent difficiles. L'humour de Boudjellal transforme des situations potentiellement dramatiques en scènes comiques; il met l'accent sur les côtés positifs et propose une vision lucide mais optimiste de la réalité. Les neuf membres de la famille Slimani habitent dans un tout petit appartement parisien. Leurs demandes répétées de relogement en HLM[1] sont restées sans réponse. Un jour, des parents viennent d'Algérie pour leur rendre visite, et ils sont bien obligés de les accueillir chez eux, solidarité oblige!

---

[1]Habitations à Loyer Modéré; leur prix est contrôlé par l'État   [2]Si... *If you had stretched out like that a little earlier, uncle, you would have punched somebody in the face!*   [3]Pas... = Il n'est pas nécessaire   [4]à l'extérieur

Avez-vous compris?

1. Combien de temps les parents d'Algérie vont-ils rester chez les Slimani?
   a. une nuit
   b. une semaine
   c. un mois
   d. on ne sait pas

2. Pourquoi Mahmoud voudrait-il être orphelin?
3. En fait, combien de pièces y a-t-il dans l'appartement des Slimani?
4. Où Mahmoud dort-il?

LA LANGUE EN MOUVEMENT

Les sigles

Les sigles, ou abréviations par les initiales d'un groupe de mots, sont très utilisés par les Français. On parle de plus de 19.000 pour la France! Tous les Français comprennent «le TGV» (Train à grande vitesse), «les BD» (bandes dessinées) et «les JO» (Jeux olympiques). Les SDF sont des gens «sans[1] domicile fixe», c'est-à-dire, sans logement, et les HLM sont des «habitations à loyer modéré», ou des immeubles d'appartements subventionnés[2] par le gouvernement. Si c'est possible de lire le groupe de lettres comme un mot, on le fait, comme c'est le cas de la FIFA, Fédération internationale de football association, chargée de l'organisation de la Coupe du monde de football depuis 1930, et de la FNAC («Fédération nationale d'achats des cadres»), une grande chaine de magasins qui vendent livres, disques, et tout ce qui est électronique de loisir.[3]

MISE EN PRATIQUE Lisez à haute voix les sigles suivants et dites ce qu'ils représentent. Les sigles anglais correspondants contiennent les mêmes lettres dans un ordre différent: *une ONG, l'UE, l'ADN*. À lire comme des mots: *l'OTAN, le Sida, l'ONU* (=une lettre de plus qu'en anglais).

---

[1]*without*
[2]*subsidized*
[3]*électronique... consumer electronics*

À vous d'écrire

Imaginez votre logement idéal et faites-en une description. Précisez le type d'habitation, le quartier que vous préférez, comment vous allez l'équiper. Soyez imaginatif!

MODÈLE:

Mon chez moi idéal est un loft dans une grande ville moderne. Il n'y a pas de jardin, mais une immense terrasse sur le toit, avec des plantes...

Vocabulaire

Les pièces et les autres parties de la maison

Rooms and other places in the house

la chambre à coucher	the bedroom
la cheminée	the fireplace
la cuisine	the kitchen
l'escalier (*m.*)	the stairs, staircase
le jardin	the yard, garden
la salle à manger	the dining room
la salle de bains	the bathroom
la salle de jeux	the game room
la salle de séjour	the living room, family room
le salon	the (formal) living room
le sous-sol	the basement
le toit	the roof
un volet	a shutter

Les meubles et l'équipement ménager

Household furnishings and appliances

une affiche	a poster
un appareil	an appliance
une baignoire (balnéo)	a (jacuzzi) bathtub
un balai	a broom
une bouilloire	a teakettle
une cafetière	a coffeepot
un canapé	a sofa
une commode	a dresser
un coussin	a cushion
une cuisinière	a range, a stove
une douche	a shower
une échelle	a ladder
une étagère	a bookcase
un évier	a kitchen sink
un fauteuil	an armchair
un fer à repasser	an iron
un (four à) micro-ondes	a microwave oven
un frigo	a fridge
un frigo-congélateur	a refrigerator-freezer combo
un grille-pain	a toaster
un lavabo	a bathroom sink
un lave-vaisselle	a dishwasher
une machine à laver	a washing machine

un placard	a closet; a cupboard
un radio-réveil	a clock radio
des rideaux (*m.*)	curtains
un tableau	a painting, a picture
une table basse	a coffee table
une table de nuit	a bedside table
un tapis persan	a Persian rug
les W.C. (*m.*)	the toilet

Mots apparentés: un buffet, un détergent, une radio, un réfrigérateur, un ventilateur

Chercher un logement

Looking for housing

un agent immobilier	a real estate agent
un ascenseur	an elevator
un avantage	an advantage
la banlieue	the suburbs
en banlieue	in the suburbs
une clé	a key
un deux-pièces meublé	a furnished one-bedroom apartment
un ensemble résidentiel	a housing complex
le (douzième) étage	the (thirteenth) floor
un immeuble	an (apartment) building
un inconvénient	a disadvantage
un/une locataire	a tenant
les petites annonces	the classifieds, classified ads
le premier étage	the second floor
le rez-de-chaussée	the ground floor
louer un appartement	to rent an apartment
partager un «appart»	to share an apartment
payer le loyer	to pay the rent
prendre une décision	to make a decision
prendre rendez-vous	to make an appointment
prendre (recevoir) les clés (*f.*)	to get (receive) the keys
réfléchir à	to think about
signer un contrat	to sign a contract
vivre (à, en, dans)	to live (in)

Mots apparentés: un balcon, un bulldozer, un édifice, une résidence, un studio, une villa, une vue

Le quartier

The neighborhood

un agent / une agente de police	a police officer
une bijouterie	a jewelry store
une brasserie	a tavern, a pub
un client / une cliente	a customer
un coiffeur / une coiffeuse	a hairdresser
un endroit	a place
un facteur / une factrice	a mail carrier
un lavomatic	a laundromat
un marchand / une marchande	a shopkeeper
un ouvrier / une ouvrière	a worker
une pâtisserie	a pastry shop
une sandwicherie	sandwich shop
un voisin / une voisine	a neighbor
connaitre (les voisins)	to know (the neighbors)
prendre un pot	to have a drink
saluer (le facteur)	to greet (the mail carrier)

Mots apparentés: un(e) employé(e)

Les tâches ménagères

Household tasks

arroser	to water (*plants*)
bricoler	to tinker; to make home improvements
essuyer les assiettes	to dry the dishes
faire bouillir	to boil
faire la lessive	to do laundry
faire le ménage	to do housework
faire la vaisselle	to wash dishes
faire réparer (la voiture)	to have (the car) fixed
jardiner	to garden
nettoyer	to clean
s'occuper de	to take care of
passer l'aspirateur	to vacuum
ranger (une chambre)	to put (a room) in order
repasser (des vêtements)	to iron (clothes)
sortir les ordures	to take out the garbage
tondre le gazon	to mow the lawn

Les conditions mentales et physiques

Mental and physical states

avoir besoin (de)	to need
chaud	to feel warm, hot
envie (de)	to want; to feel like
faim	to be hungry
avoir froid	to be cold
honte (de)	to be ashamed (of)
peur (de)	to be afraid (of)
raison	to be right
soif	to be thirsty
sommeil	to be sleepy
tort	to be wrong
être content(e)	to be happy
de mauvaise humeur	to be in a bad mood
fâché(e)	to be angry
triste	to be sad

La description

Description

chaque	each
dur(e)	hard, difficult
original(e)	unusual, special
pressé(e)	in a hurry
proche	near, nearby
propre	own (my own . . .); clean
sale	soiled, dirty

Mots apparentés: **confortable, criminel(le), délicat(e), électronique, équipé(e), rarement, varié(e)**

Verbes

Verbs

acheter une carte	to buy a map (a card)
apporter	to bring
bâtir	to build
bavarder	to chat
choisir	to choose
couper (les cheveux)	to cut (hair)
descendre	to go down; to get out of a vehicule
entendre	to hear
répondre (à)	to answer
se reposer	to rest

Mots apparentés: **aider, comparer, conserver, considérer, démolir, finir, refuser**

Mots et expressions utiles

Useful words and expressions

à proximité	close by
À quoi ça sert?	What's that/it for?
Aucune idée!	I have no idea!
C'est dégoutant!	That's disgusting!
en plus	also, furthermore
Sans blague!	No kidding!
toutes les semaines	every week
Tu as de la chance!	You're lucky!

Grammaire et exercices

4.1 Describing: Placement of adjectives

A. Most French adjectives follow the noun they modify.

> Nos voisins ont une maison **énorme**.   *Our neighbors have a huge house.*

B. A few adjectives, however, generally precede the noun they modify. Here are the most common of these:

PRE-NOUN ADJECTIVES			
autre	*other*	**mauvais(e)**	*bad*
beau/belle	*beautiful*	**même**	*same*
bon(ne)	*good*	**nouveau/nouvelle**	*new*
grand(e)	*big; tall*	**petit(e)**	*small; short*
jeune	*young*	**vieux/vieille**	*old*
joli(e)	*pretty*		

★ *Review **Deuxième étape, Grammaire B.6** and **B.7** on agreement of adjectives for gender and number.*

➤ Most of these adjectives can be arranged in pairs of opposites: **bon ≠ mauvais**. Look for the other pairs.

> Il y a un **beau** tapis dans la salle de séjour.   *There's a beautiful rug in the living room.*
>
> Mes grands-parents habitent dans une **jolie** maison blanche.   *My grandparents live in a pretty white house.*

C. **Beau**, **nouveau**, and **vieux** have irregular forms when they precede masculine singular nouns beginning with a vowel or a mute **h**. They are pronounced the same as the corresponding feminine form.

MASCULINE (*s./pl.*)	FEMININE (*s./pl.*)	*Before a masculine singular noun beginning with a vowel or a mute **h***
beau/beaux	belle/belles	bel
nouveau/nouveaux	nouvelle/nouvelles	nouvel
vieux/vieux	vieille/vieilles	vieil

> Leur **nouvel** appartement est dans un **bel** immeuble.   *Their new apartment is in a lovely building.*
>
> Édouard Vincent est un **vieil** homme sympathique.   *Édouard Vincent is a nice old man.*

Pronunciation Hint

The plural endings **-s** and **-x** are always pronounced before a vowel or a mute **h**: **vieux‿amis, belles‿étagères, nouveaux‿hôtels.**

Exercice 1 La nouvelle maison de Julien Leroux

Julien Leroux parle avec un ami. Terminez ses réponses avec le nom suggéré et le même adjectif. Faites attention à l'accord de l'adjectif.

MODÈLE: Tu as une *grande* chambre, n'est-ce pas? (lit, *m.*) →
Oui, et j'ai aussi un grand lit.

1. C'est un *vieux* quartier, n'est-ce pas? (maison, *f.*)
Oui, mais ce n'est pas _____.
2. Tu as un *beau* buffet, n'est-ce pas? (cheminée, *f.*)
Oui, et j'ai aussi _____.
3. Tu as une *petite* cuisine, n'est-ce pas? (réfrigérateur, *m.*)
Oui, et c'est pourquoi j'ai _____.
4. Il y a un *bon* four, n'est-ce pas? (cuisinière, *f.*)
Oui, et il y a aussi _____.
5. Tu as une *grande* baignoire, n'est-ce pas? (sauna, *m.*)
Oui, et j'ai aussi _____.
6. Tu as une *nouvelle* adresse, n'est-ce pas? (numéro de téléphone, *m.*)
Oui, bien sûr. Et j'ai aussi _____.

Exercice 2 Au contraire!

Faites des questions et répondez en utilisant l'adjectif contraire. Attention à la forme de l'adjectif.

MODÈLE: une petite cuisine →
Tu as une petite cuisine, n'est-ce pas?
Mais non, j'ai une grande cuisine.

1. une petite chambre
2. un nouvel appartement
3. un vieux jean
4. des nouvelles chaussures
5. une grande étagère
6. un bon dictionnaire de français
7. un jeune professeur de maths
8. des nouveaux amis

4.2 Making comparisons

A. To make comparisons of qualities with adjectives or adverbs, use the following phrases.

COMPARING QUALITIES	
aussi... que	*as . . . as*
plus... que	*more . . . than*
moins... que	*less . . . than*

➤ In comparisons, as always, the adjective agrees with the noun it modifies: ***Barbara* est plus *grande* que Louis.**

Un réfrigérateur est **aussi utile qu'**un lave-vaisselle.
Une baignoire est **plus pratique qu'**un sauna.
Bernard dort **moins bien que** Christine.

A refrigerator is as useful as a dishwasher.
A bathtub is more practical than a sauna.
Bernard sleeps less soundly than Christine.

B. To compare quantities (of nouns), use these phrases:

> Comparative expressions are one type of quantity expression. These usually take **de** before the noun: **beaucoup de livres**.

COMPARING QUANTITIES	
autant de... que	*as much, as many as*
plus de... que	*more than*
moins de... que	*less, fewer than*

Ton appartement a **autant de pièces que** notre maison.
Il y a **plus de chaises** dans la salle à manger **que** dans la salle de séjour.
J'ai **moins d'argent que** toi.

Your apartment has as many rooms as our house.
There are more chairs in the dining room than in the living room.
I have less money than you (do).

⭐ *See **Grammaire 3.6.E** and **7.1.D** on expressions of quantity + **de**.*

Pronunciation Hint

The **s** in **plus** is not pronounced before an adjective or adverb beginning with a consonant: **Une cuisinière est plus chère qu'un micro-ondes, mais le micro-ondes chauffe plus vite.** It is pronounced **z** before a vowel: **Il est plus᷂organisé que moi, et il travaille plus᷂efficacement.*** Before **de** or **que**, or at the end of a sentence, the **s** is pronounced as an **s**: **Elle a plus^s de livres que moi, et elle lit plus^s que moi. Je dois lire plus.^s**

C. **Bon** and **mauvais** are adjectives (they modify nouns and pronouns): **un *bon* livre, un *mauvais* exemple. Bien** and **mal** are adverbs (they modify verbs): **elle parle *bien* l'anglais, il chante *mal*.** Here are their comparative forms. Notice that some of their comparative forms are irregular.

ADJECTIVES			
bon(ne) (*good*)	moins bon(ne)	aussi bon(ne)	**meilleur(e)**
mauvais(e) (*bad*)	moins mauvais(e)	aussi mauvais(e)	plus mauvais(e) / **pire**

Definition: An adjective describes (modifies) a noun or pronoun: *Claudine is **tall** but Joël is **short**.*

Ce canapé est de **meilleure** qualité que l'autre.

This sofa is of better quality than the other one.

(**Meilleure** modifies the feminine noun **qualité**.)

ADVERBS			
bien (*well*)	moins bien	aussi bien	**mieux**
mal (*badly, poorly*)	moins mal	aussi mal	plus mal

Definition: An adverb modifies a verb, that is, it tells *how* something is done: *Barbara talks **fast**, and I write **slowly**.*

Ces rideaux vont **mieux** avec les couleurs de ma chambre.

These curtains go better with the colors in my room.

(**Mieux** modifies the verb **vont**.)

---

*efficiently

Exercice 3 À votre avis

Comparez les objets, selon le modèle.

Vocabulaire utile: agréable, amusant(e), beau/belle, charmant(e), cher/chère, confortable, économique, important(e), intéressant(e), pratique, utile

> MODÈLE: une voiture et une bicyclette →
> Une voiture est plus confortable qu'une bicyclette, mais une bicyclette est moins chère.

1. un lave-vaisselle et un réfrigérateur
2. un appartement et une maison
3. un aspirateur et un four à micro-ondes
4. un immeuble moderne et un vieil immeuble
5. un smartphone et une tablette
6. un lecteur de streaming et un lecteur DVD

Exercice 4 Multimédia

Comparez le matériel multimédia de Daniel, Barbara et Jacqueline. Employez **plus de**, **moins de** ou **autant de**.

	LIVRES NUMÉRIQUES	PHOTOS SUR SON SMARTPHONE	JEUX VIDÉO	ORDINATEURS
Daniel	20	400	20	2
Barbara	30	250	12	1
Jacqueline	30	700	15	1

> MODÈLE: Daniel a _____ livres numériques que Jacqueline. →
> Daniel a moins de livres numériques que Jacqueline.

1. Daniel a _____ photos sur son smartphone que Barbara.
2. Jacqueline a _____ photos sur son smartphone que Daniel et Barbara.
3. Jacqueline a _____ ordinateurs que Daniel.
4. Barbara a _____ ordinateurs que Jacqueline.
5. Daniel a _____ livres numériques que Barbara et Jacqueline.
6. Daniel a _____ jeux vidéo que de livres numériques.
7. Barbara a _____ livres numériques que de jeux vidéo.
8. Daniel a _____ livres numériques que de jeux vidéo.

Exercice 5 Ambiance universitaire

Complétez les phrases suivantes avec un adjectif (**bon** ou **mauvais**) ou un adverbe (**bien** ou **mal**), selon votre propre expérience. N'oubliez pas de faire l'accord des adjectifs.

1. Le quartier de l'université est un _____ quartier pour trouver un logement.
2. En général, les logements loués aux étudiants sont en _____ condition.

3. Les résidences universitaires offrent une _____ ambiance pour un nouvel étudiant.

4. Dans les restaurants universitaires, on mange très _____.

5. Les étudiants sont souvent en _____ santé parce qu'ils ne dorment pas assez.

6. Je dors _____ la nuit si je bois du café le soir.

7. Je travaille _____, allongé(e) sur le canapé.

Exercice 6 Opinions

Êtes-vous d'accord? Sinon, changez la phrase.

> MODÈLE: Je me sens mieux quand je bois du café. →
> Oui, je me sens mieux quand je bois du café. (Non, je me sens moins bien quand je bois du café.)

1. Les étudiants d'aujourd'hui sont moins bons que les étudiants d'il y a vingt ans.*

2. Les diplômés d'aujourd'hui sont moins bien préparés pour le monde du travail que leurs parents.

3. Mes notes en maths sont meilleures que mes notes en français.

4. En général, les petites universités sont moins bonnes que les grandes.

5. Je travaille mieux à la bibliothèque que chez moi.

4.3 Regular **-ir** verbs

A. The second group of regular verbs in French has infinitives ending in **-ir**. These verbs add **-iss-** between the stem and the endings in the plural forms.

<table>
<tr><td colspan="2">finir (to finish)</td></tr>
<tr><td>je finis</td><td>nous finissons</td></tr>
<tr><td>tu finis</td><td>vous finissez</td></tr>
<tr><td>il/elle/on finit</td><td>ils/elles finissent</td></tr>
</table>

Albert **finit** toujours ses devoirs.   *Albert always finishes his homework.*

Pronunciation Hint

finis̸, finit̸, finiss̸ent̸

---

*il... twenty years ago

B. Other verbs conjugated like **finir**: **bâtir** (*to build*), **choisir** (*to choose*), **démolir** (*to demolish*), **obéir (à)** (*to obey*), **punir** (*to punish*), **réfléchir (à)** (*to think [about]*), **réussir (à)** (*to succeed [at]*).

Raoul? Il **choisit** un vin.	*Raoul? He's choosing a wine.*
Les jeunes ne **réfléchissent** pas toujours avant d'agir.	*Young people don't always think before acting.*

C. **Obéir**, **réfléchir**, and **réussir** generally require **à** before their objects.

Elle **réfléchit à** la question.	*She's thinking about the question.*
Je **réussis** toujours **aux** examens.	*I always pass exams.*

⭐ See **Appendix B** for more on verbs and prepositions before infinitives.

D. **Finir** and **choisir** require **de** when followed by an infinitive.

Nous **finissons** souvent **de travailler** à 8 h du soir.	*We often finish working at 8:00 P.M.*
On peut **choisir de rester** à la maison.	*One can choose to stay at home.*

⭐ Review **Grammaire 1.5** on the present tense of **-er** verbs.

E. Though their infinitives end in **-ir**, **offrir** and **ouvrir** are conjugated like **parler**.

offrir (*to offer, to give*)	
j'offr**e**	nous offr**ons**
tu offr**es**	vous offr**ez**
il/elle/on offr**e**	ils/elles offr**ent**

Here are some other verbs like **offrir** and **ouvrir** (*to open*): **couvrir** (*to cover*), **découvrir** (*to discover*), **souffrir** (*to suffer*).

Pronunciation Hint

offr~~es~~, on͜ offr~~e~~, nous ᶻoffrõn~~s~~, vous ᶻoffre~~z~~, ils ᶻoffr~~ent~~

Exercice 7 La classe de Mme Martin

Complétez les phrases suivantes et dites si vous faites la même chose.

MODÈLE: Albert _____ ses cours à 14 h. (finir) →
Albert finit ses cours à 14 h. Moi, je finis à midi.

1. Daniel est sérieux. Il _____ avant de parler. (réfléchir)
2. Louis ne _____ pas toujours ses devoirs. (finir)
3. Barbara _____ toujours à sa conscience. (obéir)

Complétez les phrases suivantes et dites si votre classe de français fait comme la classe de Mme Martin.

MODÈLE: Dans les activités en classe, les étudiants _____ aux ordres. (obéir) →
Les étudiants obéissent aux ordres. Dans notre classe aussi, nous obéissons aux ordres.

4. Les étudiants _____ leurs partenaires pour travailler en groupes. (choisir)
5. En général, les étudiants _____ à leurs examens. (réussir)
6. Ils vont au café quand ils _____ leurs cours. (finir)

4.4 Regular **-re** verbs and **mettre**

A. The third and final group of regular verbs in French has infinitives ending in **-re**. Note that the **-d** at the end of the stem (**attend-**) is pronounced only in the plural forms. Thus, the three singular forms sound the same.

attendre (to wait [for], to expect)	
j'attend**s**	nous attend**ons**
tu attend**s**	vous attend**ez**
il/elle/on attend	ils/elles attend**ent**

—Qui **attendez**-vous?   *Who are you waiting for?*
—J'**attends** Salam.   *I'm waiting for Salam.*

Pronunciation Hint

atte̶n̶d̶s̶, atte̶n̶d̶; attẽndõn̶s̶, attẽndez̶, attẽnde̶n̶t̶

B. Here are other verbs like **attendre**: **descendre** (to go down; to get out of a vehicle), **entendre** (to hear), **perdre** (to lose; to waste), **rendre** (to give back), **répondre (à)** (to answer), **tondre** (to mow), **vendre** (to sell).

J'**entends** un chien.   *I hear a dog.*
Rendez-moi mes livres!   *Give me back my books!*

C. Notice the difference between the regular **-re** verbs like **attendre** and the irregular **-re** verbs like **prendre**: the singular forms are the same, but the plural forms are different.

★ *Review **Grammaire 3.3** on the irregular verb **prendre**.*

REGULAR	IRREGULAR
nous atten**d**ons	nous prenons
vous atten**d**ez	vous prenez
ils atten**d**ent	ils prennent

D. **Mettre** is an irregular **-re** verb that is similar in conjugation to **attendre**. Notice, however, that there is only one **t** in the stem of the singular forms.

mettre (to put [on])	
je me**t**s	nous me**tt**ons
tu me**t**s	vous me**tt**ez
il/elle/on me**t**	ils/elles me**tt**ent

En classe, nous **mettons** nos affaires par terre.   *In class, we put our things on the floor.*
Je **mets** un jean pour aller en cours.   *I put jeans on to go to class.*

Here are other verbs conjugated like **mettre**: **permettre** (*to permit*), **promettre** (*to promise*), **remettre** (*to put back; to hand in*).

Pronunciation Hint

The final **t** in the stem is pronounced in the plural forms only: **me~~ts~~**, **me~~t~~**, **mettõn~~s~~**, **mette~~z~~**, **mette~~nt~~**.

Exercice 8 Chez toi

> MODÈLE: entendre les voisins →
> Chez toi, est-ce que tu entends les voisins?
> Oui, j'entends les voisins. (Non, je n'entends pas les voisins.)

1. mettre la table pour diner
2. prendre le petit déjeuner dans la cuisine
3. tondre le gazon en été
4. permettre au chien de dormir sur ton lit
5. apprendre à faire la cuisine
6. ranger ta chambre tous les jours
7. répondre toujours au téléphone
8. perdre souvent tes clés

Maintenant, posez les mêmes questions au professeur.

> MODÈLE: Chez vous, est-ce que vous entendez les voisins?

Exercice 9 Comparaisons: Ici et ailleurs

Complétez les descriptions d'une université nord-américaine typique. Ensuite, dites si c'est vrai pour votre université et pour votre classe de français.

1. Les étudiants _____ leurs livres à la fin du semestre. (vendre)
  a. Dans cette université, on... (ses livres)
  b. Dans notre cours de français, nous... (nos livres)
2. Les étudiants _____ si le professeur arrive en retard. (attendre)
  a. Dans cette université, on...
  b. Dans notre cours de français, nous...
3. Les étudiants ne _____ pas toujours les devoirs. (remettre)
  a. Dans cette université, on...
  b. Dans notre cours de français, nous...
4. Certains étudiants _____ beaucoup de temps avec les jeux vidéo. (perdre)
  a. Dans cette université, on...
  b. Mes copains et moi, nous...
5. Les professeurs ne _____ pas aux étudiants de dormir en classe. (permettre)
  a. Dans cette université, on...
  b. Mon professeur de français...
6. Les professeurs ne _____ pas toujours les examens corrigés le lendemain. (rendre)
  a. Dans cette université, on...
  b. Mon professeur de français...

4.5 Direct object pronouns

A. Direct object pronouns are used in place of direct object nouns. The following forms can refer to people or things. Like reflexive pronouns, they are placed before the verb.

Definition: A direct object follows the verb without a preposition before it: **Je fais mon lit.**

le (*him, it*)	replaces masculine singular nouns
la (*her, it*)	replaces feminine singular nouns
l' (*him, her, it*)	replaces masculine or feminine singular nouns before verbs beginning with a vowel or a mute **h**
les (*them*)	replaces masculine and feminine plural nouns

—Tu arroses souvent les plantes?
—Oui, je **les** arrose souvent.

Do you water the plants often?
Yes, I water them often.

—Tu entends ton père qui t'appelle?
—Oui, je **l'**entends.

Do you hear your father calling you?
Yes, I hear him.

Pronunciation Hint

je les͜ᶻarrose, nous les͜ᶻarrosons, etc.

B. Here are the other direct object pronouns. Note that **me** and **te** become **m'** and **t'** before a vowel or a mute **h**.

me (m') (*me*)	**nous** (*us*)
te (t') (*you, informal sing.*)	**vous** (*you, formal/pl.*)

Bernard, tes parents **nous** invitent au concert.

Bernard, your parents are inviting us to the concert.

—Allo, maman. Tu **m'**entends bien?

Hello, Mom. Can you hear me okay?

—Oui, je **t'**entends parfaitement.

Yes, I can hear you perfectly.

C. In negative sentences, **ne** precedes object pronouns.

J'aime lire le journal, mais je **ne l'**achète pas souvent.

I like to read the paper, but I don't buy it often.

D. If a verb is followed by an infinitive, the direct object pronoun usually precedes the infinitive of which it is the object.

—Est-ce que tu voudrais **m'accompagner** à la banque?
—Oui, je passe **te chercher** à 15 h.

Would you like to go with me to the bank?
Yes, I'll come by to get you at 3:00 P.M.

➤ Placement of direct object pronouns:

—**Tu *me* comprends?**
—**Je ne *te* comprends pas.**

—**Tu veux *nous* attendre?**
—**Je ne peux pas *vous* attendre.**

E. Direct object pronouns are often used with **voici** and **voilà**.

—Bernard? Bernard? Où es-tu?
—**Me voici!** J'arrive tout de suite.

Bernard? Bernard? Where are you?
Here I am! I'm coming right away.

J'attends mes parents. Ah, **les voilà!**

I'm waiting for my parents. Oh, there they are!

F. Some common verbs take direct objects in French whereas the equivalent English verb takes a preposition: **chercher** (*to look for*), **demander** (*to ask for*), **écouter** (*to listen to*), **payer** (*to pay for*), **regarder** (*to look at, watch*), **attendre** (*to wait for*).

—**Regardez**-vous **les informations** à la télé?　　*Do you watch the news on TV?*

—Non, je **les écoute** à la radio.　　*No, I listen to it on the radio.*

Tu **m'attends** un instant? Je **cherche mon sac**.　　*Would you wait for me a moment? I'm looking for my purse.*

Exercice 10   Un matin difficile

C'est lundi matin et Bernard Lasalle est distrait, comme tous les matins. Christine doit l'aider à trouver toutes ses affaires.

MODÈLE:　BERNARD: Où est ma chemise jaune? →
　　　　　CHRISTINE: La voilà!

1. Où est ma cravate verte?
2. Où sont mes lunettes?
3. Où est ma montre?
4. Où est le journal?
5. Où sont mes tickets d'autobus?
6. Où est ma brosse à dents?

Exercice 11   Le travail ménager

Un/Une camarade vous demande si vous faites les tâches suivantes chez vous. Répondez selon le modèle.

MODÈLE:　Tu tonds le gazon? →
　　　　　Oui, je le tonds quelquefois (souvent, une fois par semaine).
　　　　　(Non, moi, je ne le tonds jamais, mais ma sœur le tond.)

1. Tu arroses les plantes?
2. Tu fais la cuisine?
3. Tu fais ton lit?
4. Tu repasses tes vêtements?
5. Tu fais le ménage?
6. Tu nettoies la salle de bains?
7. Tu fais les courses?
8. Tu passes l'aspirateur?

Exercice 12   Une mère très curieuse

Votre mère vous téléphone un samedi matin et vous pose beaucoup de questions. Répondez en employant un pronom objet direct.

MODÈLE:　Tu vas nettoyer ta chambre aujourd'hui? →
　　　　　Oui, je vais la nettoyer cet après-midi. (Non, je ne vais pas la nettoyer. Ce n'est pas nécessaire.)

1. Tu vas ranger ta chambre ce matin?
2. Tu vas faire la lessive aujourd'hui?
3. Tu vas repasser tes vêtements?
4. Tu vas faire tes devoirs ce soir?
5. Tu aimes bien ton/ta camarade de chambre?
6. Tu prends tes vitamines tous les jours?
7. Tu viens nous voir le weekend prochain?
8. Quand vas-tu inviter ton nouveau petit ami / ta nouvelle petite amie à la maison?

Exercice 13 Nathalie pose des questions

Complétez ses questions et donnez les réponses de ses parents, Bernard et Christine.

MODÈLE: Tu _____ aimes beaucoup, papa? →
Tu m'aimes beaucoup, papa?
Oui, je t'aime beaucoup!

1. Tu _____ trouves belle, maman?
2. Tu _____ écoutes quand je parle, papa?
3. Tu _____ trouves intelligente, papa?
4. Tu veux _____ aider à faire mes devoirs, maman?
5. Tu _____ préfères à toutes les autres petites filles du monde, papa?
6. Tu ne _____ trouves pas difficile, maman?
7. Tu vas toujours _____ aimer, maman?

4.6 Talking about knowing: The verb **connaitre**

A. You already know how to use **savoir** (*to know*) to say you know a piece of information or how to do something.

> *Review* **Grammaire 2.5.C** *on the uses of* **savoir**.

Je **sais** son adresse.	*I know his/her address.*
Je **sais** qu'il est tard, mais je ne veux pas rentrer.	*I know it's late, but I don't want to go home.*
Ma camarade de chambre ne **sait** pas **faire** la cuisine.	*My roommate doesn't know how to cook.*

B. **Connaitre** means *to know* in the sense of being acquainted with someone or something.

connaitre (*to know, to be familiar with*)	
je **connais**	nous **connaissons**
tu **connais**	vous **connaissez**
il/elle/on **connait**	ils/elles **connaissent**

> ➤ **savoir**: to know a fact or how to do something
>
> **Je sais son nom.**
>
> **Je sais qu'il est marié.**
>
> **Il ne sait pas nager.**
>
> ➤ **connaitre**: to be familiar with a person or place
>
> **Je ne connais pas son frère.**
>
> **Tu connais Lyon?**

Je ne **connais** pas encore mes voisins.	*I don't know (haven't met) my neighbors yet.*
Connaissez-vous le restaurant «Chez Alfred» dans la vieille ville?	*Do you know (Are you familiar with) the restaurant "Chez Alfred" in the old part of town?*

Pronunciation Hint

connai~~s~~, connai~~t~~, connaisse~~nt~~

Exercice 14 Une soirée chez Julien

Julien Leroux parle avec ses invités. Utilisez la forme correcte du verbe **connaitre**.

1. Charles et Martine, _____-vous Mme Michaud? —Oui, nous la _____ très bien.
2. Jacques, _____-tu Sylvie? —Bien sûr, je la _____. C'est ma cousine!
3. Est-ce que Bintou _____ Jacques et Odette Dupont? —Oui, elle les _____ bien.

4. Mme Cartier, _____-vous le fiancé de Fatima? —Non, je ne le _____ pas encore.

5. Est-ce que les Michaud _____ les Haddad? —Oui, ils les _____ très bien. Ils sont voisins.

Exercice 15 La classe de Mme Martin

Complétez chaque phrase avec la forme correcte de **savoir** ou de **connaitre**. Ensuite, formulez une réponse d'après le modèle.

MODÈLE: Mme Martin _____ tous ses voisins. Et toi? →
Mme Martin _connait_ tous ses voisins.
Moi, je ne connais pas tous mes voisins. (Moi aussi, je connais...)

1. Barbara _____ faire du canoë. Et toi?
2. Albert _____ la date de l'anniversaire de sa mère. Et toi?
3. Jacqueline _____ faire de l'escalade. Et toi?
4. Mme Martin _____ bien La Nouvelle-Orléans. Et toi?
5. Louis _____ l'histoire de sa famille. Et toi?
6. Denise _____ bien les poèmes de Jacques Prévert. Et toi?

4.7 Describing states of being: Expressions with avoir

⭐ _Review **Deuxième étape, Grammaire B.5** on **avoir**._

A. As in English, most descriptions are expressed in French with an adjective and the verb **être**.

Karim **est** très **content** de son nouvel ordinateur.

Karim is very happy with his new computer.

B. In French, however, many states of being are expressed with the verb **avoir** followed by a _noun_.

J'ai froid. Le chauffage ne marche pas dans ma chambre.

I'm cold. The heat isn't working in my room.

Here are some other useful combinations of **avoir** + noun:

avoir chaud	_to be hot, to be warm_	**avoir froid**	_to be cold_
avoir faim	_to be hungry_	**avoir soif**	_to be thirsty_
avoir raison	_to be right_	**avoir tort**	_to be wrong_
avoir sommeil	_to be sleepy_	**avoir honte**	_to be ashamed_

En été, quand j'**ai chaud**, je vais à la piscine.
Jean-Paul pense qu'il **a raison**.

In summer, when I'm hot, I go to the pool.
Jean-Paul thinks he's right.

C. Several expressions with **avoir** require **de** before an object or an infinitive.

avoir besoin de (papier/dormir)	_to need (paper / to sleep)_
avoir envie de (chocolat/sortir)	_to want (chocolate) / to feel like (going out)_
avoir honte de (sa note / perdre)	_to be ashamed of (one's grade / losing)_
avoir peur de (l'eau/nager)	_to be afraid of (water/swimming)_
avoir raison de (refuser)	_to be right to (refuse)_
avoir tort de (fumer)	_to be wrong to (smoke)_

Nous **avons besoin d'**une nouvelle voiture.	*We need a new car.*
Raoul, tu **as envie de** faire du jogging demain matin?	*Raoul, do you feel like jogging tomorrow morning?*
Est-ce que tu **as peur du** chien?	*Are you afraid of the dog?*
Il **a tort de** se mettre en colère.	*He's wrong to get angry.*

D. The expression **avoir l'air** (*to seem*) is followed by an adjective.

Albert, tu **as l'air fatigué** ce matin.	*Albert, you look tired this morning.*
Ce pauvre chien **a l'air triste**.	*That poor dog looks sad.*

Exercice 16 Un étudiant québécois

Complétez le portrait de Raoul Durand avec **peur**, **tort**, **besoin**, **l'air**, **envie** ou **honte**.

1. Raoul n'est pas très sérieux. Il a _____ d'étudier.
2. Quelquefois, il pense au Québec et il a _____ de revoir sa famille.
3. Il est toujours très calme. Il n'a jamais _____ nerveux.
4. Il est très ponctuel. Il a _____ s'il arrive en retard.
5. En général, il est courageux, mais quelquefois il a _____.
6. Il est réaliste. Il admet quelquefois qu'il a _____.

Exercice 17 Interruptions

Jean-Yves essaie de travailler chez lui, mais il a beaucoup de distractions. Utilisez une expression avec **avoir**.

Quand… , Jean-Yves se fait un sandwich.

Quand… , il prend un verre d'eau.

Quand… , il fait la sieste.

Quand… , il ouvre la fenêtre.

Quand… , il prend une tasse de thé très chaud.

Quand… de parler avec quelqu'un, il appelle un copain.

Quand… de vêtements propres, il va au lavomatic.

Il travaille plus dur quand… d'avoir une mauvaise note.

2 - MONT - SAINT - MICHEL. COTE DE L'EST.

Source: Library of Congress Prints and Photographs Division [LC-DIG-ppmsc-05136].

Vue générale de l'abbaye du Mont-St-Michel en Normandie (France), vers 1895

Dans le passé

Objectifs

In **Chapitre 5**, you will hear and talk about things that happened in the past, both your own experiences and those of other people.

ACTIVITÉS

Tranche de vie   Les bons points
La vie quotidienne
Les expériences
À voir en vidéo   Micro-trottoir: Au sujet de vos dernières vacances
Le weekend et les loisirs
Faits personnels et historiques

LECTURES

À propos...   Toussaint Louverture
À la rencontre des arts   Marianne, figure de la République
La langue en mouvement   Mots américains d'origine française
À vous de lire   Les mémoires de Jacques Cartier

GRAMMAIRE

5.1 Saying what you did: **Passé composé** with **avoir**
5.2 Irregular past participles
5.3 Saying what you did: **Passé composé** with **être**
5.4 **Passé composé** of reflexive verbs
5.5 Negative expressions

TRANCHE DE VIE

Les bons points

Les enseignants dans les écoles primaires en France donnent des «bons points» aux élèves quand ils travaillent bien. Avec dix bons points, on peut obtenir un petit cadeau. Les bons points sont des images en rapport avec les matières scolaires: histoire, géographie, sciences, littérature, etc. Voici une petite sélection de bons points où figurent des évènements de l'histoire de France.

Alfredo Dagli Orti/Shutterstock

a

CCI/Shutterstock

b

Gianni Dagli Orti/Shutterstock

c

Masterpics/Alamy Stock Photo

d

Source: Getty's Open Content Program.

e

The Print Collector/Hulton Archive/Getty Images

f

 Il y a de quoi dire
À quelle époque ça s'est passé?

Qu'est-ce qui s'est passé? À quelle époque ça s'est passé? Réunissez les évènements suivants avec une image, une date et une époque historique.

ÉVÈNEMENTS

1. Jeanne d'Arc a mené une armée contre les troupes anglaises. Les Anglais l'ont capturée mais finalement les Français ont gagné la Guerre de Cent Ans.

2. Le Roi François 1er a encouragé les artistes et a invité Léonard de Vinci en France. Léonard a apporté *La Joconde* avec lui.

3. Les Gaulois, un peuple celte, ont combattu l'Empire Romain, mais ils ont perdu.

4. Devenu empereur, Napoléon Bonaparte a couronné sa femme Joséphine.

5. Le roi Louis XIV, dit «le Roi-Soleil», a dirigé son royaume depuis le grandiose château de Versailles.

6. On a arrêté, jugé et exécuté le roi Louis XVI et sa femme Marie-Antoinette pendant la Révolution.

ÉPOQUES HISTORIQUES	DATES
l'Antiquité	52 av. J.-C.
le Moyen Âge	1337–1453
la Renaissance	1515–1547
l'Ancien Régime	1661–1715
l'Époque Moderne	1789–1793
	1804

La vie quotidienne

 Attention! Étudier Grammaire 5.1

Hier soir, chez les Colin

La famille Colin a dîné ensemble.

Charles a rendu son devoir de physique.

Marise a assisté à une conférence à la fac.

Claudine a déjeuné à la cantine de son lycée.

Clarisse a attendu l'autobus pendant une demi-heure.

Joël a fini ses devoirs vers 21 heures.

Emmanuel a choisi une nouvelle paire de baskets.

Claudine et Charles ont joué aux échecs.

Activité 1 Enquête: La vie d'étudiant

Dites si vous avez fait les actions suivantes la semaine dernière.

La semaine dernière,...

1. j'ai déjeuné avec des copains. (Où? Qu'est-ce que vous avez mangé?)
2. j'ai fini un projet important. (Quel projet? Quand?)
3. j'ai passé un examen difficile. (Avez-vous réussi à l'examen?)
4. j'ai perdu les clés de ma voiture. (Vous les avez retrouvées? Où?)
5. j'ai rendu un devoir. (Pour quel cours? Quand?)
6. j'ai travaillé. (Où? Pendant combien d'heures?)
7. j'ai discuté de politique. (Où? Avec qui?)
8. j'ai attendu quelqu'un. (Qui? Où?)
9. j'ai oublié de faire un devoir. (Lequel?)
10. j'ai réfléchi à mes finances. (C'est sérieux?)
11. je me suis réveillé(e) tard ce matin. (Pourquoi? Votre réveil n'a pas sonné?)

À vous la parole!

Comparez vos réponses à celles de votre partenaire.

> MODÈLE: J'ai séché un cours. (Quel cours?) →
> É1: Moi, j'ai séché mon cours de maths mardi dernier. Et toi?
> É2: Moi, je n'ai pas séché de cours mais...

Activité 2 Interro: L'été dernier

Décrivez les activités des quatre personnes suivantes.

> MODÈLE: É1: Qu'est-ce que Sarah et Agnès ont fait en juillet?
> É2: Elles sont allées à Bordeaux.
> É1: Qu'est-ce qu'elles ont fait pendant leur visite?
> É2: Elles ont visité des caves à vin.

	AU MOIS DE JUIN	AU MOIS DE JUILLET	AU MOIS D'AOUT
JULIEN	a acheté un appart au 14ᵉ étage d'un nouvel immeuble	a beaucoup voyagé pour monter une émission spéciale	a passé ses vacances à La Réunion
ADRIENNE	a rendu visite à ses parents en Auvergne	a suivi un stage intensif de tennis à Marseille	a assisté au mariage d'une amie d'enfance
SARAH ET AGNÈS	ont fait un voyage organisé en Égypte	ont visité des caves à vin dans la région de Bordeaux	ont dormi tard aussi souvent que possible

Activité 3 Entretien: Ma journée d'hier

Hier matin,...
1. à quelle heure as-tu quitté la maison?
2. quels vêtements as-tu portés?
3. as-tu assisté à des cours à la fac? À quels cours?

Hier après-midi,...
4. où as-tu déjeuné? Avec qui?
5. est-ce que tu as étudié? Qu'est-ce que tu as étudié?
6. tu as travaillé? Où? À quelle heure? Pendant combien d'heures?

Hier soir,...
7. tu as rencontré des amis? Combien de temps avez-vous passé ensemble?
8. est-ce que tu as téléphoné à quelqu'un? De quoi avez-vous parlé?
9. à quelle heure as-tu fini ta journée? Est-ce que tu as regardé la télé avant de te coucher?

Activité 4 Casse-tête: Le cadeau d'Adrienne Petit

Ce matin, quelqu'un a envoyé des roses à Adrienne pour son anniversaire. Mais... quel mystère! L'ami généreux a oublié de signer la carte! Il y a trois personnes possibles. Qui est-ce?

1. Benoît travaille chez un fleuriste.
2. Hier, Robert a parlé de l'anniversaire d'Adrienne.
3. Jean-François a noté la date de l'anniversaire dans son carnet d'adresses, mais il a perdu le carnet.
4. Robert est allergique aux fleurs. Il ne va jamais chez le fleuriste.
5. Benoît ne sait pas la date de l'anniversaire d'Adrienne.
6. Jean-François n'est pas en France. Il est en Italie cette semaine.

> MODÈLE: É1: C'est peut-être Benoît. Il travaille chez un fleuriste.
> É2: D'accord, mais Robert a parlé de son anniversaire hier.

Exprime-toi!

Tu ne penses pas que... ?
Tu as raison.
D'accord, mais...
Un instant, s'il te plait!
Je ne suis pas d'accord!
Ça ne prouve rien!

• Des roses chez le fleuriste, à Paris

Bill Ryall/William Ryall

À propos...

Toussaint Louverture

Au XVIIᵉ[1] siècle, les Français ont établi une colonie sur l'île d'Hispaniola dans les Antilles: Saint-Domingue. Ils y ont établi des plantations de canne à sucre très profitables, grâce au[2] travail forcé des esclaves.[3] En 1791, les esclaves, commandés par Toussaint Louverture, se sont révoltés[4] avec succès contre les Français. Quand, à Paris, le gouvernement révolutionnaire[5] a décidé d'abolir l'esclavage en 1794, Toussaint Louverture a arrêté le combat. Pourtant,[6] en 1802, Napoléon Bonaparte a rétabli[7] l'esclavage et a envoyé une armée à Saint-Domingue. Les Français ont capturé Toussaint Louverture et l'ont emprisonné; il est mort en captivité l'année suivante. Son lieutenant, Jean-Jacques Dessalines, a continué la lutte[8] et, en 1804, a proclamé l'indépendance du pays, sous le nom d'Haïti. Toussaint Louverture est considéré comme un symbole universel de libération pour tous les esclaves.

[1]dix-septième
[2]grâce... avec le
[3]personnes captives forcées à travailler
[4]rebellés
[5]La France a eu trois révolutions: en 1789, en 1830 et en 1848.
[6]Mais
[7]réinstitué
[8]combat

• Toussaint Louverture (1743–1803), héros de l'indépendance haïtienne

Photo 12/Hachedé/Alamy Stock Photo

Cliquez là!

Dix millions de gens parlent une des langues créoles. Visitez un site sur les langues créoles pour apprendre davantage sur ces langues et sur les gens qui les parlent. Dans quels pays est-ce qu'on parle un créole à base lexicale française?

 Les expériences

⭐ Attention! Étudier Grammaire 5.2

On a volé la voiture de Julien pendant ses vacances en Corse. Il a dû passer au commissariat.

Pendant son séjour à Tahiti, Louis a appris à faire de la plongée sous-marine.

À 80 ans, Édouard Vincent et son frère ont découvert la maison où ils sont nés.

Nathalie a eu un accident. Elle va bien, mais sa poupée a été cassée.

Quand Raoul a ouvert sa porte, quelle surprise! Ses amis ont crié «Bon anniversaire!»

Les parents de Joël lui ont offert un chien comme cadeau de Noël cette année.

Activité 5 Associations: Carrières et préparations

Nous citons ici des réponses enregistrées par Julien Leroux pendant des interviews qu'il a faites pour TF1.* Pour chaque nom célèbre, identifiez les décisions et les actions qui ont contribué à sa réussite.

Ségolène Royal, candidate à la présidence de la République en 2007.
Philippe Perrin, astronaute français
Aya Nakamura, chanteuse française
François Delachaux, directeur d'entreprise

1. J'ai étudié le commerce et les affaires internationales.
2. Je n'ai pas eu de succès au début mais j'ai persisté à chanter.
3. J'ai appris à piloter toutes sortes d'avions.
4. J'ai suivi la politique et les élections avec passion.
5. J'ai reçu un diplôme de MBA aux États-Unis.
6. J'ai rêvé de devenir la première femme présidente de France.
7. J'ai voulu suivre une carrière militaire.
8. J'ai participé aux concours de chant pour amateurs dans ma région.
9. J'ai été élue députée à l'Assemblée nationale, puis présidente de ma région.
10. J'ai fait des études pour devenir ingénieur.
11. J'ai publié mon premier titre sur les réseaux sociaux.
12. J'ai suivi un entrainement physique rigoureux.

---

*Télévision française 1, ou TF1, une chaine de télévision généraliste nationale française

Activité 6 Échanges: La dernière fois

Avec votre camarade de classe, répondez aux questions suivantes en expliquant un peu votre réponse.

Vocabulaire utile hier (soir), il y a (deux jours), (lundi) dernier, la semaine dernière

MODÈLE: É1: Quelle est la dernière fois que tu as passé un examen difficile?
    É2: J'ai passé un examen difficile vendredi dernier dans mon cours de grammaire russe. Et toi?

Quelle est la dernière fois que...

1. tu as mangé dans ta voiture?
2. tu as voulu manger de la pizza à minuit?
3. tu as téléchargé des chansons?
4. tu as perdu un objet de valeur?
5. tu as reçu un cadeau?
6. tu as rendu un service à quelqu'un?
7. tu as dormi pendant un cours ennuyeux?
8. tu as rangé ta chambre?
9. tu as conduit trop vite?
10. tu as dû faire la vaisselle?
11. tu as offert un cadeau à quelqu'un?
12. tu as lu un journal?

À voir en vidéo

Micro-trottoir: Au sujet de vos dernières vacances

Répondez aux questions suivantes à partir de votre point de vue personnel. Puis regardez la vidéo et comparez vos réponses à celles des gens interrogés.

1. Quels mots clés associez-vous au terme «vacances»?

2. Combien de semaines partez-vous en vacances chaque année? À quel moment?

3. Quelles sont vos activités pendant les vacances?

4. Où avez-vous passé vos dernières vacances? Pourquoi avez-vous choisi cet endroit?

Activité 7 Dans le monde francophone:
Aventures extraordinaires

Ces images nous montrent nos héros gaulois Astérix et Obélix. Identifiez le livre où l'on peut probablement trouver les aventures suivantes.

Astérix légionnaire

La grande traversée

1. Astérix et Obélix ont séjourné dans une tribu d'indiens d'Amérique.
2. Pour sauver un jeune Gaulois enlevé de force par les Romains, ils ont combattu parmi les légionnaires de Jules César.
3. En traversant l'Atlantique, ils ont dû affronter des pirates.
4. Ils ont provoqué une bataille entre les troupes de César et celles du traître Scipion.
5. Ils ont participé à la chasse au bison.
6. En retraversant l'océan, ils ont été attaqués par des Vikings féroces.
7. Obélix a beaucoup plu à la fille du chef de la tribu indienne.
8. Après sa victoire, Jules César leur a offert la liberté de Tragicomix.
9. Obélix n'a pas voulu se marier. Ils sont donc rentrés en Gaule.

Activité 8 Discussion: Vous avez déjà vu ça?

Vous aimez les excentricités? Alors, écoutez, puis dites si ces personnes et ces animaux se sont conduits d'une manière normale ou extraordinaire.

MODÈLE: un chien qui a chanté à la télé →
C'est extraordinaire! Les chiens ne peuvent pas chanter.

1. un bébé qui a téléchargé une chanson
2. un chat qui a bu de la crème
3. un chien qui a appris à parler
4. un adolescent qui a voulu faire la vaisselle
5. des étudiants qui ont vu les films de Claire Denis
6. un professeur qui a conduit trop vite et qui a reçu une contravention
7. un enfant qui a voulu ranger ses affaires
8. une grand-mère qui a fait un saut en parachute
9. un poisson rouge qui a mangé un serpent
10. une souris qui a poursuivi un chat
11. ?

Le weekend et les loisirs

⭐ Attention! Étudier Grammaire 5.3 et 5.4

Le samedi d'Agnès

Samedi matin, je me suis réveillée tard.

Je me suis douchée et je me suis lavé les cheveux.

Ensuite, je suis partie faire les courses.

À 13 heures, je suis allée au café pour déjeuner avec des amis.

Samedi soir, je suis sortie avec Jean-Yves et Sarah.

Nous sommes allés voir le dernier film de Denis Villeneuve.

Après, Jean-Yves est rentré avec nous.

Jean-Yves est resté deux heures chez nous et on a discuté.

Je me suis couchée vers deux heures et demie du matin.

Activité 9 Discussion: Le weekend dernier

Dites si vous avez fait ces activités ou non.

1. Samedi matin,...
- **a.** je me suis levé(e) de bonne heure.
- **b.** j'ai pris mon petit déjeuner.
- **c.** j'ai rangé ma chambre.
- **d.** j'ai fait ma lessive.

2. Samedi après-midi,...
- **a.** j'ai étudié au café avec des copains.
- **b.** j'ai regardé un match à la télé.
- **c.** j'ai fait de l'exercice au gymnase.
- **d.** j'ai fait les vitrines au centre-ville.

3. Samedi soir,...
- **a.** j'ai téléchargé un film.
- **b.** on m'a invité(e) à diner dans un restaurant chic.
- **c.** j'ai invité des gens chez moi.
- **d.** je suis sorti(e) avec mon copain / ma copine.

4. Dimanche,...
- **a.** je suis allé(e) chez mes parents.
- **b.** j'ai préparé mes devoirs pour lundi.
- **c.** j'ai couru un marathon.
- **d.** je me suis couché(e) de bonne heure.

Activité 10 Entretien: Une grande occasion

Qu'est-ce que vous avez fait la dernière fois que vous êtes allé(e) à une fête (un mariage, une réception...)? Répondez aux questions suivantes.

MODÈLE: É1: Est-ce que tu t'es douché(e) avant d'y aller?
É2: Oui, je me suis douché(e). (Non, je ne me suis pas douché[e].)

1. Est-ce que tu t'es lavé les cheveux?
2. Est-ce que tu t'es maquillée (rasé)?
3. Comment y es-tu allé(e), en voiture ou à pied?
4. Es-tu arrivé(e) à l'heure ou en retard?
5. Est-ce que tu t'es bien amusé(e) ou est-ce que tu t'es ennuyé(e)?
6. À quelle heure est-ce que tu es parti(e)?
7. Qu'est-ce que tu as fait après la fête (le mariage...)?
8. À quelle heure es-tu rentré(e) chez toi?
9. Est-ce que tu t'es endormi(e) tout de suite?
10. À quelle heure tu t'es réveillé(e) le lendemain matin?

Activité 11 Dans le monde francophone: Une semaine à Lausanne

Fabien Lucas travaille comme inspecteur pour le guide Michelin. Il visite divers restaurants et donne son avis expert sur leur qualité. Il a passé une semaine à Lausanne, en Suisse; voici ses recommandations. Lisez-les, puis déterminez de quel restaurant il parle dans les mails qu'il a écrits ensuite à ses amis.

LA BRASSERIE DU ROYAL

Avenue d'Ouchy 40, 1006 Lausanne-Ouchy. Cette brasserie se révèle séduisante avec de grands classiques de la cuisine française. Carte des vins offrant un choix superbe. Interdit aux chiens. **Prix du repas:** Formule 29 CHF, Menu 105 CHF. Carte 67/118 CHF.

L'ACCADÉMIA

Place du Port 11, 1006 Lausanne. L'Accadémia nous donne une belle leçon de gout! Voilà l'endroit idéal pour découvrir une cuisine italienne de haute volée, fraiche et savoureuse—les pâtes, notamment, sont confectionnées sur place. L'été, direction la terrasse avec vue sur le lac et les montagnes. **Prix du repas:** Formule 27 CHF, Menu 74 CHF. Carte 77/101 CHF.

SUSHI-ZEN

Rue Grand-Chêne 7, 1002 Lausanne. Sashimis, sushis, soupe miso... Toutes les délicatesses de la cuisine japonaise— présentées avec une grande recherche esthétique—sont réunies dans ce restaurant du Lausanne Palace Hôtel. Dispose d'un ascenseur et d'un accès handicapé. **Prix du repas:** Formule 35 CHF, Menu 95 CHF. Carte 54/101 CHF.

LE P'TIT LAUSANNOIS

Rue du Tunnel 14, 1005 Lausanne. Un amoureux des bons produits décline une cuisine sincère et soignée à des prix vraiment raisonnables. Sa spécialité: le filet de bœuf et sauce béarnaise maison. **Prix du repas:** Formule 20 CHF. Carte 48/79 CHF.

• Vue de la cathédrale gothique (XIIe siècle) de Lausanne

Suradech Singhanat/Shutterstock

1. J'y suis allé avec un ami en fauteuil roulant.
2. On m'a servi des plats traditionnels très bien préparés, mais vraiment pas chers.
3. J'ai apprécié la cuisine, et aussi le panorama splendide sur les Alpes.
4. Ma passion pour les plats japonais a été totalement satisfaite.
5. J'y ai mangé une viande en sauce tout-à-fait succulente.
6. On y trouve des raviolis faits maison qui méritent le détour.
7. On m'a beaucoup parlé des vins servis dans ce restaurant; ils sont extraordinaires, en effet.

Activité 12   Récit: L'invitation à diner

Francis et Marie Lasalle ont invité des amis samedi dernier. Racontez leur journée du matin au soir.

Vocabulaire utile   d'abord, ensuite, puis, finalement

Faits personnels et historiques

 Attention! Étudier Grammaire 5.5

Francis Lasalle et sa femme Marie se sont rencontrés au théâtre.

Ils sont tombés amoureux, mais Francis a dû faire son service militaire.

De retour à la vie civile, Francis a épousé Marie à Lyon.

Les Lasalle n'ont eu que deux enfants, un fils et une fille.

Claudine est née en 1975. Elle est devenue professeur de lycée.

Personne n'a fait fortune chez les Lasalle, mais c'est une famille très unie.

Francis n'a jamais fait d'études universitaires, mais son fils Bernard est devenu ingénieur.

Aujourd'hui, Francis ne travaille plus. Il a pris sa retraite.

Exprime-toi!

> Ça, c'est rigolo!
> C'est vrai?
> Génial!
> Pas encore!
> Pas possible!
> Personne!
> Rien!
> Tu es sûr(e)?

Activité 13 Entretien: Que savez-vous sur votre famille?

MODÈLE: É1: En quelle année est-ce que ton père est né?
É2: Mon père est né en 1970.
É1: C'est vrai? Mon père aussi est né en 1970!

1. Quelle est l'année la plus importante dans l'histoire de ta famille? Pourquoi? Qu'est-ce qui s'est passé cette année-là?
2. Est-ce qu'un membre de ta famille est devenu militaire? Où et quand est-ce que cette personne a fait son service?
3. Qui dans ta famille a l'histoire la plus intéressante? Qu'est-ce que cette personne a fait d'étonnant?
4. Quel a été le plus récent mariage dans ta famille ou parmi tes amis? Qui sont les époux? Comment se sont-ils rencontrés?
5. Quelle a été la plus récente naissance dans ta famille ou parmi tes amis? Qui est né(e)?
6. Qui est le membre de ta famille ou ton cercle d'amis le plus célèbre? Comment est-il/elle devenu(e) célèbre?

À la rencontre des arts

Marianne, figure de la République

Un des symboles les plus manifestes dans la culture française est une figure féminine: Marianne. C'est une allégorie[1] de la République; elle représente aussi la liberté. Elle apparaît au XVIIIe siècle, sous la Révolution, mais se généralise à la fin du XIXe siècle sous sa forme actuelle: sur sa tête, elle porte un «bonnet phrygien» rouge (symbole de liberté dans l'Antiquité[2]), et un de ses seins est dénudé. On trouve son buste dans toutes les mairies de France, et son image stylisée sur les documents officiels et les timbres. Pourquoi une femme, alors qu'en France les femmes ne participent pas à la vie publique avant 1944 lorsqu'elles obtiennent le droit de vote? Parce qu'en latin, *res publica*[3] et *libertas* sont des mots de genre féminin.

• *La Liberté guidant le peuple* (1830) du peintre romantique français Eugène Delacroix

[1] figure humaine qui représente une abstraction ou une idée
[2] période historique qui précède la première année du calendrier grégorien
[3] chose publique (en latin)

Activité 14   Dans le monde francophone: Quelques faits du passé

Quel dessin correspond à chacun de ces faits historiques?

a.   b.   c.   d.

e.   f.   g.   h.

_____ **1.** Charlemagne a reçu sa couronne à Rome en l'an 800.
_____ **2.** Jeanne d'Arc a libéré la ville d'Orléans en 1429.
_____ **3.** Les Acadiens (Cajuns) sont arrivés en Louisiane entre 1764 et 1788.
_____ **4.** Le peuple de Paris a pris la Bastille le 14 juillet 1789.
_____ **5.** Napoléon a pris le titre d'empereur en 1804.
_____ **6.** Marie Curie a reçu le prix Nobel de physique en 1903 et le prix Nobel de chimie en 1911.
_____ **7.** Louis XVI et Marie-Antoinette ont été guillotinés en 1793.
_____ **8.** Le général de Gaulle est devenu président de la Ve* République en 1959.

*cinquième

LA LANGUE EN MOUVEMENT

Mots américains d'origine française

Les explorateurs et colonisateurs français qui sont venus en Amérique du Nord ont laissé des traces non seulement au Canada, mais aussi aux États-Unis, où les noms de lieu d'origine française sont encore nombreux, des noms comme Boise, Detroit, Des Moines, Lake Champlain, Baton Rouge, Joliet et Montpelier. L'influence française est évidente aussi dans certains mots de l'anglais américain qui sont venus du français, quelquefois par l'intermédiaire du français canadien, tels que *cache*, *chute* (apparemment à l'origine de l'expression «to shoot the rapids»), *coulee*, *depot*, *lacrosse*, *levee* et *portage*.

MISE EN PRATIQUE Y a-t-il des noms de lieux d'origine française dans votre région? Quel est leur sens? À qui ou à quoi réfèrent-ils? Faites des recherches sur l'internet si nécessaire.

Activité 15 Enquête: L'histoire de ma vie

Complétez les phrases et comparez vos réponses à celles de votre camarade.

> MODÈLE: É1: J'ai bu du champagne pour la première fois au mariage de mon cousin, vers l'âge de 15 ans. Et toi?
> É2: Moi, je n'ai jamais bu de champagne. Pas encore!

Exprime-toi!

à (vers) l'âge de (5) ans...
avant l'âge de (5) ans
Je ne me souviens plus.
Je n'ai pas encore...
Je n'ai jamais...
Je ne suis jamais...

1. Je suis allé(e) à l'école à l'âge de...
2. J'ai reçu mon première portable...
3. J'ai conduit une voiture pour la première fois...
4. J'ai mis une robe du soir (ou un smoking) pour la première fois...
5. Je suis entré(e) à la fac...
6. Je suis devenu(e) une personne raisonnable...

Activité 16 Discussion: À votre avis... ?

Savez-vous séparer le mythe de la réalité? Choisissez la phrase qui exprime votre opinion ou inventez-en une autre.

1. On entend parler de l'île d'Atlantide.
   a. Quelle bêtise! Ça n'a jamais existé.
   b. Ça a existé, mais ça n'existe plus.
   c. On n'a rien trouvé jusqu'à présent.
2. Il y a des gens qui croient aux licornes. Qu'en pensez-vous?
   a. Elles n'existent que dans des zoos.
   b. Elles n'existent plus; c'est une espèce disparue.
   c. Elles n'ont jamais existé.
3. Et puis certains disent que la Terre n'est pas ronde, mais plate.
   a. Personne ne croit plus à cette idée.
   b. Personne n'a jamais cru ça.
   c. Certaines personnes y croient encore aujourd'hui.
4. On dit que la vie existe sur d'autres planètes.
   a. La vie n'existe que sur la Terre.
   b. Elle y a existé, mais elle n'y existe plus.
   c. Personne n'en sait rien.

POUR RÉSUMER

À vous de parler

A. Écoutez la description et ensuite, dites le nom de la personne en question. Quels individus est-ce que nous n'avons pas décrits?

a. le général de Gaulle	**d.** Jacques Prévert	**g.** Emmanuel Macron
b. Audrey Tautou	**e.** Pablo Picasso	**h.** Édith Piaf
c. Marie Curie	**f.** Coco Chanel	**i.** Youssou N'Dour

_____ **1.** Il est né en 1900 à Neuilly-sur-Seine. Très connu pour ses poèmes, il a écrit aussi des scénarios pour le cinéma et des pièces de théâtre. Certains de ses poèmes ont été mis en musique, notamment *Les Feuilles mortes* (*Autumn Leaves*).

_____ **2.** Née dans un milieu modeste, elle a appris à coudre à l'âge de 18 ans pour gagner sa vie. Elle a créé des styles inoubliables dans le monde de la haute couture. Elle est morte en 1977, mais son nom continue de symboliser l'élégance et on connait bien le parfum qui porte son nom.

_____ **3.** En 1940, il est allé à Londres, où il a servi de chef de la France libre pour résister à l'Occupation nazie pendant la Seconde Guerre mondiale. En 1959, il est devenu le premier président de la Cinquième République française.

_____ **4.** Elle est considérée comme l'archétype de la chanteuse française. Sa voix a inspiré des compositeurs, et elle a lancé la carrière de plusieurs chanteurs. Parmi ses nombreuses chansons, on compte *La Vie en rose*, *Milord* et *Non, je ne regrette rien*.

_____ **5.** Ce Sénégalais est musulman et musicien populaire à la fois. Il n'y voit pas de contradiction, puisque sa musique interprète sa vision de poète pour son peuple. Il joue pour eux le rôle de griot moderne.

_____ **6.** Cette vedette de cinéma, née en 1978, a été nommée en hommage à Audrey Hepburn. C'est elle qui a joué l'héroïne dans *Le Fabuleux Destin d'Amélie Poulain*. Elle a interprété aussi Sophie dans *Da Vinci Code* et on peut la voir dans *The Jesus Rolls* (*Going Places*), le remake américain du classique français *Les Valseuses*.

_____ **7.** Cet artiste est né en Espagne mais il a passé la plupart de sa vie en France. Son œuvre de peintre, de graveur, de sculpteur et de dessinateur a profondément marqué l'art moderne.

B. Ensuite, en groupes, faites la description d'autres personnes célèbres et présentez-les à la classe.

À vous de lire

Les mémoires de Jacques Cartier

Les peuples indigènes (ou Premières Nations) du Canada actuel ont eu des contacts avec des Européens (des marins vikings) avant l'an 1000. Pendant la Renaissance, les Italiens Giovanni Caboto (1497) et Giovanni de Verrazzano (1524) et le Français Jacques Cartier (1534–1536) ont été parmi les premiers explorateurs célèbres de ce territoire. C'est Cartier qui est surnommé «découvreur du Canada». Voici ses «Mémoires», comme on peut les imaginer, écrites l'année de sa mort (vers 1557).

Aujourd'hui, peu de gens connaissent encore mon nom, mais j'ai été très célèbre. C'est moi qui, le premier, ai exploré la Nouvelle France. En 1534, notre roi François I[er][1] a financé une expédition pour trouver un passage vers la Chine et des territoires riches en métaux[2] précieux. Avec deux bateaux, nous sommes partis de Saint-Malo, ma ville natale en Bretagne, et nous avons traversé l'Atlantique en vingt jours. À notre arrivée en Amérique, nous avons trouvé une ile immense, une très vaste baie et une péninsule. Là, j'ai pris possession du pays au nom du roi. Nous avons aussi rencontré les habitants de cette région, nommés «Iroquois»; ils forment une sorte de république parfaitement organisée avec d'autres nations indiennes.

• Jacques Cartier (1491–1557)

Je suis rentré en France, où tout le monde a été enthousiasmé par ces premières découvertes, surtout le roi: il a immédiatement ordonné un deuxième voyage, en 1535. Nous avons continué vers le sud-ouest, sur un fleuve large et majestueux que j'ai baptisé «Saint-Laurent». Finalement, nous avons atteint[3] une grande ile et des rapides impressionnants. Nous avons alors exploré l'ile et visité une ville indienne nommée «Hochelaga». Nous sommes montés sur une colline[4] pour observer les environs. En l'honneur de François Ier, j'ai nommé cette colline le «Mont-Royal».

Je suis retourné en France avec le chef Iroquois Donnacona. Il a raconté des histoires extraordinaires et le roi a pensé que le «Canada», comme l'Eldorado, était un pays de trésors[5] fabuleux. À mon troisième et dernier voyage, en 1541, j'ai emmené[6] des colons[7] pour établir des postes permanents au Canada. Enfin, j'ai trouvé des diamants et de l'or[8]! Je suis rentré en France pour les montrer au roi. Malheureusement, j'ai fait erreur: ces «trésors» étaient en réalité des pierres et des métaux sans valeur. L'entourage du roi est cruel et on m'a ridiculisé... Ma consolation, c'est que mon nom reste associé à la découverte d'un pays nouveau, beaucoup plus grand que la France!

---

[1]premier [2]pluriel de *métal* (*m.*) [3]avons... sommes arrivés sur [4]petite montagne [5]choses précieuses [6]pris avec moi [7]personnes qui colonisent un territoire [8]métal jaune précieux

Avez-vous compris?

Vrai ou faux? Si c'est faux, corrigez la phrase.

1. À l'origine, Cartier est allé au Canada pour établir une colonie.
2. Il a remonté le Saint-Laurent pendant son premier voyage.
3. Son impression initiale des Iroquois a été très favorable.
4. Pendant sa deuxième expédition, il a découvert le site actuel de Montréal.
5. Jacques Cartier a fondé Montréal.
6. Finalement, il a trouvé de l'or et des diamants.

Allons plus loin! Changement de perspective. Vous êtes un Iroquois qui raconte à ses enfants l'arrivée des Français en 1534. Les enfants, très curieux, vous posent beaucoup de questions.

> MODÈLE: ENFANTS: Comment est-ce que les Français sont arrivés?
> VOUS: Sur de grands canoës en bois, appelés «bateaux»...

Vocabulaire utile

parler dans une langue incompréhensible
admirer nos villages fortifiés
chercher des pierres précieuses
s'émerveiller de nos coiffures
poser des questions bizarres sur un endroit appelé «Lachine»
utiliser des armes cruelles et bruyantes
(ne pas) comprendre nos coutumes

À vous d'écrire

C'est Noël et vous êtes très occupé(e). Vous voulez rester en contact avec vos amis, mais vous ne pouvez pas écrire une lettre personnelle à tout le monde. Composez une lettre que vous pouvez envoyer à toutes les personnes de votre liste. Vous voulez raconter les évènements les plus importants de l'année.

> MODÈLE: *Mes chers amis,*
> *Cette année a été très... pour moi. D'abord,...*
> *Je vous embrasse très affectueusement en vous*
> *souhaitant une bonne et prospère année 20__.*

🎧 Vocabulaire

La vie quotidienne
Daily life

assister à une conférence	to attend a lecture
assister à un mariage	to attend a wedding
déjeuner à la cantine	to eat lunch in the cafeteria
discuter de politique	to discuss politics
s'ennuyer	to get bored
entendre parler de	to hear about
essayer (de)	to try (to)
faire des études	to take a course of study
ouvrir la porte	to open the door
passer un examen	to take a test
perdre ses clés	to lose (one's) keys
poser des questions	to ask questions
quitter la maison	to leave the house
rendre un devoir	to turn in homework
rendre un service (à)	to do a favor (for)
rendre visite (à)	to pay a visit (to)
réussir à un examen	to pass a test
sécher un cours	to cut a class
télécharger	to download
trouver	to find

Mots apparentés: **exister, offrir, participer (à), persister (à), prouver**

Expériences

Special experiences

avoir du succès	to be successful
croire aux licornes (*f.*)	to believe in unicorns
découvrir	to discover
devenir (ingénieur)	to become (an engineer)
épouser (quelqu'un)	to get married to (someone)
faire fortune (*f.*)	to make a fortune
faire un saut en parachute	to do a parachute jump
jouer aux échecs	to play chess
monter une émission	to produce a show
passer ses vacances	to spend one's vacation
piloter un avion	to fly a plane
prendre sa retraite	to retire
recevoir	to get; to receive
recevoir une contravention	to get a traffic ticket
recevoir un diplôme	to get a degree
(se) rencontrer	to meet (each other)
suivre la politique	to follow politics
tomber amoureux/ amoureuse de	to fall in love with
visiter une cave à vin	to visit a winery
voler	to steal

Quand

Saying when

aussi souvent que possible	as often as possible
cette semaine	this week
déjà	already
enfin	finally
hier	yesterday
hier soir	last night
il y a (deux jours)	(two days) ago
le weekend dernier	last weekend

La description

célèbre	famous
dernier/dernière	last; latest
élu(e)	elected
enregistré(e)	recorded
inoubliable	unforgettable
plat(e)	flat
rond(e)	round
russe	Russian
uni(e)	united

Mots apparentés: allergique, charmant(e), délicieux/ délicieuse, excessif/excessive, intensif/intensive, personnel(le), rigoureux/rigoureuse, social(e), terminé(e), universitaire

Substantifs

un cadeau de Noël	a Christmas present
un carnet d'adresses	an address book
un casse-tête	a puzzle, a brainteaser
un concours	a contest
une couronne	a crown
un député / une députée	a representative
un évènement	an event
un/une fleuriste	a florist
une journée	a day, duration of a day
un mot	a word
un objet de valeur	a valuable object
une paire de	a pair of
une poupée	a doll
un prix	a prize
la réussite	success
un siècle	a century
un smoking	a tuxedo
une souris	a mouse
la Terre	the (planet) Earth

Mots apparentés: un(e) adolescent(e), une ambiance, l'armée (*f.*), un(e) candidat(e), une carrière, le décor, une interview, un mystère, une planète, une réception, le service militaire, le système solaire, un zoo

Mots et expressions utiles

à cause de	because of
un ami / une amie d'enfance	a childhood friend
avoir de la chance	to be lucky
Ça ne prouve rien.	That doesn't prove anything.
de plus en plus	more and more
De quoi as-tu parlé?	What did you talk about?
donc	therefore
Génial!	Great!
Je ne me souviens plus.	I don't remember.
pas encore	not yet
peut-être	maybe, perhaps
Quelle bêtise!	How silly!
Quel plaisir!	What a pleasure!
vers (l'âge de)	around (the age of)

5.1 Saying what you did: Passé composé with avoir

A. The **passé composé** is a compound past tense: it has two parts, an auxiliary (helping) verb and a past participle. Most verbs use **avoir** as the auxiliary verb. Here is the complete conjugation of **travailler** in the **passé composé**:

> For most verbs, **passé composé** = **avoir** + past participle

PASSÉ COMPOSÉ: **travailler** (*to work*)	
j'ai travaillé	nous avons travaillé
tu as travaillé	vous avez travaillé
il/elle/on a travaillé	ils/elles ont travaillé

Mme Martin **a travaillé** à la bibliothèque hier soir.	*Madame Martin worked at the library last night.*
Barbara et Jacqueline sont très fatiguées; elles **ont travaillé** dur hier soir.	*Barbara and Jacqueline are very tired; they worked hard last night.*

B. Here are the past participles for the three types of regular verbs. To form the past participle, drop the infinitive ending (**-er**, **-ir**, **-re**) and add the past participle ending: **-é**, **-i**, **-u**.

PAST PARTICIPLES OF REGULAR VERBS		
-er *verbs* → **-é**	**-ir** *verbs* → **-i**	**-re** *verbs* → **-u**
parl**er** → parl**é**	chois**ir** → chois**i**	attend**re** → attend**u**
étudi**er** → étudi**é**	fin**ir** → fin**i**	perd**re** → perd**u**
habit**er** → habit**é**	réuss**ir** → réuss**i**	répond**re** → répond**u**

Sarah **a téléphoné** à sa famille aux États-Unis.	*Sarah called her family in the United States.*
Agnès **a fini** ses devoirs à minuit.	*Agnès finished her homework at midnight.*
Jean-Yves **a perdu** ses clés hier.	*Jean-Yves lost his keys yesterday.*

C. To make verbs in the **passé composé** negative, put **ne... pas** around the auxiliary verb.

> Negation = **ne** + **avoir** + **pas** + past participle: **Il n'a pas travaillé.**

Je **n'**ai **pas** retrouvé mes amis au café.	*I didn't meet my friends at the café.*
Cette année, mon équipe de basketball préférée **n'**a **pas** gagné une seule fois!	*This year, my favorite basketball team hasn't won (didn't win) once!*

D. The **passé composé** is used to tell about an event completed in the past. It has several possible English equivalents: **j'ai étudié** can mean *I studied, I did study, I have studied.*

J'**ai étudié** l'espagnol au lycée.	*I studied Spanish in high school.*
Tu **as nettoyé** ta chambre samedi?	*Did you clean your room on Saturday?*
Nous **avons** déjà fini ce livre.	*We've already finished this book.*

E. Use **pendant** + time expression to say how long someone did something in the past.

Hier soir, j'ai étudié le français **pendant deux heures**.	*Last night, I studied French for two hours.*
Louis a étudié l'italien **pendant trois ans** au lycée.	*Louis studied Italian for three years in high school.*

F. In conversation, past-tense questions are usually formed with **est-ce que** or intonation. You can also ask past-tense questions by inverting the helping verb and its subject pronoun.

Est-ce que Louis a déjà fini?	*Has Louis already finished?*
Tu n'as pas envoyé un texto ce matin?	*You didn't (Didn't you) send a text this morning?*
Avez-vous oublié de faire le devoir?	*Did you forget to do the assignment?*

★ *You will learn more about the **passé composé** throughout this chapter and in **Grammaire 6.8**, **8.5**, **12.2**, and **12.5**.*

Exercice 1 Qu'avez-vous fait hier?

Posez des questions et donnez les réponses.

MODÈLE: étudier → Est-ce que tu as étudié hier?
Oui, j'ai étudié hier. (Non, je n'ai pas étudié hier.)

1. acheter une paire de chaussures
2. écouter la radio
3. envoyer beaucoup de textos
4. manger un hamburger
5. préparer ton diner
6. promener ton chien
7. sécher un cours
8. regarder la télé
9. travailler à ton job
10. nettoyer ta chambre

Exercice 2 Évènements d'hier

Voici ce qu'Agnès Rouet a fait hier. Avez-vous fait les mêmes choses?

MODÈLE: Agnès a perdu son livre de grammaire. →
Moi, je n'ai pas perdu de livre. (Moi aussi, j'ai perdu un livre. J'ai perdu mon livre de maths...)

Agnès...

1. a oublié de prendre ses vitamines.
2. a fini un devoir pour son cours d'anglais.
3. a choisi un nouveau roman.
4. a répondu à tous ses mails.
5. a perdu ses clés.
6. a dormi pendant un cours ennuyeux.
7. a attendu le bus pendant une demi-heure.
8. a très bien réussi à un examen.
9. a skypé avec une amie qui habite à l'étranger.

Exercice 3 Dans notre cours de français

Avez-vous fait ces activités cette semaine (la semaine dernière) dans votre cours de français?

> MODÈLE: regarder une vidéo →
> Oui, nous avons regardé une vidéo. (Non, nous n'avons pas regardé de vidéo.)

1. écouter une chanson française
2. étudier des nouveaux points de grammaire
3. parler seulement en français
4. envoyer des textos
5. travailler au laboratoire informatique
6. finir le chapitre 4
7. répondre au mail d'un correspondant français
8. passer un examen

Exercice 4 Soirée d'adieux

Les étudiants de Mme Martin ont organisé une fête pour Pierre, l'assistant de français, qui va rentrer en France. Albert raconte ce que tout le monde a fait. Qu'est-ce qu'il dit?

> MODÈLE: la soirée / commencer à 19 h 30 →
> La soirée a commencé à 19 h 30.

1. Daniel et Louis / acheter des boissons*
2. nous / manger des crêpes
3. Barbara et Jacqueline / apporter de la musique française
4. tout le monde / parler français
5. même Mme Martin / danser
6. nous / regarder des photos de cette année
7. Denise / donner un album de photos à Pierre
8. quelques étudiants / pleurer†

5.2 Irregular past participles

A. Most irregular verbs have past participles that fall into four groups (past participles ending in **-u**, **-it**, **-is**, and **-ert**). Refer to the following participle charts when you do the exercises in this chapter and in the **Cahier d'exercices**.

PAST PARTICIPLES ENDING IN **-u**			
boire (*to drink*)	**bu**	plaire (à) (*to please*)	**plu**
connaitre (*to know*)‡	**connu**	pleuvoir (*to rain*)	**plu**
courir (*to run*)	**couru**	pouvoir (*to be able*)	**pu**
devoir (*must, to have to*)	**dû**	recevoir (*to receive*)	**reçu**
lire (*to read*)	**lu**	voir (*to see*)	**vu**
obtenir (*to obtain*)	**obtenu**	vouloir (*to want*)	**voulu**

➤ Note the difference in meaning:

Ce poème m'a *plu*.
(*I liked that poem.*)

Il a *plu* hier soir.
(*It rained last night.*)

---

*choses qu'on boit: du vin, du coca, etc.

†to cry

‡Au passé composé, *to meet for the first time:* J'ai connu Guy à l'université. *I met Guy at university.*

—Agnès, est-ce que tu **as vu** Sarah hier?

Agnès, did you see Sarah yesterday?

—Non, il **a plu** et elle n'**a pas pu** sortir.

No, it rained and she couldn't go out.

—Est-ce que le film vous **a plu**?

Did you like the movie? (Did the movie please you?)

—Oui, je l'ai trouvé fascinant.

Yes, I found it fascinating.

PAST PARTICIPLES ENDING IN **-it**, **-is**			
conduire (*to drive*)	**conduit**	prendre (*to take*)	**pris**
dire (*to say*)	**dit**	apprendre (*to learn*)	**appris**
écrire (*to write*)	**écrit**	comprendre (*to understand*)	**compris**
faire (*to do; to make*)	**fait**	mettre (*to put, put on*)	**mis**

—Qu'est-ce que tu **as fait** ce matin?

What did you do this morning?

—J'**ai écrit** une lettre à mes amis canadiens.

I wrote a letter to my Canadian friends.

Marise et Clarisse **ont mis** une robe pour sortir hier soir.

Marise and Clarisse put on dresses to go out last night.

PAST PARTICIPLES ENDING IN **-ert**	
découvrir (*to discover*)	**découvert**
offrir (*to offer; to give*)	**offert**
ouvrir (*to open*)	**ouvert**
souffrir (*to suffer*)	**souffert**

Mme Martin **a ouvert** son livre.
Sarah **a offert** des fleurs à Mme Rouet.

Madame Martin opened her book.
Sarah gave some flowers to Madame Rouet.

Pronunciation Hint

Liaison is always made between a plural subject pronoun and the helping verb **avoir**; the final consonant of the past participle is never pronounced: **nous‿avõns faiẗ, vous‿avez diẗ, elles‿õnt cõmpris.**

B. The past participles of **avoir** and **être** are irregular. Both of these verbs use **avoir** as their helping verb.

avoir (*to have*)	**eu**
être (*to be*)	**été**

J'**ai eu** un problème avec ma voiture hier soir.

I had a problem with my car last night.

J'**ai été** très content de vous revoir à cette fête.

I was very happy to see you again at that party.

Exercice 5 Qu'est-ce que tu as fait ce matin?

Répondez aux questions d'un(e) camarade.

MODÈLE: Est-ce que tu as bu un café ce matin? →
Oui, j'ai bu un café. (Non, je n'ai pas bu de café.)

1. Est-ce que tu as dû te lever de bonne heure?
2. Est-ce que tu as fait ton lit?
3. Est-ce que tu as pris le petit déjeuner?
4. Est-ce que tu as lu tes mails?
5. Est-ce que tu as bu un coca?
6. Est-ce que tu as reçu un texto?
7. Est-ce que tu as conduit ta voiture?
8. Est-ce que tu as eu un accident?
9. Est-ce que tu as été en retard pour un cours?
10. Est-ce que tu as mis un manteau pour sortir?

Maintenant, posez les mêmes questions à votre professeur.

MODÈLE: Est-ce que vous avez bu un café ce matin?

Exercice 6 Qu'est-ce qu'ils ont fait aujourd'hui?

Choisissez les activités logiques des personnes suivantes.

MODÈLE: les chauffeurs de taxi →
Les chauffeurs de taxi ont conduit leur taxi.

1. les clients dans un bar
2. les spectateurs qui sortent du cinéma
3. l'explorateur célèbre
4. les bons étudiants
5. le fils affectueux
6. les acteurs au théâtre
7. l'auteur connu
8. la femme élégante

a. lire leurs leçons
b. découvrir une ville perdue
c. offrir un cadeau à sa mère
d. mettre une nouvelle robe
e. écrire un nouveau livre
f. voir un film
g. prendre un cocktail
h. apprendre leur rôle

Exercice 7 Le samedi de Jean-Yves

Mettez le récit de Jean-Yves Lescart au passé composé.

MODÈLE: J'ai de la difficulté à me lever. →
Samedi dernier, j'ai eu de la difficulté à me lever.

1. À 9 h, je reçois un coup de téléphone d'Agnès.
2. À 10 h, je rencontre Agnès et Sarah dans un petit café près du Louvre.
3. Sarah nous offre un café.
4. Nous avons une discussion animée au sujet du cinéma des années 50.
5. Enfin, nous prenons le métro pour aller voir le dernier film de Xavier Beauvois.
6. Je leur dis au revoir et je dois courir pour prendre le métro.
7. J'ouvre ma porte et je vois tous mes livres de classe. À la vue de tout ce travail, je suis découragé.
8. Je mets mon reveil et je fais la sieste.

5.3 Saying what you did: **Passé composé** with **être**

A. Most French verbs use **avoir** as the auxiliary in the **passé composé**. However, a few use **être** instead. The past participles of these verbs agree with the subject in gender and number.

> **passé composé =**
> **avoir** or **être** + past participle

> **je suis allé(e) =**
> *I went / I have gone /*
> *I did go*

> **Raoul est allé...**
> **Agnès est allée...**
> **Ils sont allés...**
> **Elles sont allées...**

PASSÉ COMPOSÉ: **aller** (*to go*)	
je **suis** allé(e)	nous **sommes** allé(e)s
tu **es** allé(e)	vous **êtes** allé(e)(s)
il/on **est** allé	ils **sont** allés
elle **est** allée	elles **sont** allées

Sylvie Legrand **est allée** en Louisiane la semaine dernière. Son frère et sa belle-sœur **sont allés** en France.

Sylvie Legrand went to Louisiana last week. Her brother and sister-in-law went to France.

Pronunciation Hint

Because final **-e** and **-s** are silent, the feminine and plural agreement endings on past participles are not pronounced, and for most past participles, all forms sound the same: **allée = allé**, **restés = resté**.

B. Many verbs conjugated with **être** in the **passé composé** denote a change in location of the subject.

PAST PARTICIPLES ENDING IN . . .			
-é		**-u**	
aller (*to go*) → **allé**		descendre (*to go down*) → **descendu**	
arriver (*to arrive*) → **arrivé**		venir (*to come*) → **venu**	
entrer (*to enter*) → **entré**		revenir (*to come back*) → **revenu**	
monter (*to go up*) → **monté**			
passer (*to pass; to go by*) → **passé**		**-i**	
rentrer (*to go home*) → **rentré**			
retourner (*to return*) → **retourné**		partir (*to leave*) → **parti**	
tomber (*to fall*) → **tombé**		sortir (*to go out*) → **sorti**	

Les parents de Raoul **sont venus** lui rendre visite le weekend dernier. Ils **sont arrivés** vendredi soir.

Raoul's parents came to visit him last weekend. They arrived Friday night.

C. Here are a few verbs conjugated with **être** that do not denote a change in location, but rather a change in state. The one exception is **rester** (*to stay*).

> devenir (*to become*) → **devenu**
> naitre (*to be born*) → **né**
> mourir (*to die*) → **mort**
> rester (*to stay*) → **resté**

Je **suis né** en 2002 et ma grand-mère **est morte** l'année suivante.	*I was born in 2002, and my grandmother died the following year.*

Exercice 8 La dernière fois

Parlez de la dernière fois que vous avez fait les choses suivantes.

MODÈLE: Quelle est la dernière fois que vous êtes monté(e) à cheval? →
Je suis monté(e) à cheval à l'âge de 7 ans. (Je ne suis jamais monté[e] à cheval.) (Je ne me souviens pas de la dernière fois que je suis...)

Quelle est la dernière fois que...

1. vous êtes sorti(e) sans prendre le petit déjeuner?
2. vous êtes allé(e) faire des courses au supermarché?
3. vous êtes monté(e) à la tour Eiffel?
4. vous êtes tombé(e)? (Où?)
5. vous êtes parti(e) pour le weekend? (Où?)
6. vous êtes arrivé(e) en cours en retard?
7. vous êtes passé(e) à la bibliothèque?
8. vous êtes entré(e) dans un bar?
9. vous êtes resté(e) au lit jusqu'à midi?
10. vous êtes rentré(e) après minuit?

Exercice 9 Un weekend de ski

Les Colin sont allés faire du ski dans les Alpes. Claudine raconte leur weekend. Mettez les verbes au passé composé.

MODÈLE: nous / aller passer le weekend à Megève →
Nous sommes allés passer le weekend à Megève.

1. nous / partir à 17 h vendredi soir
2. nous / arriver à Megève vers 22 h
3. samedi matin, les enfants / aller sur les pistes* de bonne heure
4. Victor et moi, nous / rester au lit un peu plus longtemps
5. Marise et Clarisse / monter et descendre plusieurs fois
6. elles / ne pas tomber, heureusement
7. samedi soir, nous / revenir au chalet pour diner.
8. dimanche matin, les enfants / retourner sur les pistes à 9 h
9. nous / rentrer à Clermont-Ferrand dimanche soir, fatigués mais très contents de notre weekend

---

*slopes

Exercice 10 Expériences

Caroline Njanga et Raoul Durand, étudiants étrangers à l'Université de Louisiane, comparent leurs expériences. Mettez les verbes au passé composé.

RAOUL: Moi, je (naitre[1]) à Montréal. Et toi?

CAROLINE: Moi, je (naitre[2]) à Yaoundé, au Cameroun. J'y (habiter[3]) pendant toute mon enfance.

RAOUL: Moi aussi, j'(habiter[4]) à Montréal toute ma vie. Je (quitter[5]) mon pays pour la première fois à l'âge de 15 ans. Je (aller[6]) à New York pendant cinq jours avec ma classe d'anglais.

CAROLINE: Moi, je (ne jamais quitter[7]) mon pays avant de venir ici.

RAOUL: Quand est-ce que tu (arriver[8]) aux États-Unis?

CAROLINE: Je (arriver[9]) en aout dernier. Et toi?

RAOUL: Moi aussi, je (arriver[10]) en aout. Est-ce que tu (rentrer[11]) chez toi pour les vacances de Noël?

CAROLINE: Non, c'est trop loin et beaucoup trop cher! Alors je (rester[12]) ici pour les fêtes.

RAOUL: Moi, j'ai de la chance. Comme le Canada n'est pas très loin, je (pouvoir[13]) rentrer chez moi à Noël.

5.4   Passé composé of reflexive verbs

➤ Reflexive pronouns *precede* the helping verb: **Je *me* suis couché(e).**

A. The **passé composé** of reflexive verbs is always formed with **être**. The reflexive pronoun precedes the helping verb.

—Bernard, tu as l'air fatigué. À quelle heure est-ce que tu **t'es levé** ce matin?

Bernard, you look tired. What time did you get up this morning?

—Je **me suis couché** après minuit et **je me suis levé** à 7 h.

I went to bed after midnight, and I got up at 7:00.

B. Because their past tense is formed with **être**, participles used in past reflexive constructions usually agree in gender and number with the subject.

Marie **s'est levée** à 8 h.

Marie got up at 8:00.

Nathalie et Camille **se sont levées** à 10 h.

Nathalie and Camille got up at 10:00.

Exercice 11 Préparatifs

Bernard et Christine Lasalle sont allés à une grande soirée le mois dernier. Lisez ce qu'ils ont fait avant d'y aller. Est-ce que vous avez fait les mêmes choses la dernière fois que vous êtes sorti(e)?

MODÈLE: Bernard s'est lavé les cheveux. →
Moi aussi, je me suis lavé les cheveux. (Je ne me suis pas lavé les cheveux.)

1. Christine est allée chez le coiffeur.
2. En fin d'après-midi, Bernard et Christine se sont reposés.
3. Bernard s'est douché.
4. Ils se sont brossé les dents.
5. Christine s'est maquillée et Bernard s'est rasé avec son rasoir électrique.
6. Ils se sont habillés en vitesse.
7. Ils se sont bien amusés et ils sont rentrés après minuit.
8. Ils se sont couchés et ils se sont tout de suite endormis.

Exercice 12 La fête

Caroline est sortie avec Albert. Écrivez des phrases au passé composé.

MODÈLE: (Numéro sept) Caroline et Albert sont partis à 2 h du matin.

Vocabulaire utile: arriver à la fête, arriver chez elle, se baigner, se brosser les dents, se coucher, se déshabiller, s'endormir, partir à 2 h du matin, se sécher, sortir ensemble

5.5 Negative expressions

A. So far, you have most often used the expression **ne... pas** to negate sentences. Here are several other negative expressions, grouped with the corresponding affirmative expressions:

AFFIRMATIVE	NEGATIVE
quelque chose (*something*)	**ne... rien** (*nothing*)
	or
tout (*everything*)	**rien... ne** (*nothing*)
quelqu'un (*somebody*)	**ne... personne** (*nobody*)
	or
tout le monde (*everybody*)	**personne... ne** (*nobody*)
quelquefois (*sometimes*)	**ne... jamais** (*never*)
toujours (*always*)	
un jour (*someday*)	
déjà (*already*)	**ne... pas encore** (*not yet*)
encore (*still*)	**ne... plus** (*no longer*)
toujours (*still*)	

Note that these expressions occur in the same position as **ne... pas**. They are placed around the first verb (i.e., the helping verb in the **passé composé**).

—Est-ce que ta sœur fume toujours? *Does your sister still smoke?*
—Non, elle **ne** fume **plus**. *No, she doesn't smoke anymore.*

Moi, je **n'**ai **jamais** fumé. *I have never smoked. (I never smoked.)*

Nous **ne** sommes **pas encore** allés en Tunisie. *We haven't been to Tunisia yet.*

Je **n'**ai **rien** dit à Mme Martin. *I didn't say anything to Madame Martin.*

Exception: The word **personne** is placed *after* the past participle in the **passé composé**.

Je **n'**ai rencontré **personne** au café. *I didn't meet anyone at the cafe.*

➤ ***Rien ne* marche.**
(*Nothing works.*)
***Personne n'*est parfait.**
(*Nobody's perfect.*)
Ça *ne* fait *rien*.
(*It doesn't matter.*)
Il n'aime personne.
(*He doesn't like anybody.*)

⭐ *Review **Grammaire 3.6** on the use of partitive articles.*

B. The words **rien** and **personne** can be used as subjects as well as objects of the verb. In both cases, **ne** is used before the verb.

Nous ne sommes pas prêts. **Rien n'**est terminé. *We aren't ready. Nothing is finished.*

Personne n'est venu me voir. *No one came to see me.*

C. As with **ne... pas**, the indefinite and partitive articles (**un, une, des; du, de la, de l'**) usually become **de (d')** after any negative expression.

Je **n'**ai **jamais** mangé **d'**escargots. *I have never eaten (any) snails.*
Nous **n'**avons **plus d'**amis à Strasbourg. *We no longer have (any) friends in Strasbourg.*

D. The expression **ne... que** is not negative, but rather is used to express the notion of restriction. It is usually synonymous with **seulement** (*only*).

EXPRESSING RESTRICTION (*ONLY*)
ne... que = **seulement** (*only*)

Unlike the negative expressions, the position of **que** varies: it is always placed before the item that is the focus of the restriction.

Je **n'**ai **que** cinq euros. *I have only five euros. (I only have five euros.)*

Nous **n'**avons visité **que** le musée du Louvre. *We visited only the Louvre Museum. (We only visited the Louvre Museum.)*

E. Unlike English, French allows more than one negative in a sentence.

Personne ne fait **jamais rien**! *Nobody ever does anything!*

➤ Informal French:
J'ai qu'un bouquin.
(*I only have one book.*)

F. In informal spoken French, **ne** is omitted in many negative and restrictive sentences. As a learner of French, however, you should always use both parts of these expressions because they are required in formal and written French.

Exercice 13 Deux villes imaginaires

Lisez la description d'une ville où *tout va bien* et écrivez la description d'une ville où *tout va mal*.

> MODÈLE: Dans la ville où tout va bien, *tout le monde* est content. →
> Dans la ville où tout va mal, *personne n'*est content.

Dans la ville où tout va bien,...

1. les enfants obéissent *toujours* à leurs parents.
2. *tout* est simple et calme.
3. *tout le monde* est dynamique.
4. on fait *souvent* la fête.
5. on a *déjà* éliminé la pollution de l'air.
6. les habitants aiment *tout le monde*.
7. on a *quelque chose* d'intéressant à faire.
8. la ville est *toujours* prospère.

Exercice 14 Fausses impressions

Un ami français vous pose des questions sur votre vie. Répondez avec **ne... que** et l'expression indiquée.

> MODÈLE: Tu as beaucoup de frères et sœurs? (un frère) →
> Non, je n'ai qu'un frère.

1. Tu as un appartement? (une chambre)
2. Tu as une voiture? (un vélo)
3. Tes parents ont une maison? (un appartement)
4. Il y a un métro dans ta ville? (des autobus)
5. Tes parents ont un mois de vacances? (quinze jours de vacances)
6. Tu as étudié d'autres langues étrangères? (le français)
7. Tu as visité la Californie? (la côte est)

commerceandculturestock/Moment/Getty Images

Une mère et son enfant à Bamako, la capitale du Mali

L'enfance et la jeunesse

Objectifs

In **Chapitre 6**, you will learn to talk about what you used to do and how you felt in the past.

TRANCHE DE VIE

Vues de la France 1900

Vers 1900, la France ne ressemblait pas au pays actuel et la vie quotidienne de ses habitants non plus. Les photos anciennes et les cartes postales nous montrent comment vivaient les Français il y a un siècle.

Léopold Mercier/Roger-Viollet/The Image Works

a

Dave Bagnall Collection/Alamy Stock Photo

b

Roger-Viollet/The Image Works

c

Boyer/Roger Viollet/Getty Images

d

Chronicle/Alamy Stock Photo

e

Source: Library of Congress Prints and Photographs Divisions [LC-USZ62-14617].

f

Il y a de quoi dire
C'était comme ça, ma petite...

Une vieille dame raconte sa jeunesse à son arrière-petite fille. Déterminez quelle photo ci-contre correspond aux explications de la dame.

1. «La plupart des Français habitaient à la campagne. Dans les villages et les petites villes, on comptait plus d'animaux que d'êtres humains.
   — Ta famille élevait des bêtes, Mamie?
   — Oui, nous avions trois vaches, deux cochons et des poules.»

2. «On voyageait rarement, tu sais. Seuls les riches possédaient une automobile.
   — Les autobus n'existaient pas?
   — Si, mais ils transportaient très peu de passagers, et c'était des chevaux qui les tiraient.»

3. «Tu allais au lycée près de chez toi?
   — À mon époque, les gens modestes n'allaient pas au lycée, seulement à l'école primaire.
   — Tu étudiais dans la même école que Papy?
   — Non, car les écoles de filles et de garçons étaient séparées.»

4. «Les rues n'étaient pas goudronnées. On y circulait très difficilement.
   — Vous n'aviez pas de scooter, alors?
   — Non, tout le monde marchait à pied.»

5. «À cette époque, on travaillait surtout à des emplois manuels.
   — Tu faisais quoi, Mamie?
   — J'étais couturière... toutes les robes étaient faites à la main.»

6. «Parfois, nous allions à la mer pour nous baigner.
   — Mamie, tu portais un bikini?
   — Pas exactement! Nos costumes de bain couvraient tout le corps.»

Activités et lectures

 ## Les activités de l'enfance

★ Attention! Étudier Grammaire 6.1 et 6.2

Au Québec, Raoul Durand faisait du ski en hiver.

Florence Vincent jouait à cache-cache dans le jardin avec ses amis.

Christine Lasalle lisait des bandes dessinées.

Mme Martin adorait courir avec son chien.

Barbara bâtissait des châteaux de sable sur la plage.

Quelquefois, Albert et ses amis montaient des spectacles.

Pendant leurs vacances en Provence, Charles et Nathalie montaient à cheval.

Dans les années 50, Marie Lasalle adorait la télévision, même en noir et blanc.

Caroline nageait dans l'océan au Cameroun.

Activité 1 Interro: Qu'est-ce qu'ils faisaient?

MODÈLE: É1: Qui aimait courir avec son chien?
É2: C'était Mme Martin. Elle courait avec son chien.
É1: Oui… /Non…

Activité 2 Associations: L'enfance de quelques personnes célèbres

Associez chacune des actions à l'enfance d'une de ces personnes célèbres.

Jean-Michel Cousteau, navigateur et océanographe
Laure Manaudou, nageuse
Daniel Auteuil, acteur
Claudie Haigneré, astronaute et médecin

Qui...

1. s'entrainait à la piscine municipale?
2. faisait souvent de la voile?
3. savait beaucoup sur le cinéma?
4. voulait étudier la médecine?
5. connaissait des vedettes de cinéma?
6. étudiait l'éducation physique et sportive?
7. s'intéressait à la physique?
8. apprenait tout sur le système solaire?
9. rêvait d'aller aux Jeux Olympiques?
10. jouait dans des opéras-comiques?
11. voulait protéger les océans?
12. étudiait l'élocution?
13. rêvait de voyager dans l'espace?
14. était passionné par la vie sous-marine?
15. suivait des cours de théâtre?
16. faisait de la musculation au gymnase?

Activité 3 Récit: Le monde des enfants

Regardez le tableau et écoutez les descriptions de votre professeur. Dites si les phrases sont vraies ou fausses.

Cliquez là!

Visitez le site d'un collège en France ou dans un pays francophone pour obtenir des renseignements sur la vie scolaire des jeunes adolescents dans ce pays. Qu'est-ce que les élèves étudient dans cette école? Quelles activités est-ce qu'ils peuvent faire? Est-ce que la vie dans ce collège ressemble à votre vie scolaire à l'âge de 10–11 ans?

Entretien: Quand j'étais petit(e)

1. Quelles étaient tes émissions de télé préférées? Pourquoi?
2. À quelle école allais-tu? Elle te plaisait? Pourquoi? Pourquoi pas?
3. Tu jouais avec tes petits copains? À quels jeux?
4. Quels gadgets électroniques avais-tu? Lesquels as-tu perdus?
5. Tu avais un chien ou un chat? Il s'appelait comment? Comment était-il/elle?
6. Tu recevais de l'argent de poche? Combien? Tu l'économisais ou tu le dépensais?
7. Tu faisais des tâches ménagères à la maison? Lesquelles?
8. Est-ce que tu regardais les dessins animés à la télé? Lesquels?
9. Est-ce que quelqu'un te lisait des bandes dessinées? Lesquelles?

Allons plus loin!

Pensez à des activités que vous aimiez faire et qui n'existaient pas quand vos grands-parents étaient enfants. Pourquoi est-ce que ces activités n'existaient pas?

 La jeunesse

★ Attention! Étudier Grammaire 6.3 et 6.4

L'album de photos de Marie Lasalle

J'avais 15 ans et j'allais à l'école de filles. Moi, j'avais de la chance. J'aimais l'école et j'avais beaucoup d'amies.

Mme Kaffès était une personne stricte qui savait discipliner ses élèves.

Madeleine et Emma étaient les camarades que je préférais. C'étaient les pitres de la classe.

Florence riait tout le temps. Odile apprenait très vite et Reine avait peur de parler en classe.

Activité 5 Échanges: Les camarades de classe

Est-ce que vous connaissiez ces genres de personnes au lycée? Comment s'appelaient-elles? Expliquez vos réponses.

MODÈLE: É1: Au lycée, tu connaissais quelqu'un qui séchait les cours?
É2: Oui, Benny Roberts! Il séchait des cours pour aller jouer aux jeux vidéo avec ses copains. Et toi, tu connaissais quelqu'un comme ça?

1. quelqu'un qui était doué en musique
2. quelqu'un qui n'était jamais content
3. quelqu'un que tes parents n'aimaient pas
4. quelqu'un que tout le monde admirait
5. quelqu'un qui pouvait sortir tard le soir
6. quelqu'un qui passait tout son temps sur les réseaux sociaux
7. quelqu'un qui bavardait sans arrêt sur son portable
8. quelqu'un qui dépensait beaucoup d'argent
9. quelqu'un qui se passionnait pour les sports d'équipe

Activité 6 Récit: L'adolescence de Barbara

Voici certaines activités de Barbara vers l'âge de 15 ans. Posez à votre partenaire des questions basées sur le tableau et demandez-lui s'il / si elle faisait la même chose à cet âge-là.

MODÈLE: É1: Que faisait Barbara le weekend?
É2: Elle montait à cheval.
É1: Toi, tu montais à cheval à cet âge-là?
É2: Ah non, je ne montais pas à cheval. J'avais peur des chevaux!

Vocabulaire utile une colonie de vacances, la messe de minuit, monter à cheval, ranger sa chambre, la veille de Noël

Activité 7 Entretien: La vie au lycée

1. Au lycée, est-ce que tu arrivais normalement à l'heure ou en retard le matin? Pourquoi?

2. Tu lisais beaucoup? Qu'est-ce que tu aimais lire?

3. Tu passais beaucoup de temps sur internet? Est-ce que tu rouspétais si tes parents voulaient contrôler les sites où tu surfais?

4. Qu'est-ce que tu faisais le weekend? (Tu allais au cinéma? Tu faisais du sport?)

5. Tu étais membre d'une organisation? de l'orchestre? d'un club? d'une équipe? Qu'est-ce que tu faisais exactement?

6. Tu travaillais après les cours? (Où? Combien d'heures par semaine?)

7. Quels sont tes meilleurs souvenirs de tes années au lycée?

À la rencontre des arts

Stromae, un chanteur entre tradition et musiques actuelles

• Stromae en concert à Chicago

Né à Bruxelles (Belgique) en 1985, Paul Van Haver est devenu célèbre en 2009 sous le nom Stromae—«maestro» en verlan[1]— avec le tube[2] «Alors on danse», un texte sérieux sur de la musique électro, que le rappeur américain Kanye West a adapté en anglais. L'année suivante, son album *Cheese* a remporté[3] une Victoire de la musique, une distinction importante pour un jeune artiste. Stromae offrait un style original, où se mêlaient[4] plusieurs influences: la chanson française «à texte», la musique électronique et les rythmiques africaines. Le public a alors découvert que Van Haver avait une histoire personnelle douloureuse:[5] son père vivait au Rwanda, et il est mort durant la guerre civile qui déchirait[6] le pays dans les années 90. La chanson «Papaoutai», autre immense succès en 2013, évoque la détresse d'un jeune enfant qui ne sait pas où se trouve son père. En 2014–2015, Stromae a effectué une tournée mondiale terminée par un concert au Madison Square Garden, de New York, ce qui constituait une performance exceptionnelle pour un chanteur francophone. Star internationale, Stromae a pourtant annoncé en 2016 qu'il arrêtait de chanter en scène et qu'il prenait deux années sabbatiques.

[1] argot où les syllabes sont inversées: «mae-stro» devient «stro-mae»
[2] chanson qui a beaucoup de succès
[3] obtenu, reçu
[4] combinaient
[5] malheureuse, tragique
[6] divisait avec violence

Daniel Boczarski/Redferns/Getty Images

LA LANGUE EN MOUVEMENT

Le français québécois

Le français parlé dans d'autres pays du monde diffère du français de France, surtout par son vocabulaire et sa prononciation. Au Québec, par exemple, on peut entendre un accent très différent de l'accent parisien. Le trait le plus remarquable, c'est la prononciation de *t* comme *ts* et de *d* comme *dz* devant les voyelles *i* et *u*: *petsit* pour *petit,* et *dzur* pour *dur.*

Voici quelques expressions québécoises avec leur équivalent en français de France:

bienvenue = de rien	*le déjeuner* = le petit déjeuner
bonjour = bonjour ou au revoir	*le dîner* = le déjeuner
un breuvage = une boisson	*le souper* = le dîner
le courriel = le mail	

<u>MISE EN PRATIQUE</u> Imaginez que vous êtes Québécois(e)! Vous rencontrez un(e) ami(e) et vous discutez de votre dernier repas et de votre prochain repas avec lui (elle). Remerciez votre ami(e) de quelque chose, et puis saluez-le/la à la fin.

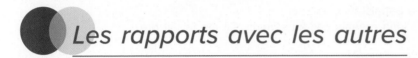

Les rapports avec les autres

⭐ Attention! Étudier Grammaire 6.5 et 6.6

Julien Leroux parle de sa famille.

Dans ma famille, c'était ma mère qui s'occupait des finances.

Mon père s'énervait quand nous ne voulions pas participer aux tâches ménagères.

Mon petit frère s'en allait quand il se fâchait.

Ma grand-mère m'offrait souvent un morceau de gâteau.

Je m'entendais très bien avec ma sœur. Parfois, je lui donnais de l'argent pour faire la vaisselle à ma place.

Nous avions trois chats. Celui que je préférais, c'était Tibert. Il se battait avec les autres chats du quartier.

Activité 8 Discussion: Les autres et moi

Qu'est-ce que vous faisiez dans ces situations quand vous étiez au lycée ou au collège?

1. Quand quelqu'un voulait m'emprunter un vêtement,...
   a. j'hésitais et je cherchais des excuses.
   b. je m'énervais et je refusais.
   c. je lui prêtais le vêtement.
2. Si mes parents me demandaient d'aider à la maison,...
   a. je me fâchais et je leur disais que c'était injuste.
   b. je leur disais que j'avais trop de devoirs.
   c. je leur obéissais tout de suite.
3. Les jours où je ne voulais pas aller en cours,...
   a. je disais que je ne me sentais pas bien.
   b. je faisais l'école buissonnière.
   c. je faisais des courses pour ma mère.
4. Si (mon père) ne me permettait pas de sortir,...
   a. je sortais sans rien lui dire.
   b. je me disputais avec lui.
   c. je pleurais.
5. Si un(e) de mes ami(e)s se moquait de moi,...
   a. je faisais la tête et je refusais de lui parler.
   b. je me battais avec lui/elle.
   c. je ne le/la prenais pas au sérieux. Ça me faisait rire.

À vous la parole!

Moi aussi!   Ça, c'est une bonne idée!
Moi non, je...   Qu'est-ce qui se passait ensuite?
Ça, c'est rigolo!   Et tu n'avais jamais d'ennuis?

MODÈLE: É1: Quand mon père ne me permettait pas de sortir, je me disputais avec lui.
É2: Et qu'est-ce qui se passait ensuite?

Activité 9 Sondage: La famille

À votre avis, est-ce qu'on observe les situations suivantes *souvent, quelquefois* ou *rarement* dans une famille moderne? Pourquoi?

MODÈLE: un père qui s'occupe du ménage →
On ne voit pas ça très souvent, mais je connais des pères qui font le ménage.

Vocabulaire utile   Ça arrive. Ça arrive souvent. Ça n'arrive pas (jamais).

1. des parents qui s'intéressent aux amis de leurs enfants
2. des enfants qui se disputent parce qu'ils veulent tous faire la vaisselle
3. des parents qui s'inquiètent quand les enfants rentrent en retard
4. des enfants qui se fâchent parce que leurs parents leur donnent trop d'argent
5. des enfants qui se battent entre eux
6. une mère qui s'occupe de la voiture

7. un mari qui s'énerve parce que sa femme veut travailler en dehors de la maison
8. une famille où tout le monde s'entend bien et où il n'y a jamais de disputes

Activité 10 Sondage: La politesse

Que pensez-vous des suggestions suivantes? Décidez avec votre partenaire si vous êtes d'accord ou non, ou si ça dépend des circonstances.

1. On doit s'excuser quand on bouscule une autre personne.
2. Il est acceptable de crier très fort quand on s'énerve.
3. Si quelqu'un dit «merci», il est poli de lui répondre «de rien».
4. Il est normal de s'occuper des affaires de ses voisins.
5. En voiture, on peut klaxonner quand on est pressé.
6. On ne doit pas parler et mâcher du chewing-gum en même temps.
7. Il vaut mieux éviter de se disputer avec un étranger.
8. Les hommes doivent ouvrir la porte pour les femmes.
9. On peut mettre la télé si la conversation n'est pas intéressante.
10. Il est impoli d'utiliser son portable au restaurant quand on dine seul.
11. Il est normal de partager tous ses secrets avec ses amis sur Facebook.
12. En cours, on doit éteindre son portable.

UNE INCIVILITÉ,
ÇA PEUT VITE COÛTER CHER.

SNCF

45€* Souillure

45€* Traversée irrégulière des voies

45€* Refus d'obtempérer à l'injonction d'un agent

45€* Utilisation d'un appareil sonore

45€* Détérioration légère de matériel

68€* Non respect de l'interdiction de fumer

SNCF

Souvenirs et évènements du passé

 Attention! Étudier Grammaire 6.7 et 6.8

Les fêtes et les jours fériés

Les traditions

Le 6 janvier (la fête des Rois), Emmanuel a trouvé la fève dans son morceau de galette.

Le 2 février, Nathalie a réussi à faire sauter sa crêpe pour la Chandeleur.

L'année dernière, Bernard et Christine Lasalle ont vu le défilé pendant la fête du Mardi gras à Nice.

Le premier avril, ses camarades de classe ont attaché un poisson d'avril au dos de Joël.

Le premier mai, Francis Lasalle a offert du muguet à Marie.

Tous les ans, la famille Lasalle va voir le feu d'artifice le 14 juillet.

Activité 11 Associations: Les fêtes et les coutumes

Associez les fêtes aux traditions de la liste. À quelles autres traditions pensez-vous quand vous pensez à ces fêtes?

1. un bon diner et des crêpes
2. un feu d'artifice et un défilé
3. un sapin et des cadeaux
4. les Rois mages et une galette
5. des œufs décorés et des lapins
6. des costumes extravagants et des bals
7. des bougies allumées dans la menora
8. des Cupidons et des cœurs
9. des cartes de vœux et des cadeaux
10. des résolutions et du champagne
11. des orchestres et des fêtes dans la rue
12. le début de l'année lunaire et un dragon

la Saint-Valentin
la fête nationale
la Chandeleur
Noël
la fête des Rois
le Mardi gras
Pâques
Hanoukka
le Nouvel An

Activité 12 Définitions: Descriptions des fêtes

Regardez les dessins à la page 212 et écoutez la description. Ensuite, identifiez la fête ou la tradition.

1. Cette fête sacrée musulmane dure trente jours. Pendant cette période, les gens ne mangent pas entre le lever et le coucher du soleil. Chaque soir, il y a un grand diner familial.
2. Cette fête juive dure huit jours. Le soir, la famille se regroupe autour d'un chandelier où on allume des bougies. Ensuite, il y a un bon diner familial et des cadeaux pour les enfants.
3. Cette fête chrétienne est célébrée le 25 décembre. Le matin, les enfants se précipitent pour voir si le Père Noël leur a laissé des cadeaux. Tout le monde offre des cadeaux et on fait un bon diner en famille.
4. C'est la fête de Cupidon et des amoureux. Ce jour-là, on échange des cartes et des cadeaux, surtout des fleurs ou des bonbons.
5. Cette fête dure trois semaines et marque le début de l'année lunaire. Il y a des diners de famille somptueux, des vœux de printemps et des cadeaux. La danse du dragon et du lion est un des moments magiques de la fête.
6. C'est le jour avant les privations du Carême. Dans certaines villes, il y a même des carnavals, des bals et des défilés. Beaucoup de gens font la fête dans les rues.
7. Ce n'est pas une fête religieuse mais patriotique. Sa date dépend du pays où on la célèbre, mais on l'associe très souvent à un feu d'artifice et, souvent, à un défilé militaire.

Allons plus loin!

Quelle est votre fête préférée? Qu'est-ce que vous aimez faire pour fêter votre anniversaire? Que faites-vous pour la fête des Mères et pour la fête des Pères?

À voir en vidéo

Micro-trottoir: Au sujet des fêtes

Répondez aux questions suivantes à partir de votre point de vue personnel. Puis regardez la vidéo et comparez vos réponses à celles des gens interrogés.

1. Quelles fêtes religieuses ou civiles aimes-tu célébrer et pourquoi?

2. Comment as-tu célébré ton dernier anniversaire?

3. Quel genre de cadeau as-tu l'habitude d'offrir à tes proches (ta famille, tes amis)?

4. Et comme cadeau, qu'est-ce que tu reçois souvent (ou aimes recevoir)?

Activité 13 Entretien: Les traditions américaines

Répondez aux questions en disant quelles autres coutumes et traditions existaient dans votre famille quand vous étiez petit(e).

> MODÈLE: É1: Est-ce que tu cherchais des œufs le jour de Pâques?
> É2: Oui, toujours. Et avant, nous allions à la messe dans nos beaux vêtements neufs. Moi, j'avais toujours très froid.

Quand tu étais petit(e), est-ce que...

1. tu croyais au Père Noël? Tu lui laissais des petits gâteaux et du lait la veille de Noël?
2. tu te déguisais pour aller chez les voisins pour Halloween?
3. tu piqueniquais et tu allais voir un feu d'artifice le jour de la fête nationale?
4. tu mangeais trop de bonbons avant le petit déjeuner le jour de Pâques?
5. tu avais un gâteau avec des bougies pour ton anniversaire?
6. tu aidais à préparer le petit déjeuner pour ta mère le jour de la fête des Mères?
7. tu aidais à allumer les bougies de la menora pendant Hanoukka?
8. ta famille mangeait de la dinde et regardait des matchs de football américain pour Thanksgiving?
9. tu offrais une cravate à ton père pour la fête des Pères?
10. tu échangeais des cartes et des bonbons avec tes camarades de classe à la Saint-Valentin?
11. tu aidais à recevoir les invités qui venaient diner après la journée de jeûne de Ramadan?
12. tu assistais au défilé pour entendre les pétards et pour voir le dragon le jour du Nouvel An chinois?

À propos...

Carnavals d'Amérique

Le carnaval est une des traditions européennes les plus anciennes (elle date de l'antiquité romaine!). À partir du XVIe siècle, elle a été exportée dans les colonies françaises, avec beaucoup de succès: aujourd'hui, les célébrations de Québec et de La Nouvelle-Orléans sont mondialement connues. Le «Carnaval d'hiver» se tient chaque année pendant deux semaines en janvier-février dans la ville historique de Québec. Elle attire des milliers de gens du Canada, des États-Unis

• Le Bonhomme Carnaval avec une sculpture de glace à Québec

et du monde entier, en dépit du froid intense. Bain de neige, jeu de football géant, pêche sur la glace, promenades en carrioles,[1] sculptures de glace, traversée du Saint-Laurent gelé[2]... les activités sont nombreuses. L'attraction principale, c'est le défilé[3] nocturne, mené par le célèbre Bonhomme Carnaval, réplique vivante d'un bonhomme de neige. À La Nouvelle-Orléans, les célébrations publiques se concentrent sur le Mardi gras, dernier jour de la période du carnaval. Il y a plusieurs siècles, c'était d'abord une fête religieuse: on mangeait «gras» (de la viande) et on s'amusait pendant le carnaval, puis on faisait pénitence et on mangeait «maigre» pendant les quarante jours suivants, le Carême. À l'heure actuelle, c'est surtout une occasion de faire la fête et de se déguiser avec des costumes extravagants.

[1] véhicules à cheval
[2] solidifié par le froid
[3] parade

POUR RÉSUMER

À vous de parler

A. La fête nationale. Écoutez le professeur et mettez les phrases dans l'ordre logique. Ensuite, devinez de quelle fête il s'agit.

_____ Les enfants ont préféré les glaces aux discours politiques. La vendeuse en a vendu beaucoup!

_____ Après le défilé, la foule s'est dispersée. Il faisait chaud et les gens étaient fatigués. C'était le moment du déjeuner.

_____ Une foule de gens s'est rassemblée pour regarder passer le défilé militaire. Beaucoup de spectateurs ont applaudi.

_____ Après le feu d'artifice, la plupart des gens sont rentrés chez eux. Ils étaient fatigués, mais heureux après cette journée de fête.

_____ Pendant l'après-midi, il y a eu des discours politiques. Beaucoup de gens sont venus les écouter.

_____ À la fin de la journée, une foule énorme s'est rassemblée pour voir le feu d'artifice. Tout le monde a été ébloui!

_____ À la fin du défilé, l'Armée de l'air a montré la puissance de ses avions de chasse. Les gens ont été impressionnés.

B. Avez-vous déjà assisté à une grande fête publique? À quelle fête? Où êtes-vous allé(e)? Avec qui? Comment était la fête? Y avait-il beaucoup de gens? Quelles étaient les activités qu'on pouvait y faire?

À vous de lire

«Au fond, j'étais un peu inquiet... » par Alphonse Daudet

Le Petit Chose est l'histoire—en partie autobiographique—de Daniel Eysette, un garçon de milieu modeste vivant au XIXe siècle. Forcé de quitter le sud de la France, où sa famille habite. Il va vivre à Lyon, puis à Paris. La capitale, trop grande, lui fait peur, et simplement marcher dans la rue lui est difficile.

C'était justement une journée de la fin de l'hiver, une de ces journées tièdes[1] et lumineuses, qui, à Paris, souvent sont plus le printemps que le printemps lui-même. Il y avait beaucoup de monde dehors. Un peu étourdi[2] par le va-et-vient bruyant de la rue, j'allais devant moi, timide, et le long des murs. On me bousculait,[3] je disais «pardon» et je devenais tout rouge. Aussi je me gardais bien de m'arrêter devant les magasins et, pour rien au monde, je n'aurais demandé ma route.[4] Je prenais une rue, puis une autre, toujours tout droit. On me regardait. Cela me gênait[5] beaucoup. Il y avait des gens qui se retournaient sur mes talons[6] et des yeux qui riaient en passant près de moi. Ce qui m'embarrassait beaucoup aussi, c'était l'œil inquisiteur des sergents de ville.[7] Au fond, j'étais un peu inquiet.

Je marchai* ainsi près d'une heure, jusqu'à un grand boulevard planté d'arbres grêles.[8] Il y avait là tant de bruit, tant de gens, tant de voitures, que je m'arrêtai presque effrayé. «Comment me tirer[9] d'ici?» pensai-je en moi-même. Comment rentrer à la maison?

Getty's Open Content Program.

• Alphonse Daudet, par Félix Nadar, vers 1860

---

[1] assez chaude [2] choqué [3] entrait en contact brutalement [4] Je ne voulais absolument pas demander où aller [5] troublait [6] me regardaient discrètement [7] policiers [8] petits et fragiles [9] m'échapper

Daudet utilise ici un temps verbal qui est commun dans les textes littéraires, le passé simple. Son sens est à peu près équivalent à celui du passé composé.

je marchai = j'ai marché

je m'arrêtai = je me suis arrêté

je pensai = j'ai pensé

Jacques parut = Jacques a paru (est apparu)

je répondis = j'ai répondu

je m'accrochai = je me suis accroché

Je risquais fort de rester là jusqu'au grand coup de trompette du jugement dernier, quand soudain mon frère Jacques parut à mes côtés. Il était aussi étonné que moi.

—Comment! c'est toi, Daniel! Que fais-tu là, bon Dieu?

Je répondis d'un petit air négligent:
—Tu vois! je me promène.

Ce bon garçon de Jacques me regardait avec admiration:
—C'est qu'il est déjà Parisien, vraiment!

Au fond, j'étais bien heureux de l'avoir, et je m'accrochai à son bras avec une joie d'enfant.

—Quelle chance que nous nous soyons rencontrés! me dit Jacques. Nous allons en profiter pour faire une grande promenade...

Là-dessus, il m'entraîne; et nous voilà partis dans Paris, bien serrés[10] l'un contre l'autre et tout fiers de marcher ensemble. Maintenant que mon frère est près de moi, la rue ne me fait plus peur.

Alphonse Daudet, *Le Petit Chose. Histoire d'un enfant* (Paris, Hetzel, 1868), Project Gutenberg Literary Archive.

---

[10]en contact

Illustration by H. Laurent-Desrousseaux in Alphonse Daudet, *The Novels, Romances and Memoirs of Alphonse Daudet*, 1899, Little, Brown, and Company, Internet Archive.

• Illustration pour la page de titre du *Petit Chose* d'Alphonse Daudet

Avez-vous compris?

Vrai ou faux? Si c'est faux, corrigez la phrase.

1. Généralement, Daniel se sent plutôt à l'aise à Paris.
2. Il ne profite pas vraiment des attraits de la ville.
3. Daniel est indifférent aux réactions des gens qui le regardent dans la rue.
4. Daniel n'est pas surpris de rencontrer son frère dans la rue.
5. Quand Daniel affirme à son frère «Je me promène», il dit la vérité.
6. Daniel est intimidé par les policiers.

Allons plus loin!

Imaginez ce qu'ont fait Daniel et Jacques maintenant qu'ils sont ensemble (après s'être retrouvés).

Après s'être retrouvés, ils sont allés prendre une bière dans un café, car il faisait chaud . . .

À vous d'écrire

Il y a un siècle, la vie était bien différente de la vie d'aujourd'hui. Comparez la vie dans votre ville il y a cent ans et la vie aujourd'hui. Avant de commencer, faites une liste des choses qui étaient différentes en 19–.

MODÈLE: *Il y a cent ans, les gens n'avaient pas de télévision. Aujourd'hui, tout le monde a au moins une télé et regarde les émissions même sur internet!*

🎧 Vocabulaire

L'enfance

Childhood

bâtir un château de sable	to build a sand castle
dessiner	to draw
grimper aux arbres	to climb trees
jouer à cache-cache	to play hide-and-seek
jouer au baseball	to play baseball
monter un spectacle	to put on a play
obéir à ses parents	to obey one's parents
pleurer	to weep, to cry
recevoir de l'argent de poche	to get an allowance
regarder les dessins animés	to watch cartoons
une bande dessinée	a comic strip
une colonie de vacances	a summer camp
un jeu (des jeux)	a game (games)

Mots apparentés: un album de photos

L'adolescence

Adolescence

chercher des excuses	to make excuses
dépenser de l'argent	to spend money
économiser de l'argent	to save money
s'en aller	to go away
faire un devoir	to do homework
faire l'école buissonnière	to play hooky
faire partie d'une équipe	to be on a team
faire le pitre	to act silly
faire la tête	to sulk; to pout
mâcher du chewing-gum	to chew gum
prêter (un livre)	to lend (a book)

Les sentiments, les émotions et la conduite

Feelings, emotions, and behavior

avoir des ennuis	to have problems
se battre (avec qqn)	to fight (with someone)
crier fort	to scream loudly
se disputer (avec)	to argue (with)
s'énerver	to get irritated
s'entendre (avec)	to get along (with)
être impoli(e)	to be impolite
s'excuser	to apologize
se fâcher (avec)	to get angry (with)
s'inquiéter (de)	to worry (about)
s'intéresser à	to be interested in

se moquer de	to make fun of
se passionner (pour)	to be excited (about)
plaire (à)	to be pleasing; to be attractive (to)
prendre au sérieux	to take seriously
rire	to laugh
se sentir bien (mal)	to feel good (bad)

Les fêtes et les traditions

Holidays and traditions

la Chandeleur	Candlemas
la fête des Mères (Pères)	Mother's (Father's) Day
la fête des Rois	Epiphany (January 6)
la Fête nationale	the national holiday
Hanoukka (*f.*)	Hanukkah
le Jour de l'an	New Year's Day
un jour férié	a public holiday
le Mardi gras	Mardi Gras
Noël (*m.*)	Christmas
le Nouvel An (chinois)	(Chinese) New Year's
Pâques (*m. pl.*)	Easter
le Ramadan	Ramadan, Muslim holy period
la Saint-Valentin	Valentine's Day
la Toussaint	All Saints' Day
se déguiser	to wear a costume; to dress up
faire sauter des crêpes	to flip crepes
manger de la dinde	to eat turkey
offrir un cadeau	to give a gift
les amoureux	lovers
des bonbons (*m.*)	candy
des bougies (*f.*)	candles
le Carême	Lent
une carte de vœux	a greeting card
un cœur	a heart
une coutume	a custom
un défilé	a parade
un feu d'artifice	a fireworks display
une fève	a bean; a charm hidden in a *galette des Rois*
la galette des Rois	a special cake for Epiphany
le jeûne	fast, fasting
un lapin	a rabbit
un lis	a lily
une menora	a menorah
la messe de minuit	midnight mass

un morceau (de gâteau)	a piece (of cake)
le muguet	lily of the valley
un œuf de Pâques	an Easter egg
le Père Noël	Santa Claus
un poisson d'avril	an April Fool's joke
le réveillon de Noël	Christmas Eve dinner
les Rois mages	the Wise Men
un sapin	a fir tree
des souvenirs (*m.*)	memories
la veille (de)	the eve (of), the day before

Mots apparentés: **un bal, célébrer, commémorer, un costume, Cupidon, une résolution**

La description

chrétien(ne)	Christian (or a Christian person)
doué(e)	gifted
juif/juive	Jewish (or a Jewish person)
musulman(e)	Muslim (or a Muslim person)
sacré(e)	sacred

Mots apparentés: **acceptable, décoré(e), extravagant(e), injuste, passionné(e)**

Substantifs

un/une élève	a pupil
l'espace (*m.*)	space
un étranger / une étrangère	a stranger; a foreigner

la glace	ice; ice cream
la musculation	body building
un nageur / une nageuse	a swimmer
la politesse	politeness
la vie sous-marine	marine life

Mots apparentés: **un club, les finances** (*f.*), **un navigateur / une navigatrice, un orchestre**

Verbes

échanger	to exchange
éviter	to avoid
klaxonner	to blow a (car) horn
protéger	to protect

Mots apparentés: **discipliner, interpréter, permettre**

Mots et expressions utiles

Ça me faisait rire.	That used to make me laugh.
en dehors de la maison	outside the home
il vaut mieux (+ *inf.*)	it's better (to…)
normalement	usually, generally
Qu'est-ce qui se passe?	What's going on?
sans arrêt	incessantly, nonstop
surtout	above all, especially

Grammaire et exercices

6.1 Saying what you used to do: The **imparfait**

> The **imparfait** often denotes "used to."

A. The **imparfait** (imperfect) is a past tense used to describe actions or conditions that occurred repeatedly or habitually in the past. It is often used where English speakers use the phrases *used to* and *would*, or just a simple past-tense form.

⭐ *You will learn more about the **imparfait** in **Grammaire 6.3**, **6.8**, **8.5**, **11.5**, **12.2**, and **12.5**.*

Chaque fois que j'**allais** à Paris, j'**envoyais** beaucoup de cartes postales à mes amis aux États-Unis.	*Each time I went to Paris, I used to (would) send a lot of postcards to my friends in the United States.*
—Que **faisait** Adrienne le dimanche quand elle **était** petite?	*What did Adrienne do on Sundays when she was little?*
—Elle **allait** toujours à la messe avec ses parents.	*She always went to Mass with her parents.*

> **Imparfait** stem = present-tense **nous** stem.

B. The endings used to form the **imparfait** are the same for all verbs. The stem is the same as that of the **nous** form of the present tense.

> Spelling changes in the **imparfait**: **c** ç and **g** ge before **-a**: **je commençais, je mangeais**

L'IMPARFAIT		
parler **parl**ons → **parl-**	**fin**ir **finiss**ons → **finiss-**	**vend**re **vend**ons → **vend-**
je parl**ais**	je finiss**ais**	je vend**ais**
tu parl**ais**	tu finiss**ais**	tu vend**ais**
il/elle/on parl**ait**	il/elle/on finiss**ait**	il/elle/on vend**ait**
nous parl**ions**	nous finiss**ions**	nous vend**ions**
vous parl**iez**	vous finiss**iez**	vous vend**iez**
ils/elles parl**aient**	ils/elles finiss**aient**	ils/elles vend**aient**

Pronunciation Hint

The endings **-ais**, **-ait**, and **-aient** are all pronounced the same: **-ai~~s~~, -ai~~t~~, -ai~~ent~~**.

C. The verb **être** has an irregular stem in the **imparfait**: **ét-**.

être	
j' **étais**	nous **étions**
tu **étais**	vous **étiez**
il/elle/on **était**	ils/elles **étaient**

Quand j'**étais** petit, je prenais toujours un chocolat chaud au petit déjeuner.	*When I was little, I always used to drink a hot chocolate at breakfast.*

D. All other verbs with irregular present-tense forms follow the regular
conjugation pattern for the **imparfait**. Here are some examples.*

aller: nous allons → **all-**	j'all**ais**	nous all**ions**
avoir: nous avons → **av-**	j'av**ais**	nous av**ions**
devoir: nous devons → **dev-**	je dev**ais**	nous dev**ions**
dire: nous disons → **dis-**	je dis**ais**	nous dis**ions**
écrire: nous écrivons → **écriv-**	j'écriv**ais**	nous écriv**ions**
faire: nous faisons → **fais-**	je fais**ais**	nous fais**ions**
lire: nous lisons → **lis-**	je lis**ais**	nous lis**ions**
prendre: nous prenons → **pren-**	je pren**ais**	nous pren**ions**
venir: nous venons → **ven-**	je ven**ais**	nous ven**ions**
vouloir: nous voulons → **voul-**	je voul**ais**	nous voul**ions**

À cette époque, mes deux grand-mères **venaient** toujours chez nous le dimanche.	*At that time, my two grandmothers always came to our house on Sundays.*

Exercice 1 Au lycée

Regardez les dessins et complétez les phrases pour dire ce que faisait
chaque personne pendant ses années au lycée.

MODÈLE: *Julien et ses copains* jouaient au volleyball.

Sarah

Jean-Yves

Julien

1. _____ lisait le journal tous les jours.
2. _____ et ses amis dansaient très souvent.
3. _____ écoutait de la musique dans la nature.

---

*Present-tense forms for **écrire**, **lire**, and **dire** are introduced in **Grammaire 6.2**.

4. Chaque soir, _____ regardait les actualités à la télévision.
5. En été, _____ participait à des courses de vélo.
6. _____ et ses amis allaient souvent à la plage.
7. Le weekend, _____ et ses copains sortaient ensemble pour aller au cinéma.
8. _____ bavardait avec ses amis au café.
9. _____ étudiait beaucoup et préparait tous ses examens.

Exercice 2 Souvenirs d'enfance

Que faisait Barbara quand elle était petite? Mettez-vous à sa place et terminez ses phrases en utilisant l'imparfait.

Quand j'étais petite,...

MODÈLE: faire mes devoirs le soir → je faisais mes devoirs le soir.

1. aller à l'école à pied
2. adorer mes institutrices
3. aimer beaucoup les activités en classe
4. m'amuser avec mes camarades pendant la récréation
5. rentrer chez moi à midi pour déjeuner
6. mettre la table pour le diner
7. attendre l'été avec impatience

Tous les dimanches, mes frères, mes sœurs et moi,...

MODÈLE: nous lever de bonne heure → nous nous levions de bonne heure.

8. aller à l'église à 9 h
9. faire un grand repas à midi
10. nous promener dans la forêt l'après-midi
11. faire la sieste après la promenade
12. finir nos devoirs pour le lendemain

Exercice 3 Les inconvénients d'une grande ville

Quand Agnès Rouet avait 10 ans, ses parents ont décidé de quitter la grande ville. Vous allez savoir pourquoi. Utilisez l'imparfait.

MODÈLE: Autrefois, les Rouet / louer un appartement en banlieue
Autrefois, les Rouet louaient un appartement en banlieue.

1. tous les matins, M. et Mme Rouet / se lever à 5 h
2. Mme Rouet / prendre le bus pour aller au travail
3. quelquefois, elle / devoir attendre l'autobus une demi-heure
4. M. Rouet / aller au travail en voiture, dans sa vieille Deux Chevaux
5. il / y avoir toujours beaucoup de circulation
6. M. Rouet / arriver au bureau furieux
7. il / être obligé de déjeuner en ville et ça / couter cher
8. leurs enfants / aller à l'école en bus
9. ils / finir les cours à 16 h 30
10. ils / rentrer à la maison et / rester seuls jusqu'à 19 h

6.2 The verbs **dire**, **lire**, and **écrire**

These verbs have similar forms in the present tense. Note the irregular form **vous dites**.

	dire (*to say*)	**lire** (*to read*)	**écrire** (*to write*)
je/j'	dis	lis	écris
tu	dis	lis	écris
il/elle/on	dit	lit	écrit
nous	disons	lisons	écrivons
vous	**dites**	lisez	écrivez
ils/elles	disent	lisent	écrivent
PASSÉ COMPOSÉ	j'ai **dit**	j'ai **lu**	j'ai **écrit**
IMPARFAIT	je **disais**	je **lisais**	j'**écrivais**

▶ Note the singular endings in the present tense: **-s, -s, -t**. These endings apply to most irregular verbs.

Les jeunes Français **disent** souvent «Ciao».

Est-ce que vous **lisez** régulièrement le journal?

Mes parents m'**écrivent** souvent des mails.

Young French people often say "Ciao."

Do you read the newspaper regularly?

My parents often write me e-mails.

▶ **Comment dit-on... ?** = *How do you say . . . ?*

Pronunciation Hint

Note that final **-s** and **-t** in the singular forms are silent: **je dis̸, elle écrit̸**, etc. As always, final **-ent** in the plural forms is silent, but the preceding consonant (**s** or **v**) is pronounced: **ils lisent̸**. (This **s** is pronounced **z**.)

Exercice 4 À l'université

Complétez les phrases et dites si vous faites ces activités dans votre classe de français.

1. Nous _____ les explications grammaticales du livre. (lire)
2. Nous _____ des rédactions. (écrire)
3. Le professeur nous _____ des poèmes en français. (lire)
4. Moi, je _____ un journal ou un magazine français. (lire)
5. Je _____ bonjour au professeur quand j'entre dans la classe. (dire)
6. Tous les étudiants _____ des choses intéressantes. (dire)
7. J' _____ quelquefois des phrases au tableau. (écrire)
8. Le professeur _____ les nouveaux mots de vocabulaire au tableau. (écrire)

6.3 Describing past states: More on the **imparfait**

Some verbs describe actions (*run, jump, put, eat*) and others describe states of being (*want, know, have, be, can*). You already know how to express a variety of states with **être** plus an adjective (**être fatigué**), or with **avoir** plus a noun (**avoir sommeil**). You also know the following verbs that describe states of being: **aimer**, **vouloir**, **pouvoir**, **connaître**, **savoir**, and **devoir**.

To describe a state of being *in the past*, French normally uses the **imparfait**. This tense presents a situation as existing at some time in the past, without specifying a definite beginning or end.

★ *Review **Grammaire 4.7** on expressions with **avoir**.*

★ *You will learn more about the **imparfait** in **Grammaire 6.8**, **8.5**, **11.5**, **12.2**, and **12.5**.*

Je ne me **sentais** pas bien hier. Je **savais** que j'**étais** malade parce que je n'**avais** pas envie de manger.	*I didn't feel well yesterday. I knew that I was sick because I didn't feel like eating.*
Quand ma sœur **avait** 15 ans, elle **voulait** devenir championne de patinage.	*When my sister was 15, she wanted to become an ice-skating champion.*

Exercice 5 Une semaine difficile

Raoul décrit sa semaine. Complétez ses phrases avec un des verbes indiqués à l'imparfait.

avoir, devoir, être
Le semaine dernière, _____¹ une semaine très difficile. J' _____² un peu malade et je n' _____³ pas le temps de dormir suffisamment. Donc, j' _____⁴ très sommeil pendant tous mes cours. J' _____⁵ beaucoup de devoirs et en plus je _____⁶ travailler tous les jours.

avoir, être, savoir, vouloir
Un ami canadien était de passage à Baton Rouge. Je _____⁷ sortir avec lui, mais ce n' _____⁸ pas possible. Je _____⁹ que j' _____¹⁰ besoin de me reposer, mais je ne _____¹¹ pas manquer mes cours, puisque c' _____¹² la dernière semaine du semestre. Vive les vacances!

6.4 Linking ideas: Relative pronouns

A. Relative pronouns are used to combine two sentences into one. Here are some of the most commonly used relative pronouns in English: *that, who(m), which,* and *where.*

> This is a high school. I attended this high school. →
> This is *the high school that* I attended.
> Mr. Langdon is a teacher. He taught me the most. →
> Mr. Langdon is *the teacher who* taught me the most.

➤ **Qui** is usually directly followed by a verb.

B. In French, the relative pronoun **qui** is used for both people and inanimate objects. **Qui** is used when the preceding noun is the *subject* of the following verb.

J'avais **un ami *qui*** jouait dans l'orchestre. (**Mon ami** jouait...)	*I had a friend who played in the orchestra.*
Je cherchais **le livre *qui*** était sur mon lit. (**Le livre** était...)	*I was looking for the book that was on my bed.*

C. The relative pronoun **que** (**qu'**) is also used for both people and things. **Que** is used when the preceding noun is the *direct object* of the following verb.

> Comment s'appelait **le garçon** *que* nous rencontrions tous les jours à la bibliothèque? (Nous rencontrions **le garçon**...)
>
> What was the name of the boy (whom) we used to meet every day in the library?
>
> *Vogue* était **le magazine** *que* je lisais quand j'étais au lycée. (Je lisais **le magazine**...)
>
> Vogue *was the magazine (that) I used to read when I was in high school.*

> ➤ **Que** is usually followed by a subject + verb.
>
> ➤ In French, a direct object is a noun that follows a verb directly, with no preposition separating them.
>
> **J'aime *cette couleur*. J'ai rencontré *mon cousin*.**

D. Use the relative pronoun **où** to refer to a place where something happens or to a point in time when something happens.

> Maman, comment s'appelle **le magasin** *où* tu achetais tous nos vêtements?
>
> Mom, what's the name of the shop where you used to buy all our clothes?
>
> J'étais malade **le jour** *où* Daniel m'a téléphoné.
>
> I was sick the day (that) Daniel called me.

> ➤ **Où** can refer to a place or a time.

E. Note that the relative pronoun may sometimes be omitted in English, but it is always present in French.

> Denise, tu portes la robe **que** je voulais acheter.
>
> Denise, you're wearing the dress (that) I wanted to buy.

Exercice 6 Définitions

Complétez les définitions avec un mot de la liste à droite, puis avec le pronom **qui** ou **que** (**qu'**).

MODÈLE: *Un ordinateur* est une machine *qui* obéit à des programmes.

1. _____ est un animal _____ on ne trouve que dans les mythes.
2. _____ est l'ensemble des gens _____ vivent dans un pays.
3. _____ est un âge _____ les parents trouvent difficile.
4. _____ est un véhicule _____ navigue sur l'eau.
5. _____ est une personne _____ fait le clown.
6. _____ est une tâche ménagère _____ les enfants détestent.
7. _____ est un appareil électronique _____ on utilise pour calculer un itinéraire.
8. _____ est le terrain _____ entoure une maison.

a. Un pitre
b. Un GPS
c. La vaisselle
d. Un jardin
e. Une licorne
f. Un peuple
g. L'adolescence
h. Un bateau

Exercice 7 Journées d'hiver

Raoul raconte des souvenirs de son enfance à Montréal. Complétez les phrases par le pronom relatif **qui**, **que** ou **où**.

Quand j'étais petit, nous habitions une ville _____[1] était très belle en hiver. C'étaient le silence du matin et le mystère du paysage blanc _____[2] j'aimais surtout. Je n'aimais pas sortir les jours _____[3] il faisait très froid. Je restais à la maison _____[4] je lisais des livres _____[5] j'empruntais à la bibliothèque. Mon frère, _____[6] n'aimait pas non plus sortir, restait lui aussi à la maison. En général, il chantait et jouait de la guitare. Mon père, _____[7] travaillait, nous téléphonait toujours vers quatre heures. En fin d'après-midi, je passais de très bons moments dans la cuisine, _____[8] ma mère préparait le diner. Les gâteaux _____[9] elle nous faisait sentaient si bon!

Voilà les bons souvenirs _____[10] je garde de ces journées d'hiver.

Exercice 8 Souvenirs d'enfance

Sarah et Agnès racontent leurs souvenirs. Combinez les deux phrases en employant un pronom relatif (**qui**, **que**, **où**).

MODÈLE: Je ne vais jamais oublier les gâteaux. Ma grand-mère faisait ces gâteaux. →
Je ne vais jamais oublier les gâteaux que ma grand-mère faisait.

1. J'avais deux cousines. Elles nous racontaient des histoires fascinantes.
2. Près de chez nous, il y avait un parc. Nous jouions souvent dans ce parc.
3. Je faisais aussi des promenades à bicyclette. J'aimais beaucoup ces promenades.
4. Il y avait une maitresse. Elle nous apprenait les noms de toutes les plantes.
5. Je jouais avec une petite fille. Elle avait un gros chien.
6. J'adorais la colonie de vacances. J'allais dans cette colonie de vacances en été.
7. À l'école, j'avais une copine. J'aimais beaucoup cette copine.
8. Il y avait une piscine près de chez nous. Je nageais souvent dans cette piscine.

6.5 Indirect object pronouns

A. In French, an indirect object noun is always preceded by the preposition **à**.

Je posais beaucoup de questions **à Mme Kaffès**.	*I asked Madame Kaffès a lot of questions.*
Mme Kaffès expliquait les problèmes de maths **aux élèves**.	*Madame Kaffès explained the math problems to the pupils.*

★ *Review Grammaire 4.5 on direct object pronouns.*

B. Indirect object pronouns are used to avoid repeating an indirect object noun. You already know most of these pronouns because they are the same as the direct object pronouns. The only forms that are different are **lui** and **leur**.

INDIRECT OBJECT PRONOUNS

me/m' *(to) me*	**nous** *(to) us*
te/t' *(to) you (familiar)*	**vous** *(to) you (formal or plural)*
lui *(to) him, (to) her*	**leur** *(to) them*

J'étais à côté de Madeleine et je **lui** donnais toujours la réponse. Emma et Florence étaient de l'autre côté de la salle. Je **leur** écrivais souvent des petits mots.

I was next to Madeleine, and I always gave her the answer. Emma and Florence were on the other side of the room. I often wrote them little notes.

➤ **lui** = *(to) him* or *her,* depending on context

C. Indirect object pronouns, just like reflexive and direct object pronouns, are placed before conjugated verbs or between a conjugated verb and an infinitive.

Georges **m'a expliqué** la leçon de français.

Georges explained the French lesson to me.

Je ne peux pas **te donner** le livre maintenant.

I can't give you the book now.

D. In negative sentences, indirect objects precede their verb and are placed between **ne** and the verb.

Je ne **lui** parle pas souvent.
Elle ne **leur** a pas dit ça.

I don't talk to him/her often. She didn't tell them that (say that to them).

⭐ Review **Grammaire 2.2** (**D** and **E**) and **4.5** (**C** and **D**) on placement of reflexive and direct object pronouns with negation and infinitives.

E. Some French verbs require an indirect object even though the equivalent English verb takes a direct object:

obéir à... , répondre à... , téléphoner à...

—Tu as été poli quand tu as répondu **au professeur**?
—Mais oui, je **lui** ai répondu très poliment!

Were you polite when you answered the instructor? Oh yes, I answered him (her) very politely!

Exercice 9 Mon adolescence

Un(e) camarade vous pose des questions. Répondez en employant **lui** ou **leur**.

MODÈLE: Tu obéissais *à tes parents,* même si tu ne voulais pas?
Oui, je leur obéissais toujours (en général). (Non, je ne leur obéissais pas toujours.)

1. Est-ce que tu écrivais *à ton acteur favori (ton actrice favorite)*?
2. Au lycée, est-ce que tu écrivais des textos *à tes camarades* pendant les cours?
3. Est-ce que tu posais beaucoup de questions *à tes professeurs*?
4. Est-ce que tu offrais des cadeaux *à ton professeur préféré*?
5. Est-ce que tu empruntais souvent des vêtements *à tes camarades*?
6. Est-ce que tu demandais de l'argent *à tes copains*?
7. Est-ce que tu rendais souvent visite *à tes grands-parents*?
8. Si tu voulais sortir, est-ce que tu devais demander la permission *à tes parents*?
9. Est-ce que tu pouvais téléphoner *à ton meilleur ami (ta meilleure amie)* tous les soirs?

Exercice 10 La vie d'un enfant d'autrefois

Joël Colin pose des questions à son grand-père Francis Lasalle sur son enfance. Complétez les phrases avec **nous**, **vous** ou **leur**.

JOËL: Papi, est-ce que tu obéissais toujours à tes parents?

FRANCIS: Euh... oui, d'habitude je _____[1] obéissais, mais pas toujours, tu sais.

JOËL: Est-ce que tes frères et toi, vous receviez de l'argent de poche?

FRANCIS: Non, nos parents ne _____[2] donnaient pas d'argent régulièrement, mais ils _____[3] donnaient de l'argent de poche de temps en temps.

JOËL: Et à Noël, ils _____[4] offraient beaucoup de cadeaux, non?

FRANCIS: Oui, ils _____[5] offraient des cadeaux, mais pas autant qu'à vous aujourd'hui.

Exercice 11 L'interrogatoire

Claudine Colin pose des questions à son fils. Mettez-vous à la place de Joël et répondez de la façon indiquée.

MODÈLE: Est-ce que tu as téléphoné à ton père? →
Oui, je lui ai téléphoné. (Non, je ne lui ai pas téléphoné.)

Répondez affirmativement:

1. Est-ce que tu as écrit à ton grand-père?
2. As-tu rendu les livres à Clarisse et Marise?
3. Est-ce que tu as donné de l'eau au chien?
4. Est-ce que tu nous as laissé un morceau de gâteau?
5. Tu as rendu visite à Mme Avôké, n'est-ce pas?
6. Est-ce que tu as obéi à ton père et moi?

Répondez négativement:

7. Tu m'as promis de rester à la maison cet après-midi, n'est-ce pas?
8. Tu nous as dit, à ton père et à moi, que tu avais des devoirs à faire, hein?
9. Je t'ai prêté mon stylo, non?
10. Est-ce que Marise t'a demandé un service?

 *Review **Grammaire 2.2** on reflexive verbs.*

6.6 Idiomatic reflexive verbs

For most of the reflexive verbs you have seen so far, the subject and the object refer to the same person: the subject is acting on himself or herself (**il se rase, elle s'habille**). However, some verbs are used with reflexive pronouns even though they have no obvious reflexive meaning; that is, the subject is not acting on himself or herself. Here are some examples.

s'en aller	*to leave, to go away*
se battre avec quelqu'un	*to fight with someone*
se disputer avec quelqu'un	*to quarrel with someone*
s'énerver	*to get irritated*
s'ennuyer	*to be bored*
s'entendre avec quelqu'un	*to get along with someone*
se fâcher avec quelqu'un	*to get angry with someone*
s'inquiéter de quelque chose	*to worry about something*
s'intéresser à quelque chose	*to be interested in something*
s'occuper de quelque chose	*to take care of something*
se rappeler quelque chose	*to remember something*
se sentir (bien/mal)	*to feel (good/bad)*
se souvenir de quelque chose	*to remember something*

Je **m'entendais** assez bien avec ma sœur, mais nous **nous disputions** quelquefois.

I got along pretty well with my sister, but we used to quarrel sometimes.

—Est-ce que tu **te rappelles** le prof de maths?

Do you remember the math teacher?

—Tu veux dire M. Morin, le professeur qui **se fâchait** tout le temps?

You mean Mr. Morin, the teacher who was always getting angry?

Exercice 12 Souvenirs d'adolescence

Comparez votre adolescence avec celle de Raoul Durand. Posez des questions et ensuite, répondez d'après votre expérience.

MODÈLE: Raoul ne se battait pas avec ses frères et sœurs.
—Et toi, tu te battais avec tes frères et sœurs?
—Oui, je me battais avec mes frères et sœurs. (Non, je ne me battais pas avec mes frères et sœurs.)

Les souvenirs de Raoul:

1. Il s'entendait très bien avec ses professeurs et ses camarades de classe.
2. Il s'inquiétait de ses résultats aux examens.
3. Il ne se fâchait jamais avec ses copains.
4. Il se disputait de temps en temps avec ses parents.
5. Son père s'énervait assez souvent.
6. Il s'occupait de la voiture de ses parents.
7. Il s'intéressait beaucoup aux sports d'hiver.
8. Il s'ennuyait parfois en été.

Maintenant, posez les mêmes questions à votre professeur.

MODÈLE: Est-ce que vous vous battiez avec vos frères et sœurs, madame (monsieur)?

6.7 The verbs **voir** and **croire**

A. The verbs **voir** and **croire** have the same conjugation pattern. Notice that the **i** changes to **y** in the **nous** and **vous** forms.

voir (*to see*)		**croire** (*to believe*)	
je vois	nous voyons	je crois	nous croyons
tu vois	vous voyez	tu crois	vous croyez
il/elle/on voit	ils/elles voient	il/elle/on croit	ils/elles croient
PASSÉ COMPOSÉ: j'ai **vu**, j'ai **cru**			
IMPARFAIT: je **voyais**, je **croyais**			

➤ Exceptions: **croire en Dieu** = *to believe in God*; **croire en quelqu'un** = **avoir confiance en quelqu'un.**

B. When **croire** is used with **à**, it has the meaning *to believe in*.

Les petits enfants **croient au** père Noël.   *Little children believe in Santa Claus.*

Elle **ne croyait pas aux** licornes.   *She didn't believe in unicorns.*

C. If **croire** or **voir** is followed by a statement, the statement must be introduced by **que**.

Je **crois qu'**elle a eu une enfance très heureuse.   *I think (that) she had a very happy childhood.*

Je **vois que** j'avais bien tort.   *I see (that) I was really wrong.*

D. Here are a few useful expressions with **croire** and **voir**:

Je crois que oui (non).   *I think so. (I don't think so.)*
Tu crois? Moi, je ne crois pas.   *Do you think so? I don't.*
Tu vois? Je te l'avais dit!   *You see? I told you so!*

Exercice 13 Principes

Faites des phrases en employant le présent de **croire à**.

MODÈLES: Je suis toujours très poli(e). (les bonnes manières) →
Je crois aux bonnes manières.

Mes parents sont mariés depuis trente-deux ans. (le divorce) →
Ils ne croient pas au divorce.

1. Agnès Rouet est féministe. (l'égalité des sexes)
2. Les Lasalle ne donnent jamais de vitamines à Nathalie. (les compléments alimentaires)
3. Toi et moi, nous votons à toutes les élections. (la démocratie)
4. Tu as beaucoup d'amis. (l'amitié)
5. J'adore toutes les fêtes de l'année. (les traditions)
6. Vous êtes fiancé(e). (le mariage)

Exercice 14 Les fêtes et les traditions

Complétez par **voir** ou **croire** au présent.

1. À Noël, on _____ des arbres de Noël et des cadeaux enveloppés de papier coloré.

2. Aux États-Unis, nous _____ des enfants en déguisements* de toutes sortes à Halloween.

3. Dans votre famille, est-ce que vous _____ que la dinde est indispensable au diner de Thanksgiving?

4. Moi, je ne _____ pas pourquoi on associe des lapins et des œufs colorés à la fête de Pâques.

5. Les musulmans _____ qu'il faut s'abstenir de manger entre le lever et le coucher du soleil pendant le Ramadan.

6. Dans les familles juives, on _____ à la tradition de l'hospitalité à la Pâque.†

6.8 Different perspectives on the past: Summary of the **passé composé** and **imparfait**

A. The **imparfait** is used to say what one *used to do* or *did regularly* in the past. In English, this is sometimes expressed with *would*.

> À Noël, **nous allions** chez mes grands-parents.
>
> *Every Christmas, we went (would go) to my grandparents' house.*

➤ **imparfait** = *used to do, did, would do regularly*

B. The **imparfait** is often used to describe states of being and feelings in the past.

> Quand **j'avais** 10 ans, **je détestais** encore les garçons.
>
> *When I was 10, I still hated boys.*

➤ **imparfait** = description of a past state

C. The **passé composé**, in contrast to the **imparfait** presents an action as a single event, completed at one time in the past. It is used to say *what happened*.

> À l'âge de 6 ans, **j'ai découvert** que le Père Noël n'existait pas.
>
> *At age 6, I discovered that Santa Claus did not exist.*
>
> Quand j'avais 15 ans, nous **sommes allés** à Dakar.
>
> *When I was 15, we went to Dakar.*

➤ **passé composé** = a completed past event

---

*costumes
†*Passover* (≠ Pâques *Easter*)

Exercice 15 Mes activités du passé

Dites quelles activités de cette liste vous avez faites hier. Ensuite, dites si vous les faisiez quand vous étiez petit(e) et avec quelle fréquence.

Vocabulaire utile: souvent, tous les jours, de temps en temps, une fois par semaine, rarement, ne... jamais

> MODÈLE: Hier, j'ai mangé des spaghettis. →
> Quand j'étais petit(e), je mangeais souvent des spaghettis.
> (Quand j'étais petit[e], je ne mangeais jamais de spaghettis.)

1. Hier, je me suis levé(e) avant 8 h.
2. Hier, j'ai porté un jean et un teeshirt.
3. Hier, je suis allé(e) à l'université.
4. Hier, j'ai parlé au téléphone avec des amis.
5. Hier, j'ai conduit une voiture.
6. Hier, j'ai joué aux jeux vidéo.
7. Hier soir, je me suis couché(e) à minuit et demi.
8. Hier, j'ai lu les bandes dessinées dans le journal.

Alex Segre/Alamy Stock Photo

Une salade niçoise traditionnelle avec de la laitue, du thon, des olives noires, des œufs durs, des tomates et des anchois

À table!

Objectifs

In **Chapitre 7**, you will learn to talk about food, purchasing ingredients, preparing meals, and eating in restaurants.

ACTIVITÉS

Tranche de vie
 Sésame livre-moi!
Les aliments et les boissons
On fait les provisions
L'art de la cuisine
Au restaurant

LECTURES

À voir en vidéo Les francophones sur le vif: Xavier Roy
À propos... Une spécialité culinaire du Maghreb: le tajine
La langue en mouvement
 Emprunts de la gastronomie
À propos... Le repas gastronomique français immortalisé
À vous de lire «Le Corbeau et le Renard»

GRAMMAIRE

7.1 Review of articles
7.2 The verb **boire**
7.3 Expressing quantities: The pronoun **en**
7.4 Expressing *all* and *everything*: Using **tout**
7.5 More on asking questions: **Qui, que, quoi**
7.6 Ongoing actions: **Être en train de**
7.7 Ordering events: **Avant, après**

TRANCHE DE VIE

Sésame livre-moi!

Même en France, pays de la gastronomie, la livraison des repas à domicile est devenue une habitude. Cela a commencé (bien sûr) par la pizza dans les années 70, mais depuis, l'offre s'est considérablement diversifiée: plats vietnamiens et surtout cuisine du Maghreb—le couscous est souvent cité comme l'une des spécialités préférées des Français. Voici le menu d'un restaurant situé à Marseille, qui propose des spécialités «orientales» que vous pouvez vous faire livrer à la maison.

Sésame Livre-Moi

Il y de quoi dire
On se fait une bouffe?

Vous faites une soirée avec un groupe d'amis et vous voulez vous faire livrer votre repas. Vous avez le menu de Sésame livre-moi!; déterminez ce qu'il faut répondre aux affirmations de vos amis: «c'est vrai» / «c'est faux» / «c'est vrai, mais… » / «bien sûr que non» / «pas du tout… ».

1. «*Oriental*, ça veut dire *asiatique*, non?»
2. «On peut se faire livrer le dimanche soir aussi.»
3. «Ils servent exclusivement des plats maghrébins.»
4. «Les propriétaires sont manifestement musulmans, donc ils ne servent pas d'alcool.»
5. «Le restaurant livre partout en ville.»
6. «Il y a aussi des options végétariennes, hein?»
7. «Le plat le plus cher, c'est sans doute la *super assiette sésame*.»
8. «On ne sait pas ce qu'il y a dans la salade surprise, je suppose.»
9. «J'imagine qu'ils ne préparent aucun plat avec du porc.»

Activités et lectures

Les aliments et les boissons

⭐ Attention! Étudier Grammaire 7.1 et 7.2

des tranches de saucisson

LE DINER

Mon mari et moi, nous buvons un verre de vin au dîner de temps en temps.

des œufs   du poulet

des radis

une assiette de hors-d'œuvre

des haricots verts

du riz

du vin

du fromage

une crème caramel

une salade de tomates et de concombres

Activité 1   Discussion: Les aliments et les repas

Dites si vous mangez les aliments et les plats suivants au petit déjeuner, au déjeuner, au gouter ou au diner.

> MODÈLE: des crêpes avec du sirop d'érable →
> Je mange des crêpes avec du sirop d'érable au petit déjeuner.

des tartines à la confiture
des haricots verts
de la soupe
du steak
du fromage
des [pommes de terre] frites
de la glace à la vanille
du gâteau au chocolat

des concombres
un sandwich au jambon
du yogourt
du poisson grillé
de la tarte aux pommes
des œufs
une côte de bœuf
des spaghettis à la bolognaise

À vous la parole!

Avec un(e) partenaire, dites quels aliments vous ne mangez pas.

> MODÈLE: É1: Je ne mange pas de fromage parce que je n'aime pas ça.
> É2: Moi j'aime bien le fromage, mais je préfère le yogourt. (Moi non plus, je n'aime pas le fromage.)

Activité 2   Enquête: Les aliments et les plats

Faites ce petit test pour déterminer si vous êtes bien, passablement ou mal informé(e) sur la nutrition. Ensuite mettez-vous en groupes de deux ou trois pour comparer vos réponses.

1. Lesquelles de ces boissons ne sont pas sucrées?
   a. l'eau minérale
   b. le café noir
   c. le jus d'orange
   d. le chocolat
   e. la limonade
2. Lequel de ces desserts a le moins de calories?
   a. une part de tarte aux pommes
   b. une coupe de fruits en compote
   c. un morceau de gâteau au chocolat
   d. une boule de sorbet à l'orange
   e. une boule de glace à la vanille

3. Lesquels de ces casse-croutes donnent le plus d'énergie?
- **a.** des biscottes avec du fromage
- **b.** du yogourt sans sucre
- **c.** une part de pizza
- **d.** des bonbons et un coca
- **e.** un pain au chocolat

4. Lesquels de ces aliments sont riches en protéines?
- **a.** le bifteck
- **b.** les spaghettis
- **c.** le poisson
- **d.** l'agneau
- **e.** la soupe aux légumes

5. Lesquels de ces plats ont peu de matières grasses?
- **a.** le poulet rôti
- **b.** le steak-frites
- **c.** le gâteau à la crème
- **d.** l'omelette aux champignons
- **e.** le poisson grillé

Activité 3 Échanges: Qu'est-ce qu'on va manger aujourd'hui?

D'abord, regardez la liste d'aliments et de plats. Ensuite, préparez deux menus pour la journée (petit déjeuner, déjeuner et diner): (1) un menu sain et équilibré et (2) un menu composé de vos plats et boissons préférés. Enfin, comparez vos menus avec ceux d'un(e) partenaire.

PETIT DÉJEUNER	DÉJEUNER	DINER
• un smoothie: mangue, orange, banane, abricot • des céréales avec du lait froid • des crêpes au sirop d'érable • des œufs • des toasts • du bacon • du jambon • du fromage • du café • du thé • du lait • des pains au chocolat • des croissants • des yogourts • du pain complet	• de la soupe: au poulet, à la tomate, aux légumes • une salade verte • une salade de tomates et de concombres • une salade de fruits • un sandwich: au jambon, au rosbif, au poulet • une omelette • un hamburger-frites • du jus de fruit • un coca • des spaghettis à la bolognaise • du thé glacé • une glace ou un sorbet • des fruits • du gâteau au chocolat	• une côte de bœuf et du riz • un curry végétarien aux légumes verts • des lasagnes • une salade • du poisson poché • des pommes de terre • des hors-d'œuvre: radis, saucisson, tomates • du poulet rôti avec des carottes et des ognons • des brocolis • du vin • du jus de fruit • de l'eau minérale • une bière • une crème caramel • des fruits frais • une part de tarte aux pommes

Activité 4 Entretien: Mes habitudes

Posez les questions à votre camarade de classe, en lui demandant de vous expliquer ses réponses.

MODÈLE: É1: Qu'est-ce que tu bois quand tu vas au restaurant?
É2: Normalement, je bois de l'eau. Dans les grandes occasions, je prends parfois du vin.

Qu'est-ce que tu bois quand...

1. tu ne peux pas dormir?
2. tu retrouves tes amis au café?
3. ta famille fête une occasion importante?
4. tu as froid?
5. tu as sommeil le matin de bonne heure?

Qu'est-ce que tu manges...

6. au petit déjeuner quand tu es pressé(e)?
7. quand tu comptes les calories ou quand tu fais un régime?
8. dans ton restaurant préféré?
9. le soir, avant de te coucher?
10. maintenant mais que tu détestais quand tu étais petit(e)?

Activité 5 Dans le monde francophone: La tartine de Normandie

Écoutez votre professeur et cherchez la bonne description du produit.

1. Ce produit coute très cher. On le sert comme hors-d'œuvre.
2. Ce sont des produits constitués principalement de lait.
3. Il est produit par des insectes. On le mange sur du pain beurré.
4. C'est un jus de pomme distillé et transformé en alcool.
5. C'est une espèce de saucisse faite avec des tripes.
6. Ce sont des fruits de mer qui produisent parfois des perles.
7. C'est un produit laitier. En France, il y en a approximativement 300 sortes.
8. Ce produit laitier est un des plus célèbres de Normandie.

la tartine de Normandie
Une tranche de terroir au creux de la main

Allons plus loin!

Préparez «la tartine» de votre état, région ou pays et expliquez-la à vos camarades de classe.

On fait les provisions

⭐ Attention! Étudier Grammaire 7.3 et 7.4

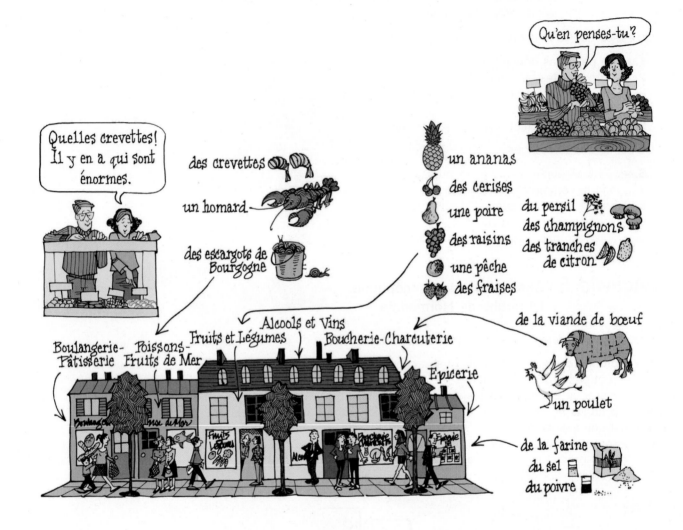

Activité 6   Échanges: Les magasins d'alimentation

Regardez les dessins ci-dessus et posez des questions à votre camarade de classe.

MODÈLE: É1: Où est-ce qu'on peut trouver des pommes?
　　　　　　É2: Chez le marchand de fruits et légumes.
　　　　　　É1: Tu aimes les pommes?
　　　　　　É2: Oui, j'aime ça. J'en mange beaucoup.
　　　　　　　　(Non, pas tellement. Je préfère les bananes.)

　　　　　　É2: Où est-ce qu'on vend des homards?
　　　　　　É1: Tu vas à la poissonnerie.
　　　　　　É2: Tu aimes ça, toi?
　　　　　　É1: Oui, j'adore le homard. Mais ça coute très cher!
　　　　　　　　(Ah non, pas du tout! Je n'aime pas le gout.)

Activité 7 Casse-tête: Les aliments

De quel aliment s'agit-il dans chacune de ces définitions?

Réponses possibles le jus d'orange, le sel, le yogourt, une carotte, la salade, le homard, les fraises, la farine, un croissant, les œufs, les cerises, les champignons

1. C'est un légume long et orange. Nous en mangeons la racine.
2. C'est un fruit de mer.
3. C'est une poudre à base de céréales. On l'utilise pour faire du pain.
4. On sert ce fruit rouge avec de la crème, à la fin du printemps.
5. Nous utilisons ce condiment blanc pour assaisonner presque tous nos plats.
6. Il faut casser cet ingrédient avant de faire une omelette.
7. Pâtisserie croustillante, elle est délicieuse avec un café au lait.
8. Cette boisson, riche en vitamine C, vient d'un fruit.
9. En France, on la mange après le plat principal, souvent avec une sauce vinaigrette.
10. Ce produit laitier est riche en protéines et contient peu de calories.
11. Cet aliment ne contient pas de chlorophylle et se propage par des spores.
12. Ces petits fruits rouges poussent sur des arbres. On en met dans les gâteaux et les tartes.

Activité 8 Entretien: Le supermarché Casino

Vous allez faire des courses à Casino. Pour chaque liste, calculez combien vous allez dépenser. Attention aux quantités! (Un kilo = 1.000 grammes.)

MODÈLE: Le jambon coûte 8€ le kilo. J'achète 250 g. Alors, ça fait 2€.

LISTE 1	LISTE 2	LISTE 3
250 grammes de jambon	1 bouteille de beaujolais	1 pot de moutarde
3 boites de petits pois	3 kilos d'ognons	500 grammes de beurre
2 avocats	250 grammes de gruyère	4 yogourts aux fruits
500 grammes de viande hachée	2 kilos de pommes	1 kilo de tomates
2 kilos de mandarines	6 boites de jus de tomate	500 grammes de citrons

Ça fait réfléchir

Quelques proverbes «alimentaires»

- On reconnait l'arbre à ses fruits.
- Il vaut mieux aller au boulanger qu'au médecin.
- On ne fait pas d'omelette sans casser d'œufs.
- Il faut garder une poire pour la soif.

Activité 9   Entretien: Les provisions et la nourriture

1. C'est toi qui fais les provisions chez toi? Pourquoi?

2. Qui cuisine chez toi? Toi, tu aimes cuisiner? Quels plats aimes-tu préparer?

3. Tu achètes tout au supermarché? Sinon, où vas-tu? Tu achètes des repas congelés ou prêts à chauffer? Quand? Pourquoi?

4. Tu aimes les fruits et légumes? Tu en achètes souvent? Frais ou congelés?

5. Tu lis les étiquettes avant d'acheter un produit? Pourquoi?

6. Tu aimes grignoter entre les repas? Quelles sont tes faiblesses?

7. Est-ce que tu manges des aliments plutôt sains d'habitude? Lesquels?

8. Quel est ton opinion sur la malbouffe? Manges-tu trop d'aliments gras (comme les chips, les frites, etc.)? Tu en achètes souvent? Quand? Quoi? Pourquoi?

9. Est-ce que tu connais des végétariens? des végans? Quelle est la différence entre ces deux façons de se nourrir?

À voir en vidéo

Les francophones sur le vif: Xavier Roy, en famille à Auriol

McGraw-Hill/Klic Video Productions

Le weekend, en été, on ne se presse pas et on prend un apéritif avant de commencer à manger. On boit du pastis[1]—léger, avec beaucoup d'eau. Pour les enfants, du sirop[2] à l'eau. Ou du vin d'ici, du vin rosé, de Provence. Avec l'apéro, on grignote plein de petites choses, comme des olives de toutes sortes, de la tapenade—c'est de la purée d'olives, préparée avec des épices, du saucisson et du jambon.

Comme plat principal, on mange souvent un poulet fermier[3] rôti; c'est un plat classique en France, le dimanche surtout. Un poulet avec des frites et de la ratatouille faite à la maison: des courgettes, des aubergines, des tomates, des ognons, des poivrons. La ratatouille, c'est vraiment un plat typique du sud de la France. Les olives aussi, c'est très méditerranéen... ; le fait de manger beaucoup d'olives, et de l'huile d'olive.

Dans le sud de la France, près d'Aix, il fait en général beau, plutôt chaud, et on mange dehors de mai à octobre. Même pendant l'hiver, ça arrive qu'on mange en plein air quand même, un jour ou deux par mois.

[1]boisson alcoolisée parfumée à l'anis
[2]liquide sucré aromatisé aux fruits ou aux plantes
[3]qui vient d'une ferme, pas industriel

L'art de la cuisine

⭐ Attention! Étudier Grammaire 7.5

Des invités à diner

Bernard et Christine cherchent des recettes intéressantes.

Bernard achète du pain à la boulangerie.

De retour chez eux, Christine commence à préparer les plats.

C'est Bernard qui met le couvert.

Ils vérifient que tout est prêt avant l'arrivée des invités.

Tout le monde se met à table et ils servent le diner.

Activité 10   Définitions: Se débrouiller dans la cuisine

_____ 1. Nous y mélangeons les ingrédients.
_____ 2. Nous nous en servons pour manger de la soupe.
_____ 3. C'est l'ensemble des ustensiles utilisés lors d'un repas.
_____ 4. On s'en sert pour faire cuire des aliments.
_____ 5. Ce sont les instructions pour préparer un plat.
_____ 6. Normalement, nous buvons notre café dans ce récipient.
_____ 7. Nous l'utilisons pour couper de la viande.
_____ 8. On s'en sert pour s'essuyer la bouche pendant un repas.
_____ 9. Nous y mettons les aliments pour les manger.
_____10. On l'utilise pour manger de la salade.

a. un couteau
b. une assiette
c. un bol
d. un couvert
e. une serviette
f. une fourchette
g. une recette
h. une tasse
i. une cuillère
j. une poêle

Activité 11 Échanges: Savez-vous cuisiner?

Nommez autant d'ingrédients que possible pour chaque plat.

> MODÈLE: Dans une purée de pommes de terre, il y a des pommes de terre, du lait, du beurre, du sel et un peu de poivre.

Vocabulaire utile

du beurre	du sucre	de la farine	des épices
des œufs	du vin	de l'huile	du sel
de l'ail	des ognons	du lait	du poivre

1. Avec quoi est-ce qu'on fait une omelette aux champignons?
2. Qu'est-ce qui est indispensable pour faire des crêpes?
3. Que met-on dans la sauce tomate à la bolognaise?
4. Avec quoi est-ce qu'on fait un gâteau au chocolat?
5. Qu'est-ce qu'on met sur le steak au poivre?
6. Quels sont les ingrédients d'une tarte aux cerises?
7. De quoi est-ce qu'on a besoin pour préparer une sauce vinaigrette?

Activité 12 Dans le monde francophone: Les œufs miroir aux tomates provençales

Mettez dans le bon ordre toutes les étapes pour préparer les œufs miroir.

____ Faites glisser les œufs sur les tomates.
____ Parsemez les tomates de persil et d'ail.
____ Versez l'huile d'olive dans la poêle.
____ Salez et poivrez les œufs.
__1__ Coupez l'ail en quatre.
____ Laissez les tomates, le persil et l'ail mijoter dix minutes.
____ Attendez que le blanc de l'œuf recouvre le jaune.
____ Faites cuire les œufs cinq minutes à feu vif.
____ Mettez du sel et du poivre sur les tomates.
____ Mettez les rondelles de tomates dans la poêle.

Cliquez là!

Qu'est-ce que vous aimez manger—du chocolat, de l'agneau, des plats végétariens... ? Trouvez une bonne recette d'une culture francophone et apportez-la en cours. Quels en sont les ingrédients?

Ça fait réfléchir

- En français, une casserole est l'ustensile de cuisine dans lequel on prépare un plat.
- Les Français mangent leur salade à la sauce vinaigrette.

nobtis/iStock/Getty Images

Œufs miroir aux tomates provençales

<u>Pour 4 personnes, 4 tomates, 8 œufs extra-frais, 1/2 bouquet de persil, 2 gousses d'ail, 2 c. à soupe d'huile d'olive, sel, poivre.</u> Épluchez les gousses d'ail. Lavez le persil. Mixez les gousses d'ail coupées en 4 avec les feuilles de persil. Faites chauffer l'huile dans une large poêle. Mettez-y les tomates découpées en rondelles. Poivrez, salez, parsemez de persillade. Couvrez la poêle et laissez mijoter 10 mn. Cassez les œufs dans 2 bols. Faites-les glisser sur les tomates. Couvrez de nouveau la poêle et faites cuire à feu vif environ 5 mn. Le jaune de l'œuf doit être recouvert de blanc. Salez et poivrez.

Activité 13 Discussion: Quelques plats français

Que savez-vous de la cuisine française? Essayez d'identifier la description de chacun de ces plats traditionnels.

• La bouillabaisse, spécialité de Marseille

a. le coq au vin
b. la crème caramel
c. la sauce hollandaise
d. la salade niçoise
e. les escargots de Bourgogne
f. la bouillabaisse
g. le steak au poivre
h. la quiche lorraine

_____ **1.** Cette pièce de bœuf grillé se sert avec une sauce crémeuse.
_____ **2.** Ce dessert est composé d'œufs, de sucre et de lait. Il est recouvert d'une sauce au sucre caramélisé.
_____ **3.** Cette tarte salée est faite d'œufs battus, de crème et de lardons.
_____ **4.** Ce plat méditerranéen est composé d'une soupe et de poissons, servis l'un après l'autre.
_____ **5.** Servi froid, c'est un mélange de laitue, de tomates, d'ognons, de thon et d'olives.
_____ **6.** On sert cette sauce blanche très riche avec des œufs, du poisson ou des légumes.
_____ **7.** On sert ce plat en sauce avec des pommes de terre ou du riz; le poulet en est un des ingrédients principaux.
_____ **8.** Ce sont de petits mollusques cuisinés avec du beurre et du persil.

Activité 14 Échanges: Que servir?

Lisez les menus et les descriptions des invités. Choisissez le menu pour chaque jour en fonction de vos invités. Vous pouvez modifier les menus selon vos gouts.

Les menus

MENU 1
une soupe de poissons, une salade de tomates et de concombres, des spaghettis à la bolognaise avec du fromage et un gâteau au chocolat

MENU 3
une soupe aux tomates et au basilic, des escargots de Bourgogne, des blancs de poulet à la crème et aux champignons et une crème caramel

MENU 2
une soupe iranienne à base de yogourt, une assiette de crudités, des filets de sole pochés, des haricots verts et une tarte aux pêches

MENU 4
une soupe aux légumes, des crevettes à l'ail et au persil, un rôti de porc avec des pommes de terre vapeur, des fraises avec de la crème Chantilly

Les invités

vendredi 6: Mme Dlallo; elle doit maigrir mais elle adore le sucre.
samedi 14: Pierre et Djibril, cyclistes; ils doivent participer à une course le lendemain.
mercredi 18: les Delachaux, des gens riches; ils aiment bien manger!
samedi 28: M. Gigras, votre patron, et sa femme; celle-ci ne mange pas de viande rouge.

À propos...

Une spécialité culinaire du Maghreb: le tajine

Le tajine est un plat traditionnel du Maghreb, et aussi le nom du récipient utilisé pour le préparer. Le tajine combine les épices orientales, le salé et le sucré: on peut y ajouter des abricots secs, des raisins, du miel, des amandes grillées...

Pour préparer un tajine d'agneau selon la recette marocaine, il vous faut 1,2 kg d'épaule d'agneau, 1 kg d'ognons, 4 cuillères à soupe d'huile d'olive, 1 cuillère à soupe de cumin, 1 cuillère à café de gingembre, 1 cuillère à café de coriandre, 1/2 cuillère à café de piment doux, 2 gousses d'ail, 2 citrons confits, le jus d'un citron et 100 g d'olives noires.

D'abord, pilez ensemble l'ail et les épices. Dans un tajine, disposez les morceaux de viande, les citrons confits coupés en quatre, 2 cuillères d'huile d'olive et le jus de citron. Ajoutez l'ail et les épices, puis couvrez et laissez mijoter pendant 3 heures. Dans un autre récipient, versez 2 cuillères d'huile et faites cuire les ognons à feu doux. Lorsque les ognons sont bien cuits, versez-les sur la viande avec les olives noires. Servez avec du riz ou du couscous.

Dave Stamboulis Travel Photography/Getty Images

● Un plat traditionnel au Maroc: le tajine

LA LANGUE EN MOUVEMENT

Emprunts de la gastronomie

Au cours des siècles, beaucoup de mots sont passés du français en anglais et vice versa, à cause des nombreux contacts entre ces deux cultures avoisinantes.[1] Les mots voyagent toujours avec les objets et les pratiques culturelles associées, et la cuisine française est un élément culturel très apprécié par les Anglais et les Américains. Il est assez facile de reconnaitre l'origine française de mots comme *menu, cuisine, café* et *gourmet*. Quelquefois la prononciation du mot emprunté est très différente en anglais, comme dans le cas de *crêpe* et *bouillon*. D'ailleurs, le mot français a parfois aussi un autre sens, en plus de son sens alimentaire: par exemple, le sens littéral de l'expression *petit four* est "little oven."

MISE EN PRATIQUE

1. Pouvez-vous trouver les mots français qui sont à l'origine des mots anglais *purée, sauté* et *blanch?*
2. Cherchez dans un dictionnaire français le sens original des expressions suivantes: *mousse, fondu(e), à la mode.*

[1] qui sont voisins (très proches)

Au restaurant

⭐ Attention! Étudier Grammaire 7.6 et 7.7

Claudine et Victor vont au restaurant.

> Les crudités, la côte de porc aux champignons et les pommes vapeur, s'il vous plaît.

> Moi, je voudrais la terrine de saumon et le gigot d'agneau.

Le maitre d'hôtel les conduit à leur table.

Maintenant, ils sont en train de passer leur commande.

Le sommelier leur propose un vin de Bourgogne.

Le serveur leur apporte le diner.

Avant le dessert, Victor prend du fromage.

Maintenant, le serveur est en train de donner l'addition à Victor.

Avant de partir, ils laissent un pourboire généreux.

Cliquez là!

La France est le premier pays exportateur de vin au monde, en termes de valeur des exports. Le vin joue aussi un rôle très important dans le tourisme: dix mille caves à vin accueillent dix millions de visiteurs par an. Quelles régions produisent du vin? Choisissez une région à présenter en classe. Où se situe cette région? Quelle est sa ville principale et pourquoi est-ce un bon endroit pour cultiver la vigne? Quels types de vin y produit-on?

Ça fait réfléchir

- En 600 avant l'ère commune, les Grecs se sont installés à Marseille. Ils ont planté les premiers pieds de vigne.

Activité 15 Définitions: Au restaurant

_____ 1. la personne qui conduit les clients à leur table
_____ 2. la personne responsable des vins dans un bon restaurant
_____ 3. les plats et les boissons commandés par le client
_____ 4. l'argent laissé par le client pour remercier le serveur
_____ 5. offrir des suggestions
_____ 6. la personne qui apporte et sert les plats
_____ 7. le plat servi au début d'un repas
_____ 8. le plat servi entre les hors-d'œuvre et le plat principal
_____ 9. la note qu'on paie à la fin du repas
_____10. des légumes crus servis comme hors-d'œuvre
_____11. le plat uniquement servi un certain jour
_____12. le plat le plus important d'un repas

a. les hors-d'œuvre
b. des crudités
c. l'entrée
d. le maitre d'hôtel
e. la commande
f. le pourboire
g. le serveur / la serveuse
h. le plat principal
i. le plat du jour
j. l'addition
k. proposer
l. le sommelier / la sommelière

Activité 16 Discussion: **Un repas français**

En France, dans un restaurant, quand est-ce qu'on...

1. prend la salade?
a. après avoir terminé le plat principal. **b.** avant de prendre le plat principal.
2. mange du fromage?
a. après avoir fini la soupe. **b.** avant de prendre le dessert.
3. prend des hors-d'œuvre?
a. après avoir pris le dessert. **b.** avant de manger le plat principal.
4. boit le café?
a. après avoir pris le dessert. **b.** avant de prendre le fromage.
5. goute le vin présenté par le sommelier?
a. après avoir vu le sommelier. **b.** avant de voir le sommelier.
6. mange le plat principal?
a. après l'entrée. **b.** avant l'entrée.

Cliquez là!

Allez en Belgique! Choisissez un restaurant à Bruxelles où vous voudriez diner, puis faites une description de ce restaurant et de ses plats pour vos camarades de classe.

Activité 17 Entretien: Se débrouiller au restaurant

Vous êtes dans un restaurant en France pour la première fois avec votre ami(e) et vous vous sentez un peu mal à l'aise. Vous posez des questions à votre ami(e). Ensuite votre ami(e), à son tour, va vous poser des questions.

Suggestions

- le pourboire est compris dans le prix du repas
- la note qu'on paie après le repas
- le sommelier / la sommelière
- le plat spécial offert aujourd'hui
- le plat qui précède le plat principal
- l'argent qu'on laisse au serveur
- des légumes crus (pas cuits)
- le serveur / la serveuse

Étudiant(e) 1

1. Comment s'appelle la personne qui sert le vin?
2. Qu'est-ce que c'est que l'addition?
3. «Des crudités», qu'est-ce que ça veut dire?
4. C'est qui, cette femme qui sert à la table à côté de nous?
5. ?

Étudiant(e) 2

1. C'est quoi, le plat du jour?
2. Qu'est-ce que c'est qu'un pourboire?
3. Ça veut dire quoi, «service compris»?
4. L'entrée, c'est quoi?
5. ?

Activité 18   Entretien: Formules de politesse

Vous avez dîné chez un ami / une amie et vous avez trop mangé et trop bu. Qu'est-ce que vous lui répondez pour ne pas le/la vexer?

> MODÈLE: Tu veux encore du vin? →
> Merci, il est excellent, mais j'ai assez bu.

1. Un peu de cognac?
2. Tu as goûté ces chocolats?
3. Encore un peu de rôti à l'ail?
4. Tu veux du café?
5. Essaie ces escargots! Ils sont délicieux.
6. Encore de la salade?

Exprime-toi!

C'est bon pour le café, merci. Sinon, je ne peux pas dormir.
Merci. Il est délicieux, mais je n'ai plus faim.
Je ne veux rien d'autre, merci. J'ai très bien mangé!
Plus rien, merci. J'ai (bu) un peu trop de (vin).
Merci. Je ne bois pas d'(alcool).

À propos...

Le repas gastronomique français immortalisé

• La haute cuisine française: des plats élégants et raffinés

Depuis 2010, le repas gastronomique des Français est inscrit à la liste du patrimoine culturel immatériel de l'humanité. Dans ce repas festif, on pratique l'art du «bien manger» et du «bien boire», basé sur le choix attentif des mets[1] à base de bons produits (de préférence locaux), le mariage harmonieux entre mets et vins et la décoration de la table. Le repas gastronomique commence par un apéritif et se termine par un digestif, avec entre les deux au moins quatre plats—une entrée, du poisson et/ou de la viande avec des légumes, du fromage et un dessert. Le ministre de la culture de l'époque, Frédéric Mitterrand, commente cette distinction pour le journal *Le Figaro*.

   Le Figaro: Le repas français a-t-il besoin d'être protégé? Inscrire le repas français au patrimoine mondial, ce n'est pas le protéger ni le muséifier,[2] c'est le valoriser. Nous en sommes fiers comme de quelque chose qui nous appartient, comme lorsque Marion Cotillard reçoit un Oscar.

   Le Figaro: On a parlé d'arrogance française... Il n'y a aucune arrogance, et si les étrangers consolident la cuisine française, tant mieux.[3] Je me félicite[4] que le couscous soit l'un des plats préférés des Français. Cela correspond à notre tradition d'accueil et d'intégration. L'un des plus jolis mots de la langue française, c'est «avec»... toutes ces influences, toutes ces rencontres, c'est formidable.[5]

   Le Figaro: Comment maintenir une ligne claire entre un président qui ne boit pas d'alcool, les recommandations diététiques du ministère de la santé et le repas de fête célébré par l'UNESCO? La vie française est souvent rythmée par ses repas soignés; pourtant, le repas s'est adapté à la vie sociale. Certes, il y a le repas de cérémonie, mais on n'en fait pas tous les jours.

[1] plats
[2] enfermer dans un musée
[3] c'est parfait
[4] Je... je suis très heureux
[5] extraordinaire

Source: Monsat, Colette, et François Simon. J'aime le pot-au-feu et les bouchées à la reine. 2010, Le Figaro

Activité 19 Entretien: Au restaurant Chez Michel

Chez Michel
Menu à 54€*

Entrée au choix

Hors-d'œuvre
terrine du chef
œufs en gelée
terrine de saumon
consommé de légumes
crème d'asperges
avocat vinaigrette

Salades
salade du jardin
salade d'endives aux noix
salade niçoise
salade du chef

Plat garni au choix

Viandes
châteaubriand aux pommes
tournedos béarnaise
gigot d'agneau aux flageolets
escalope de veau aux morilles

Volailles
coq au vin
cailles aux raisins
canard à l'orange

Poissons et fruits de mer
sole meunière pommes vapeur
turbot à l'oseille
homard à l'américaine
moules marinières
gratin d'écrevisses

Fromages
camembert
brie
plateau assorti

Desserts
mousse au chocolat
île flottante
orange givrée
crème caramel
tarte maison

Café ou thé

*boissons non comprises
service compris*

Lisez le menu et choisissez des plats pour...

1. quelqu'un qui évite les matières grasses.
2. une personne robuste qui mange de tout.
3. une personne qui ne prend jamais de viande rouge.
4. des végétariens ou des végans.

À vous la parole! Vous dinez avec des amis au restaurant Chez Michel, un très bon restaurant parisien. Avec votre partenaire, jouez les rôles du client (de la cliente) et du serveur (de la serveuse).

LE SERVEUR: Vous désirez, (mademoiselle)?
CLIENT: Comme hors-d'œuvre, je voudrais...
LE SERVEUR: Et comme salade?
CLIENT: ...
LE SERVEUR: ...

LE SERVEUR: Et avec ça, c'est tout?
CLIENT: ...

Vocabulaire utile

Quelle est la spécialité de la maison?
Il est comment, le (canard à l'orange)?
Monsieur (Madame, Mademoiselle), l'addition, s'il vous plait!
Est-ce que le service est compris?

 un bifteck cru
 saignant
 à point
 bien cuit

POUR RÉSUMER

À vous de parler

Cherchez l'intrus

Dans chaque groupe, il y a un mot qui ne correspond pas à la liste. Avec un(e) camarade de classe, identifiez l'intrus et donnez les raisons pour votre choix.

MODÈLE: la poire, la banane, l'artichaut, la fraise, la cerise, la pêche →
C'est l'artichaut qui est l'intrus. Ce n'est pas un fruit.

1. le bœuf, l'agneau, le porc, le saucisson, le fromage, le jambon
2. les pommes de terre, la laitue, les framboises, les ognons, les radis, les haricots verts
3. le coq au vin, le rôti de bœuf, le poulet rôti, la mousse au chocolat, le gigot d'agneau
4. la tarte aux pommes, la compote de fruits, la tarte aux cerises, le bœuf en croute, le gâteau au citron
5. le persil, l'ail, le sel, le basilic, le pain, la vanille, le poivre
6. le saumon, les sardines, la sole, le lapin, la carpe, le poisson-chat
7. le vin, le cognac, le lait, la bière, le champagne, le cidre
8. un éclair, un croissant, un gâteau, une tarte, un sandwich, un petit gâteau
9. le jambon, le rôti de porc, la saucisse, le pâté de campagne (porc), le bœuf haché
10. une pêche, une banane, une pomme, une cerise, une laitue, une fraise

À vous de lire

«Le Corbeau et le Renard» par Jean de La Fontaine

Maître Corbeau, sur un arbre perché,
        Tenait en son bec un fromage.
Maître Renard, par l'odeur alléché,[1]
        Lui tint à peu près ce langage[2]:
        «Hé! Bonjour, Monsieur du Corbeau,
Que vous êtes joli! que vous me semblez beau!
        Sans mentir, si votre ramage[3]
        se rapporte[4] à votre plumage,[5]
Vous êtes le phénix[6] des hôtes[7] de ces bois.[8]»
À ces mots, le Corbeau ne se sent pas de joie[9];
        Et pour montrer sa belle voix,
Il ouvre un large bec, laisse tomber sa proie.[10]
Le Renard s'en saisit[11] et dit: «Mon bon Monsieur,
        Apprenez que tout flatteur
        Vit aux dépens de celui qui l'écoute.[12]
Cette leçon vaut bien un fromage, sans doute.»
        Le Corbeau, honteux[13] et confus,
Jura,[14] mais un peu tard, qu'on ne l'y prendrait plus.[15]

Extrait des *Fables* (Livre I) de Jean de La Fontaine (1621–1695)

Le Corbeau et le Renard

---

[1]attiré   [2]tint... a parlé à peu près comme ça   [3]voix, chant   [4]se... est proportionnel   [5]les oiseaux ont des plumes, qui forment un plumage   [6]oiseau mythique   [7]habitants   [8]ces... cette forêt   [9]ne... est très content   [10]victime (le fromage)   [11]s'en... l'a pris rapidement   [12]Vit... Dépend de sa victime   [13]qui a honte   [14]A affirmé   [15]on... il avait appris sa leçon

Avez-vous compris?

1. Que veut le renard?
   a. manger le corbeau
   b. prendre le fromage du corbeau
   c. se moquer du corbeau
   d. entendre chanter le corbeau
2. Quelle est la stratégie du renard?
   a. amuser le corbeau
   b. distraire le corbeau
   c. flatter le corbeau
   d. intimider le corbeau
3. Pourquoi est-ce que le corbeau accepte de chanter?
   a. Il est très sympathique.
   b. Il est très heureux.
   c. Il est vaniteux.
   d. Il a peur.
4. Comment est le corbeau à la fin de l'histoire? Il est...
   a. furieux.
   b. honteux.
   c. triste.
   d. surpris.
5. Quelle est la morale de cette fable?
   a. Les corbeaux sont idiots.
   b. Les flatteurs ont souvent des intérêts personnels.
   c. Les renards sont manipulateurs.
   d. Les corbeaux n'aiment pas la flatterie.

À vous la parole!

La suite de l'histoire: Maître Corbeau rentre chez lui sans son fromage et raconte ses mésaventures à sa femme. Imaginez leur dialogue.

> MME CORBEAU: Qu'est-ce qui est arrivé? Où est ton fromage?
> MAÎTRE CORBEAU: Quelle histoire! J'étais perché sur un arbre, avec mon fromage dans le bec,...

À vous d'écrire

Préparez un petit article publicitaire pour votre restaurant préféré. Dans votre article, donnez des renseignements importants aux clients potentiels, tels que les heures, le décor, le service, les spécialités et les prix. Inventez les détails si vous n'en êtes pas certain(e).

🎧 Vocabulaire

Les légumes

Vegetables

l'ail (*m.*)	garlic
un avocat	an avocado
des champignons (*m.*)	mushrooms
des haricots (*m.*) verts	green beans
un ognon	an onion
le persil	parsley
des petits pois (*m.*)	peas
une pomme de terre	a potato
des radis (*m.*)	radishes

Mots apparentés: **des brocolis** (*m.*), **un concombre**

Les fruits et les desserts

Fruit and desserts

une cerise	a cherry
un citron	a lemon
une fraise	a strawberry
une framboise	a raspberry
une pêche	a peach
une poire	a pear
une pomme	an apple
des raisins (*m.*)	grapes
la crème caramel	flan, *a custard with a caramel sauce*
la crème Chantilly	whipped cream
une pâtisserie	a pastry
une tarte aux pommes	an apple pie

Mots apparentés: **une crêpe, la mousse au chocolat, une orange, le sorbet**

Le pain, l'épicerie et les produits laitiers

Bread, grocery, and dairy products

le beurre	butter
la confiture	jam, jelly
des épices (*f.*)	spices
la farine	flour
le fromage	cheese
la glace (à la vanille)	(vanilla) ice cream
l'huile d'olive (*f.*)	olive oil
la moutarde	mustard
un pain au chocolat	a chocolate croissant
le pain complet	whole-wheat bread
le poivre	pepper

le riz	rice
le sel	salt
le sirop d'érable	maple syrup
le sucre	sugar
le yogourt	yogurt

Mots apparentés: **une baguette, des céreales** (*f.*), **des chips** (*m.*), **la crème, un croissant, un sandwich**

La viande, le poisson et les fruits de mer

Meat, fish, and seafood

l'agneau (*m.*)	lamb
le bifteck	steak
le bœuf (haché)	(ground) beef
une côte de bœuf	a rib roast
une côte de porc	a pork chop
les crevettes (*f.*)	shrimp
les escargots (*m.*)	snails
un gigot d'agneau	a leg of lamb
le homard	lobster
le jambon	ham
le poulet	chicken
un rôti de porc	a pork roast
le saucisson	salami (hard sausage)
le saumon	salmon

Mots apparentés: **un hamburger, le rosbif, le steak**

Pour parler de la nourriture

Talking about food

à point	medium (*medium well-done*)
congelé(e)	frozen
cru(e)	raw
cuit(e); bien cuit(e)	cooked; well-done
épicé(e)	spicy
équilibré(e)	balanced, even
frais/fraiche	fresh
haché(e)	chopped, ground
léger/légère	light; fluffy; delicate
saignant(e)	rare (*meat*)
sain(e)	healthy, healthful
salé(e)	salty, salted
sucré(e)	sweet
les aliments (*m.*)	foods
une boule de sorbet	a scoop of sorbet
une étiquette	a label

un gout	a taste, flavor
la malbouffe	eating junk food
les matières (f.) **grasses**	fats (*in food*)
une part (de)	a portion, a piece (of)
un plat	a dish (*food item*)
une poêle	a frying pan
une recette	a recipe
une tranche (de porc, de jambon)	a slice (of pork, of ham)
faire un régime	to go on a diet
grignoter	to (eat a) snack
J'aime ça.	I like that/them.
maigrir	to lose weight
mélanger	to mix

Mots apparentés: **compter des calories** (f.), **composé(e) (de)**, **grillé(e)**, **un ingrédient**, **un kilo**, **les protéines** (f.), **riche (en)**, **végan(e)**, **végétarien(ne)**, **les vitamines** (f.)

Magasins d'alimentation

Food stores

une boucherie	a butcher shop
une boulangerie	a bakery
une charcuterie	a delicatessen
un marchand / une marchande	a merchant
une pâtisserie	a pastry shop
une poissonnerie	a fish market

Les repas, les boissons et la table

Meals, drinks, and the table

une assiette	a plate
une boisson	a drink
un casse-croute	a snack
un couteau	a knife
une cuillère	a spoon
le déjeuner	lunch
le diner	dinner
une fourchette	a fork
le gouter	(*afternoon*) snack
une limonade	a lemon soda
une serviette	a napkin
une tasse	a cup
un verre	a glass
faire les provisions	to buy groceries
gouter (à)	to taste; to try
se mettre à table	to sit down at the table
mettre le couvert	to set the table
verser	to pour

Mots apparentés: **l'alcool** (m.), **le café au lait**, **le champagne**, **une sauce vinaigrette**, **un soda**

Au restaurant

In a restaurant

l'addition (f.)	tab, bill
l'entrée (f.)	first course
le maitre d'hôtel	host (maitre d')
le plat du jour	today's special
le plat principal	main course
un serveur / une serveuse	a waiter, waitress
un sommelier / une sommelière	a wine steward
boire	to drink
commander	to order
laisser un pourboire	to leave a tip
passer la commande	to place an order
retrouver des amis	to meet up with friends
Encore un peu de... ?	Would you like more . . . ?
Est-ce que le service est compris?	Is the tip included in the tab?
J'ai très bien mangé!	That was really good!
Je n'ai plus faim.	I'm no longer hungry.
Merci, j'ai assez mangé/bu.	I've had enough, thanks.
C'est bon, merci.	Nothing else, thanks.

Mots apparentés: **recommander**, **suggérer**

Les plats

Menu items

la bouillabaisse	Mediterranean fish stew
le coq au vin	chicken cooked in wine
des crudités (f.)	raw vegetables
des frites (f.)	French fries
le pâté de campagne	country-style pâté
la salade niçoise	salad of tomatoes, tuna, anchovies, potatoes, etc.
la soupe (aux légumes)	(vegetable) soup
les spaghettis (m.) **à la bolognaise**	spaghetti with meat sauce
le steak au poivre	pepper steak
un steak-frites	a steak with French fries
une tartine	a slice of bread with butter
une terrine (de canard)	a (duck) pâté

Mots apparentés: **les hors-d'œuvre** (m.), **la purée**

Quand

Saying when

les grandes occasions	special occasions
lors de	during, at the time of
sinon	if not; otherwise

Grammaire et exercices

7.1   Review of articles

A. Definite articles (**le**, **la**, **l'**, **les**) are used before nouns and are the equivalent of *the* in English.

> **Le** lait que j'ai acheté est dans **le** réfrigérateur.
>
> *The milk I bought is in the refrigerator.*

Definite articles are also used to talk about people or things in general. In such cases, English generally uses no article at all.

> **La** mousse au chocolat est mon dessert préféré.
>
> *Chocolate mousse is my favorite dessert.*
>
> **Les** femmes boivent plus d'eau minérale que **les** hommes.
>
> *Women drink more mineral water than men (do).*

B. Remember that indefinite articles (**un**, **une**, **des**) are used for countable nouns (**des croissants**), whereas partitive articles (**du**, **de la**, **de l'**) are used for mass nouns (*de la* **confiture**).

> J'ai acheté **des** provisions pour le petit déjeuner. J'ai pris **des** croissants, **du** beurre et **de la** confiture.
>
> *I bought (some) groceries for breakfast. I got (some) croissants, (some) butter, and (some) jam*

C. To choose the appropriate article, look at the kind of verb used in the sentence. With verbs describing likes or dislikes, such as **aimer**, **adorer**, **détester**, and **préférer**, use the definite article to talk about things in a general sense.

> Nathalie **aime** beaucoup **les** carottes et **les** petits pois, mais elle **déteste les** épinards.
>
> *Nathalie likes carrots and peas a lot, but she detests spinach.*
>
> Je n'**aime** pas **le** café fort.
>
> *I don't like strong coffee.*

On the other hand, if the verb deals with having, obtaining, or consuming, use **du**, **de la**, **de l'**, or **des**, because you are talking about some amount of a thing. Such verbs include **avoir**, **acheter**, **manger**, **boire**, **prendre**, and many others.

> Les Français **boivent du** café après le diner.
>
> *The French drink coffee after dinner.*
>
> Nous **mangeons de la** pizza tous les vendredis soirs.
>
> *We eat pizza every Friday night.*

D. In negative sentences, the indefinite or partitive article becomes **de**. Definite articles, however, do not change.

> Je **n'achète jamais de** crème et je **n'ai plus de** lait. Est-ce que vous pouvez boire votre café noir?
>
> *I never buy cream, and I don't have any milk left. Can you drink your coffee black?*

⭐ Review **Première étape, Grammaire A.3** *on articles.*

➤ Definite articles: **le**, **la**, **l'**, **les**

⭐ Review **Grammaire 3.6** *on partitive articles.*

➤ Countable nouns take indefinite articles: **un**, **une**, **des**. Mass nouns take partitive articles: **du**, **de la**, **de l'**.

➤ Verbs of preference require a definite article:

—**J'adore *le* chocolat!**

➤ Verbs of consumption use an indefinite or partitive article:

—**Je mange *du* chocolat.**

➤ **Tu *ne* manges *pas de* chocolat.**

➤ **Tu *n'*aimes *pas le* chocolat.**

➤ **un peu** vs. **peu**:
j'ai **un peu** de lait = *I have a little milk*
j'ai **peu** de lait = *I have little (not much) milk*

De is also used after expressions of quantity.

QUELQUES EXPRESSIONS DE QUANTITÉ

beaucoup de *a lot of*	**un peu de** *a little*
assez de *enough*	**trop de** *too much, too many*
une livre de *a pound of*	**un kilo(gramme) de** *a kilogram of*
un litre de *a liter of*	**une douzaine de** *a dozen*
un verre de *a glass of*	**une tasse de** *a cup of*

Agnès a acheté **un litre de** lait et **un kilo de** gruyère.

Agnès bought a liter of milk and a kilo of gruyère cheese.

Exercice 1 Vos gouts

Répondez par **oui** ou **non**, et puis indiquez un autre aliment de la même catégorie que vous préférez.

MODÈLE: Tu aimes le jus d'orange? →
Oui, j'aime le jus d'orange, mais j'aime mieux le jus de raisin. (Non, je n'aime pas le jus d'orange. J'aime mieux le jus de pomme.)

1. Tu aimes les petits pois?
2. Tu aimes les cerises?
3. Tu aimes le jambon?
4. Tu aimes la bière?
5. Tu aimes les crevettes?
6. Tu aimes le lait?
7. Tu aimes la tarte aux pommes?
8. Tu aimes le porc?
9. ?

Exercice 2 Les courses

Avec votre ami(e), vous allez préparer un diner pour des amis français. Votre ami(e) ne sait pas faire la cuisine mais il/elle va faire les courses. Répondez à ses questions.

Le menu: des spaghettis à la bolognaise, de la salade, une crème caramel

MODÈLES: J'achète des pâtes? →
Oui, achète des pâtes (pour les spaghettis).

J'achète du poisson? →
Non, n'achète pas de poisson. (On n'en a pas besoin.)

1. J'achète de la sauce tomate?
2. ... du riz?
3. ... du bifteck?
4. ... du bœuf haché?
5. ... de la laitue?
6. ... des pommes de terre?
7. ... de l'huile et du vinaigre?
8. ... des ognons?
9. ... de la glace?
10. ... du lait?
11. ... des œufs?
12. ... du sucre?

Exercice 3 Combien en consommez-vous?

Utilisez l'expression de quantité appropriée.

Expressions de quantité: assez de, trop de, beaucoup de, (un) peu de, une (demi-)livre de, un kilo de, un (deux, trois,...) litre(s) de, une (demi-)douzaine de, une tasse de, un verre de, une bouteille de, une (deux, trois) portion(s) de

1. Je bois _____ café(s) par jour.
2. Je bois _____ eau chaque jour.
3. Je consomme _____ œufs par semaine.
4. Je consomme _____ beurre chaque mois.
5. Je mange _____ viande chaque semaine.
6. Je mange _____ fruits par jour.
7. Je mange _____ légumes par jour.

Exercice 4 Les préférences et les habitudes

Faites des questions et des réponses, en employant la forme appropriée de l'article.

MODÈLE: manger souvent / frites (*f.*) →
  É1: Est-ce que tu manges souvent des frites?
  É2: Oui, je mange souvent des frites. (Non, je...)

1. acheter quelquefois / bonbons au chocolat
2. aimer / escargots
3. manger souvent / dinde (*f.*)
4. consommer beaucoup / fromage
5. détester / poisson
6. adorer / glace
7. boire trop / bière
8. manger souvent / pain

7.2 The verb **boire**

★ *Review **Grammaire 6.7** on **voir** and **croire**.*

The verb **boire** is similar to **croire** and **voir**. Note, however, its irregular plural forms.

boire (*to drink*)	
je bois	nous b**uv**ons
tu bois	vous b**uv**ez
il/elle/on boit	ils/elles boi**v**ent
PASSÉ COMPOSÉ: j'ai **bu**	
IMPARFAIT: je **buvais**	

—Monsieur, que voulez-vous **boire**?
—Du thé, s'il vous plaît.

Sir, what would you like to drink? Tea, please.

Les Français **boivent** souvent de l'eau minérale.

The French often drink mineral water.

Exercice 5 Boissons favorites

Répondez aux questions par des phrases avec **boire**.

> MODÈLE: Que boivent vos parents avec les repas? →
> Ils boivent du thé glacé (du café).

1. Que buvez-vous le matin?
2. Qu'est-ce que vous avez bu ce matin avant d'aller en cours?
3. Quand vous sortez avec des amis, que buvez-vous? (Nous...)
4. Qui boit plus de thé, à votre avis, les Anglais ou les Français?
5. Qu'est-ce qu'on a bu à la dernière fête où vous êtes allé(e)?
6. Que buviez-vous avec vos repas quand vous étiez petit(e)?
7. Qui buvait du café chez vous quand vous étiez petit(e)?

7.3 Expressing quantities: The pronoun **en**

⭐ *Review **Deuxième étape, Grammaire B.1.C** on the use of **en** with **il y a**.*

⭐ *Review **Grammaire 4.5.D** on placement of pronouns with infinitives.*

➤ Placement of **en** before an infinitive: **Je veux *en* manger**.

➤ Uses of **en: Tu as des œufs?**
—**J'*en* ai trois.**
(*I have three of them.*)
—**J'*en* ai.**
(*I have some.*)
—**Je n'*en* ai pas.**
(*I don't have any.*)
—**J'*en* ai beaucoup.**
(*I have a lot.*)

➤ **En** also replaces the preposition **de** + a thing: **j'*en* ai peur** = *I'm afraid of it/them*

A. You are already familiar with the use of the pronoun **en** to replace a noun preceded by a number.

—Avez-vous trois enfants? / *Do you have three children?*
—Non, j'**en** ai **quatre**. / *No, I have four (of them).*

B. En also replaces a noun with a partitive article (**du, de la, de l'**) or an indefinite article (**un, une, des**). The English equivalent is *some* or *any*.

—Est-ce que Raoul prend toujours du café après le diner? / *Does Raoul always have coffee after dinner?*
—Oui, il **en** prend toujours. / *Yes, he always has some.*

—As-tu des fruits pour le dessert? / *Do you have some fruit for dessert?*
—Non, je n'**en** ai pas, mais Daniel va **en** apporter. / *No, I don't have any, but Daniel is going to bring some.*

Note that **en** can refer to people or things.

C. Use **en** to replace nouns preceded by other expressions of quantity such as **un peu, beaucoup, assez, trop**.

—Est-ce qu'il y a encore de la glace au chocolat? / *Is there still some chocolate ice cream?*
—Oui, il y **en** a encore **beaucoup**. / *Yes, there's still a lot (of it).*

—Je dois acheter du lait à l'épicerie? / *Should I buy some milk at the grocery store?*
—Non, j'**en** ai **assez**. / *No, I already have enough.*

D. En is also used to replace the preposition **de** + the name of a thing (or things). This often happens with expressions that require **de**, such as **avoir besoin (envie, peur) de**.

—Tu as besoin **de poivre** pour cette recette? / *Do you need pepper for this recipe?*
—Oui, j'**en** ai besoin. / *Yes, I need it (some).*

Exercice 6 Habitudes alimentaires

Vous passez quelques jours chez une nouvelle amie. Elle vous pose beaucoup de questions pour connaitre vos gouts. Répondez-lui en utilisant le pronom **en**.

MODÈLE: Tu mets du lait dans ton café le matin? →
Oui, j'en mets. (Non, je n'en mets pas.)

1. Est-ce que tu voudrais des croissants pour ton petit déjeuner?
2. Tu bois du café le matin?
3. Tu aimes prendre de la viande à tous les repas?
4. Tu prends du vin à tous les repas?
5. Tu manges du poisson de temps en temps?
6. Tu manges beaucoup de desserts?

Exercice 7 Quiz sur l'alimentation

Répondez aux questions en utilisant **en**.

MODÈLE: Il y a combien d'œufs dans une douzaine? → Il y en a douze.

1. Combien de grammes y a-t-il dans un kilo?
2. Est-ce qu'on a besoin de beurre pour faire une omelette?
3. Est-ce que les enfants ont souvent envie de bonbons?
4. Est-ce qu'il y a beaucoup de caféine dans le café?
5. Y a-t-il de la caféine dans le thé?
6. Combien d'œufs est-ce qu'il y a dans une demi-douzaine?
7. Est-ce qu'il y a du fromage dans la glace?
8. Combien de livres y a-t-il dans un kilo?
9. Combien de calories y a-t-il dans un verre de coca?
10. Est-ce qu'il y a beaucoup de vitamine C dans les œufs?

7.4 Expressing *all* and *everything*: Using **tout**

Tout can be used as an adjective or a pronoun.

A. As an adjective, **tout** corresponds to *all* or *the whole* in English. It agrees in gender and number with the word it modifies: **tout**, **toute**, **tous**, **toutes**.

Tout le repas a été délicieux!   *The whole meal was delicious.*
Tous les œufs sont cassés.   *All the eggs are broken.*
Nous avons mangé **toute** la pizza.   *We ate the whole pizza.*

B. As a pronoun, **tout** corresponds to *everything* in English. It is invariable in form.

Tout est prêt pour le diner.   *Everything is ready for dinner.*
Les enfants ont **tout** mangé.   *The children ate everything.*

Exercice 8 Généralisations: Que pensez-vous?

Complétez la phrase avec **tout**, **toute**, **tous** ou **toutes**. Ensuite, dites si c'est vrai, et justifiez votre réponse.

> MODÈLE: Les Américains mangent des hamburgers *tous* les jours. →
> Non, ce n'est pas vrai. Ils mangent des hamburgers de temps en temps, pas *tous* les jours.

1. Les Français boivent du vin à _____ les repas.
2. _____ les Françaises savent bien cuisiner.
3. En France, on boit du café pendant _____ le repas.
4. _____ les cuisines américaines sont équipées d'un four à micro-ondes.
5. _____ la viande rouge est mauvaise pour la santé.
6. Il est impoli de manger _____ un gâteau sans le partager avec ses amis.

7.5 More on asking questions: **Qui, que, quoi**

⭐ *Review **Deuxième étape, Grammaire B.2.C** and **Chapitre 3, Grammaire 3.2.D**.*

A. You are already familiar with various kinds of questions. Here is a summary of how to form questions with **qui**, **que**, and **quoi**. Notice that the question form depends not only on whether you are asking about people or things, but also on the grammatical function of the person or thing in the sentence: subject, direct object, or object of a preposition.

ASKING ABOUT PEOPLE	
Subject: **Qui... ?**	
Qui fait la vaisselle?	*Who's doing the dishes?*
Qui fait les meilleures crêpes?	*Who makes the best crepes?*
Direct object: **Qui + est-ce que... ?**, **Qui** + inversion . . . ?	
Qui est-ce que tu as rencontré au restaurant? Qui as-tu rencontré au restaurant?	*Who(m) did you meet at the restaurant?*
Object of a preposition: Preposition + **qui** + **est-ce que... ?** Preposition + **qui** + inversion . . . ?	
Avec qui est-ce qu'il déjeune? Avec qui déjeune-t-il?	*With whom is he having lunch?* *(Who is he having lunch with?)*

ASKING ABOUT THINGS

Subject: **Qu'est-ce qui... ?**

Qu'est-ce qui brule?	*What's burning?*
Qu'est-ce qui se passe?	*What's going on?*

·······································

Direct object: **Qu'est-ce que... ?**, **Que** + inversion . . . ?

Qu'est-ce que tu bois au petit déjeuner?	*What do you drink at breakfast?*
Que bois-tu au petit déjeuner?	

·······································

Object of preposition: Preposition + **quoi** + **est-ce que... ?**
Preposition + **quoi** + inversion . . . ?

Avec quoi est-ce qu'on boit du vin blanc?	*What do you drink white wine with?*
Avec quoi boit-on du vin blanc?	

➤ French has two question forms:

- Informal: **est-ce que... ?**
Qu'est-ce que tu fais?
- Formal: subject-verb inversion: **Que fais-tu?**

➤ In French questions, the preposition must come first:

De quoi/qui... ?
À quoi/qui... ?
Avec quoi/qui... ?
Pour quoi/qui... ?

B. English questions of the form "What is (something)?" are expressed two ways in French, depending on the meaning:

1. If you are asking for a definition or explanation of an unfamiliar term, use **Qu'est-ce que c'est que... ?**

—**Qu'est-ce que c'est qu'**une aubergine?	*What's an eggplant?*
—C'est un gros légume à la peau violet foncé.	*It's a large vegetable with a dark purple skin.*

2. If you are asking someone to identify a particular item from a set of possible items, use **Quel(le) est... ?**

—**Quel est** ton dessert préféré?	*What's your favorite dessert?*
—C'est la tarte aux pêches.	*Peach pie.*

Exercice 9 «Jeopardy»

Complétez chaque question, et puis trouvez la réponse correcte.

MODÈLE: *Qu'est-ce qu'*on met dans une sauce mayonnaise? des œufs

1. _____ on boit quand on a très chaud?
2. Avec _____ est-ce qu'on fait une omelette?
3. _____ donne plus de gout aux aliments?
4. _____ on met dans une bouillabaisse?
5. Avec _____ est-ce qu'on sert du vin rouge?
6. _____ mange le plus de bonbons?
7. _____ on prend à la fin d'un bon diner?
8. Sur _____ est-ce qu'on met de la confiture?
9. _____ prépare les repas dans un restaurant?
10. _____ est au four, le Thanksgiving?

a. le sel
b. les enfants
c. un dessert
d. des œufs
e. la dinde
f. de la viande rouge
g. de la limonade
h. du pain
i. des fruits de mer
j. le chef de cuisine

Exercice 10 Une soirée

Les étudiants de Mme Martin arrivent chez Jacqueline pour une soirée. Voici les réponses de Jacqueline. Formulez les questions.

MODÈLE: *Denise* n'est pas encore là. → Qui n'est pas encore là?

1. Louis doit venir *avec Daniel.*
2. J'ai fait *une mousse au chocolat.*
3. J'ai demandé *à Denise* d'apporter des chips.
4. Nous avons besoin *de glace et de verres.*
5. *Louis* a apporté de la musique cadienne.
6. Je voudrais parler *du film que nous avons vu hier.*
7. *Le café* sent si bon.
8. Raoul a invité *son camarade de chambre.*

Exercice 11 Questions gastronomiques

Vous êtes au restaurant avec des amis français et vous parlez d'alimentation. Trouvez la question appropriée pour chaque réponse.

MODÈLES: La spécialité d'Alsace, c'est la choucroute. →
Quelle est la spécialité d'Alsace?

Le calvados, c'est une liqueur faite de cidre. →
Qu'est-ce que c'est que le calvados?

1. Les carottes sont mon légume favori.
2. Le plat du jour, c'est les crevettes à l'ail et au persil.
3. Une boulangerie, c'est un magasin où on ne vend que du pain.
4. La boisson que je préfère, c'est le lait.
5. Le meilleur type de café, c'est l'arabica.
6. Une mandarine, c'est une sorte de petite orange douce et parfumée.
7. Le nom de ce plat, c'est «la bouillabaisse».
8. Une salade niçoise, c'est une salade composée de légumes, d'œufs durs, de thon et d'olives.

7.6 Ongoing actions: **Être en train de**

> **je mange** = *I eat or I am eating*

A. As you know, the present tense in French (**je parle**) has several English equivalents, including the simple present (*I speak*) and the present progressive (*I am speaking*). Notice that where English uses the present progressive to indicate that an action is going on at the time of speaking, French generally uses just the simple present tense.

—Mme Martin est dans son bureau?　　*Is Madame Martin in her office?*
—Oui. Elle **parle** avec Albert.　　*Yes. She's speaking with Albert.*

> **je suis en train de manger** = *I am in the process of eating*
> **j'étais en train de manger** = *I was in the process of eating*

B. If you wish to emphasize that the action is going on as you are speaking, you can use the expression **être en train de** + infinitive.

—Tu vas payer l'addition, Charles?　　*Are you going to pay the bill,*
—Oui, je **suis en train de**　　*Charles? Yes, I'm doing*
le **faire** maintenant.　　*it (right) now.*

Exercice 12 Qu'est-ce qu'ils sont en train de faire?

Pour chaque dessin, dites ce que Bernard et Christine sont en train de faire.

MODÈLE: (Numéro 1.) Christine est en train de réserver une table.

Vocabulaire utile: se baigner, bavarder avec leurs amis, commander leur diner, demander l'addition, entrer dans le restaurant, s'habiller, gouter le vin, régler l'addition, rentrer chez eux après avoir laissé le pourboire, retrouver leurs amis

7.7 Ordering events: **Avant, après**

A. The prepositions **avant** (*before*) and **après** (*after*) are often used with nouns to indicate the order of events.

Avant le dessert, nous avons pris du fromage.

We had cheese before dessert.

Nous avons pris la salade **après le plat principal**.

We had the salad after the main course.

➤ **avant de** + infinitive

➤ **après** + past infinitive
Examples of past infinitives:

avoir parlé
être sorti(e)(s)

B. To express *before doing something*, use **avant de** followed by an infinitive.

> On casse les œufs **avant de faire**   *One breaks the eggs before making*
> une omelette.   *an omelet.*

C. To express *after doing something*, use **après** followed by a past infinitive. A past infinitive consists of the appropriate auxiliary verb (**avoir** or **être**) + past participle. With **être**, the past participle agrees with the understood subject.

> **Après avoir diné** au restaurant   *After eating at the Chinese restaurant,*
> chinois, nous sommes rentrés.   *we went home.*
> **Après être allés** à l'épicerie,   *After going to the grocery store, we*
> nous avons dû passer à la   *had to go to the bakery.*
> boulangerie.

Exercice 13 Du monde à diner

Vous invitez des amis à diner chez vous. Dans quel ordre faites-vous les actions suivantes? Répondez avec **avant de** + infinitif.

> MODÈLE: téléphoner aux amis / faire une liste des invités →
> Je fais une liste des invités avant de téléphoner aux amis.

1. inviter des amis / choisir un menu
2. faire les provisions / lire la recette
3. faire une liste / aller au supermarché
4. m'habiller pour la soirée / faire la cuisine
5. mettre la table / préparer le repas
6. servir le dessert / débarrasser la table (≠ mettre la table)

Exercice 14 Priorités

Dans quel ordre l'étudiant sérieux fait-il les actions suivantes? Employez **après avoir/être** + un participe passé.

> MODÈLE: passer des examens / étudier →
> Un étudiant sérieux passe des examens après avoir étudié.

1. finir ses devoirs / regarder la télé
2. aller en cours / étudier
3. lire des articles / écrire une thèse
4. regarder son manuel de laboratoire / faire les activités
5. écrire une rédaction / réfléchir au sujet
6. répondre / écouter les questions du prof
7. aller à la bibliothèque / aller prendre un café
8. se coucher / rentrer de la bibliothèque

David McGlynn/Photographer's Choice/Getty Images

L'énergie nucléaire joue un rôle très important en France.

Parlons de la Terre!

Objectifs

In **Chapitre 8**, you will learn to describe the geographical features of the Earth, weather, and climates, as well as how to talk about ecological and environmental issues. You will also discuss how people affect their environment and how to say what someone ought to do.

TRANCHE DE VIE

Consignes de tri

Le tri sélectif est un élément essentiel des efforts pour préserver la planète. Pour agir de manière éco-responsable, il faut savoir ce qu'on peut recycler, et comment. Ce petit guide distribué aux habitants de Saint-Cyr-sur-Loire explique comment trier ses déchets.

Pour recycler, il faut trier !

COMMUNAUTÉ D'AGGLOMÉRATION
Tour(s)plus

Bac à couvercle jaune Pour les déchets recyclables, *en vrac sans sac plastique.*

Conteneurs collectifs à verre

Boîtes, bidons, aérosols et canettes métalliques

Situés dans votre quartier.

Bouteilles et flacons en plastique avec les bouchons

Briques alimentaires, cartonnettes, journaux, magazines et prospectus

Bouteilles, bocaux et pots en verre

Nouveau:
Huile, ketchup, mayonnaise ...

Attention, déchets non recyclables à jeter dans le bac à ordures ménagères

Petits emballages en plastique ou en polystyrène

Boîtes de conserve contenant des restes

Articles d'hygiène (mouchoirs, couches, lingettes)

Pour la tranquillité du voisinage, pas de dépôt de verre entre 20 h et 8 h.

Il y de quoi dire
On jette quoi où?

Une maman explique à ses jeunes enfants comment trier les déchets, car ils ne comprennent encore pas très bien le système. Pour chaque question des enfants, trouvez la réponse de leur mère.

1. «Un pot de confiture vide, ça se met dans le bac vert, non?»

2. «Les serviettes en papier, on les jette où?»

3. «Un pot de yogourt, ça va dans la benne jaune, je crois?»

4. «Les bouteilles de coca en plastique et celles de vin vont dans des bacs différents?»

5. «On peut aller jeter les déchets quand on veut?»

6. «Une boite de ravioli, ça se recycle, bien sûr?»

7. «Un paquet de lessive et une bouteille de shampoing, ça ne va pas dans le même bac?»

8. «Il vaut mieux mettre ses déchets dans un sac avant de les jeter, non?»

a. «Mais si, tout va dans le jaune.»

b. «C'est juste, mais il faut la vider et la nettoyer d'abord.»

c. «Surtout pas, il faut les jeter directement dans les conteneurs.»

d. «À la poubelle; tout papier qui est tâché ne se recycle pas.»

e. «Oui, mais il faut enlever le couvercle.»

f. «Oui, tout à fait, dans le jaune et dans le vert.»

g. «Pas le verre, car ça fait trop de bruit, donc on ne le jette pas la nuit.»

h. «En fait non, ce type de pot n'est pas recyclable.»

En France et ailleurs

★ Attention! Étudier Grammaire 8.1

Ça fait réfléchir

- La France est le pays le plus étendu de l'Europe occidentale. Elle a 2.075 km de frontières maritimes, 1.000 km de frontières montagneuses et 195 km de frontières fluviales.
- La France possède le sommet le plus élevé d'Europe occidentale (le mont Blanc) et la principale forêt de l'Union européenne.

Activité 1 Interro: La carte de France

Regardez la carte et les dessins et répondez aux questions.

Comment s'appelle...

1. la capitale, qui se situe sur les bords de la Seine?
2. la ville dans les Alpes connue pour les Jeux Olympiques d'hiver?
3. la région des dunes et des forêts de pins dans le Sud-Ouest?
4. le grand fleuve qui se jette dans la Manche?
5. la ville au Nord-Est, siège du Parlement européen?
6. la côte méditerranéenne près de Nice?
7. l'endroit où on peut trouver des rapides et des falaises?
8. le fleuve qui commence dans les Alpes et descend vers la Méditerranée?
9. le large bras de mer formé par l'Atlantique entre la France et l'Angleterre?
10. les montagnes à la frontière de la France et de l'Espagne?
11. la région où on peut trouver des volcans éteints?
12. la ville située sur les bords de la Loire?

À propos...
La France dans sa diversité

Quand on parle de la France, on pense souvent à l'«Hexagone». En réalité, le territoire francais est morcelé[1] sur l'ensemble de la planète, avec ses départements, régions et territoires d'outre-mer et une ile en Méditerranée, la Corse. La France est donc présente:

- dans les Antilles (Martinique et Guadeloupe);
- dans l'océan Indien (Réunion et Mayotte);
- en Amérique du Nord (Saint-Pierre-et-Miquelon);
- en Amérique du Sud (Guyane);
- dans le Pacifique (Wallis-et-Futuna, Polynésie française, Nouvelle-Calédonie).

Naturellement, le français y est langue officielle, mais on y parle aussi de nombreuses langues locales, comme le créole, le kanak et le swahili. Dans l'Hexagone, on ne parle pas uniquement français non plus, mais aussi breton, alsacien, basque, arabe et occitan; de même, beaucoup de Corses s'expriment dans leur langue. L'unité française cache donc une grande diversité géographique, linguistique et culturelle.

[1] divisé en petites parties

• Paul Gauguin (1848–1903), *Mahana Maa,* 1892. L'ile de Tahiti, en Polynésie française (Pacifique sud), est l'un des plus célèbres territoires d'outre-mer.

Activité 2 Dans le monde francophone: Les départements, communautés et territoires d'Outre-mer français

A. La France métropolitaine a 96 *départements* (divisions administratives). Elle a d'autre part cinq *départements et régions d'Outre-mer* (DROM): Guadeloupe, Martinique, Guyane, Mayotte et Réunion. Il y a aussi des *collectivités d'Outre-mer* (COM), la Polynésie française, Saint-Pierre-et-Miquelon, Wallis-et-Futuna, Saint-Martin et Saint-Barthélemy. La Nouvelle-Calédonie, dans l'océan Pacifique, est une collectivité à statut particulier de large autonomie. L'archipel Kerguelen et les autres «Terres australes et antarctiques françaises» forment un *territoire d'Outre-mer* (TOM).

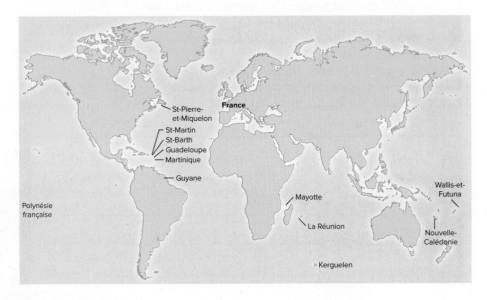

B. Écoutez la description, puis cherchez le nom de la COM, du DROM ou du TOM sur la carte.

1. C'est le département d'Outre-mer où la France partage une frontière avec le Brésil.
2. Ce pays, à 2.000 km de l'Australie, garde son autonomie politique.
3. Ce groupe d'îles dans le Pacifique forme un collectivité d'Outre-mer.
4. Ce département d'Outre-mer est majoritairement musulman et de culture africaine. Il se trouve dans l'océan Indien près de la côte sud-est de l'Afrique.
5. Cette collectivité d'Outre-mer a une histoire qui remonte jusqu'à l'arrivée des Français au Canada. Sur son site web officiel, on voit sa devise «*où la France rencontre l'Amérique*».
6. Jadis surnommées îles de la Désolation, ces îles forment un archipel au sud de l'océan Indien et constituent l'un des cinq districts du territoire des Terres australes et antarctiques françaises (TAAF).

Activité 3 Échanges: Voyages dans le monde

Dans quel pays et dans quelle ville est-ce qu'on peut faire les activités suivantes?

MODÈLE: visiter le Kremlin →
É1: Où est-ce qu'on peut visiter le Kremlin?
É2: On peut le voir à Moscou, en Russie.

ACTIVITÉS	VILLES	PAYS
1. voir les pyramides et le Sphinx	à Athènes	en Belgique
2. faire une balade en gondole sur le Grand Canal	à Bruges	au Canada
3. aller au Mardi gras et gouter à la cuisine cadienne	au Caire	en Égypte
4. voir les cerisiers en fleurs au printemps	à Casablanca	aux États-Unis
5. photographier le Parthénon	à La Nouvelle-Orléans	en Grèce
6. visiter la «Venise du Nord» et ses musées d'art flamand	à Montréal	en Italie
7. parler français au bord du Saint-Laurent	à Tokyo	au Japon
8. faire des achats dans un souk et visiter une médina	à Venise	au Maroc

Activité 4   Dans le monde francophone: Une publicité

LES SEYCHELLES

«Je ne veux pas que vous alliez aux Seychelles. Ces 92 iles de rêve, éparpillées sur plus de 400.000 km² sont vraiment trop belles. Pas question de découvrir ces splendides plages, douces et chaudes, blotties sous les cocotiers. Jamais je ne vous laisserai vous prélasser dans les eaux turquoises de cet océan, à quelques degrés de l'équateur et ne comptez pas sur moi pour vous offrir un de ces savoureux punch coco dans la lumière dorée au coucher du soleil. Je vous interdis d'assister à la ponte des grandes tortues de mer à l'Ile Curieuse ou de surprendre les oiseaux rares de Frégate. Je ne vous permets pas non plus d'explorer les fonds sous-marins d'une rare richesse de Desroches. Et que je ne vous surprenne pas sur une de ces vedettes puissantes qui vous emmènent à la pêche à l'espadon ou au marlin. Le grand Catamaran luxueux qui permet le mouillage dans les baies désertes n'est pas non plus pour vous. Et si j'apprends que les spécialistes VPS ont obtenu une petite ile privée uniquement pour vous, je ne le supporterai pas.»

Certains peuvent croire que le paradis leur est réservé: bienvenue aux Seychelles.

Ioflo69/iStockphoto/Getty Images

En conseillant de ne pas aller aux Seychelles, cette publicité donne justement envie d'y aller. Pourquoi? Décidez si les phrases sont vraies ou fausses.

1. Le climat de la région est doux et tropical.
2. On peut voir les grandes tortues de mer en train de pondre des œufs.
3. Il n'y a pas de plages, mais des forêts de cocotiers.
4. On peut observer des oiseaux rares.
5. Il est dangereux de faire des explorations sous-marines près des iles.
6. Le coucher de soleil est vraiment très beau.
7. Malgré la proximité de l'équateur, les eaux de l'océan sont froides.
8. On peut se baigner dans des baies désertes.

Allons plus loin!   Avec d'autres étudiant(e)s, essayez la même formule. Créez une publicité «négative» pour un lieu qui vous plait beaucoup dans votre ville, votre état ou ailleurs.

Cliquez là!

Visitez un site web consacré aux Seychelles. Qui habitait là avant l'arrivée des Européens? Quels pays ont colonisé ces iles? Quelle(s) langue(s) est-ce qu'on y parle aujourd'hui?

La géographie et le climat

⭐ Attention! Étudier Grammaire 8.2 et 8.3

Activité 5 Définitions: Termes géographiques

_____ **1.** étendue de sable au bord de la mer

_____ **2.** cours d'eau important qui se jette dans la mer

_____ **3.** pays aride où il y a peu de végétation

_____ **4.** petit golfe

_____ **5.** étendue de terre entourée d'eau

_____ **6.** étendue de terrain couverte d'arbres

_____ **7.** grande masse verticale de pierre dure

_____ **8.** accumulation de neige transformée en glace qui se déplace lentement

_____ **9.** presqu'ile: bras de terre entouré d'eau de trois côtés

a. une péninsule
b. un glacier
c. une plage
d. une ile
e. un fleuve
f. un désert
g. une forêt
h. une baie
i. une falaise

Activité 6 Associations: Endroits et activités

Que voit-on dans les endroits suivants et qu'est-ce qu'on peut y faire?

Vocabulaire utile des baies, des cascades, des collines, des dunes, des falaises, des fleuves, des forêts, des glaciers, des gorges, des iles, des plages, des plaines, des rochers, du sable, des vallées

MODÈLE: dans les Gorges du Tarn →
On y voit des falaises, des rochers et des rivières. On peut y faire du canoë, du kayak, du rafting, de l'escalade,...

1. dans des montagnes comme les Alpes et les Rocheuses
2. dans un désert comme le Sahara ou le Gobi
3. sur la côte nord-ouest de l'Amérique du Nord
4. dans la jungle de l'Amazone
5. sur une ile tropicale comme Tahiti
6. dans l'état où se trouve votre université
7. ?

• Une mère et sa fille font du canoë sur la Leyre, en Nouvelle-Aquitaine (France).

Allons plus loin! Si vous pouviez quitter votre région, où voudriez-vous passer des vacances? Qu'est-ce que vous aimeriez y faire?

Activité 7 Définitions: La pluie et le beau temps

Complétez les phrases en choisissant des mots de cette liste: **nuageux, la pluie, rosée** (*f.*), **un ouragan, la grêle, les éclairs, il pleuviote, le tonnerre, un tornade, givre** (*m.*).

1. Pendant un orage, les enfants se couvrent les yeux pour ne pas voir _____ de la foudre et les chiens hurlent quand ils entendent _____.
2. Les petites boules de glace qui tombent pendant un orage d'été s'appellent _____.
3. Un _____ est une tempête de vents très violents qui se forme sur la mer avant de toucher terre.
4. Dorothée et Toto ont été victimes d' _____. Ce type d'orage est très capricieux et ne dure que quelques minutes.
5. L'eau qui tombe du ciel s'appelle _____. S'il pleut légèrement, on dit parfois qu' _____.
6. En été, on trouve des gouttes de _____ sur les pétales des fleurs le matin.
7. Les jours où il n'y a pas de soleil, il fait _____.
8. On trouve des cristaux de _____ sur les fenêtres ou l'herbe en automne.

Activité 8 Entretien: La nature et moi

1. Tu vas parfois à la mer? Où aimes-tu aller? Qu'est-ce que tu y fais?
2. Tu aimes aller à la montagne? À quel endroit? En quelle saison? On peut faire quoi, là où tu vas?
3. As-tu déjà visité une région désertique ou tropicale? Laquelle? Qu'est-ce qui t'a surpris le plus dans ce climat?
4. C'est comment, le climat d'où tu viens? Ça te plait? Pourquoi?
5. Tu as peur des orages? Qu'est-ce que tu fais si la météo annonce un orage dangereux?
6. Quelle est ta saison préférée? Pourquoi? Qu'est-ce que tu aimes faire en cette saison?

Activité 9 Sondage: Problèmes de météo

Écoutez et marquez votre décision dans chaque cas. Ensuite, comparez vos réponses avec celles de vos camarades de classe.

1. Vous êtes dehors. Soudainement, il y a un coup de foudre et un coup de tonnerre.
   a. Il vaut mieux s'étendre par terre et se couvrir la tête avec les mains.
   b. Il faut se cacher sous un arbre et se boucher les oreilles.
2. Pendant votre randonnée en montagne, une grosse tempête de neige arrive.
   a. On doit s'abriter sous un rocher et attendre la fin de la tempête.
   b. Il vaut mieux continuer la randonnée, mais très prudemment.
3. La météo vient d'annoncer qu'une tornade s'approche de votre quartier.
   a. Il faut ouvrir les portes et les fenêtres pour réduire la pression de l'orage.
   b. Il faut descendre au sous-sol en emportant une radio et une torche électrique.
4. Dans le désert, on contemple le lit d'une rivière sèche pour dresser sa tente.
   a. Si le ciel est clair, il n'y a aucun danger. On peut y camper.
   b. C'est trop dangereux! Il y a risque d'inondation soudaine.

Activité 10 Dans le monde francophone: Les climats variés

Voici des descriptions extraites d'une brochure. Posez des questions à votre partenaire.

MODÈLE: É1: Il neige en hiver, en Nouvelle-Calédonie?
         É2: Non, il fait frais seulement et il pleut.

         É1: Comment est l'été au Maroc?
         É2: Il est très sec et chaud.

LE MAROC	LE QUÉBEC	LA NOUVELLE-CALÉDONIE
pays maghrébin désertique et montagneux en Afrique du Nord	**province boisée et montagneuse d'un grand pays en Amérique du Nord**	**l'île principale est longue et montagneuse, entourée d'un récif-barrière dans le Pacifique près de l'Australie**
Froid et très froid (−10°C) la nuit en hiver dans le Sahara; pas de demi-saison; été très sec et chaud à très chaud.	Hiver rigoureux. Été tempéré dans le nord, chaud dans le sud, superbe «été indien» fin septembre.	Saisons inversées par rapport à l'hémisphère nord, hiver (juin à septembre) frais et humide, intersaisons agréables et été (décembre à mars) chaud.

Allons plus loin! Persuadez la classe de visiter votre état, région ou pays. **Idées:** Parlez de sa géographie (lacs, montagnes, etc.), de son climat, des activités possibles, des villes et des sites à visiter, en montrant des photos ou des dessins.

Questions écologiques

⭐ Attention! Étudier Grammaire 8.4 et 8.5

On ne devrait pas cultiver son jardin dans le désert.

Il est interdit de jeter des déchets par terre.

En ville, le bruit peut déranger les autres.

Jean-Yves s'est renseigné sur les causes du changement climatique.

Il s'est rendu compte qu'il contribuait au réchauffement climatique quand il prenait l'avion pendant ses vacances.

Il a décidé de prendre le train au lieu de l'avion à l'avenir.

Activité 11   Interro: Transformations écologiques

Qu'est-ce qui a influencé ces personnes? Que faisaient-elles jusque-là?
Qu'est-ce qu'elles ont fait après?

MODÈLE: É1: Qui a lu un article sur le jardinage naturel?
           É2: Francis Lasalle.
           É1: Que faisait Francis jusque-là?
           É2: Il se servait d'insecticides.

	LE MOMENT CLÉ	AVANT	LE RÉSULTAT
Francis Lasalle...	a lu un article sur le jardinage naturel	se servait d'insecticides	a acheté des coccinelles pour son jardin
Marie Lasalle...	a assisté à une conférence sur le recyclage	jetait tous ses déchets à la poubelle	a commencé à recycler les emballages en verre et en plastique
Julien Leroux...	a vu un film sur le réchauffement de la planète	allait partout dans son 4 × 4	a décidé d'acheter une voiture hybride
Emmanuel Colin...	a appris que le bruit excessif est une forme de pollution	écoutait sa radio avec le volume au maximum	a baissé le volume de sa radio

Activité 12   Sondage: La vie en société

Dites pourquoi ces habitudes qui affectent notre environnement sont mal vues.

MODÈLE: boire son café et se raser pendant qu'on conduit le matin →
           Ça peut mettre quelqu'un en danger! Il faut être attentif au volant.

Vocabulaire utile

C'est impoli.   C'est illégal.
Ça peut mettre quelqu'un en danger.   C'est embêtant mais pas grave.
C'est mauvais pour l'environnement.   Ce n'est pas hygiénique.

1. envoyer des textos pendant qu'on conduit
2. laisser son chien faire ses besoins sur le trottoir
3. refuser de recycler, malgré les règlements
4. fumer dans un endroit public
5. stationner dans un espace interdit ou privé
6. faire des graffitis sur les murs des endroits publics
7. faire du bruit qui dérange ses voisins
8. jeter des déchets par terre
9. conduire son 4 × 4 hors-piste
10. ignorer les émissions excessives de carbone de sa voiture

Activité 13 Récit: Faux pas écologiques

Identifiez les erreurs que Raoul est en train de commettre et dites ce qu'il devrait faire pour ne pas contribuer à la dégradation de l'environnement.

MODÈLE: Il est en train de jeter une canette par terre. →
Il devrait recycler les objets en aluminium recyclable.

Ça fait réfléchir

En France...

• chaque habitant produit en moyenne 354 kg d'ordures ménagères par an.
• le bruit qui touche le plus les gens provient de la circulation.
• chaque habitant consomme en moyenne 282 litres d'eau potable chaque année.

Dans le monde...

• En Europe, on recycle 30 % des objets en plastique; en Chine, c'est 25 %, et aux États-Unis, ce n'est que 9 %.

MAUVAISES HABITUDES

• gaspiller de l'énergie
• laisser couler l'eau
• laisser les lampes allumées
• jeter les bouteilles en verre
• jeter ses déchets par terre
• contribuer à la pollution de l'air
• utiliser trop de détergents
• ?

HABITUDES ÉCOLOGIQUES

• se servir d'une bouteille d'eau réutilisable
• utiliser moins de détergents
• utiliser les transports en commun
• faire du covoiturage
• se déplacer en vélo
• trier les déchets
• recycler les récipients en verre et en plastique
• arrêter l'eau quand on ne s'en sert pas
• éteindre les lumières avant de sortir
• garder son moteur en bon état
• se servir des sacs d'épicerie réutilisables
• ?

Allons plus loin! On parle de trier, de recycler et de composter. Pensez aux déchets de la poubelle ordinaire, aux pelures de fruits et légumes, aux objets et aux appareils qui sont jetés par la famille moyenne. Ensuite, nommez toutes les choses que nous pouvons réutiliser. Enfin, mettez-vous en équipes pour voir qui peut en nommer le plus et dire ce qu'on peut en faire.

À la rencontre des arts
La Terre vue du Ciel

Le photographe Yann Arthus-Bertrand est un amoureux de la nature. Bien avant de devenir un photographe mondialement connu, il a dirigé une réserve naturelle dans le centre de la France, puis étudié le comportement des animaux sauvages au Kenya. Là, il a découvert la beauté des paysages vus d'un avion ou d'une montgolfière (ballon). Il imagine alors le projet «La Terre vue du Ciel», une collection de centaines de photos de l'ensemble de la planète. Son but est à la fois artistique et écologique: «Nous sommes aujourd'hui dans une période critique, où l'homme est en train de transformer son environnement et se met en danger dans le même temps. Les vrais problèmes des siècles à venir seront davantage des problèmes d'environnement et de transformation du climat, que des problèmes sociaux.» Son livre *La Terre vue du Ciel* regroupe les 200 plus fortes photos du projet accompagnées de commentaires sur l'état du monde; il a connu un immense succès international.

• L'atoll de Bora-Bora, en Polynésie

• L'ilot Nuami dans l'atoll de Nokanhui au sud de l'ile des Pins, Nouvelle-Calédonie

Yann Arthus-Bertrand/Getty Images

Activité 14 Échanges: Au milieu du XXᵉ siècle

Voici comment vivaient les Américains pendant les années 50. Est-ce que la vie a changé depuis? Si oui, dites ce qui a provoqué le changement. Sinon, expliquez votre avis.

MODÈLE: Pendant les années 50, on pensait très peu à conserver l'énergie. →
  É1: Aujourd'hui, tout le monde en parle mais la situation n'a pas changé. Regarde ces grosses voitures, par exemple!
  É2: Euh, peut-être. Pourtant, nous avons fait des progrès dans certains domaines. Par exemple...

Pendant les années 50...

1. les voitures étaient grandes et consommaient beaucoup d'essence.
2. l'équipement ménager consommait beaucoup d'électricité ou de gaz.
3. le covoiturage n'était pas une priorité.
4. on rêvait de créer une source perpétuelle d'énergie à partir de l'atome.
5. les rues n'étaient pas bien éclairées, sauf au centre-ville.
6. on utilisait très peu le vélo comme moyen de transport.
7. beaucoup de gens voyageaient en train et en car.
8. la plupart des familles possédaient seulement une voiture.

Exprime-toi!

J'en ai marre!
C'est dégoutant!
On délire ou quoi?
Tout le monde fait pareil!
Ce n'est pas une raison!
On devrait l'interdire!
On a tort! (tort de...)
C'est pas juste!
Ça suffit!

Activité 15 Associations: Écolo ou pas?

Décidez s'il s'agit dans chaque cas de (1) «l'écolo» ou (2) d'une personne «sans-souci».

Qui...

- prend l'autobus pour aller au travail?
- n'a jamais le temps de recycler ses déchets?
- conduit très vite une grosse voiture?
- a persuadé son père de planter un jardin naturel?
- adore faire de l'équitation sur la plage?
- laisse ses ordures après avoir campé en montagne?
- organise des courses en buggy dans les dunes avec ses copains?
- se porte volontaire pour nettoyer le parc?
- a acheté une voiture hybride l'année dernière?
- visite les parcs nationaux en motoneige chaque hiver?
- emporte ses ordures quand il fait du camping?
- a remplacé ses ampoules incandescentes par des ampoules LED?

LA LANGUE EN MOUVEMENT

Mots raccourcis

Le mot *écolo*, forme abrégée d'*écologiste*, illustre un phénomène très fréquent en français courant: l'emploi de mots qui ont perdu leur dernière syllabe (ou leurs deux ou trois dernières syllabes). Par exemple, on entend souvent *foot*, *télé*, *aprèm*, *météo*, *fac* et *appart*. Pour certains mots, la forme courte est devenue plus courante que la forme longue, comme dans *métro* (*métropolitain*), *vélo* (*vélocipède*) et *cinéma* (*cinématographe*), qui devient en français courant *ciné*.

MISE EN PRATIQUE Lisez cette histoire drôle en déchiffrant les mots raccourcis: En amenant son chien chez *le véto*, *l'ado* a rencontré *un intello* très *sympa* qui était en train de lire *un dico*. *L'intello* et *l'ado* ont discuté de *philo*, et puis *l'intello* est parti au *resto* prendre *un apéro*. *L'ado* a complètement oublié son *RDV* chez *le véto*: *la cata!*

Ça fait réfléchir

En France...

• 38.000 hectares de champs cultivables disparaissent sous la construction chaque année.

• Dans les 50 dernières années, l'espace agricole français a diminué de 20 %, de 35 à 28 millions d'hectares.

• La superficie des forêts progresse de 0,7 % par an, depuis 1980. Elle couvre 16,9 millions d'hectares, soit 31 % du territoire. C'est l'occupation du sol la plus importante après l'agriculture.

Activité 16 Discussion: Questions écologiques

Vous vous inquiétez des problèmes écologiques? En groupes, proposez ce qu'on peut faire pour les résoudre.

MODÈLE: À mon avis, nous devrions sauver *les espèces en danger d'extinction*. Nous devons *restaurer leur habitat*.

PROBLÈMES ÉCOLOGIQUES

1. la forêt tropicale humide en danger
2. la pollution des rivières et des fleuves
3. les antibiotiques dans la viande et la volaille
4. la croissance des centrales nucléaires
5. la quantité énorme d'ordures
6. la pollution de l'air
7. la dépendance aux combustibles fossiles et au pétrole
8. les effets du changement climatique
9. l'emploi excessif du polystyrène (du plastique)
10. ?

SOLUTIONS

a. arrêter d'employer des pesticides toxiques
b. demander des verres et des assiettes en papier plutôt qu'en plastique
c. développer l'énergie solaire et éolienne (du vent)
d. participer aux programmes de recyclage
e. limiter les émissions de carbone industrielles
f. arrêter de déboiser les forêts
g. acheter des produits bio
h. consommer moins d'énergie
i. acheter plus de produits verts
j. développer les transports en commun
k. encourager la production de voitures hybrides
l. nettoyer les eaux polluées
m. ?

À voir en vidéo

Les francophones sur le vif: Annabelle Brujes, étudiante et militante pour le développement durable; organisatrice du festival «Étangs d'art» à Marseille

McGraw-Hill/Klic Video Productions

Le festival «Étangs d'art» est un festival étudiant, en pleine nature, gratuit, ouvert à tous, lié[1] au développement durable. On tourne autour de mille personnes sur deux jours. Il y a des gens qui restent toute la journée, qui piqueniquent, qui sont là en famille, d'autres qui se promènent et s'informent. Donc on a essayé de varier les activités pour les petits et pour les grands avec de la danse, du cirque, du cinéma, et de la musique. Pour animer le festival, tout un village avec des artisans en poterie, en chapeaux, un système de distribution de paniers[2] bio de légumes, etc. On a mis en place des toilettes sèches, qui fonctionnent avec des copeaux[3] de bois, pour à terme faire du compost. On offre aussi des «éco-cup» réutilisables et des cendriers de poche, de la nourriture bio et des boissons équitables. On essaie d'être cohérent du début à la fin.

On a fait des animations dans les écoles avant le festival. Les élèves savaient déjà trier leurs déchets, où vont les déchets, ce qu'on peut faire avec des déchets recyclés, par exemple les bouteilles en plastique. Je pense que c'est important, c'est même souvent les enfants toujours très réceptifs qui sensibilisent leurs parents, ensuite!

[1]connecté
[2]récipients pour le transport
[3]petits fragments

POUR RÉSUMER

À vous de parler

Dans son Agenda 21, la ville de Bordeaux s'est engagée à «favoriser les modes de déplacements doux ou alternatifs». Regardez les photos et parlez-en avec des camarades.

A. Voici une rue résidentielle au centre de Bordeaux. Qu'est-ce que vous y voyez? Pour quelles raisons est-ce que la ville a décidé d'offrir plus de transports alternatifs aux Bordelais, à votre avis?

• Une rue à Bordeaux

B. Depuis 2001, Bordeaux métropole propose un service de prêt gratuit de vélos géré par la Maison métropolitaine des mobilités alternatives (MAMMA) et destiné à tous les habitants de la métropole. Cette offre est complétée par les V³, des vélos en libre-service accessibles 24h/24 et 7j/7 moyennant un abonnement à la journée, à la semaine, au mois ou à l'année auprès du réseau TBM (Transports Bordeaux Métropole).

   Quels sont les avantages du vélo pour l'environnement? Est-ce une bonne idée pour votre ville? Est-ce que vous voudriez emprunter une bicyclette de temps en temps? Si un tel service existe déjà chez vous, est-ce que vous vous en servez?

C. Situations: En groupes de quatre, créez des équipes de deux personnes pour discuter des avantages et des inconvénients du vélo comme moyen de transport. Si vous êtes contre, proposez d'autres moyens de transport qui consomment peu d'énergie non-renouvelable.

• Des vélos V³ en libre-service attendent les cyclistes

À vous de lire

«Rondeau» par Charles d'Orléans

Charles 1ᵉʳ d'Orléans était le fils de Louis d'Orléans, frère du roi de France, Charles VI. À la suite d'une bataille contre les Anglais (pendant la Guerre de Cent Ans) en 1415, il est fait prisonnier. Il est resté en Angleterre pendant vingt-cinq ans et a profité de cette période de captivité pour écrire. Il est l'auteur de plusieurs centaines de poèmes, dont de nombreux «rondeaux» (qui ressemblent à des chansons). Celui-ci est le plus connu.

Texte en français moderne

Le temps a laissé son manteau
De vent, de froidure et de pluie,
Et s'est vêtu de broderie,[1]
De soleil luisant,[2] clair et beau.

Il n'y a bête ni oiseau
Qu'en son jargon ne chante ou crie:
«Le temps a laissé son manteau
De vent, de froidure et de pluie.»

Rivière, fontaine et ruisseau[3]
Portent, en livrée[4] jolie,
Gouttes d'argent, d'orfèvrerie[5];
Chacun s'habille de nouveau.
Le temps a laissé son manteau.

Texte original en français médiéval

Le temps a laissié son manteau
De vent, de froidure et de pluye,
Et s'est vestu de brouderie,
De soleil luyant, cler et beau.

Il n'y a beste ne oyseau,
Qu'en son jargon ne chante ou crie;
Le temps a laissié son manteau
De vent, de froidure et de pluye.

Rivière, fontaine et ruisseau
Portent, en livrée jolie,
Gouttes d'argent d'orfaverie,
Chascun s'abille de nouveau:
Le temps a laissié son manteau.

---

[1]décoration sur un vêtement   [2]brillant   [3]petite rivière   [4]costume   [5]bijoux d'or

Avez-vous compris?

1. Pouvez-vous deviner le sens de «s'est vêtu»? Regardez ce verbe dans la version originale (*vestu*). À quel mot anglais ce verbe correspond-il?
2. Quel est le sens de «bête» ici? (Utilisez la même stratégie que pour la question précédente.)
3. Faites une paraphrase des deux vers «Il n'y a bête... / chante ou crie». (Notez que dans la langue poétique, on peut exprimer la négation avec «ne» seul.) Normalement, quand est-ce qu'on emploie le terme «jargon» (en français et en anglais)?

À vous d'écrire

Vous venez d'arriver à Dakar au Sénégal. Vous vous êtes promené(e) un peu et maintenant, vous écrivez à votre ami(e). Vous voudriez lui dépeindre une image très vive de ce que vous avez vu: des touristes avec leurs appareils photo, des vendeurs de fruits, des hommes d'affaires en costume traditionnel, des clients dans les boutiques, une circulation intense dans les rues... Dans votre lettre, employez l'imparfait pour dire ce qui se passait autour de vous.

MODÈLE: *Cher (Chère)...*

Me voilà enfin, confortablement installé(e) dans ma chambre. Il me semble que je vais aimer Dakar. Je me suis promené(e) un peu cet après-midi. Il faisait un temps splendide. Il y avait des gens qui... Beaucoup de personnes...

Avec toutes mes amitiés,

• Un baobab au Sénégal

La géographie et la Terre

Geography and the Earth

au bord de	at the edge of
sur les bords de	on the banks of
couvert(e) (de)	covered (with)
entouré(e) (de)	surrounded (by)
large	wide
montagneux/ montagneuse	mountainous
situé(e)	located
des collines (f.)	hills
la côte	the coast
un cours d'eau	a stream, a river
l'est (m.)	east
un état	a state
une étendue (de)	a stretch, an expanse (of)
une falaise	a cliff
un fleuve	a river
la forêt humide	the rainforest
la frontière	the border
un golfe	a gulf
une ile	an island
la Manche	the English Channel
le nord	north
l'ouest (m.)	west
la pierre	stone
un pin	a pine tree
une presqu'ile	a peninsula
un rocher	a rock
le sable	sand
le sud	south
un volcan éteint	an extinct volcano
se jeter dans	to flow into
se situer	to be located

Mots apparentés: **une baie, un désert, une dune, un glacier, une gorge, une jungle, un océan, une péninsule, une plaine, des rapides** (*m.*)**, un terrain, une vallée**

Le temps et le climat

Weather and climate

un éclair	a flash of lightning
la foudre	lightning
le givre	frost
une goutte	a drop
la grêle	hail
une inondation	a flood
nuageux/nuageuse	cloudy
un orage	a storm
un ouragan	a hurricane
il pleuviote	it's sprinkling (*rain*)
la pluie	rain
la rosée	dew
une tempête	a storm, tempest
le tonnerre	thunder
une tornade	a tornado

Préoccupations écologiques

Environmental concerns

une centrale nucléaire	a nuclear power plant
le changement climatique	climate change
un combustible fossile	fossil fuel
la croissance (de)	the increase (in)
les déchets (m.)	trash, waste
les eaux (f.) (de)	the waters (of)
l'essence (f.)	gasoline
le pétrole	oil
un 4 × 4 ("quatre- quatre")	a four-wheel-drive vehicle
le réchauffement de la planète	global warming
contribuer (à)	to contribute (to)
déboiser (les forêts)	to deforest, to clear away trees
déranger	to disturb, to bother
gaspiller l'énergie	to waste energy
jeter (une canette)	to throw away (a can)
laisser couler l'eau	to leave water running
se servir de pesticides	to use pesticides

Mots apparentés: **la dégradation, l'électricité, les émissions** (*f.*) **industrielles, l'extinction, le gaz, pollué(e), la pollution, toxique**

Solutions environnementales

Environmental solutions

des aliments bio	organic produce
une ampoule	a lightbulb
un car	a cross-country bus
une poubelle	a trash can
un produit vert	a natural product
baisser (le volume)	to lower (the volume)
consommer moins (de)	to consume less (of)
jeter dans une poubelle	to put in a garbage can
éteindre les lumières	to turn off the lights
faire du covoiturage	to carpool

faire des progrès	to make progress
se porter volontaire	to volunteer
recycler le verre	to recycle glass
remplacer	to replace
se rendre compte (que)	to realize, to recognize
résoudre	to resolve
sauver	to save
trier les déchets	to sort trash

Mots apparentés: **l'énergie** (*f.*) **solaire, incandescent(e), planter, le recyclage**

La description

allumé(e)	lighted, lit
éclairé(e)	lit, lighted
fier/fière	proud
interdit(e)	forbidden
prudemment	carefully
sec/sèche	dry

Mots apparentés: **attentif/attentive, capricieux/ capricieuse, dangereux/dangereuse, recyclable**

Substantifs

le bruit	noise
l'équitation (*f.*)	horseback riding
un lieu	a place, spot
la médina	*the old part of an Arab city*
la moitié (de)	half (of)
une publicité	an ad
un quart (de)	a quarter (of)
un robinet	a faucet
un souk	*an Arab market*

Mots apparentés: **l'aluminium** (*m.*)**, les ressources** (*f.*) **naturelles**

Verbes

s'abriter	to take shelter
se boucher les oreilles	to cover one's ears
se cacher	to hide
emporter	to take with you
s'étendre	to extend, to stretch (*a desert, etc.*)
faire une randonnée	to go on a hike
réduire la pression	to reduce the pressure (*of air*)
se renseigner	to find out about
se trouver	to be located

Mots et expressions utiles

à l'avenir	in the future
actuellement	currently, now
les années 50	the 1950s
au lieu de	instead of
malgré	in spite of, despite
par terre	on the ground
pourtant	however
la santé	health
sauf	except
Ça suffit!	That's enough!
J'en ai marre!	I'm fed up!
On délire ou quoi?	Are we/they nuts or what?
On devrait l'interdire!	They should forbid it!
Tout le monde fait pareil.	Everybody does the same thing.

Grammaire et exercices

8.1 Expressing location, destination, and origin: Prepositions + place names

A. Cities. Use **à** (*to*, *at*, *in*) and **de** (*from*) with names of cities.

Agnès Rouet habite **à Paris**.	*Agnès Rouet lives in Paris.*
Julien Leroux vient **de Bruxelles**.	*Julien Leroux comes from Brussels.*

B. Continents, countries, and provinces. The preposition used depends on whether the name of the place is masculine, feminine, or plural. In general, names of continents, countries, and provinces that end in **-e** are feminine, whereas all others are masculine: **la Tunisie**, **l'Égypte**, **la Côte d'Ivoire**, **le Maroc**, **le Danemark**, **le Québec**. (Exception: **le Mexique**). A few place names are plural: **les États-Unis**, **les Pays-Bas**.

> Cities: Use **à** and **de**.
> Countries:
> **en/de** + fem.
> **au/du** + masc.

Most country names ending in **-e** are feminine. To check gender, see the maps in this book/e-book. *Shortcut:* If a country name starts with a vowel or ends in **-e**, use **en/de**. Otherwise, use **au/du**. *Exception:* **le Mexique**

PREPOSITIONS WITH COUNTRIES, CONTINENTS, AND PROVINCES

	all feminines, masculines starting with a vowel	other masculines	plural
in, to	**en** Asie, **en** Suède, **en** Ontario	**au** Canada	**aux** États-Unis
from	**d'**Europe, **de** France, **d'**Israël	**du** Sénégal	**des** États-Unis

Nous allons **en Allemagne** et **au Luxembourg**.	*We're going to Germany and Luxemburg.*
Leila vient **de Tunisie** et son mari vient **du Maroc**.	*Leila comes from Tunisia, and her husband comes from Morocco.*
Julien est rentré **des États-Unis** hier.	*Julien came back from the United States yesterday.*

C. U.S. states. Most states are masculine: **le Connecticut**, **le Kentucky**, **le Maryland**, **le Nouveau-Mexique**, **le Tennessee**, etc. Nine states change their spelling in French from final **-a** to final **-e** and these states are feminine: **la Californie**, **la Caroline du Nord et du Sud**, **la Floride**, **la Géorgie**, **la Louisiane**, **la Pennsylvanie**, **la Virginie**, **la Virginie-Occidentale**.

> U.S. states:
> **en/de** + fem.
> **dans le/du** + masc.

With feminine states, use **en** and **de** as previously explained: **en Californie**; **de Louisiane**. Likewise, masculine states take **du** (**de l'**)—du Texas, de l'Iowa—but **dans le** is usually preferred to **au**: **dans le Michigan**, **dans l'Ohio**.

Exercice 1 Tour de France

Vous allez visiter la France et vous décrivez votre itinéraire. Nommez la ville, puis la région.

MODÈLE: Paris (Ile-de-France) → Je vais d'abord à Paris, en Ile-de-France.
Reims (Champagne) → De Paris, je vais à Reims, en Champagne.

1. Strasbourg (Alsace)
2. Dijon (Bourgogne)
3. Grenoble (Savoie)
4. Arles (Provence)
5. Clermont-Ferrand (Auvergne)
6. La Rochelle (Poitou)
7. Tours (Touraine)

Exercice 2 Le tour du monde

Posez des questions à un/une jeune globetrotteur/globetrotteuse. Donnez aussi ses réponses.

> MODÈLE: l'Amérique du Sud / le Pérou et l'Argentine →
> —Est-ce que tu vas en Amérique du Sud?
> —Oui, je vais au Pérou et en Argentine.

1. l'Europe / le Portugal et l'Espagne
2. l'Asie / la Chine et l'Inde
3. l'Afrique / la Côte d'Ivoire et le Sénégal
4. l'Afrique du Nord / la Tunisie et le Maroc
5. la Louisiane / Baton Rouge et La Nouvelle-Orléans
6. le Canada / Montréal et Toronto
7. l'Amérique du Sud / le Brésil et l'Argentine
8. l'Amérique du Nord / les États-Unis: la Californie et le Texas

Exercice 3 Le marché international

Savez-vous de quels pays viennent les produits et les aliments suivants?

> MODÈLES: les stylos Waterman →
> D'où viennent les stylos Waterman?
> Les stylos Waterman viennent de France.
>
> le sushi →
> D'où vient le sushi?
> Le sushi vient du Japon.

1. les Volkswagen
2. les appareils Sony
3. le jambalaya
4. les vins de Bourgogne
5. les enchiladas et les tacos
6. le cappuccino
7. les Cadillac
8. le sucre d'érable

8.2 The verb **vivre**

⭐ *Review **Grammaire 6.2** on **dire**, **lire**, and **écrire**.*

The verb **vivre** is irregular but is similar to **écrire** in the present tense and the **imparfait**. Another verb like **vivre** is **survivre** (**à**) (*to survive*).

vivre (*to live*)	
je vis	nous vivons
tu vis	vous vivez
il/elle/on vit	ils/elles vivent
PASSÉ COMPOSÉ: j'ai **vécu**	
IMPARFAIT: je **vivais**	

➤ Like **écrire**, **vivre** has:

- Two stems: **vi-** (*sing.*), **viv-** (*pl.*)
- Singular endings in the present tense: **-s**, **-s**, **-t**
- But the past participle of **vivre** is **vécu** (vs. **écrit**).

Pronunciation Hint

The letter **c** is pronounced "**k**" before the letters **a**, **o**, and **u**. (It is pronounced "**s**" before **i**, **e**, and **y**.) Thus, **vécu** is pronounced [véku].

Je **vis** à La Nouvelle-Orléans depuis dix ans.	*I've been living in New Orleans for ten years.*	➤ **Vive** le printemps! = *Hurray for springtime!* **Vive** les vacances!
Mes parents **vivaient** à Toronto quand je suis né.	*My parents were living in Toronto when I was born.*	
L'accident était horrible, mais miraculeusement, tout le monde **a survécu**.	*The accident was horrible, but miraculously, everyone survived.*	➤ **facile à vivre** = *easy to get along with*

Exercice 4 Les oiseaux et l'environnement

Employez une des formes de **vivre** ou **survivre**.

Il y a près de 9.000 espèces d'oiseaux qui _____[1] dans le monde. Chaque espèce _____[2] dans un milieu particulier. Par exemple, les pics,* oiseaux à becs longs, pointus et solides, _____[3] dans les forêts. L'aigle royal _____[4] en haute montagne, dans les Alpes et les Pyrénées. Le flamant rose, grand oiseau au long cou, ne peut _____[5] qu'au bord de lacs salés peu profonds.

Toutes ces espèces _____[6] (*passé composé*) dans une paix relative jusqu'à récemment. Mais aujourd'hui, celles qui _____[7] (*passé composé*) sont souvent menacées par la destruction de leur habitat ou la pollution des eaux. Pourtant, certaines espèces se sont bien adaptées au milieu humain. Par exemple, la cigogne† blanche, qui autrefois _____[8] (*imparfait*) exclusivement dans les rochers ou les arbres, aujourd'hui construit souvent ses nids énormes sur des toits de maisons, surtout en Alsace.

Puisque nous _____[9] tous sur la même planète, nous devrions tous aider à protéger ces belles créatures à plumes.

8.3 Review of direct and indirect objects: More on object pronouns

A. **Me**, **te**, **nous**, and **vous** are used as both direct and indirect objects. The third-person forms, however, have distinct direct object and indirect object forms.

⭐ *Review **Grammaire 4.5** on direct object pronouns and **Grammaire 6.5** on indirect object pronouns.*

DIRECT OBJECTS	INDIRECT OBJECTS
le (l')	lui
la (l')	lui
les	leur

---

*woodpeckers
†stork

B. Remember that in French, a direct object has no preposition before it, whereas an indirect object is preceded by **à**.

> A direct object has *no* preposition before it: verb + noun. **J'adore *les oiseaux.***

> An indirect object is preceded by **à**: verb + **à** + noun. **Je parle *à mon chat.***

DIRECT OBJECT

J'ai beaucoup aimé **ce film.** →	*I really liked **that film**.*
Je **l'**ai beaucoup aimé.	*I really liked **it**.*

INDIRECT OBJECT

Christine écrit souvent → **à ses parents.**	*Christine often writes **to her parents**.*
Elle **leur** écrit souvent.	*She often writes **to them**.*

C. The kind of object a French verb takes is not necessarily the same as that for the corresponding English verb: Some French verbs require prepositions where their English counterparts do not, and vice versa.

> Direct object: **J'écoute *les oiseaux*.**

> Indirect object: **Je ressemble *à ma mère*.**

VERBS THAT TAKE DIRECT OBJECTS IN FRENCH	VERBS THAT TAKE INDIRECT OBJECTS IN FRENCH
attendre *to wait for*	**obéir à** *to obey*
chercher *to look for*	**plaire à** *to please*
demander *to ask for*	**répondre à** *to answer*
écouter *to listen to*	**ressembler à** *to resemble*
payer *to pay for*	**téléphoner à** *to telephone*
regarder *to look at*	

> **Le/la/les** come before **lui/leur**.

⭐ *You will learn more about the order of object pronouns in* **Grammaire 10.4.**

D. Many verbs can be used with both a direct and an indirect object: **montrer quelque chose à quelqu'un.**

| —Camille, montre **ton dessin à** **Papa.** | *Camille, show your drawing to Daddy.* |
| —Je ne veux pas **le lui** montrer. | *I don't want to show it to him.* |

apporter qqch. à qqn	*to bring*	**expliquer** qqch. à qqn	*to explain*
demander qqch. à qqn	*to ask (for)*	**offrir** qqch. à qqn	*to offer, to give*
dire qqch. à qqn	*to say, to tell*	**prêter** qqch. à qqn	*to lend*
donner qqch. à qqn	*to give*	**promettre** qqch. à qqn	*to promise*
emprunter qqch. à qqn	*to borrow (from)*	**rendre** qqch. à qqn	*to give back*

Exercice 5 Questions pour un(e) militant(e)

Vous interviewez un(e) militant(e) de l'environnement. D'abord, complétez la question avec la préposition **à**, *si nécessaire*, sans oublier de faire les contractions nécessaires. Puis jouez le rôle de l'activiste et répondez avec le pronom correct.

MODÈLE: Expliquez-vous ___à___ vos amis les causes des problèmes écologiques?
Oui, je leur explique les causes.

1. Allez-vous écrire _____ cette compagnie qui construit un cinéma à quatorze salles en pleine campagne?

2. Écoutez-vous _____ les gens qui disent que le changement climatique est un mythe?

3. Téléphonez-vous toutes les semaines _____ vos représentants dans le gouvernement?

4. Regardez-vous _____ les documentaires sur la nature à la télévision?

5. Que voudriez-vous dire _____ une personne qui ne fait rien pour protéger l'environnement?

6. Donnez-vous de l'argent _____ les associations qui travaillent pour la protection des espèces en danger?

Exercice 6 Décisions environnementales

Vous êtes responsable politique local et aujourd'hui, vous considérez des demandes qui vont avoir un effet sur l'environnement. Quelle décision prenez-vous dans chaque cas?

MODÈLE: Une industrie d'exploitation agricole voudrait la permission de drainer des zones humides importantes. (donner) →
Je la lui donne. (Je ne la lui donne pas.)

1. Un entrepreneur demande la permission exceptionnelle de construire dans une zone protégée. (donner)

2. Les membres d'un club écologiste cherchent les noms de compagnies qui construisent avec des produits naturels. (envoyer)

3. Une femme voudrait votre signature sur sa pétition pour sauver les oiseaux en danger. (promettre)

4. Les élèves d'une école primaire demandent un centre de recyclage dans leur quartier. (accorder)

5. Une industrie demande un brevet* d'invention pour un plastique qui se décompose en matière organique. (donner)

8.4 Expressing *should*: More on **devoir**

A. You already know that the present tense of **devoir** is used with an infinitive to express obligation or probability.

> ★ *Review **Grammaire 3.4** (**B** and **C**) on **devoir**.*

Est-ce que nous **devons** finir le chapitre pour demain?	*Do we have to finish the chapter for tomorrow?*
Albert est absent. Il **doit** être malade aujourd'hui.	*Albert is absent. He must be sick today.*

B. One of the most frequent uses of **devoir** is to convey the notion of *should* or *ought to*. To express *should*, use **devoir** in the conditional + an infinitive.

> ➤ **je dois** + inf. = *I must*
> **je devrais** + inf. = *I should*

> CONDITIONAL OF **devoir** (*should, ought to*)
>
> | je devrais | nous devrions |
> |---|---|
> | tu devrais | vous devriez |
> | il/elle/on devrait | ils/elles devraient |

> ➤ Notice that the conditional endings are the same as the **imparfait** endings.
>
> ➤ Conditional stem of **devoir** = **devr-**

On **devrait** recycler les boites en aluminium.	*People should recycle aluminum cans.*
Nous **ne devrions pas** gaspiller l'électricité.	*We shouldn't waste electricity.*

> ★ *You will learn more about the conditional in **Grammaire 11.1**.*

*patent

Exercice 7 Qu'est-ce que nous devrions faire?

Complétez par des formes de **devoir** au conditionnel. Ensuite, dites **oui** ou **non** et expliquez votre opinion.

> MODÈLE: Pour conserver les ressources naturelles...
> nous *devrions* recycler les journaux et les magazines.
> Oui, je suis d'accord, parce que c'est vraiment facile. (Non, je ne suis pas d'accord; il faut surtout en consommer moins.)

1. Pour aider à diminuer la pollution de l'air...
  a. nous _____ limiter les émissions toxiques.
  b. je _____ marcher ou prendre les transports en commun.
2. Pour éviter de gaspiller de l'eau...
  a. je ne _____ pas laisser couler l'eau quand je me brosse les dents.
  b. les gens ne _____ pas arroser leur jardin tous les jours.
3. Pour diminuer la contamination de la terre et des eaux...
  a. les agriculteurs ne _____ pas se servir d'insecticides.
  b. nous ne _____ pas jeter les pilules et les médicaments dans les toilettes.
4. Pour résoudre le problème des déchets...
  a. tout le monde _____ trier les déchets et recycler.
  b. le gouvernement _____ limiter l'usage du plastique.

8.5 What was going on: More on the **imparfait**

⭐ *Review the formation of the **imparfait** in **Grammaire 6.1**.*

⭐ *Review **Grammaire 6.1** on the use of the **imparfait** to describe habitual past actions.*

⭐ *Review **Grammaire 6.3** on the use of the **imparfait** to describe a past state.*

➤ The **imparfait** is used to describe a past action in progress.

The **passé composé** and the **imparfait** are both past tenses. The tense you use depends on how you regard the past action: for instance, as one or several completed actions or as an ongoing situation in the past.

A. *Habitual* or *repeated past actions* are expressed with the **imparfait**. Adverbs that often occur with the **imparfait** are **autrefois** (*formerly*), **souvent, d'habitude, tous les jours**, and **tous les ans**.

Autrefois, les gens **jetaient** tous leurs déchets. On ne **recyclait** rien.	*In the past, people used to throw away all their trash. They didn't recycle anything.*

B. A *past state* or *ongoing condition* is also described with the **imparfait**.

Autrefois, nous ne **savions** pas que beaucoup de produits ordinaires **étaient** toxiques.	*In the past, we didn't know that many everyday products were toxic.*

C. Another use of the **imparfait** is to describe an action that was *in progress* at a particular time in the past.

Quand j'ai visité la classe de mon frère, le professeur **parlait** de l'écologie et les élèves **faisaient** des projets sur l'environnement.	*When I visited my brother's class, the teacher was talking about ecology, and the pupils were doing projects on the environment.*

Pendant que (*While*) can be used to emphasize that several actions were happening simultaneously.

Pendant qu'on **utilisait** des produits pleins de phosphates, les algues **se multipliaient** dans les mers.	*While people were using products full of phosphates, algae were multiplying in the seas.*

D. The **passé composé** presents an action as *a single event*, completed at one time in the past. Adverbs that often occur with the **passé composé** are **puis**, **ensuite**, **soudain**, and **tout à coup** (*all of a sudden*).

Les scientifiques **ont commencé** à observer des changements dans le climat au dix-neuvième siècle. Puis, un siècle plus tard, la majorité des scientifiques **est arrivée** à la conclusion que la terre est en train de se réchauffer.	*Scientists began to observe climate changes in the nineteenth century. Then, a century later, the majority of scientists reached the conclusion that the earth is warming.*

E. The **imparfait** and the **passé composé** are often used together to describe what was going on (**imparfait**) when something else happened (**passé composé**).

Je **lisais** un article sur l'écologie quand les lumières **se sont éteintes**. Je **cherchais** des bougies quand les enfants **ont commencé** à pleurer.	*I was reading an article on ecology when the lights went out. I was looking for some candles when the kids started crying.*

SUMMARY OF PAST-TENSE USES	IMPARFAIT	PASSÉ COMPOSÉ
Habitual past action	Autrefois, on **jetait** tout à la poubelle.	
Single past action		Finalement, on **a compris** la nécessité de conserver les ressources naturelles.
Description of past state	Il y a 40 ans, il n'y **avait** pas de centres de recyclage.	
Past action in progress	Il y a 40 ans, on **commençait** tout juste* à trier les déchets pour les recycler.	
Ongoing past action + interrupting action	Je **vivais** en France...	...au moment où la centrale nucléaire de Tchernobyl **a explosé**.

*on... *people were only just beginning*

Exercice 8 Science-fiction ou possibilité?

C'est l'an 3050 et un grand-père et sa petite-fille discutent la question suivante: *Qu'est-ce que c'est qu'un arbre?* Mettez les verbes à l'imparfait.

MODÈLE: Les arbres (couvrir) la terre. →
Les arbres couvraient la terre.

1. Les arbres (être) grands et ils (porter) de belles feuilles vertes.
2. Beaucoup d'animaux (vivre) dans les arbres.
3. Les arbres (empêcher*) l'érosion et (émettre) de l'oxygène.
4. Les enfants (grimper) aux arbres.
5. Les gens (piqueniquer) sous leurs branches.
6. Tout le monde les (trouver) très beaux.
7. Mais les arbres n'(être) pas assez appréciés.
8. Les gens ne (comprendre) pas leur importance.

Exercice 9 Panne d'électricité

Chez les Colin, chacun s'occupait à sa façon un dimanche soir, quand il y a eu une panne d'électricité.† Conjuguez les verbes au temps approprié (imparfait ou passé composé).

MODÈLE: Joël *lisait* (lire) des bandes dessinées quand la lumière *s'est éteinte* (s'éteindre).

1. Marise _____ (faire) la vaisselle quand le lave-vaisselle _____ (s'arrêter).
2. Victor _____ (envoyer) un mail à un ami canadien quand son ordinateur _____ (s'éteindre).
3. Claudine _____ (écouter) les informations quand tout à coup elle n'_____ plus rien _____ (entendre).
4. Emmanuel _____ (parler) au téléphone quand la communication _____ (être) coupée.
5. Clarisse _____ (écouter) une symphonie de Beethoven quand la musique _____ (s'arrêter).

---

*to prevent
†power failure

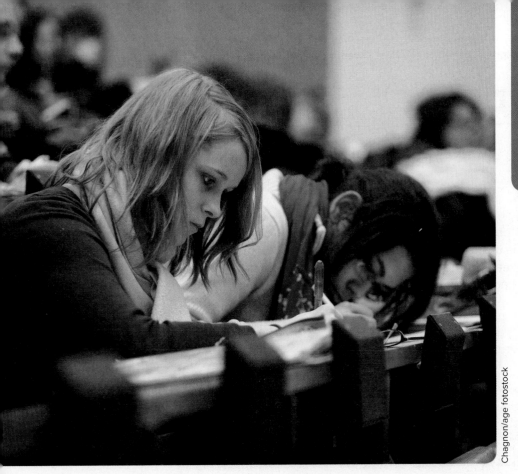

Chagnon/age fotostock

Un cours d'amphi dans une fac en France

L'enseignement, les carrières et l'avenir

Objectifs

In **Chapitre 9**, you will talk about university life, jobs, and career plans. You will also learn more about how to express future time.

●ACTIVITÉS

Tranche de vie Petites annonces
L'enseignement et la formation professionnelle
Le travail et les métiers
L'avenir

●LECTURES

À propos... Passe ton bac d'abord!
La langue en mouvement La féminisation des noms de métier
À voir en vidéo Les francophones sur le vif: Flavien Puig
À propos... Le foulard islamique à l'école
À vous de lire Premier boulot

●GRAMMAIRE

9.1 Other uses of **y**: **J'y pense**
9.2 Emphatic pronouns
9.3 Identifying and describing: **C'est** vs. **il/elle est**
9.4 Saying how long you've been doing something: Present tense + **depuis**
9.5 Saying what you will do: The future tense

CHAPITRE

9

TRANCHE DE VIE

Petites annonces

Le site québécois Jobillico propose des centaines d'offres d'emploi dans toutes sortes de spécialités. Chaque petite annonce donne une description du poste, la liste les compétences recherchées par l'employeur, ainsi que les exigences (niveau d'étude, diplôme, expérience, compétences linguistiques) pour pouvoir postuler. On peut poser sa candidature directement depuis le site web. C'est très pratique.

Il y a de quoi dire
Mon job de rêve au Québec

Ça y est, c'est décidé, vous voulez tenter l'aventure de vivre et de travailler au Québec! C'est beaucoup plus facile de trouver un job depuis que les petites annonces sont en ligne, mais il faut les lire attentivement pour bien comprendre si le poste est fait pour vous. Déterminez si les affirmations suivantes sont exactes ou inexactes, en indiquant quelle partie de l'annonce vous permet d'obtenir cette information.

1. Le Canada est un pays officiellement bilingue, donc on peut postuler à n'importe quel emploi si on parle seulement anglais.
2. Il n'est pas obligatoire d'être diplômé pour trouver un poste sur Jobillico.
3. Le salaire proposé n'est pas toujours précisé dans l'annonce.
4. Les petites annonces, c'est juste pour des petits boulots à temps partiel.
5. Ceux qui cherchent un travail manuel peuvent aussi trouver des offres sur Jobillico.
6. La description des postes est généralement brève et succincte.
7. Le site Jobillico s'adresse seulement aux candidats qui ont déjà de l'expérience.

Activités et lectures

 L'enseignement et la formation professionnelle

 Attention! Étudier Grammaire 9.1 et 9.2

La formation d'Agnès Rouet

Agnès a réussi au bac à l'âge de 18 ans. Elle a dû bosser dur avant de le passer.

La cousine d'Agnès n'a pas été reçue au bac. Elle a été recalée parce qu'elle a échoué à certains examens.

Agnès s'est inscrite à la faculté des Sciences Humaines et Sociales de l'université Paris Diderot.

Elle a assisté à des cours d'amphi. Parfois, elle a séché ses cours.

Cliquez là!

Visitez le site d'une université dans un pays de langue française et essayez d'obtenir des détails. Que faut-il faire pour s'inscrire à cette université? Y a-t-il des services d'orientation pour les nouveaux étudiants? Lesquels? Quelle faculté propose la formation que vous suivez dans votre université?

Au bout de trois ans, Agnès a reçu sa licence.

Maintenant, elle fait sa quatrième année d'études. Elle est en train de préparer un diplôme de Master en sociologie.

Activité 1 Casse-tête: L'université française

1. On les paie quand on s'inscrit aux cours.
2. On y réfléchit, et puis on y répond.
3. Pour y réussir, il faut étudier.
4. On s'y inscrit au début de l'année scolaire.
5. C'est le domaine dans lequel on se spécialise.
6. En France, chaque étudiant à l'université y a réussi.
7. On le reçoit à la fin de trois ans d'études.
8. C'est l'état d'avoir réussi à un examen.
9. C'est le contraire d'être reçu(e). On doit repasser l'examen.

a. les examens
b. les cours
c. être reçu(e)
d. la spécialité
e. les frais d'inscription
f. le bac
g. échouer à une épreuve, être recalé(e)
h. la licence
i. les questions d'un examen

Activité 2 Discussion: Conseils aux futurs étudiants

Lisez les soucis exprimés par des étudiants qui vont entrer en fac et les réponses proposées. Choisissez la meilleure réponse ou proposez-en une autre.

1. On se sent perdu. L'université paraît énorme.
   a. Trouvez un étudiant de deuxième année et suivez-le.
   b. Ne ratez pas les séances d'orientation.
2. On n'est pas certain d'avoir choisi les bons cours.
   a. Parlez-en avec les conseillers d'orientation.
   b. Téléphonez à vos parents.
3. On a peur de rater les examens.
   a. Travaillez régulièrement.
   b. Amusez-vous pendant l'année et bossez avant les examens.
4. Au lycée, on est encadré. À la fac, on ne sait pas s'organiser.
   a. Observez vos copains, puis faites comme eux.
   b. Trouvez la manière d'étudier qui vous convient.
5. On va avoir trop de travail pour sortir avec les copains.
   a. C'est vrai. Restez à la maison. Au boulot!
   b. Il faut parfois se détendre! Sortez, mais n'exagérez pas.

Activité 3 Sondage: Que pensez-vous de l'université?

Donnez des mentions à votre université. Regardez les catégories et ensuite, comparez vos réponses à celles des autres étudiants. Enfin, expliquez vos raisons.

Vocabulaire utile   très bien, bien, assez bien, passable, insuffisant, nul

1. le système d'inscription
2. l'accès aux professeurs
3. la qualité des cours
4. les résidences universitaires
5. le service de stages et d'emplois
6. les salles informatiques
7. le service de santé pour étudiants
8. le service information et orientation
9. les parkings
10. le resto-U

Allons plus loin!   Avec des camarades de classe, préparez le texte d'une brochure promotionnelle sur votre université.

Activité 4 Dans le monde francophone: Paroles de jeunes

Voici des étudiants choisis pour représenter la voix de la jeunesse à la Foire de Marseille. Écoutez votre professeur et dites le nom de la personne en question.

Anaël DURIF (ALPES-MARITIMES) :

≪ *J'aime la rencontre, celle avec le public, celle avec les personnages* ≫.

22 ans – Master en arts du spectacle à Nice.
Signe particulier : dingue de théâtre.
S'intéresse de près à la mise en scène.

Adeline Praud/Getty Images

Abdel ZITOUNI (ALPES-MARITIMES) :

≪ *Me nourrir du quotidien pour vivre au gré de ma plume* ≫.

21 ans – Master en arts du spectacle à Nice.
Signe particulier : jeune homme de plume.
Aime raconter des histoires.

Hrytsiv Oleksandr/Shutterstock

Jules MORÉNA (BOUCHES-DU-RHÔNE) :

≪ *L'amour de la mer m'a donné le gout de la compétition et du voyage* ≫.

17 ans – en terminale sport – études au lycée Marseilleveyre de Marseille.
Signe particulier : amoureux de la mer.
Champion de France de voile, série 420, 5e mondial – 6e européen.

Bulat Silvia/Getty Images

Zoé CHAPUIS (VAR) :

≪ *Apprendre pour réaliser des belles choses et transmettre son savoir* ≫.

20 ans – En 1ère année de CAP-BEP menuiserie au CFA des Compagnons du devoir à Marseille.
Signe particulier : aime le bois sous toutes ses formes.
Entend assurer la relève de sa famille de menuisiers de père en fille.

Ingrid Emilie S Hansen/Shutterstock

1. Quel jeune homme prépare un Master en arts du spectacle?
2. Qui aime la rencontre avec le public?
3. Qui voudrait devenir écrivain?
4. Lesquelles de ces quatre personnes s'intéressent au théâtre?
5. Qui fait un bac en sport-études dans un lycée à Marseille?
6. Qui aime raconter des histoires?
7. Qui veut poursuivre le métier de son père et travailler le bois?
8. Qui s'intéresse à la production de pièces de théâtre?
9. Qui apprend pour pouvoir créer de belles choses?
10. Lequel de ces jeunes a le gout de la compétition et du voyage?

Allons plus loin! En groupes, préparez des questions d'interview pour chacun des étudiants présentés dans ce texte. Ensuite, créez un sketch dans lequel un animateur / une animatrice pose des questions et ces jeunes Français y répondent. Enfin, jouez votre sketch pour la classe.

Ça fait réfléchir

Aujourd'hui, beaucoup d'étudiants choisissent de préparer un diplôme tout en recevant un salaire. Cela leur permet d'alterner des périodes de travail et de formation sous un contrat d'alternance proposé par une entreprise. On peut préparer une licence ou un Master professionnel tout en travaillant.

À propos...

Passe ton bac d'abord!

S'il existe un symbole du système éducatif français, c'est bien le diplôme du baccalauréat. Chaque année en juin, pendant plusieurs jours, les candidats dans toute la France passent simultanément des examens écrits et oraux[1] dans diverses matières: littérature et langue françaises, philosophie, histoire, géographie, langues vivantes, mathématiques, sciences et autres matières plus spécialisées.

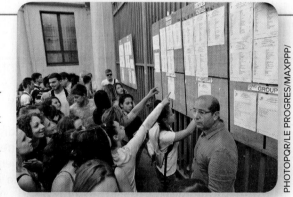

• Des lycéens et lycéennes regardent les résultats du bac.

Pour réussir, il faut obtenir au moins 10/20 de moyenne[2] sur l'ensemble des épreuves.[3] Seuls ceux qui réussissent (environ 80 % d'une classe d'âge) ont le droit[4] de s'inscrire à l'université. Si «le bac» reste important, il a perdu une grande partie de son prestige parce qu'il ne représente plus une garantie d'emploi. En 2018, une grande réforme a été entreprise pour l'adapter aux conditions sociales et économiques du XXIe siècle.

[1]pluriel d'**oral**
[2]de... *average*
[3]parties d'un examen
[4]le... la possibilité

Activité 5   Dans le monde francophone: Comment préparer le bac

Le magazine *Phosphore* propose une méthode pour préparer le bac. Groupez les détails qui font partie de chaque stratégie.

Stratégies

_____ Faites un planning efficace.   _____ Musclez votre écriture.
_____ Boostez votre mémoire.   _____ Révisez à plusieurs.
_____ Trouvez le bon tempo pour vous.   _____ Attention aux procédés
                                                                 mnémotechniques.

Détails

1. Soyez réaliste; faites une liste de vos priorités.
2. Reposez-vous souvent pour recharger vos batteries.
3. Profitez des moments de la journée où vous travaillez le mieux.
4. Développez des méthodes pour réactiver votre mémoire.
5. Évitez le stress; ne faites rien à la dernière minute.
6. Exprimez-vous d'une manière simple et claire.
7. Gardez dix minutes à la fin d'une épreuve pour vous relire.
8. Réexpliquez la matière à d'autres étudiants pour mieux la comprendre.
9. Préparez-vous avant de participer aux séances en groupe.
10. Inventez des exercices mentaux afin de mieux retenir la matière.

Cliquez là!

Visitez un réseau pour étudiants francophones. Pour quelles raisons est-ce que ces réseaux existent? Est-ce que les sujets de discussion ressemblent aux sujets dont on discute sur votre campus?

Activité 6   Entretien: Les études

1. Dans quelle faculté est-ce que tu es inscrit(e)? Tu es en quelle année d'études?
2. Tu prépares quel diplôme? En quelle matière?
3. Y a-t-il beaucoup de cours obligatoires dans ton programme? Ou bien, est-ce que tu as beaucoup de choix de cours?
4. Tu as beaucoup de cours en amphi? Ou bien, est-ce que tu as beaucoup de cours avec des petites classes? Lequel préfères-tu? Pourquoi?
5. Ton programme offre la possibilité de faire un stage? De quel type? Tu penses en faire un?
6. Qu'est-ce que tu fais pour éviter le stress, pendant la période des examens et en général?
7. Quand vas-tu recevoir ton diplôme? Est-ce que tu dois suivre des cours d'été?

Le travail et les métiers

⭐ Attention! Étudier Grammaire 9.3 et 9.4

Cette avocate défend les accusés.

Ce fonctionnaire travaille pour l'État.

Cette conseillère conjugale aide les couples en difficulté.

Cet instituteur enseigne aux enfants.

Cette ouvrière travaille dans le bâtiment.

Ce photographe prend des photos.

Ce pompier éteint des incendies.

Ce médecin s'occupe des malades.

Ce cuisinier prépare des repas.

Ce coiffeur coupe les cheveux.

• Des sapeurs-pompiers de la caserne de Poissy, dans le 5e arrondissement de Paris, les premiers à avoir vu la cathédrale de Notre-Dame en feu le 15 avril 2019.

Eric Hadj/Paris Match/Getty Images

Activité 7 Interro: Qui est-ce?

Regardez les dessins à la page précédente et écoutez le professeur. Ensuite, identifiez la personne dans la description. (C'est un/une... Ce sont des...)

MODÈLE: Il travaille dans un salon de beauté et il coiffe les gens. →
C'est un coiffeur.

1. Elle présente des arguments pour défendre ses clients.
2. Cette personne risque parfois sa vie pour éteindre des incendies.
3. Nous consultons cette personne si nous ne nous sentons pas bien.
4. Elle donne des conseils aux époux qui s'entendent mal.
5. Cette personne est le chef de cuisine dans un bon restaurant.
6. Elle fait un métier exigeant et peut-être dangereux.
7. Cette personne travaille avec des enfants pendant l'année scolaire.
8. Les membres de cette profession sont parfois des artistes qui exposent leurs œuvres.
9. Il travaille à la poste ou bien à la mairie.

Allons plus loin! Préparez une description de votre future carrière. En groupes, lisez-la pour que les autres essaient de deviner ce que vous voudriez devenir.

Activité 8 Associations: Les métiers

Dites ce que font ces personnes et les qualités importantes pour leur travail.

MODÈLE: Les instituteurs et les institutrices enseignent aux enfants. Ils ont besoin d'être patients et bien informés.

Suggestions bien informé, calme, courageux, en bonne forme, patient...

1. les professeurs
2. les facteurs/factrices
3. les chauffeurs/chauffeuses de bus
4. les vétérinaires
5. les mécanicien(ne)s
6. les pompiers/pompières
7. les comptables
8. les chirurgien(ne)s
9. les programmeurs/programmeuses
10. les serveurs/serveuses

a. servent à table
b. éteignent les incendies
c. s'occupent des finances
d. opèrent les malades
e. s'occupent des animaux malades
f. distribuent le courrier
g. conduisent un bus
h. enseignent à l'université ou au lycée
i. réparent les voitures
j. écrivent du code pour de nombreux types de logiciels

Activité 9 Discussion: Les études et la formation

Avec un(e) partenaire, décidez de ce que ces personnes ont dû faire pour atteindre leur niveau d'expertise.

MODÈLE: Jean-Michel Cousteau, océanographe
 É1: Jean-Michel Cousteau a dû faire des études universitaires en sciences et mathématiques.
 É2: C'est vrai. En plus, il a dû faire des stages avec son père.

1. Éric Ripert, chef cuisinier
2. Laure Manaudou, nageuse olympique
3. Léopold Senghor, écrivain sénégalais et premier président du Sénégal
4. Stromae, chanteur
5. Émilie Ndogo, journaliste radio camerounaise
6. Denis Hallier, pisteur-secouriste suisse
7. Pierre Chaline, éducateur de rue pour adolescents SDF

- faire des études universitaires (dans quelles matières?)
- faire un stage (une période d'apprentissage) (en quoi? où?)
- suivre un programme d'entrainement physique (lequel?)
- faire des recherches (sur quel sujet?)
- prendre des leçons particulières (de quoi?)
- s'entrainer (à faire quoi?)
- ?

À vous la parole! En groupes, comparez les programmes d'études que vous devez suivre pour préparer la carrière de votre choix. Décidez quel programme est le plus compliqué et le plus long…

LA LANGUE EN MOUVEMENT

La féminisation des noms de métier

Que faire quand les femmes exercent des professions traditionnellement masculines? Pour la majorité des professions, une désignation féminine a été trouvée et acceptée, comme *une avocate, une chirurgienne, une architecte*. Tout le monde dit en conversation *la prof*, et l'emploi de *madame la ministre* pour désigner une femme à la tête d'un ministère gouvernemental ne choque plus les gens. Pourtant, l'Académie française et une certaine partie de la société française ont longtemps résisté à ces innovations; ce n'est qu'en 2019, vingt ans après la publication par le gouvernement français d'un guide aux nouvelles formes féminines, que l'Académie reconnait la validité de ces formes. Par contre, d'autres pays francophones, notamment la Belgique, la Suisse et le Québec, ont procédé très rapidement à l'adoption de nouvelles formes telles qu'*une professeure* et *une écrivaine*, formes qui sont employées par certains Français, mais qui mettent du temps à entrer dans les dictionnaires en France.

MISE EN PRATIQUE Devinez la forme féminine recommandée en France pour les noms de métiers suivants:

un chimiste	un chauffeur	un technicien	un astronome	un banquier
un correcteur	un golfeur	un soldat	un policier	un fabricant

Activité 10 Casse-tête: Devinez leur métier

LES PERSONNES	LES MÉTIERS	
les Hubert (Jacques et Anne)	avocat(e)	instituteur/institutrice
les Potin (René et Cécile)	dentiste	médecin
les Bodard (Serge et Michèle)	ingénieur(e)	secrétaire

1. Anne travaille dans un hôpital, mais elle n'est pas médecin.
2. Serge enseigne à des enfants.
3. Jacques travaille avec des infirmiers et des infirmières.
4. La secrétaire est mariée au médecin.
5. Le mari de l'avocate est ingénieur.
6. Le mari de la dentiste travaille dans une école.

Activité 11 Enquête: Le poste idéal

Déterminez l'ordre de priorité que ces critères vont avoir pour vous quand vous chercherez un poste à la fin de vos études. Indiquez ici leur ordre d'importance, de 1 (le plus important) à 11 (le moins important).

_____ un salaire élevé
_____ des chances d'avancement
_____ la possibilité de voyager
_____ les vacances et les congés
_____ la possibilité de travailler à la maison
_____ un niveau de tension modéré
_____ l'autonomie
_____ le prestige de l'entreprise
_____ la proximité de ma famille
_____ les avantages sociaux (l'assurance maladie...)
_____ un patron sympathique et raisonnable

À vous la parole! Maintenant, comparez vos réponses à celles de votre partenaire.

MODÈLE: É1: J'ai mis le niveau de tension en premier parce que je ne veux pas travailler dans un endroit où les gens sont inquiets et stressés.

É2: Moi non plus, mais un peu de tension est normal, à mon avis. Si le salaire est bon, je peux supporter un peu de stress.

Activité 12 Discussion: Les métiers et le passage du temps

Depuis combien de temps (approximativement) existent ces métiers? Que font les gens qui les exercent?

MODÈLE: commerçant → Ce métier existe depuis le début de la civilisation. Les commerçants achètent et revendent des marchandises.

Vocabulaire utile depuis (cinquante) ans, depuis le début (du XXe siècle), depuis l'époque de (Jules César)

1. créateur/créatrice de jeux vidéo
2. agriculteur
3. photographe
4. psychiatre
5. chef de cuisine

6. animateur/animatrice à la télé
7. couturier/couturière
8. professeur de lycée
9. chef d'orchestre
10. facteur/factrice

Allons plus loin! Faites une liste de métiers qui n'existent plus et expliquez pourquoi ils ont disparu.

À voir en vidéo

Les francophones sur le vif: Flavien Puig, artiste urbain à Marseille

McGraw-Hill/Kilic Video Productions

Je m'appelle Flavien Puig, j'ai 29 ans et je suis artiste peintre, de profession et de passion. Mon atelier[1] se situe au Panier, le quartier le plus vieux de Marseille... et de France!

J'ai commencé tout petit à être attiré par le dessin. Mes parents ont fait les Beaux-Arts; ma mère est prof de dessin. Donc, dès[2] l'âge de six ans, je dessinais: je faisais ma maison, je faisais des plans. À 9 ans, je commençais déjà à peindre les vitrines[3] pour Noël dans les boulangeries. En tout, j'ai fait cinq années de Beaux-Arts, deux années à Marseille et trois années à Nîmes, histoire de[4] partir un peu de la ville, de voir ce qui se passe ailleurs.

Je fais beaucoup de collages, beaucoup de photos. J'essaie de mélanger un peu tout, je détourne les pubs et les slogans que je trouve dans la rue, et je leur donne une nouvelle identité. Mon travail est sur l'écriture urbaine, et même je pourrais dire la saleté[5] des murs, finalement. Moi, j'adore le graffiti.

Je suis obligé d'avoir un autre travail, pour pouvoir payer le loyer de l'atelier. Je m'occupe de jeunes collégiens,[6] je suis intervenant[7] en arts plastiques. Ce qui me plaît dans mon travail, c'est avant tout la liberté d'action. Comme tout le monde, il faut travailler pour payer son loyer, se nourrir. Si par chance on a une passion à côté, et qu'on arrive à persister là-dedans, c'est que du bonus!

[1]lieu de travail [2]depuis [3]grandes fenêtres d'un magasin [4]histoire... *fam.* pour [5]qualité d'être sale [6]élèves de collège (10–14 ans) [7]professeur assistant

Activité 13 Échanges: Les secrets d'un CV réussi

Un curriculum vitæ peut vous ouvrir la porte à l'emploi que vous désirez. Avec un(e) partenaire, décidez si vous êtes d'accord ou non avec ces conseils. Sinon, expliquez pourquoi pas et corrigez la phrase.

1. Le CV doit paraitre impeccable, sans faute d'orthographe.
2. Ne suivez pas l'ordre classique pour présenter les informations. Mélangez les détails.
3. La clarté est essentielle. Soyez précis au lieu de généraliser.
4. Précisez où vous avez étudié et les secteurs dans lesquels vous avez travaillé.
5. Utilisez le maximum de termes techniques.
6. L'honnêteté est essentielle. Vous devez être responsable du contenu de votre CV si l'on vous interroge.
7. Il faut que le CV soit très long pour augmenter vos chances d'être lu(e).
8. Montrez que votre formation a suivi un cours logique et que vous êtes une personne organisée.

 L'avenir

 Attention! Étudier Grammaire 9.5

L'année dernière, Raoul a pris la décision de préparer un doctorat.

Au mois de janvier, Sarah et Agnès ont décidé de voyager ensemble en été.

Julien vient de recevoir une offre de poste. Acceptera-t-il de devenir vice-président chargé des relations publiques à TF1?

Activité 14 Récit: L'avenir de Jean-Yves

Jean-Yves, Sarah et Agnès ont consulté une voyante. D'abord, écoutez votre professeur et ensuite, mettez les prédictions dans le bon ordre d'après les dessins.

Les prédictions

_____ Vous aimerez votre travail et vous serez très content d'y aller tous les jours.

_____ Vous ferez un mariage de rêve et vous aurez cinq enfants. Ils seront tous très intelligents et très actifs.

_____ Vous déciderez de chercher un travail qui vous permettra d'utiliser votre formation professionnelle.

_____ Vous aurez un très beau mariage. Sarah et Agnès seront parmi vos invités.

_____ Après vos études, vous chercherez l'aventure. Vous partirez pour découvrir le monde.

_____ Votre femme vous adorera et vous aurez une vie idéale ensemble. Pourtant, vous ne serez pas satisfait.

_____ Vous finirez vos études et vous recevrez un Master en sciences politiques.

_____ Vous rencontrerez une belle femme et ce sera le coup de foudre! Plus tard, vous découvrirez qu'elle est milliardaire!

_____ Vous serez riche et vous n'aurez pas besoin de travailler. Vous achèterez une maison énorme et vous aurez une vie de loisirs et de luxe.

À *vous la parole!* Avec un(e) camarade de classe, racontez l'avenir prédit pour Jean-Yves. Ajoutez des détails intéressants pour embellir votre version. Ensuite, changez de partenaire et comparez votre version de l'histoire à la sienne. Utilisez le futur: **Vous aurez (serez, ferez,...**).

Activité 15 Discussion: Que faire pour s'améliorer?

Vous avez promis à vos parents et à vos amis de changer certaines de vos mauvaises habitudes. Maintenant, vous faites une liste de ce que vous changerez. Écoutez le professeur et dites **oui** ou **non**.

1. Pour améliorer ma santé...
   a. je mangerai moins de chocolat.
   b. je ferai plus de gymnastique.
   c. je mangerai moins d'aliments sucrés.
   d. je boirai plus d'eau et moins de coca.
2. Dans mes rapports avec les autres...
   a. je passerai plus de temps avec mes parents.
   b. je ne me disputerai plus avec personne.
   c. je serai plus généreux/généreuse.
   d. je chercherai à connaitre plus de gens.
3. Pour améliorer ma situation financière...
   a. je ferai des économies.
   b. je chercherai un travail.
   c. j'achèterai moins de vêtements.
   d. je mangerai moins souvent au restaurant.
4. À l'université, pour améliorer mes notes...
   a. j'arriverai en cours à l'heure avec mes bouquins et mes devoirs.
   b. j'étudierai chez moi, avec mon portable éteint.
   c. je n'aurai pas peur de poser des questions en cours.
   d. je ne sècherai pas mes cours.

Activité 16 Sondage: Prédictions

Est-ce que nous verrons les changements suivants dans les vingt-cinq ans à venir? Écoutez le professeur et dites **oui** ou **non**. Si vous dites **non**, expliquez pourquoi.

1. Nous trouverons le moyen d'éliminer les virus informatiques.
2. Tous les pays d'Amérique du Nord auront le même gouvernement.
3. Les médecins traiteront beaucoup de maladies par la thérapie génétique.
4. Moins de gens possèderont leur propre voiture (grâce aux nouveaux services de transport).
5. On aura fait des progrès importants dans l'exploitation des sources d'énergie renouvelables.
6. Grâce à la vogue du recyclage, il n'y aura plus de déchets dans les rues.
7. Il y aura moins de divorces et plus de mariages.
8. Tous les cours se feront sur ordinateur. Il n'y aura plus de profs ni de salles de classe.
9. Toutes les voitures se conduiront toutes seules.
10. On ne pourra plus rouler en voiture dans le centre des grandes villes.

Allons plus loin! En groupes, préparez une liste de prédictions pour vos camarades de classe et pour votre professeur. Présentez-les à la classe.

Activité 17   Entretien: Le travail et l'avenir

1. Tu travailles maintenant? Où et depuis combien de temps? Qu'est-ce que tu fais? Est-ce que ton travail te plait?

2. Tu vas chercher quel type de poste quand tu auras fini tes études? Quels facteurs seront les plus importants dans ta décision?

3. Est-ce que tu aimerais travailler à la maison? Pourquoi ou pourquoi pas?

4. Comment est-ce que ta vie va changer quand tu auras trouvé un travail stable et que tu commenceras à gagner un bon salaire?

5. Tu penses faire le même travail toute ta vie? Pourquoi ou pourquoi pas?

6. Que veut dire «réussir dans la vie» pour toi?

À propos...

Le foulard islamique à l'école

En octobre 1989, trois jeunes filles d'origine maghré-bine,[1] élèves de lycée dans la banlieue parisienne, sont venues à l'école coiffées[2] d'un «hidjab», foulard porté par les femmes de religion musulmane. Les lycéennes, qui ont refusé d'enlever leur hidjab à la demande du proviseur,[3] ont été expulsées. Cet incident a provoqué «l'affaire du voile[4]»: dans un système éducatif laïque[5] depuis 1905, les élèves ont-ils le droit de porter des «signes ostentatoires d'appartenance religieuse»? Un décret officiel autorisant le port[6] du voile n'a pas arrêté la polémique: que faire des autres signes religieux comme la kippa juive ou la croix des chrétiens? Cer-tains ont argumenté que le foulard était sexiste; d'autres

• Deux jeunes filles portent leur hidjab en sortant du lycée Saint-Exupéry à Mantes-la-Jolie, France.

ont affirmé qu'il fallait accepter la culture des Maghrébins, la plus grande minorité ethnique et religieuse de France. En 2004, une loi a interdit le voile dans les écoles. Ce débat n'est pas seulement religieux, mais aussi politique et social. Plus récemment (2010), une autre loi a interdit la dissimulation du visage dans l'espace public, avec le slogan «La République se vit à visage découvert». Pourtant, en été 2016, une nouvelle controverse a concerné «le burkini», un vêtement de bain féminin qui couvre le torse, les bras et les jambes, ainsi qu'une partie de la tête.

[1]originaire d'Afrique du Nord
[2]la tête couverte
[3]directeur d'un lycée
[4]foulard
[5]≠ religieux
[6]action de porter

POUR RÉSUMER

À vous de parler

A. On bosse dans ma famille!

1. Tu travailles après les cours? Pendant les vacances? Tu fais quoi?
2. Qui dans ta famille a eu le travail le plus intéressant? C'était quoi? Est-ce que cette personne a aimé ce travail?
3. Toi, tu poursuis une formation professionnelle? Laquelle?
4. Tu as l'intention de faire le même travail que ton père ou ta mère? Pourquoi ou pourquoi pas?
5. Tu comptes finir tes cours quand? Tu devras faire un stage? Tu le feras où?
6. Tu auras quelles compétences? Lesquelles de ces compétences n'avaient pas d'importance pour tes parents?

B. Un poste imaginaire

D'abord, avec deux camarades de classe, créez la description d'une profession ou d'un métier intéressant mais très rare. Il faut savoir expliquer tout sur ce travail: les heures, où et quand on fait ce travail, le salaire, les avantages sociaux (l'assurance maladie…), etc. N'oubliez pas de mentionner ses petits inconvénients. Ensuite, présentez votre création à la classe, et répondez aux questions.

À vous de lire
Premier boulot

Élodie Montaygnac, 23 ans, raconte comment elle a obtenu son premier emploi.

En juillet, j'ai enfin terminé mes études avec un Master de gestion de l'université de Bordeaux. J'étais très fière, et prête à me lancer sur le marché de l'emploi. J'ai commencé à regarder les petites annonces dans les journaux et sur l'internet, et j'ai pris rendez-vous au Bureau d'aide à l'insertion professionnelle (BAIP), qui est chargé de l'insertion professionnelle des étudiants. Le service a un espace documentaire sur les formations[1] et les métiers où on peut s'informer soi-même, et propose des sessions sur les techniques de recherche d'emploi. J'ai également parlé à un conseiller pour avoir une orientation personnalisée, et je me suis inscrite à Pôle Emploi. J'ai préparé mon CV. Bref, je m'étais bien organisée.

Seul problème: je me suis rendu compte que, dans le monde de l'entreprise, il ne se passe presque rien au mois d'aout: la plupart des Français sont en vacances! En septembre, l'activité a repris[2] et j'ai répondu à plusieurs annonces en envoyant mon CV et des lettres de motivation manuscrites avec une photo. J'ai obtenu trois entretiens assez rapidement: j'étais très optimiste, car j'ai entendu dire qu'il fallait candidater à des dizaines de postes pour avoir une chance de recevoir une réponse.

---

[1]préparations professionnelles　[2]recommencé

Premier entretien: une chaine de grande distribution alimentaire.[3] Ce n'est pas mon secteur préféré, mais les hypermarchés sont en pleine expansion et recrutent beaucoup... Le bureau se trouvait dans une tour impressionnante à la Défense. Mon interlocuteur m'a posé de nombreuses questions sur mes qualifications et mes diplômes, et mon expérience:

—Vous aurez une cinquantaine de personnes sous votre responsabilité. Vous devrez prendre des décisions importantes tous les jours. Vous verrez, c'est un travail stimulant! Nous vous donnerons une voiture de fonction, et vos frais de repas seront remboursés. Bien sûr, il y aura des possibilités d'avancement rapide, si vous êtes performante.

Ça ne m'intéressait pas particulièrement, car il était nécessaire de quitter la région bordelaise pour commencer. Dommage! C'était un boulot[4] bien payé...

Deuxième entretien: un constructeur automobile. Ça tombait bien, mon père était garagiste et je connais pas mal les voitures; c'est un avantage car on ne trouve pas beaucoup de femmes dans cette branche d'activité. Le DRH[5] était un monsieur assez nerveux:

• Au boulot! L'arche de la Défense à Paris

—Vous le savez, notre secteur est en crise. Alors, nous cherchons quelqu'un qui pourra dynamiser la vente de nos modèles auprès d'une clientèle jeune, qui travaillera *beaucoup*. Il faudra s'investir! Vous avez des questions?
—Euh... Est-ce que j'aurai des vacances? Est-ce que je pourrai rester tranquillement chez moi le weekend?
—Éventuellement,[6] mais autant vous dire qu'on ne pratique pas les 35 heures chez nous!

Il m'a remerciée un peu froidement d'être venue. Je n'ai pas été engagée et je ne sais pas s'il trouvera quelqu'un d'assez «motivé» pour travailler autant!

Troisième entretien: la Fnac où l'ambiance est apparemment beaucoup plus relaxe. J'ai été reçue par une dame souriante; elle m'a demandé quel était mon projet professionnel, et ce que je faisais pendant mon temps libre—c'était plutôt bon signe! Je lui ai parlé de ma passion pour le cinéma.

---

[3]chaine... chaine de supermarchés et hypermarchés   [4]travail   [5]Directeur des Ressources Humaines   [6]C'est possible

—Très bien. Vous n'aurez probablement pas l'occasion d'utiliser votre connaissance du cinéma, mais nous aimons que nos cadres s'intéressent vraiment aux produits culturels que nous vendons, littérature, musique ou film.

Finalement, j'ai été engagée, et j'étais ravie parce que c'était de loin ma compagnie préférée. Je suis consciente d'avoir pas mal de chance: plusieurs de mes camarades d'université qui ont le même diplôme que moi sont encore au chômage.

Avez-vous compris?

Dans quel ordre est-ce qu'Élodie a fait les étapes de la préparation à la recherche d'un emploi?

_____ **a.** se présenter aux entretiens
_____ **b.** rédiger des lettres de motivation manuscrites
_____ **c.** regarder les petites annonces dans les journaux et sur l'internet
_____ **d.** finir ses études pour obtenir un diplôme
_____ **e.** visiter le service d'information et d'orientation de son université
_____ **f.** s'inscrire à Pôle Emploi
_____ **g.** préparer un CV à jour
_____ **h.** envoyer des dossiers de candidature

Allons plus loin!

Poursuivre ses études ou chercher du travail? C'est parfois une décision difficile à prendre... Avec un(e) partenaire, déterminez les avantages et les inconvénients de chaque possibilité.

> MODÈLE: Si on poursuit ses études, on n'est pas assuré de...
> Si on cherche un travail, on est plus...

 ## À vous d'écrire

Imaginez votre situation professionnelle dans dix ans, lorsque vous aurez trouvé votre emploi idéal. En employant des verbes au futur, décrivez vos activités, vos conditions de travail, votre lieu de travail, vos collègues, etc.

> MODÈLE: Dans dix ans, je travaillerai dans un grand cabinet d'avocats à New York. J'aurai un immense bureau avec vue sur Central Park. J'arriverai chaque matin vers 10 heures...

L'université et le lycée

University and high school

l'année (f.) scolaire	the school year
un apprentissage	an apprenticeship
le bac (le baccalauréat)	*national exam in France at the end of lycée*
une bourse	a scholarship
un conseil	a piece of advice
un cours d'amphi (d'amphithéâtre)	*a course held in a large lecture hall*
un domaine	an area (of study)
une épreuve	a test; part of an exam
la formation	training
les frais (m.) d'inscription	tuition
une leçon particulière	a private lesson
la licence	*diploma awarded in Europe upon completion of third-year university exams*
le Master	*diploma awarded in Europe for two years of study beyond the licence*
une matière	a school subject
une mention	a grade (distinction)
un resto-U	a university dining hall
une séance d'orientation	an orientation session
une spécialité	a major (*subject*)
améliorer	to improve
assister à une réunion	to attend a meeting
bosser (*fam.*)	to work; to study hard
échouer à	to fail; to be rejected
être recalé(e) à	to flunk, to fail (*an exam*)
être reçu(e) (à)	to pass (*a course, an exam*)
être encadré(e)	to be supervised
faire des recherches	to do research
faire un stage	to do an internship
s'inscrire à (la fac)	to enroll in (college)
poursuivre un métier	to pursue a career
préparer un doctorat	to work toward a Ph.D.
rater (une conférence)	to miss (a lecture)
rater (un examen)	to fail (an exam)
se spécialiser (en)	to major (in)

Mot apparenté: s'organiser

Les métiers

Professions

un animateur / une animatrice	a talk-show host
un avocat / une avocate	a lawyer
un chauffeur / une chauffeuse	a driver
un/une chef de cuisine	a head chef (*restaurant*)
un/une chef d'orchestre	a conductor (*music*)
un chirurgien / une chirurgienne	a surgeon
un/une comptable	an accountant
un conseiller / une conseillère	a counselor
un couturier / une couturière	a fashion designer
un cuisinier / une cuisinière	a cook
un écrivain / une écrivaine	a writer
un/une fonctionnaire	a government employee
un ingénieur / une ingénieure	an engineer
un instituteur / une institutrice	a primary school teacher
un médecin / une femme médecin	a doctor
un patron / une patronne	a boss, an employer
un/une photographe	a photographer
un/une pisteur secouriste	a ski-patrol member
un pompier / une pompière	a firefighter

Mots apparentés: un/une dentiste, un/une journaliste, un mécanicien / une mécanicienne, un/une océanographe, un programmeur / une programmeuse, un/une psychiatre, un/une secrétaire, un/une vétérinaire

Le travail

Work

l'assurance (f.) maladie	health insurance
les avantages (m.) sociaux	benefits (*work*)
un boulot (*fam.*)	a job
un congé	a leave, time off
les loisirs (m.)	leisure

le luxe	luxury
un métier exigeant	a demanding occupation
le niveau de tension	stress level
le système d'exploitation	the operating system

distribuer le courrier	to deliver the mail
enseigner (aux enfants)	to teach (children)
établir	to establish
éteindre un incendie	to extinguish a fire
être chargé(e) de	to be in charge of
exposer une œuvre	to exhibit a piece of (art)work
s'exprimer	to express oneself
gagner un salaire (élevé)	to earn a (high) salary
supporter (le stress)	to bear, to withstand (stress)

Mots apparentés: l'avancement (*m.*), un CV, défendre les accusé(e)s, une entreprise, inspecter, une offre, opérer, un poste, la production, les relations (*f.*) publiques

La description

insuffisant(e)	insufficient
malade	sick
nul(le) en (maths)	weak in, bad at (math)
prédit(e)	predicted
satisfait(e)	satisfied

Mots apparentés: conjugal(e), énorme, financier/financière, modéré(e), passable, précis(e), scandinave, stressé(e)

Substantifs

l'avenir (*m.*)	the future
un bouquin (*fam.*)	a book

les époux (*m.*)	married couple
l'État (*m.*)	the state
le génie mécanique	mechanical engineering
l'honnêteté (*f.*)	honesty
un mariage	a marriage; a wedding
un/une milliardaire	a billionaire
une sortie	an outing
un virus informatique	a computer virus
une voyante	a fortune-teller

Mots apparentés: un argument, une capacité, le gouvernement, une maladie, la marchandise, l'océanographie (*f.*), une prédiction, le prestige, la priorité, la proximité, un risque, la thérapie

Verbes

avoir lieu	to take place
paraitre	to seem
raconter des histoires	to tell stories

Mots apparentés: accepter (de), augmenter, diminuer, éliminer, traiter

Mots et expressions utiles

Au boulot! (*fam.*)	Get to work! Let's get to work!
au bout de	at the end of
au début	in the beginning
Ça me convient.	That suits me.
Ça te plait?	Do you like that?
le coup de foudre	love at first sight
Depuis combien de temps?	For how long? (How long?)
grâce à	thanks to
N'exagérez pas!	Don't overdo it!
On se sent perdu(e).	You feel lost. (One feels lost).
parmi	among

Grammaire et exercices

9.1 Other uses of **y**: **J'y pense**

A. The pronoun **y** is used to replace a prepositional phrase referring to a place. In this case, **y** is equivalent to English *there*. **Y** must be used in French, although *there* is sometimes omitted in English.

> —As-tu fait des études **en France**? *Did you study in France?*
> —Oui, j'**y** ai fait deux ans d'études. *Yes, I studied there for two years.*

★ *Review **Grammaire 2.3.C** on the pronoun **y**.*

B. The pronoun **y** can also replace any phrase made up of **à** + a noun indicating an idea or thing.

> —Est-ce qu'Albert réussit **à tous ses examens**? *Does Albert pass all his exams?*
> —Oui, il **y** réussit toujours. *Yes, he always passes them.*
>
> —Pensez-vous déjà **à votre future carrière**? *Are you already thinking about your future profession?*
> —Oui, j'**y** pense beaucoup. *Yes, I think about it a lot.*

➤ **Rappel: y** comes just before the conjugated verb.

C. Here are some of the verbs with which you are likely to use **y**.

assister à *to attend*	**penser à** *to think about*
échouer à (un examen) *to fail (a test)*	**réfléchir à** *to think about*
jouer à (un jeu) *to play (a game)*	**répondre à** *to answer*
participer à *to participate in*	**réussir à (un examen)** *to pass (a test)*

➤ **Y** has two uses:
y = *there* (**à Lyon, dans ma chambre**)
y = **à** + a thing (**j'y pense**)

Exercice 1 Votre vie à l'université

Répondez en employant le pronom **y**.

> MODÈLE: En général, réussissez-vous à vos examens? →
> Oui, j'y réussis. (Non, je n'y réussis pas.)

1. Habitez-vous à la cité universitaire?
2. Est-ce que vous êtes déjà allé(e) à la bibliothèque cette semaine?
3. Est-ce que vous participez beaucoup aux discussions en classe?
4. Répondez-vous souvent aux questions?
5. Assistez-vous parfois aux matchs de basket?
6. Jouez-vous souvent aux jeux vidéo?
7. Pensez-vous souvent à votre future carrière?

9.2 Emphatic pronouns

A. The emphatic pronouns (**pronoms accentués**) are **moi, toi, lui** (*him*), **elle, nous, vous, eux** (*them; m.*), **elles**. They are often used to emphasize the subject, and after **c'est**.

> **Moi**, je m'appelle Denise. *My name is Denise.*
> C'est Étienne? Oui, c'est **lui**. *Is that Étienne? Yes, that's him.*

➤ Emphatic pronouns:

moi	**nous**
toi	**vous**
lui/elle	**eux/elles**

> **Rappel**: Indirect object pronoun: verb + **à** + person (*m.* or *f.*) = **lui** (placed before the verb) **J'ai parlé *à Marise.*** → **Je *lui* ai parlé.**

⭐ *Review* **Grammaire 4.2** *on how to make comparisons.*

B. Emphatic pronouns also replace nouns after all prepositions except **à**: **avec moi**, **pour elles**, **sans eux**.

—Tu sors avec tes copains ce soir? / *Are you going out with your friends tonight?*

—Oui, je sors **avec eux**. / *Yes, I'm going out with them.*

Tu peux faire des courses **pour moi**? / *Can you do some errands for me?*

C. Emphatic pronouns are used in comparisons, after **que**.

Mes amis sont plus sérieux **que moi**. / *My friends are more serious than I am.*

D. Emphatic pronouns are used to form short questions and answers and can be combined with **aussi** and **non plus**.

—J'ai reçu une bonne note. Et **toi**? / *I got a good grade. Did you?*
—**Moi aussi!** / *Me too!*

—Je n'aime pas bosser avant un examen. / *I don't like to cram for a test.*
—**Moi non plus!** / *Me neither!*

E. They also replace subject pronouns if there is more than one subject.

Charles et **moi**, nous sommes copains. / *Charles and I are good friends.*

Sophie et **lui** se sont rencontrés l'année dernière. / *He and Sophie met last year.*

Exercice 2 Comparaisons

Écrivez les réponses en utilisant des pronoms accentués. En classe, posez les questions à des camarades et comparez vos réponses.

MODÈLE: Tu es aussi conservateur/conservatrice que tes parents? →
Oui, je suis aussi conservateur/conservatrice qu'*eux*. (Non, je suis moins...)

1. Tu es plus intelligent(e) que ton père?
2. Tu es moins sportif (sportive) que tes frères et sœurs?
3. Tu es aussi dynamique que ton meilleur ami (ta meilleure amie)?
4. Est-ce que tes camarades de classe sont aussi intelligents que toi?
5. Est-ce que tes professeurs sont aussi sympathiques que tes parents?
6. Tu es aussi équilibré(e) que ton meilleur ami (ta meilleure amie)?
7. Est-ce que tes frères et sœurs sont plus courageux que toi?
8. Ton (ta) colocataire est aussi facile à vivre* que toi?

Exercice 3 À l'université: Tes rapports avec les autres

Répondez aux questions avec des pronoms accentués. Ensuite, posez les questions à votre partenaire.

MODÈLE: Est-ce que tu sors souvent avec tes ami(e)s? →
Oui, je sors souvent avec eux (elles). (Non, je ne sors pas souvent avec eux [elles].)

facile... easygoing

1. Est-ce que tu t'entends bien avec tes professeurs?
2. Tu te fâches souvent avec ton (ta) coloc?
3. Tu parles toujours français avec ton (ta) prof de français?
4. Tu dialogues avec tes camarades de lycée sur Facebook?
5. Tu te souviens de la première personne que tu as rencontrée sur le campus?
6. Tu as déjà dîné avec le président (la présidente) de l'université?
7. Tu ne t'es jamais disputé(e) avec les conseillers d'orientation?

Exercice 4 Opinions

Résumez les deux phrases en une seule avec des pronoms accentués.

> MODÈLE: Mylène Farmer chante bien. Stromae aussi chante bien. →
> Elle et lui, ils chantent bien.

1. Mon copain va au cinéma ce soir. Sa petite amie va au cinéma avec lui.
2. La prof lit le journal tous les jours. Son mari le lit aussi.
3. Les enfants aiment *Astérix*. Nous aussi, nous aimons *Astérix*.
4. Juliette Binoche est vedette. Jean Dujardin est aussi vedette.
5. Tu paniques avant les examens. Moi aussi, je panique avant les examens.
6. L'écrivain Patrick Modiano a du talent. Amélie Nothomb en a aussi.
7. Marion Bartoli est dynamique. Kylian Mbappé aussi est dynamique.

9.3 Identifying and describing: **C'est** vs. **il/elle est**

A. **C'est** and **ce sont** are used with *nouns* to identify people and things.

> —Qu'est-ce que c'est?   What is that?
> —**C'est un ordinateur**.   It's a computer.

➤ **C'est/Ce sont** + article + noun

B. **Il/Elle est** and **ils/elles sont** are used with *adjectives* to describe people and things.

> —Cet ordinateur est cher?   Is this computer expensive?
> —Oui, **il est cher**.   Yes, it's expensive.

➤ **Il/Elle est, Ils/Elles sont** + adjective

C. Either of these constructions can be used to identify someone's profession. Note that with **c'est** and **ce sont**, an article is always used; with a proper name or **il/elle**, no article is used.

> Adrienne **est secrétaire**.   Adrienne is a secretary.
> Jean-Yves? **Il est étudiant**.   Jean-Yves? He's a student.
> Julien Leroux? **C'est un journaliste**.   Julien Leroux? He's a reporter.
> Ces gens-là? **Ce sont des ouvriers**.   Those people? They are workers.

➤ **C'est/Ce sont** + article + profession
➤ **Il/Elle est** + profession
Note: No article is used here.

D. If an adjective is included to describe the person or profession, **c'est/ce sont** is used instead of **il/elle est** and **ils/elles sont**.

> Raoul Durand? **C'est** un étudiant **très sérieux**.   Raoul Durand? He's a very serious student.
> Ces femmes-là? **Ce sont des journalistes canadiennes**.   Those women? They are Canadian journalists.

➤ **C'est/Ce sont** + article + profession + adjective
OR
C'est/Ce sont + article + adjective + profession

Exercice 5 Personnages célèbres

Identifiez le métier de ces gens. Utilisez **il/elle est** ou **il/elle était**.

MODÈLE: Jean-Paul Sartre → Il était philosophe.

1. Christian Dior
2. Marie Curie
3. Charlemagne
4. Simone de Beauvoir
5. Céline Dion
6. Charles de Gaulle

a. empereur
b. écrivain/écrivaine
c. couturier/couturière
d. chanteur/chanteuse
e. physicien(ne)
f. homme/femme d'État

Exercice 6 Qui est-ce?

Identifiez les personnages dans la liste de gauche et puis ajoutez quelques détails. (Si vous en avez besoin, consultez la liste des personnages dans «To the Student» au début du livre.)

MODÈLE: Sarah Thomas →
C'est une étudiante américaine. C'est la camarade de chambre d'Agnès Rouet.

1. Claudine Colin
2. Christine Lasalle
3. Bernard Lasalle
4. Clarisse Colin
5. Joël Colin
6. Jean-Yves Lescart

a. petit garçon
b. étudiant à l'université Paris Diderot
c. professeur dans un lycée
d. infirmière
e. étudiante en hôtellerie
f. ingénieur

9.4 Saying how long you've been doing something: Present tense + **depuis**

➤ Use *present tense* + **depuis** + *time expression* for an action that continues into the present.

A. To talk about an action or state that began in the past and is still going on, use the *present* tense + **depuis** + a length of time or a date.

Agnès **étudie** l'anglais **depuis six ans**.
Le bac **existe depuis 1808**.

Agnès has been studying English for six years.
The "bac" has existed since 1808.

B. To ask a question about an action or situation continuing into the present, use **depuis quand... ?** or **depuis combien de temps... ?** + the *present* tense.

—**Depuis quand étudies**-tu le génie civil?
—**Depuis** l'année dernière.

Since when have you been studying civil engineering?
Since last year.

—**Depuis combien de temps** est-ce que tu **habites** à La Nouvelle-Orléans?
—**Depuis** trois ans.

How long have you lived in New Orleans?

For three years.

C. Note the contrast with the **passé composé** + **pendant**, which is used for an action or situation that *ended* at some time in the past.

> J'**habite** ici **depuis** dix ans. Avant, j'**ai habité pendant** deux ans dans l'Ohio.

> *I have lived here for ten years. Before that, I lived for two years in Ohio.*

➤ Use **passé composé** + **pendant** + *time expression* for an action that ended in the past.

Exercice 7 L'histoire de Julien Leroux

Reformulez chaque phrase pour changer le point de vue du passé au présent. *À noter*: Julien a maintenant 32 ans.

> MODÈLE: Julien est venu habiter à Paris à l'âge de 22 ans.
> (Julien / habiter à Paris...) →
> Julien habite à Paris *depuis dix ans*.

1. Julien a acheté un appartement à la Défense à l'âge de 28 ans. (Julien / habiter à la Défense...)
2. Sa mère est venue habiter à Paris il y a cinq ans. (Sa mère / être à Paris...)
3. Julien a pris un poste à TF1 à l'âge de 25 ans. (Julien / travailler pour TF1...)
4. Il a rencontré Bernard il y a huit ans. (Il / connaitre Bernard...)
5. Julien a appris à faire de la voile à l'âge de 20 ans. (Julien / faire de la voile...)

Exercice 8 À ton tour!

Répondez en employant le présent + **depuis**.

1. Depuis quand fais-tu des études dans cette université?
2. Où habites-tu? Depuis combien de temps y habites-tu?
3. Où habitent tes parents? Depuis combien de temps?
4. Depuis combien de temps est-ce que tu étudies le français?
5. Depuis quand as-tu ton permis de conduire? ta propre voiture?

9.5 Saying what you will do: The future tense

A. You have already learned to talk about plans and future actions with **aller** + infinitive.

> Je **vais sécher** mes cours demain.   *I'm going to cut class tomorrow.*

★ Review **Grammaire 2.3.D** on **aller** + *infinitive for a future action.*

➤ Future stems:
parler-
finir-
attendr-

⭐ See **Appendix C** *for spelling changes in* **acheter**, **appeler**, *etc.*

➤ Future endings: **nous, vous** = same as present-tense endings (**-ons, -ez**); others = same as present-tense forms of **avoir** (**-ai, -as, -a, -ont**)

B. Both French and English also have a future tense (*will go, will read*, etc.). To form the French future tense, add the following endings to the future stem: **-ai, -as, -a, -ons, -ez, -ont**. For most verbs, the future stem is the infinitive. Infinitives ending in **-re** drop the final **-e** before adding the future endings.

FUTURE TENSE		
parler	**finir**	**attendre**
je parler**ai**	je finir**ai**	j'attendr**ai**
tu parler**as**	tu finir**as**	tu attendr**as**
il/elle/on parler**a**	il/elle/on finir**a**	il/elle/on attendr**a**
nous parler**ons**	nous finir**ons**	nous attendr**ons**
vous parler**ez**	vous finir**ez**	vous attendr**ez**
ils/elles parler**ont**	ils/elles finir**ont**	ils/elles attendr**ont**

J'en **parlerai** à mon patron demain matin.
I'll speak to my boss about it tomorrow morning.

Nous **finirons** ce projet cette semaine.
We'll finish this project this week.

Tu **comprendras** mieux dans quelques jours.
You will understand better in a few days.

➤ All future stems, both regular and irregular, end in **-r**.

C. Some verbs form the future tense with an irregular stem.

IRREGULAR FUTURE STEMS					
aller	**ir-**	j'**ir**ai	devoir	**devr-**	je **devr**ai
être	**ser-**	je **ser**ai	recevoir	**recevr-**	je **recevr**ai
faire	**fer-**	je **fer**ai	venir	**viendr-**	je **viendr**ai
avoir	**aur-**	j'**aur**ai	vouloir	**voudr-**	je **voudr**ai
savoir	**saur-**	je **saur**ai	voir	**verr-**	je **verr**ai
pouvoir	**pourr-**	je **pourr**ai	envoyer	**enverr-**	j'**enverr**ai

Après mes études, je **ferai** un voyage en Europe.
After college, I will take a trip to Europe.

Est-ce que ton ami **pourra** t'accompagner?
Will your friend be able to go with you?

➤ **quand**, **lorsque** = *when*
➤ **aussitôt que**, **dès que** = *as soon as*
➤ If the action introduced by **quand**, etc., takes place in future time, French requires use of the future tense.

D. The future tense is generally used in the same way as the English future with *will*. However, in some cases French requires the future tense where English uses the present: in particular, after **quand** and **lorsque** (*when*) and after **aussitôt que** and **dès que** (*as soon as*).

Quand j'**aurai** plus de temps, je t'**écrirai**.
When I have more time, I'll write you.

Nous **pourrons** partir **aussitôt que** Sarah **arrivera**.
We can (will be able to) leave as soon as Sarah arrives.

➤ **C'est aujourd'hui le 1ᵉʳ juin. Je partirai en France le 1ᵉʳ juillet. Je partirai** *dans un* **mois.**

E. Use **dans** with a length of time to say when something will happen in the future.

Albert **finira** ses études **dans deux ans**.
Albert will finish his studies in two years.

Sarah **rentrera** aux États-Unis **dans trois mois**.
Sarah will go back home to the United States in three months.

Exercice 9 Intentions et impossibilités

Faites des questions et répondez-y vous-même en employant le futur.
Ensuite, interrogez votre partenaire.

> MODÈLE: aller au restaurant ce soir →
> Est-ce que tu iras au restaurant ce soir?
> Oui, j'irai au restaurant ce soir. (Non, je n'irai pas...) Et toi?

1. te coucher tôt ce soir
2. dormir jusqu'à 10 h demain
3. finir tous tes devoirs avant le weekend
4. réussir à tous tes examens ce semestre
5. sortir ce weekend
6. gagner beaucoup d'argent cet été
7. acheter une voiture cette année
8. prendre des vacances la semaine prochaine

Exercice 10 Études à Montpellier

Vous assistez à une réunion pour les étudiants de votre université qui vont
aller faire des études à Montpellier, dans le sud de la France, le semestre
prochain. Vous posez beaucoup de questions. Employez le futur des verbes
indiqués.

> MODÈLE: Est-ce que nous (aller) visiter Paris? →
> Est-ce que nous irons visiter Paris?

1. Est-ce que nous (être) tous ensemble dans les cours?
2. Est-ce que nous (faire) des activités avec des étudiants français?
3. Est-ce que nous (recevoir) d'autres renseignements avant le départ?
4. Est-ce que nous (voir) souvent la directrice du programme?
5. Est-ce que nous (avoir) le temps de voyager dans le reste de l'Europe?
6. Est-ce que nous (savoir) bientôt quels cours nous (pouvoir) suivre?
7. Est-ce que nous (devoir) déjeuner au resto-U?

Exercice 11 Quel avenir!

Les étudiants de Mme Martin imaginent l'avenir de leurs camarades. Employez
le futur des verbes logiques pour compléter les phrases ci-dessous et à la
page suivante.

DENISE ALLMAN

Denise _____[1] de la chance. Elle _____[2] la première femme
candidate à être élue à la présidence américaine. Elle _____[3]
facilement les élections, et son mari et elle _____[4] vivre à la
Maison Blanche.

    Denise _____[5] travailler de longues heures, mais son mari
et elle _____[6] visiter beaucoup de pays dans le monde. En
France, elle _____[7] un discours* en français qui _____[8] tous
les Français.

aller
avoir
être
gagner
devoir
faire
épater†
pouvoir

*speech
†to impress

LOUIS THIBAUDET

Un jour, en faisant un diner pour des amis, Louis _____⁹
ses talents culinaires. Il _____¹⁰ en France pour travailler
avec un chef, et puis il _____¹¹ en Louisiane. Il _____¹² un
restaurant, où nous _____¹³ tous diner.

aller (twice)
découvrir
ouvrir
revenir

Au bout de quelques années, Louis _____¹⁴ un des chefs
les plus connus des États-Unis, du monde même! Il _____¹⁵
beaucoup de livres et il _____¹⁶ sa propre émission à la télé
qui _____¹⁷ «Thibaudet's Kitchen».

s'appeler
avoir
devenir
écrire

Exercice 12 Soyez plus optimiste!

Le pessimiste parle de son avenir, mais sans beaucoup de confiance. L'optimiste essaie de l'encourager. Donnez les réponses de l'optimiste en employant le futur.

MODÈLE: Je serai surpris si mes copains se souviennent de mon anniversaire. →
Tu seras surpris *quand* tes copains se *souviendront* de ton anniversaire.

1. Je serai heureux si je réussis à l'examen demain.
2. Je serai très surpris si je reçois un A en cours de français.
3. Je serai surpris si mes amis m'invitent à sortir ce weekend.
4. Je serai étonné si j'ai assez d'argent pour payer mes études.
5. Je serai surpris si je finis mon devoir d'histoire ce soir.

Gerald Haenel/laif/Redux Pictures

La cérémonie du thé au Maroc

Les voyages

Objectifs

In **Chapitre 10**, you will talk about travel experiences, needs, and situations that arise during trips. You will also learn a new way to express necessity.

⬤ACTIVITÉS

Tranche de vie   Voyager
   ensemble en train
Voyages à l'étranger
En voiture!
À voir en vidéo   Micro-trottoir:
   Au sujet du transport
Comment se débrouiller
Les achats, les produits
   et les matières

⬤LECTURES

À la rencontre des arts
   Le train et les artistes
À propos...   Se loger en
   voyage
La langue en mouvement
   Le français dans le monde
À vous de lire   «L'arrivée en
   ville»

⬤GRAMMAIRE

10.1 Expressing obligation:
   Il faut que + subjunctive
10.2 More about the subjunctive:
   Irregular-stem verbs
10.3 Verbs for traveling: **Conduire**
   and **suivre**
10.4 Double object pronouns
10.5 Expressing extremes: The
   superlative
10.6 Making distinctions: **Lequel**
   and **celui**

TRANCHE DE VIE

Voyager ensemble en train

Le train est un mode de transport très commun en Europe. On le prend pour voyager—parfois sur des milliers de kilomètres—mais aussi pour aller travailler tous les jours. Les gens passent de longues heures en train avec d'autres personnes, le plus souvent des étrangers; il est donc important de savoir se comporter de manière conviviale pour que le voyage soit agréable. La compagnie nationale française de trains (la SNCF) a publié une brochure intitulée *Voisins à bord: Profitons des bons côtés d'être à côté*. Elle contient des suggestions et des conseils pour améliorer l'expérience des passagers, ainsi que des témoignages.

PARTIR DU BON PIED !

De chez soi, on peut déjà aider son voisin avant le départ comme par exemple :
• Montrer comment acheter son billet sur internet s'il n'est pas familiarisé avec le commerce en ligne.
• Donner un coup de main au moment du départ pour descendre ses bagages.
• Et pourquoi pas l'accompagner à la gare?

Le départ, c'est toujours un peu d'effervescence, du stress pour ceux qui prennent le train occasionnellement ou lors de périodes d'affluence. C'est bien souvent dans ces cas-là qu'on a besoin d'un petit coup de main :

• Montrer comment composter son billet.
• Aider à porter un bagage ou plier une poussette.
• Aider à trouver son siège.
• Proposer d'échanger sa place avec des gens qui sont séparés.

Avoir un petit geste d'attention ou échanger un mot avec son voisin, ça met sur de bons rails pour commencer le voyage.

" Je suis toujours un peu stressé quand je prends le train. Mais la dernière fois un monsieur m'a aidé à monter mes bagages en me disant qu'il les descendrait aussi à mon arrêt, ce qui m'a permis d'avoir l'esprit tranquille. "
FRANÇOIS, 78 ANS.

78%
DES VOYAGEURS ONT DÉJÀ EU L'OCCASION D'AIDER OU DE RENSEIGNER QUELQU'UN DANS LE TRAIN

SNCF

ARRIVER EN TOUTE SÉRÉNITÉ !

L'arrivée peut parfois représenter un moment d'inquiétude, surtout quand ce n'est pas un terminus mais juste une escale au cours du trajet. C'est le moment, par exemple :
• D'aider son voisin à descendre un bagage.

• De jeter un coup d'œil aux enfants pendant qu'un des parents rassemble les affaires.
• De vérifier que votre voisin n'a rien oublié derrière lui.
• Vous connaissez la gare d'arrivée ? Faites en profiter vos voisins !

« Je me souviens avoir pris le train un matin après avoir veillé une bonne partie de la nuit. J'étais épuisée et j'allais m'endormir. Heureusement, j'ai demandé à ma voisine si ça ne la dérangeait pas de me réveiller à l'arrivée, sinon j'aurais raté mon arrêt ! »
SARAH, 34 ANS.

 10 % DES VOYAGEURS SE SONT DÉJÀ ENDORMIS SUR L'ÉPAULE DE LEUR VOISIN

SNCF

💬 *Il y a de quoi dire*
Des voyageurs sympa!

Voici des phrases que pourrait dire un passager / une passagère—est-ce qu'elles correspondent aux conseils ou aux témoignages que l'on trouve dans *Voisins à bord*? Déterminez si c'est dans le guide… ou pas.

1. Vous n'avez pas de billet? Pas de problème, je vais vous en acheter un.
2. Je descends à Toulouse, mais ce train va jusqu'à Bordeaux—si je m'endors, vous pouvez me réveiller quand on arrive à Toulouse?
3. Cette grosse valise a l'air très lourde; je vais vous aider à la porter.
4. Le train a pris du retard et je dois téléphoner à mon petit ami qui m'attend à la gare: vous me prêtez votre téléphone, s'il vous plait?
5. Excusez-moi, j'ai la place 45 dans la voiture 6, mais je ne la trouve pas. Vous savez où ça se trouve?
6. Ne vous dérangez pas, je vais vous chercher un café au wagon-bar!
7. Si vous voulez, je peux vous montrer comment prendre le métro quand nous arrivons à Paris. C'est un peu compliqué, car la gare est immense.
8. Vous n'avez pas pu trouver des places pour que toute votre famille soit assise côte à côte? Ça ne me gêne pas de changer de siège, comme ça vous serez ensemble.

Voyages à l'étranger

⭐ Attention! Étudier Grammaire 10.1 et 10.2

le billet d'avion · le passeport

ENREGISTREMENT · l'employée · les bagages

Au départ, il faut enregistrer ses bagages en soute.

CONTRÔLE de SURETÉ · l'agent de sureté · une ceinture · enlever ses chaussures

L'agent de sureté vérifie que les passagers n'aient rien de défendu.

LA SALLE D'ATTENTE · le haut-parleur · les passagers · la carte d'embarquement

Il faut que les passagers attendent le départ d'un vol.

la cabine [classe économique] · le steward · l'hôtesse · [première classe] · la déclaration de douane

Pendant un vol international, il faut que les passagers remplissent la déclaration de douane.

LE CONTRÔLE DES PASSEPORTS · la queue (faire la queue)

À l'arrivée, il faut que les passagers fassent la queue au contrôle des passeports.

le douanier

Même si on n'a rien à déclarer, le douanier fouille parfois les bagages.

VOIE 10 · le wagon · le contrôleur · le quai

Il est essentiel que le voyageur apprenne à se débrouiller.

Activité 1 Ordre logique: Voyage international

En groupes, décidez l'ordre des actions suivantes. Ensuite, comparez vos décisions avec celles de vos camarades de classe.

Avant le départ
_____ s'assurer de ne pas oublier les billets
_____ faire les valises
_____ faire les réservations sur l'internet et choisir un siège dans l'avion
_____ vérifier que le vol va partir à l'heure
_____ économiser de l'argent pour le voyage
_____ s'assurer d'avoir un passeport valide
_____ vérifier qu'il n'y a rien d'interdit dans ses bagages à main

À l'aéroport
_____ chercher la salle d'attente dans la zone d'embarquement (sécurisée)
_____ enregistrer ses bagages
_____ s'assurer d'avoir ses pièces d'identité
_____ embarquer dans l'avion
_____ passer au contrôle de sureté
_____ enlever ses chaussures

À l'arrivée
_____ sortir de la zone d'embarquement (sécurisée)
_____ débarquer de l'avion
_____ présenter ses bagages à la douane
_____ mettre ses bagages sur un charriot
_____ passer par le contrôle des passeports
_____ chercher ses valises à la livraison de bagages

Allons plus loin! Avec deux partenaires, imaginez une scène entre un agent de voyages et deux personnes qui vont voyager ensemble. Les deux voyageurs ne sont pas toujours d'accord sur les détails. Présentez votre sketch à la classe.

Activité 2 Échanges: Le voyage organisé

Imaginez que vous allez partir au Maroc en voyage organisé et que vous répondez aux conseils de votre professeur de français. Jouez les deux rôles avec un(e) camarade de classe.

> MODÈLE: PROF: Il faut que vous vous inscriviez bientôt dans le programme.
> VOUS: Pas de problème, madame (monsieur). Je m'inscrirai demain.

1. Il est essentiel que vous changiez vos dollars en dihrams ou retiriez des dihrams d'un distributeur.
2. Il vaut mieux que vous ne preniez pas trop de bagages.
3. Il faut que vous demandiez tout de suite un passeport.
4. Il faut que vous emportiez des chaussures confortables pour faire des excursions.
5. Il est essentiel que vous suiviez les instructions du guide.
6. Il faut que vous ne parliez que français entre vous.
7. Il est important que vous ne sortiez pas seul(e) le soir.
8. Il vaut mieux que vous gardiez l'esprit ouvert.
9. Il faut que vous soyez à l'heure pour les activités organisées.
10. Il faut que vous vous souveniez que la majorité des gens sont musulmans.

Activité 3 Récit: Vacances au Maroc

Voici les activités de Bernard et Christine Lasalle pendant leurs vacances au Maroc l'année dernière. Les phrases suivantes décrivent chaque dessin. Mettez-les dans le bon ordre d'après les dessins.

Ça fait réfléchir

- Les salariés français ont droit à cinq semaines de vacances.
- Le 3 avril 2007, le TGV a battu le record mondial de vitesse en train avec un peu plus de 574 km/h (kilomètres à l'heure).

<u>1</u> À Marrakech, il a fallu que Bernard et Christine aillent d'abord à l'hôtel.

_____ Ils ont trouvé un charmeur de serpents fascinant mais ils ont gardé leurs distances!

_____ Dans un village berbère, ils ont vu une femme qui tissait un beau tapis.

_____ Christine a bien aimé la bijouterie qu'on vendait dans les souks (marchés).

_____ Il a fallu que Bernard ramène une énorme poterie à leur hôtel.

_____ Ils sont sortis de leur hôtel pour explorer la ville de Marrakech.

_____ Ils ont fait une excursion pour voir une oasis.

_____ Ils ont découvert de belles mosquées.

_____ Ils ont visité un ryad ancien* où ils ont admiré la cour et ses fontaines.

_____ Ils sont montés à dos de dromadaire. Bernard était un peu nerveux.

_____ Ils se sont promenés dans la médina (la vieille ville) de Marrakech.

_____ Au départ, Christine a photographié les dunes sans fin du Sahara.

Activité 4 Entretien: Les voyages

1. Tu aimes voyager? Tu voyages quelquefois en voiture? en train? en avion? en bateau? Où vas-tu?
2. Tu as de la famille ou des amis qui habitent loin de chez toi? Qui? Tu leur rends visite? Quand? Qui t'accompagne? Tu y es allé(e) cette année?
3. Tu as déjà visité un autre pays (un autre état, une autre province, une autre région, une autre ville)? Lequel? Quand? Sinon, quel pays (ou quelle province, région, ville...) est-ce que tu voudrais visiter? Pourquoi?
4. Si tu avais un budget illimité, où aimerais-tu aller? Avec qui? Comment aimerais-tu voyager? (en avion privé, en yacht, en faisant une croisière, en navette spatiale...)

_____

*ryad... grande maison traditionnelle

À la rencontre des arts

Le train et les artistes

Le train est une des grandes inventions du XIXe siècle. Il a changé radicalement la manière de voyager, et il a inspiré de nombreux créateurs: peintres, poètes, romanciers, musiciens… L'écrivain naturaliste Émile Zola a consacré[1] un roman entier au train, *La Bête humaine* (1890), et le peintre impressionniste Claude Monet a réalisé sept versions différentes d'une scène représentant une des gares de Paris. Le train a servi aussi comme un des premiers sujets du septième art,[2] notamment quand les frères Lumière ont réalisé *L'Arrivée d'un train en gare de La Ciotat* en 1895.

[1] *devoted*
[2] le septième art = le cinéma

• Claude Monet, *La Gare St-Lazare* (1877), Paris, Musée d'Orsay

History and Art Collection/Alamy Stock Photo

Activité 5 Situations: Un voyage inoubliable

Avec un(e) partenaire, créez un sketch d'après les faits suivants.

Voyageur/Voyageuse: Au contrôle de sureté à l'aéroport de Montréal, l'agent(e) de sureté découvre le petit couteau de votre grand-père dans vos bagages à main! Vous aviez oublié que vous l'aviez. Expliquez à l'agent(e) pourquoi vous êtes innocent(e) et pourquoi il ne devrait pas confisquer un objet qui a une valeur sentimentale pour vous.

L'Agent(e) de sureté: À l'aéroport de Montréal, vous découvrez un petit couteau dans les bagages à main de quelqu'un! La personne essaie de vous persuader de son innocence. Expliquez-lui pourquoi vous êtes obligé(e) de garder cet objet.

En voiture!

⭐ Attention! Étudier Grammaire 10.3

Je vais faire le plein et vérifier le niveau d'huile.

Donnez-moi une voiture qui ne consomme pas trop d'essence.

Oui, dites-lui de mettre de nouveaux pneus. Les vieux sont en très mauvais état.

Tu vois ce feu rouge? Ne le brule pas!

Activité 6 Associations: L'art de la conduite

Identifiez la suggestion pour chaque objet, personne ou règle.

1. les freins
2. les limitations de vitesse
3. un mécanicien / une mécanicienne
4. le feu rouge
5. le klaxon
6. de l'essence
7. les clignotants
8. la ceinture de sécurité
9. le permis de conduire

a. Ne l'oubliez pas quand vous conduisez. Il vous permet de conduire en toute légalité.
b. Expliquez-lui les problèmes de votre voiture.
c. Si quelqu'un vous suit de trop près, ne les employez pas.
d. Utilisez-le en cas d'urgence, mais n'en abusez pas.
e. Arrêtez-vous quand vous le voyez. Ne le brulez jamais.
f. Mettez-en dans le réservoir, sinon votre voiture ne marchera pas.
g. C'est la règle numéro un: attachez-la chaque fois que vous vous mettez au volant.
h. Ne les dépassez pas, sinon vous risquez de recevoir une contravention.
i. Mettez-les pour indiquer que vous changez de direction.

Activité 7 Échanges: L'entretien d'une voiture

Avec quelle fréquence devrait-on faire ces opérations?

> MODÈLE: É1: On devrait laver sa voiture chaque jour.
>
> É2: Je ne suis pas d'accord. On devrait la laver seulement quand elle est sale.

1. faire la vidange (changer l'huile du moteur)
2. vérifier la pression des pneus
3. mettre de l'eau dans le radiateur
4. vérifier la batterie
5. faire le plein d'essence
6. changer les essuie-glaces
7. acheter des pneus
8. faire l'équilibrage des pneus
9. changer le liquide de frein
10. passer l'aspirateur à l'intérieur

Vocabulaire utile chaque semaine, toutes les (deux) semaines, trois fois par an, tous les mois, quand il le faut, jamais, chaque année

Cliquez là!

Votre voiture ne fonctionne pas bien? Consultez un mécanicien sur l'internet. Lors du prochain cours, racontez votre problème et la solution proposée.

Activité 8 Entretien: La voiture et moi

1. Est-ce que tu conduis régulièrement? Comment te déplaces-tu le plus souvent? En transport public (en autobus, en train ou en métro)? En voiture ou à moto? À vélo ou à pied? Est-ce que tu te sers de services comme Lyft ou Uber? Pourquoi fais-tu ce(s) choix?
2. As-tu une voiture? Pourquoi ou pourquoi pas? Sinon, est-ce que tu conduis la voiture de quelqu'un d'autre? Comment est la voiture que tu conduis?
3. Tu aimes conduire? Pourquoi ou pourquoi pas? Tu conduis combien de miles/kilomètres chaque jour, à peu près?
4. Est-ce que tu voudrais avoir une voiture hybride ou une voiture électrique? Pourquoi? Pourquoi pas?
5. Là où tu habites, est-ce qu'il est facile de vivre sans voiture?
6. Tu as déjà eu ou vu un accident? Ta voiture est tombée en panne? Qu'est-ce qui s'est passé?
7. Combien de contraventions as-tu reçues? Quelles étaient les circonstances?

À voir en vidéo

Micro-trottoir: Au sujet du transport

Répondez aux questions suivantes à partir de votre point de vue personnel. Puis regardez la vidéo et comparez vos réponses à celles des gens interrogés.

1. Quels moyens de transport utilisez-vous en ville? Et pour partir en vacances?
2. Pour vous, c'est pratique d'avoir une voiture? Pour quoi faire?
3. Qu'est-ce que vous pensez de la voiture électrique?

Activité 9 Échanges: Pour mieux conduire

Imaginez que vous et votre partenaire devez passer un examen de conduite. Posez-vous des questions et puis discutez ensemble de chaque réponse.

MODÈLE: É1: Qu'est-ce qu'on doit faire s'il commence à neiger très fort?
É2: Eh bien, on doit conduire lentement. C'est tout?
É1: Non, il faut aussi mettre les essuie-glaces…

SITUATIONS

1. Il y a du verglas et la voiture commence à glisser.
2. Il pleut et il y a du brouillard.
3. On décide de tourner à gauche.
4. Un enfant se précipite dans la rue pour chercher son ballon.
5. On roule vite et, tout d'un coup, le feu passe à l'orange.
6. Une voiture te suit de trop près.
7. ?

IDÉES

- mettre la ceinture de sécurité
- freiner aussi vite que possible
- ralentir ≠ accélérer
- bruler le feu rouge
- rouler (plus lentement)
- mettre (les essuie-glaces)
- mettre le clignotant
- arrêter la voiture
- klaxonner
- changer de vitesse

Activité 10 Récit: Julien n'a pas de chance!

Julien Leroux a reçu une invitation pour passer le weekend chez des amis à la campagne. Il a décidé d'y aller en voiture. Est-ce qu'il s'est bien amusé pendant sa visite? Pourquoi?

Vocabulaire utile   avoir du mal à, entendre un bruit, tomber malade

Comment se débrouiller

⭐ Attention! Étudier Grammaire 10.4

La poste

En France, Raoul a reçu son courrier à la poste restante. L'employé le lui a donné.

Pendant qu'il était au bureau de poste, un employé lui a indiqué le distributeur de billets le plus proche.

Dès son arrivée à Paris, Sarah Thomas est allée chercher un appareil wifi de poche pour pouvoir se connecter à l'internet avec son smartphone. Elle s'en est souvent servi.

Jean-Yves s'est trouvé sans argent à Dakar. Ses parents lui en ont envoyé.

Cliquez là!

Allez sur le site de l'Office du tourisme de la ville de votre choix. Cherchez un hôtel ou une auberge de jeunesse. Préparez-vous à en faire la description et dire le prix de votre chambre en cours.

Un hôtel à l'ancienne

Activité 11 Échanges: Le savoir-faire

Discutez de ces situations avec un(e) camarade de classe. Donnez vos réactions et expliquez-les.

MODÈLE: É1: Une personne SDF s'approche de toi et te demande de l'argent. Est-ce que tu lui en donnes? →
É2: Oui, je lui en donne. Il a l'air d'avoir faim. (Non, je ne le connais pas. Je ne lui en donne pas.)

1. À la banque, la caissière demande à voir ton passeport. Tu le lui montres?
2. Des gens que tu ne connais pas bien te demandent le numéro de ta chambre d'hôtel. Est-ce que tu le leur donnes?
3. Tu remercies le chauffeur de taxi. Lui donnes-tu aussi un pourboire?
4. Un étranger te demande le chemin pour aller au musée d'Orsay. Est-ce que tu le lui dis?
5. L'employé à la réception de ton hôtel demande à garder ton passeport. Tu le lui laisses?
6. Le serveur dans un restaurant est très désagréable. Est-ce que tu lui laisses un bon pourboire?
7. Un ami excentrique demande à se servir de ton nouvel appareil photo haut de gamme. Tu le lui prêtes?
8. Une copine qui a perdu son portefeuille demande à se servir de ta carte de crédit. Est-ce que tu la lui prêtes?

Activité 12 Récit: Adrienne n'a pas de chance!

Adrienne vient d'arriver à son hôtel en Corse. Pour chaque dessin, expliquez ce qui s'est passé juste avant et ce qu'Adrienne est en train de faire. Ajoutez ses sentiments et d'autres détails que vous voyez ou pouvez imaginer.

Vocabulaire utile agité(e), découvrir les vêtements d'un autre client, un employé, exploser, fonctionner mal, un placard

À propos...

Se loger en voyage

Glenn Harper/Alamy Stock Photo

Lorsqu'on voyage dans un pays inconnu, l'une des principales difficultés consiste à trouver un logement adapté à ses gouts[1] et surtout à son budget. Réserver en ligne est pratique et rapide, mais un peu risqué quand on ne connait pas l'endroit où l'on va. En arrivant sur place, on a parfois de mauvaises surprises. Dans presque tous les pays européens, vous trouverez au centre-ville—généralement tout près de la gare—un bureau appelé «syndicat d'initiative» ou «office du tourisme». Là, on vous aidera à trouver un hôtel selon vos désirs et, généralement, on téléphonera pour vous réserver une chambre.

Pour ceux qui aiment préparer leurs vacances en détail, il existe de nombreux guides qui vous informent sur la qualité des hôtels et des restaurants. Le *Guide du routard* donne d'excellents astuces[2] pour se loger et manger à bon marché. Pour les plus fortunés,[3] le *Guide des relais et châteaux* propose ses hôtels de grand luxe dans des sites prestigieux. En Europe, même si vous n'avez pas de guide, vous pouvez toujours juger un hôtel grâce au système de catégorisation officiel, qui attribue entre une et cinq étoiles selon le niveau de confort. À partir de deux étoiles, vous disposerez d'une salle de bains / W.C. dans la chambre et, le plus souvent, d'un téléphone et d'une télévision.

[1] préférences
[2] conseils pratiques
[3] riches

Activité 13 Échanges: Débrouillez-vous!

Imaginez que vous voyagez avec votre partenaire. Décidez comment vous allez vous débrouiller dans les situations suivantes.

MODÈLE: Vous arrivez dans une petite ville en France où vous voulez passer la nuit. Vous n'avez pas réservé de chambre et à l'Office du tourisme on vous dit que tout est complet.

É1: Il fait bon; nous pouvons dormir dehors, dans un parc.
É2: Oui, mais si c'est illégal? On risque de se faire arrêter!

Vocabulaire utile l'ambassade ou le consulat de votre pays, le bureau des objets trouvés, le numéro d'urgence, la pharmacie de garde, un magasin qui vend du matériel électronique, un distributeur de billets.

Situations

1. Vous perdez votre passeport.
2. Vous avez besoin d'un adaptateur pour votre ordinateur portable.
3. Vous avez besoin d'un médicament à deux heures du matin.

Cliquez là!

Visitez le site pour les *Guides du routard*. Quels types de renseignements pour voyageurs peut-on y trouver? À quel type de voyageur sont-ils destinés?

4. Vous désirez acheter des souvenirs dans une petite boutique, mais ils n'acceptent pas les cartes de crédit.

5. Vous avez oublié votre parapluie dans un grand magasin la veille.

6. Votre voiture de location tombe en panne en pleine nuit.

7. ?

Ça fait réfléchir

- En 2018, la France a gardé sa place de première destination mondiale, en recevant 82,6 millions de touristes internationaux.
- L'industrie touristique joue un rôle important dans l'économie française et représente plus de 660.000 emplois salariés.
- Disneyland Paris (qui a fêté ses 25 ans en 2017) reste le site payant le plus visité de France avec environ 15 millions de visiteurs par an, suivi du musée du Louvre (9 millions de visiteurs par an) et du domaine de Versailles (7 millions par an).

Les achats, les produits et les matières

⭐ Attention! Étudier Grammaire 10.5 et 10.6

Un marché à Lomé, au Togo

Un souk à Fès, au Maroc

Une boutique à Paris, en France

Un marché aux puces, à Bruxelles, en Belgique

Activité 14 Associations: Les matières et les objets

Dites en quoi sont faits les objets suivants.

Vocabulaire utile en bois, en caoutchouc, en cuir, en terre cuite, en cristal, en soie, en laine, en acier, en argent, en plastique, en verre...

1. une fourchette
2. des ciseaux
3. un manteau
4. de la poterie
5. un chandelier
6. un parachute
7. une poubelle
8. des lunettes
9. une tasse
10. des chaussures
11. un verre à vin
12. des sous-vêtements
13. les pare-brises
14. des boucles d'oreilles
15. un parquet
16. un ordinateur

Activité 15 Échanges: Décisions à prendre

Imaginez que vous allez acheter des cadeaux pour votre famille et vos amis. Faites votre choix et comparez-le avec celui de votre partenaire. Expliquez vos raisons.

MODÈLE: le portefeuille en cuir, celui en plastique ou celui en papier? →
É1: Moi, je prends le portefeuille en cuir pour mon père. Mon père a beaucoup de gout!
É2: Et moi, je prends celui en plastique pour mon petit frère. C'est le moins cher.

Vocabulaire utile

C'est le/la plus résistant(e) (pratique, insolite...)
C'est le/la moins cher/chère (facile à nettoyer...)
C'est le meilleur (la meilleure).
Ça ne se casse pas (se lave bien).

1. le foulard en coton, celui en soie ou celui en polyester?
2. les assiettes en terre cuite, celles en porcelaine ou celles en acier?
3. la bague* en or avec un diamant, celle en argent avec des turquoises ou celle faite à la main en cuivre?
4. les boucles d'oreilles avec des perles, celles avec des pierres polies ou celles avec des rubis?
5. le pantalon en cuir, celui en coton ou celui en laine?
6. la montre en or, celle en argent ou celle en acier?

Activité 16 Échanges: Les achats

Quand et pourquoi est-ce que vous achetez les objets suivants? Est-ce qu'il y a d'autres achats que vous faites? Lesquels? Où est-ce que vous les faites?

MODÈLE: É1: Moi, j'achète des bottes vers la fin de l'hiver quand elles sont en solde.
É2: Tu as de la chance. Ma pointure est très difficile à trouver. Alors, je suis obligé(e) d'acheter des bottes quand je peux trouver ma pointure.

*cercle de bijouterie en métal qu'on met au doigt

LES OBJETS	LES RAISONS POSSIBLES
1. des vêtements	Il/Elle est (Ils/Elles sont) en solde.
2. des chocolats	Quand j'ai assez d'argent.
3. des sous-vêtements	Quand on m'a offert de l'argent en cadeau.
4. des chaussettes	Quand j'en ai besoin.
5. des disques vinyle	Quand je trouve (ma taille, ma pointure).
6. du parfum	Si je dois acheter un cadeau.
7. des livres	?
8. des gants	

LA LANGUE EN MOUVEMENT

Le français dans le monde

Bien que plusieurs autres langues comptent plus de locuteurs,[1] le français peut réclamer le titre de deuxième langue internationale après l'anglais, grâce au grand nombre de sociétés culturellement diverses, sur tous les continents, où on parle français. Le français a le statut de langue officielle (seul ou avec une autre langue) dans plus de cinquante régions et pays, sans compter ceux où le français a un statut important, comme l'Algérie, l'Israël et la Roumanie. Un certain nombre des 275 millions de francophones[2] sont de langue maternelle française, mais pour beaucoup, c'est une deuxième ou troisième langue. C'est le cas dans les nombreuses anciennes colonies françaises et belges d'Afrique, comme le Mali, les deux Congo et Madagascar. Tout en servant de langue de communication entre tous ces peuples, le français adapte son vocabulaire au caractère particulier de chaque région.

<u>MISE EN PRATIQUE</u> Voici quelques expressions de différentes régions francophones. Pouvez-vous en deviner le sens?

Suisse: un automate, huitante
Québec: un ciné-parc, magasiner
Algérie: un cahoua, jumeler

a. *faire du shopping*
b. *prendre à bord d'un taxi plusieurs clients se rendant à des destinations différentes*
c. *quatre-vingts*
d. *cinéma de plein air*
e. *un café (la boisson et l'endroit où on la boit)*
f. *un distributeur automatique de billets*

[1] personnes qui parlent
[2] selon le rapport de l'Organisation Internationale de la Francophonie (OIF), *La Langue française dans le monde* (2014)

POUR RÉSUMER

À vous de parler

A. Enquête: L'éco-conduite

D'abord, écoutez ces conseils et dites si vous les suivez ou pas.

_____ **1.** Évitez les arrêts et les démarrages soudains.
_____ **2.** Dans des climats froids, laisser chauffer le moteur avant de démarrer.
_____ **3.** Roulez à vitesse constante si possible.
_____ **4.** Anticipez les ralentissements; lâchez l'accélérateur au lieu de freiner.

_____ **5.** N'abusez pas de la climatisation.

_____ **6.** Vérifiez régulièrement la pression des pneus.

_____ **7.** Ne surchargez pas la voiture.

_____ **8.** Arrêtez le moteur lors d'un arrêt de plus de 20 secondes.

B. Maintenant, en groupes, comparez vos réponses. Utilisez la liste suivante pour expliquer vos raisons.

- Ça peut économiser de l'essence.
- 100 kg de plus, c'est 5 % de plus de consommation d'essence.
- Ça peut être dangereux.
- C'est mieux pour le moteur (les pneus...).
- C'est poli.
- Une conduite agressive en ville peut faire augmenter votre consommation d'essence de 40 %!
- ?

À vous de lire

«L'arrivée en ville» par Mary Lee Martin-Koné

Amoin, une jeune fille de 14 ans, habite dans un petit village de Côte d'Ivoire. À l'invitation de son oncle, professeur dans une école d'Abidjan, elle a l'occasion d'aller séjourner dans la grande ville. Mais son taxi-brousse[1] arrive à la gare routière très en retard.

Seulement, c'est déjà le crépuscule[2] quand le taxi-brousse atteint la ville. Déjà les lampes sont allumées dans les rues encombrées de voitures. Amoin est éblouie[3] par ces innombrables voitures aux phares allumés, ces panneaux électriques aux couleurs vives[4] qui signalent les vitrines des magasins. Tout cela dépasse ce qu'Amoin a pu imaginer. Cette entrée dans la ville est très agréable car, avec les embouteillages, le taxi roule très lentement et Amoin écarquille[5] les yeux pour mieux prendre contact avec cet univers merveilleux. Enfin, le taxi-brousse s'arrête à la gare. Amoin descend du véhicule, récupère sa valise et se met à chercher son oncle.

Très vite, Amoin se rend compte que cela risque de ne pas être facile de le trouver. En effet, la gare de la ville est très animée. Les gens se bousculent pour descendre des taxis ou pour y monter, pour charger ou décharger les voitures. C'est un continuel mouvement de va-et-vient de voitures, de cris, etc. Et entre tout ceci d'innombrables commerçants ambulants qui vendent de tout: jouets, assiettes, lampes de poche, pommades,[6] chaussettes, biscuits, etc.

Tout ce mouvement étourdit[7] un peu Amoin qui, pour éviter la bousculade, se met à l'écart[8] avec l'espoir que son oncle la verra plus facilement. Elle remarque que les autres passagers qui sont venus du village dans la même voiture qu'elle s'en vont déjà. Certains sont accueillis par

• À chaque arrêt de train entre Ouagadougou, au Burkina Faso, à Abidjan, en Côte d'Ivoire, des marchandes ambulantes proposent des fruits et des choses à manger.

Tommy Trenchard/Alamy Stock Photo

---

[1]en Afrique, taxi qui va d'une ville à une autre   [2]coucher du soleil   [3]elle ne peut plus voir à cause de la lumière   [4]brillantes   [5]ouvre très grand   [6]médicaments sous forme de crème   [7]trouble   [8]à... dans un endroit plus tranquille

leurs parents, d'autres prennent l'autobus ou un taxi de la ville, les fameux taxi-compteurs dont Amoin a tant entendu parler. Amoin attend et commence à se sentir seule. «Je pourrais bien partir comme eux, se dit-elle. Mais je ne connais pas chez Tonton.»

[...] Les heures passent. La nuit est complètement tombée. La gare est un peu moins animée maintenant. Et Amoin ne voit toujours pas son oncle. [...]

Alors, Amoin s'approche de la dernière vendeuse de pain sucré qui est en train de plier ses affaires pour rentrer chez elle. Amoin s'achète un petit pain et se met à le manger goulument. Comme la vendeuse est petite comme elle, cela encourage Amoin à lui parler.

—Dis-moi, est-ce que tu n'aurais pas vu vers deux heures un homme grand et mince, portant des lunettes?

—Oui, j'ai bien vu un homme comme ça ici vers deux heures. Il a attendu longtemps, [...] il est parti.

—C'était lui, soupire Amoin. Maintenant, comment vais-je faire? se lamente-t-elle.

From "Angoisse dans la ville" in *Pain sucré* by Mary Lee Martin-Koné, Coll. Monde Noir Poche Jeunesse; Hatier, 1983—Éditions Hatier International, 2002—EDICEF 2013 Coll. Buzz. p. 37–40. Remerciements aux Éditions HACHETTE LIVRE INTERNATIONAL.

Avez-vous compris?

Répondez aux questions sur le texte.

1. Quelle impression Amoin a-t-elle quand elle voit la ville pour la première fois?
2. Comment est l'ambiance à la gare routière? Quelle est la réaction d'Amoin?
3. Que font les passagers du taxi-brousse après leur arrivée?
4. En principe, qui doit accueillir Amoin? Pourquoi n'est-il pas là?
5. Imaginez les pensées et les sentiments de la jeune fille à la fin de ce passage.

Allons plus loin! Aidez Amoin! Elle est seule à Abidjan; elle ne connait pas la ville, ni l'adresse de son oncle. Elle a juste un peu d'argent. Qu'est-ce qu'elle peut faire? Proposez diverses solutions pour aider cette jeune fille.

À vous d'écrire

Vous travaillez au bureau de tourisme à la Mairie. L'été dernier, les Maegt, un couple belge aux moyens modestes, vous ont demandé de leur préparer un itinéraire de vacances. Ils comptaient passer trois jours et trois nuits dans votre ville et vous avez essayé de leur laisser une impression positive mais réaliste de la région.

Maintenant, faites la description de leur visite. Dites où ils ont logé, où ils ont mangé, les plats et les produits régionaux qu'ils ont découverts, les magasins et les endroits qu'ils ont visités... . Est-ce qu'ils ont eu du mal à changer leur argent ou à conduire la voiture qu'ils avaient louée? Quelles impressions est-ce que la ville leur a laissées?

MODÈLE: *Les Maegt sont arrivés jeudi matin, le 23 juin, et ils ont loué une voiture. Ils ont logé à l'hôtel Carson (au motel Super Rest) parce que... Le premier jour de leur visite, ils sont allés...*

🎧 Vocabulaire

Partir en voyage

Going on a trip

un agent / une agente (de sureté, de voyages)	a (security, travel) agent
une arrivée ≠ un départ	an arrival ≠ a departure
les bagages (*m.*) **à main**	carry-on luggage
les bagages en soute	checked luggage
un bateau	a boat
un billet aller-retour	a round-trip ticket
un billet d'avion	a plane ticket
une carte d'embarquement	a boarding pass
un charriot	a pushcart (*for luggage*)
le contrôle des passeports	passport check
le contrôle de sureté	security check
le contrôleur / la contrôleuse	inspector
une démarche	a step, an action
la douane	customs
un douanier / une douanière	a customs agent
l'enregistrement (*m.*)	check-in counter
un guichet	ticket window
un hautparleur	a loudspeaker
une hôtesse de l'air	a flight attendant (*female*)
la livraison des bagages	the luggage claim area
un passeport (valide)	a (valid) passport
des renseignements	information
une salle d'attente	a waiting room/area
un steward	a flight attendant (*male*)
une voie	a railroad track
un vol	a flight
un wagon	a train car
s'assurer (de)	to make sure (of)
débarquer (de l'avion)	to get off (the plane)
embarquer (dans l'avion)	to get on (the plane)
enlever	to remove
enregistrer les bagages	to check in luggage
faire la queue	to wait in line
faire les valises	to pack (*luggage*)
rendre visite à qqn	to visit someone

Mots apparentés: **un aéroport, une ambassade, une cabine, la classe économique, un consulat, une déclaration, déclarer, un itinéraire, une pièce d'identité, première classe, les réservations** (*f.*)**, réserver, vérifier, un voyageur / une voyageuse**

Le logement et les services

Lodging and services

une auberge de jeunesse	a youth hostel
un bagagiste	a porter
le bureau des objets trouvés	the lost-and-found office
une femme de chambre	a maid
le/la gérant(e)	the manager
un mandat	a postal money order
la note	the bill (*hotel*)
le numéro d'urgence	emergency phone number
une pharmacie de garde	an after-hours pharmacy
la poste restante	general delivery mail
la réception	the reception desk
une urgence	an emergency

Mots apparentés: **payer un supplément**

Les parties et l'entretien d'une voiture

Parts and maintenance of a car

le capot	the hood
une ceinture de sécurité	a seat belt
le clignotant	turn signal
le coffre	the trunk
les essuie-glaces (*m.*)	the windshield wipers
le frein	the brake
le klaxon	the horn
le levier de vitesse	the gearshift
le pare-brise	the windshield
un phare	a headlight
un pneu (crevé)	a (flat) tire
la portière	the car door
le réservoir	the gas tank
les roues (*f.*)	the wheels
une vitre	a car window
le volant	the steering wheel
consommer de l'essence	to use gas
faire la vidange	to change the oil
faire le plein (d'essence)	to fill up (with gas)

Mots apparentés: **la batterie, un liquide, le moteur, le radiateur, une station-service**

La conduite d'une voiture

Driving a car

l'autopartage (*m.*)	car sharing
une contravention	a traffic ticket
le covoiturage	carpooling, ride-sharing
un permis de conduire	a driver's license
bruler un feu rouge	to run a red light
changer de vitesse	to change gears
dépasser les limitations de vitesse	to exceed the speed limit
freiner	to brake
marcher	to work, run (*device, machine*)
passer à l'orange	to turn yellow
se précipiter	to rush; to dash
ralentir	to slow down
rouler (vite, lentement)	to drive (fast, slowly)
suivre (de trop près)	to follow (too closely)
surcharger	to overload

Mots apparentés: **accélérer, changer de direction, un radiateur**

Se débrouiller en voyage

Getting by during a trip

l'argent (*m.*) liquide	cash

Mots apparentés: **une carte de crédit, une carte de débit, une excursion, un/une guide, un smartphone**

demander le chemin	to ask for directions
fouiller les bagages	to search luggage
garder l'esprit ouvert	to keep an open mind
loger	to stay (*in a hotel, home*)
remercier	to thank
remplir la déclaration de douane	to fill out the customs form
se renseigner (sur)	to get information (about)
retirer de l'argent	to withdraw cash
tomber en panne	to break down
tomber malade	to get sick

Les matières

Materials

l'acier (*m.*)	steel
l'argent (*m.*)	silver
le bois	wood
le caoutchouc	rubber
le cuir	leather
le cuivre	copper
la laine	wool
l'or (*m.*)	gold
la soie	silk
la terre cuite	clay, terra cotta (pottery)
le tissu	cloth
le verre	glass

Mots apparentés: **le coton, le cristal, le plastique, la poterie**

Les objets et les vêtements

Objects and clothing

un ballon	a large ball
un bibelot	a trinket
la bijouterie	jewelry
des boucles (*f.*) d'oreilles	earrings
un caleçon	boxer shorts
une ceinture	a belt
des chaussettes (*f.*)	socks
des ciseaux (*m.*)	scissors
une combinaison	a slip
une culotte	women's underpants
un foulard	a scarf
des gants (*m.*)	gloves
un marché aux puces	a flea market
le matériel électronique	electronic equipment
une pierre (polie)	a (polished) stone
un plateau	a tray, a platter
une pointure	a shoe size
un portefeuille	a wallet
un slip	briefs, underpants
des sous-vêtements (*m.*)	underwear
un soutien-gorge	a bra
une taille	a clothing size

Mots apparentés: **un bracelet, un pot**

Mots et expressions utiles

dès l'arrivée	upon arrival
en cas d'urgence	in an emergency
en solde	on sale
fait(e) à la main	handmade
inoubliable	unforgettable
insolite	unusual, strange
Je suis désolé(e).	I'm sorry.
rien de défendu	nothing illegal
tous les trois mois	every three months
tout d'un coup	all of a sudden
tout de suite	right away; immediately
toutes les deux semaines	every other week

Grammaire et exercices

10.1 Expressing obligation: Il faut que + subjunctive

A. **Il faut** (literally, *it is necessary*) is followed by an infinitive when obligation is stated in a general sense without mentioning a specific person.

> **Il faut faire** de l'exercice pour maigrir. *One (People) must exercise to lose weight.*

★ Review **Grammaire 3.4** on **il faut** + infinitive.

B. When referring to a specific person, **il faut** is followed by the conjunction **que** and a conjugated verb in the subjunctive mood.

> **Il faut que tu choisisses** la date de ton départ. *You must choose your departure date.*

Definition: A conjunction connects words, phrases, or sentences: **et, mais**, etc.

C. To form the present subjunctive of most verbs, add the endings shown in the following chart to the subjunctive stem, which is usually the same as the stem for the **ils/elles** present indicative form.

parler	finir	vendre
INDICATIVE ils **parl**ent	INDICATIVE ils **finiss**ent	INDICATIVE ils **vend**ent
SUBJUNCTIVE	SUBJUNCTIVE	SUBJUNCTIVE
que je parl**e**	que je finiss**e**	que je vend**e**
que tu parl**es**	que tu finiss**es**	que tu vend**es**
qu'il/elle/on parl**e**	qu'il/elle/on finiss**e**	qu'il/elle/on vend**e**
que nous parl**ions**	que nous finiss**ions**	que nous vend**ions**
que vous parl**iez**	que vous finiss**iez**	que vous vend**iez**
qu'ils/elles parl**ent**	qu'ils/elles finiss**ent**	qu'ils/elles vend**ent**

➤ All other tenses presented so far (**présent, passé composé, imparfait, futur**) are in the *indicative* mood.

➤ For **nous** and **vous**, subjunctive endings are the same as **imparfait** endings (**-ions, -iez**).

➤ For subjects other than **nous/vous**, subjunctive endings are the same as indicative present-tense endings of regular **-er** verbs (**-e, -es, -e, ent**).

> Il faut que je **parle** à l'agent de voyages.   *I have to talk to the travel agent.*
>
> Joël, il faut que tu m'**obéisses**.   *Joël, you must obey me.*
>
> Il faut qu'on **vende** la voiture.   *We need to sell the car.*

Pronunciation Hint

Notice that in the subjunctive, all of a verb's L-forms (forms other than **nous** and **vous**) are pronounced the same. This is true for all verbs.

D. Some verbs that are irregular in the present tense of the indicative mood are conjugated like regular verbs in the subjunctive. Irregular verbs of this type include **conduire, connaitre, dire, dormir, écrire, lire, mettre, partir, sentir, servir, sortir,** and **suivre**.

★ *You will learn about irregular subjunctives in **Grammaire 10.2** and **12.1**.*

écrire	lire	mettre
INDICATIVE ils **écriv**ent	INDICATIVE ils **lis**ent	INDICATIVE ils **mett**ent
SUBJUNCTIVE que j'**écriv**e que tu **écriv**es qu'il/elle/on **écriv**e que nous **écriv**ions que vous **écriv**iez qu'ils/elles **écriv**ent	SUBJUNCTIVE que je **lis**e que tu **lis**es qu'il/elle/on **lis**e que nous **lis**ions que vous **lis**iez qu'ils/elles **lis**ent	SUBJUNCTIVE que je **mett**e que tu **mett**es qu'il/elle/on **mett**e que nous **mett**ions que vous **mett**iez qu'ils/elles **mett**ent

Il faut qu'on **parte** avant le 1ᵉʳ juin.　*You/We have to leave before the first of June.*

★ *You will learn about other expressions that require the subjunctive in **Grammaire 12.1**, **13.3**, and **14.4**.*

E. The subjunctive is also used after other expressions denoting obligation or necessity, such as **il est nécessaire que**.

Vous êtes fatigué. **Il est nécessaire que** vous vous **reposiez** un peu.　*You're tired. You must rest a little.*

Here are some other expressions that require the use of the subjunctive:

> **il est essentiel que**　**il est indispensable que**
> **il est important que**　**il vaut mieux que** (*it's better/best that*)

Emmanuel est malade. **Il vaut mieux qu'**il **reste** chez lui.　*Emmanuel is ill. It's best that he stay home.*

➤ **il ne faut pas que...** = *...must not...*

➤ **il n'est pas nécessaire que...** = *...don't/doesn't have to...*

F. Note that **il ne faut pas que** always means *must not*. To say that someone *doesn't have to* do something, use **il n'est pas nécessaire que** + the subjunctive.

Il ne faut pas que vous sortiez seul(e) la nuit.　*You musn't go out alone at night.*

Il n'est pas nécessaire que tu dormes dix heures par jour.　*You don't have to sleep ten hours a day.*

G. The present subjunctive is also used following expressions of necessity in a past tense.

Il a fallu que nous **dormions** dans la voiture.　*We had to sleep in the car.*

Il était nécessaire que j'**apprenne** un peu d'allemand.　*It was necessary for me to learn a little German.*

Exercice 1 Le voyage de Sarah Thomas

Sarah pense à tout ce qu'elle doit faire pour préparer son voyage au Maroc. Faites des phrases en utilisant le subjonctif, d'après le modèle.

MODÈLE: me renseigner sur le Maroc →
　　　　Il faut que je me renseigne sur le Maroc.

1. passer à la banque
2. écrire des instructions pour la voisine
3. visiter un site web marocain
4. choisir une nouvelle valise
5. lire un guide touristique sur le Maroc
6. finir ma dissertation de français
7. rendre des livres à la bibliothèque
8. organiser mes affaires

Exercice 2 Le voyage de Bernard et Christine Lasalle

À l'aéroport, Bernard est nerveux avant le départ et il répète tout ce que dit Christine. Utilisez le subjonctif et suivez le modèle.

> MODÈLE: Nous devrions vérifier le numéro de notre porte
> d'embarquement. →
> Oui, il faut que nous vérifiions le numéro de notre porte.

1. Nous devrions vérifier l'heure du départ.
2. Nous devrions acheter des magazines.
3. Nous ne devrions pas oublier la valise en consigne.*
4. Nous devrions téléphoner aux enfants ce soir.
5. Nous devrions écrire une carte postale à Julien demain.
6. Nous ne devrions pas laisser notre argent dans la valise.
7. Nous devrions relire les brochures.
8. Nous devrions nous reposer dans l'avion.

Exercice 3 Pour faire un bon voyage

Pour vous, qu'est-ce qui est important quand vous voyagez? Exprimez votre opinion en utilisant une des expressions suivantes: **il (n')est (pas) indispensable / il est essentiel / il est important / il vaut mieux / il ne faut pas que** + le subjonctif.

> MODÈLE: partir au moins pour une semaine →
> Il vaut mieux que je parte au moins pour une semaine.
> (Il n'est pas indispensable que je parte au moins pour une
> semaine.)

1. connaitre des gens du pays
2. lire les nouvelles de mes ami(e)s sur mon smartphone
3. bien dormir chaque nuit
4. voyager dans une voiture confortable
5. acheter de beaux souvenirs
6. rapporter beaucoup de belles photos
7. sortir tous les soirs
8. organiser des projets à l'avance
9. obéir aux règles de la route

10.2 More about the subjunctive: Irregular-stem verbs

A. The verb **faire** uses the regular subjunctive endings, but it has an irregular subjunctive stem.

faire *Subjunctive stem*: **fass-**	
que je **fass**e	que nous **fass**ions
que tu **fass**es	que vous **fass**iez
qu'il/elle/on **fass**e	qu'ils/elles **fass**ent

---

*baggage check, baggage locker

B. A few verbs use two stems in the subjunctive: one for the **nous** and **vous** forms, and another for all the other forms. When this is the case, the **nous** and **vous** forms are the same as in the indicative **imparfait**.

aller	
Subjunctive stems: **aill-, all-**	
que j' **aill**e	que nous **all**ions
que tu **aill**es	que vous **all**iez
qu'il/elle/on **aill**e	qu'ils/elles **aill**ent

Pronunciation Hint

The L-forms (**aille-**) are pronounced like the second syllable of (**je**) **trav*aille***.

boire	
Subjunctive stems: **boiv-, buv-**	
que je **boiv**e	que nous **buv**ions
que tu **boiv**es	que vous **buv**iez
qu'il/elle/on **boiv**e	qu'ils/elles **boiv**ent

prendre	
Subjunctive stems: **prenn-, pren-**	
que je **prenn**e	que nous **pren**ions
que tu **prenn**es	que vous **pren**iez
qu'il/elle/on **prenn**e	qu'ils/elles **prenn**ent

C. The subjunctive forms of **avoir** and **être** have irregularities in both the stem and the endings.

avoir	
que j'**aie**	que nous **ayons**
que tu **aies**	que vous **ayez**
qu'il/elle/on **ait**	qu'ils/elles **aient**

être	
que je **sois**	que nous **soyons**
que tu **sois**	que vous **soyez**
qu'il/elle/on **soit**	qu'ils/elles **soient**

Pronunciation Hint

avoir: The L-forms and the **ay-** stem are all pronounced like the **ai** in **j'ai**.
être: The L-forms and the **soy-** stem are all pronounced /swa/.

Exercice 4 Parents et enfants

Imaginez des parents typiques et écrivez les conseils qu'ils voudraient donner à leur enfant qui va partir en Europe en voyage organisé.

MODÈLES: manger des repas équilibrés →
Il faut que tu manges des repas équilibrés.

être impoli(e) →
Il ne faut pas que tu sois impoli(e).

1. boire de l'alcool
2. aller dans les quartiers dangereux le soir
3. sortir seul(e)
4. t'endormir à une heure raisonnable
5. faire du bruit à l'hôtel
6. être ponctuel(le)
7. avoir ton passeport sur toi à tout moment
8. nous envoyer des textos et des photos tous les jours
9. prendre tes vitamines

Exercice 5 Conseils au voyageur

Posez des questions et répondez-y. Utilisez le subjonctif.

MODÈLE: dormir ou non, pendant un long voyage en avion? →
Est-ce qu'il vaut mieux que je dorme ou non pendant un long voyage en avion?
Il vaut mieux que vous dormiez. Comme ça, vous n'arriverez pas trop fatigué(e). (Il vaut mieux que vous ne dormiez pas...)

Est-ce qu'il vaut mieux...

1. prendre un billet électronique ou un billet papier?
2. mettre mon passeport dans ma petite valise ou dans ma poche?
3. être à l'aéroport trois heures avant le départ ou non?
4. boire beaucoup ou non, pendant le voyage en avion?
5. utiliser de l'argent liquide ou une carte de crédit?
6. avoir du liquide pour laisser des pourboires?
7. faire mes valises deux ou trois jours avant ou à la dernière minute?
8. aller prendre des brochures à l'agence de voyages ou visiter des pages web?

10.3 Verbs for traveling: **Conduire** and **suivre**

A. **Conduire** and **suivre** have similar present-tense forms, especially in the singular. Notice the singular endings: **-s, -s, -t.**

conduire (to drive)	
je conduis	nous conduisons
tu conduis	vous conduisez
il/elle/on conduit	ils/elles conduisent
PASSÉ COMPOSÉ: j'ai **conduit**	
IMPARFAIT: je **conduisais**	
SUBJONCTIF: que je **conduise**	

suivre (*to follow*)	
je suis	nous suivons
tu suis	vous suivez
il/elle/on suit	ils/elles suivent

PASSÉ COMPOSÉ: j'ai **suivi**
IMPARFAIT: je **suivais**
SUBJONCTIF: que je **suive**

Raoul **conduit** bien; il ne **suit** jamais les autres voitures de trop près.
En général, les Français **conduisent** de petites voitures économiques.

Raoul drives well; he never follows other cars too closely.
In general, the French drive small economy cars.

Pronunciation Hint

As usual, final consonants are silent. The **s** of the plural forms of **conduire** is pronounced *z*.

B. **Suivre** and **conduire** are also used in the expressions **suivre un cours** and **se conduire** (*to behave*).

En France, on **suit** des cours pour apprendre à conduire.
Essaie de bien **te conduire** à l'école, Nathalie.

In France, people take classes to learn to drive.
Try to behave well at school, Nathalie.

Other verbs like **conduire** are **produire** (*to produce*), **reproduire** (*to reproduce*), and **traduire** (*to translate*).

Another verb like **suivre** is **poursuivre** (*to pursue, to chase*).

Exercice 6 Façons de conduire

Dites comment conduisent les personnes suivantes.

MODÈLE: votre frère →
Mon frère ne conduit pas prudemment. Il respecte rarement le code de la route.

Vocabulaire utile: en général, (assez) bien/mal, (trop) lentement/vite, prudemment / comme un fou (une folle), toujours / ne... pas toujours

1. un jeune homme (une jeune fille) de 18 ans
2. les chauffeurs de taxi
3. votre meilleur ami (meilleure amie)
4. vos copains
5. les personnes âgées
6. les gens de votre ville
7. un agent de police
8. vous

10.4 Double object pronouns

A. When two object pronouns occur together, they always follow a fixed order. When the indirect object is **me**, **te**, **se**, **nous**, or **vous** (the pronouns that always refer to people and not things), this pronoun comes first, before the direct object (**le, la, l', les**).

Quand je demande mon courrier, l'employé **me le** donne.	When I ask for my mail, the postal employee gives it to me.
Vos photos, monsieur? Je peux **vous les** rendre demain.	Your pictures, sir? I can give them to you tomorrow.
J'ai l'adresse d'Adrienne. C'est sa maman qui **me l'**a donnée.	I have Adrienne's address. Her mother gave it to me.

B. However, if the indirect object is **lui** or **leur**, it comes after **le/la/les**.

Si un étranger demande votre nom, est-ce que vous **le lui** donnez?	If a stranger asks for your name, do you give it to him?
—Tu as envoyé ces photos à tes parents, Raoul?	Did you send these photos to your parents, Raoul?
—Oui, je **les leur** ai envoyées.	Yes, I sent them to them.

C. **Y** and **en** always come last, after any other object pronouns. Except in the phrase **il y en a**, they do not occur together in the same sentence.

Des enfants dans l'avion? Bien sûr, **il y en a** toujours.	Children on the plane? Of course, there are always some (of them).
De l'argent? Mes parents **m'en** ont envoyé cette semaine.	Money? My parents sent me some this week.
Mes bagages sont à la consigne. Je **les y** ai laissés hier.	My bags are in the luggage check. I left them there yesterday.

D. Here is a summary of the order of object pronouns in a declarative sentence or a question. *Note:* At most, only two object pronouns can occur together, one direct and one indirect.

⭐ *Review **Grammaire 4.5** (direct object pronouns) and **6.5** (indirect object pronouns).*

▶ Order of pronouns:

I.O	D.O
me	
te	**le**
se	**la**
nous	**les**
vous	

▶

D.O	I.O
le	
la	**lui**
les	**leur**

⭐ *Review **Grammaire 2.3.C** (uses of **y**), **7.3** (uses of **en**), **8.3** (review of direct and indirect objects), and **9.1** (other uses of **y**).*

OBJECT PRONOUNS

| me (m') te (t') se (s') nous vous | before | le (l') la (l') les | before | lui leur | before | y en | + verb |

Exercice 7 Que faites-vous, d'habitude?

Posez des questions et répondez-y. Utilisez **le/la/les** + **lui**, ou **le/la/les** + **leur**.

MODÈLE: donner ton adresse à une personne que tu ne connais pas →
Est-ce que tu la lui donnes?
Oui, je la lui donne. (Non, je ne la lui donne pas.)

1. donner ton manteau à un étranger
2. montrer ton passeport à des agents de police
3. laisser tes derniers sous* à un serveur désagréable
4. prêter ta brosse à dents à ta camarade de chambre

Posez des questions et répondez-y, en utilisant **lui en** ou **leur en**.

5. donner des fleurs à une bonne serveuse
6. demander des conseils à un agent de police
7. offrir du vin au barman
8. laisser de l'argent aux employés du bureau de poste

Exercice 8 Votre prof de français et vous

Répondez aux questions. *Attention*: Il faut choisir le pronom *en* ou *les* pour l'objet direct.

MODÈLE: Est-ce que votre prof de français vous donne beaucoup
de devoirs?
Oui, elle/il nous en donne beaucoup. (Non, elle/il ne nous en
donne pas beaucoup.)

Votre prof de français,...

1. elle/il vous donne beaucoup d'examens?
2. elle/il vous apporte des petits gâteaux?
3. elle/il vous rend les copies† promptement?
4. elle/il vous lit les textes du livre?
5. elle/il vous envoie beaucoup de mails?

10.5 Expressing extremes: The superlative

A. The superlative of an adjective (*large* → *largest*; *interesting* → *most interesting*) is formed by adding **le plus/moins**, **la plus/moins**, or **les plus/moins** to the adjective.

J'aime cette robe. C'est **la plus jolie** et **la moins chère**!	*I like that dress. It's the prettiest and the least expensive!*
Albert est **le plus grand** étudiant de la classe.	*Albert is the tallest student in the class.*
Cette boutique a **les plus beaux** bijoux.	*This shop has the prettiest jewelry.*

★ *Review **Grammaire 4.2** on comparisons.*

---

*pennies
†papers (devoirs et examens corrigés)

B. When used in the superlative, adjectives keep their normal position either before or after the noun. Note that when the superlative expression follows the noun, *there will be two definite articles.*

> Ce n'est pas **le** chemin **le plus simple**.
>
> Il préfère **la** voiture **la moins économique**.

> *This is not the simplest route.*
>
> *He prefers the least economical car.*

> ➤ Adjective: **le/la/les** agrees with noun.
> - If adjective precedes noun:
>   **le plus grand** musée
>   **la moins belle** église
>   **les plus vieux** bâtiments
> - If adjective follows noun:
>   le musée **le moins intéressant**
>   l'église **la plus ancienne**
>   les trains **les plus rapides**

C. The irregular comparative forms of the adjectives **bon** and **mauvais** are also used as superlatives.

> L'été est **la meilleure** saison pour visiter la Côte d'Ivoire, mais **la pire** pour les tarifs d'avions.

> *Summer is the best time to visit the Ivory Coast, but the worst for airfares.*

D. The superlative of an adverb is formed by adding **le plus / le moins** to the adverb.

> C'est la cravate que je mets **le moins souvent**.
>
> C'est ma mère qui conduit **le plus lentement** de toute la famille.

> *This is the tie I wear the least often.*
>
> *My mother drives the slowest of my whole family.*

> ➤ Adverb: always **le**
>   **le moins souvent**
>   **le plus lentement**

E. The superlatives of the adverbs **bien** and **mal** are expressed with **le mieux** and **le plus mal**.

> C'est mon père qui conduit **le mieux** de toute la famille.

> *My father drives the best of my whole family.*

F. To indicate the extent of a comparison, use **de** + noun.

> Ce pays a l'hiver le plus froid **d'Europe**.
>
> Ce sont les plus belles plages **du** monde.

> *This country has the coldest winters in Europe.*
>
> *These are the most beautiful beaches in the world.*

G. To compare quantities of things, use **le plus de** and **le moins de**. **Le** is always used, regardless of noun gender and number.

> J'aime aller au magasin qui a **le plus de** vêtements en laine.
>
> Quel collier a **le moins de** turquoises?

> *I like to go to the store that has the most wool garments.*
>
> *Which necklace has the fewest turquoises?*

> ➤ Quantity: always use **le plus/moins de**
>   **le plus de** chance
>   **le moins de** talent

Exercice 9 Avantages et inconvénients

Complétez ces commentaires avec les superlatifs **le/la/les plus** ou **moins**.

> MODÈLE: La vaisselle en porcelaine est ＿＿＿ luxueuse, mais aussi ＿＿＿ pratique. →
> La vaisselle en porcelaine est *la plus* luxueuse, mais aussi *la moins* pratique.

1. Le coton est le tissu ＿＿＿ confortable quand il fait chaud.
2. Le polyester est le tissu ＿＿＿ pratique, mais ＿＿＿ confortable en été.
3. La laine est le tissu naturel ＿＿＿ chaud.
4. Les vêtements en soie sont ＿＿＿ luxueux, mais ＿＿＿ pratiques.
5. Les portefeuilles en cuir sont ＿＿＿ beaux et aussi ＿＿＿ durables.
6. L'or est le métal ＿＿＿ précieux.

Exercice 10 Connaissez-vous les matières?

MODÈLE: Lequel dure le plus longtemps: le ciment, le papier ou le bois? →
Le ciment dure le plus longtemps.

1. Lequel coute le moins cher: le cuir, le polyester ou le coton?
2. Lequel se lave le mieux: la laine, le cuir ou le nylon?
3. Lesquels coutent le plus cher: les perles, les diamants ou les turquoises?
4. Lequel se casse le plus facilement: la porcelaine, l'argent ou le bois?
5. Lequel s'utilise le moins dans les vêtements pour enfants: le coton, le cuir ou la laine?

Exercice 11 Pays francophones

Comparez le nombre d'habitants francophones (qui parlent français) dans ces pays en faisant des phrases au superlatif.

MODÈLE: Madagascar 5,25 millions, le Gabon 1,37 millions, le Burkina Faso 4,75 millions → Madagascar a le plus d'habitants francophones. Le Gabon en a le moins.

1. Pays africains: le Mali 3,23 millions, le Sénégal 4,22 millions, le Cameroun 10 millions
2. Pays européens: la Belgique 8,67 millions, le Luxembourg 543.000, la Suisse 5,73 millions
3. Régions nord-américaines: la Louisiane 126.637, la Nouvelle-Angleterre 215.009, le Québec 6,2 millions

10.6 Making distinctions: **Lequel** and **celui**

A. The interrogative **lequel?** (*which one?*) is used to ask about a choice among several objects or people. The form used must agree in gender and number with the noun to which it refers.

	SINGULAR	PLURAL
Masculine	**lequel**	**lesquels**
Feminine	**laquelle**	**lesquelles**

Voici plusieurs modèles de manteaux en laine. **Lesquels** voudriez-vous essayer?

Here are several styles of wool coats. Which ones would you like to try on?

—Voici tous nos ordinateurs.
—**Lequel** est le modèle le plus récent?

Here are all our computers. Which one is the latest model?

B. Demonstrative pronouns are used to point out a previously mentioned object or person. They also agree in gender and number with the noun to which they refer.

➤ Demonstrative pronouns point out a previously mentioned person or object.

le vol que nous avons pris → *celui* **que nous avons pris**

la ceinture en cuir rouge → *celle* **en cuir rouge**

	SINGULAR	PLURAL
Masculine	celui	ceux
Feminine	celle	celles

C. French demonstrative pronouns have several equivalents in English, depending on how they are used.

—Bernard, regarde ces pulls. Lequel préfères-tu?
—**Ceux en laine** sont très beaux.

Bernard, look at these sweaters. Which one do you prefer?
The wool ones are very beautiful.

Je sais que ma montre retarde, mais **celle de Christine** est toujours en avance.

I know that my watch is slow, but Christine's is always fast.

Tu vois ces garçons? **Celui qui porte l'anorak** est le cousin de Barbara.

Do you see those boys? The one wearing the windbreaker is Barbara's cousin.

D. The suffixes **-ci** (*here*) and **-là** (*there*) can be used with demonstrative pronouns to point out the location of the things being talked about.

Quelle montre prenez-vous? **Celle-ci** ou **celle-là**?

Which watch are you getting? This one or that one?

—Je ne sais pas quel rasoir choisir.

I don't know which razor to choose.

—**Celui-ci** est bien meilleur.

This one is a lot better.

Exercice 12 Quel cadeau?

Posez des questions et répondez en utilisant les formes de **lequel** et **celui**.

MODÈLE: une robe →
Laquelle de ces robes préfères-tu?
Celle en soie parce que j'aime la couleur.

1. une montre
2. une bague
3. un portefeuille
4. un foulard
5. un vase

a. celui en cuir marron
b. celui en terre cuite
c. celle avec une turquoise
d. celle en or
e. celui en soie

Exercice 13 Préférences

Complétez les questions, puis répondez-y.

> MODÈLE: les livres: Tu préfères *ceux* qui sont sérieux ou *ceux* qui sont
> amusants?
> Moi, je préfère *ceux* qui sont amusants.

1. les portables (*m.*): Tu préfères _____ qui ont beaucoup de fonctions
ou _____ qui sont moins chers?

2. les cartes (*f.*) d'anniversaire: Tu aimes _____ qui ont un message
sentimental ou _____ qui sont comiques?

3. les cravates (*f.*): Tu achètes _____ aux couleurs vives ou _____ qui
sont plus discrètes?

4. les portefeuilles (*m.*): Tu aimes mieux _____ en cuir ou _____ en
plastique?

5. les meubles (*m.*): Tu préfères _____ qui sont confortables ou _____ qui
ont beaucoup de style?

DiversityStudio/Shutterstock

Une jeune Sénégalaise écoute de la musique sur son smartphone.

Les moyens de communication

Objectifs

Chapitre 11 helps you talk about the internet, movies, and broadcast media. You will learn about trends in electronics and the pleasures and pitfalls of the information highway. You will also learn how to say what you would do in certain situations, using the conditional mood.

TRANCHE DE VIE

Il était une fois... une campagne de pub

Autrefois, l'État communiquait avec les citoyens uniquement de manière très officielle et solennelle. Aujourd'hui, pour faire passer certains messages, on n'hésite plus à utiliser tous les moyens de la publicité commerciale dans des campagnes aux visuels colorés et ludiques, avec des slogans humoristiques ou parfois provocateurs. Lorsque, récemment, le gaspillage alimentaire a été reconnu comme un problème sérieux, le Ministère français de l'Agriculture a imaginé de sensibiliser le public à travers une série de vignettes qui reprennent des contes et des fables classiques pour présenter des conseils «anti-gaspi» très actuels.

Courtesy of ministère français de l'Agriculture et de l'Alimentation

Courtesy of ministère français de l'Agriculture et de l'Alimentation

Courtesy of ministère français de l'Agriculture et de l'Alimentation

Il y a de quoi dire
Jeter moins = manger mieux!

Voici quelques trucs (*tips*) pour réduire au maximum le gaspillage alimentaire. Identifiez l'image et le slogan qui correspond à chaque conseil, la référence littéraire, et ensuite le truc.

CONSEILS

1. «À la fin du repas, ne jeter que les aliments ou les restes qui ne peuvent pas être conservés.»
2. «À la cantine, au restaurant ou chez soi, ne pas avoir les yeux plus gros que le ventre.»
3. «Savoir accommoder les restes, en apprenant à cuisiner autrement.»
4. «Ne pas se fier à l'apparence des produits frais.»

RÉFÉRENCES LITTÉRAIRES

— *Blanche-Neige*, un des *Contes pour enfants* de Jacob et Wilhelm Grimm (1812)
  Boucle d'or, un des contes de *Old Nursery Stories and Rhymes* (1904, d'après Robert Southey, *The Doctor*, 1837)
— *Cendrillon*, un des *Histoires, ou contes du temps passé* de Charles Perrault (1697)
— *Le Corbeau et le Renard*, une des *Fables* de Jean de la Fontaine (1668)

TRUCS

a. Si on ne finit pas les légumes qu'on a achetés, on peut encore les utiliser pour faire de la soupe.
b. En général, ne prenez pas (ou ne commandez pas) plus que ce que vous pouvez raisonnablement manger.
c. Les fruits et légumes les moins beaux (abimés ou irréguliers) sont tout aussi bons que les autres—parfois même meilleurs!—et souvent vendus moins chers.
d. Lorsqu'il y a des restes, on ne doit pas les mettre à la poubelle car quelqu'un pourra en profiter plus tard.

Mon électronique

★ Attention! Étudier Grammaire 11.1

Caroline a des contacts fréquents avec sa famille et ses copains au Cameroun. Sans réseaux sociaux, ils ne pourraient pas partager autant de photos et de souvenirs.

Adrienne aime travailler chez elle. Autrement, elle passerait deux heures sur l'autoroute pour aller au bureau.

Julien Leroux adore son portable. Il lui donne accès à l'internet, au mail et au service GPS. De plus, il contient son agenda, son carnet d'adresses et des dizaines d'applis.

Barbara utilise son identifiant personnel et son mot de passe pour s'inscrire aux cours en ligne.

Parfois, Claudine Colin regarde des films en streaming. Elle préfère les films aux séries télévisées et à la télé-réalité.

Bernard N'janga est très branché. Toutes ses applications, ses programmes et ses données sont dans le cloud. Il peut accéder à ses données n'importe où.

Activité 1 Discussion: Le monde sans l'électronique

1. Si l'ordinateur n'existait pas,...
   a. l'inscription à la faculté serait plus facile.
   b. nous écririons nos documents à la main.
   c. ?
2. S'il n'y avait pas de portables,...
   a. on ne pourrait pas envoyer des textos.
   b. nous verrions moins d'accidents de voiture.
   c. ?
3. Si on n'avait pas inventé le lecteur DVD,...
   a. nous irions plus souvent au cinéma.
   b. les gens regarderaient davantage la télé.
   c. ?
4. Sans les fichiers audio au format MP3,...
   a. on ne pourrait pas télécharger de la musique.
   b. je passerais plus de temps à mes études.
   c. ?
5. Si l'appareil photo numérique n'existait pas,...
   a. on ne pourrait pas imprimer ses photos à la maison.
   b. les fraudeurs modifieraient moins de photos.
   c. ?

Allons plus loin! En discussion générale, déterminez l'appareil le plus apprécié dans votre cours. Demandez à votre professeur s'il (si elle) est d'accord avec vous.

Activité 2 Définitions: Se servir de l'ordinateur

1. transférer (un document, de la musique) d'un ordinateur distant à son propre ordinateur
2. la surface où se forment les images visuelles
3. les messages écrits qu'on envoie par l'internet
4. les touches qui nous permettent d'écrire à l'ordinateur
5. le signe mobile qui indique la position sur l'écran
6. un dispositif qui permet de «cliquer» sur l'écran
7. le logiciel qui nous permet de naviguer sur des sites web
8. la page où on «entre» dans un site web; la «première» page d'un site web
9. la machine qui imprime des documents ou des images
10. la séquence personnelle de lettres et de chiffres qu'on doit donner pour accéder à certains sites internet

a. un mot de passe
b. le navigateur
c. l'écran
d. télécharger
e. le clavier
f. la souris / le pointeur tactile
g. les mails
h. la page d'accueil
i. l'imprimante
j. le curseur

Ça fait réfléchir

- En 2017, un peu plus de 85 % des ménages français déclarent avoir accès à l'internet à leur domicile, contre 61 % en 2008.
- Les sans-diplômes sont 52 % à avoir accès à l'internet alors qu'à partir du niveau du Baccalauréat et au-delà, le taux d'équipement dépasse les 97 %.

Activité 3 Entretien: L'informatique et moi

1. Pour quelles tâches utilises-tu l'ordinateur?

2. Y a-t-il des moments où tu détestes l'ordinateur? Pourquoi?

3. Est-ce que tes parents ou autres membres de ta famille utilisent l'ordinateur autant que toi? Pour les mêmes raisons?

4. Que fais-tu le plus en ligne? Tu y travailles pour tes cours? Tu participes à des forums? Sur quels sujets?

5. Tu écoutes beaucoup de musique en streaming? Tu regardes des clips vidéo souvent? Tu télécharges beaucoup de livres ou de films?

6. Tu te souviens toujours de tes mots de passe? Tu en as plusieurs ou un seul?

7. Tu passes plus de temps sur ordinateur, sur une tablette ou sur ton portable? Pourquoi?

LA LANGUE EN MOUVEMENT

Le langage SMS

La communication rapide par SMS, ou textos, est un phénomène aussi populaire chez les jeunes Français que parmi les jeunes Américains. Le langage SMS français présente beaucoup de similitudes avec celui des textos américains, mais il existe aussi des différences dues aux particularités de la langue française. Voici les trois stratégies les plus employées par ce langage:

- L'abréviation et l'acronyme: **tlm** tout le monde, **mdr** mort de rire (= LOL), **bj** bonjour, **cv** ça va, **tj** toujours.
- Écriture phonétique: **bocou** beaucoup, **été** était/étaient, **mwa** moi, **kel** quel(le)(s), **jvé** je vais, **kan** quand, **keske** qu'est-ce que, **jamé** jamais
- Lecture de lettres et de chiffres: **G** j'ai, **L** elle, **C** c'est, **Ct** c'était, **6t** cité, **bi1** bien, **2ri1** de rien, **Gf1** j'ai faim, **jtm** je t'aime, **mr6** merci, **Kdo** cadeau, **GHT** j'ai acheté, **A12C4** à un de ces quatre (= à un de ces jours)
- Combinaison de stratégies: **kLq1** quelqu'un, **XLnt** excellent, **otL** hôtel, **Djené** déjeuner

Bien sûr, puisqu'il n'y a pas de règles établies pour ce langage, il est sujet à beaucoup de variations!

<u>MISE EN PRATIQUE</u> Pouvez-vous déchiffrer cette conversation entre Agnès et Jean-Yves?

Slt Agnès cv? m jvb / Mwa ossi. Keskis pass? / Tu veu alé o 6né ce soir? / Dzolé mé j doi resté a la mézon avc ma ptite seur / Té OQP samdi soir? / Non j pouré y alé samdi / Dak. On 1vit Sylvie ossi? / Bonne ID jvé la texté ttsuit / Gnial ApLmwa b1to / Biz

Salut Agnès, ça va? Moi je vais bien. / Moi aussi. Qu'est-ce qui se passe? / Tu veux aller au cinéma ce soir? / Désolée, mais je dois rester à la maison avec ma petite sœur. / Tu es occupée samedi soir? / Non, je pourrais y aller samedi. / D'accord. On invite Sylvie aussi? / Bonne idée. Je vais la texter tout de suite. / Génial. Appelle-moi bientôt. / Bises.

Activité 4 Échanges: Cadeaux de mes rêves

Choisissez des cadeaux pour votre famille, pour vos amis et (pourquoi pas?) pour vous-même. Pour chaque choix, dites les fonctions que vous désirez et pourquoi.

Les noms des personnes
(C'est à vous d'en faire la liste.)

Les cadeaux proposés

un appareil photo numérique	une montre connectée
un bracelet connecté	un ordinateur portable avec clavier tactile
un casque sans fil	une tablette
une enceinte connectée	un téléviseur à haute résolution
un ensemble multimédia	

Les fonctions désirées
prendre des photos numériques
recevoir et transmettre des photos
suivre son activité physique et son rythme cardiaque
télécharger des vidéos
accéder à la télé
accéder au mail
accéder à l'internet
écouter et partager de la musique
faire des appels mains libres
jouer aux jeux vidéo

Cliquez là!

Vous aimez les nouvelles technologies? Cherchez un site qui reflète vos intérêts, en utilisant les mots clés: *applis pour smartphone, tablette, casque sans fil,* etc. Ensuite, expliquez ce que vous avez trouvé, en donnant le nom et l'adresse du site à la classe.

Activité 5 Entretien: Les technologies électroniques

1. Tu as quel modèle de smartphone? Tu t'en sers beaucoup? Pour faire quoi?
2. Tu consultes souvent la météo sur ton smartphone? À quels moments? Quelles applis est-ce que tu utilises le plus? Est-ce que tu as des applis particulièrement originales?
3. Tu as un compte sur un ou plusieurs réseaux sociaux (Facebook, Instagram, Snapchat, Tweeter)? Lequel préfères-tu, et pourquoi? Qu'est-ce que tu y mets? Tu y as découvert des amis?
4. Combien de textos est-ce que tu envoies chaque jour? À qui? Tu textes en cours? et en conduisant?
5. Tu fais souvent des selfies ou des photos? De quel genre?
6. Est-ce que tu portes des écouteurs quand tu marches sur le campus ou dans la rue? Pourquoi ou pourquoi pas?
7. Tu aimes les jeux? Combien en as-tu? Ils sont dans ton portable ou ailleurs? Quels sont tes jeux préférés? Pourquoi? Tu en achètes souvent? Tu y joues parfois pendant les cours?

À propos...

La France high-tech

BSIP/Universal Images Group/Getty Images

• Une carte à puce de la Société Générale, l'une des principales banques françaises

On pense souvent que la France est surtout un pays de tradition, mais en réalité les Français se passionnent pour les nouvelles technologies et l'innovation. Depuis le milieu du XXe siècle, certaines des inventions les plus remarquables ont été créées dans l'Hexagone. Certaines sont célèbres, comme le TGV, le train à grande vitesse qui détient le record du monde de vitesse sur rail (574 km/h), et qui circule en moyenne à 270 km/h.[1] D'autres inventions extraordinaires ont eu un succès limité, comme par exemple le Concorde. Cet avion de transport supersonique, qui reliait Paris à New York en 3 h 30, lancé en 1977, a été définitivement abandonné en 2003 car il polluait trop et coutait trop cher. Le Minitel était un appareil révolutionnaire à sa commercialisation en 1982; il permettait d'avoir accès à de nombreux services d'information, comme les horaires de train ou de cinéma et la météo, et de correspondre instantanément par écrit. L'apparition de l'internet, quinze ans plus tard, l'a rendu définitivement obsolète. Une autre technologie, imaginée en France en 1974, est utilisée quotidiennement par des centaines de millions de personnes: la «carte à puce», équipée d'un microprocesseur, qui sert principalement à payer et à s'identifier. Le «pays aux 400 fromages» est aussi le domaine de centaines d'inventeurs visionnaires!

[1]574 km/h = 357 mph; 270 km/h = 168 mph

On se distrait, on s'informe

⭐ Attention! Étudier Grammaire 11.2 et 11.3

Voilà ce que je te racontais! On peut acheter des contes de fées sur DVD.

Les intrigues me fascinent. C'est ce que j'aime le mieux dans les feuilletons.

"Photo <u>très</u> intéressante! Maman"

Parfois, les accros de Facebook retrouvent des trucs intéressants sur leur page!

Ah! Le voilà! Sur ce site, tu peux voir le chargeur solaire portable dont je t'ai parlé.

Activité 6   Échanges: Que ferais-tu?

Demandez combien de temps votre partenaire voudrait consacrer aux activités suivantes si on lui donnait un jour de libre supplémentaire chaque semaine.

> MODÈLE: É1: Tu regarderais plus la télé?
> É2: Oui, je la regarderais au moins une heure de plus. (Je ne pense pas. Je n'aime pas tellement la télé.)

1. regarder la télé
2. lire des livres
3. lire un journal ou un magazine
4. écouter de la musique ou un livre audio
5. surfer sur le web
6. télécharger des films
7. aller au cinéma
8. jouer aux jeux vidéo
9. participer à des forums

a. au moins (une heure)
b. moins de (deux heures)
c. pendant (la matinée)
d. un après-midi
e. toute la journée
f. quelques (minutes)
g. ne... jamais
h. ?

À vous la parole!   Maintenant, posez les mêmes questions à votre professeur pour voir si vous avez les mêmes gouts.

> MODÈLE: Est-ce que vous regarderiez plus la télé, monsieur (madame)?

Cliquez là!

Trouvez un journal ou un magazine en français à mettre sur la liste de vos sites préférés. Donnez à la classe le nom et l'adresse du site, ainsi que quelques renseignements sur le type d'articles qu'on peut y trouver. Quel genre de personne s'y intéresserait?

Cliquez là!

Vous aimez le cinéma? Présentez une vedette française ou francophone à la classe, accompagnée d'une photo (si possible). Pour vous préparer, utilisez le site web de l'acteur ou de l'actrice de votre choix.

Activité 7 Discussion: Si je voulais voir un film ce soir...

Dites **oui** ou **non**. Si vous n'aimez aucune des possibilités, donnez la réponse qui vous convient.

● Un grand cinéma à Paris

1. Si je voulais regarder un film ce soir,...
   a. j'en regarderais un en streaming.
   b. j'irais en voir un sur le grand écran.
   c. je choisirais un DVD.
2. J'aimerais voir...
   a. un film d'animation.
   b. un film d'épouvante.
   c. une comédie sentimentale.
3. Je m'intéresserais surtout...
   a. à la cinématographie.
   b. aux effets spéciaux.
   c. au talent des acteurs.
4. Mon choix de film serait probablement influencé par...
   a. le nom du réalisateur.
   b. les noms des vedettes.
   c. l'avis des critiques.

Allons plus loin! Quel est votre film préféré? Pourquoi aimez-vous ce film? À qui le recommanderiez-vous? Pour quelles raisons?

À propos...

L'amour en texto

Rapides, simples et discrets, les SMS (ou «textos») permettent de communiquer lorsqu'on est pressé ou lorsqu'on ne peut pas parler au téléphone. Ils sont particulièrement appréciés par les jeunes, dont c'est le moyen de communication favori, surtout en ce qui concerne la communication avec leur amoureux. En effet, une enquête[1] a permis de constater que de dire «Je t'aime» (ou d'autres mots doux) est beaucoup plus facile par écrit qu'à haute voix. Maintenant que la technologie est présente dans tous les aspects de notre vie, la lettre d'amour traditionnelle ne semble plus vraiment appropriée. La majorité des jeunes interrogés affirme donc envoyer régulièrement des textos amoureux à leur petit(e) ami(e). Cependant, bien que les SMS soient considérés comme l'idéal pour entretenir une relation amoureuse, ce n'est pas le cas pour une rupture. Seule une toute petite minorité (5 %) de jeunes pense qu'on peut mettre un terme à une relation par SMS. Le reste trouve que ce n'est pas acceptable. De plus, on observe un lien[2] intéressant entre les textos et la jalousie: environ 33 % des gens interrogés révèlent avoir déjà regardé le contenu des SMS de leur petit(e) ami(e)!

[1] recherche
[2] un... une relation

Aujourd'hui 17:45

bjr cherie - jSpR ktu va bi1et k tpa fâché avec mwa - jtm - j'tapLdkej'pe - bizz

bjr chéri tqt pas - C pa grave - jtm oci @+ ♥

Distribué

  iMessage

A Z E R T Y U I O P

● Pouvez-vous déchiffrer ce texto?

Activité 8   Sondage: Le petit écran

Y a-t-il des choses qu'on ne devrait pas diffuser à la télé? Qu'est-ce qui est acceptable? Dites si vous êtes d'accord ou pas en expliquant votre réponse.

> MODÈLE: É1: À mon avis, les pubs à la télé sont des mensonges à but commercial. On devrait les éliminer.
>
> É2: Je suis d'accord avec toi. Et pourtant, elles sont très amusantes de temps en temps...

1. On devrait éviter les questions trop personnelles dans les interviews.
2. On ne devrait pas rediffuser les épisodes de séries anciennes.
3. On devrait diffuser les exécutions. Ça fait réfléchir.
4. La violence à la télé est responsable des crimes violents.
5. On devrait éliminer tous les feuilletons. Ils sont si bêtes!
6. Les émissions de télé-réalité nous apprennent beaucoup sur la vie.
7. On ne devrait pas repasser constamment les mêmes informations à chaque fois qu'il y a une catastrophe.
8. On devrait éliminer les pubs politiques. Elles sont pleines de mensonges.

Vocabulaire utile

Je suis d'accord avec toi.   C'est ce qui m'inquiète (me fâche).
Moi, je trouve que...   C'est ce que j'aime (je n'aime pas).

Cliquez là!

Allez sur le site web d'une chaine de télévision française. Quelles émissions peut-on regarder sur vidéo? Y a-t-il des émissions 24 heures sur 24? Quels autres renseignements est-ce qu'on trouve sur le site de cette chaine?

Ça fait réfléchir

- La télévision est le premier loisir des Français. Ils passent de l'ordre de 3 heures 39 minutes par jour devant le petit écran.
- Plus de huit foyers sur dix en France sont équipés d'au moins un ordinateur. Quatre-vingt-huit pour cent des Français ont accès à l'internet, 93 % ont un mobile et 71 % ont un smartphone.
- En moyenne, les Français passent à peu près cinq heures par jour sur l'internet et une heure et demie sur les réseaux sociaux.

Activité 9   Entretien: Les médias

1. Tu aimes la télé? Tu la regardes souvent? Quelles émissions préfères-tu? Lesquelles tu n'aimes pas? Pourquoi?
2. Est-ce que tu écoutes la radio? Souvent? Où et quand? Qu'est-ce que tu aimes écouter?
3. Tu lis un journal d'habitude? Lequel? Sur papier ou en ligne? Tu aimes les bandes dessinées? les éditoriaux? les reportages des actualités? les sports?...
4. Tu fais beaucoup d'achats et de ventes en ligne? Sur quels sites?
5. Tu aimes lire? Qu'est-ce que tu préfères lire? Tu as une liseuse? Est-ce que ça te plait?
6. Tu aimes la musique? Quels types? Tu en télécharges? Où? Tu partages tes chansons avec tes copains?

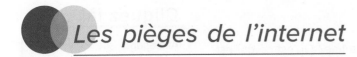

Les pièges de l'internet

★ Attention! Étudier Grammaire 11.4 et 11.5

Tiens! Des pirates informatiques ont volé les données personnelles de sept millions de clients.

Mesdames, messieurs, surveillez vos enfants! Apprenez-leur à limiter la diffusion de leur adresse électronique.

Ça me tente. Si j'allais sur leur site web, peut-être que je rencontrerais l'homme de mes rêves.

Sois plus optimiste! Ne crois pas tout ce que tu lis dans le journal.

J'en ai marre de ces chaines privées et de leurs pubs!

Vous gagneriez plus d'argent si vous étiez diplômé de notre école.

Ça fait réfléchir

À l'heure de l'internet, la France reste un pays de lecteurs. En 2016, presque les deux tiers (2/3) des Français ont dit qu'ils lisent au moins un titre de presse (quotidien ou magazine) chaque jour. De plus, 84 % des Français se considèrent lecteurs de livres, en format papier ou numérique.

Activité 10 Sondage: La sécurité en ligne

Lisez les règles suivantes et, pour chacune, dites si vous êtes d'accord ou pas. Ensuite, expliquez vos réponses à un(e) autre étudiant(e).

1. Soyez présent(e) pendant que vos enfants surfent sur l'internet.
2. Ne donnez jamais vos coordonnées bancaires sur le web.
3. Utilisez une adresse mail anonyme pour écrire aux inconnus.
4. Faites régulièrement une sauvegarde de vos fichiers.
5. Ne postez jamais votre photo sur les réseaux sociaux.
6. Soyez certain(e) que votre antivirus est vigilant contre les virus les plus récents.
7. Si vous pensez former une relation sérieuse sur le web, invitez votre correspondant(e) chez vous aussitôt que possible.
8. Évitez de télécharger des programmes d'origine douteuse.
9. Contactez l'administrateur si vous n'aimez pas le contenu de certains sites.
10. Utilisez un pseudonyme pour tout ce que vous écrivez en ligne.
11. Les enfants sont curieux; encouragez-les à explorer le web avec leurs copains.
12. Assurez-vous de l'objectivité d'un site internet avant d'y faire des recherches.

Activité 11 Discussion: Êtes-vous trop crédule?

Dites **oui** ou **non** et comparez vos réponses avec celles de vos camarades de classe.

1. Si un organisme de crédit m'informait qu'il avait reçu une demande de carte de crédit avec mon nom et adresse, mais que je n'avais jamais fait cette demande...
   a. j'accepterais la carte tout de suite.
   b. je demanderais l'avis de mes amis avant de l'accepter.
   c. je me demanderais si j'étais victime d'un vol d'identité et je contacterais la police.
2. Si quelqu'un proposait de me vendre une tablette dernier modèle pour 75 €...
   a. je réfléchirais avant de me décider.
   b. je serais inquiet/inquiète mais je la lui achèterais.
   c. je lui demanderais pourquoi il la vend à ce prix ridicule.
3. Si je recevais un mail sans adresse d'expéditeur et qui me demandait une réponse...
   a. je répondrais à la lettre.
   b. je l'enverrais au système de filtrage anti-SPAM de mon serveur.
   c. je me plaindrais à l'administrateur du serveur.
4. Si on me demandait d'investir de l'argent dans un projet où je pourrais doubler mon investissement en un mois...
   a. je le ferais si je connaissais bien la personne.
   b. je n'investirais pas, même si je connaissais la personne.
   c. je demanderais tous les détails, même si je connaissais la personne.
5. Si quelqu'un qui venait de trouver l'amour de sa vie m'encourageait à visiter le site web d'Amour Parfait...
   a. je le ferais tout de suite.
   b. ça me tenterait, mais je ne le visiterais probablement pas.
   c. j'aurais peur et je refuserais.

À voir en vidéo

Micro-trottoir: Au sujet de la technologie

Répondez aux questions suivantes à partir de votre point de vue personnel. Puis regardez la vidéo et comparez vos réponses à celles des gens interrogés.

1. Qu'est-ce que vous faites avec votre smartphone?

2. Quels types de messages est-ce que vous envoyez par SMS?

3. Sur quels réseaux sociaux êtes-vous présent(e)? Qu'est-ce que vous faites sur ces réseaux sociaux?

4. Une journée sans votre smartphone, c'est possible? Expliquez.

Activité 12 Conseils pour les parents

Lisez ces recommandations aux parents concernant les enfants et les réseaux sociaux. Vous semblent-elles raisonnables? efficaces? Expliquez pourquoi ou pourquoi pas.

1. Ne laissez jamais l'enfant travailler tout seul sur l'ordinateur. Observez-le bien pour savoir ce qu'il fait.
2. Demandez régulièrement à l'enfant ce qui se passe sur les réseaux sociaux et dans ses textos.
3. Eduquez-vous bien sur les réseaux sociaux. Créez votre propre compte pour comprendre comment cela fonctionne.
4. Ne permettez pas l'emploi du portable ou de la tablette quand la famille est à table.
5. Établissez des limites au temps passé sur le smartphone et puis faites-les respecter.
6. Ne laissez pas l'enfant échanger des textos avec des inconnus.
7. Au cas où l'enfant ne suivrait pas les règles établies, débranchez le routeur pendant un certain temps.
8. Poussez l'enfant à participer à une activité physique tous les jours.
9. Ne permettez pas à l'enfant de se coucher avec son portable.
10. Exigez que l'enfant fasse tous ses devoirs avant de permettre l'emploi du portable.

Cliquez là!

Approfondissez votre connaissance de la netiquette. Choisissez un sujet qui vous intéresse—le mail ou les réseaux sociaux, par exemple—et dites pourquoi ce sujet mérite tant d'attention.

Activité 13   Échanges: Le monde sans publicité

Dites si vous êtes d'accord ou pas en donnant vos raisons.

S'il n'y avait pas de pubs...

1. les consommateurs auraient moins de choix.
2. la télé serait moins amusante.
3. il serait plus facile d'aller sur un site web.
4. nous pourrions regarder nos émissions préférées sans interruption.
5. les gens seraient moins matérialistes.
6. nous ne reconnaitrions pas les noms des produits.
7. la radio et la télé ne pourraient pas fonctionner.
8. l'économie nationale en souffrirait.
9. nous aurions moins d'informations sur les produits que nous achetons.
10. il y aurait moins d'enfants hyperactifs.

Activité 14   Dans le monde francophone: Un conte de fées, version commerciale

Regardez de très près cette pub, et répondez aux questions suivantes. Expliquez vos réponses.

Source: FCA US LLC.

1. Trouvez-vous cette publicité drôle? intrigante? séduisante? Pourquoi?
2. Est-ce qu'elle vous rappelle un conte de fées? Lequel?
3. Quel est le double sens du mot *légende* ici?
4. À votre avis, pourquoi est-ce qu'on ne voit que la bouche de cette femme?
5. À qui est-ce que cette pub est destinée, probablement?
6. Diriez-vous que la pub est plutôt féministe ou traditionaliste?
7. Quelle est la raison d'être de cette pub? Qui voudrait-elle toucher?

POUR RÉSUMER

 ## *À vous de parler*

A. L'âge de l'électronique. Les innovations des nouvelles technologies ont provoqué des changements profonds. Voici quelques descriptions de la vie vers 1980. Pour chacune, dites si on fait encore la même chose. Sinon, expliquez ce qui a remplacé le produit ou l'habitude mentionnés.

1. On cherchait un numéro de téléphone ou une adresse dans un gros livre qu'on appelait l'annuaire téléphonique.
2. La plupart des téléphones étaient à fil, sur une base stationnaire et branchés sur une prise.
3. On écrivait souvent des lettres et on envoyait des cartes de vœux.
4. Les téléphones portables étaient très rares et de très grande taille.
5. D'habitude, les gens se servaient des ordinateurs pour faire des calculs complexes.
6. Il y avait bien moins de chaines télé. Le câble était presque inexistant.
7. On se téléphonait souvent pour rester en contact avec sa famille et ses amis.
8. Il existait partout des téléphones payants. Même la carte prépayée était rare.
9. ?

Pensez à vos appareils électroniques. Faites une liste des tâches qu'on peut faire aujourd'hui mais qui n'étaient pas possibles en 1980.

B. Maintenant, parlez pour vos grands-parents. Expliquez ce qui leur manque aujourd'hui et qu'ils aimaient utiliser pendant les années 80, en donnant leurs raisons.

MODÈLE: Ma grand-mère regrette l'annuaire téléphonique. On pouvait retrouver tous les gens qui avaient le téléphone. Si leur numéro n'était pas dans l'annuaire, on pouvait le demander à l'opératrice. Si on était de passage dans une ville, il était possible de retrouver un ami avec qui on avait perdu le contact en consultant l'annuaire. Aujourd'hui, il est difficile de contacter les gens parce qu'il n'y a pas d'annuaires pour les portables.

 ## *À vous de lire*
Mon amie Juliette

Mon rêve a toujours été de faire du cinéma, mais comment le réaliser lorsqu'on habite un petit village au fin fond de la France rurale, à des milliers de kilomètres de Hollywood, un village qui semble dater d'un autre siècle?

Et pourtant le miracle s'est produit il y a quelques années: Hollywood est venu à moi! En effet, notre village a été choisi comme décor pour le film *Chocolat*. C'est l'histoire d'une femme (jouée par Juliette Binoche) un peu mystérieuse, qui mène une vie nomade, allant de ville en ville avec sa petite fille. Elle bouleverse[1] l'existence tranquille des habitants en leur faisant

---

[1]trouble

découvrir les plaisirs du chocolat. Pour faire plus authentique, le metteur en scène[2] a décidé d'utiliser comme figurants[3] les vrais habitants—j'allais faire du cinéma!

J'avais imaginé toutes sortes d'aventures... En réalité, le tournage[4] d'un film n'est pas si amusant que ça. Il y a beaucoup de technique et une simple prise[5] de quelques minutes peut demander des heures, ou même des jours de travail. Il faut beaucoup de précision, sans quoi on doit refaire la prise, deux fois, dix fois, vingt fois! Finalement, j'ai trouvé ça assez ennuyeux, surtout que j'espérais côtoyer[6] Juliette Binoche tous les jours, et que je l'ai à peine aperçue[7] une ou deux fois.

Au bout de deux semaines, je commençais à trouver le temps long et, pour m'occuper, je me suis mise à observer les techniciens qui préparaient les décors et les figurines en chocolat que l'on voit dans le film. J'ai remarqué qu'ils jetaient les figurines qui n'étaient pas réussies et je leur ai demandé si je pouvais les avoir. Ils ont accepté et rapidement j'ai pris l'habitude de venir me servir copieusement en chocolat.

Un jour, j'ai ainsi pris et mangé les figurines qu'on avait mises de côté, mais—catastrophe!—c'étaient celles qui étaient destinées au film. Le metteur en scène était furieux, car il a fallu interrompre le tournage pour fabriquer de nouveaux chocolats. J'étais morte de honte[8]! C'est alors que j'ai eu ma plus grande surprise: Juliette Binoche s'est approchée de moi et avec un sourire m'a remerciée devant tout le monde: «Vous savez, nous sommes tous très fatigués; alors, un jour de vacances est le bienvenu!»

Ma carrière cinématographique s'est arrêtée là; au fond, je crois que je n'étais pas faite pour le grand écran[9]... mais je n'oublierai jamais les délicieux chocolats et la gentillesse de «mon amie Juliette».

• Presque vingt ans après *Chocolat*, Juliette Binoche est aussi lumineuse dans *Un beau soleil intérieur* de Claire Denis.

---

[2]metteur... réalisateur   [3]acteurs qui jouent un tout petit rôle   [4]*shooting*   [5]une séquence de film   [6]être près de   [7]vue brièvement   [8]*shame*   [9]grand... cinéma

Avez-vous compris?   Répondez aux questions sur le texte.

1. Que veut dire la phrase «Hollywood est venu à moi» dans cette lecture?
2. Est-ce que le tournage d'un film est amusant, d'après la narratrice? Pourquoi?
3. Est-ce que la narratrice a souvent vu Juliette Binoche pendant le tournage?
4. Pour quelle raison est-ce que la narratrice a commencé à observer les techniciens qui préparaient les décors?
5. Pourquoi est-ce que Juliette Binoche a parlé avec la narratrice? Qu'est-ce que Juliette lui a dit?
6. Est-ce que la narratrice a poursuivi une carrière cinématographique?

À vous la parole! C'est à votre amie Claire que cette histoire est arrivée. Maintenant, vous voulez parler des aventures de Claire avec un(e) camarade de classe. À deux, reconstruisez l'anecdote sous la forme d'une conversation dans laquelle chaque partenaire va être responsable de faire progresser l'histoire jusqu'à ce qu'elle soit entièrement reconstituée.

MODÈLE: É1: Tu te souviens de Claire Fontaine, ma copine qui rêve de faire du cinéma? Eh bien, elle a eu l'occasion de jouer dans un film.
　　　　É2: Ah bon? Quel film?
　　　　É1: *Chocolat!* Tu connais l'histoire?
　　　　É2: Mais oui. C'est l'histoire d'une femme qui fait découvrir les plaisirs du chocolat...

À vous d'écrire

Imaginez votre vie sans électronique. Considérez non seulement la téléphonie, mais toutes les machines et gadgets qui fonctionnent dans la cuisine, dans la voiture... Combien d'appareils n'existeraient pas? Que feriez-vous sans eux? Qu'est-ce qui ne changerait pas? Est-ce que tout serait plus simple et tranquille, même plus intéressant, ou est-ce que vous auriez beaucoup plus de difficultés? Pourquoi?

Vocabulaire utile un four à micro-ondes, un mixeur, un sèche-cheveux, une télécommande, une télévision à écran plat

Ingram Publishing

Panther Media GmbH/ Alamy Stock Photo

Brett Covitz/McGraw-Hill

Image Source/Stockbyte/Getty Images

PhotoSpin, Inc/Alamy Stock Photo

L'ordinateur et le matériel électronique

Computers and electronic equipment

un agenda	a datebook
un bracelet connecté	a fitness tracker
un casque (sans fil)	a (wireless) headset
un clavier	a keyboard
un dispositif	a device
des écouteurs (m.)	earphones, headphones
un écran	a screen
une enceinte connectée	a smart speaker
des fichiers (m.)	(computer) files
une imprimante	a printer
un lecteur DVD	a DVD player
une liseuse	an e-book reader
une montre connectée	a smartwatch
des photos (f.) numériques	digital photos
les touches (f.)	keys (on a keyboard)
imprimer	to print
installer un logiciel	to install a (software) program

Mots apparentés: **l'accès** (m.), **une application (appli)**, **un chargeur, le curseur, une fonction, fonctionner, une image visuelle, indiquer**

L'internet et le web

The internet and the web

un/une accro de Facebook	a Facebook addict
une adresse électronique	an e-mail address
un compte	an account
des données (f.)	information, data
l'expéditeur / l'expéditrice	sender
un identifiant	a username
un lien (inactif)	a (broken) link
le mail	e-mail
un mot de passe	a password
un navigateur	a web browser
la page d'accueil	home page
les réseaux sociaux	social media (networks)
un serveur	a server
accéder (à)	to access
télécharger	to download

Mots apparentés: **cliquer, consulter, contacter, naviguer, un GPS, en streaming, transmettre**

Le cinéma, les médias et la presse imprimée

Movies, the media, and the press

les actualités (f.)	news
une chaine (de télé)	a TV channel
une comédie sentimentale	a romantic comedy
un conte de fées	a fairy tale
le contenu	contents
les effets (m.) spéciaux	special effects
une émission	a TV or radio program
une émission de télé-réalité	a reality TV show
un feuilleton	a TV series; a soap opera
un film d'épouvante	a horror film
les informations (infos) (f.)	the news
l'intrigue (f.)	plot
un metteur / une metteuse en scène	a (theater, film) director
la mise en scène	direction/directing (film)
un réalisateur / une réalisatrice	a (film, TV) director
un reportage	a report
un téléviseur	a television set
une vente en ligne	an online sale
diffuser	to broadcast
rediffuser	to rerun

Mots apparentés: **la cinématographie, un(e) critique, un éditorial, un épisode, fasciner, un film d'animation, inspirer, un magazine, un rôle, une série, le talent, la violence**

L'internet: Les pièges et les précautions

The internet: Pitfalls and safety precautions

une barrière de sécurité	a firewall
les coordonnées (f.) bancaires	banking information
la diffusion	distribution, circulation
un inconnu / une inconnue	a stranger

un/une pirate informatique	a hacker
le vol d'identité	identity theft
faire la sauvegarde (d'un fichier)	to save (a file)
se plaindre (de)	to complain (about)
surveiller	to watch over
tenter	to tempt

Mots apparentés: **un antivirus, doubler un investissement, les fraudeurs** (*m.*)**, investir, modifier, un pseudonyme, un système de filtrage anti-SPAM, un virus**

La description

autrement	otherwise
bête	stupid
constamment	constantly
crédule	gullible
davantage	more
diplômé(e)	graduated
plutôt	rather
séduisant(e)	appealing

Mots apparentés: **clairement, commercial(e), ergonomique, féministe, hyperactif/hyperactive, matérialiste, violent(e)**

Substantifs

un consommateur / une consommatrice	a consumer
un livre audio	a recorded book
un mensonge	a lie
un organisme de crédit	a credit provider
un truc (*fam.*)	a thing

Mots apparentés: **une catastrophe, un/une collègue, une interruption**

Verbes

apprendre à quelqu'un (à)	to teach someone (to)
consacrer du temps (à)	to devote time (to)
écrire à la main	to write by hand

Mots et expressions utiles

Ça fait réfléchir.	It makes you think.
Ce qui compte pour moi...	What matters to me. . .
C'est ce qui m'inquiète.	That's what worries me.
contre	against
d'origine douteuse	of doubtful origin
en plus de (ça)	in addition to (that)
Je suis d'accord avec toi.	I agree with you.
n'importe où	anywhere

Grammaire et exercices

11.1 Saying what you would do: The conditional

A. You have already used some conditional verb forms, such as **je voudrais**, **j'aimerais**, and **je devrais**. The conditional is most often used to express the result of some hypothetical situation, that is, what would happen "if something were true." In English, this is expressed by *would* + verb.

B. The conditional is formed in French by using the future stem + the **imparfait** endings, as shown in the following chart. Remember that the future stem of regular verbs is the same as the infinitive, except for **-re** verbs, which drop the final **e**.

⭐ Review **Grammaire 2.5.D** and **8.4.B** for special uses of the conditional of **vouloir**, **aimer**, and **devoir**.

⭐ Review **Grammaire 9.5. B** and **C** for the forms of the future stem.

⭐ See **Appendix C** for spelling changes in **acheter**, **appeler**, etc.

➤ The conditional tells what someone *would* do in a hypothetical situation.

➤ conditional = future stem + **imparfait** endings

CONDITIONAL			
	parler	**finir**	**vendre**
je	parler**ais**	finir**ais**	vendr**ais**
tu	parler**ais**	finir**ais**	vendr**ais**
il/elle/on	parler**ait**	finir**ait**	vendr**ait**
nous	parler**ions**	finir**ions**	vendr**ions**
vous	parler**iez**	finir**iez**	vendr**iez**
ils/elles	parler**aient**	finir**aient**	vendr**aient**

Nous **parlerions** plus souvent le français si nous avions des amis francophones.

We would speak French more often if we had some French-speaking friends.

À ta place, je **finirais** mon travail avant de sortir.

If I were you, I'd finish my work before going out.

Cette tablette se **vendrait** mieux sous un autre nom.

This tablet would sell better under another name.

C. Because the conditional stem is the same as the future stem, any verb that is irregular in the future is also irregular in the conditional.

aller	j'**ir**ais		pouvoir	je **pourr**ais
avoir	j'**aur**ais		recevoir	je **recevr**ais
devoir	je **devr**ais		savoir	je **saur**ais
envoyer	j'**enverr**ais		venir	je **viendr**ais
être	je **ser**ais		voir	je **verr**ais
faire	je **fer**ais		vouloir	je **voudr**ais

Si vous alliez en France cet été, vous **pourriez** rendre visite à nos amis à Strasbourg. Moi, je **viendrais** vous rejoindre en aout et on **irait** ensemble à Londres.

If you went to France this summer, you could visit our friends in Strasbourg. I would come join you in August, and we'd go together to London.

➤ The conditional can also be used to make polite requests.

D. The conditional is also used to make requests without appearing too direct.

Est-ce que vous **pourriez** nous recommander un bon restaurant?
Auriez-vous l'heure?

Could you (Would you be able to) recommend a good restaurant?
Would you have the time? (Could you tell me what time it is?)

Exercice 1 Un monde sans télé

Imaginez la vie sans télévision. Complétez les phrases avec le conditionnel et dites si vous êtes d'accord ou pas.

MODÈLE: Moins de couples _____ (divorcer). →
Moins de couples divorceraient. Oui, c'est vrai, parce qu'il n'y aurait pas de football américain à la télé. (Non, ce n'est pas vrai...)

1. Il y _____ (avoir) moins de crimes violents.
2. Je _____ (lire) beaucoup plus.
3. Les Américains _____ (être) en meilleure santé.
4. On _____ (connaitre) moins bien les autres pays du monde.
5. Les candidats _____ (faire) leur campagne de façon plus intelligente.
6. Les gens _____ (aller) plus souvent au cinéma.
7. On _____ (se coucher) plus tôt.
8. Les entreprises _____ (dépenser) moins d'argent sur la publicité.

Exercice 2 Par politesse

Sarah Thomas se trouve dans une maison de la presse à Paris, où elle veut demander beaucoup de choses. Reformulez ses phrases en employant le conditionnel pour les rendre plus polies.

MODÈLE: *Avez*-vous de la monnaie? → *Auriez*-vous de la monnaie?

1. *Pouvez*-vous m'indiquer la station de métro la plus proche?
2. Est-ce que vous *avez* l'heure?
3. Je *veux* aussi *L'Obs* (*Le Nouvel Observateur*).
4. Est-ce que vous *pouvez* me commander ce livre?
5. Quand est-ce que je *dois* revenir le chercher?
6. Est-ce que je *peux* prendre un catalogue?
7. *Savez*-vous où se trouve le Bistro de la Sorbonne?

Exercice 3 Si le monde était idéal,...

Transformez les phrases en employant le conditionnel pour décrire un monde idéal.

MODÈLE: Dans le monde réel, on a besoin de se méfier des* inconnus. →
Dans un monde idéal, on n'aurait pas besoin de se méfier des inconnus.

---

*se... *to be suspicious of*

Dans le monde réel...

1. on ne peut pas toujours croire ce qu'on vous dit.
2. nous sommes souvent influencés par des messages subtils ou subliminaux.
3. on profite quelquefois de la crédulité des gens.
4. les gens dépensent beaucoup d'argent pour des produits inutiles.
5. le travail occupe une très grande partie de notre vie.
6. il n'y a pas assez d'emplois pour tous ceux qui veulent travailler.
7. mentir est quelquefois utile.

11.2 The relative pronoun **dont**

A. You are already familiar with the relative pronouns **qui**, **que**, and **où**. Like **qui** and **que**, the relative pronoun **dont** is used for both people and things. **Dont** is used to replace the preposition **de** + a noun.

WITH **DE**	WITH **DONT** (RELATIVE CLAUSE)
J'ai besoin **de** ce magazine.	Je n'ai pas acheté le magazine **dont** j'ai besoin.
I need this magazine.	*I didn't buy the magazine (that) I need.*
Ils parlaient **de** cet homme à la télé.	C'est l'homme **dont** ils parlaient à la télé.
They were talking about this man on TV.	*That's the man (whom) they were talking about on TV.*

⭐ *Review **Grammaire 6.4** for the uses of the relative pronouns **qui**, **que**, and **où**.*

➤ The relative pronoun **dont** replaces **de** + noun: **C'est le livre *dont* j'ai parlé. C'est la personne *dont* j'ai besoin.**

➤ **Dont** can refer to people or things.

B. When used in a possessive construction, **dont** corresponds to English *whose.*

WITH **DE**	WITH **DONT** (RELATIVE CLAUSE)
Je connais le frère **de** cette journaliste.	C'est la journaliste **dont** je connais le frère.
I know that reporter's brother.	*That's the reporter whose brother I know.*
Les émissions **de** cette chaine sont en anglais.	C'est la seule chaine **dont** les émissions sont en anglais.
This channel's shows are in English.	*It's the only channel whose shows are in English.*

C. Dont occurs frequently with verbs or verbal expressions that use **de**, for example: **parler**, **avoir besoin**, **avoir envie**, **avoir peur**, **se servir**, **se souvenir**.

L'émission **dont** je me souviens, c'est «La Rue Sésame».	*The program I remember is "Sesame Street."*
L'ordinateur **dont** il se sert est très vieux.	*The computer he uses is very old.*

Exercice 4 À la FNAC

Sarah et Agnès visitent la FNAC, un magasin spécialisé dans les médias et l'électronique. Reformulez leurs phrases (en italique) en employant **dont**.

> MODÈLE: *J'ai entendu parler de cet auteur cette semaine.*
> *C'est l'auteur...* →
> C'est l'auteur dont j'ai entendu parler cette semaine.

1. *Je parlais de ce magazine l'autre jour.* C'est le magazine...
2. *Je me sers souvent de cette appli.* C'est une appli...
3. *Je connais d'autres films de ce metteur en scène.* C'est un metteur en scène...
4. *J'ai vu tous les films de ce réalisateur.* C'est un réalisateur...
5. *Je ne me souviens jamais de ce titre.* C'est un titre...

11.3 More on relative pronouns: Ce qui, ce que, ce dont

*Review **Grammaire 6.4** and **11.2**.*

A. **Ce qui**, **ce que**, and **ce dont** are called indefinite relative pronouns. They are similar to **qui**, **que**, and **dont**, but are used when the thing referred to is not specified. They usually correspond to English *what*.

SPECIFIC REFERENCE	UNSPECIFIED REFERENCE
noun + **qui**	**ce** + **qui**
Les films qui m'intéressent...	Ce qui m'intéresse...
noun + **que**	**ce** + **que**
Les livres que j'aime...	Ce que j'aime...
noun + **dont**	**ce** + **dont**
L'ordinateur dont je me sers...	Ce dont je me sers...

Sais-tu **ce qui** s'est passé dans le dernier épisode?	*Do you know what happened in the last episode?*
Je ne vois pas **ce que** tu aimes dans cette émission.	*I don't see what you like about that show.*
Ces reportages sont trop techniques—je ne comprends jamais **ce dont** ils parlent.	*These reports are too technical— I never understand what they're talking about.*

B. **Ce qui**, **ce que**, and **ce dont** are often combined with **tout**, meaning *everything*.

—Ça t'ennuie qu'il regarde la télé?	*Does it bother you that he watches TV?*
—Non, mais c'est **tout ce qu'**il veut faire!	*No, but that's all he wants to do!*

C. Indefinite relative pronouns are also frequently used in conversation to introduce a new idea.

Ce qui compte, c'est que le travail lui plaise.	*What counts is that he likes the work.*
Ce que j'aime, c'est voir un vieux film dans une salle de cinéma.	*What I like is to see an old film in a movie theater.*

Exercice 5 Définitions

Complétez chaque définition avec **ce qui** ou **ce que** (**ce qu'**). Ensuite, choisissez la bonne définition pour chaque type d'émission ou de film.

1. _____ fait parfois pleurer les téléspectateurs
2. _____ donne des frissons* aux adolescents
3. _____ les enfants préfèrent
4. _____ explique quel temps il va faire demain
5. _____ on regarde pour s'informer
6. _____ on cherche si on veut rire
7. _____ fait peur
8. _____ on regarde avant de faire un long voyage en voiture

a. C'est une comédie.
b. C'est un documentaire.
c. Ce sont les feuilletons.
d. Ce sont les dessins animés.
e. C'est le bulletin météorologique.†
f. C'est un film d'épouvante.

Exercice 6 «Sa meilleure amie lui a piqué‡ son mari!»

Adrienne parle de l'intrigue de son feuilleton favori avec sa collègue Fatima. Complétez leur conversation en employant **ce qui**, **ce que** (**ce qu'**) ou **ce dont**.

ADRIENNE: La pauvre Jacqueline! Elle ne sait pas _____¹ elle doit faire. Elle vient d'apprendre que son mari Maurice est parti en vacances avec sa meilleure amie Évelyne.

FATIMA: Et sait-elle _____² se passe au bureau avec Annick, la secrétaire?

ADRIENNE: Non, ça, elle ne le sait pas encore. _____³ l'énerve vraiment, c'est qu'ils ont pris sa voiture quand ils sont partis. Alors Jacqueline va chez sa mère pour lui demander _____⁴ elle pense de tout cela. Mais tout _____⁵ intéresse sa mère, c'est l'argent. Puisque Maurice est très riche, elle trouve qu'elle devrait rester avec lui.

FATIMA: Et c'est _____⁶ elle fait?

ADRIENNE: Pour l'instant, oui. Mais tu sais _____⁷ va se passer? Elle va apprendre qu'elle attend un bébé. Et ça, ce n'est pas du tout _____⁸ elle avait envie.

FATIMA: Quel drame! Je ne vois vraiment pas pourquoi tu regardes ces bêtises!

11.4 Giving orders: Commands with pronouns

A. Commands (the imperative) are formed by dropping the subject from the verb. They exist for **vous**, **tu**, and **nous**; **nous** commands are used for making suggestions.

> ➤ Most commands = present-tense forms without the subject

Commandez votre exemplaire aujourd'hui!

Order your copy today!

Ne **mets** pas la radio maintenant, Joël.

Don't turn on the radio now, Joël.

Allons au nouveau cinéma ce soir.

Let's go to the new movie theater tonight.

---

*shivers, thrills
†bulletin... *weather report*
‡a... *stole*

➤ All **-er** verbs: the **tu** form drops the final **s**. Exception: **Vas-y!**

➤ **Être** and **avoir** imperatives = present subjunctive forms

➤ **Rappel: aie** and **ay-** are pronounced just like **(j')ai**.

B. For regular **-er** verbs and **aller**, the imperative **tu** form drops the **s** from the present-tense form.

> Victor, n'**allume** pas la télé, s'il te plait. *Victor, please don't turn on the TV.*
> **Va** allumer l'imprimante, s'il te plait. *Go turn on the printer, please.*

C. **Être**, **avoir**, and **savoir** have irregular command forms.

	être	avoir	savoir
tu	sois	aie	sache
vous	soyez	ayez	sachez
nous	soyons	ayons	sachons

> Ne **sois** pas si crédule, Claudine. *Don't be so gullible, Claudine.*
> **Ayez** l'intelligence de bien réfléchir avant d'acheter. *Have enough intelligence to think carefully before buying.*
> **Sachez** que je ne me sers pas de cartes de crédit. *I'll have you know that I don't use credit cards.*

⭐ Review **Grammaire 4.5** and **6.5**.

➤ Affirmative commands: verb + object pronoun

D. Object pronouns and reflexive pronouns are placed after the verb in affirmative commands. They are attached to the verb form with a hyphen.

> Quelle belle page d'accueil! Regardez-**la**! *What a beautiful home page! Look at it!*
> Servez-**vous** de votre smartphone, alors! *Use your smartphone then!*

➤ Affirmative commands: **me**, **te** → **moi**, **toi**

Me and **te** become **moi** and **toi** in affirmative commands.

> Dépêche-**toi** de finir, Victor! *Hurry up and finish, Victor!*
> Écoutez-**moi**, s'il vous plait. *Listen to me, please.*

➤ Negative commands: **ne** + object pronoun + verb + **pas**

E. In negative commands, object pronouns and reflexive pronouns are placed *before* the verb, that is, in the same order as in ordinary declarative sentences.

> Ne **me** parle pas pendant que je lis le journal. *Don't talk to me while I'm reading the newspaper.*
> Ne **te** mets pas en colère contre l'ordinateur! *Don't get angry with the computer!*

⭐ Review **Grammaire 7.3** and **9.1**.

F. **Y** and **en** follow the same placement rules as other pronouns.

> Vous êtes prêt? Allons-**y**! *Are you ready? Let's go!*
> Du papier? Oui, prenons-**en**. *Some paper? Yes, let's get some.*
> Encore un virus? N'**en** parlez pas! *Another virus? Don't talk about it!*

Pronunciation Hint

Note the obligatory liaison: **Vas-ᶻy, allons-ᶻy, prenons-ᶻen.**

Exercice 7 Les sept commandements du HTML

Voici quelques-uns des «dix commandements» pour construire une page web. Mettez-les à l'impératif en suivant le modèle.

MODÈLE: Tu n'oublieras pas de tester ta page avec différents navigateurs. →
N'oublie pas de tester ta page avec différents navigateurs.

1. Tu auras quelque chose à dire sur ta page web. (Tu informeras et intéresseras le visiteur.)
2. Tu ne feras pas une liste de listes.
3. Tu te rappelleras que tes visiteurs n'ont pas tous une connexion puissante. (Et tu ne fourniras pas trop d'informations sur la même page.)
4. Tu vérifieras tes liens pour éliminer les liens inactifs.
5. Tu permettras les commentaires sur ta page.
6. Tu amélioreras constamment tes connaissances en HTML.
7. Tu seras créatif/créative malgré toutes ces directives.

Exercice 8 Les six commandements de la famille branchée

Voici «Les six commandements du parfait parent pour les petits utilisateurs (d'ordinateurs)». Transformez les conseils à l'impératif en suivant le modèle.

MODÈLE: Je m'assurerai que tous les membres de la famille traitent l'ordinateur comme un objet délicat et cher. →
Assurez-vous que tous les membres de la famille traitent...

1. Je leur montrerai donc comment bien l'utiliser.
2. En cas d'invasion de très jeunes, je rangerai le clavier et je mettrai la souris en cage.
3. Je n'apporterai mon travail à la maison qu'en cas de nécessité absolue.
4. Je m'assiérai souvent avec mes enfants quand ils utiliseront l'ordinateur.
5. Si les enfants sont en ligne, je saurai où ils vont.
6. Je leur donnerai une chaise confortable. J'essaierai aussi de placer l'ordinateur dans un endroit facile d'accès.

Exercice 9 Conseils pour le consommateur en ligne

Voici des conseils sur le commerce électronique. Dites si vous êtes d'accord ou pas avec chaque conseil et répétez-le (ou changez-le) avec un pronom.

MODÈLE: Méfiez-vous des pages qui demandent le numéro de votre carte de crédit dès votre arrivée. →
C'est une bonne idée. Méfiez-vous-en. (Ce n'est pas nécessaire. Ne vous en méfiez pas.)

1. Posez des questions avant d'acheter.
2. Vérifiez la sécurité. (Regardez le petit icône [le cadenas*] de votre navigateur, qui doit être en position fermée.)
3. Appréciez (évaluez) la qualité du service. (Les achats en ligne doivent être plus faciles et plus agréables que les achats dans les magasins.)
4. Pour les achats à l'étranger qui peuvent attendre, vérifiez le cours des changes.†
5. Groupez vos commandes. (Vous réduirez très sensiblement les frais de port.)
6. Parlez de vos expériences, en particulier des mauvaises, autour de vous et sur le web.

---

*lock
†cours... *exchange rate*

11.5 Talking about hypothetical situations: More on the **imparfait**

We often talk about what we would do *if* something else were true. The statement "if something were true" describes an unreal or hypothetical situation; this is expressed in French by **si** (*if*) + a verb in the **imparfait**. **Si** + *imparfait* is often paired with a result statement that uses a verb in the conditional.

Si mes parents **achetaient** une tablette, je **pourrais** skyper avec eux plus facilement.	*If my parents bought a tablet computer, I could Skype with them more easily.*
M. Vincent, que **feriez**-vous **si** vous **aviez** un million de dollars?	*Mr. Vincent, what would you do if you had a million dollars?*

Exercice 10 Habitudes de consommateur

Un ami parle de ses habitudes quand il fait des achats. Comparez vos habitudes en expliquant ce que vous feriez et en employant des phrases au conditionnel.

> MODÈLE: Quand je reçois de l'argent, je le dépense tout de suite. →
> Moi aussi, si je recevais de l'argent, je le dépenserais tout de suite.
> (Moi non, si je recevais de l'argent, je ne le dépenserais pas tout de suite.)

1. Quand je veux vraiment acheter quelque chose, je suis très impatient(e).
2. Quand je suis déprimé(e), j'ai envie de faire des achats.
3. Quand j'ai envie de faire des achats, je laisse mes cartes de crédit à la maison.
4. Quand je fais beaucoup d'achats, je suis encore plus déprimé(e).
5. Quand j'achète quelque chose de cher, je vais dans tous les magasins pour trouver le meilleur prix.
6. Quand je n'aime pas quelque chose, je le rends au magasin.

Guillaume Souvant/AFP/Getty Images

Tours, France: Les sapeurs-pompiers interviennent pour porter secours à la victime d'un accident de la route.

La santé et les urgences

Objectifs

In **Chapitre 12**, you will talk about fitness and staying healthy. You will learn how to describe illnesses and accidents, and more ways to talk about past experiences.

● ACTIVITÉS

Tranche de vie Les bons réflexes en temps de chaleur

La santé et le bien-être

Les maladies et les traitements

Les accidents et les urgences

● LECTURES

La langue en mouvement
Le latin: Lien entre le français et l'anglais

À propos... Vivre bien, vivre bio

À voir en vidéo Les francophones sur le vif: Anne-Claire Allard

À propos... Le vaudou

À vous de lire *Le Malade imaginaire*

● GRAMMAIRE

12.1 Saying what you want others to do: More on the subjunctive

12.2 Changes of state: **Passé composé** vs. **imparfait**

12.3 The present participle

12.4 Expressing events in the recent past: **Venir de** + infinitive

12.5 Narrating in the past: **Passé composé** vs. **imparfait**

TRANCHE DE VIE

Les bons réflexes en temps de chaleur

À cause du changement climatique, les vagues de chaleur vont être plus fréquentes et plus intenses. Pour cette raison, en France, le Ministère des Solidarités et de la Santé informe les gens sur les bons réflexes qu'il faut adopter en temps de canicule—un épisode de températures élevées, de jour comme de nuit, sur une période prolongée. Quand les températures nocturnes sont élevées pendant plusieurs jours consécutifs, le risque de mortalité augmente chez les personnes fragiles. Comme le grand froid, la canicule représente un danger pour la santé. Voici quelques conseils pratiques pour éviter les coups de chaleur et autres problèmes liés à la chaleur:

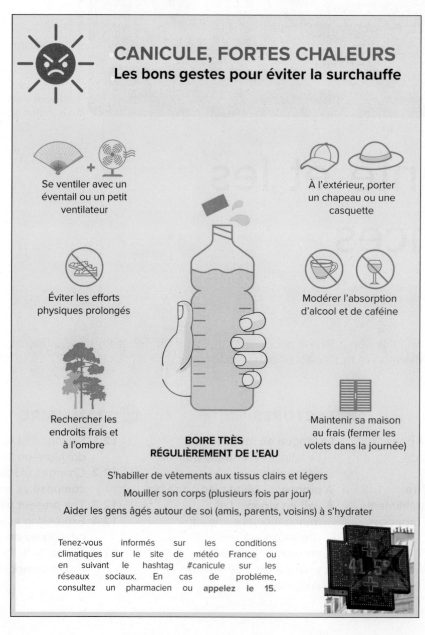

CANICULE, FORTES CHALEURS
Les bons gestes pour éviter la surchauffe

Se ventiler avec un éventail ou un petit ventilateur

À l'extérieur, porter un chapeau ou une casquette

Éviter les efforts physiques prolongés

Modérer l'absorption d'alcool et de caféine

Rechercher les endroits frais et à l'ombre

BOIRE TRÈS RÉGULIÈREMENT DE L'EAU

Maintenir sa maison au frais (fermer les volets dans la journée)

S'habiller de vêtements aux tissus clairs et légers
Mouiller son corps (plusieurs fois par jour)
Aider les gens âgés autour de soi (amis, parents, voisins) à s'hydrater

Tenez-vous informés sur les conditions climatiques sur le site de météo France ou en suivant le hashtag #canicule sur les réseaux sociaux. En cas de problème, consultez un pharmacien ou **appelez le 15.**

Bertrand Guay/AFP/Getty Images

Il y a de quoi dire
Canicule: les précautions à prendre

Voici quelques photos des villes à travers la France pendant la canicule de juin 2019. Lisez les conseils de l'affiche ci-contre et observez attentivement les photos. Ensuite, décrivez chaque situation en disant si les recommandations du ministère sont suivies ou pas.

Philippe Desmazes/AFP/Getty Images

1. Lyon

Pascal Guyot/AFP/Getty Images

2. Montpellier

Valery Hache/AFP/Getty Images

3. Nice

Zakaria Abdelkafi/AFP/Getty Images

4. Paris

Patrick Hertzog/AFP/Getty Images

5. Souffelweyersheim (Strasbourg)

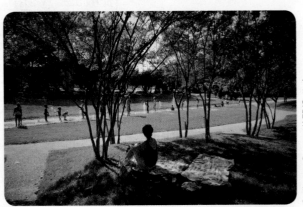

Guillaume Souvant/AFP/Getty Images

6. Tours

La santé et le bien-être

⭐ Attention! Étudier Grammaire 12.1

Je voudrais que vous mangiez plus de fruits et de légumes.

Mon entraineur exige que je fasse de l'exercice tous les jours.

Les médecins recommandent que nous ne consommions pas trop d'alcool.

Je suggère que vous vous détendiez tous les jours.

Il vaut mieux que vous ne maigrissiez pas trop.

Les dentistes préfèrent que leurs clients aient un peu de courage!

LA TÊTE — les cheveux, le front, le nez, la bouche, la joue, l'oreille, les lèvres, le menton

LA MAIN — LE BRAS, l'épaule, le cou, les muscles, la poitrine, le doigt, l'ongle, le poignet, le coude

L'ŒIL — le sourcil, les cils — le dos, la taille, les hanches, les fesses, la cuisse

LA JAMBE — le genou, le mollet, la cheville, les orteils, LE PIED

LES ORGANES — le cerveau, le cœur, un os, les veines, les poumons, l'estomac, le foie, le sang, les reins

Activité 1 Interros: Les parties du corps

A. Regardez les dessins et dites quelles parties du corps on utilise pour faire les activités suivantes.

1. jouer au tennis
2. jouer aux échecs
3. dormir
4. conduire une voiture
5. faire de l'escalade
6. danser
7. respirer
8. digérer un repas
9. passer un examen
10. ?

B. Dites comment s'appellent ces parties du corps.

1. la masse nerveuse contenue dans le crâne
2. les organes de la respiration
3. les poils fins qui protègent l'œil
4. le liquide rouge qui circule dans les veines et les artères
5. l'articulation principale de la jambe
6. l'organe central du système de circulation
7. ?

LA LANGUE EN MOUVEMENT

Le latin: lien entre le français et l'anglais

Le latin constitue un lien utile entre l'anglais et le français parce que les deux langues ont beaucoup utilisé le latin comme source de mots savants[1] et techniques. Puisque le latin était, dans l'Europe du Moyen Âge, la langue des sciences et de toutes les connaissances, il était normal que les érudits se tournent vers cette langue quand il leur manquait des mots dans leur propre langue. Ce recours à la langue latine a continué en anglais et en français jusqu'à l'époque présente. Prenons, par exemple, les adjectifs *pulmonary* et *pulmonaire*, dont l'origine commune est évidente. Comme le nom *poumon*, ces deux adjectifs viennent du latin *pulmo* = *lung* (mot d'origine germanique). Grâce à ces liens de parenté, vous pourrez souvent comprendre un nouveau mot français en pensant à un mot anglais d'origine latine qui a une forme semblable.

MISE EN PRATIQUE Quels sont les mots apparentés dans ces deux listes?
Mots français: (1) doigt (2) pied (3) dos (4) cerveau (5) vertige (6) os
Mots anglais: (a) cerebral (b) dorsal (c) pedicure (d) osteoporosis (e) digit
(f) vertigo.

---

[1]érudits

Activité 2 Discussion: La santé

Quelles recommandations vous semblent les plus logiques? Pourquoi?

1. Qu'est-ce que le médecin nous dit si nous voulons perdre du poids?
   a. Je veux que vous évitiez les matières grasses.
   b. Je suggère que vous fassiez deux heures de gym chaque jour.
   c. Je propose que vous preniez des pilules amaigrissantes.

2. Que dit un médecin à ceux qui voudraient améliorer leur mémoire?
  a. Il faut que vous suiviez un régime équilibré.
  b. Je voudrais que vous fassiez des mots croisés et des sudoku.
  c. Il vaut mieux que vous ne fassiez pas beaucoup d'exercice.
3. Que recommande l'entraineur à son équipe de tennis?
  a. J'aimerais que vous dormiez huit heures par nuit.
  b. Je voudrais que vous mangiez des aliments riches en sucres.
  c. J'exige que vous buviez un verre de vin rouge tous les jours.
4. Que propose la conseillère à l'étudiant(e) stressé(e)?
  a. Il vaut mieux que vous vous couchiez à la même heure tous les soirs.
  b. Je suggère que vous n'étudiiez pas trop.
  c. J'aimerais que vous appreniez des techniques pour vous détendre.

Activité 3 Discussion: C'est bon pour la santé?

Est-ce que ces activités nous aident à rester en forme ou pas? Pourquoi?

1. faire la sieste l'après-midi
2. choisir des boissons sans sucre
3. se doucher à l'eau froide le matin
4. manger de la viande
5. se faire bronzer au soleil en plein midi
6. prendre un somnifère le soir
7. se promener tous les jours
8. éviter les plats trop gras
9. boire du vin au diner
10. dormir huit heures par nuit
11. soulever des poids
12. consommer des boissons énergisantes

Activité 4 Enquête: Êtes-vous facile à vivre?

Répondez aux questions suivantes, puis calculez vos points pour savoir comment les autres vous perçoivent.

• Je m'énerve quand je perds mes affaires.	oui	parfois	non
• Je me mets en colère quand on me contredit.	oui	parfois	non
• Je me fâche si le téléphone sonne pendant que je suis sous la douche.	oui	parfois	non
• Je m'impatiente aux feux rouges.	oui	parfois	non
• Ça m'irrite d'être obligé(e) d'attendre quelqu'un.	oui	parfois	non
• Je m'inquiète avant un examen.	oui	parfois	non

Valeurs: oui = 2 points, **parfois** = 1 point, **non** = 0 points

De 9 à 12 points: Il faut que vous vous détendiez. La tension est mauvaise pour la santé.

De 5 à 8 points: Vous avez un tempérament assez équilibré.

De 0 à 4 points: Bravo! Vous êtes une personne particulièrement calme et équilibrée.

Activité 5 Dans le monde francophone:
Marchez, nagez, roulez...

MARCHEZ, NAGEZ, ROULEZ...
La sédentarité, le travail de bureau sont les
pires ennemis de votre forme. Même si vous ne pouvez
pratiquer un sport régulièrement, vous pouvez au moins
marcher. Prenez l'habitude de descendre à la station
précédente, ne vous garez pas juste devant chez vous,
montez vos étages à pied (c'est bon pour les chevilles),
accroupissez-vous pour ramasser quelque chose
(c'est bon pour les cuisses), respirez plusieurs
fois par jour très profondément pour
oxygéner tout votre corps.
Et le weekend essayez d'aller à la piscine
avec les enfants ou faites un peu de
bicyclette: vous vous sentirez tellement
mieux après.

svetlanasf/123RF

Corrigez les phrases incorrectes.

L'auteur de ce guide pratique recommande que...

1. nous garions notre voiture tout près de chez nous.
2. nous nous accroupissions quand nous ramassons des objets.
3. nous prenions l'escalier au lieu de l'ascenseur.
4. nous courions si nous ne pouvons pas pratiquer un sport régulièrement.
5. nous respirions profondément plusieurs fois par jour.
6. nous menions une vie sédentaire.

Allons plus loin! Faites-vous assez d'exercice tous les jours? Est-ce
que vous suivez les conseils offerts par ce guide? Quelles autres formes
d'exercice faites-vous chaque semaine?

Ça fait réfléchir

- Plus de 80 % des Français disent pratiquer au moins une activité pour rester
  en forme.
- Il semble y avoir un rapport entre la consommation de tabac et la tendance
  politique. On fume plus lorsqu'on est de gauche que de droite, et beaucoup
  plus si l'on se situe à l'extrême gauche ou à l'extrême droite.
- Le tabac reste la première cause de mortalité évitable en France. Soixante-
  dix-huit mille (78.000) morts par an sont liées au tabac en France (6 millions
  dans le monde).

Activité 6 Entretien: Pour se sentir bien dans sa peau

1. Combien d'heures est-ce que tu dors la nuit, d'habitude? Tu fais parfois la sieste?
2. Qu'est-ce que tu fais pour combattre le stress? Quand est-ce que tu te sens le plus stressé(e)?
3. Pour toi, est-ce que manger est plutôt un plaisir ou une nécessité? Tu manges sainement, d'habitude? Où manges-tu? Pourquoi?
4. Tu fumes de temps en temps? Est-ce que tu fumais quand tu étais plus jeune? Tu connais des gens qui fument? Qu'est-ce que tu leur dis quand ils fument en ta présence?
5. Qu'est-ce que tu aimes faire pour te remonter le moral quand tu te sens triste ou déprimé(e)?
6. Tu te fâches facilement? Que fais-tu pour rester calme?

Pierre Jacques/hemis.fr/Getty Images

• La randonnée, c'est bon pour la forme.

 Les maladies et les traitements

 Attention! Étudier Grammaire 12.2 et 12.3

Il se mouche.

un rhume

la toux

Il a mal à la gorge.

la fièvre

Il a mal au ventre.

la grippe

des médicaments

du sirop
de la pommade
des gouttes
des comprimés
des gélules

la kinésithérapie

Le kiné fait un massage de rééducation.

Aïe! Non, merci!
Les fleurs me
rendent malade!

le nez bouché

une allergie

À propos...

Vivre bien, vivre bio

Après avoir pris le gout du sport, les Français depuis le début du XXIe siècle ont celui des produits naturels. Pas les produits allégés[1] qui faisaient fureur[2] dans les années 80 (à l'époque de l'aérobic et du jogging), mais les produits authentiques. La nourriture bio (légumes, volailles, fromages—même le vin!) envahit[3] les supermarchés et les restaurants, particulièrement depuis que les problèmes du maïs transgénique[4] et des hormones données aux animaux ont renforcé le sentiment que la qualité des produits de base était essentielle. Les succès politiques du parti écologiste (les Verts) et la signature de l'accord de Paris sur le climat et le réchauffement climatique à la suite de la Conférence de Paris sur le climat (COP21) en 2018 ont accentué cette tendance. L'ennemi désigné est devenu le fastfood et la «malbouffe». Au contraire, les produits naturels, bio et «locaux» (régionaux) ont la cote.[5]

[1] avec moins de matières grasses
[2] faisaient... avaient beaucoup de succès
[3] envahir (verbe apparenté à *invasion*)
[4] génétiquement modifié
[5] ont... sont populaires

• Un hypermarché à Lorient, en Bretagne

Cliquez là!

Comment se soigner si on a la grippe ou un rhume? Quelles précautions doit-on prendre pour éviter ces maladies? Consultez des médecins en ligne pour obtenir des réponses à vos questions médicales.

Activité 7 Associations: Les maladies et les symptômes

Identifiez les symptômes de ces maladies.

> MODÈLE: la rougeole →
> On a des rougeurs et une température élevée. Parfois, on a mal à la gorge et on tousse.

Vocabulaire utile

le nez bouché	des vomissements	des frissons
de la fièvre	une toux	éternuer
des douleurs	des vertiges	avoir mal (partout)
des rougeurs	un gonflement	

1. un rhume
2. une gastro-entérite (grippe intestinale)
3. une entorse
4. une tendinite
5. l'appendicite
6. une piqure de guêpe

Activité 8 Discussion: Les remèdes

Identifiez le meilleur remède dans chaque situation. Si vous n'êtes pas d'accord avec les suggestions, proposez-en d'autres à leur place.

1. On peut arrêter une toux persistante...
   a. en prenant des somnifères.
   b. en prenant du sirop.
2. On peut se déboucher le nez...
   a. en prenant des comprimés.
   b. en y mettant des gouttes.
3. On guérit la gastro-entérite...
   a. en prenant des antibiotiques.
   b. en se reposant et en attendant que ça passe.
4. Les insomniaques peuvent mieux dormir...
   a. en buvant du lait chaud avant de se coucher.
   b. en regardant la télé avant d'aller au lit.
5. On peut guérir un mal de tête...
   a. en se mettant du vinaigre sur les tempes.
   b. en prenant de l'aspirine.
6. On peut soulager des muscles endoloris...
   a. en les frottant avec de l'alcool.
   b. en les massant avec une pommade chauffante.
7. On peut soigner une tendinite au poignet...
   a. en faisant des exercices pour étirer le tendon.
   b. en buvant des tisanes.
8. On guérit une foulure à la cheville...
   a. en prenant de la vitamine D.
   b. en y mettant de la glace.

À voir en vidéo

Les francophones sur le vif: Anne-Claire Allard, pharmacienne à Marseille

McGraw-Hill/Klic Video Productions

J'ai eu mon diplôme il y a quinze ans et je suis propriétaire de cette pharmacie depuis deux ans, associée avec un autre pharmacien. En France, les pharmacies sont indépendantes, et donc on en est propriétaire.

Le travail d'un pharmacien est essentiellement de délivrer des médicaments et de vérifier la prescription ordonnée par le médecin. On surveille les médicaments, les interactions, les posologies,[1] et on explique aux clients comment ils doivent le prendre, à quel moment de la journée. On a aussi un rôle de conseil: Les patients peuvent venir nous voir directement sans aller voir le médecin, et on leur donne des conseils plutôt simples. Si ça dépasse[2] nos compétences, on les envoie chez le médecin.

C'est un quartier très populaire, ici, à Marseille, et la pharmacie reste un commerce de proximité; donc les clients viennent assez régulièrement—une ou deux fois par mois, pour leur ordonnance,[3] mais aussi pour des petites choses de tous les jours. Donc ils sont souvent là, et on a des liens assez privilégiés avec nos clients. Ils sont très reconnaissants quand on leur donne des conseils. C'est très rassurant pour eux.

[1]doses suggérées [2]surpasse [3]*prescription*

Activité 9   Sondage: Savez-vous vous soigner?

Dites **oui** ou **non**. Ensuite, discutez de vos réponses avec d'autres étudiant(e)s pour savoir si vous avez raison.

1. Si un médicament est bon pour vous, il est bon pour votre ami(e).
2. Pour avoir un bon diagnostic, il faut consulter un second médecin.
3. On se soigne en pratiquant une activité physique.
4. Il faut arrêter de prendre un antibiotique dès qu'on se sent mieux.
5. Il ne faut pas ennuyer le médecin en lui racontant tous vos symptômes.
6. On doit prendre un médicament sur un estomac vide.
7. On peut faire tomber la fièvre en prenant de l'aspirine.
8. Dormir moins de sept heures par nuit vous rend plus vulnérable au stress et à l'anxiété.
9. L'acuponcture peut aider à soulager la douleur due à une blessure ou l'activité sportive.
10. On peut éviter les rhumes en se lavant fréquemment les mains.

Activité 10   Échanges: Quand je ne vais pas bien

Avec un(e) partenaire, discutez de ce que vous préférez faire quand vous avez les maladies ou les problèmes suivants.

MODÈLE: É1: Quand j'ai un rhume, je prends de la vitamine C.
   É2: Quelle superstition! Moi, je nourris les rhumes. Je mange beaucoup quand j'ai un rhume.
   É1: Tu parles de superstition! Ça, c'est...

1. Quand je tousse beaucoup, je...
2. Si j'ai mal à la tête...
3. Contre une éruption de boutons...
4. Si j'ai mal au cœur...
5. Quand j'ai mal à la gorge...
6. Quand je suis trop fatigué(e)...
7. Les nuits où j'ai de l'insomnie...
8. Quand je suis trop stressé(e)...
9. Pour la grippe, je préfère...
10. Quand j'ai les sinus bouchés...

Activité 11 Entretien: Une maladie d'enfance

Utilisez les questions suivantes comme guide pour décrire une maladie que vous avez eue quand vous étiez enfant.

1. La maladie: Quelle maladie infantile as-tu eue? Quand? Qu'est-ce qui t'a rendu(e) malade?
2. Les symptômes: Quels symptômes avais-tu? Comment te sentais-tu?
3. Les soins médicaux: Es-tu allé(e) chez le médecin? Est-ce qu'il/elle t'a fait une ordonnance? Tu as pris le médicament? Ça t'a fait de l'effet?
4. Les soins chez toi: Qui t'a soigné(e) pendant cette maladie? Es-tu resté(e) au lit?
5. La durée de la maladie: Tu as été malade pendant combien de temps? Qu'est-ce que tu as fait pendant cette période?

Ça fait réfléchir

- En 2016, à peu près 21.000 centenaires vivaient en France. C'est presque vingt fois plus qu'en 1970.
- Depuis 1960, l'espérance de vie des hommes et des femmes en France métropolitaine a augmenté de 14 ans en moyenne.
- Les démographes nous disent qu'il est possible que la moitié des filles qui naissent en France aujourd'hui vivent jusqu'à l'âge de cent ans.

Activité 12 Situations: Chez le docteur

Vous ne vous sentez pas bien et vous allez consulter le médecin. Avec votre partenaire, jouez les rôles du médecin et du malade. Le médecin aura besoin de faire un diagnostic et de prescrire un traitement.

MÉDECIN: Comment allez-vous aujourd'hui?
VOUS: Je ne me sens pas très bien, docteur. J'ai...
MÉDECIN: Et depuis quand est-ce que vous... ?
VOUS: Depuis...
MÉDECIN: Eh bien, je pense que vous avez... Il faut que vous... et vous avez besoin de...
VOUS: Et quand est-ce que je pourrai... ?
MÉDECIN: ...

À propos...
Le vaudou

● Des adeptes du vaudou à Ouidah au Bénin. Dans ce pays d'Afrique de l'ouest, le vaudou a le statut de religion officielle.

Souvent caricaturé au cinéma ou dans la littérature, le vaudou est une véritable religion, mais aussi une forme de médecine. Elle a ses origines en Afrique de l'ouest, chez le peuple Yoruba, au royaume de Dahomey.[1] Importée en Amérique au XVIIe siècle par les esclaves noirs, elle y a subi l'influence du catholicisme. De nos jours, on estime que 60 millions de personnes pratiquent une des variantes du vaudou dans la région des Caraïbes et des Antilles. Le vaudou considère que nous sommes entourés d'esprits, comme ceux de la mer (*Agwe*), des forêts (*Erinle*), des eaux (*Yemanja*) ou des tempêtes (le célèbre *Shango*). On adore aussi des hommes et des femmes exceptionnels transformés en esprit après leur mort, les *loa*. L'image populaire du vaudou—rituels bizarres, poupées maléfiques,[2] zombies (cadavres ressuscités par un sorcier[3])—résulte de déformations et d'exagérations, principalement dans les films d'horreur. Aujourd'hui, l'Organisation mondiale de la santé (OMS) reconnait le vaudou comme une forme de «médecine traditionnelle», qui utilise des plantes, des parties d'animaux et de minéraux mais aussi des techniques manuelles et des thérapies spirituelles pour traiter les maladies physiques et mentales.

[1] royaume... actuellement le Togo, le Bénin et le Nigéria
[2] diaboliques
[3] magicien

Les accidents et les urgences

 Attention! Étudier Grammaire 12.4 et 12.5

Qu'est-ce qui s'est passé?

Ils allaient trop vite et n'ont pas pu s'arrêter à temps.

Le conducteur allait bien, mais l'enfant avait l'air blessé.

L'enfant était sans connaissance quand on lui a pris le pouls.

L'ambulance est arrivée et on a emmené l'enfant à l'hôpital.

Activité 13 Discussion: Au service des urgences

Lesquelles de ces victimes ont probablement reçu les soins indiqués? Pourquoi?

1. Qui a été opéré d'urgence?
   a. un homme qui vient d'avoir une crise cardiaque
   b. une femme qui vient de se fouler la cheville
2. Qui a dû se faire faire une piqure?
   a. un campeur qui vient de se couper à la main
   b. une fille qui vient d'être mordue par un chien
3. Qui est sorti de l'hôpital avec des béquilles?
   a. un petit garçon qui vient de tomber d'un arbre
   b. un homme qui vient de souffrir d'une réaction allergique
4. À qui a-t-on mis un pansement?
   a. à un coureur souffrant d'une tendinite
   b. à quelqu'un qui vient de se bruler la main
5. Qui a dû passer la nuit à l'hôpital?
   a. quelqu'un qui vient de se casser le poignet
   b. un pompier qui a inhalé trop de fumée

Activité 14 Récits: Voilà ce qui s'est passé.

Voici des accidents qui sont arrivés à quelques personnages de ce livre. Expliquez tout ce qui se passait avant et au moment de leur accident, puis dites ce qui s'est probablement passé à la fin.

MODÈLE: Claudine s'est cassé le bras. Elle descendait l'escalier avec une collègue. C'était une journée normale. Elles parlaient et elles ne faisaient pas très attention. Tout à coup, Claudine a fait un faux pas et... Finalement, elle a dû téléphoner à Victor pour qu'il vienne la chercher.

1. Jean-Yves a avalé une arête de poisson. Il...
2. Joël a eu un accident de vélo. Il...
3. Charles s'est cassé la jambe. Il...
4. Agnès s'est évanouie pendant une manifestation. Elle...
5. Emmanuel s'est foulé la cheville. Il...

4.

5.

Emmanuel

À vous la parole!

Demandez à votre partenaire de vous décrire un accident qu'il (qu'elle) a eu et de vous expliquer la cause de cet accident. Ensuite, changez de partenaire et décrivez-lui ce même incident.

Activité 15   Échanges: Accidents

Connaissez-vous quelqu'un (peut-être vous-même) qui a eu un accident? Qu'est-ce qui s'est passé? Où? Décrivez les circonstances en utilisant les suggestions suivantes.

Vocabulaire utile   glisser (sur du verglas), tomber (par terre), se heurter contre (un mur), se couper (le doigt, la main), se casser (le bras, la jambe), laisser tomber quelque chose, renverser (une voiture renverse un piéton), rouler (en voiture)

1. à la maison
2. à l'université
3. pendant des vacances
4. à l'école primaire
5. dans la rue
6. dans une salle de gym

Activité 16   Récit: Une mauvaise expérience

Dites quels évènements ont eu lieu et ce qui se passait à chaque fois.

MODÈLE: (Numéro un.) Francis est sorti de la maison. Il faisait beau...

Vocabulaire utile   une civière, être étendu(e) par terre, une échelle, être sans connaissance, des béquilles, peindre

POUR RÉSUMER

À vous de parler

Comment soigner les petits ennuis

A. Voici des remèdes proposés par des particuliers sur un site web au sujet des ennuis de santé peu graves. Pour chaque problème, lisez le remède proposé. Ensuite, ajoutez le remède dont on se sert dans votre famille.

PROBLÈME	REMÈDE	REMÈDE PRÉFÉRÉ DE MA FAMILLE
mal à la gorge	l'application d'un produit analgésique et antiseptique	
le nez bouché	respirer la vapeur d'un baume au camphre dans de l'eau bouillante	
une toux	une infusion d'eau chaude avec du miel et du citron	
mal au dos	un médicament antidouleur comme le paracétamol et du repos	
un mal de dent	l'application de chaleur et d'un clou de girofle directement sur la dent	
la grippe	la prise d'un médicament antidouleur et un grog avec du citron, du rhum (un peu!) et du miel dans de l'eau bouillante	
les sinus bloqués	l'application de chaleur humide sur la partie affectée	

B. Maintenant, parlez de vos remèdes préférés avec un(e) camarade de classe.

MODÈLE: É1: Que fait ta famille contre un rhume?
    É2: Chez moi, on prend du jus de citron chaud et on dort.
    É1: Nous, on mange beaucoup de soupe au poulet.
    É2: Tiens! J'aime bien cette idée. J'adore la soupe au poulet.

À vous de lire

Le Malade imaginaire par Molière

L e Malade imaginaire (*1673*) *est la dernière comédie de Molière, le plus grand auteur dramatique français. Molière jouait le rôle d'Argan, mais il était vraiment malade et il est mort à la fin de la quatrième représentation de cette pièce.*

Dans la pièce, Argan croit qu'il est très malade et consulte de nombreux médecins. Son frère Béralde n'est pas du tout d'accord avec lui. (Acte III, scène 3)

BÉRALDE: Est-il possible que vous serez toujours embéguiné[1] de vos apothicaires[2] et de vos médecins, et que vous vouliez être malade en dépit des[3] gens et en dépit de la nature?

ARGAN: Comment l'entendez-vous, mon frère?

---

[1]passionné   [2]pharmaciens   [3]en... malgré les

• Argan et Béralde discutent de la médecine.

BÉRALDE: J'entends, mon frère, que je ne vois point d'homme qui soit moins malade que vous, et que je ne demanderais point une meilleure constitution que la vôtre. [...] C'est qu'avec tous les soins que vous avez pris, vous n'avez pu parvenir[4] encore à gâter[5] la bonté de votre tempérament, et que vous n'êtes point crevé[6] de toutes les médecines qu'on vous a fait prendre.

ARGAN: Mais savez-vous, mon frère, que c'est cela qui me conserve, et que Monsieur Purgon dit que je succomberais s'il était seulement trois jours sans prendre soin de moi?

BÉRALDE: Si vous n'y prenez garde,[7] il prendra tant de soin de vous qu'il vous envoiera en l'autre monde.

ARGAN: Mais raisonnons un peu, mon frère. Vous ne croyez donc point à la médecine? [...] Vous ne tenez pas véritable une chose établie par tout le monde, et que tous les siècles ont révérée?

BÉRALDE: Bien loin de la tenir véritable, je la trouve, entre nous, l'une des plus grandes folies qui soit parmi les hommes, et à regarder les choses en philosophe, je ne vois point une plus plaisante mome-rie,[8] je ne vois rien de plus ridicule qu'un homme qui se veut mêler[9] d'en guérir un autre. [...]

ARGAN: Les médecins ne savent donc rien, à votre compte?

BÉRALDE: Si fait, mon frère. Ils savent [...] parler en beau latin, savent nommer en grec toutes les maladies, les définir et les diviser; mais pour ce qui est de les guérir, c'est ce qu'ils ne savent pas du tout.

Poquelin, Jean-Baptiste. *Le Malade imaginaire*. 1673.

[4]arriver à   [5]affecter, altérer   [6]mort   [7]Si... Si vous ne faites pas attention   [8]mascarade, spectacle ridicule   [9]qui... qui veut essayer

Avez-vous compris?

A. Pour ou contre les médecins?

Dans chaque cas, dites s'il s'agit de l'opinion de Béralde ou d'Argan.

1. Les pharmaciens et les médecins sont des charlatans.
2. Il y a des gens en bonne santé qui veulent être malades.
3. Si une personne est très malade, il faut qu'elle consulte un médecin.
4. Si on va tout le temps chez le médecin, on se rend malade.
5. Les médecins sont parfois dangereux et il leur arrive de tuer les malades.
6. La médecine est une science respectable qui existe depuis des siècles.
7. Les médecins ne comprennent rien au fonctionnement du corps humain.
8. Les médecins cherchent à mystifier les patients avec des mots grecs et latins.

B. Avez-vous compris ces expressions de la langue du XVIIe siècle?

1. *Comment l'entendez-vous... ?*
   a. Qui vous a dit cela?
   b. Que voulez-vous dire?
   c. De quoi vous méfiez-vous?
2. *Il vous envoiera en l'autre monde.*
   a. Il va vous tuer.
   b. Il va vous envoyer en voyage.
   c. Il va vous ruiner.
   d. Il va vous rendre fou.
3. *à votre compte*
   a. en conclusion
   b. en général
   c. à votre avis
   d. dans votre intérêt

À vous la parole!   Avec un(e) partenaire, jouez le rôle d'un médecin et d'un patient (d'une patiente) qui ne se sent pas bien et qui ne mène pas une vie très saine: il/elle est sédentaire, fume, mange gras... Le médecin essaie de lui expliquer comment changer ses habitudes, mais le patient (la patiente) n'est pas très coopératif/coopérative: il/elle trouve l'exercice fatigant et ennuyeux, adore regarder la télé...

> MODÈLE: MÉDECIN: Monsieur (Madame), il faut absolument que vous man-
> giez moins gras...
> PATIENT(E): Mais docteur, je déteste la salade! J'aime mieux un bon bifteck avec des frites...

À vous d'écrire

La lettre que vous venez de recevoir de votre correspondant français contient le paragraphe suivant. Répondez à ses questions sur les Américains et la santé.

...Je viens de lire un autre article consacré aux Américains et à leur santé. Franchement, je n'arrive pas à les comprendre. Pourquoi est-ce qu'ils continuent à utiliser autant leur voiture alors qu'ils cherchent par tous les moyens à faire de l'exercice dans des clubs de gym? Pourquoi est-ce que les gens qui mangent du poisson afin de réduire leur taux de cholestérol vont aussi dans des fastfoods? Tu peux m'expliquer tout ça?

🎧 Vocabulaire

Le corps humain

The human body

la bouche	mouth
le bras	arm
le cerveau	brain
la cheville	ankle
les cils (m.)	eyelashes
le cœur	heart
le cou	neck
le coude	elbow
le crâne	skull
la cuisse	thigh
le doigt	finger
le dos	back
l'épaule (f.)	shoulder
les fesses (f.)	buttocks
le foie	liver
le front	forehead
le genou	knee
la hanche	hip
la jambe	leg
la joue	cheek
les lèvres (f.)	lips
la main	hand
le menton	chin
le mollet	calf
l'œil (m.; pl. les yeux)	eye (eyes)
l'ongle (m.)	fingernail; toenail
l'oreille (f.)	ear
l'orteil (m.)	toe
un os	a bone
la peau	skin
le pied	foot
le poignet	wrist
un poil	a body hair
la poitrine	chest
les poumons (m.)	lungs
les reins (m.)	kidneys
le sang	blood
le sourcil	eyebrow
la taille	waist

Mots apparentés: les sinus (m.), le système de circulation, une veine

Les maladies et les accidents

Illnesses and accidents

une blessure	a wound
une cicatrice	a scar
une crise cardiaque	a heart attack
la grippe	flu
le mal au cœur	nausea
un mal (pl., des maux) de tête	a headache (headaches)
mordu(e)	bitten
une piqure (de guêpe)	a (wasp) sting
une urgence	an emergency
attraper un rhume	to catch a cold
avoir mal à la tête	to have a headache
se blesser	to get injured
se bruler	to get burned
se casser (le bras)	to break (an arm)
se couper	to cut oneself
être renversé(e)	to be knocked over; to be run over
se fouler la cheville	to sprain an ankle
glisser	to slip, to slide
se heurter contre	to hit, to bump against
laisser tomber	to drop (something)
rendre malade	to make (someone) ill
renverser	to knock over; to run over
respirer	to breathe
tomber	to fall
blessé(e)	injured; wounded

Mots apparentés: une allergie, une ambulance

Les symptômes

Symptoms

un bouton	a pimple, a zit
une douleur	a pain
des frissons (m.)	chills
un gonflement	swelling
des muscles (m.) endoloris	aching muscles
le nez bouché	a stuffy nose
des rougeurs (f.)	a rash
une toux	a cough
des vertiges (m.)	dizziness

Mots apparentés: l'insomnie (f.), persistant(e), sédentaire, des vomissements (m.)

avoir mal à la gorge	to have a sore throat
avoir mal au ventre	to have a stomachache
éternuer	to sneeze
être déprimé(e)	to be depressed

être sans connaissance — to be unconscious
s'évanouir — to faint; to pass out
souffrir (de) — to suffer (from)
tousser — to cough

Les remèdes, les traitements et les services médicaux

Medications, treatments, and medical services

des béquilles (f.) — crutches
une civière — a stretcher
un comprimé — a tablet (pill)
un estomac vide — an empty stomach
une gélule — a capsule
des gouttes (f.) — drops
la kinésithérapie (kiné) — physical therapy
un médicament — a drug, medication
une ordonnance — a prescription
un pansement — a bandage
une pilule — a pill
une piqûre — a shot, an injection
un plâtre — a cast
une pommade — a cream
des soins (m.) médicaux — medical care
un somnifère — a sleeping pill
une tisane — an herbal tea

Mots apparentés: les antibiotiques (m.), l'aspirine (f.), une clinique, un remède efficace, le sirop, un vaccin

digérer (bien) — to digest (well)
emmener à l'hôpital — to take (someone) to the hospital
étirer — to stretch
exiger — to require
faire tomber (une fièvre) — to lower (a fever)
faire un diagnostic — to make a diagnosis
frotter — to rub
guérir (de) — to heal; to recover (from)
interdire — to forbid
manger sainement — to eat healthy

masser — to massage
se moucher — to blow one's nose
perdre du poids — to lose weight
prendre le pouls à quelqu'un — to take someone's pulse
prescrire un traitement — to prescribe a treatment
remonter le moral à quelqu'un — to cheer someone up
rester en forme — to stay in shape
(se) soigner — to take care of (oneself)
soulager — to ease, to make feel better
soulever des poids — to lift weights
suivre un régime équilibré — to eat a balanced diet

Mots apparentés: administrer, nourrir

Substantifs

une boisson énergisante — an energy drink
un coureur / une coureuse — a runner
la durée (de) — the duration (of)
des ennuis (m.) — troubles, problems
un témoin — a witness

Mots apparentés: une circonstance, la respiration

Verbes

se (faire) bronzer — to sunbathe, to get a tan
ennuyer — to bother
fumer — to smoke
se mettre en colère — to get angry

Mots apparentés: circuler, contredire

Mots et expressions utiles

Aïe! — Ouch! Ow!
Au secours! — Help!
étendu(e) par terre — stretched out on the ground
partout — everywhere

Grammaire et exercices

12.1 Saying what you want others to do:
More on the subjunctive

A. The verb **vouloir** is used with an infinitive to tell what someone wants to do.

Je **veux maigrir**.   I want to lose weight.

⭐ Review **Grammaire 2.5** for forms of **vouloir**.

B. To say what someone wants *someone else* to do, you must use **que** + a subject (referring to the other person) + a verb in the subjunctive mood.

Mon petit ami **veut que j'arrête** de fumer.   My boyfriend wants me to quit smoking.
Ma femme **voudrait que je mange** moins de viande.   My wife would like me to eat less meat.

⭐ Review **Grammaire 10.1** and **10.2** for the formation of the present subjunctive.

C. Other verbs besides **vouloir** (**que**) that can be used in this type of construction include the following:

demander que (*to ask*)	**proposer que**
désirer que	**recommander que**
exiger que (*to require*)	**souhaiter que** (*to want, to hope*)
préférer que	**suggérer que**

j'aimerais (tu aimerais, etc.) que
je voudrais (tu voudrais, etc.) que

Le médecin **recommande que je dorme** plus.   The doctor recommends that I get more sleep.
Je **souhaite que tu te sentes** mieux bientôt.   I hope you'll feel better soon.

Exception: **espérer** (*to hope*) always takes a verb in the indicative: **J'espère que tu viendras demain.**

D. Here are the subjunctive forms of the verbs **pouvoir**, **savoir**, and **venir**. **Pouvoir** and **savoir** have only one subjunctive stem; **venir** (**devenir**, **revenir**) has two.

➤ Subjunctive stem of **pouvoir**: **puiss-**

pouvoir (puiss-)	
que je **puisse**	que nous **puissions**
que tu **puisses**	que vous **puissiez**
qu'il/elle/on **puisse**	qu'ils/elles **puissent**

➤ Subjunctive stem of **savoir**: **sach-**

savoir (sach-)	
que je **sach**e	que nous **sach**ions
que tu **sach**es	que vous **sach**iez
qu'il/elle/on **sach**e	qu'ils/elles **sach**ent

➤ Subjunctive stems of **venir**: **vienn-** and **ven-**

venir (vienn-, ven-)	
que je **vienn**e	que nous **ven**ions
que tu **vienn**es	que vous **ven**iez
qu'il/elle/on **vienn**e	qu'ils/elles **vienn**ent

Exercice 1 Les désirs des autres

Identifiez la personne qui s'intéresse le plus à votre vie: par exemple, votre mère, votre père, votre petit ami (petite amie). Posez des questions sur les choses que cette personne désire pour vous dans la vie et répondez-y.

MODÈLE: Est-ce que *ton père* voudrait que tu fasses plus d'exercice? →
Oui, *mon père* voudrait que je fasse plus d'exercice. (Non, *mon père* ne voudrait pas que... Ça lui est égal.)

Est-ce que _____ voudrait que...

1. tu fasses plus de sport?
2. tu dormes moins?
3. tu passes moins de temps sur ton portable?
4. tu sois plus sérieux/sérieuse dans tes études?
5. tu dépenses moins d'argent?
6. tu deviennes médecin?
7. tu puisses le/la voir plus souvent?

Exercice 2 Qu'en pensez-vous?

Qu'est-ce que votre université devrait faire pour améliorer la qualité de la vie sur le campus? Employez le subjonctif avec une des expressions suivantes: **je désire**, **je demanderais**, **j'aimerais**, **je préférerais**, **je voudrais**.

MODÈLE: L'université devrait *fournir* gratuitement des vaccins contre la grippe chaque automne. →
Oui, *je voudrais que* l'université *fournisse* gratuitement des vaccins contre la grippe chaque automne. (Non, je ne voudrais pas que...)

1. On devrait enlever tous les aliments malsains des distributeurs.
2. On devrait servir des plats végétariens dans tous les resto-U.
3. On devrait installer une salle de gym dans chaque résidence.
4. L'université devrait dépenser moins d'argent pour le football américain et plus pour les cours de yoga et de tai-chi.
5. Les cours ne devraient pas commencer avant 9 h du matin.
6. Les examens de fin d'année devraient être mieux espacés.

12.2 Changes of state: **Passé composé** vs. **imparfait**

A. As you know, the **imparfait** is used to describe an ongoing past state, whereas the **passé composé** expresses a well-defined event in the past. Although verbs expressing states of being are more often used in the **imparfait**, they can be used in the **passé composé** to express a sudden change of state. In this case, the two verb tenses are usually translated differently in English.

★ *Review **Grammaire 4.7** for **avoir** expressions describing states of being, **Grammaire 6.8** for a summary of the uses of the **passé composé** and the **imparfait**, and **Grammaire 8.5** for more on uses of the **imparfait**.*

➤ J'**avais** chaud, et tout à coup, j'**ai eu** froid. (*I was warm, and suddenly I got cold.*)

IMPARFAIT (Ongoing state)	PASSÉ COMPOSÉ (Change of state)
j'avais *I had*	**j'ai eu** *I got, I received*
je connaissais *I knew*	**j'ai connu** *I met*
je pouvais *I could*	**j'ai pu** *I was able, I succeeded*
je savais *I knew*	**j'ai su** *I learned, I found out*
je voulais *I wanted*	**je n'ai pas voulu** *I refused*

Je ne **savais** pas que Raoul était malade. Je l'**ai su** seulement hier.	*I didn't know Raoul was sick. I found out only yesterday.*
J'**ai eu** peur quand j'ai entendu ce bruit.	*I became frightened when I heard that noise.*

B. A similar difference in meaning occurs when **devoir** is used in the **imparfait** versus the **passé composé**: **Je devais** often means *I was supposed to*, whereas **j'ai dû** means either *I had to* or *I must have*.

Je **devais** aller au concert hier, mais **j'ai dû** rester à la maison à cause de mon rhume.	*I was supposed to go to the concert yesterday, but I had to stay home because of my cold.*
Mme Martin n'est pas là. Elle **a dû** tomber malade.	*Madame Martin isn't here. She must have gotten sick.*

➤ **je devais** = *I was supposed to*

➤ **j'ai dû** = *I had to, I must have*

Exercice 3 Une journée horrible!

Jacqueline raconte sa journée d'hier. Conjuguez le premier verbe à l'imparfait et le deuxième au passé composé.

MODÈLE: Le matin, *j'avais* (avoir) très mal à la tête, donc *j'ai pris* (prendre) des comprimés.

1. À midi, je _____ (ne pas avoir) faim, donc je _____ (ne rien manger).
2. L'après-midi, j'_____ (avoir) tellement sommeil que je _____ (s'endormir) en cours de français.
3. Je _____ (se sentir) si mal que j'_____ (devoir) rentrer tout de suite après mes cours.
4. Je _____ (devoir) aller à une soirée, mais évidemment, je _____ (ne pas pouvoir) y aller.
5. Je _____ (ne pas avoir) de voix, donc je _____ (ne pas téléphoner) à mes amies.
6. Je _____ (vouloir) regarder un film, mais j'_____ (devoir) me coucher au milieu du film.

12.3 The present participle

> **En parlant** = *while/by speaking*

A. Every French verb has a present participle form ending in **-ant**. This form is most commonly used with the preposition **en** to express a simultaneous action or the means of doing something.

Je me détends **en lisant** un bon roman.	*I relax by reading a good novel.*
Marise s'est cassé la jambe **en faisant** du ski.	*Marise broke her leg while skiing.*

B. Although the English equivalent is the *-ing* form of the verb, note that *-ing* forms have many other uses in English that are *not* expressed with the present participle in French.

Elle **souriait** quand je l'ai trouvée.	*She was smiling when I found her.*
Il parle **sans réfléchir** à ce qu'il dit.	*He talks without thinking about what he's saying.*

> Present participle stem = stem of present-tense **nous** form

> Present participle ending = **-ant**

C. To form the present participle, use the stem of the present-tense **nous** form with the ending **-ant**.

parler	**parl**ons	→ parl**ant**	partir	**part**ons → part**ant**
finir	**finiss**ons	→ finiss**ant**	faire	**fais**ons → fais**ant**
attendre	**attend**ons	→ attend**ant**		

D. Three verbs have irregular present participles.

avoir → **ayant**	être → **étant**	savoir → **sachant**

Exercice 4 Pour guérir

Associez l'action et le moyen de l'accomplir, puis faites une phrase avec **en** + un participe présent. Finalement, indiquez si vous êtes d'accord ou pas.

MODÈLE: confirmer un diagnostic / *aller* voir un deuxième médecin →
On peut confirmer un diagnostic *en allant* voir un deuxième médecin. Oui, c'est vrai. (Non, ce n'est pas vrai. Les médecins ne sont pas toujours d'accord.)

On peut...

1. soulager les yeux irrités
2. transmettre des microbes
3. éviter les rhumes
4. guérir une grippe
5. arrêter le hoquet*

a. tousser et éternuer
b. prendre beaucoup de vitamine C
c. y mettre des gouttes
d. se mettre un sac sur la tête
e. manger de la soupe au poulet

---

*hiccups

12.4 Expressing events in the recent past: **Venir de** + infinitive

To express *to have just* (*done something*), use the present tense of **venir** + **de** + infinitive.

> Joël **vient de tomber** dans l'escalier.
> Nous **venons de faire** de la gym.
> Je **viens de voir** un reportage sur l'homéopathie.

> Joël just fell (*has just fallen*) down the stairs.
> We just (*have just*) worked out.
> I just saw a TV report on homeopathy.

Note that the meaning of **venir de** + infinitive is completely different from that of **venir** (*to come*), and that the action you are talking about is expressed by the infinitive.

★ *Review* **Grammaire 1.4** *for present-tense forms of* **venir**.

➤ **Venir** (present) + **de** + infinitive = *to have just* (*done something*)

Exercice 5 Sur les lieux d'un incendie

Julien Leroux fait un reportage en direct d'un immeuble en flammes. Complétez ses phrases avec **venir de** + l'infinitif indiqué.

> MODÈLE: Nous _____ arriver sur place. → Nous *venons d'*arriver sur place.

1. Deux voitures de pompiers _____ arriver.
2. L'explosion que vous _____ voir provenait du sous-sol.
3. Nous _____ apprendre que l'immeuble était vide.
4. Le propriétaire de l'immeuble _____ arriver à l'instant.
5. Les pompiers _____ éteindre le feu.

12.5 Narrating in the past: **Passé composé** vs. **imparfait**

A. You have already seen some of the ways in which the **passé composé** and the **imparfait**, are used to present different perspectives on a past action or state. Both of these past tenses are used to tell a story in the past.

- The **imparfait** is used to *set the scene*: to give background information, describe a situation (in the past), or indicate that a past action was in progress.

> **C'était** le dernier jour de nos vacances à Megève. Il **faisait** froid et les pistes **étaient** très glissantes.
> Nous **descendions** la grande piste pour la dernière fois...

> It was the last day of our vacation at Megève. It was cold, and the slopes were very slippery.
> We were going down the big slope for the last time . . .

- The **passé composé** is used to relate a *distinct event* in the *main story line*.

> ...quand je **suis tombée** et je me **suis cassé** le bras. **J'ai dû** aller à l'hôpital.

> . . . when I fell down and broke my arm. I had to go to the hospital.

★ *Review* **Grammaire 6.8** *and* **8.5** *on uses of the* **passé composé** *and the* **imparfait**.

➤ The **imparfait** sets the scene and gives background information.

➤ The **passé composé** relates events of the main story line.

B. Read the following account by Sarah Thomas and notice how the **passé composé** and the **imparfait** both appear in the narrative. Identify each past tense, and then explain why that tense is used.

Je n'oublierai jamais mon voyage à Chalon-sur-Saône. J'avais[1] deux changements de train à faire. À Lyon, je me suis trompée[2] de train* et je suis partie[3] dans une direction opposée à celle de Chalon! Il était[4] déjà neuf heures et demie du soir et l'auberge où je devais[5] passer la nuit fermait[6] à neuf heures et demie! J'ai dû[7] téléphoner rapidement à l'auberge pour leur demander de m'attendre avant de fermer les portes. La dame qui a répondu[8] au téléphone était[9] vraiment aimable. Elle m'a dit[10] que je n'avais[11] pas à m'inquiéter. Quand je suis arrivée[12] à l'auberge, il était[13] une heure du matin! Mais la dame m'attendait[14] et elle m'a même offert[15] une tasse de thé à la camomille. Finalement, mon voyage s'est assez bien terminé.[16]

Exercice 6 Soir d'hiver au Canada

Raoul raconte une aventure qui lui est arrivée pendant des vacances d'hiver. Lisez les phrases, puis transformez son histoire du présent au passé.

MODÈLE: Il fait froid, alors nous mettons des vêtements chauds. →
Il faisait froid, alors nous avons mis des vêtements chauds.

1. C'est l'hiver, il ne fait pas froid et il y a un beau clair de lune.
2. Sylvie et moi, nous décidons d'aller faire une randonnée à ski.
3. Nous mettons nos skis et nous partons.
4. La neige est couverte d'une couche de glace et nos skis glissent très vite.
5. Après une demi-heure, nous arrivons en haut d'une colline très abrupte.
6. En descendant la colline, je tombe et un de mes skis se casse.
7. Heureusement, je n'ai rien de cassé.
8. Ensuite, nous devons marcher longtemps pour rentrer, mais nous sommes contents de notre soirée.

Exercice 7 Quels ennuis!

Marise Colin raconte les difficultés qu'elle a eues pour aller à la fac. Mettez les verbes entre parenthèses au passé composé ou à l'imparfait.

C'(être)[1] un jeudi après-midi et j'(avoir)[2] cours à la fac. Je/J' (prendre)[3] la voiture parce que j'(être)[4] pressée.

Malheureusement, je (ne pas trouver)[5] de place pour garer la voiture. Alors, je/j' (prendre)[6] une petite rue à côté de la fac. La rue (être)[7] très petite et il y (avoir)[8] tant de voitures des deux côtés qu'il (être)[9] presque impossible de passer. Pas de chance! Une autre voiture venait dans l'autre direction et (s'avancer)[10] vers moi. J'(mal estimer)[11] les distances et ma voiture (toucher)[12] le côté de cette voiture. Je/J' (chercher)[13] une place de stationnement quand j'(entendre)[14] quelqu'un m'appeler. C'(être)[15] la conductrice de l'autre voiture. Elle (penser)[16] que je/j' (aller)[17] partir sans m'arrêter. Quelle journée horrible!

---

*je... I took the wrong train

Godong/Alamy Stock Photo

Un mariage à la mairie en Haute-Savoie, France

La famille et les valeurs en société

Objectifs

In **Chapitre 13**, you will talk about family, friendship, and other relationships. You will also learn new ways to state your feelings about what people do and more ways to express past events.

TRANCHE DE VIE

Le français en partage

Autour de la traditionnelle Journée internationale de la Francophonie, tout le monde est invité à célébrer le lien de solidarité qui, grâce au partage de la langue, fonde le sentiment d'appartenance à une communauté. La langue française, qui emprunte des accents ou possède des statuts différents de Québec à Paris, en passant par Tunis, Dakar, Djibouti ou Port-au-Prince, appartient en effet à tous ceux qui la parlent. La langue française est aussi un ensemble de visions, de valeurs, de regards sur le monde, auxquels chacun peut avoir accès. Ce lien entre les francophones s'enrichit d'autres cultures, d'autres identités et d'autres langues. L'Organisation Internationale de la Francophonie et le Ministère de la Culture (France) ont demandé à dix écrivains de choisir un mot qui évoque pour eux le lien entre les locuteurs du français à travers la planète. Ils ont édité une brochure avec des extraits d'œuvres littéraires pour illustrer ces dix termes.

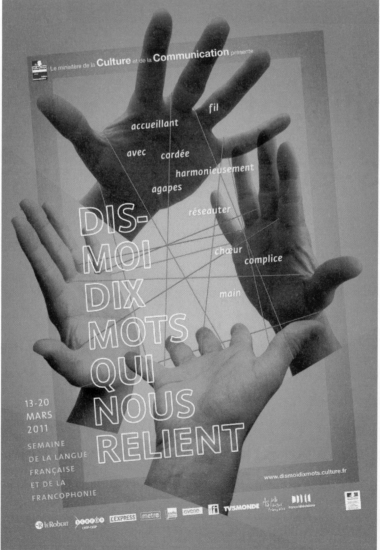

Courtesy of Ministère de la Culture (France)

Il y a de quoi dire

Qu'est-ce que ça veut dire, au juste?

Tentez de trouver la définition correcte des «dix mots qui nous relient», choisis pour représenter la Francophonie.

1. accueillant
2. agapes
3. avec
4. chœur
5. complice
6. cordée
7. fil
8. harmonieusement
9. main
10. réseauter

a. en accord avec autrui (adverbe)

b. partie du corps humain située à l'extrémité du bras (nom féminin)

c. ensemble de gens attachés par une corde en vue d'un effort commun; terme originellement employé dans le contexte de l'alpinisme (nom féminin)

d. ensemble de personnes qui parlent ou chantent ensemble; dans la tragédie grecque antique, il exprime la voix de la communauté (nom masculin)

e. former activement des relations—souvent professionnelles—avec divers individus (verbe)

f. c'est un des mots les plus fréquents de la langue française; il exprime la communauté, l'accord, l'association, la présence physique simultanée (préposition)

g. _____ de coton, de fer, de cuivre, électrique... il existe sous des formes très diverses (nom masculin)

h. accessible, aimable; qui reçoit les autres avec cordialité et bienveillance (adjectif)

i. dérivé du grec (où il désigne une sorte d'amour), ce mot désigne un repas entre convives unis par un sentiment de fraternité ou d'amitié, et, humoristiquement, un banquet ou un festin (nom féminin)

j. personne qui agit en concertation avec une autre, et souvent qui partage ses objectifs et son point de vue (nom masculin et féminin)

L'amour, l'amitié et la famille

⭐ Attention! Étudier Grammaire 13.1 et 13.2

L'amitié

Ils s'embrassent.

Elles s'embrassent.

Ils se sont rencontrés.

Ils se serrent la main.

La famille

LES FAMILLES MONOPARENTALES

le père célibataire

la mère célibataire

LA FAMILLE RECOMPOSÉE

la belle-mère   le beau-père

la belle-fille   le beau-fils

la demi-sœur   le demi-frère

LES COUPLES

le compagnon   la compagne

Alice épouse sa compagne samedi.

LA CÉRÉMONIE DE MARIAGE

la maire   l'alliance   la mariée   ←le marié

les demoiselles d'honneur   le garçon d'honneur

Activité 1 Définitions: Les relations familiales et entre amis

1. C'est la fille de la personne que l'on épouse.
2. C'est la période qui précède le mariage.
3. C'est le rapport qui existe entre amis.
4. Ce sont les premiers mois du mariage.
5. Cet homme est le témoin du marié.
6. Cet objet symbolise une union durable.
7. C'est le mari de la mère, mais ce n'est pas le père.
8. C'est la loi qui autorise le mariage entre deux personnes du même sexe.
9. C'est l'unité formée par le mariage du père d'une famille monoparentale avec la mère d'une autre.
10. C'est une alternative au mariage.
11. C'est le voyage que fait un couple tout de suite après leur mariage.
12. C'est la mère non-mariée. À vrai dire, elle peut être célibataire, divorcée ou veuve.

a. le pacte civil de solidarité (PACS)
b. le voyage de noces
c. l'amitié
d. une famille recomposée
e. les fiançailles
f. la belle-fille
g. le garçon d'honneur
h. la lune de miel
i. le mariage pour tous
j. la mère célibataire
k. l'alliance
l. le beau-père

Activité 2 Enquête: L'amitié

Voici des questions extraites d'un sondage effectué par *L'Express*. Répondez-y avant d'écouter ce qu'ont dit les participants français. Ensuite, discutez de vos réponses avec des camarades de classe.

1. Quelle est la place de l'amitié dans votre équilibre personnel?
   a. indispensable
   b. importante
   c. peu importante
   d. inutile
2. Pour vous, l'amitié, c'est d'abord...
   a. s'entraider.
   b. se faire des confidences.
   c. sortir ensemble.
   d. s'amuser ensemble.
3. Pour conserver une amitié, que seriez-vous prêt(e) à faire?
   a. changer ma façon de penser
   b. déménager
   c. sacrifier une relation amoureuse
   d. quitter mon travail
4. Pour qu'il existe une vraie amitié entre deux personnes, il est nécessaire...
   a. d'avoir des valeurs communes.
   b. d'avoir le même niveau de vie.
   c. d'avoir le même âge.
   d. d'être du même sexe.
5. Par amitié pour votre ami(e), seriez-vous prêt(e) à...
   a. l'héberger?
   b. lui remonter le moral à 3 h du matin?
   c. l'aider financièrement?
   d. lui prêter votre voiture?
6. Parmi les choses suivantes, quelles sont celles qui peuvent affecter vos amitiés?
   a. l'éloignement géographique
   b. des différences d'opinion sur la façon de vivre
   c. le manque de temps
   d. des différences de situation familiale

Activité 3 Entretien: Meilleurs amis

Comment sont vos rapports avec votre meilleur ami (meilleure amie)?

1. Est-ce que vous vous entendez toujours? Vous disputez-vous quelquefois?
2. Vous prêtez-vous de l'argent ou des vêtements?
3. Quels intérêts partagez-vous?
4. Est-ce que vous vous confiez vos secrets sans hésiter?
5. Mentez-vous l'un(e) pour l'autre de temps en temps? Quand?
6. Est-ce que vous vous voyez fréquemment?
7. Vous comprenez-vous parfaitement? Toujours?
8. Vous critiquez-vous parfois? Pourquoi ou pourquoi pas?

Activité 4 Dans le monde francophone: L'amour et le mariage

Est-ce que vous êtes d'accord ou pas avec ces écrivains célèbres? Pourquoi?

Cliquez là!

Savez-vous ce qu'il faut faire pour se marier en France? Faites des recherches en ligne pour découvrir les conditions du mariage et les démarches à faire auprès des autorités. Comparez les obligations du couple en France et dans votre pays ou état.

Vocabulaire utile   cynique, sexiste, réaliste, surprenant, bête, équivoque, amusant, sarcastique, ironique, passionnel

1. «En amour, celui qui guérit le premier est toujours le mieux guéri.» (le duc de la Rochefoucauld, XVIIᵉ siècle)
2. «Le mariage permet de résoudre à deux des problèmes qu'on ne se posait pas tout seul.» (Tristan Bernard, XIXᵉ siècle)
3. «Le bonheur, c'est le calme, c'est l'amitié; l'amour, c'est la tempête, c'est le combat.» (George Sand, XIXᵉ siècle)
4. «Il y a des hommes qui n'ont que ce qu'ils méritent; les autres sont célibataires.» (Sacha Guitry, XXᵉ siècle)
5. «Aimer, ce n'est pas se regarder l'un l'autre, c'est regarder ensemble dans la même direction.» (Antoine de Saint-Exupéry, XXᵉ siècle)

Ça fait réfléchir

En France...

- L'âge moyen au premier mariage est de 36 ans chez les femmes et plus de 38 ans chez les hommes. En 1998, il était de 31 et 33 ans respectivement.
- Le taux de divorce est passé de 20 % en 1980 à 45 % en 2016. Néanmoins, depuis 2005, le nombre de divorces a vu une légère diminution chaque année.
- La proportion de familles monoparentales est passé de 9,4 % en 1975 à plus de 23 % en 2014.
- La taille des ménages n'a pas arrêté de diminuer depuis un demi-siècle. Le nombre moyen d'occupants par résidence a baissé de 3,1 en 1968 à 2,3 en 2015.

Activité 5 Récit: L'histoire de Bernard et Christine

Racontez l'histoire d'amour de Bernard et Christine Lasalle. Tout a commencé pendant une soirée chez Julien Leroux.

À voir en vidéo

Les francophones sur le vif: Jérôme Dubois, maire de Volx, Alpes-de-Haute-Provence

Klic Video/McGraw-Hill

On est élu maire pour une période de six ans. Le maire est le chef de la commune et son rôle fondamental, c'est d'écouter les gens, de jouer l'arbitre, de veiller à[1] ce que tout se passe bien. Donc, on est souvent au cœur des conflits, on est toujours en train d'essayer de créer du lien[2] social par des fêtes, des spectacles. Parce qu'on est dans une société qui est fragile, une société qui est dure. L'autre partie du travail, beaucoup plus technique, est sans doute plus passionnante, parce que le maire en France a beaucoup de pouvoir, notamment en matière d'urbanisme.[3] C'est lui qui définit, avec l'aide du conseil municipal, les nouvelles constructions, les équipements collectifs culturels et sportifs dont on a besoin, et qui les finance.

C'est parfois très dur socialement parce qu'il faut faire attention à garder une distance. Parce qu'on est au cœur de conflits familiaux, de conflits de voisinage.[4] Et donc, c'est très compliqué, parce qu'il faut à la fois s'investir, essayer de pacifier et d'arbitrer sur la commune, et aussi se protéger. Ça c'est un peu difficile, je l'avoue.

[1]veiller... faire attention à
[2]du... des relations
[3]planification d'une ville
[4]de... entre voisins

La vie de famille

★ Attention! Étudier Grammaire 13.3

Activité 6 Entretien: Valeurs et décisions

1. Considères-tu tes parents comme des amis? Le cas échéant, fais-tu une différence entre cette amitié et celle que tu as avec des gens de ton âge?

2. Quelles qualités est-ce que tu recherches dans la personne avec qui tu espères passer ta vie? Si tu es déjà marié(e), ou si tu es déjà dans une relation stable, quelles qualités est-ce que tu apprécies le plus chez ton mari, ta femme, ton compagnon ou ta compagne?

3. Près de la moitié des mariages aux États-Unis se terminent en divorce. À ton avis, quels facteurs contribuent à la dissolution de tant de mariages?

4. Tu comptes avoir ou adopter des enfants un jour? Est-ce que tu les élèveras comme tes parents t'ont élevé(e)? Qu'est-ce que tu feras différemment?

Activité 7 Discussion: Le pédiatre vous répond

Voici des questions et des problèmes posés au pédiatre par des parents et des futurs parents. Avec un(e) camarade de classe, cherchez la réponse à chaque question, problème ou désir. Ensuite, inventez d'autres problèmes et d'autres solutions (inspirés par vos souvenirs d'enfance et votre expérience).

Les questions des parents...

1. Est-ce mieux d'utiliser des couches jetables ou des couches lavables?

2. Peut-on sortir sans l'enfant de temps en temps, ou doit-on l'emmener partout?

3. Vaut-il mieux interdire la télé ou permettre que les enfants la regardent?

4. Nous voulons que nos enfants mangent de tout et avec plaisir. Qu'est-ce qu'il faut faire?

5. Et si nous voudrions que notre enfant lise bien et avec plaisir?

6. Mes enfants se battent sans cesse. Comment faut-il réagir?

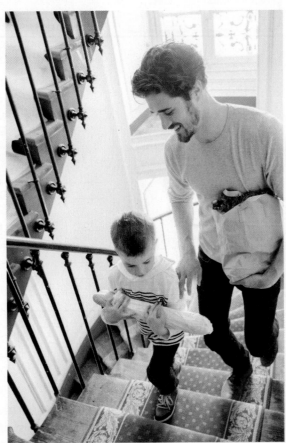

Le pédiatre répond...

a. Il faut que vous lui lisiez des livres très souvent et que vous l'emmeniez à la bibliothèque.

b. Il faut que votre choix de couches s'accorde avec votre mode de vie. Mais on dit aujourd'hui que, pour l'environnement, les lavables sont meilleures.

c. Ne les frustrez pas, mais évitez les émissions avec de la violence.

d. Je recommande que vous leur fassiez gouter une variété de plats à la maison et au restaurant.

e. Il vaut mieux opter plutôt pour des punitions qui favorisent l'entraide—faire le ménage, par exemple—et la coopération.

f. Il est important que vous pensiez à votre couple et que vous programmiez des activités à deux de temps en temps.

Activité 8 Échanges: Point de vue parental

Des étudiants de première année de fac ont décrit ces situations à leurs parents. Mettez-vous à la place des parents et répondez pour eux.

> MODÈLE: Mon colocataire me demande de lui prêter de l'argent, mais il ne me le rend pas. →
> Nous ne voulons pas que tu lui prêtes de l'argent. Nous ne sommes pas riches!

1. Mon camarade de chambre invite ses amis dans notre chambre. Ça m'empêche d'étudier.
2. Nous passons des journées entières à discuter. C'est plus éducatif que d'aller en cours. Et puis, on peut toujours bosser plus avant les examens.
3. J'ai rencontré des anarchistes, des libertaires! Ça me fait réfléchir!
4. Je ne sais pas quoi faire. Ma colocataire vient de découvrir qu'elle est enceinte et elle a peur de le dire à ses parents.
5. Mes colocs ont planté du cannabis dans notre appart. Ça m'inquiète un peu.
6. Ma copine garde son portable allumé, même au restaurant et au cinéma. Ça commence à me rendre fou/folle.
7. Mes copains sont épatés! Je peux identifier le gout de n'importe quelle bière au bar du quartier.
8. Ma camarade de chambre fume dans notre chambre et ça me rend malade.

Exprime-toi!

Nous sommes...
  catastrophés/
  catastrophées
  choqués/choquées
  déçus/déçues
  désolés/désolées
  étonnés/étonnées
  inquiets/inquiètes
  ravis/ravies
  tristes que...
Nous avons peur que...
Il ne faut pas que...

Activité 9 Sondage: Hier et aujourd'hui

Dites si on voyait ces situations il y a soixante ans (1) et si elles sont ordinaires aujourd'hui (2). Ensuite, en groupe, comparez vos réponses en donnant vos raisons. Quelle est votre opinion dans chaque cas?

> MODÈLE: É1: Il y a soixante ans, on trouvait impensable qu'une femme mariée garde son nom de jeune fille, mais c'est commun aujourd'hui. Moi, je trouve ça normal.
> É2: D'accord, c'est commun. Mais à mon avis, c'est bête...

(1) (2)

_____ _____ **1.** Un couple qui s'entend mal divorce.
_____ _____ **2.** Deux époux habitent dans des régions différentes pour poursuivre leurs carrières.
_____ _____ **3.** Un mari décide de rester à la maison pour s'occuper des enfants.
_____ _____ **4.** L'épouse fait toutes les tâches ménagères.
_____ _____ **5.** Un(e) célibataire adopte un enfant.
_____ _____ **6.** Un homme de 26 ans épouse une femme de 49 ans.
_____ _____ **7.** Deux personnes fondent un foyer ensemble sans se marier.
_____ _____ **8.** Le mari travaille et la femme reste à la maison.
_____ _____ **9.** Deux fiancés signent un contrat de mariage avant de se marier.
_____ _____ **10.** Deux personnes du même sexe se marient.

Vocabulaire utile bête, surprenant, étonnant, normal, choquant, dégoutant, raisonnable

Activité 10 Récit: Les Vincent se promènent

Les Vincent ont souvent des idées d'une autre époque. Avec votre partenaire, jouez les rôles de Florence et d'Édouard pendant ces sorties. Qu'est-ce qu'ils se disent?

—C'est incroyable que les jeunes d'aujourd'hui...
—Oui, Édouard! Je regrette qu'ils...

—Je suis ravie que...
—Moi aussi, Florence. Je voudrais que tous les jeunes...

—C'est bizarre qu'on...
—Je suis d'accord, Édouard. Je m'étonne qu'on...

—Il est déplorable que...
—Ah, Florence, je suis heureux que...

—Tu sais, Édouard, je crains que l'influence américaine...
—Moi, j'ai peur que les enfants d'aujourd'hui...

—Il est absurde que les jeunes mères modernes...
—Tu as raison, Florence. Je trouve ça impensable que...

Cliquez là!

Saviez-vous que le Maroc est une monarchie francophone? Cherchez des renseignements sur la famille royale marocaine. Comment s'appellent les membres de cette famille et que font-ils de leur vie? Prenez des notes pour pouvoir en parler avec des camarades de classe. À votre avis, est-ce que cette famille ressemble à la famille royale belge?

À propos...

Au pays où MacDo est roi

Dans un pays aux traditions culinaires[1] réputées, la restauration rapide a-t-elle une place? Il y a quelques années encore, le *fastfood* à l'américaine était sévèrement critiqué par les adversaires de la «malbouffe»; en 1999, des activistes avaient même détruit un «MacDo» pour protester symboliquement contre le capitalisme et la mondialisation. La situation a bien changé depuis: Paradoxalement, la France est devenue le pays, après les États-Unis, où la chaine de restaurants McDonald's réalise le plus de profits et de ventes (plus de 5 milliards d'euros dans plus de 1.300 restaurants en 2018). Même si les Français ne sont pas particulièrement friands d'hamburgers,[2] ils

• Aujourd'hui McDonald's est présent dans plus de 700 villes en France avec plus de 1.300 restaurants, comme celui-ci à Bourg-Saint-Maurice en Savoie.

apprécient beaucoup les restaurants MacDo. À la propreté et la rapidité du service s'ajoutent la possibilité de venir avec de jeunes enfants (qui peuvent jouer et bouger librement!), et l'accès wifi gratuit. Pour des raisons différentes, les ados,[3] les personnes âgées, les parents et leurs enfants trouvent chez MacDo (et ses concurrents[4] français) une ambiance décontractée[5] qui les séduit.[6]

[1] de cuisine
[2] friands... qui aiment bien les hamburgers
[3] adolescents
[4] compétiteur
[5] sans stress
[6] qui... qui leur plait

Valeurs et décisions

⭐ Attention! Étudier Grammaire 13.4 et 13.5

Ma petite-fille a 27 ans et elle est encore célibataire. Moi, à son âge, j'avais abandonné mes études et j'étais mère de famille!

—Cette bouteille, c'est la tienne?
—Mais non, ce n'est pas la mienne! C'est la sienne!

—J'apprécie beaucoup les œuvres d'art du XIXe siècle.
—Et celles des artistes contemporains?
—Ah, les leurs, pas du tout!

Je suis très déçu. Quand j'ai voté pour cette candidate, elle n'avait pas annoncé son soutien de l'énergie nucléaire.

Activité 11   Enquête: Quelles sont vos valeurs?

Cette liste de mots vient d'une enquête réalisée en France. Classez vos choix de 1 à 10 selon leur ordre d'importance pour vous.

_____ la santé   _____ les enfants   _____ la maison
_____ le travail   _____ l'amitié   _____ les vacances
_____ l'amour   _____ le bonheur   _____ la vie
_____ la famille   _____ les loisirs   _____ la paix
_____ l'argent   _____ la liberté

À vous la parole!   Maintenant discutez avec vos camarades pour comparer vos priorités. Sont-elles à peu près les mêmes? Quelles différences trouvez-vous? Là où elles sont différentes, justifiez vos propres choix.

Activité 12   Enquête: Que pense votre génération?

Est-ce que les jeunes d'aujourd'hui sont d'accord ou pas avec ceux qui ont le plus d'influence sur leur vie? Répondez à leur place. Ensuite, faites une enquête pour déterminer si la majorité de la classe pense comme vous.

1. Les valeurs de vos parents:
   a. En général, elles nous semblent raisonnables.
   b. Souvent, elles sont différentes des nôtres.

2. Les décisions du gouvernement:
   a. Elles nous paraissent très bonnes, normalement.
   b. Souvent, elles ne représentent pas nos idées.

3. Les priorités de votre université:
   a. En général, elles nous semblent acceptables.
   b. Les nôtres sont souvent différentes.

4. Les opinions de vos professeurs:
   a. Elles sont plus ou moins semblables aux nôtres.
   b. Les leurs sont souvent différentes des nôtres.

5. Les choix de ceux qui réalisent les émissions de télé:
   a. D'ordinaire, nous aimons leurs choix.
   b. Leurs idées ne correspondent pas aux nôtres.

6. Les buts et les valeurs des dirigeants d'entreprises multinationales:
   a. Comme nous, ils désirent surtout la paix et la prospérité.
   b. Leurs valeurs sont différentes des nôtres. Ils ne pensent qu'aux profits.

LA LANGUE EN MOUVEMENT

Le langage des jeunes et le verlan

Le langage des jeunes est une variété de français parlée par les jeunes entre eux quand ils ne veulent pas que les autres, comme leurs parents, les comprennent. Cette variété est caractérisée surtout par son vocabulaire spécial, qui renferme des mots d'argot,[1] des mots d'origine étrangère (anglais, arabe, et cetera) et des mots de verlan. Les mots de verlan sont formés par l'inversion des sons ou des syllabes d'un mot de français standard, avec parfois d'autres changements. Par exemple, *femme, rap* et *noir* deviennent *meuf, peura* et *renoi*, respectivement. Le mot *verlan* est formé par l'inversion des syllabes de l'expression (*à*) *l'envers.*[2] Bien que ce type de jeu langagier existe depuis longtemps, le verlan contemporain s'est surtout développé parmi les jeunes des banlieues parisiennes dans les années 60 et 70, qui coïncident avec les grandes vagues d'immigration du Maghreb. Depuis les années 90, grâce à la popularité croissante du hip-hop et du rap, un certain nombre de mots verlanisés se sont répandus dans le grand public, une tendance renforcée par les médias et le langage des SMS. Maintenant, tous les Français connaissent des mots comme *beur*[3] (*arabe*), *céfran* (*français*), *tromé* (*métro*), *ouf* (*fou*) et beaucoup d'autres.

MISE EN PRATIQUE Pouvez-vous déchiffrer cette conversation entre deux amis?

—*Tu veux aller à la rega avec oim? Je dois chercher mon reuf et sa meuf qui rentrent pour la teuf de samedi.*
—*Désolé, je peux ap quitter la zonmai.*
—*Bon alors, j'y vais seultout.*

[1] *slang*   [2] *à... backwards*   [3] un enfant d'immigrés d'Afrique du Nord, mais né en France

Activité 13 Discussion: Bonnes et mauvaises raisons

Julien Leroux a réalisé une émission sur la famille d'aujourd'hui. Lisez les raisons que ces personnes ont données pour justifier leurs décisions et décidez avec un(e) partenaire si elles vous semblent logiques ou pas.

Interviewés:

1. Une femme qui s'est mariée à l'âge de 19 ans:
   a. Je n'avais pas assez d'expérience puisque mes parents ne m'avaient pas permis de sortir avec des garçons avant l'âge de 16 ans.
   b. Toutes mes amies s'étaient déjà mariées.
   c. Je m'étais brouillée avec un petit ami et je voulais lui prouver qu'il n'avait plus d'importance pour moi.
2. Un homme qui avait cohabité cinq ans avec sa femme et qui a divorcé peu de temps après leur mariage:
   a. Je n'aurais jamais dû me marier; je ne voulais pas d'enfants mais ma femme, si.
   b. J'ai rencontré quelqu'un d'autre et hop! le coup de foudre!
   c. On était heureux, et puis juste après le voyage de noces, elle a fait une dépression.
3. Un garçon qui a arrêté ses études à l'âge de 16 ans:
   a. Personne dans ma famille n'était jamais allé à l'université.
   b. Mon père avait arrêté ses études à l'âge de 16 ans.
   c. Je n'avais jamais aimé étudier et je trouvais que c'était une perte de temps et d'argent de continuer mes études.
4. Une mère qui a décidé de travailler et de mettre ses enfants dans une crèche:
   a. J'avais reçu un diplôme en chimie et je me voyais en femme indépendante. Je m'ennuyais à la maison.
   b. Ma sœur l'avait déjà fait et sa famille était contente de sa décision.
   c. Mon mari ne gagnait pas beaucoup; d'ailleurs, je voulais un peu d'argent pour pouvoir m'acheter ce que je voulais.

Ça fait réfléchir

Suivant une augmentation à la fin des années 90, le nombre de mariages n'a pas arrêté de baisser pendant les décennies suivantes. Pourtant, cette diminution est largement compensée par l'augmentation du nombre de PACS (créé en 1999) conclus par des couples hétérosexuels. En fait, le PACS est beaucoup plus souvent utilisé par des couples de sexe différent (186.614 en 2017) que par des couples de même sexe (7.336 en 2017). Par comparaison, en 2017, on a célébré 226.671 mariages hétérosexuels (contre 231.225 en 2013), et 7.244 mariages homosexuels (contre 7.367 en 2013.)

Activité 14 Entretien: Opinions sur le mariage

1. Quels termes est-ce que tu associes au mot «famille»? Et au mot «mariage»? Est-ce que tu vois un lien entre les deux?
2. Que penses-tu de l'institution du mariage? Selon toi, est-ce une institution d'importance vitale pour le bon fonctionnement de la société? Pourquoi ou pourquoi pas?
3. À ton avis, pourquoi est-ce que beaucoup de jeunes choisissent aujourd'hui de différer le mariage? Quels sont les avantages et les inconvénients d'une telle décision?
4. Pour toi, personnellement, est-ce que le mariage est important? Ou bien, crois-tu qu'on puisse avoir une relation de couple stable et sérieuse sans se marier? Explique ton point de vue.
5. Est-ce tu t'imagines marié(e) un jour? Vers quel âge?

À propos...

L'exclusion et la solidarité

Spencer Platt/Getty Images

• En 2018, les équipes de Médecins sans frontières travaillaient pour soigner les blessés à Gaza.

Les conditions économiques ont aggravé en France le phénomène de l'exclusion, qui concerne des gens aussi divers que les maghrébins, les chômeurs de longue durée, les SDF[1] et les victimes du sida.[2] Pourtant, une majorité de Français pense que l'exclusion est le problème de tous, car elle crée une société fracturée et hostile, et de nombreuses associations se sont formées pour lutter contre ce mal: SOS Racisme, Droit au Logement (qui aide les SDF), AIDES (qui soutient les malades du sida), etc. L'égoïsme n'est plus considéré comme acceptable et la solidarité apparait aujourd'hui comme une des valeurs les plus importantes. Cette solidarité s'étend aussi aux autres pays: la France envoie énormément d'aide humanitaire à l'étranger pour les victimes de catastrophes naturelles ou de conflits armés. De plus, des organisations non-gouvernementales (ONG) comme Médecins sans frontières interviennent partout où il y a des situations de crise.

[1] Sans Domicile Fixe: personnes qui n'ont pas de logement
[2] Syndrome Immuno-Déficitaire Acquis

POUR RÉSUMER

À vous de parler

A. Discussion: le développement durable. Voici des objectifs extraits du Plan Vert de Bordeaux et une liste des actions réalisées à Bordeaux ou ailleurs. Associez chacune des actions au thème logique. Ensuite, décidez si la ville où se trouve votre université fait plus ou moins la même chose et donnez des exemples.

Thème 1: Lutter contre les causes et les effets du changement climatique
Thème 2: Protéger la biodiversité et préserver les ressources en eau
Thème 3: Agir pour un environnement respectueux de la santé
Thème 4: Développer une économie et une consommation solidaires et durables
Thème 5: Intégrer les publics les plus fragiles et améliorer leurs conditions de vie

____ composter pour obtenir des engrais naturels
____ encourager la colocation entre seniors et jeunes pour que les seniors puissent rester chez eux
____ offrir des cours de langue gratuits aux émigrés et à leur famille
____ protéger les abris et les habitats des animaux et insectes vivant dans les espaces verts
____ développer des transports publics alternatifs à prix réduit
____ réduire l'emploi de pesticides par la ville et par les particuliers
____ encourager l'achat de produits alimentaires locaux
____ encourager la consommation de produits frais
____ offrir la possibilité de recyclage gratuit
____ réduire l'exposition au bruit
____ encourager l'emploi des personnes handicapées et de leur époux
____ aider les gens qui proposent d'améliorer leur quartier (de réduire la circulation automobile, par exemple)

B. Expliquez comment chacune des réalisations affecte la qualité de la vie des habitants de la ville. Est-ce qu'il y en a qui demanderont plus d'efforts de la part des habitants? Lesquelles?

À vous de lire

«Le Monde de Baptiste» par André-Philippe Côté

Le Québécois André-Philippe Côté est aussi connu pour ses dessins de presse incisifs dans le quotidien Le Soleil *que pour ses bandes dessinées qui abordent des questions sociales. Son personnage iconique est Baptiste, «l'homme qui habite dans une poubelle» avec son chien Bali, et qui rappelle beaucoup le philosophe grec Diogène. Comme lui, il est SDF, mais dans une grande ville d'Amérique du Nord. Sans logement, ni métier, ni argent, il porte un regard ironique et critique sur la société de consommation qui l'entoure. Quand il «fait la manche» pour obtenir un peu d'argent, les réactions des passants sont assez surprenantes... Côté n'hésite jamais à aborder des situations problématiques ou controversées, qu'il traite avec ironie mais sans violence.*

Côté, André-Philippe. *Le monde de Baptiste.* Éditions Falardeau, 1994.

Avez-vous compris?

1. Baptiste habite dans une poubelle plutôt que dans un appartement...
- **a.** parce que c'est plus cool.
- **b.** parce que c'est plus écolo.
- **c.** parce qu'il n'a pas d'argent.
- **d.** par conviction philosophique.

2. Baptiste demande un dollar aux passants...
- **a.** parce que le dollar vaut plus que l'euro.
- **b.** parce que l'histoire se passe au Canada.
- **c.** parce qu'il n'a pas besoin de plus d'argent.
- **d.** parce qu'il veut partir en voyage en Amérique.

3. Dans la première histoire, l'homme à la mallette donne des pièces à l'autre...
- **a.** parce qu'il a pitié de lui.
- **b.** parce que c'est son ami.
- **c.** parce qu'il est bien habillé.
- **d.** parce qu'il se sent solidaire de lui.

4. Dans la deuxième histoire, quand le chien se met à parler, la dame est...
- **a.** attendrie.
- **b.** surprise.
- **c.** choquée.
- **d.** effrayée.

À vous d'écrire

Une jeune femme a écrit cette lettre à Mamie au *Courrier du cœur*. Lisez la lettre et répondez à la place de Mamie.

Chère Mamie,

J'ai 20 ans et, depuis un an, je sors avec un homme que j'adore. Nous commençons à faire sérieusement des projets d'avenir. Malheureusement, mes parents ne veulent pas le recevoir chez nous. (Nous avons peur que nos familles se fâchent.) Mon ami est très vexé et il souffre de leur attitude. Du coup, il a décidé de ne plus se marier car il redoute que ma famille fasse un scandale le jour du mariage. Déjà que mes parents ne s'entendent pas très bien avec les siens! Nous ne savons plus quoi faire tous les deux. J'ai peur que toutes ces histoires finissent par briser notre relation. S'il vous plaît, Mamie, donnez-moi des conseils.

Dominique (Rouen)

Ma chère Dominique,

Le seul conseil que je puisse te donner, c'est de...
Sinon,...
Bonne chance, Dominique!

Mamie

🎧 Vocabulaire

Le mariage

Weddings

une alliance	a wedding ring
la demoiselle d'honneur	bridesmaid
les fiançailles (f.)	engagement
le garçon d'honneur	best man
la lune de miel	honeymoon period
le/la maire	mayor
le mariage pour tous	marriage equality (law)
le marié / la mariée	groom/bride
le nom de jeune fille	maiden name
le pacte civil de solidarité (PACS)	domestic partnership agreement, civil union
le prêtre	priest
le témoin	witness
le voyage de noces	wedding trip

La famille

Family members

un/une célibataire	a single person
un compagnon / une compagne	a partner; a spouse
la famille monoparentale	single-parent family
la famille recomposée	blended family
un veuf / une veuve	a widower/widow

Les enfants

Children

des couches (f.) **jetables/lavables**	disposable/cloth diapers
une crèche	a nursery school
enceinte	pregnant
un/une pédiatre	a pediatrician
élever	to bring up, to raise

***Mot apparenté*: adopter**

Rapports personnels

Personal relationships

l'amitié (f.)	friendship
le bonheur	happiness
la dissolution d'un mariage	the end of a marriage
un rapport	relationship
se brouiller (avec)	to quarrel, to break up (with)
se confier (à)	to confide (in)

craindre	to fear
s'embrasser	to kiss
se faire des confidences	to share confidences, secrets
fonder un foyer	to start a family
mentir	to lie
se serrer la main	to shake hands

***Mots apparentés*: une dispute, le divorce, divorcer, regretter, sacrifier**

Opinions, réactions et valeurs

Opinions, reactions, and values

C'est... (que...)	It is . . . (that . . .)
choquant	shocking
dégoutant	disgusting
étonnant	astonishing
impensable	unthinkable
incroyable	incredible, unbelievable
merveilleux	marvelous
surprenant	surprising

***Mots apparentés*: absurde, bizarre, déplorable, indispensable**

Je suis... (que...)	I am . . . (that . . .)
choqué(e)	shocked
déçu(e)	disappointed
épaté(e)	impressed
étonné(e)	surprised, astonished
ravi(e)	delighted
surpris(e)	surprised
vexé(e)	hurt, offended

***Mot apparenté*: indépendant(e)**

Substantifs

un but	a goal
un manque de temps	lack of time
une œuvre d'art	a work of art
la paix	peace
une perte de temps	a waste of time
le sida	AIDS
le soutien	support

***Mots apparentés*: un(e) anarchiste, un équilibre, un groupe minoritaire, un(e) libertaire, un point de vue, une priorité, la prospérité**

Verbes

compter (faire quelque chose)	to plan on (doing something)
créer	to create
déménager	to move (out)
empêcher (de)	to prevent (from)
s'étonner (de)	to be surprised (about)
gagner sa vie	to earn a living
héberger	to house, to put up (someone)
insister (pour que)	to insist (that)
poursuivre une carrière	to pursue a career
réaliser	to produce; to carry out
sembler	to seem
se terminer	to end

Mots apparentés: abandonner, garantir, prouver, questionner, représenter

Mots et expressions utiles

Au contraire!	On the contrary!
d'ailleurs	moreover, furthermore
fréquemment	often, frequently
garder son portable allumé	to keep one's cell phone on
Je ne sais pas quoi faire.	I don't know what to do.
le/la leur	theirs
le mien / la mienne	mine
le/la nôtre	ours
le sien / la sienne	his, hers
le tien / la tienne (*fam.*)	yours
le/la vôtre (*form.* or *pl.*)	yours
n'importe quel jour	any day
puisque	since, because

Grammaire et exercices

13.1 Reciprocal actions: More on reflexive pronouns

Definition: A reciprocal action is expressed in English with *each other*. They call each other often.

⭐ Review **Grammaire 2.2** and **6.6**.

➤ Reciprocal action: plural subject + reflexive pronoun
Vous vous reverrez.
Ils se sont quittés.
Elles se sont vues.

A. You have already used reflexive pronouns in verbal constructions such as **je me lève, nous nous promenons,** and **elle se rappelle.** Another common use of the plural reflexive pronouns (**nous, vous, se**) is to express reciprocal actions.

—Depuis quand connais-tu ton mari?	How long have you known your husband?
—Nous **nous connaissons** depuis vingt ans.	We have known each other for twenty years.
C'est triste, mais mon frère et son patron **se détestent** cordialement.	It's sad, but my brother and his boss really hate each other.

B. Like other reflexive verbs, reciprocal expressions take **être** as the auxiliary verb in the **passé composé.** Remember also that the past participle usually agrees with the reflexive pronoun in gender and number.

Christine et Bernard **se sont connus** *Christine and Bernard met at a*
lors d'une fête chez Julien Leroux. *party at Julien Leroux's.*

C. The following verbs are commonly used with reciprocal meaning.

s'admirer	se connaitre	se rencontrer
s'aider	se détester	se revoir
s'aimer	se quitter	se séparer
se comprendre	se regarder	se voir

➤ **Pierre et Marie se sont mariés.** *Pierre and Marie got married.*

Pierre s'est marié. *Pierre got married.*

Marie s'est mariée avec Pierre. *Marie (got) married (to) Pierre.*

D. You have already seen the expression **s'entendre (bien/mal) avec quelqu'un. S'entendre** can also be used as a reciprocal verb.

Je m'entends bien **avec** mon frère. *I get along well with my brother.*
Mon frère et moi, **nous nous** *My brother and I get along well.*
entendons bien.

Other verbs that can be used in both of these ways include **se brouiller** (*to break up*), **se disputer, se fiancer,** and **se marier.**

⬤ *Exercice 1* Tout est bien qui finit bien

Choisissez un des verbes indiqués et conjuguez-le, s'il le faut, au temps correct.

Mes amis Fatima et Khaled ont une histoire assez drôle.
La première fois qu'ils _____,[1] ça n'a pas été du tout le coup
de foudre. Au contraire, ils _____[2]! Naturellement, ils n'ont
pas eu très envie de _____[3] après.

se détester
se rencontrer
se revoir

Mais, quinze jours plus tard, ils _____^{4} une deuxième fois à la bibliothèque. Ils avaient tous les deux des problèmes difficiles à faire en maths, alors ils _____^{5} avec leur travail. À la fin de cette soirée, ils ont pris rendez-vous pour le lendemain et depuis, ils ne veulent plus _____.^{6} Aujourd'hui, ils sont mariés et ils _____^{7} à merveille. Les premières impressions sont parfois fausses!

s'aider
s'entendre
se quitter
se rencontrer

Exercice 2 L'amitié

Dites ce qui se passe quand on est ami(e)s en vous servant de verbes pronominaux réciproques.

MODÈLE: Toi et moi, nous _____ (envoyer) des textos tout le temps. →
Toi et moi, nous *nous envoyons* des textos tout le temps.

1. Toi et moi, nous _____ (dire) tous nos secrets.
2. Toi et ton/ta coloc, vous _____ (écouter) quand vous avez des problèmes.
3. Julien et Bernard _____ (parler) avec beaucoup de plaisir.
4. Sarah et Agnès _____ (téléphoner) une ou deux fois par jour.
5. Toi et moi, nous _____ (inviter) souvent à diner.
6. Raoul et Daniel _____ (écrire) beaucoup de textos.

13.2 Describing actions: Adverbs

A. You are already familiar with the most common French adverbs: **beaucoup**, **bien**, **encore**, **ici**, **mal**, **peu**, **souvent**, **toujours**, and related expressions.

B. Many French adverbs are formed with an adjective + **-ment**, which corresponds to the English -*ly* ending.

- If the masculine form of the adjective ends in a consonant, **-ment** is added to its feminine form: **certain(e)** → **certainement**.

Definition: Adverbs modify verbs, adjectives, or other adverbs. They usually tell *how, when, where, or how much*.

★ *Review* ***Deuxième étape, Grammaire B.6***.

➤ Adjective/adverb:
true/truly
slow/slowly
easy/easily

actif, active → activement	heureux, heureuse → heureusement
certain, certaine → certainement	lent, lente → lentement
entier, entière → entièrement	long, longue → longuement
franc, franche → franchement	

Malheureusement, il est déjà marié.
Réfléchissez **longuement** avant de vous marier.

Unfortunately, he's already married.
Think for a long time before you get married.

> To form an adverb from an adjective, add **-ment** to the appropriate form of the adjective:

sérieux → **sérieuse**ment
calme → **calme**ment

Irregular:

constant →
constamment

- If the masculine form of the adjective ends in a vowel, **-ment** is added directly to the masculine form.

> absolu → absolument ⋮ facile → facilement

Vous croyez **vraiment** qu'ils vont divorcer? | *Do you really think they're going to get divorced?*

- If the adjective ends in **-ant** or **-ent**, remove that ending and add **-amment** or **-emment**, respectively.

> constant → constamment ⋮ évident → évidemment
> courant → couramment ⋮ fréquent → fréquemment

Sarah parle **couramment** le français. **Évidemment**, il faut bien choisir son partenaire. | *Sarah speaks French fluently. Obviously, you must choose your mate carefully.*

Pronunciation Hint

Both **-amment** and **-emment** are pronounced *ah* + *mĕn̸t̸*.

Exercice 3 Un mariage parfait

Employez des adverbes en **-ment** pour compléter les phrases.

> MODÈLE: Le garçon d'honneur ponctuel arrive... →
> Le garçon d'honneur ponctuel arrive *ponctuellement*.

1. Les invités patients attendent...
2. Le prêtre sérieux parle...
3. Le marié nerveux répond...
4. La mariée attentive écoute...
5. La mère élégante de la mariée est habillée...
6. Le père très calme se conduit...
7. Les invités discrets parlent...

13.3 Expressing feelings: More on the subjunctive

⭐ *Review **Grammaire 10.1**, **10.2**, and **12.1**.*

> Use the subjunctive after expressions of:

- necessity: **il faut que...**
- desire: **je voudrais que...**
- emotion or attitude: **je suis désolé(e) que...**, **c'est normal que...**

A. You have already seen that subjunctive forms are used after expressions of necessity and desire when these pertain to the actions of another person. Subjunctive forms are also used when expressing an emotion or an attitude about some event or state of affairs.

Je suis heureux que mes parents **puissent** voyager. | *I'm glad my parents can travel.*
C'est dommage que tu **sois** si occupé(e). | *It's a shame you're so busy.*

B. There are many expressions of emotion or attitude that are used with subjunctive forms. Here are some examples:

avoir honte/peur que	*to be ashamed/afraid* (*that*)
c'est dommage que	*it's too bad* (*that*)
être content/heureux que	*to be happy* (*that*)
être désolé/furieux/triste que	*to be sorry/furious/sad* (*that*)
être déçu que	*to be disappointed* (*that*)
être étonné/surpris que	*to be surprised* (*that*)
être ravi que	*to be delighted* (*that*)
regretter que	*to regret* (*that*)

il est (c'est) bon/juste (*"right"*)**/naturel/rare/normal/préférable que**

Exercice 4 Le conflit des générations

Exprimez votre réaction aux faits suivants en employant une des expressions indiquées (à l'affirmatif ou au négatif) avec le subjonctif.

Vocabulaire utile: C'est étonnant (honteux, inévitable, naturel, rare, regrettable) que...

MODÈLE: Un Américain ne se sent pas obligé d'inviter ses parents âgés à habiter chez lui. →
C'est naturel qu'un Américain ne se sente pas obligé d'inviter ses parents âgés à habiter chez lui.

1. Les jeunes et les vieux ne s'entendent pas bien.
2. Les jeunes ne font pas attention aux conseils de leurs parents.
3. Les jeunes ne peuvent pas profiter de l'expérience de leurs ainés.*
4. Nous sommes obligés de répéter les erreurs de nos parents.
5. Un jeune Américain a envie d'habiter longtemps chez ses parents.
6. Les personnes âgées ne croient plus pouvoir contribuer à la société.
7. Un certain nombre de personnes âgées sont abandonnées par leurs enfants.

Exercice 5 Que c'est triste!

Clarisse Colin rencontre une amie qu'elle n'a pas vue depuis longtemps. Employez une expression d'émotion et le subjonctif pour exprimer ses réactions à chaque nouvelle que son amie lui raconte.

MODÈLE: Mon petit ami ne *veut* plus me voir. →
Je suis désolée que ton petit ami ne *veuille* plus te voir.

1. Mes parents sont séparés.
2. Mon grand-père est à l'hôpital.
3. Je n'ai pas encore mon baccalauréat.
4. Je dois repasser mes examens le mois prochain.
5. Tous mes amis partent à l'étranger cet été.
6. Moi, je ne peux pas y aller.
7. Je me sens vraiment triste.

---

*elders

13.4 A past in the past: The **plus-que-parfait**

A. French, like English, has several compound tenses, of which the most common is the **passé composé**. Other compound tenses are formed in the same way, but with the helping verb in a tense other than the present.

B. The **plus-que-parfait** (*pluperfect* or *past perfect*) is a compound tense with the helping verb in the **imparfait**. It is used to tell what *had* happened before something else in the past.

Definition: A compound tense consists of a helping verb (auxiliary) + a past participle.

 Review **Grammaire 6.1**.

➤ **Plus-que-parfait** = **imparfait** of **avoir** or **être** + past participle

➤ The auxiliary required (**avoir** or **être**) is the same for all compound tenses of a given verb: **j'*ai* fait, j'*avais* fait**; **je *suis* allé(e), j'*étais* allé(e)**.

finir	aller
j' **avais** fini	j' **étais** allé(e)
tu **avais** fini	tu **étais** allé(e)
il/elle/on **avait** fini	il/elle/on **était** allé(e)
nous **avions** fini	nous **étions** allé(e)s
vous **aviez** fini	vous **étiez** allé(e)(s)
ils/elles **avaient** fini	ils/elles **étaient** allé(e)s

Reflexive verbs: je m'**étais** endormi(e)
nous nous **étions** levé(e)s

Ce jour-là, ma sœur m'a dit qu'elle **avait décidé** de se marier.	*That day, my sister told me that she had decided to get married.*
On a dit que tous les invités **étaient** déjà **arrivés**.	*They said that all the guests had already arrived.*

C. In conversation, the **plus-que-parfait** is often used to explain why one did a particular action or to indicate the time sequence of events in the past.

Ils ont divorcé parce qu'elle **était devenue** trop célèbre.	*They divorced because she had become too famous.*
Quand je lui ai parlé, il **avait** déjà **décidé** de partir.	*When I talked with him, he had already decided to leave.*

Exercice 6 Un mariage désastreux

Choisissez la conclusion logique pour chaque phrase. Ensuite, soulignez le verbe au plus-que-parfait.

1. Le marié s'est mis en colère parce que (qu')...
2. La mariée portait une robe rouge parce que (qu')...
3. Le père de la mariée s'est endormi parce que (qu')...
4. Le prêtre a fait beaucoup d'erreurs parce que (qu')...
5. On n'a pas servi de gâteau parce que (qu')...

a. il avait bu trop de champagne.
b. le garçon d'honneur avait perdu l'alliance.
c. le chien du prêtre l'avait mangé.
d. il avait oublié ses lunettes.
e. elle avait oublié sa robe blanche.

Exercice 7 Une mauvaise journée

Jean-Yves a passé une journée bien frustrante. Dites pourquoi en utilisant le plus-que-parfait.

MODÈLE: Jean-Yves a voulu se faire un café au lait pour le petit déjeuner, mais il (oublier) d'acheter du lait. →
Jean-Yves a voulu se faire un café au lait pour le petit déjeuner, mais il *avait oublié* d'acheter du lait.

1. Il est arrivé sur le quai du métro à 8 h 32, mais son train (partir) à 8 h 30.
2. Quand il a voulu rendre sa dissertation en cours d'anglais, il a découvert qu'il l'(oublier) chez lui.
3. Il est allé chercher des petits pains à la boulangerie, mais le boulanger (vendre) les derniers.
4. Un ami l'a invité au cinéma, mais Jean-Yves (voir) le film la semaine précédente.
5. Quand il a téléphoné à Agnès à 22 h 30, elle (se coucher déjà) et elle s'est fâchée.

13.5 More on expressing possession: Possessive pronouns

A. In French, a possessive pronoun agrees in gender and number with the noun it replaces. Thus, each pronoun has three or four possible forms.

Definition: Possessive pronouns replace a noun and a possessive adjective. *Is that **your car**? Yes, it's **mine**.*

★ *Review **Grammaire 1.1** on possessive adjectives.*

	SINGULIER		PLURIEL	
	masculin	**féminin**	**masculin**	**féminin**
mine	le mien	la mienne	les miens	les miennes
yours (sing.; fam.)	le tien	la tienne	les tiens	les tiennes
his	le sien	la sienne	les siens	les siennes
hers	le sien	la sienne	les siens	les siennes
its	le sien	la sienne	les siens	les siennes
ours	le nôtre	la nôtre	les nôtres	
yours (pl.; formal)	le vôtre	la vôtre	les vôtres	
theirs	le leur	la leur	les leurs	

—Tu as les mêmes **idées** que ton père?
—Non, **les miennes** sont différentes.
—Vous avez les mêmes **gouts**?
—Non, **les siens** sont plus conservateurs.

Do you have the same views as your father?
No, mine are different.
Do you have the same tastes?
No, his are more conservative.

B. Note that the choice of pronoun gender depends on *the gender of the noun it replaces*. It does *not* reflect the gender of the possessor (**la voiture de Raoul** → **la sienne**; **les lunettes de Raoul** → **les siennes**).

C. Remember that **le sien** and its other forms (**la sienne**, **les siens**, **les siennes**) can all express *his*, *hers*, or *its*. The context usually makes the meaning clear.

> —Est-ce que **ces livres** sont à ta colocataire?   *Are these books your roommate's?*
> —Oui, ce sont **les siens**.   *Yes, they're hers.*

Exercice 8 Comparaisons

As-tu beaucoup de choses en commun avec ton meilleur ami (ta meilleure amie)?

> MODÈLE: En général, ta voiture est propre ou sale? →
> En général, la mienne est sale.
> Et celle de ton meilleur ami (ta meilleure amie)? →
> La sienne est propre.

1. En général, ton travail est intéressant ou ennuyeux?
   Et celui de ton meilleur ami (ta meilleure amie)?
2. En général, ta chambre est en ordre ou en désordre?
   Et celle de ton meilleur ami (ta meilleure amie)?
3. Tes vêtements sont chics ou pratiques?
   Et ceux de ton ami(e)?
4. Ton/Ta camarade de chambre est facile ou difficile à vivre?
   Et celui/celle de ton ami(e)?
5. En général, tes journées sont chargées* ou tranquilles?
   Et celles de ton ami(e)?

---

*busy

Thierry Orban/Sygma/Getty Images

Manifestation à Paris pour le droit au logement

14

Les enjeux du présent et de l'avenir

Objectifs

In **Chapitre 14**, you will talk about current issues, decisions from the past, and what the future may be like. You will also learn more about expressing opinions and regrets.

● ● ACTIVITÉS

Tranche de vie La grogne des Français
L'intégration sociale
L'héritage du passé
Les enjeux du XXIe siècle
À voir en vidéo Micro-trottoir: Au sujet des enjeux du XXIe siècle

● ● LECTURES

À propos... Le «Printemps arabe» a commencé en Tunisie
La langue en mouvement Le français en Louisiane
À propos... Femmes en vue
À vous de lire Le voyageur du temps

● ● GRAMMAIRE

14.1 *Should have*: The past conditional of **devoir**
14.2 Saying what you would have done: The past conditional
14.3 Conjunctions: More on the subjunctive
14.4 Expressing doubt and uncertainty: More on the subjunctive

TRANCHE DE VIE

La grogne des Français

La France est, en principe, une république où les dirigeant(e)s sont élu(e)s de manière démocratique. Pourtant, la population se montre souvent mécontente de la politique menée par le président et le gouvernement, ce qui se traduit par de nombreuses manifestations dans les rues des grandes villes. Les manifestants portent des banderoles et marchent en criant (ou en chantant) des slogans. Certains portent des costumes pittoresques et colorés; parfois on utilise de grandes marionnettes. En novembre 2018, un nouveau mouvement s'est développé: les «gilets jaunes». Le gilet jaune est un accessoire qui se trouve obligatoirement dans chaque véhicule en France (le conducteur le met par mesure de sécurité si la voiture est immobilisée au bord d'une route). Initialement, les protestataires portaient des gilets jaunes pour symboliser leur principal sujet de mécontentement: une taxe sur les carburants. Répétées tous les samedis pendant des mois, ces manifestations ont révélé des problèmes aussi nombreux que divers; elles ont aussi démontré que la grogne est une composante essentielle de la vie politique française.

Estelle Ruiz/NurPhoto/Getty Images

a

Nicolas Liponne/NurPhoto/Getty Images

b

c

d

💬 *Il y a de quoi dire*
La rue prend la parole!

Identifiez sur les images prises en 2018–19 pendant des manifestations de gilets jaunes des indices qui justifient les affirmations suivantes.

1. Certains gilets jaunes pensent que leur mouvement est patriotique.
2. Certains gilets jaunes refusent une réforme proposée par le ministre de l'éducation.
3. On note des convergences entre les mouvements environnementalistes et celui des gilets jaunes.
4. Pour les gilets jaunes, les élections ne servent à rien.
5. Certains gilets jaunes exigent la démission du président de la république.
6. Les gilets jaunes ne sont pas tous des Français de milieux défavorisés.
7. Le mouvement des gilets jaunes est hostile au libéralisme économique.
8. Pour faire entendre leurs slogans, les manifestants utilisent souvent des mégaphones.

L'intégration sociale

⭐ Attention! Étudier Grammaire 14.1

Le monde idéal...

Dans le meilleur des mondes possibles, on vivrait en harmonie.

...et la réalité

On aurait dû accorder l'indépendance à la Côte d'Ivoire avant 1960!

Les vestiges du système colonial nous laissent des problèmes à résoudre.

Parfois, je crois que je n'aurais pas dû immigrer dans ce pays.

L'exclusion et le chômage restent des problèmes pour beaucoup de gens.

BASQUE CORSE BRETON

Les minorités ethniques et linguistiques risquent de perdre leur identité.

Quel dommage! Les femmes auraient dû s'organiser en bloc.

RÉSULTATS DES ÉLECTIONS

Les femmes sont en train de lutter pour obtenir la parité.

Dites-moi! Qui a élu cet imbécile de chauvin?

L'extrême droite cherche à fermer la porte aux influences étrangères.

Activité 1 Entretien: Un monde plus divers

1. Est-ce que tu vois souvent des films étrangers? De quels pays?
2. As-tu immigré ou as-tu un ami (une amie) ou un parent (une parente) qui a immigré d'un autre pays? D'où viens-tu ou d'où vient cette personne? Pourquoi as-tu immigré, ou pourquoi est-ce que ton ami(e) a immigré?
3. Que diraient tes parents si tu voulais épouser quelqu'un d'un autre pays?
4. Si tu épousais un étranger (une étrangère), quelle langue parleriez-vous chez vous? Quelle langue voudrais-tu que tes enfants parlent?
5. Est-ce qu'il y a beaucoup d'immigrés là où tu habites? D'où viennent-ils? Pourquoi ont-ils immigré dans ta région?
6. Y a-t-il des quartiers «ethniques» dans ta ville? Vous avez des magasins qui vendent des produits d'autres cultures? Lesquels?

Activité 2 Discussion: Les effets de l'immigration

Choisissez la réponse qui exprime le mieux votre point de vue. Si vous n'êtes pas d'accord avec les réponses, donnez-en une autre.

1. Les lois sur l'immigration nous empêchent de vivre dans le pays de notre choix.
 a. C'est vrai. Les pays développés n'auraient jamais dû limiter le nombre d'immigrés qu'ils acceptent.
 b. Peut-être, mais il faut contrôler l'immigration pour éviter le chômage.
2. Il est ridicule d'insister pour que les enfants des immigrés parlent anglais à l'école aux États-Unis.
 a. C'est vrai, et les Américains auraient dû établir plus d'écoles bilingues il y a longtemps.
 b. Peut-être, mais en apprenant l'anglais, les enfants s'intègrent mieux à la vie culturelle et économique du pays.
3. On ne peut plus rester une culture monolingue. Le monde a changé.
 a. C'est vrai, et nous aurions dû apprendre une langue étrangère dès l'école primaire.
 b. C'est faux. Chaque pays devrait établir une seule langue officielle.
4. Il est triste de ne pas permettre aux immigrés d'amener toute leur famille.
 a. C'est vrai. On doit permettre à la famille d'immigrer ensemble.
 b. C'est vrai, mais il faut limiter le nombre d'immigrés pour protéger l'économie du pays.

Activité 3 Échanges: Ancienne colonie française

Imaginez que vous vivez au Kadoga, un pays fictif. Autrefois, son territoire était occupé par plusieurs peuples qui parlaient des langues différentes. Les Français sont arrivés et ils ont «créé» votre pays. Ils ont uni les divers peuples sous leur système d'administration. Aujourd'hui, officiellement, tout fonctionne en français: l'enseignement, le gouvernement, les services.

 Maintenant, on vous pose des questions. Choisissez la réponse qui vous semble la plus logique ou proposez-en une autre.

1. Pourquoi parlez-vous français avec vos amis kadogais?
 a. Nous aimons le français et nous trouvons que c'est une belle langue.
 b. Nos peuples n'ont pas toutes la même langue maternelle, mais tout le monde parle français.

Cliquez là!

Visitez un site internet consacré à un pays d'Afrique francophone (la Côte d'Ivoire ou le Sénégal, par exemple) et préparez une petite description de ce pays. Si possible, téléchargez des photos intéressantes.

2. Pourquoi vos parents vous ont-ils donné une éducation française?
  a. Dans le reste du monde, très peu de gens parlent la langue de notre peuple.
  b. Ils ont voulu que je ressemble autant que possible aux Français.
3. Pourquoi est-ce que votre pays fait partie de l'organisation des pays francophones?
  a. Ces pays ont des liens culturels et historiques.
  b. Ces pays s'entraident dans leurs affaires commerciales.
4. Pourquoi est-ce que les écrivains kadogais choisissent d'écrire en français?
  a. C'est la langue des affaires au Kadoga.
  b. Pour que plus de gens puissent lire ce qu'ils écrivent.
5. Vous trouvez facile d'être biculturel(le)?
  a. Oui, ça me semble normal.
  b. Non, je suis toujours déchiré(e) entre la culture de mon peuple et celle de Kadoga.

Activité 4   Associations: Le chauvin

Définition: [Le chauvin est une personne] *qui a ou qui manifeste un patriotisme excessif, souvent agressif; qui admire de façon exagérée, trop exclusive sa ville ou sa région.* (*Petit Larousse illustré*)

Identifiez les propos du chauvin.

- Je trouve que l'immigration a enrichi notre culture.
- Je trouve la cuisine étrangère bizarre!
- Je m'intéresse aux quartiers de ma ville où habitent de nombreux immigrés.
- J'habite un quartier multiculturel et multiethnique.
- Ma langue est la plus belle du monde.
- Je pense que mon pays a toujours raison.
- J'adore voir des films d'autres pays.
- Je ne m'intéresse pas à l'actualité internationale.
- Je m'impatiente si un étranger prononce mal ma langue.
- J'apprends une autre langue.

À vous la parole!   En groupe, créez des sketchs qui pourraient se réaliser si le chauvin décidait de voyager à l'étranger.

Activité 5   Situation: Vous avez émigré!

Imaginez que vous avez quitté votre pays et que vous vous êtes installé(e) dans un autre pays où vous avez un cousin. Vous ne parliez pas la langue du pays et vous aviez très peu d'argent quand vous avez quitté votre pays. Répondez aux questions posées par un journaliste.

1. Est-ce que vous vivez près d'autres personnes qui parlent votre langue?
2. Vous avez de la difficulté à trouver un travail? Comment vivez-vous?
3. Restez-vous en contact avec vos amis et votre famille dans votre pays?

4. Vous avez parfois le mal du pays? Pourquoi? Pourquoi pas?

5. Est-ce que vous êtes souvent invité(e) chez vos nouveaux compatriotes?

6. Comment vous débrouillez-vous, puisque vous êtes en train d'apprendre la langue de votre pays d'adoption?

À vous la parole!   Avec un(e) camarade, créez deux sketchs dans lesquels un émigré (une émigrée) téléphone à sa famille qui est restée dans le pays d'origine. Dans le premier, l'émigré(e) s'est très bien intégré(e) dans son pays d'adoption. Dans le deuxième, il/elle a encore beaucoup de difficultés. Imaginez ce que l'émigré(e) va dire dans chacun de ces deux cas.

Ça fait réfléchir

Selon l'ONU (l'Organisation des nations unies), il y avait 272 millions de migrants dans le monde en 2019, contre 220 millions en 2010, 173 millions en 2000 et 78 millions en 1965.

À propos...

Le «Printemps arabe» a commencé en Tunisie

AP Images

• Une pancarte, tenue par des manifestants, invite le président tunisien Ben Ali à quitter le pouvoir.

Le 17 décembre 2010, un Tunisien de 26 ans, Mohammed Bouazizi, s'est donné la mort en se brulant devant un bâtiment de l'administration centrale dans la petite ville de Sidi Bouzid. Son suicide était motivé par le désespoir face au manque de travail et surtout à la corruption de la police qui persécutait le jeune homme, vendeur ambulant[1] de fruits et légumes. Dans toute la Tunisie, l'émotion a été immense et des milliers de gens ont manifesté[2] contre le gouvernement du président Zine el-Abidine Ben Ali, au pouvoir depuis 1987. En dépit de la répression, les manifestations se sont généralisées et une grève générale a paralysé le pays: le peuple exigeait un changement de régime. En janvier 2011, Ben Ali a quitté le pays. Ce mouvement populaire a eu immédiatement des échos dans plusieurs autres pays de la région: les Égyptiens ont provoqué le départ du président Hosni Mubarak en février 2011, et des révoltes ont éclaté[3] en Libye, en Syrie, au Yémen et à Bahreïn. Le «Printemps arabe» montre la détermination des peuples à se libérer des régimes autoritaires—surtout les jeunes qui ont utilisé l'internet et les réseaux sociaux pour s'organiser. En Tunisie, on a même parlé de «révolution Facebook»! En 2014, ce pays est devenu le premier état du Maghreb à organiser des élections véritablement démocratiques.

[1] mobile
[2] protesté en marchant dans les rues
[3] commencé spontanément

L'héritage du passé

⭐ Attention! Étudier Grammaire 14.2

Les gens vivraient mieux si nous avions moins dépensé pour l'armement.

Tu n'aurais pas été victime de cette agression si les armes à feu n'étaient pas en vente libre.

Tiens! Les femmes n'avaient pas le droit de disposer de leur salaire avant 1907.

Nous n'aurions pas pu venir ici si on n'avait pas nettoyé cette plage.

Je me demande parfois ce que le monde serait devenu si on n'avait jamais lancé la première bombe atomique.

Activité 6 Discussion: Hypothèses sur la société

Pour chaque choix, dites si vous êtes d'accord ou pas. Expliquez vos raisons.

MODÈLE: É1: Si on n'avait pas inventé la laque pour les cheveux, on n'aurait pas causé le trou dans la couche d'ozone.
É2: Tiens, c'est intéressant! Mais je pense que ce n'est pas la seule raison...

Vocabulaire utile

Mais non! Ce n'est pas comme ça!　　Oui, si tu veux, mais...
Ça, c'est un peu simpliste, non?　　Oui, mais n'oublie pas que...

1. Si on avait réduit notre dépendance sur les combustibles fossiles plus tôt...
   a. on aurait vu une augmentation importante du chômage.
   b. on aurait pu éviter certaines catastrophes naturelles et leurs effets souvent tragiques.
2. Si nous avions développé des voitures sans échappements toxiques...
   a. l'air des villes serait resté pur.
   b. la pollution n'aurait pas détérioré les gratte-ciels.
3. Si les industries avaient limité leurs déchets...
   a. les cours d'eau et les fleuves ne seraient pas si pollués.
   b. il serait moins nécessaire de recycler à la maison.
4. Si nous avions reconnu l'importance des eaux et des forêts...
   a. nous aurions pu sauver les espèces animales disparues.
   b. nous aurions construit plus de centrales nucléaires.
5. Si on avait adopté des lois limitant la vente d'armes à feu...
   a. moins de gens seraient morts lors d'attaques à main armée.
   b. il y aurait eu moins de guerres.

William Ryall (2010)

Cliquez là!

Allez sur le site de la ville de Bordeaux et regardez sous *Bordeaux politiques* et puis *Bordeaux durable* pour découvrir la ville et ses grands projets pour affronter l'avenir. Attention! Pour chaque rubrique, il y a plusieurs projets, chacun avec ses photos.

• Montréal, une ville où les gens pensent «vert»

Activité 7 Échanges: Une autre Amérique

Imaginez comment la vie américaine aurait été différente si les choses suivantes s'étaient passées.

MODÈLE: Si la France n'avait pas perdu tous ses territoires nord-américains en 1763, moi, je pense que la majorité des Canadiens parleraient aujourd'hui le français.

1. Si Napoléon n'avait pas vendu la Louisiane en 1803...
2. Si Seward n'avait pas acheté l'Alaska aux Russes en 1867...

Ça fait réfléchir

- Le français est la langue officielle, ou une des langues officielles, de vingt et un pays africains.
- En 2015, on a estimé le nombre de francophones dans le monde à 284 millions.
- Pour à peu près deux tiers de ces francophones, le français n'est pas la première langue.

3. Si les colonies américaines ne s'étaient pas révoltées...
4. Si le Nord n'avait pas gagné la guerre de Sécession...
5. Si les Russes avaient installé des armes nucléaires à Cuba...
6. Si les États-Unis n'avaient admis que des Anglais...
7. Si les Français n'avaient pas aidé les colons américains lors de leur révolte contre le roi d'Angleterre...
8. Si les Acadiens ne s'étaient pas établis en Louisiane...
9. Si les Européens n'avaient pas pris gout au tabac...

LA LANGUE EN MOUVEMENT

Le français en Louisiane

Depuis l'arrivée des colons français et des Acadiens (Français chassés du Canada par les Anglais) en Louisiane au XVIIIe siècle, la langue française est au cœur de la culture cadienne. Pourtant, au XXe siècle, le français a été très menacé par l'anglais, au point où sa survie en Louisiane a été mise en question. Les années 60 ont vu la renaissance du français. Bannie des écoles et des églises pendant les années 20 et 30, la langue française a, depuis, été réintroduite dans les écoles. Il existe des stations de radio de langue française, et les musiques traditionnelles cadienne et zydeco, avec leurs chansons en français, aident à consolider la position du français en Louisiane. Depuis les années 90, des écoles d'immersion offrent aux enfants un enseignement complètement en français pour la moitié des sujets enseignés. Jusqu'à présent, les enseignants dans ces programmes d'immersion viennent majoritairement de France, de Belgique, du Québec et d'Afrique, en attendant la formation d'enseignants natifs du pays cadien.

MISE EN PRATIQUE Comme tous les dialectes régionaux, le français cadien a souvent ses propres noms pour les animaux de la région. Reconnaissez-vous ces espèces?

Cliquez là!

Visitez le site du CODOFIL, Conseil pour le développement du français en Louisiane. Quel est le but de cette organisation? Quels types de ressources et d'activités offre-t-elle? Si vous étiez en Louisiane, à quelles activités participeriez-vous? Décrivez-les en détail.

français cadien	*français de France*
une bête puante	une mouffette
un chaoui	un raton laveur
un moqueur	un (oiseau) moqueur
un rat de bois	un opossum
une souris chaude	une chauvesouris
un suce-fleur	un colibri (oiseau-mouche)
une tourte	une colombe
un/une z'oie	une oie

Activité 8 Dans le monde francophone: Le deuxième sexe

Lisez ce tableau et déterminez si les affirmations qui le suivent sont vraies ou pas. Si une phrase est fausse, corrigez-la.

Les grandes batailles pour l'égalité entre hommes et femmes

1850 : admission des filles à l'école primaire

1880 : admission des filles au lycée

1907 : les femmes mariées peuvent disposer de leur propre salaire

1928 : capacité juridique de la femme mariée

1937 : les garçons et les filles suivent le même programme scolaire

1944 : les femmes obtiennent le droit de vote (96 ans après les hommes)

1965 : la femme peut travailler sans demander la permission à son époux

1967 : la loi autorise la contraception

1970 : partage de l'autorité parentale

1972 : l'égalité de rémunération entre hommes et femmes est inscrite dans la loi

1974 : la loi autorise l'interruption volontaire de la grossesse (IVG)

1982 : remboursement de l'IVG par la Sécurité sociale

1983 : loi sur l'égalité professionnelle entre hommes et femmes

1985 : possibilité d'administrer conjointement les biens familiaux

2000 : la loi sur la parité exige que les partis politiques présentent un nombre relativement égal de candidats femmes et hommes

2008 : modification de l'article 1er de la Constitution : «la loi favorise l'égal accès des femmes et des hommes aux mandats électoraux et fonctions électives ainsi qu'aux responsabilités professionnelles et sociales»

2011 : instauration d'un objectif minimal à atteindre en 2017 de 40 % d'un des deux sexes au sein des conseils d'administration et de surveillance des grandes entreprises

2014 : loi du 4 aout et généralisation de la parité : le principe d'égal accès des femmes et des hommes aux responsabilités s'applique désormais dans tous les secteurs de la vie sociale (fédérations sportives, mutuelles, ordres professionnels, commissions consultatives placées auprès du gouvernement, etc.)

---

1. Sans la loi de 1850, le mari aurait eu le droit de contrôler les finances de la famille.
2. Sans la loi de 1974, l'avortement serait illégal aujourd'hui.
3. Sans la loi de 2000, il y aurait probablement moins de femmes parmi les candidats dans les élections, à tous les niveaux.
4. Sans la loi de 1937, les garçons auraient probablement eu un programme d'études inférieur à celui des filles.
5. Sans les lois de 1850 et 1880, les filles n'auraient pas eu le droit d'aller à l'école publique.
6. Sans la loi de 1972, les femmes recevraient aujourd'hui un salaire supérieur à celui des hommes pour le même travail.
7. Sans la loi de 1944, les femmes ne pourraient pas voter.
8. Sans la décision de 2008, le principe de la parité n'aurait pas été inscrit dans la Constitution.
9. Sans les actions de 2011 et 2014, le principe d'égal accès n'aurait pas été appliqué dans toutes les entreprises françaises.
10. ?

À propos...

Femmes en vue

• Christine Lagarde, directrice générale du Fonds monétaire international (FMI)

Si le symbole officiel de la France est une figure féminine (Marianne, figure allégorique de la République), la présence et l'importance des femmes dans la vie publique y reste très limitée. Avant 1944, une femme ne pouvait ni se présenter à une élection ni voter, et le pays reste assez mal classé dans le domaine de la «parité» (égalité de la représentation politique des deux sexes): 13ᵉ sur 27 en Europe, 58ᵉ dans le monde. Du temps de la monarchie, les femmes ne pouvaient pas régner[1] en France (contrairement à d'autres pays[2]), et, par la suite, aucune n'a encore été élue[3] présidente de la République. Pourtant, la situation progresse, lentement mais surement: Édith Cresson a été nommée premier ministre (1991–1992), et Ségolène Royal est arrivée au second tour[4] de l'élection présidentielle (2007). Martine Aubry, ancienne ministre, a été élue premier secrétaire du Parti Socialiste, la plus grande formation politique française à l'époque (2008), et figurait parmi les favorites de la présidentielle de 2012 avec une autre femme, Marine Le Pen, présidente du Rassemblement National. Cette dernière est parvenue au second tour des présidentielles en mai 2017. En juin 2011, la nomination de Christine Lagarde, alors ministre de l'Économie, au poste de directrice du Fonds monétaire international (FMI) illustre bien la progression spectaculaire des femmes dans la vie publique française.

[1] diriger le pays en tant que reine
[2] Angleterre, Suède, Hongrie, Autriche, Russie, etc.
[3] sélectionnée par une élection (verbe *élire*)
[4] *round*

Les enjeux du XXIᵉ siècle

 Attention! Étudier Grammaire 14.3 et 14.4

On ne résoudra pas le problème du stress, à moins que nous apprenions à nous détendre.

Malgré nos discussions, on ne répondra pas à toutes les questions sociales.

On peut éviter les pires effets du changement climatique, à condition que tous les pays et les citoyens fassent de réels efforts.

La génétique pourra nous aider, à condition que nous n'en abusions pas.

Activité 9 Discussion: Un siècle nouveau

Complétez les observations sur les problèmes sociaux aux États-Unis et dans le monde avec la solution que vous préférez, ou proposez-en une autre. Est-ce qu'il serait possible de résoudre ces problèmes dans les vingt prochaines années?

MODÈLE: Il y aura moins de crimes violents à condition que nous abolissions la vente d'armes à feu.

É1: Je suis d'accord, mais il faut ajouter que nous aurons moins de crimes à condition que nous changions la vie des pauvres et que nous...

É2: Moi, je trouve l'idée d'abolir la vente d'armes à feu complètement risible! Tout le monde...

1. Il y aura moins de crimes violents à condition que...
   a. nous abolissions la vente d'armes à feu.
   b. nous changions la mentalité de ceux qui commettent des crimes.
2. Nous ne pourrons pas arrêter la dégradation de l'environnement sans que...
   a. toutes les industries fassent des efforts sincères.
   b. tout le monde prenne conscience du gaspillage.
3. Nous ne pourrons pas compter sur des soins médicaux à l'avenir à moins que...
   a. nous établissions un système national d'assurance maladie.
   b. nous dépensions moins pour la recherche et la technologie.
4. La drogue restera un danger pour la société jusqu'à ce que (qu')...
   a. nous trouvions et arrêtions tous les trafiquants.
   b. elle devienne une substance contrôlée comme l'alcool.
5. On pourra éliminer le sida dans le monde pourvu que...
   a. les personnes infectées prennent leurs médicaments.
   b. tout le monde croie à la prévention et fasse des dons réguliers aux organisations contre le sida.
6. Nous pourrons éviter les catastrophes nucléaires comme Tchernobyl et Fukuyama pourvu que...
   a. nous investissions davantage dans les énergies renouvelables.
   b. nous apprenions à mieux surveiller nos centrales nucléaires.
7. Il y aura de plus en plus de migrants dans le monde à moins que...
   a. nous trouvions le moyen de créer des emplois dans les pays pauvres.
   b. nous découragions les gens qui font continuellement la guerre.

Ça fait réfléchir

Le programme Québec sans frontières (QSF) permet aux Québécois de 18 à 35 ans de réaliser des projets de solidarité internationale de 60 à 75 jours, sans exigence de formation ni d'expérience professionnelle. Les participants vivent en groupe une première expérience de solidarité internationale en Afrique, en Amérique latine, en Asie-Pacifique ou dans les Antilles. En 2019, on pouvait choisir entre trente projets différents.

Activité 10   Échanges: Prédictions pour l'avenir

Nous allons voir des changements au cours du XXIᵉ siècle. Avec votre partenaire, réagissez aux prédictions en expliquant vos raisons.

MODÈLE: Les chercheurs découvriront un médicament pour rester jeune.
É1: C'est merveilleux! Mais je doute que ma future carrière de chirurgienne esthétique soit très lucrative!
É2: Ça plairait à ma sœur! Elle ne veut pas vieillir!

Exprime-toi!

Ça me plairait (m'étonnnerait, me surprendrait...).
Ce serait un désastre (un miracle...)!
Quelle catastrophe! (joie!, horreur!...)
C'est chimérique!
C'est merveilleux! (super!, révoltant!...)
Ça m'est égal!

1. Nous pourrons choisir le sexe, le QI et l'apparence physique des bébés.
2. Tous les logiciels seront compatibles avec tous les ordinateurs.
3. Toutes les guerres auront lieu dans le cyber-espace.
4. Il y aura très peu de pauvreté et de chômage dans le monde.
5. Chaque maison sera équipée de panneaux solaires et d'une éolienne.
6. Une majorité d'Américains sauront parler espagnol.
7. Nous aurons des matières grasses artificielles inoffensives.
8. Grâce à l'internet, on arrêtera les criminels juste après le crime.
9. La carte génétique personnelle remplacera la carte d'identité.
10. On deviendra plus conscient de l'environnement et de sa santé. Tout le monde se déplacera à pied, à vélo ou en train.

Activité 11   Échanges: Un nouveau pays

En petits groupes, créez un pays imaginaire où vous voudriez vivre. Présentez votre pays à la classe.

- Comment s'appelle le pays? Où est-il situé?
- Décrivez sa topographie. Y a-t-il des montagnes, des forêts... ?
- Quel type de gouvernement a-t-il?
- Quelles sont les bases de l'économie? Fonctionne-t-elle bien?
- Qui habite dans ce pays? Quelle est son histoire?
- Quelle est la date de la fête nationale? Quel évènement marque-t-elle?
- Comment fonctionne son système d'enseignement?
- Comment sont ses habitants? Comment est leur vie quotidienne?

Activité 12   Échanges: Qu'est-ce qu'on peut faire?

En groupes, décidez ce que les personnes suivantes peuvent faire pour aider à convaincre les gens à affronter les problèmes écologiques d'aujourd'hui.

- le rédacteur en chef d'un journal
- le chef du gouvernement / de l'État
- un sportif ou une sportive célèbre
- une vedette de cinéma
- le président (la présidente) d'une université
- le/la PDG d'une entreprise internationale

MODÈLE: É1: Les profs de français peuvent discuter de ces problèmes en cours.
É2: Ils pourraient exiger que les étudiants lisent des articles et qu'ils écrivent sur ce sujet.
É3: Moi, à leur place, je passerais des films en français sur l'écologie dans mes cours.

À voir en vidéo

Micro-trottoir: Au sujet des enjeux du XXIe siècle

Répondez aux questions suivantes à partir de votre point de vue personnel. Puis regardez la vidéo et comparez vos réponses à celles des gens interrogés.

1. Que signifie pour vous «avoir l'esprit ouvert»?

2. Quel est, à votre avis, le problème le plus préoccupant du XXIe siècle?

3. La société française de demain, comment la voyez-vous?

4. Qu'est-ce qu'il faut pour être heureux?

POUR RÉSUMER

À vous de parler

A. Optimiste ou pessimiste? Voici des problèmes qu'affronte le monde aujourd'hui. En groupes, rangez-les par ordre d'importance pour vous. Lesquels sont urgents, exagérés, sérieux, pas urgents... ? Expliquez vos priorités.

_____ les dangers du nucléaire

_____ les déchets non-recyclables

_____ le chômage persistant

_____ les pandémies

_____ la pollution des eaux

_____ la qualité de l'alimentation

_____ les technologies et la perte d'emplois

_____ le changement climatique

_____ l'emploi des énergies de sources non-renouvelables

_____ les différences extrêmes entre pays riches et pays pauvres

_____ la disparition d'espèces d'animaux et de plantes

_____ l'intégration des migrants dans les pays libres et prospères

B. Proposez des actions que nous pouvons entreprendre en tant qu'individus pour agir contre chacun de ces problèmes. Suggestions: *écrire des lettres, voter pour les candidats qui... , acheter des produits... , changer de type d'ampoule, proposer... , participer aux manifs... , découvrir pourquoi... ,* etc.

À vous de lire

Le voyageur du temps

Un inventeur génial de la fin du XIXe siècle a conçu une machine à voyager dans le temps. Il s'arrête en 2020 et sort de sa machine en plein Paris. Très surpris de ce qu'il voit, il aborde une passante.

—Excusez-moi, monsieur...

La passante le regarde d'un air étonné et réplique:

—Mademoiselle.

—Mademoiselle? Ah oui, c'est vrai... Je suis confus. Mais... pourquoi portez-vous un pantalon?

—Parce que je trouve ça confortable. Quelle drôle de question!

—Excusez-moi, je suis un peu désorienté... Dites-moi: nous sommes bien à Paris, n'est-ce pas?

—Oui, bien sûr.

—Et, euh... j'ai perdu ma montre, voyez-vous... pouvez-vous me dire la date?

La passante a l'air de plus en plus étonné.

—Le 1er avril.

—De quelle année?

—Ah, je comprends: c'est une blague, hein? Un poisson d'avril[1]?

—Non, non, je vous assure. Je suis très sérieux, mais un peu distrait, voyez-vous. Alors, l'année?

—2020. Vous êtes sûr que vous vous sentez bien?

—2020!!! Mon dieu! Oui, merci, ça va. Je suis juste un peu déconcerté.

—Ah, je comprends; vous n'êtes pas d'ici...

—Oh, si, justement, c'est «ici» qui me semble avoir beaucoup changé. Regardez tous ces gens, tous ces étrangers! Toutes ces races! Est-ce qu'il y a de nouveau une Exposition Coloniale?

—Ce serait difficile: il n'y a plus de colonies, vous savez. Ces gens vivent et travaillent ici et d'ailleurs, la plupart sont sans doute français.

—C'est vrai? Mais, alors, est-ce que la France est toujours un pays souverain? Nous n'avons pas été envahis par les Allemands, au moins?

La passante réfléchit quelques instants avec un sourire amusé.

—Pas exactement. C'est de l'histoire ancienne, tout ça. Les Allemands sont nos meilleurs amis à présent; ensemble, nous avons construit l'Europe.

—Tiens! Quelle idée! Ahem... Vous savez, je suis ingénieur, je passe mes journées dans mon laboratoire et je ne suis pas l'actualité de très près. Expliquez-moi en quoi consiste cette Europe.

—Eh bien, les frontières ont été abolies et depuis 2002 nous avons une monnaie unique, l'euro. Nous avons déjà une politique agricole commune, une force militaire multinationale...

—Vraiment? Et est-ce que cette Europe est unie politiquement aussi, avec un président?

—Non, pas encore, mais on en parle. Il y a des instances de gouvernement commun, comme la commission de Bruxelles ou le parlement de Strasbourg... Dites, vous n'avez jamais entendu parler de tout ça?

---

[1]poisson... une blague qu'on fait traditionnellement le 1er avril

—Non, je suis très très distrait, vous savez. Mais tout ce que vous me dites m'intéresse beaucoup... J'espère seulement qu'avec tous ces changements, la France ne va pas devenir un petit pays sans importance.
—Ne vous inquiétez pas! Je crois que la France a encore un rôle à jouer, pas seulement au sein de l'Union européenne...
—Je vous remercie beaucoup, jeune homme... euh, enfin, je veux dire, chère mademoiselle. Merci et bonne journée!
«Quel vieil original!» pense la jeune femme en s'éloignant, «et quel accoutrement[2] bizarre! C'est à croire que ce monsieur vit encore au XIXe siècle!»

_____

[2]costume

Avez-vous compris?   Le voyageur du temps est déconcerté par les différences entre la fin du XIXe siècle et l'an 2020. Trouvez dans le texte des éléments qui s'opposent à son expérience.

MODÈLE: À son époque, les femmes devaient porter des corsets, des robes et des jupons.
En 2020, les femmes portent ce qu'elles veulent.

À son époque,...

1. la France et l'Allemagne étaient souvent en conflit.
2. la France possédait un immense empire colonial.
3. chaque pays européen avait des institutions totalement distinctes de celles des autres.
4. Strasbourg faisait partie du territoire allemand.
5. la population française était extrêmement homogène.
6. les frontières entre pays jouaient un rôle important.
7. chaque pays avait sa propre monnaie.

À vous la parole!   Enthousiasmé par ce qu'il vient de voir, le voyageur du temps monte encore dans sa machine pour retourner à son époque et tout raconter à ses amis. Malheureusement, il fait une erreur et se retrouve en 2099! Imaginez une scène où il rencontre un passant (une passante) de la fin du XXIe siècle.

MODÈLE: VOYAGEUR: Bonjour... monsieur? madame?
GOGI: Bonjour, je suis Gogi, robot à votre service. Vous désirez continuer en français?
VOYAGEUR: ...

À vous d'écrire

Interviewez quelqu'un qui a immigré d'un autre pays. Posez des questions sur son pays d'origine, sa raison pour partir, son travail et les changements que cette décision a provoqués dans sa vie, etc. Ensuite, écrivez un article au sujet de ses expériences.

MODÈLE: _La tante de mon ami Tuan Nguyen est venue aux États-Unis pendant les années 80 après la guerre du Viêtnam. Elle avait été séparée de sa famille pendant la guerre et..._

🎧 Vocabulaire

Le monde et ses habitants

The world and those who live in it

bilingue	bilingual
chauvin(e)	nationalistic
déchiré(e)	torn, conflicted
disparu(e)	gone, disappeared
peuplé(e)	inhabited
puni(e)	punished

Mots apparentés: **biculturel(le), ethnique, monolingue, multiculturel(le), pur(e)**

les enjeux (*m.*)	stakes
une foire internationale	an international fair
un(e) immigré(e)	an immigrant
la langue maternelle	mother tongue

Mots apparentés: **l'égalité** (*f.*), **l'harmonie** (*f.*), **l'intégration** (*f.*), **le quotient intellectuel (QI)**

accorder l'indépendance (à)	to grant independence (to)
avoir le mal du pays	to be homesick
disposer (de)	to have access to; to make use of
s'entraider	to help one another
faire partie de	to belong to
s'installer	to settle
rester en contact	to stay in touch
soutenir	to support; to aid

Mots apparentés: **abuser (de), consister, émigrer, enrichir, immigrer, s'intégrer, se révolter**

Les problèmes sociaux et l'opinion publique

Social problems and public opinion

l'assurance (*f.*) **(maladie)**	(health) insurance
l'avortement (*m.*)	abortion
une bataille	a battle
le chômage	unemployment
le gaspillage	waste
la guerre	war
une loi	a law
la pauvreté	poverty
les soins (*m.*) **médicaux**	medical care

équilibrer le budget	to balance the budget
être conscient(e) (de)	to be aware (of)
lancer une bombe	to drop a bomb
vieillir	to grow old

Mots apparentés: **l'agression** (*f.*), **l'armement** (*m.*), **une bombe atomique, un crime passionnel, la drogue, un(e) trafiquant(e)**

L'environnement

The environment

les armes (*f.*) **nucléaires**	nuclear weapons
un chercheur / une chercheuse	a researcher
une décharge	a (trash) dump
l'échappement (*m.*)	exhaust
les espèces (*f.*) **animales**	animal species
l'exclusion (*f.*)	(state of) marginalization
un gratte-ciel	a skyscraper
la solidarité	support, help for people in distress
la surpopulation	overpopulation
la vente d'armes à feu	sale of firearms
les vestiges (*m.*) **(du passé)**	remains (of the past)

abolir	to abolish
affronter	to confront, to deal with
lutter	to fight

Mots apparentés: **la génétique, lucratif/lucrative, révoltant(e), la révolte, simpliste**

Mots et expressions utiles

à condition que	provided that
à moins que	unless
Ça m'est égal.	It doesn't matter to me.
les colons (*m.*)	colonials, colonists
l'extrême droite (*f.*)	the far right
inoffensif/inoffensive	harmless
jusqu'à ce que	until
pire (le pire)	worse (the worst)
pourvu que	provided that
le rédacteur en chef	executive editor
risible	laughable

Grammaire et exercices

14.1 *Should have*: The past conditional of **devoir**

A. You have already used the present conditional of **devoir** + an infinitive to express a judgment about a present or future action.

> Nous **devrions être** moins dépendants de la voiture.

> *We should be less dependent on cars.*

⭐ Review **Grammaire 8.4**.

B. To express a judgment about a past action, use the past conditional of **devoir** + an infinitive.

⭐ *You will learn more about the past conditional in* **Grammaire 14.2**.

PAST CONDITIONAL OF **devoir**	
j'aurais dû	nous aurions dû
tu aurais dû	vous auriez dû
il/elle/on aurait dû	ils/elles auraient dû

> Tu n'as pas voté? Tu **aurais dû** le faire.

> *You didn't vote? You should have.*

> Nous **aurions dû** penser à ces problèmes plus tôt.

> *We should have thought of these problems sooner.*

➤ **je dois** = *I have to*
➤ **je devrais** = *I should*
➤ **j'aurais dû** = *I should have*

Exercice 1 Erreurs du passé

La classe de Mme Martin parle de certains problèmes sociaux. Employez le conditionnel passé de **devoir**.

MODÈLE: On *aurait dû* accorder le droit de vote aux femmes beaucoup plus tôt.

1. Les scientifiques _____ nous avertir plus tôt des problèmes écologiques.
2. Nous _____ être informés plus tôt sur les dangers du tabac.
3. Vous _____ voter aux dernières élections.
4. On _____ prévoir les effets des nouvelles technologies sur les emplois.
5. Raoul, tu _____ nous parler des expériences de tes ancêtres québécois.
6. Moi, j'_____ choisir d'être professeur d'anglais langue seconde.

14.2 Saying what you would have done: The past conditional

A. The past conditional is used to tell what someone would have done in the past under certain circumstances. It consists of the conditional form of **avoir** or **être** + the past participle.

⭐ Review **Grammaire 11.1** *on the present conditional.*

CONDITIONNEL PASSÉ		
finir	**arriver**	**se lever**
j'**aurais** fini	je **serais** arrivé(e)	je me **serais** levé(e)
tu **aurais** fini	tu **serais** arrivé(e)	tu te **serais** levé(e)
il/elle/on **aurait** fini	il/elle/on **serait** arrivé(e)	il/elle/on se **serait** levé(e)
nous **aurions** fini	nous **serions** arrivé(e)s	nous nous **serions** levé(e)s
vous **auriez** fini	vous **seriez** arrivé(e)(s)	vous vous **seriez** levé(e)(s)
ils/elles **auraient** fini	ils/elles **seraient** arrivé(e)s	ils/elles se **seraient** levé(e)s

➤ **j'aurais fait** = *I would have done*

➤ **je serais allé(e)** = *I would have gone*

⭐ *Review* **Grammaire 11.5** *on conditional sentences with* **si** + **imparfait** + *present conditional.*

⭐ *Review* **Grammaire 13.4** *on the* **plus-que-parfait**.

Si j'avais vécu au XIXe siècle, j'**aurais été** plus heureuse. J'**aurais pu** vivre dans un monde plus simple.

If I had lived in the 19th century, I would have been happier. I could have lived (would have been able to live) in a simpler world.

B. You have seen how French expresses a hypothetical condition and its result by using **si** + the **imparfait** + the present conditional.

Si j'avais le temps, **je travaillerais** pour ce candidat.

If I had the time, I would work for that candidate.

To express a *past* hypothetical condition and a *past* result, use **si** + the **plus-que-parfait** + the past conditional. Remember that the **plus-que-parfait** consists of the **imparfait** form of **avoir** or **être** + the past participle.

Si j'avais eu le temps, **j'aurais travaillé** pour ce candidat.

If I had had the time, I would have worked for that candidate.

Si tu étais resté(e) à la maison, **tu n'aurais pas eu** cet accident.

If you had stayed at home, you wouldn't have had this accident.

Exercice 2 Moi, j'aurais fait autrement!

Marie Lasalle est écologiste, mais elle a du mal à changer les habitudes de Francis. Voici ce qu'elle lui dit quand il rentre du supermarché. Complétez les phrases en mettant le verbe au conditionnel passé.

1. Moi, je _____ (ne pas acheter) ces sacs poubelle non biodégradables.
2. Si tu avais pris le bus au lieu de la voiture, ça _____ (être) mieux pour l'environnement.
3. On _____ (ne pas jeter) tout ce plastique à la poubelle, si tu n'avais pas choisi des légumes emballés dans du plastique.
4. Est-ce que tu sais que tu _____ (pouvoir) trouver une lessive sans phosphates?
5. Si tu avais emporté nos filets à provisions,* tu _____ (ne pas rentrer) avec tous ces sacs en plastique.
6. Si tu avais réfléchi un peu plus, tu _____ (se rendre compte) qu'on vend beaucoup de produits bio au supermarché maintenant.

---

*filets... *string bags used for shopping*

14.3 Conjunctions: More on the subjunctive

A. Certain French conjunctions require the verb that follows to be in the subjunctive mood.

> Il faudra prendre des mesures sévères **pour que** tout le monde **comprenne** la gravité de la situation.

> *It will be necessary to take some drastic steps so that everyone will understand the seriousness of the situation.*

Definition: A *conjunction* is a word or expression that links one idea to another within a sentence: **et**, **mais**, etc.

B. The conjunctions that require the use of the subjunctive generally include some element of uncertainty, in the sense that they introduce a potential event that may or may not actually take place. Here are the most commonly used conjunctions that require the subjunctive:

TIME	RESTRICTION
avant que *before*	**à moins que** *unless*
jusqu'à ce que *until*	**bien que, quoique** *although, even though*
PURPOSE	**pourvu que, à condition que** *provided that*
afin que, pour que *so that*	**sans que** *without*

> J'espère lui parler **avant qu'**elle **prenne** une décision.
> **Bien que** vous **ayez** de bonnes idées, je trouve que vous êtes trop optimiste.

> *I hope to speak to her before she makes a decision.*
> *Although you have some good ideas, I think you are too optimistic.*

Exercice 3 Que faut-il faire?

Complétez les phrases de façon logique en choisissant une des conjonctions indiquées.

à condition que, à moins que, bien que

1. La surpopulation de la terre va bientôt prendre des proportions catastrophiques, _____ tous les pays du monde se mettent d'accord sur les mesures à prendre.
2. Nous devrions aider les pays en voie de développement _____ ce développement se conforme à des priorités écologiques.
3. _____ les femmes aient le droit de vote depuis assez longtemps, il y a très peu de femmes dans notre législature.

jusqu'à ce que, pour que, quoique

4. Les jeunes défavorisés vont continuer à avoir des problèmes _____ nous dépensions plus pour les écoles que pour les prisons.
5. Notre gouvernement continue à aider ce pays, _____ ses leaders n'arrêtent pas d'emprisonner leurs adversaires politiques.
6. Il faudrait enseigner les principes de l'écologie à l'école, _____ les enfants les apprennent très jeunes.

14.4 Expressing doubt and uncertainty: More on the subjunctive

Another use of the subjunctive is to express doubt or uncertainty about some event or state of affairs. The following charts show various ways to express the degree of likelihood of some event. Notice that the indicative is used for something that is considered probable or certain, whereas the subjunctive is used for anything that is impossible, unlikely, or merely possible.

➤ Use the subjunctive after expressions of

- necessity
- desire
- emotion, attitude
- doubt, uncertainty, impossibility

SUBJUNCTIVE	
Impossible	c'est impossible que ce n'est pas possible que
Unlikely, doubtful	c'est peu probable que c'est douteux que je doute que
Possible, uncertain	c'est possible que ce n'est pas certain que je ne suis pas certain(e)/sûr(e) que

INDICATIVE	
Likely, probable	c'est probable que je crois que, je pense que
Certain	c'est certain que c'est vrai que c'est sûr que c'est clair que je suis certain(e)/sûr(e) que

➤ Subjunctive:

C'est **impossible** qu'il vienne.

C'est **peu probable** que tu aies raison.

C'est **possible** que je sois en retard.

➤ Indicative:

C'est **probable** que tu as raison.

C'est **certain** que je serai en retard.

SUBJUNCTIVE

C'est impossible que tous les pays **se mettent** d'accord sur une solution.

Je doute que cela **soit** vrai.
C'est possible que le président **fasse** une conférence de presse ce soir.

It's impossible for all countries to agree on a solution.

I doubt that that is true.
It's possible the president will hold a press conference tonight.

INDICATIVE

C'est probable que la presse lui **posera** beaucoup de questions.
C'est certain que ces problèmes **vont** s'aggraver.

It's likely the press will ask him/her a lot of questions.
It's certain these problems are going to get worse.

Exercice 4 Prédictions pour l'an 2030

Complétez les phrases en utilisant l'indicatif ou le subjonctif. Ensuite, dites laquelle exprime le mieux votre opinion. Comparez vos réponses avec celles de vos camarades de classe.

MODÈLE: Toutes les voitures seront équipées du pilotage automatique.
    a. C'est peu probable que toutes les voitures soient équipées du pilotage automatique.
    b. C'est probable que toutes les voitures seront équipées du pilotage automatique.

1. Les étudiants de mon université suivront tous leurs cours en ligne.
    a. C'est possible que…
    b. C'est impossible que…
2. Tous les Américains parleront anglais, français et espagnol.
    a. C'est impossible que…
    b. C'est probable que…
3. Nous éliminerons la pauvreté.
    a. Je crois que…
    b. C'est peu probable que…
4. Tout le monde travaillera à la maison.
    a. Je pense que…
    b. Ce n'est pas possible que…
5. Toutes les familles du monde auront l'internet.
    a. C'est peu probable que…
    b. C'est possible que…

*Verbs ending in **-er** with spelling changes*

A few regular **-er** verbs have minor spelling changes in the present-tense stem. Most of these changes correspond to changes in pronunciation that occur when the verb form has an ending that is not pronounced.

- *Verbs like **préférer***: The second **é** of the stem is pronounced as [e] in the infinitive and in the **nous** and **vous** forms. However, when the verb ending is silent, this second **é** is changed to **è** and is pronounced as [ɛ].

with pronounced endings:	préférer, nous préférons, vous préférez
with silent endings:	je préfère, tu préfères, il/elle/on préfère, ils/elles préfèrent

- *Verbs like **acheter***: The unaccented **e** of the stem (a mute **e**) is not normally pronounced in the infinitive or in the **nous** and **vous** forms. However, when the verb ending is silent, this **e** becomes an **è** and is pronounced as [ɛ].

with pronounced endings:	achǿter, nous achǿtons, vous achǿtez
with silent endings:	j'achète, tu achètes, il/elle/on achète, ils/elles achètent

- *Verbs like **appeler***: The unaccented **e** of this stem is also a mute **e** that is silent in the infinitive and in the **nous** and **vous** forms. However, when the verb ending is silent, the **l** is doubled, and the **e** is pronounced as [ɛ].

with pronounced endings:	appǿler, nous appǿlons, vous appǿlez
with silent endings:	j'appelle, tu appelles, il/elle/on appelle, ils/elles appellent

- *Verbs like **manger***: An **e** is added after the **g** before **-ons** and endings starting with **-a** to preserve the soft pronunciation [3] of the letter **g**.

  nous mangeons

- *Verbs like **commencer***: A cedilla (‚) is added to the **c** before **-ons** and endings starting with **-a** to preserve the soft pronunciation [s] of the letter **c**.

  nous commençons

A chart showing the full conjugation of these verbs, along with lists of other verbs that have similar conjugation patterns, follows in Appendix C, Part 3.

Verb + verb constructions

1. Some verbs directly precede an infinitive, with no intervening preposition (**J'aime danser**).

aimer	espérer	pouvoir	valoir (il vaut mieux)
aller	faire	préférer	venir*
désirer	falloir (il faut)	savoir	vouloir
détester	laisser	souhaiter	
devoir	penser		

2. Some verbs require the preposition **à** before the infinitive (**Il commence à parler**).

aider à	commencer à	hésiter à	se préparer à
s'amuser à	continuer à	s'intéresser à	réussir à
apprendre à	se décider à	inviter à	servir à
arriver à	encourager à	se mettre à	tenir à
chercher à	s'habituer à		

3. Some verbs require the preposition **de** before the infinitive (**Nous essayons de travailler**).

accepter de	demander de	interdire de	proposer de
s'arrêter de	dire de	offrir de	refuser de
avoir peur de	empêcher de	oublier de	regretter de
cesser de	essayer de	parler de	remercier de
choisir de	éviter de	permettre de	rêver de
conseiller de	s'excuser de	persuader de	risquer de
décider de	finir de	promettre de	venir de*

---

*When used as a verb of motion, **venir** needs no preposition before an infinitive: **Je viens vous aider.** *I'm coming to help you.* However, the preposition **de** is used before the infinitive in the **passé récent** construction: **Je viens de l'aider.** *I've just helped him/her.*

Conjugations of regular and irregular verbs

1. Auxiliary verbs

VERB	INDICATIVE			CONDITIONAL	SUBJUNCTIVE	IMPERATIVE
	Present	*Imperfect*	*Future*	*Present*	*Present*	
avoir*	ai	avais	aurai	aurais	aie	
(*to have*)	as	avais	auras	aurais	aies	aie
ayant	a	avait	aura	aurait	ait	
eu	avons	avions	aurons	aurions	ayons	ayons
	avez	aviez	aurez	auriez	ayez	ayez
	ont	avaient	auront	auraient	aient	
	Passé composé		*Pluperfect*	*Past*		
	ai eu		avais eu	aurais eu		
	as eu		avais eu	aurais eu		
	a eu		avait eu	aurait eu		
	avons eu		avions eu	aurions eu		
	avez eu		aviez eu	auriez eu		
	ont eu		avaient eu	auraient eu		
	Present	*Imperfect*	*Future*	*Present*	*Present*	
être	suis	étais	serai	serais	sois	
(*to be*)	es	étais	seras	serais	sois	sois
étant	est	était	sera	serait	soit	
été	sommes	étions	serons	serions	soyons	soyons
	êtes	étiez	serez	seriez	soyez	soyez
	sont	étaient	seront	seraient	soient	
	Passé composé		*Pluperfect*	*Past*		
	ai été		avais été	aurais été		
	as été		avais été	aurais été		
	a été		avait été	aurait été		
	avons été		avions été	aurions été		
	avez été		aviez été	auriez été		
	ont été		avaient été	auraient été		

*The leftmost column of each chart contains the infinitive, the present participle, and the past participle of each verb. Conjugated verbs are shown without subject pronouns.

2. Regular verbs

VERB	INDICATIVE			CONDITIONAL	SUBJUNCTIVE	IMPERATIVE
-er Verbs	*Present*	*Imperfect*	*Future*	*Present*	*Present*	
parler	parle	parlais	parlerai	parlerais	parle	
(*to speak*)	parles	parlais	parleras	parlerais	parles	parle
parlant	parle	parlait	parlera	parlerait	parle	
parlé	parlons	parlions	parlerons	parlerions	parlions	parlons
	parlez	parliez	parlerez	parleriez	parliez	parlez
	parlent	parlaient	parleront	parleraient	parlent	
	*Passé composé**		*Pluperfect*	*Past*		
	ai parlé		avais parlé	aurais parlé		
	as parlé		avais parlé	aurais parlé		
	a parlé		avait parlé	aurait parlé		
	avons parlé		avions parlé	aurions parlé		
	avez parlé		aviez parlé	auriez parlé		
	ont parlé		avaient parlé	auraient parlé		
-ir Verbs	*Present*	*Imperfect*	*Future*	*Present*	*Present*	
finir	finis	finissais	finirai	finirais	finisse	
(*to finish*)	finis	finissais	finiras	finirais	finisses	finis
finissant	finit	finissait	finira	finirait	finisse	
fini	finissons	finissions	finirons	finirions	finissions	finissons
	finissez	finissiez	finirez	finiriez	finissiez	finissez
	finissent	finissaient	finiront	finiraient	finissent	
	*Passé composé**		*Pluperfect*	*Past*		
	ai fini		avais fini	aurais fini		
	as fini		avais fini	aurais fini		
	a fini		avait fini	aurait fini		
	avons fini		avions fini	aurions fini		
	avez fini		aviez fini	auriez fini		
	ont fini		avaient fini	auraient fini		
-re Verbs	*Present*	*Imperfect*	*Future*	*Present*	*Present*	
perdre	perds	perdais	perdrai	perdrais	perde	
(*to lose*)	perds	perdais	perdras	perdrais	perdes	perds
perdant	perd	perdait	perdra	perdrait	perde	
perdu	perdons	perdions	perdrons	perdrions	perdions	perdons
	perdez	perdiez	perdrez	perdriez	perdiez	perdez
	perdent	perdaient	perdront	perdraient	perdent	
	*Passé composé**		*Pluperfect*	*Past*		
	ai perdu		avais perdu	aurais perdu		
	as perdu		avais perdu	aurais perdu		
	a perdu		avait perdu	aurait perdu		
	avons perdu		avions perdu	aurions perdu		
	avez perdu		aviez perdu	auriez perdu		
	ont perdu		avaient perdu	auraient perdu		

*Certain intransitive verbs are conjugated with **être** instead of **avoir** in compound tenses. Regular verbs conjugated with **être** include **arriver**, **descendre**, **entrer**, **monter**, **passer**, **rentrer**, **rester**, **retourner**, and **tomber**.

3. *-er* Verbs with spelling changes

Some verbs ending in **-er** require spelling changes in the verb stem in certain forms and tenses. Models for each kind of change are listed here. Forms with spelling changes in the stem are in boldface type.

VERB	PRESENT	IMPERFECT	PASSÉ COMPOSÉ	FUTURE	CONDITIONAL	PRESENT SUBJUNCTIVE	IMPERATIVE
commencer*	commence	**commençais**	ai commencé	commencerai	commencerais	commence	
(*to begin*)	commences	**commençais**	as commencé	commenceras	commencerais	commences	commence
commençant	commence	**commençait**	a commencé	commencera	commencerait	commence	
commencé	**commençons**	commencions	avons commencé	commencerons	commencerions	commencions	**commençons**
	commencez	commenciez	avez commencé	commencerez	commenceriez	commenciez	commencez
	commencent	**commençaient**	ont commencé	commenceront	commenceraient	commencent	
manger**	mange	**mangeais**	ai mangé	mangerai	mangerais	mange	
(*to eat*)	manges	**mangeais**	as mangé	mangeras	mangerais	manges	mange
mangeant	mange	**mangeait**	a mangé	mangera	mangerait	mange	
mangé	**mangeons**	mangions	avons mangé	mangerons	mangerions	mangions	**mangeons**
	mangez	mangiez	avez mangé	mangerez	mangeriez	mangiez	mangez
	mangent	**mangeaient**	ont mangé	mangeront	mangeraient	mangent	
appeler[†]	**appelle**	appelais	ai appelé	**appellerai**	**appellerais**	**appelle**	
(*to call*)	**appelles**	appelais	as appelé	**appelleras**	**appellerais**	**appelles**	**appelle**
appelant	**appelle**	appelait	a appelé	**appellera**	**appellerait**	**appelle**	
appelé	appelons	appelions	avons appelé	**appellerons**	**appellerions**	appelions	appelons
	appelez	appeliez	avez appelé	**appellerez**	**appelleriez**	appeliez	appelez
	appellent	appelaient	ont appelé	**appelleront**	**appelleraient**	**appellent**	
essayer[††]	**essaie**	essayais	ai essayé	**essaierai**	**essaierais**	**essaie**	
(*to try*)	**essaies**	essayais	as essayé	**essaieras**	**essaierais**	**essaies**	**essaie**
essayant	**essaie**	essayait	a essayé	**essaiera**	**essaierait**	**essaie**	
essayé	essayons	essayions	avons essayé	**essaierons**	**essaierions**	essayions	essayons
	essayez	essayiez	avez essayé	**essaierez**	**essaieriez**	essayiez	essayez
	essaient	essayaient	ont essayé	**essaieront**	**essaieraient**	**essaient**	
acheter[‡]	**achète**	achetais	ai acheté	**achèterai**	**achèterais**	**achète**	
(*to buy*)	**achètes**	achetais	as acheté	**achèteras**	**achèterais**	**achètes**	**achète**
achetant	**achète**	achetait	a acheté	**achètera**	**achèterait**	**achète**	
acheté	achetons	achetions	avons acheté	**achèterons**	**achèterions**	achetions	achetons
	achetez	achetiez	avez acheté	**achèterez**	**achèteriez**	achetiez	achetez
	achètent	achetaient	ont acheté	**achèteront**	**achèteraient**	**achètent**	
préférer[§]	**préfère**	préférais	ai préféré	**préférerai**	**préférerais**	**préfère**	
(*to prefer*)	**préfères**	préférais	as préféré	**préféreras**	**préférerais**	**préfères**	**préfère**
préférant	**préfère**	préférait	a préféré	**préférera**	**préférerait**	**préfère**	
préféré	préférons	préférions	avons préféré	**préférerons**	**préférerions**	préférions	préférons
	préférez	préfériez	avez préféré	**préférerez**	**préféreriez**	préfériez	préférez
	préfèrent	préféraient	ont préféré	**préféreront**	**préféreraient**	**préfèrent**	

*Verbs like **commencer**: **dénoncer, divorcer, menacer, placer, prononcer, remplacer, tracer**
Verbs like **manger: **bouger, changer, dégager, engager, exiger, juger, loger, mélanger, nager, obliger, partager, voyager**
[†]Verbs like **appeler**: **jeter, projeter, (se) rappeler**
[††]Verbs like **essayer**: **employer, (s')ennuyer, nettoyer, payer**
[‡]Verbs like **acheter**: **achever, amener, emmener, (se) lever, promener**
[§]Verbs like **préférer**: **célébrer, considérer, espérer, (s')inquiéter, pénétrer, posséder, répéter, révéler, suggérer**

4. Reflexive verbs

VERB	INDICATIVE			CONDITIONAL	SUBJUNCTIVE	IMPERATIVE
	Present	*Imperfect*	*Future*	*Present*	*Present*	
se laver	me lave	me lavais	me laverai	me laverais	me lave	
(to wash	te laves	te lavais	te laveras	te laverais	te laves	lave-toi
oneself)	se lave	se lavait	se lavera	se laverait	se lave	
se lavant	nous lavons	nous lavions	nous laverons	nous laverions	nous lavions	lavons-nous
lavé	vous lavez	vous laviez	vous laverez	vous laveriez	vous laviez	lavez-vous
	se lavent	se lavaient	se laveront	se laveraient	se lavent	

Passé composé	*Pluperfect*	*Past*
me suis lavé(e)	m'étais lavé(e)	me serais lavé(e)
t'es lavé(e)	t'étais lavé(e)	te serais lavé(e)
s'est lavé(e)	s'était lavé(e)	se serait lavé(e)
nous sommes lavé(e)s	nous étions lavé(e)s	nous serions lavé(e)s
vous êtes lavé(e)(s)	vous étiez lavé(e)(s)	vous seriez lavé(e)(s)
se sont lavé(e)s	s'étaient lavé(e)s	se seraient lavé(e)s

5. Irregular verbs

VERB	PRESENT	PASSÉ COMPOSÉ	IMPERFECT	FUTURE	CONDITIONAL	PRESENT SUBJUNCTIVE	IMPERATIVE
aller	vais	suis allé(e)	allais	irai	irais	aille	
(to go)	vas	es allé(e)	allais	iras	irais	ailles	va
allant	va	est allé(e)	allait	ira	irait	aille	
allé	allons	sommes allé(e)s	allions	irons	irions	allions	allons
	allez	êtes allé(e)(s)	alliez	irez	iriez	alliez	allez
	vont	sont allé(e)s	allaient	iront	iraient	aillent	
boire	bois	ai bu	buvais	boirai	boirais	boive	
(to drink)	bois	as bu	buvais	boiras	boirais	boives	bois
buvant	boit	a bu	buvait	boira	boirait	boive	
bu	buvons	avons bu	buvions	boirons	boirions	buvions	buvons
	buvez	avez bu	buviez	boirez	boiriez	buviez	buvez
	boivent	ont bu	buvaient	boiront	boiraient	boivent	
conduire*	conduis	ai conduit	conduisais	conduirai	conduirais	conduise	
(to lead;	conduis	as conduit	conduisais	conduiras	conduirais	conduises	conduis
to drive)	conduit	a conduit	conduisait	conduira	conduirait	conduise	
conduisant	conduisons	avons conduit	conduisions	conduirons	conduirions	conduisions	conduisons
conduit	conduisez	avez conduit	conduisiez	conduirez	conduiriez	conduisiez	conduisez
	conduisent	ont conduit	conduisaient	conduiront	conduiraient	conduisent	
connaitre	connais	ai connu	connaissais	connaitrai	connaitrais	connaisse	
(to be	connais	as connu	connaissais	connaitras	connaitrais	connaisses	connais
acquainted	connait	a connu	connaissait	connaitra	connaitrait	connaisse	
with)	connaissons	avons connu	connaissions	connaitrons	connaitrions	connaissions	connaissons
connaissant	connaissez	avez connu	connaissiez	connaitrez	connaitriez	connaissiez	connaissez
connu	connaissent	ont connu	connaissaient	connaitront	connaitraient	connaissent	

*Verbs like **conduire**: détruire, réduire, traduire

VERB	PRESENT	PASSÉ COMPOSÉ	IMPERFECT	FUTURE	CONDITIONAL	PRESENT SUBJUNCTIVE	IMPERATIVE
courir	cours	ai couru	courais	courrai	courrais	coure	
(*to run*)	cours	as couru	courais	courras	courrais	coures	cours
courant	court	a couru	courait	courra	courrait	coure	
couru	courons	avons couru	courions	courrons	courrions	courions	courons
	courez	avez couru	couriez	courrez	courriez	couriez	courez
	courent	ont couru	couraient	courront	courraient	courent	
craindre*	crains	ai craint	craignais	craindrai	craindrais	craigne	
(*to fear*)	crains	as craint	craignais	craindras	craindrais	craignes	crains
craignant	craint	a craint	craignait	craindra	craindrait	craigne	
craint	craignons	avons craint	craignions	craindrons	craindrions	craignions	craignons
	craignez	avez craint	craigniez	craindrez	craindriez	craigniez	craignez
	craignent	ont craint	craignaient	craindront	craindraient	craignent	
croire	crois	ai cru	croyais	croirai	croirais	croie	
(*to believe*)	crois	as cru	croyais	croiras	croirais	croies	crois
croyant	croit	a cru	croyait	croira	croirait	croie	
cru	croyons	avons cru	croyions	croirons	croirions	croyions	croyons
	croyez	avez cru	croyiez	croirez	croiriez	croyiez	croyez
	croient	ont cru	croyaient	croiront	croiraient	croient	
devoir	dois	ai dû	devais	devrai	devrais	doive	
(*to have to*;	dois	as dû	devais	devras	devrais	doives	dois
to owe)	doit	a dû	devait	devra	devrait	doive	
devant	devons	avons dû	devions	devrons	devrions	devions	devons
dû	devez	avez dû	deviez	devrez	devriez	deviez	devez
	doivent	ont dû	devaient	devront	devraient	doivent	
dire**	dis	ai dit	disais	dirai	dirais	dise	
(*to say*;	dis	as dit	disais	diras	dirais	dises	dis
to tell)	dit	a dit	disait	dira	dirait	dise	
disant	disons	avons dit	disions	dirons	dirions	disions	disons
dit	dites	avez dit	disiez	direz	diriez	disiez	dites
	disent	ont dit	disaient	diront	diraient	disent	
dormir†	dors	ai dormi	dormais	dormirai	dormirais	dorme	
(*to sleep*)	dors	as dormi	dormais	dormiras	dormirais	dormes	dors
dormant	dort	a dormi	dormait	dormira	dormirait	dorme	
dormi	dormons	avons dormi	dormions	dormirons	dormirions	dormions	dormons
	dormez	avez dormi	dormiez	dormirez	dormiriez	dormiez	dormez
	dorment	ont dormi	dormaient	dormiront	dormiraient	dorment	
écrire††	écris	ai écrit	écrivais	écrirai	écrirais	écrive	
(*to write*)	écris	as écrit	écrivais	écriras	écrirais	écrives	écris
écrivant	écrit	a écrit	écrivait	écrira	écrirait	écrive	
écrit	écrivons	avons écrit	écrivions	écrirons	écririons	écrivions	écrivons
	écrivez	avez écrit	écriviez	écrirez	écririez	écriviez	écrivez
	écrivent	ont écrit	écrivaient	écriront	écriraient	écrivent	
envoyer	envoie	ai envoyé	envoyais	enverrai	enverrais	envoie	
(*to send*)	envoies	as envoyé	envoyais	enverras	enverrais	envoies	envoie
envoyant	envoie	a envoyé	envoyait	enverra	enverrait	envoie	
envoyé	envoyons	avons envoyé	envoyions	enverrons	enverrions	envoyions	envoyons
	envoyez	avez envoyé	envoyiez	enverrez	enverriez	envoyiez	envoyez
	envoient	ont envoyé	envoyaient	enverront	enverraient	envoient	

*Verbs like **craindre**: **atteindre, éteindre, plaindre**
Verbs like **dire: **contredire** (but: **vous contredisez**), **interdire** (but: vo**us interdisez**), **prédire** (but: **vous prédisez**)
†Verbs like **dormir**: **mentir, partir, repartir, sentir, servir, sortir**. (**Partir, repartir**, and **sortir** are conjugated with **être** in the **passé composé**.)
††Verbs like **écrire**: **décrire, transcrire**

VERB	PRESENT	PASSÉ COMPOSÉ	IMPERFECT	FUTURE	CONDITIONAL	PRESENT SUBJUNCTIVE	IMPERATIVE
faire	fais	ai fait	faisais	ferai	ferais	fasse	
(*to do;*	fais	as fait	faisais	feras	ferais	fasses	fais
to make)	fait	a fait	faisait	fera	ferait	fasse	
faisant	faisons	avons fait	faisions	ferons	ferions	fassions	faisons
fait	faites	avez fait	faisiez	ferez	feriez	fassiez	faites
	font	ont fait	faisaient	feront	feraient	fassent	
falloir	il faut	il a fallu	il fallait	il faudra	il faudrait	il faille	
(*to be*							
necessary)							
fallu							
lire	lis	ai lu	lisais	lirai	lirais	lise	
(*to read*)	lis	as lu	lisais	liras	lirais	lises	lis
lisant	lit	a lu	lisait	lira	lirait	lise	
lu	lisons	avons lu	lisions	lirons	lirions	lisions	lisons
	lisez	avez lu	lisiez	lirez	liriez	lisiez	lisez
	lisent	ont lu	lisaient	liront	liraient	lisent	
mettre*	mets	ai mis	mettais	mettrai	mettrais	mette	
(*to put*)	mets	as mis	mettais	mettras	mettrais	mettes	mets
mettant	met	a mis	mettait	mettra	mettrait	mette	
mis	mettons	avons mis	mettions	mettrons	mettrions	mettions	mettons
	mettez	avez mis	mettiez	mettrez	mettriez	mettiez	mettez
	mettent	ont mis	mettaient	mettront	mettraient	mettent	
mourir	meurs	suis mort(e)	mourais	mourrai	mourrais	meure	
(*to die*)	meurs	es mort(e)	mourais	mourras	mourrais	meures	meurs
mourant	meurt	est mort(e)	mourait	mourra	mourrait	meure	
mort	mourons	sommes mort(e)s	mourions	mourrons	mourrions	mourions	mourons
	mourez	êtes mort(e)(s)	mouriez	mourrez	mourriez	mouriez	mourez
	meurent	sont mort(e)s	mouraient	mourront	mourraient	meurent	
ouvrir**	ouvre	ai ouvert	ouvrais	ouvrirai	ouvrirais	ouvre	
(*to open*)	ouvres	as ouvert	ouvrais	ouvriras	ouvrirais	ouvres	ouvre
ouvrant	ouvre	a ouvert	ouvrait	ouvrira	ouvrirait	ouvre	
ouvert	ouvrons	avons ouvert	ouvrions	ouvrirons	ouvririons	ouvrions	ouvrons
	ouvrez	avez ouvert	ouvriez	ouvrirez	ouvririez	ouvriez	ouvrez
	ouvrent	ont ouvert	ouvraient	ouvriront	ouvriraient	ouvrent	
plaire	plais	ai plu	plaisais	plairai	plairais	plaise	
(*to please*)	plais	as plu	plaisais	plairas	plairais	plaises	plais
plaisant	plait	a plu	plaisait	plaira	plairait	plaise	
plu	plaisons	avons plu	plaisions	plairons	plairions	plaisions	plaisons
	plaisez	avez plu	plaisiez	plairez	plairiez	plaisiez	plaisez
	plaisent	ont plu	plaisaient	plairont	plairaient	plaisent	
pleuvoir	il pleut	il a plu	il pleuvait	il pleuvra	il pleuvrait	il pleuve	
(*to rain*)							
pleuvant							
plu							
pouvoir	peux (puis)	ai pu	pouvais	pourrai	pourrais	puisse	
(*to be*	peux	as pu	pouvais	pourras	pourrais	puisses	
able)	peut	a pu	pouvait	pourra	pourrait	puisse	
pouvant	pouvons	avons pu	pouvions	pourrons	pourrions	puissions	
pu	pouvez	avez pu	pouviez	pourrez	pourriez	puissiez	
	peuvent	ont pu	pouvaient	pourront	pourraient	puissent	

*Verbs like **mettre: permettre, promettre, remettre**
Verbs like **ouvrir: couvrir, découvrir, offrir, souffrir

VERB	PRESENT	PASSÉ COMPOSÉ	IMPERFECT	FUTURE	CONDITIONAL	PRESENT SUBJUNCTIVE	IMPERATIVE
prendre*	prends	ai pris	prenais	prendrai	prendrais	prenne	
(*to take*)	prends	as pris	prenais	prendras	prendrais	prennes	prends
prenant	prend	a pris	prenait	prendra	prendrait	prenne	
pris	prenons	avons pris	prenions	prendrons	prendrions	prenions	prenons
	prenez	avez pris	preniez	prendrez	prendriez	preniez	prenez
	prennent	ont pris	prenaient	prendront	prendraient	prennent	
recevoir**	reçois	ai reçu	recevais	recevrai	recevrais	reçoive	
(*to*	reçois	as reçu	recevais	recevras	recevrais	reçoives	reçois
receive)	reçoit	a reçu	recevait	recevra	recevrait	reçoive	
recevant	recevons	avons reçu	recevions	recevrons	recevrions	recevions	recevons
reçu	recevez	avez reçu	receviez	recevrez	recevriez	receviez	recevez
	reçoivent	ont reçu	recevaient	recevront	recevraient	reçoivent	
rire	ris	ai ri	riais	rirai	rirais	rie	
(*to laugh*)	ris	as ri	riais	riras	rirais	ries	ris
riant	rit	a ri	riait	rira	rirait	rie	
ri	rions	avons ri	riions	rirons	ririons	riions	rions
	riez	avez ri	riiez	rirez	ririez	riiez	riez
	rient	ont ri	riaient	riront	riraient	rient	
savoir	sais	ai su	savais	saurai	saurais	sache	
(*to know*)	sais	as su	savais	sauras	saurais	saches	sache
sachant	sait	a su	savait	saura	saurait	sache	
su	savons	avons su	savions	saurons	saurions	sachions	sachons
	savez	avez su	saviez	saurez	sauriez	sachiez	sachez
	savent	ont su	savaient	sauront	sauraient	sachent	
suivre	suis	ai suivi	suivais	suivrai	suivrais	suive	
(*to follow*)	suis	as suivi	suivais	suivras	suivrais	suives	suis
suivant	suit	a suivi	suivait	suivra	suivrait	suive	
suivi	suivons	avons suivi	suivions	suivrons	suivrions	suivions	suivons
	suivez	avez suivi	suiviez	suivrez	suivriez	suiviez	suivez
	suivent	ont suivi	suivaient	suivront	suivraient	suivent	
tenir[†]	tiens	ai tenu	tenais	tiendrai	tiendrais	tienne	
(*to hold*;	tiens	as tenu	tenais	tiendras	tiendrais	tiennes	tiens
to keep)	tient	a tenu	tenait	tiendra	tiendrait	tienne	
tenant	tenons	avons tenu	tenions	tiendrons	tiendrions	tenions	tenons
tenu	tenez	avez tenu	teniez	tiendrez	tiendriez	teniez	tenez
	tiennent	ont tenu	tenaient	tiendront	tiendraient	tiennent	
venir[††]	viens	suis venu(e)	venais	viendrai	viendrais	vienne	
(*to come*)	viens	es venu(e)	venais	viendras	viendrais	viennes	viens
venant	vient	est venu(e)	venait	viendra	viendrait	vienne	
venu	venons	sommes venu(e)s	venions	viendrons	viendrions	venions	venons
	venez	êtes venu(e)(s)	veniez	viendrez	viendriez	veniez	venez
	viennent	sont venu(e)s	venaient	viendront	viendraient	viennent	

*Verbs like **prendre**: apprendre, comprendre, surprendre
Verbs like **recevoir: apercevoir, s'apercevoir de, décevoir
[†]Verbs like **tenir**: maintenir, obtenir
[††]Verbs like **venir**: devenir, revenir, se souvenir de

VERB	PRESENT	PASSÉ COMPOSÉ	IMPERFECT	FUTURE	CONDITIONAL	PRESENT SUBJUNCTIVE	IMPERATIVE
vivre*	vis	ai vécu	vivais	vivrai	vivrais	vive	
(*to live*)	vis	as vécu	vivais	vivras	vivrais	vives	vis
vivant	vit	a vécu	vivait	vivra	vivrait	vive	
vécu	vivons	avons vécu	vivions	vivrons	vivrions	vivions	vivons
	vivez	avez vécu	viviez	vivrez	vivriez	viviez	vivez
	vivent	ont vécu	vivaient	vivront	vivraient	vivent	
voir**	vois	ai vu	voyais	verrai	verrais	voie	
(*to see*)	vois	as vu	voyais	verras	verrais	voies	vois
voyant	voit	a vu	voyait	verra	verrait	voie	
vu	voyons	avons vu	voyions	verrons	verrions	voyions	voyons
	voyez	avez vu	voyiez	verrez	verriez	voyiez	voyez
	voient	ont vu	voyaient	verront	verraient	voient	
vouloir	veux	ai voulu	voulais	voudrai	voudrais	veuille	
(*to wish,*	veux	as voulu	voulais	voudras	voudrais	veuilles	veuille
to want)	veut	a voulu	voulait	voudra	voudrait	veuille	
voulant	voulons	avons voulu	voulions	voudrons	voudrions	voulions	veuillons
voulu	voulez	avez voulu	vouliez	voudrez	voudriez	vouliez	veuillez
	veulent	ont voulu	voulaient	voudront	voudraient	veuillent	

*Verbs like **vivre**: **revivre, survivre**
Verbs like **voir: **prévoir, revoir**

Answers to grammar exercises

PREMIÈRE ÉTAPE

Ex. 1. 1. oui 2. oui 3. non 4. oui 5. non
6. non 7. oui 8. non **Ex. 2.** 1. c 2. a 3. b 4. d
Ex. 3. 1. petit, petite 2. grande, grand 3.
vieille 4. beau 5. noir 6. brune **Ex. 4.** 1. un,
Le 2. un, L' 3. un, un, un, le 4. une, une, une
5. une, la 6. une, la **Ex. 5.** 1. Je, je 2. Il
3. Elle, Ils 4. nous 5. Elles 6. Tu **Ex. 6.** 1.
suis 2. est 3. sommes 4. sont 5. es 6. êtes **Ex. 7.**
1. ne sont pas 2. n'es pas 3. n'êtes pas
4. ne suis pas 5. ne sommes pas 6. n'est
pas **Ex. 8.** 1. L' 2. Les 3. Les 4. La 5. Le
Ex. 9. 1. une, une 2. une, un, un, un 3. des,
des 4. un, des, un, des 5. une, un, une, un
Ex. 10. 1. a 2. a 3. b 4. a 5. b

DEUXIÈME ÉTAPE

Ex. 1. 1. des 2. un 3. des 4. un 5. des 6. de
7. de **Ex. 2.** 1. Oui, il y a une bicyclette.
(Non, il n'y a pas de bicyclette.) 2. Oui, il y a
une grande fenêtre. (Non, il n'y a pas de
grande fenêtre.) 3. Oui, il y a une horloge.
(Non, il n'y a pas d'horloge.) 4. Oui, il y a
une plante. (Non, il n'y a pas de plante.)
5. Oui, il y a un bureau. (Non, il n'y a pas de
bureau.) 6. Oui, il y a une lampe. (Non, il n'y
a pas de lampe.) 7. Oui, il y a un ordinateur.
(Non, il n'y a pas d'ordinateur.) 8. Oui, il y a
un projecteur. (Non, il n'y a pas de
projecteur.) **Ex. 3.** 1. Qui est-ce 2. Qu'est-ce
que c'est 3. Qui est-ce 4. Qui est-ce
5. Qu'est-ce que c'est 6. Qu'est-ce que
c'est **Ex. 4.** 1. c 2. e 3. a 4. b 5. d **Ex. 5.**
1. Il est quatre heures vingt. 2. Il est quatre
heures moins vingt. 3. Il est huit heures
treize. 4. Il est cinq heures et demie.
5. Il est midi. 6. Il est neuf heures moins dix.
7. Il est onze heures moins le quart. 8. Il est
sept heures. 9. Il est six heures et
quart. 10. Il est une heure dix. **Ex. 6.** 1. Il est
quinze heures. Il est trois heures de
l'après-midi. 2. Il est sept heures quinze.
Il est sept heures et quart du matin. 3. Il est
treize heures trente. Il est une heure et
demie de l'après-midi. 4. Il est vingt heures.
Il est huit heures du soir. 5. Il est vingt-deux
heures trente. Il est dix heures et demie du
soir. 6. Il est dix heures quarante-cinq. Il est
onze heures moins le quart du matin. 7. Il
est dix-huit heures vingt. Il est six heures
vingt du soir. 8. Il est dix-neuf heures. Il est
sept heures du soir. 9. Il est seize heures
quarante-cinq. Il est cinq heures moins le
quart de l'après-midi. 10. Il est onze heures
cinquante. Il est midi moins dix. **Ex. 7.**
1. avons 2. avons 3. ai 4. a 5. ont 6. avez
7. avez 8. as 9. as **Ex. 8.** 1. des, d' 2. un, de
3. une, de 4. un (des), de 5. un, de **Ex. 9.**
1. Oui, j'ai un dictionnaire français. (Non,
je n'ai pas de dictionnaire français.) 2. Oui,
j'ai un appartement. (Non, je n'ai pas
d'appartement.) 3. Oui, j'ai des amis
français. (Non, je n'ai pas d'amis français.)
4. Oui, j'ai une télévision dans ma chambre.

(Non, je n'ai pas de télévision dans ma
chambre.) 5. Oui, j'ai une bicyclette. (Non,
je n'ai pas de bicyclette.) 6. Oui, j'ai un
cours de biologie. (Non, je n'ai pas de
cours de biologie.) 7. Oui, j'ai des cours
ennuyeux. (Non, je n'ai pas de cours
ennuyeux.) 8. Oui, j'ai une guitare. (Non, je
n'ai pas de guitare.) **Ex. 10.** 1. une 2. un
3. une 4. un 5. une 6. un 7. une 8. une
9. une 10. un **Ex. 11.** 1. Daniel est
sympathique et intelligent. 2. Barbara est
sportive et généreuse. 3. Louis est beau et
raisonnable. 4. Albert est grand et mince.
5. Denise est blonde et belle. 6. Jacqueline
est petite et intelligente. **Ex. 12.** 1. Juliette
Binoche est (n'est pas) belle. Un tigre est
(n'est pas) beau. Une vieille Ford est (n'est
pas) belle. Un tableau de Van Gogh est
(n'est pas) beau. 2. Le chocolat est (n'est
pas) bon. La programmation à la radio
publique est (n'est pas) bonne. La
télévision est (n'est pas) bonne. Le fastfood
est (n'est pas) bon. 3. Une motocyclette est
(n'est pas) dangereuse. Une bombe est
dangereuse. Le tennis est (n'est pas)
dangereux. La politique est (n'est pas)
dangereuse. 4. Un livre de science-fiction
est (n'est pas) amusant. La politique est
(n'est pas) amusante. Un examen de
physique est (n'est pas) amusant. Une
comédie est amusante. 5. L'astronomie est
vieille. Le Louvre est vieux. Le président
américain est (n'est pas) vieux. L'université
où je suis est (n'est pas) vieille. **Ex. 13.**
Answers may vary. 1. sérieux, nerveux,
intelligents, amusants 2. patient,
intéressant, raisonnable, amusant 3. long,
compliqué, amusant, intéressant 4. beaux,
amusants, sportifs, individualistes 5. belle,
compliquée, facile, mystérieuse

CHAPITRE 1

Ex. 1. 1. ta, tes, Mon, mes 2. tes, Ma, mon
3. ta, son, ses 4. Ton, son **Ex. 2.** *Answers
may vary.* 1. Il y a trente étudiants dans
notre classe. 2. Nos camarades de classe
sont timides (extravertis). 3. Notre
professeur s'appelle... 4. Notre cours est
à... heures. 5. Nos devoirs sont difficiles
(faciles). **Ex. 3.** 1. Ses 2. Sa 3. Son, son
4. Leur 5. ses, Son **Ex. 4.** 1. aime 2. aiment
3. aimons 4. aime 5. aimez 6. aimes **Ex. 5.**
Answers will vary. 1. Mes amis aiment surfer
sur l'internet, mais ils aiment aussi regarder
la télé. (Mes amis n'aiment pas surfer sur
l'internet, mais ils aiment regarder la télé.)
2. Ma mère aime jouer du piano, mais elle
aime aussi lire des livres. (Ma mère n'aime
pas jouer du piano, mais elle aime lire des
livres.) 3. Mon père aime écouter du rock,
mais il aime aussi écouter de la musique
classique. (Mon père n'aime pas écouter du
rock, mais il aime écouter de la musique
classique.) 4. Mon petit ami / Ma petite amie

aime faire une promenade, mais il/elle
aime aussi lire le journal. (Mon petit ami /
Ma petite amie n'aime pas faire une
promenade, mais il/elle aime lire le journal.)
5. Mon professeur de français aime aller au
cinéma, mais il/elle aime aussi regarder la
télé. (Mon professeur de français n'aime
pas aller au cinéma, mais il/elle aime
regarder la télé.) 6. J'aime jouer au tennis
le weekend, mais j'aime aussi danser. (Je
n'aime pas jouer au tennis le weekend,
mais j'aime danser.) **Ex. 6.** 1. Quel âge a
Francis Lasalle? Il a soixante-dix ans.
2. Quel âge a Claudine Colin? Elle a quarante-
cinq ans. 3. Quel âge a Victor Colin? Il a
quarante-sept ans. 4. Quel âge ont Marise
et Clarisse? Elles ont dix-neuf ans. 5. Quel
âge a Charles? Il a dix-sept ans. 6. Quel
âge a Emmanuel? Il a quatorze ans. **Ex. 7.**
1. zéro deux, soixante-cinq, dix, quatre-
vingts, trente 2. zéro trois, quatre-vingt-sept,
cinquante-trois, quarante, seize 3. zéro un,
vingt, cinquante-cinq, soixante-dix, quatre-
vingt-un 4. zéro un, quatre-vingt-dix-huit,
soixante-quinze, vingt et un, soixante
5. zéro deux, soixante-dix-sept, trente-huit,
quatre-vingt-deux, quatre-vingt-dix-sept
6. zéro quatre, quatre-vingt-onze, dix-huit,
trente-neuf, soixante-dix-huit 7. zéro quatre,
quarante-cinq, soixante-deux, quatre-vingt-
six, quarante-trois 8. zéro trois, quatre-
vingt-trois, soixante-seize, soixante-quatre,
quatre-vingt-dix 9. zéro deux, cinquante-
trois, soixante-sept, zéro sept, onze **Ex. 8.**
1. quarante-quatre mille 2. soixante-sept
mille 3. soixante-neuf mille neuf 4. treize
mille deux 5. cinquante-neuf mille
6. soixante-quatre mille deux cents
7. soixante-quinze mille quinze 8. trente-
trois mille **Ex. 9.** 1. Quelle est la date de
naissance d'Elvis Presley? C'est le 8 janvier
1935 (le huit janvier mille neuf cent trente-
cinq). 2. Quelle est la date de naissance de
Serena Williams? C'est le 26 septembre
1981 (le vingt-six septembre mille neuf cent
quatre-vingt-un). 3. Quelle est la date de
naissance de Frédéric Chopin? C'est le 1er
mars 1810 (le premier mars mille huit cent
dix). 4. Quelle est la date de naissance de
Paul McCartney? C'est le 18 juin 1942 (le
dix-huit juin mille neuf cent quarante-deux).
5. Quelle est la date de naissance de
Sigmund Freud? C'est le 6 mai 1856 (le six
mai mille huit cent cinquante-six). 6. Quelle
est la date de naissance de Mickey Mouse?
C'est le 18 novembre 1928 (le dix-huit
novembre mille neuf cent vingt-huit).
7. Quelle est la date de naissance de Marion
Cotillard? C'est le 30 septembre 1975 (le
trente septembre mille neuf cent soixante-
quinze). 8. Quelle est la date de naissance
d'Yves Saint Laurent? C'est le 1er aout 1936
(le premier aout mille neuf cent trente-six).
9. Quelle est la date de naissance de MC

Solaar? C'est le 5 mars 1969 (le cinq mars mille neuf cent soixante-neuf). 10. Quelle est la date de naissance d'Édith Piaf? C'est le 19 décembre 1915 (le dix-neuf décembre mille neuf cent quinze). **Ex. 10.** 1. vient 2. viennent 3. vient, vient 4. viennent 5. venez, venons 6. viens, viens **Ex. 11.** 1. parle 2. parle 3. parles 4. dinons 5. travaille 6. habitent 7. chantons 8. voyage 9. jouent 10. invitent **Ex. 12.** 1. a. travailles; Oui, je travaille... (Non, je ne travaille pas...) b. parles; Oui, je parle... (Non, je ne parle pas...) 2. a. regardons; Oui, nous regardons... (Non, nous ne regardons pas...) b. dinons; Oui, nous dinons... (Non, nous ne dinons pas...) 3. a. écoutent; Oui, ils écoutent... (Non, ils n'écoutent pas...) b. jouent; Oui, ils jouent... (Non, ils ne jouent pas...) 4. a. étudiez; Oui, nous étudions... (Non, nous n'étudions pas...) b. préparez; Oui, nous préparons... (Non, nous ne préparons pas...) 5. a. habite; Oui, j'habite... (Non, je n'habite pas...) b. déjeune; Oui, je déjeune... (Non, je ne déjeune pas...) 6. a. donnent; Oui, ils donnent... (Non, ils ne donnent pas...) b. parle; Oui, il parle... (Non, il ne parle pas...) **Ex. 13.** 1. de Paul 2. des petites filles 3. de la femme blonde 4. de Mme Haddad 5. du cousin de mon père 6. de Claire **Ex. 14.** 1. La grand-mère, c'est la femme du grand-père. 2. La tante, c'est la femme de l'oncle. 3. Le cousin, c'est le fils de l'oncle et de la tante. 4. La belle-sœur, c'est la femme du frère. 5. Le grand-père, c'est le père de la mère ou du père. 6. L'oncle, c'est le père du cousin (des cousins) (de la cousine) (des cousines).

CHAPITRE 2

Ex. 1. 1. font, font 2. fais, fais 3. fait 4. fait 5. faites, faites 6. faites **Ex. 2.** 1. Est-ce que tu te lèves tôt? Oui, je me lève tôt. (Non, je ne me lève pas tôt. / Non, je me lève tard.) 2. Est-ce que tu te maquilles tous les jours? Oui, je me maquille tous les jours. (Non, je ne me maquille pas tous les jours.) 3. Est-ce que tu te laves les cheveux tous les jours? Oui, je me lave les cheveux tous les jours. (Non, je ne me lave pas les cheveux tous les jours. / Non, je me lave les cheveux trois fois par semaine.) 4. Est-ce que tu te brosses les dents trois fois par jour? Oui, je me brosse les dents trois fois par jour. (Non, je ne me brosse pas les dents trois fois par jour. / Non, je me brosse les dents deux fois par jour.) 5. Tu aimes te coucher tard? Oui, j'aime me coucher tard. (Non, je n'aime pas me coucher tard. / Non, j'aime me coucher tôt.) 6. Tu préfères te doucher le soir? Oui, je préfère me doucher le soir. (Non, je ne préfère pas me doucher le soir. / Non, je préfère me doucher le matin.) 7. Tu aimes te détendre après les cours? Oui, j'aime me détendre après les cours. (Non, je n'aime pas me détendre après les cours.) 8. Tu préfères te lever tard le weekend? Oui, je préfère me lever tard le weekend. (Non, je ne préfère pas me lever tard le weekend. / Non, je préfère me lever tôt le weekend.) **Ex. 3.** 1. Oui, en général, les étudiants s'amusent bien le vendredi soir. Mes copains et moi, nous nous amusons bien le

vendredi soir (nous ne nous amusons pas le vendredi soir / nous nous amusons le samedi soir). 2. Oui, en général, les étudiants s'habillent toujours en jean. Mes copains et moi, nous nous habillons toujours en jean (nous ne nous habillons pas toujours en jean). 3. Oui, en général, les étudiants ne se reposent pas assez. Mes copains et moi, nous ne nous reposons pas assez (nous nous reposons assez). 4. Oui, en général, les étudiants se couchent après minuit. Mes copains et moi, nous nous couchons après minuit (nous ne nous couchons pas après minuit). 5. Oui, en général, les étudiants se lèvent tard le weekend. Mes copains et moi, nous nous levons tard le weekend (nous ne nous levons pas tard le weekend). **Ex. 4.** 1. vais 2. allons 3. allez 4. vont 5. vas 6. va **Ex. 5.** *Answers to questions 1–8:* Oui, j'y vais souvent/quelquefois. (Non, je n'y vais pas.) 1. Tu vas à la piscine? 2. Tu vas au théâtre? 3. Tu vas au bar? 4. Tu vas à l'hôpital? 5. Tu vas au gymnase? 6. Tu vas à la banque? 7. Tu vas au café? 8. Tu vas à l'église? **Ex. 6.** *Answers may vary.* 1. Ce soir, je vais faire mes devoirs. / je vais sortir avec des amis. (Ce soir, je vais regarder la télé. Je suis fatigué[e].) 2. Demain matin, je vais me lever à 7 h. / je vais dormir jusqu'à 9 h. (Demain matin, je vais rester au lit. C'est le weekend.) 3. Demain soir, je vais regarder mon émission préférée à la télé. / je vais me coucher de bonne heure. (Demain soir, je vais sortir avec des amis.) 4. Ce weekend, mes amis vont faire du ski. / mes amis vont regarder un film ensemble. (Ce weekend, ils vont se promener à la campagne. Il va faire beau.) 5. Samedi soir, il/elle va rester à la maison et jouer aux cartes. / il/elle va aller à un concert. (Samedi soir, il/elle va diner au restaurant. Il/Elle ne va pas faire la cuisine!) **Ex. 7.** 1. Oui, on regarde beaucoup la télévision. 2. Non, on ne mange pas toujours des hamburgers. 3. Non, on ne va pas au restaurant tous les jours. 4. Non, on ne dine pas à huit heures du soir. 5. Oui, on aime les films français. 6. Non, on ne fait pas de promenades en famille le dimanche après-midi. 7. Oui, on aime parler de (la) politique. (Non, on n'aime pas parler de [la] politique.) 8. Oui, on étudie beaucoup la géographie. (Non, on n'étudie pas beaucoup la géographie.) **Ex. 8.** 1. Oui, je veux aller en Europe l'été prochain. (Non, je ne veux pas aller en Europe l'été prochain.) Oui, je peux aller en Europe l'été prochain. (Non, je ne peux pas aller en Europe l'été prochain.) 2. Oui, mes parents veulent passer l'hiver en Floride. (Non, mes parents ne veulent pas passer l'hiver en Floride.) Oui, mes parents peuvent passer l'hiver en Floride. (Non, mes parents ne peuvent pas passer l'hiver en Floride.) 3. Oui, le professeur veut se lever tard en semaine. (Non, le professeur ne veut pas se lever tard en semaine.) Oui, le professeur peut se lever tard en semaine. (Non, le professeur ne peut pas se lever tard en semaine.) 4. Oui, nous voulons comprendre un film en français. Oui, nous pouvons comprendre un film en français. 5. Oui, mon ami(e) veut

m'aider avec mes devoirs de français. (Non, mon ami[e] ne veut pas m'aider avec mes devoirs de français.) Oui, il/elle peut m'aider avec mes devoirs de français. (Non, il/elle ne peut pas m'aider avec mes devoirs de français.) **Ex. 9.** 1. Oui, je voudrais diner dans un bon restaurant français. (Non, je ne voudrais pas diner dans un bon restaurant français.) 2. Oui, je voudrais manger des escargots. (Non, je ne voudrais pas manger des escargots / d'escargots.) 3. Oui, je voudrais habiter à Paris. (Non, je ne voudrais pas habiter à Paris.) 4. Oui, je voudrais faire de la plongée sous-marine. (Non, je ne voudrais pas faire de [la] plongée sous-marine.) 5. Oui, je voudrais visiter une autre planète. (Non, je ne voudrais pas visiter une autre planète.) 6. Oui, je voudrais être président(e) des États-Unis. (Non, je ne voudrais pas être président[e] des États-Unis.) **Ex. 10.** 1. savez; Oui, je sais faire de l'escalade. (Non, je ne sais pas faire de l'escalade.) 2. sait; Oui, il sait faire la cuisine. (Non, il ne sait pas faire la cuisine.) 3. sait; Oui, elle sait réparer une voiture. (Non, elle ne sait pas réparer une voiture.) 4. savez; Oui, nous savons jouer au billard. (Non, nous ne savons pas jouer au billard.) 5. savent; Oui, ils savent utiliser un ordinateur. (Non, ils ne savent pas utiliser un ordinateur.) 6. Savez; Oui, je sais / nous savons allumer un feu. (Non, je ne sais pas / nous ne savons pas allumer un feu.)

CHAPITRE 3

Ex. 1. 1. Le bureau de Mme Martin est *devant* le tableau. 2. Les livres de Mme Martin sont *sur* son bureau. 3. ... Elle est *devant* la classe. 4. ... Elle est *près du* tableau. 5. ... Les papiers de Daniel sont *à côté des* papiers d'Albert. 6. ... Il regarde un match de football dans le parc *en face de* la salle de classe. 7. Barbara est trop *loin du* tableau; ... . 8. La salle 300A se trouve *entre* les salles 300 et 301. **Ex. 2.** 1. c 2. e 3. a 4. h 5. b 6. g 7. f 8. d **Ex. 3.** 1. Comment 2. Que 3. Où 4. Que 5. Qui 6. Comment 7. Comment 8. Comment 9. Quand 10. Pourquoi **Ex. 4.** 1. Où est-ce qu'ils logent? (Où logent-ils?) 2. Comment est-ce qu'ils se déplacent? (Comment se déplacent-ils?) 3. Pourquoi est-ce qu'ils sont contents? (Pourquoi sont-ils contents?) 4. Quand est-ce qu'ils quittent Paris? (Quand quittent-ils Paris?) 5. Qu'est-ce qu'ils veulent visiter? (Que veulent-ils visiter?) 6. Qu'est-ce qu'ils achètent pour leurs amis? (Qu'achètent-ils pour leurs amis?) 7. Quel musée est-ce qu'ils visitent? (Quel musée visitent-ils?) 8. Quels restaurants est-ce qu'ils préfèrent? (Quels restaurants préfèrent-ils?) 9. Quel est le numéro de l'hôtel? **Ex. 5.** 1. prends 2. prennent 3. apprends 4. comprends 5. prendre 6. comprennent 7. apprenons (comprenons) 8. Prenez **Ex. 6.** 1. Julien et son amie prennent du vin. Moi, je prends du vin de temps en temps. (Moi, je ne prends jamais de vin.) 2. Denise voudrait apprendre à faire du ski. Moi, je (ne) voudrais (pas) apprendre à faire du ski. 3. Joël prend trop de risques. Moi, je prends quelquefois trop de risques. (Moi, je ne prends jamais trop de risques.) 4. Barbara ne comprend pas la leçon. Moi, je comprends toujours la leçon. (Moi, je ne comprends pas toujours la leçon.) 5. Jean-Yves et ses camarades prennent un café. Moi, je prends souvent un café. (Moi, je ne prends pas souvent un/de café.) 6. Nathalie prend un bain. Moi, je prends quelquefois un bain. (Moi, je ne prends jamais de bain.) **Ex. 7.** *Answers may vary.* 1. Alors, tu dois aller au travail à pied / appeler un taxi / prendre le bus / te déplacer à bicyclette. 2. Vous devez appeler un taxi. 3. Bon, vous devez étudier le plan du métro. 4. On doit arriver plus tôt. 5. Il doit aller au travail à pied / se déplacer à bicyclette. **Ex. 8.** 1. Ce, ces 2. Ces, ces 3. Cette 4. Ces, Cette, ce 5. Ces, cette 6. Cette 7. Ce, cet **Ex. 9.** 1. un, des, de 2. des 3. de l', du, du, de la, des 4. de 5. du, de l' 6. de l' **Ex. 10.** *Answers may vary.* 1. Je prends du lait / du café / du vin / de l'eau minérale. 2. Je prends une tasse de thé / de chocolat chaud / de café / d'eau chaude. 3. Je ne prends jamais de whisky / de champagne / de coca / de café. 4. J'aime commander de la bière / du jus de fruits / du coca / du vin. 5. J'aime prendre un verre de thé glacé / de coca / d'eau froide / de jus de fruits. 6. Je prends de l'eau / du jus de fruits / du thé / du coca. **Ex. 11.** *Answers may vary.* 1. Oui, je cours régulièrement. (Non, je ne cours pas régulièrement.) a. Je cours tous les matins, en été comme en hiver, dans un parc qui se trouve près de chez moi. b. Je ne cours pas parce que j'ai des problèmes de santé. Je fais d'autres sports. 2. Oui, ma mère court deux ou trois fois par semaine dans un gymnase. Mon père et mon frère ne courent pas. Ils préfèrent regarder des émissions de sport à la télé! 3. J'ai quelques amis qui courent, mais nous ne courons pas souvent ensemble parce que nous n'avons pas le(s) même(s) emploi(s) du temps. 4. On court pour rester en forme et pour oublier ses problèmes. On court aussi pour maigrir. **Ex. 12.** 1. Tu pars en vacances en été? Oui, je pars en vacances en été. (Non, je ne pars pas en vacances en été.) 2. Tu sors du cinéma si un film est mauvais? Oui, je sors du cinéma si un film est mauvais. (Non, je ne sors pas du cinéma si un film est mauvais.) 3. Tu cours dans des marathons? Oui, je cours dans des marathons. (Non, je ne cours pas dans des marathons.) 4. Tu sers du vin chez toi? Oui, je sers du vin chez moi. (Non, je ne sers pas de vin chez moi.) 5. Tu mens quand tu ne veux pas révéler un secret? Oui, je mens quand je ne veux pas révéler un secret. (Non, je ne mens pas quand je ne veux pas révéler un secret.) 6. Tu sens les fruits au supermarché? Oui, je sens les fruits au supermarché. (Non, je ne sens pas les fruits au supermarché.) 7. Tu sors souvent le samedi soir? Oui, je sors souvent le samedi soir. (Non, je ne sors pas souvent le samedi soir.) 8. Tu dors pendant la journée quelquefois? Oui, je dors pendant la journée quelquefois. (Non, je ne dors jamais pendant la journée.) *Second part; answers may vary.* 1. Vous partez en

vacances en été? Oui, nous partons en vacances en été. (Non, nous ne partons pas en vacances en été.) 2. Vous sortez du cinéma si un film est mauvais? Oui, nous sortons du cinéma si un film est mauvais. (Non, nous ne sortons pas du cinéma si un film est mauvais.) 3. Vous courez dans des marathons? Oui, nous courons dans des marathons. (Non, nous ne courons pas dans des marathons.) 4. Vous servez du vin chez vous? Oui, nous servons parfois du vin chez nous. (Non, nous ne servons pas de vin chez nous.) 5. Vous mentez quand vous ne voulez pas révéler un secret? Oui, nous mentons quelquefois... (Non, nous ne mentons jamais...) 6. Vous sentez les fruits au supermarché? Oui, nous sentons les fruits... (Non, nous ne sentons pas les fruits...) 7. Vous sortez souvent le samedi soir? Oui, nous sortons souvent le samedi soir. (Non, nous ne sortons pas souvent le samedi soir.) 8. Vous dormez pendant la journée quelquefois? Oui, nous dormons pendant la journée quelquefois. (Non, nous ne dormons jamais pendant la journée.) **Ex. 13.** *Answers may vary.* 1. Non, ils ne sortent pas seuls la nuit. (Si, ils sortent quelquefois seuls la nuit.) Je ne sors jamais seul(e). 2. Au printemps, beaucoup d'étudiants américains partent en vacances en Floride, mais la majorité des étudiants ne partent pas en vacances. Moi, je pars en vacances en Californie. 3. Non, la majorité des Américains ne partent pas en Europe en été. Moi, je pars à la campagne. 4. Non, ils ne sortent pas tous les soirs. Moi, je sors seulement le weekend. 5. Non, ils s'endorment vers 9 ou 10 heures. Moi, je m'endors vers 11 heures. 6. Si, ils servent souvent du vin au diner. Moi, je sers quelquefois du vin au diner. 7. Oui, beaucoup d'Américains courent pour être en forme, mais la majorité des gens ne font pas assez d'exercice. Moi, je préfère nager.

CHAPITRE 4
Ex. 1. 1. une vieille maison 2. une belle cheminée 3. un petit réfrigérateur 4. une bonne cuisinière 5. un grand sauna 6. un nouveau numéro de téléphone **Ex. 2.** 1. Tu as une petite chambre, n'est-ce pas? Mais non, j'ai une grande chambre. 2. Tu as un nouvel appartement, n'est-ce pas? Mais non, j'ai un vieil appartement. 3. Tu as un vieux jean, n'est-ce pas? Mais non, j'ai un nouveau jean. 4. Tu as des nouvelles chaussures, n'est-ce pas? Mais non, j'ai des vieilles chaussures. 5. Tu as une grande étagère, n'est-ce pas? Mais non, j'ai une petite étagère. 6. Tu as un bon dictionnaire de français, n'est-ce pas? Mais non, j'ai un mauvais dictionnaire de français. 7. Tu as un jeune professeur de maths, n'est-ce pas? Mais non, j'ai un vieux professeur de maths. 8. Tu as des nouveaux amis, n'est-ce pas? Mais non, j'ai des vieux amis. **Ex. 3.** *Answers may vary.* 1. Un lave-vaisselle est aussi utile qu'un réfrigérateur, mais un réfrigérateur est plus important qu'un lave-vaisselle. 2. Un appartement est moins cher qu'une maison, mais une maison est plus agréable qu'un appartement. 3. Un aspirateur est plus

important qu'un four à micro-ondes, mais un four à micro-ondes est plus pratique qu'un aspirateur. 4. Un immeuble moderne est plus confortable qu'un vieil immeuble, mais un vieil immeuble est plus beau qu'un immeuble moderne. 5. Un smartphone est plus utile qu'une tablette mais une tablette est plus amusante qu'un smartphone. 6. Un boitier streaming est plus utile qu'un lecteur DVD, mais un lecteur DVD est moins cher qu'un boitier streaming. **Ex. 4.** 1. plus de 2. plus de 3. moins d' 4. autant d' 5. moins de 6. autant de 7. plus de 8. autant de **Ex. 5.** 1. bon (mauvais) 2. bonne (mauvaise) 3. bonne (mauvaise) 4. bien (mal) 5. mauvaise 6. mal 7. bien (mal) **Ex. 6.** *Answers may vary.* 1. Oui, les étudiants d'aujourd'hui sont moins bons que les étudiants d'il y a vingt ans. (Non, les étudiants d'aujourd'hui sont meilleurs / aussi bons que les étudiants d'il y a vingt ans.) 2. Oui, les diplômés d'aujourd'hui sont moins bien préparés pour le monde du travail que leurs parents. (Non, les diplômés d'aujourd'hui sont mieux / aussi bien préparés pour le monde du travail que leurs parents.) 3. Oui, mes notes en maths sont meilleures que mes notes en français. (Non, mes notes en maths sont moins bonnes /aussi bonnes que mes notes en français.) 4. Oui, en général, les petites universités sont moins bonnes que les grandes. (Non, en général, les petites universités sont meilleures / aussi bonnes que les grandes.) 5. Oui, je travaille mieux à la bibliothèque que chez moi. (Non, je travaille moins bien / aussi bien à la bibliothèque que chez moi.) **Ex. 7.** *The second part of the answer may vary.* 1. réfléchit; Moi, je (ne) réfléchis (pas) avant de parler. 2. finit; Moi, je (ne) finis (pas) toujours mes devoirs. 3. obéit; Moi, j'obéis / je n'obéis pas toujours à ma conscience. 4. choisissent; Dans notre classe aussi, nous choisissons nos partenaires pour travailler en groupes. 5. réussissent; Dans notre classe aussi, en général, nous réussissons à nos examens. 6. finissent; Dans notre classe aussi, nous allons au café quand nous finissons nos cours. **Ex. 8.** 1. Chez toi, est-ce que tu mets la table pour diner? Oui, je mets la table pour diner. (Non, je ne mets pas la table pour diner.) 2. Chez toi, est-ce que tu prends le petit déjeuner dans la cuisine? Oui, je prends le petit déjeuner dans la cuisine. (Non, je ne prends pas le petit déjeuner dans la cuisine.) 3. Chez toi, est-ce que tu tonds le gazon en été? Oui, je tonds le gazon en été. (Non, je ne tonds pas le gazon en été.) 4. Chez toi, est-ce que tu permets au chien de dormir sur ton lit? Oui, je permets au chien de dormir sur mon lit. (Non, je ne permets pas au chien de dormir sur mon lit.) 5. Chez toi, est-ce que tu apprends à faire la cuisine? Oui, j'apprends à faire la cuisine. (Non, je n'apprends pas à faire la cuisine.) 6. Chez toi, est-ce que tu ranges ta chambre tous les jours? Oui, je range ma chambre tous les jours. (Non, je ne range pas ma chambre tous les jours.) 7. Chez toi, est-ce que tu réponds toujours au téléphone? Oui, je réponds toujours au téléphone. (Non, je ne réponds pas toujours au téléphone.) 8. Chez toi, est-ce que tu perds souvent tes clés? Oui, je perds souvent mes clés. (Non, je ne perds pas souvent mes clés.) *Second part.* 1. Chez vous, est-ce que vous mettez la table pour diner? 2. Chez vous, est-ce que vous prenez le petit déjeuner dans la cuisine? 3. Chez vous, est-ce que vous tondez le gazon en été? 4. Chez vous, est-ce que vous permettez au chien de dormir sur votre lit? 5. Chez vous, est-ce que vous apprenez à faire la cuisine? 6. Chez vous, est-ce que vous rangez votre chambre tous les jours? 7. Chez vous, est-ce que vous répondez toujours au téléphone? 8. Chez vous, est-ce que vous perdez souvent vos clés? **Ex. 9.** 1. vendent; a. vend (ne vend pas) ses livres... b. vendons (ne vendons pas) nos livres... 2. attendent; a. attend (n'attend pas)... b. attendons (n'attendons pas)... 3. remettent; a. remet (ne remet pas)... b. remettons (ne remettons pas)... 4. perdent; a. perd (ne perd pas)... b. perdons (ne perdons pas)... 5. permettent; a. permet (ne permet pas)... b. permet (ne permet pas)... 6. rendent; a. rend (ne rend pas)... b. rend (ne rend pas)... **Ex. 10.** 1. La voilà! 2. Les voilà! 3. La voilà! 4. Le voilà! 5. Les voilà! 6. La voilà! **Ex. 11.** *Answers may vary.* 1. Oui, je les arrose quelquefois / souvent / une fois par semaine. (Non, moi, je ne les arrose jamais, mais ma sœur les arrose.) 2. Oui, je la fais quelquefois / souvent / une fois par semaine. (Non, moi, je ne la fais jamais, mais mon père la fait.) 3. Oui, je le fais quelquefois / souvent / une fois par semaine. (Non, moi, je ne le fais jamais, mais ma mère le fait.) 4. Oui, je les repasse quelquefois / souvent / une fois par semaine. (Non, moi, je ne les repasse jamais, mais ma sœur les repasse.) 5. Oui, je le fais quelquefois / souvent / une fois par semaine. (Non, moi, je ne le fais jamais, mais mes frères et sœurs le font.) 6. Oui, je la nettoie quelquefois / souvent / une fois par semaine. (Non, moi, je ne la nettoie jamais, mais ma mère la nettoie.) 7. Oui, je les fais quelquefois / souvent / une fois par semaine. (Non, moi, je ne les fais jamais, mais mon père les fait.) 8. Oui, je le passe quelquefois / souvent / une fois par semaine. (Non, moi, je ne le passe jamais, mais mon frère le passe.) **Ex. 12.** 1. Oui, je vais la ranger ce matin. (Non, je ne vais pas la ranger.) 2. Oui, je vais la faire aujourd'hui. (Non, je ne vais pas la faire.) 3. Oui, je vais les repasser. (Non, je ne vais pas les repasser.) 4. Oui, je vais les faire ce soir. (Non, je ne vais pas les faire ce soir.) 5. Oui, je l'aime bien. (Non, je ne l'aime pas bien.) 6. Oui, je les prends tous les jours. (Non, je ne les prends pas tous les jours.) 7. Oui, je viens vous voir le weekend prochain. (Non, je ne viens pas vous voir le weekend prochain.) 8. Je vais l'inviter à la maison la semaine prochaine. (Je ne vais pas l'inviter à la maison.) **Ex. 13.** 1. me; Oui, je te trouve belle! 2. m'; Oui, je t'écoute quand tu parles. 3. me; Oui, je te trouve intelligente. 4. m'; Oui, je veux t'aider à faire tes devoirs. 5. me; Oui, je te préfère à toutes les autres

petites filles du monde. 6. me; Non, je ne te trouve pas difficile. 7. m'; Oui, je vais toujours t'aimer! **Ex. 14.** 1. connaissez, connaissons 2. connais, connais 3. connait, connait 4. connaissez, connais 5. connaissent, connaissez **Ex. 15.** 1. sait; Moi aussi, je sais faire du canoë. (Moi, je ne sais pas faire du canoë.) 2. sait; Moi aussi, je sais la date de l'anniversaire de ma mère. (Moi, je ne sais pas la date de l'anniversaire de ma mère.) 3. sait; Moi aussi, je sais faire de l'escalade. (Moi, je ne sais pas faire de l'escalade.) 4. connait; Moi aussi, je connais bien La Nouvelle-Orléans. (Moi, je ne connais pas bien La Nouvelle-Orléans.) 5. connait; Moi aussi, je connais l'histoire de ma famille. (Moi, je ne connais pas l'histoire de ma famille.) 6. connait; Moi aussi, je connais bien les poèmes de Jacques Prévert. (Moi, je ne connais pas bien (pas du tout) les poèmes de Jacques Prévert.) **Ex. 16.** 1. besoin 2. envie 3. l'air 4. honte 5. peur 6. tort **Ex. 17.** 1. il a faim 2. il a soif 3. il a sommeil 4. il a chaud 5. il a froid 6. il a envie 7. il a besoin 8. il a peur

CHAPITRE 5

Ex. 1. 1. Est-ce que tu as acheté une paire de chaussures hier? Oui, j'ai acheté une paire de chaussures hier. (Non, je n'ai pas acheté de paire de chaussures hier.) 2. Est-ce que tu as écouté la radio hier? Oui, j'ai écouté la radio hier. (Non, je n'ai pas écouté la radio hier.) 3. Est-ce que tu as envoyé beaucoup de textos hier? Oui, j'ai envoyé beaucoup de textos hier. (Non, je n'ai pas envoyé beaucoup de textos hier.) 4. Est-ce que tu as mangé un hamburger hier? Oui, j'ai mangé un hamburger hier. (Non, je n'ai pas mangé de hamburger hier.) 5. Est-ce que tu as préparé ton diner hier? Oui, j'ai préparé mon diner hier. (Non, je n'ai pas préparé mon diner hier.) 6. Est-ce que tu as promené ton chien hier? Oui, j'ai promené mon chien hier. (Non, je n'ai pas promené mon chien hier.) 7. Est-ce que tu as séché un cours hier? Oui, j'ai séché un cours hier. (Non, je n'ai pas séché un/de cours hier.) 8. Est-ce que tu as regardé la télé hier? Oui, j'ai regardé la télé hier. (Non, je n'ai pas regardé la télé hier.) 9. Est-ce que tu as travaillé à ton job hier? Oui, j'ai travaillé à mon job hier. (Non, je n'ai pas travaillé à mon job hier.) 10. Est-ce que tu as nettoyé ta chambre hier? Oui, j'ai nettoyé ma chambre hier. (Non, je n'ai pas nettoyé ma chambre hier.) **Ex. 2.** *Answers may vary.* 1. Moi, je n'ai pas oublié de prendre mes vitamines. (Moi aussi, j'ai oublié de prendre mes vitamines.) 2. Moi, je n'ai pas fini un/de devoir pour mon cours d'anglais. (Moi aussi, j'ai fini un devoir pour mon cours d'anglais.) 3. Moi, je n'ai pas choisi de nouveau roman. (Moi aussi, j'ai choisi un nouveau roman.) 4. Moi, je n'ai pas répondu à tous mes mails. (Moi aussi, j'ai répondu à tous mes mails.) 5. Moi, je n'ai pas perdu mes clés. (Moi aussi, j'ai perdu mes clés.) 6. Moi, je n'ai pas dormi pendant un cours ennuyeux. (Moi aussi, j'ai dormi pendant un cours ennuyeux.) 7. Moi, je n'ai pas attendu le bus pendant une demi-heure. (Moi aussi, j'ai attendu le bus

pendant une demi-heure.) 8. Moi, je n'ai pas très bien réussi à un examen. (Moi aussi, j'ai très bien réussi à un examen.) 9. Moi, je n'ai pas skypé avec une amie qui habite à l'étranger. (Moi aussi, j'ai skypé avec une amie qui habite à l'étranger.) **Ex. 3.** *Answers will vary.* 1. Oui, nous avons écouté une chanson française. (Non, nous n'avons pas écouté de chanson française.) 2. Oui, nous avons étudié des nouveaux points de grammaire. (Non, nous n'avons pas étudié de nouveaux points de grammaire.) 3. Oui, nous avons parlé seulement en français. (Non, nous n'avons pas parlé seulement en français.) 4. Oui, nous avons envoyé des textos. (Non, nous n'avons pas envoyé de textos.) 5. Oui, nous avons travaillé au laboratoire informatique. (Non, nous n'avons pas travaillé au laboratoire informatique.) 6. Oui, nous avons fini le chapitre 4. (Non, nous n'avons pas fini le chapitre 4.) 7. Oui, nous avons répondu au mail d'un correspondant français. (Non, nous n'avons pas répondu au mail d'un correspondant français.) 8. Oui, nous avons passé un examen. (Non, nous n'avons pas passé d'examen.) **Ex. 4.** 1. Daniel et Louis ont acheté des boissons. 2. Nous avons mangé des crêpes. 3. Barbara et Jacqueline ont apporté de la musique française. 4. Tout le monde a parlé français. 5. Même Mme Martin a dansé. 6. Nous avons regardé des photos de cette année. 7. Denise a donné un album de photos à Pierre. 8. Quelques étudiants ont pleuré. **Ex. 5.** 1. Oui, j'ai dû me lever de bonne heure. (Non, je n'ai pas dû me lever de bonne heure.) 2. Oui, j'ai fait mon lit. (Non, je n'ai pas fait mon lit.) 3. Oui, j'ai pris le petit déjeuner. (Non, je n'ai pas pris le petit déjeuner.) 4. Oui, j'ai lu mes mails. (Non, je n'ai pas lu mes mails.) 5. Oui, j'ai bu un coca. (Non, je n'ai pas bu de coca.) 6. Oui, j'ai reçu un texto. (Non, je n'ai pas reçu de texto.) 7. Oui, j'ai conduit ma voiture. (Non, je n'ai pas conduit ma voiture.) 8. Oui, j'ai eu un accident. (Non, je n'ai pas eu d'accident.) 9. Oui, j'ai été en retard pour un cours. (Non, je n'ai pas été en retard pour un cours.) 10. Oui, j'ai mis un manteau pour sortir. (Non, je n'ai pas mis de manteau pour sortir.) *Second part*: 1. Est-ce que vous avez dû vous lever de bonne heure? 2. Est-ce que vous avez fait votre lit? 3. Est-ce que vous avez pris le petit déjeuner? 4. Est-ce que vous avez lu le journal? 5. Est-ce que vous avez bu un coca? 6. Est-ce que vous avez reçu un texto? 7. Est-ce que vous avez conduit votre voiture? 8. Est-ce que vous avez eu un accident? 9. Est-ce que vous avez été en retard pour un cours? 10. Est-ce que vous avez mis un manteau pour sortir? **Ex. 6.** *Answers may vary.* 1. Les clients dans un bar ont pris un cocktail. 2. Les spectateurs qui sortent du cinéma ont vu un film. 3. L'explorateur célèbre a découvert une ville perdue. 4. Les bons étudiants ont lu leurs leçons. 5. Les filles affectueux a offert un cadeau à sa mère. 6. Les acteurs au théâtre ont appris leur rôle. 7. L'auteur connu a écrit un nouveau livre. 8. La femme élégante a mis une nouvelle robe. **Ex. 7.** 1. À 9 h, j'ai reçu... 2. À 10 h, j'ai rencontré... 3. Sarah nous a offert... 4. Nous avons eu... 5. Enfin, nous avons pris... 6. Je leur ai dit... j'ai dû... 7. J'ai ouvert... j'ai vu... j'ai été... 8. J'ai mis... j'ai fait... **Ex. 8.** *Answers may vary.* 1. Je suis sorti[e]... (Je ne suis jamais sorti[e]...) (Je ne me souviens pas de la dernière fois que je suis sorti[e]...) 2. Je suis allé(e)... (Je ne suis jamais allé[e]...) (Je ne me souviens pas de la dernière fois que je suis allé[e]...) 3. Je suis monté(e)... (Je ne suis jamais monté[e]...) (Je ne me souviens pas de la dernière fois que je suis monté[e]...) 4. Je suis tombé(e)... (Je ne suis jamais tombé[e].) (Je ne me souviens pas de la dernière fois que je suis tombé[e].) 5. Je suis parti(e)... (Je ne suis jamais parti[e]...) (Je ne me souviens pas de la dernière fois que je suis parti[e]...) 6. Je suis arrivé(e)... (Je ne suis jamais arrivé[e]...) (Je ne me souviens pas de la dernière fois que je suis arrivé[e]...) 7. Je suis passé(e)... (Je ne suis jamais passé[e]...) (Je ne me souviens pas de la dernière fois que je suis passé[e]...) 8. Je suis entré(e)... (Je ne suis jamais entré[e]...) (Je ne me souviens pas de la dernière fois que je suis entré[e]...) 9. Je suis resté(e)... (Je ne suis jamais resté[e]...) (Je ne me souviens pas de la dernière fois que je suis resté[e]...) 10. Je suis rentré(e)... (Je ne suis jamais rentré[e]...) (Je ne me souviens pas de la dernière fois que je suis rentré[e]...) **Ex. 9.** 1. Nous sommes partis à 17 h vendredi soir. 2. Nous sommes arrivés à Megève vers 22 h. 3. Samedi matin, les enfants sont allés sur les pistes de bonne heure. 4. Victor et moi, nous sommes restés au lit un peu plus longtemps. 5. Marise et Clarisse sont montées et descendues plusieurs fois. 6. Elles ne sont pas tombées, heureusement. 7. Samedi soir, nous sommes revenus au chalet pour diner. 8. Dimanche matin, les enfants sont retournés sur les pistes à 9 h. 9. Nous sommes rentrés à Clermont-Ferrand dimanche soir, fatigués mais très contents de notre weekend. **Ex. 10.** 1. suis né 2. suis née 3. ai habité 4. ai habité 5. ai quitté 6. suis allé 7. n'ai jamais quitté 8. es arrivée 9. suis arrivée 10. suis arrivé 11. es rentrée 12. suis restée 13. ai pu **Ex. 11.** 1. Moi aussi, je suis allé(e) chez le coiffeur. (Je ne suis pas allé[e] chez le coiffeur.) 2. Moi aussi, je me suis reposé(e). (Je ne me suis pas reposé[e].) 3. Moi aussi, je me suis douché(e). (Je ne me suis pas douché[e].) 4. Moi aussi, je me suis brossé les dents. (Je ne me suis pas brossé les dents.) 5. Moi aussi, je me suis maquillée, mais je ne me suis pas rasée avec mon rasoir électrique. (Moi aussi, je me suis rasé avec mon rasoir électrique, mais je ne me suis pas maquillé.) 6. Moi aussi, je me suis habillé(e) en vitesse. (Je ne me suis pas habillé[e] en vitesse.) 7. Moi aussi, je me suis bien amusé(e) et je suis rentré(e) après minuit. (Je ne me suis pas bien amusé[e] et je ne suis pas rentré[e] après minuit.) 8. Moi aussi, je me suis couché(e) et je me suis tout de suite endormi(e). (Je ne me suis pas couché[e] et je ne me suis pas tout de suite endormi[e].) **Ex. 12.** 1. Caroline s'est

baignée. 2. Caroline s'est séchée. 3. Caroline s'est brossé les dents. 4. Albert est arrivé chez elle. 5. Ils sont sortis ensemble. 6. Ils sont arrivés à la fête. 7. Ils sont partis à 2 h du matin. 8. Caroline s'est déshabillée. 9. Caroline s'est couchée. 10. Caroline s'est endormie. **Ex. 13.** Dans la ville où tout va mal,... 1. les enfants n'obéissent jamais à leurs parents. 2. rien n'est simple et calme. 3. personne n'est dynamique. 4. on ne fait jamais la fête. 5. on n'a pas encore éliminé la pollution de l'air. 6. les habitants n'aiment personne. 7. on n'a rien d'intéressant à faire. 8. la ville n'est plus prospère. **Ex. 14.** 1. Non, je n'ai qu'une chambre. 2. Non, je n'ai qu'un vélo. 3. Non, ils n'ont qu'un appartement. 4. Non, il n'y a que des autobus. 5. Non, ils n'ont que quinze jours de vacances. 6. Non, je n'ai étudié que le français. 7. Non, je n'ai visité que la côte est.

CHAPITRE 6
Ex. 1. 1. Julien 2. Sarah 3. Jean-Yves 4. Julien 5. Jean-Yves 6. Julien 7. Sarah 8. Jean-Yves 9. Sarah **Ex. 2.** 1. j'allais... 2. j'adorais... 3. j'aimais... 4. je m'amusais... 5. je rentrais... 6. je mettais... 7. j'attendais... 8. nous allions... 9. nous faisions... 10. nous nous promenions... 11. nous faisions... 12. nous finissions... **Ex. 3.** 1. Tous les matins, M. et Mme Rouet se levaient à 5 heures. 2. Mme Rouet prenait le bus pour aller au travail. 3. Quelquefois, elle devait attendre l'autobus une demi-heure. 4. M. Rouet allait au travail en voiture, dans sa vieille Deux Chevaux. 5. Il y avait toujours beaucoup de circulation. 6. M. Rouet arrivait au bureau furieux. 7. Il était obligé de déjeuner en ville et ça coutait cher. 8. Leurs enfants allaient à l'école en bus. 9. Ils finissaient les cours à 16 h 30. 10. Ils rentraient à la maison et restaient seuls jusqu'à 19 h. **Ex. 4.** 1. lisons (ne lisons pas) 2. écrivons (n'écrivons pas de rédactions) 3. lit (ne nous lit pas de poèmes) 4. lis (ne lis pas de journal) 5. dis (ne dis pas) 6. disent (ne disent pas de) 7. J'écris (Je n'écris pas/jamais de phrases) 8. écrit (n'écrit pas) **Ex. 5.** 1. était 2. étais 3. avais 4. avais 5. devais 6. devais 7. voulais 8. était 9. savais 10. avais 11. voulais 12. était **Ex. 6.** 1. (e) Une licorne, qu'... 2. (f) Un peuple, qui... 3. (g) L'adolescence, que... 4. (h) Un bateau, qui... 5. (a) Un pitre, qui... 6. (c) La vaisselle, que... 7. (b) Un GPS, qu'... 8. (d) Un jardin, qui... **Ex. 7.** 1. qui 2. que 3. où 4. où 5. que 6. qui 7. qui 8. où 9. qu' 10. que **Ex. 8.** 1. J'avais deux cousines qui nous racontaient des histoires fascinantes. 2. Près de chez nous, il y avait un parc où nous jouions souvent. 3. Je faisais aussi des promenades à bicyclette que j'aimais beaucoup. 4. Il y avait une maitresse qui nous apprenait les noms de toutes les plantes. 5. Je jouais avec une petite fille qui avait un gros chien. 6. J'adorais la colonie de vacances où j'allais en été. 7. À l'école, j'avais une copine que j'aimais beaucoup. 8. Il y avait une piscine près de chez nous où je nageais souvent. **Ex. 9.** 1. Oui, je lui écrivais. (Non, je ne lui écrivais pas.) 2. Oui, je leur écrivais des textos au lycée. (Non, je ne leur écrivais

pas de textos au lycée.) 3. Oui, je leur posais beaucoup de questions. (Non, je ne leur posais pas beaucoup de questions.) 4. Oui, je lui offrais des cadeaux. (Non, je ne lui offrais pas de cadeaux.) 5. Oui, je leur empruntais souvent des vêtements. (Non, je ne leur empruntais pas souvent de vêtements.) 6. Oui, je leur demandais de l'argent. (Non, je ne leur demandais pas d'argent.) 7. Oui, je leur rendais souvent visite. (Non, je ne leur rendais pas souvent visite.) 8. Oui, je devais leur demander la permission. (Non, je n'avais pas besoin de leur demander la permission.) 9. Oui, je pouvais lui téléphoner tous les soirs. (Non, je ne pouvais pas lui téléphoner tous les soirs.) **Ex. 10.** 1. leur 2. nous 3. nous 4. vous 5. nous **Ex. 11.** 1. Oui, maman, je lui ai écrit. 2. Oui, maman, je leur ai rendu les livres. 3. Oui, maman, je lui ai donné de l'eau. 4. Oui, maman, je vous ai laissé un morceau de gâteau. 5. Oui, maman, je lui ai rendu visite. 6. Oui, maman, je vous ai obéi. 7. Non, maman, je ne t'ai pas promis de rester à la maison. 8. Non, maman, je ne vous ai pas dit que j'avais des devoirs à faire. 9. Non, maman, tu ne m'as pas prêté ton stylo. 10. Non, maman, elle ne m'a pas demandé de service. **Ex. 12.** 1. Et toi, tu t'entendais très bien avec tes professeurs et tes camarades de classe? Oui, je m'entendais... (Non, je ne m'entendais pas...) 2. Et toi, tu t'inquiétais de tes résultats aux examens? Oui, je m'inquiétais... (Non, je ne m'inquiétais pas...) 3. Et toi, tu ne te fâchais jamais avec tes copains? Si, je me fâchais... (Non, je ne me fâchais jamais...) 4. Et toi, tu te disputais de temps en temps avec tes parents? Oui, je me disputais... (Non, je ne me disputais pas...) 5. Et toi, ton père s'énervait assez souvent? Oui, mon père s'énervait... (Non, mon père ne s'énervait pas...) 6. Et toi, tu t'occupais de la voiture de tes parents? Oui, je m'occupais... (Non, je ne m'occupais pas...) 7. Et toi, tu t'intéressais beaucoup aux sports d'hiver? Oui, je m'intéressais... (Non, je ne m'intéressais pas...) 8. Et toi, tu t'ennuyais parfois en été? Oui, je m'ennuyais... (Non, je ne m'ennuyais pas...) *Second part*: 1. Est-ce que vous vous entendiez très bien avec vos professeurs et vos camarades de classe, madame (monsieur)? 2. Est-ce que vous vous inquiétiez de vos résultats aux examens? 3. Est-ce que vous ne vous fâchiez jamais avec vos copains? 4. Est-ce que vous vous disputiez de temps en temps avec vos parents? 5. Est-ce que votre père s'énervait assez souvent? 6. Est-ce que vous vous occupiez de la voiture de vos parents? 7. Est-ce que vous vous intéressiez beaucoup aux sports d'hiver? 8. Est-ce que vous vous ennuyiez parfois en été? **Ex. 13.** 1. Elle croit à l'égalité des sexes. 2. Ils ne croient pas à la punition corporelle. 3. Nous croyons à la démocratie. 4. Tu crois à l'amitié. 5. Je crois aux traditions. 6. Vous croyez au mariage. **Ex. 14.** 1. voit 2. voyons 3. croyez 4. vois 5. croient 6. croit **Ex. 15.** *Answers may vary.* 1. Hier, je (ne) me suis (pas) levé(e) avant 8 heures. Quand j'étais petit(e), je me levais souvent avant 8 heures. 2. Hier, j'ai (je n'ai pas) porté un jean et un teeshirt. Quand j'étais petit(e), je portais de temps en temps un jean et un teeshirt. 3. Hier, je (ne) suis (pas) allé(e) à l'université. Quand j'étais petit(e), je n'allais jamais à l'université. 4. Hier, j'ai (je n'ai pas) parlé au téléphone avec des amis. Quand j'étais petit(e), je parlais de temps en temps au téléphone avec des amis. 5. Hier, j'ai conduit une (je n'ai pas conduit de) voiture. Quand j'étais petit(e), je ne conduisais jamais de voiture. 6. Hier, j'ai (je n'ai pas) joué aux jeux vidéo. Quand j'étais petit(e), je jouais tous les jours aux jeux vidéo. 7. Hier soir, je me suis (je ne me suis pas) couché(e) à minuit et demi. Quand j'étais petit(e), je ne me couchais jamais à minuit et demi. 8. Hier, j'ai (je n'ai pas) lu les bandes dessinées dans le journal. Quand j'étais petit(e), je lisais les bandes dessinées dans le journal une fois par semaine.

CHAPITRE 7

Ex. 1. *Answers will vary.* 1. Oui, j'aime les petits pois, mais j'aime mieux (les asperges). (Non, je n'aime pas les petits pois. J'aime mieux…) 2. Oui, j'aime les cerises, mais j'aime mieux (les pommes). (Non, je n'aime pas les cerises. J'aime mieux…) 3. Oui, j'aime le jambon, mais j'aime mieux (le poulet). (Non, je n'aime pas le jambon. J'aime mieux …) 4. Oui, j'aime la bière, mais j'aime mieux (le vin). (Non, je n'aime pas la bière. J'aime mieux…) 5. Oui, j'aime les crevettes, mais j'aime mieux (le homard). (Non, je n'aime pas les crevettes. J'aime mieux…) 6. Oui, j'aime le lait, mais j'aime mieux (l'eau minérale). (Non, je n'aime pas le lait. J'aime mieux…) 7. Oui, j'aime la tarte aux pommes, mais j'aime mieux (le gâteau au chocolat). (Non, je n'aime pas la tarte aux pommes. J'aime mieux…) 8. Oui, j'aime le porc, mais j'aime mieux (le poulet). (Non, je n'aime pas le porc. J'aime mieux…) **Ex. 2.** 1. Oui, achète de la sauce tomate (pour la bolognaise). 2. Non, n'achète pas de riz. 3. Non, n'achète pas de bifteck. 4. Oui, achète du bœuf haché (pour la bolognaise). 5. Oui, achète de la laitue (pour la salade). 6. Non, n'achète pas de pommes de terre. 7. Oui, achète de l'huile et du vinaigre (pour la salade). 8. Oui, achète des ognons (pour la bolognaise et la salade). 9. Non, n'achète pas de glace. 10. Oui, achète du lait (pour la crème caramel). 11. Oui, achète des œufs (pour la crème caramel). 12. Oui, achète du sucre (pour la crème caramel). **Ex. 3.** *Answers will vary.* 1. deux tasses de 2. trois verres d' 3. une demi-douzaine d' 4. une demi-livre de 5. un peu de 6. une portion de 7. trois portions de **Ex. 4.** *Answers will vary.* 1. Est-ce que tu achètes quelquefois des bonbons au chocolat? Oui, j'achète quelquefois des… (Non, je n'achète jamais de…) 2. Est-ce que tu aimes les escargots? Oui, j'aime les escargots. (Non, je n'aime pas les escargots.) 3. Est-ce que tu manges souvent de la dinde? Oui, je mange souvent de la dinde. (Non, je ne mange pas de dinde.) 4. Est-ce que tu consommes beaucoup de fromage? Oui, je consomme

beaucoup de fromage. (Non, je ne consomme pas beaucoup de fromage.) 5. Est-ce que tu détestes le poisson? Oui, je déteste le poisson. (Non, je ne déteste pas le poisson.) 6. Est-ce que tu adores la glace? Oui, j'adore la glace. (Non, je n'adore pas la glace.) 7. Est-ce que tu bois trop de bière? Oui, je bois quelquefois trop de bière. (Non, je ne bois pas trop de bière.) 8. Est-ce que tu manges souvent du pain? Oui, je mange souvent du pain. (Non, je ne mange jamais de pain.) **Ex. 5.** *Answers will vary.* 1. Je bois du café. 2. J'ai bu du jus d'orange. 3. Nous buvons du thé. 4. Les Anglais boivent plus de thé. 5. On a bu du champagne et de l'eau minérale. 6. Je buvais du lait. 7. Mes parents buvaient du café. **Ex. 6.** *Answers will vary.* 1. Oui, j'en voudrais. (Non, je n'en voudrais pas.) 2. Oui, j'en bois. (Non, je n'en bois pas.) 3. Oui, j'aime en prendre à tous les repas. (Non, je n'aime pas en prendre à tous les repas.) 4. Oui, j'en prends à tous les repas. (Non, je n'en prends pas à tous les repas.) 5. Oui, j'en mange de temps en temps. (Non, je n'en mange pas.) 6. Oui, j'en mange beaucoup. (Non, je n'en mange pas beaucoup.) **Ex. 7.** 1. Il y en a 1.000 (mille). 2. Oui, on en a besoin. 3. Oui, les enfants en ont souvent envie. 4. Oui, il y en a beaucoup dans le café. 5. Oui, il y en a dans le thé. (Non, il n'y en a pas. Il y a de la théine.) 6. Il y en a six. 7. Non, il n'y en a pas. 8. Il y en a 2,2. 9. Il y en a 105. 10. Non, il n'y en a pas. **Ex. 8.** 1. tous 2. Toutes 3. tout 4. Toutes 5. Toute 6. tout *Opinions and reasons for them will vary.* **Ex. 9.** 1. Qu'est-ce qu': g 2. quoi: d 3. Qu'est-ce qui: a 4. Qu'est-ce qu': i 5. quoi: f 6. Qui: b 7. Qu'est-ce qu': c 8. quoi: h 9. Qui: j 10. Qu'est-ce qui: e **Ex. 10.** 1. Avec qui est-ce que Louis doit venir? (Avec qui Louis doit-il venir?) 2. Qu'est-ce que tu as fait? (Qu'as-tu fait?) 3. À qui est-ce que tu as demandé d'apporter des chips? (À qui as-tu demandé d'apporter des chips?) 4. De quoi est-ce que vous avez besoin? (De quoi avez-vous besoin?) 5. Qui a apporté de la musique cadienne? 6. De quoi est-ce que tu voudrais parler? (De quoi voudrais-tu parler?) 7. Qu'est-ce qui sent si bon? 8. Qui est-ce que Raoul a invité? (Qui Raoul a-t-il invité?) **Ex. 11.** 1. Quel est ton légume favori? 2. Quel est le plat du jour? 3. Qu'est-ce que c'est qu'une boulangerie? 4. Quelle est celle que tu préfères? 5. Quel est le meilleur type de café? 6. Qu'est-ce que c'est qu'une mandarine? 7. Quel est le nom de ce plat? 8. Qu'est-ce que c'est qu'une salade niçoise? (Quels sont les ingrédients d'une salade niçoise?) **Ex. 12.** 1. Christine est en train de réserver une table. 2. Christine est en train de se baigner. 3. Christine est en train de s'habiller. 4. Christine et Bernard sont en train de retrouver leurs amis. 5. Christine, Bernard et leurs amis sont en train d'entrer dans le restaurant. 6. Ils sont en train de commander leur diner. 7. Bernard est en train de gouter le vin. 8. Christine et Bernard sont en train de bavarder avec leurs amis. 9. Bernard est en train de demander l'addition. 10. Bernard est en

train de régler l'addition. 11. Christine et Bernard sont en train de rentrer chez eux après avoir laissé le pourboire. **Ex. 13.** *Answers may vary and sentences may begin with the "Avant de" clause.* 1. Je choisis un menu avant d'inviter des amis. 2. Je lis la recette avant de faire les provisions. 3. Je fais une liste avant d'aller au supermarché. 4. Je fais la cuisine avant de m'habiller pour la soirée. 5. Je prépare le repas avant de mettre la table. 6. Je sers le dessert avant de débarrasser la table. **Ex. 14.** *Answers may vary.* 1. Un étudiant sérieux regarde la télé après avoir fini ses devoirs. 2. Un étudiant sérieux étudie après être allé en cours. 3. Un étudiant sérieux écrit une thèse après avoir lu des articles. 4. Un étudiant sérieux fait les activités après avoir regardé son manuel de laboratoire. 5. Un étudiant sérieux écrit une rédaction après avoir réfléchi au sujet. 6. Un étudiant sérieux répond après avoir écouté les questions du prof. 7. Un étudiant sérieux va prendre un café après être allé à la bibliothèque. 8. Un étudiant sérieux se couche après être rentré du cinéma.

CHAPITRE 8

Ex. 1. 1. De Reims, je vais à Strasbourg, en Alsace. 2. De Strasbourg, je vais à Dijon, en Bourgogne. 3. De Dijon, je vais à Grenoble, en Savoie. 4. De Grenoble, je vais à Arles, en Provence. 5. D'Arles, je vais à Clermont-Ferrand, en Auvergne. 6. De Clermont-Ferrand, je vais à La Rochelle, au Poitou. 7. De La Rochelle, je vais à Tours, en Touraine. **Ex. 2.** 1. Est-ce que tu vas en Europe? Oui, je vais au Portugal et en Espagne. 2. Est-ce que tu vas en Asie? Oui, je vais en Chine et en Inde. 3. Est-ce que tu vas en Afrique? Oui, je vais en Côte d'Ivoire et au Sénégal. 4. Est-ce que tu vas en Afrique du Nord? Oui, je vais en Tunisie et au Maroc. 5. Est-ce que tu vas en Louisiane? Oui, je vais à Baton Rouge et à La Nouvelle-Orléans. 6. Est-ce que tu vas au Canada? Oui, je vais à Montréal et à Toronto. 7. Est-ce que tu vas en Amérique du Sud? Oui, je vais au Brésil et en Argentine. 8. Est-ce que tu vas en Amérique du Nord? Oui, je vais aux États-Unis: en Californie et au (dans le) Texas. **Ex. 3.** 1. D'où viennent les Volkswagen? Les Volkswagen viennent d'Allemagne. 2. D'où viennent les appareils Sony? Les appareils Sony viennent du Japon. 3. D'où vient le jambalaya? Le jambalaya vient de Louisiane (des États-Unis). 4. D'où viennent les vins de Bourgogne? Les vins de Bourgogne viennent de France. 5. D'où viennent les enchiladas et les tacos? Les enchiladas et les tacos viennent du Mexique. 6. D'où vient le cappuccino? Le cappuccino vient d'Italie. 7. D'où viennent les Cadillac? Les Cadillac viennent des États-Unis. 8. D'où vient le sucre d'érable? Le sucre d'érable vient du Canada et des États-Unis. **Ex. 4.** 1. vivent 2. vit 3. vivent 4. vit 5. survive (vivre) 6. ont vécu 7. ont survécu 8. vivait 9. vivons **Ex. 5.** 1. à / Oui, je vais lui écrire. 2. — / Non, je ne les écoute pas. 3. à / Oui, je leur téléphone toutes les semaines. 4. — / Oui, je les regarde. 5. à / Je voudrais lui dire que tout le monde doit protéger l'environnement. 6. aux associations / Oui, je leur donne de l'argent. **Ex. 6.** 1. Je la lui donne. (Je ne la lui donne pas.) 2. Je les leur envoie. (Je ne les leur envoie pas.) 3. Je la lui promets. (Je ne la lui promets pas.) 4. Je le leur accorde. (Je ne le leur accorde pas.) 5. Je le lui donne. (Je ne le lui donne pas.) **Ex. 7.** *Answers will vary.* 1. a. devrions / Oui, je suis d'accord, parce que les émissions toxiques sont mauvaises pour la santé. (Non, je ne suis pas d'accord, parce que les entreprises ne peuvent pas le faire sans réduire leur production.) b. devrais / Oui, je suis d'accord, parce que j'habite près de mon lieu de travail. (Non, je ne suis pas d'accord, parce que je préfère prendre la voiture.) 2. a. devrais / Oui, je suis d'accord, parce que c'est facile à faire. (Non, je ne suis pas d'accord, parce que je ne voudrais pas changer mes habitudes!) b. devraient / Oui, je suis d'accord, parce que ce n'est pas nécessaire, sauf quand il fait très chaud! (Non, je ne suis pas d'accord, parce que mon jardin a besoin d'être arrosé tous les jours.) 3. a. devraient / Oui, je suis d'accord, parce que je préfère manger des produits naturels. (Non, je ne suis pas d'accord, parce qu'il faut tuer les insectes.) b. devrions / Oui, je suis d'accord, parce que ces détergents sont bons. (Non, je ne suis pas d'accord, parce qu'ils ne sont pas aussi bons que les autres.) 4. a. devrait / Oui, je suis d'accord, parce que c'est bon pour la planète. (Non, je ne suis pas d'accord, parce que je n'aime pas le faire.) b. devrait / Oui, je suis d'accord, parce qu'il y a trop de plastique. (Non, je ne suis pas d'accord. Il faut le recycler, c'est tout.) **Ex. 8.** 1. étaient, portaient 2. vivaient 3. empêchaient, émettaient 4. grimpaient 5. piqueniquaient 6. trouvait 7. étaient 8. comprenaient **Ex. 9.** 1. faisait, s'est arrêté 2. envoyait, s'est éteint 3. écoutait, n'a... entendu 4. parlait, a été 5. écoutait, s'est arrêtée

CHAPITRE 9

Ex. 1. *Answers will vary.* 1. Oui, j'y habite. (Non, je n'y habite pas.) 2. Oui, j'y suis déjà allé(e) cette semaine. (Non, je n'y suis pas encore allé[e] cette semaine.) 3. Oui, j'y participe beaucoup. (Non, je n'y participe pas beaucoup.) 4. Oui, j'y réponds souvent. (Non, je n'y réponds pas souvent.) 5. Oui, j'y assiste parfois. (Non, je n'y assiste jamais.) 6. Oui, j'y joue souvent. (Non, je n'y joue pas souvent.) 7. Oui, j'y pense souvent. (Non, je n'y pense pas souvent.) **Ex. 2.** *Answers will vary.* 1. Oui, je suis plus intelligent(e) que lui. (Non, je suis moins/aussi...) 2. Oui, je suis moins sportif/sportive qu'eux. (Non, je suis plus/aussi...) 3. Oui, je suis aussi dynamique que lui / qu'elle. (Non, je suis moins/plus...) 4. Oui, ils sont aussi intelligents que moi. (Non, ils sont plus/moins...) 5. Oui, mes professeurs sont aussi sympathiques qu'eux. (Non, ils sont plus/moins...) 6. Oui, je suis aussi équilibré(e) que lui / qu'elle. (Non, je suis moins/plus...) 7. Oui, ils sont plus courageux que moi. (Non, ils sont moins/aussi...) 8. Oui, il/elle est aussi facile à vivre

que moi. (Non, il/elle est plus/moins...) **Ex. 3.** 1. Oui, je m'entends bien avec eux. (Non, je ne m'entends pas bien avec eux.) 2. Oui, je me fâche souvent avec lui/elle. (Non, je ne me fâche pas souvent avec lui/elle.) 3. Oui, je parle toujours français avec lui/elle. (Non, je ne parle pas toujours français avec lui/elle.) 4. Oui, je dialogue avec eux sur Facebook. (Non, je ne dialogue pas avec eux sur Facebook.) 5. Oui, je me souviens de lui / d'elle. (Non, je ne me souviens pas de lui / d'elle.) 6. Oui, j'ai déjà diné avec lui/elle. (Non, je n'ai pas encore diné avec lui/elle.) 7. Si, je me suis disputé(e) avec eux. (Non, je ne me suis jamais disputé[e] avec eux.) **Ex. 4.** 1. Lui et elle, ils vont au cinéma ce soir. 2. Elle et lui, ils lisent le journal tous les jours. 3. Eux et nous, nous aimons *Astérix*. 4. Elle et lui, ils sont vedettes. 5. Toi et moi, nous paniquons avant les examens. 6. Lui et elle, ils ont du talent. 7. Elle et lui, ils sont dynamiques. **Ex. 5.** 1. Il était couturier. 2. Elle était physicienne. 3. Il était empereur. 4. Elle était écrivaine. 5. Il est chanteur. 6. Il était homme d'État. **Ex. 6.** *Answers will vary.* 1. C'est un professeur dans un lycée. C'est la femme de Victor. (C'est la sœur de Bernard.) 2. C'est une infirmière. C'est la femme de Bernard. 3. C'est un ingénieur. C'est le fils de Francis Lasalle. (C'est le frère de Claudine.) 4. C'est une étudiante en hôtellerie. C'est la sœur de Marise. 5. C'est un petit garçon. C'est le frère de Clarisse et Marise. 6. C'est un étudiant à l'Université Paris Diderot 7. C'est l'ami d'Agnès Rouet. **Ex. 7.** 1. Julien habite à la Défense depuis quatre ans. 2. Sa mère est à Paris depuis cinq ans. 3. Julien travaille pour TF1 depuis sept ans. 4. Il connait Bernard depuis huit ans. 5. Julien fait de la voile depuis douze ans. **Ex. 8.** *Answers will vary.* 1. Je fais des études dans cette université depuis (deux ans). 2. J'habite (à la cité universitaire). J'y habite depuis (un an). 3. Mes parents habitent (à la campagne). Ils y habitent depuis (vingt-cinq ans). 4. J'étudie le français depuis (six mois). 5. J'ai mon permis de conduire depuis (l'année dernière). J'ai ma propre voiture depuis (l'année dernière). **Ex. 9.** 1. Est-ce que tu te coucheras tôt ce soir? Oui, je me coucherai tôt ce soir. (Non, je ne me coucherai pas...) Et toi? 2. Est-ce que tu dormiras jusqu'à 10 h demain? Oui, je dormirai... (Non, je ne dormirai pas...) 3. Est-ce que tu finiras tous tes devoirs avant le weekend? Oui, je finirai... (Non, je ne finirai pas...) 4. Est-ce que tu réussiras à tous tes examens ce semestre? Oui, je réussirai à... (Non, je ne réussirai pas à...) 5. Est-ce que tu sortiras ce weekend? Oui, je sortirai... (Non, je ne sortirai pas...) 6. Est-ce que tu gagneras beaucoup d'argent cet été? Oui, je gagnerai... (Non, je ne gagnerai pas...) 7. Est-ce que tu achèteras une voiture cette année? Oui, j'achèterai... (Non, je n'achèterai pas...) 8. Est-ce que tu prendras des vacances la semaine prochaine? Oui, je prendrai... (Non, je ne prendrai pas...) **Ex. 10.** 1. serons 2. ferons 3. recevrons 4. verrons 5. aurons 6. saurons, pourrons 7. devrons **Ex. 11.**

1. aura 2. sera 3. gagnera 4. iront 5. devra 6. pourront 7. fera 8. épatera 9. découvrira 10. ira 11. reviendra 12. ouvrira 13. irons 14. deviendra 15. écrira 16. aura 17. s'appellera **Ex. 12.** 1. Tu seras heureux quand tu réussiras à l'examen demain. 2. Tu seras très surpris quand tu recevras un A en cours de français. 3. Tu seras surpris quand tes amis t'inviteront à sortir ce weekend. 4. Tu seras étonné quand tu auras assez d'argent pour payer tes études. 5. Tu seras surpris quand tu finiras ton devoir d'histoire ce soir.

CHAPITRE 10

Ex. 1. 1. Il faut que je passe à la banque. 2. Il faut que j'écrive des instructions pour la voisine. 3. Il faut que je visite un site web marocain. 4. Il faut que je choisisse une nouvelle valise. 5. Il faut que je lise un guide touristique sur le Maroc. 6. Il faut que je finisse ma dissertation de français. 7. Il faut que je rende des livres à la bibliothèque. 8. Il faut que j'organise mes affaires. **Ex. 2.** 1. Il faut que nous vérifiions l'heure du départ. 2. Il faut que nous achetions des magazines. 3. Il ne faut pas que nous oubliions la valise en consigne. 4. Il faut que nous téléphonions aux enfants ce soir. 5. Il faut que nous écrivions une carte postale à Julien demain. 6. Il ne faut pas que nous laissions notre argent dans la valise. 7. Il faut que nous relisions les brochures. 8. Il faut que nous nous reposions dans l'avion. **Ex. 3.** *Answers will vary but should end as shown.* 1. ... que je connaisse des gens du pays. 2. ... que je lise les nouvelles de mes ami(e)s sur mon smartphone. 3. ... que je dorme bien chaque nuit. 4. ... que je voyage dans une voiture confortable. 5. ... que j'achète de beaux souvenirs. 6. ... que je rapporte beaucoup de belles photos. 7. ... que je sorte tous les soirs. 8. ... que j'organise des projets à l'avance. 9. ... que j'obéisse aux règles de la route. **Ex. 4.** 1. Il ne faut pas que tu boives de l'alcool. 2. Il ne faut pas que tu ailles dans les quartiers dangereux le soir. 3. Il ne faut pas que tu sortes seul(e). 4. Il faut que tu t'endormes à une heure raisonnable. 5. Il ne faut pas que tu fasses du bruit à l'hôtel. 6. Il faut que tu sois ponctuel(le). 7. Il faut que tu aies ton passeport sur toi à tout moment. 8. Il faut que tu nous envoies des textos et des photos tous les jours. 9. Il faut que tu prennes tes vitamines. **Ex. 5.** *Answers may vary.* 1. Est-ce qu'il vaut mieux que je prenne un billet électronique ou un billet papier? Il vaut mieux que vous preniez un billet électronique. (Il vaut mieux que vous preniez un billet papier.) 2. Est-ce qu'il vaut mieux que je mette mon passeport dans ma petite valise ou dans ma poche? Il vaut mieux que vous le mettiez dans votre poche, parce qu'il faut que vous le montriez à la douane. (Il vaut mieux que vous le mettiez dans votre petite valise pour ne pas le perdre.) 3. Est-ce qu'il vaut mieux que je sois à l'aéroport trois heures avant le départ ou pas? Il vaut mieux que vous y soyez trois heures avant le départ. Ainsi, vous aurez le temps de passer par le contrôle de sureté. (Il vaut mieux que vous y soyez une ou deux heures avant votre départ. Comme ça, vous n'aurez pas besoin d'attendre longtemps.) 4. Est-ce qu'il vaut mieux que je boive beaucoup ou non, pendant le voyage en avion? Il vaut mieux que vous buviez beaucoup pour ne pas être déshydraté(e). (Il vaut mieux que vous ne buviez pas beaucoup de liquides.) 5. Est-ce qu'il vaut mieux que j'utilise de l'argent liquide ou une carte de crédit? Il vaut mieux que vous utilisiez de l'argent liquide. (Il vaut mieux que vous utilisiez une carte de crédit. C'est plus pratique.) 6. Est-ce qu'il vaut mieux que j'aie du liquide pour laisser des pourboires? Oui, il vaut mieux que vous en ayez pour laisser des pourboires. (Il vaut mieux que vous n'ayez pas trop de liquide. Mettez le pourboire sur votre carte de crédit.) 7. Est-ce qu'il vaut mieux que je fasse mes valises deux ou trois jours avant ou à la dernière minute? Il vaut mieux que vous les fassiez deux ou trois jours avant pour ne rien oublier. (Il vaut mieux que vous ne les fassiez pas trop tôt si vous voulez que vos vêtements soient en bon état.) 8. Est-ce qu'il vaut mieux que j'aille prendre des brochures à l'agence de voyages ou que je visite des pages web? Il vaut mieux que vous alliez à l'agence de voyages. (Il vaut mieux que vous visitiez des pages web.) **Ex. 6.** *Answers will vary.* 1. Un jeune homme (Une jeune fille) de 18 ans conduit trop vite. Il/Elle ne respecte pas le code de la route. 2. Les chauffeurs de taxi conduisent prudemment. En général, ils respectent le code de la route. 3. Mon meilleur ami (Ma meilleure amie) conduit bien. Il/Elle respecte toujours le code de la route. 4. Mes copains conduisent comme des fous. Ils respectent rarement le code de la route. 5. Les personnes âgées conduisent lentement. Elles respectent toujours le code de la route. 6. Les gens de ma ville conduisent assez bien. En général, ils respectent le code de la route. 7. Un agent de police conduit bien. Il respecte toujours le code de la route. 8. Je conduis prudemment. Je respecte toujours le code de la route. **Ex. 7.** 1. Est-ce que tu le lui donnes? Oui, je le lui donne. (Non, je ne le lui donne pas.) 2. Est-ce que tu le leur montres? Oui, je le leur montre. (Non, je ne le leur montre pas.) 3. Est-ce que tu les lui laisses? Oui, je les lui laisse. (Non, je ne les lui laisse pas.) 4. Est-ce que tu la lui prêtes? Oui, je la lui prête. (Non, je ne la lui prête pas.) 5. Est-ce que tu lui en donnes? Oui, je lui en donne. (Non, je ne lui en donne pas.) 6. Est-ce que tu lui en demandes? Oui, je lui en demande. (Non, je ne lui en demande pas.) 7. Tu lui en offres? Oui, je lui en offre. (Non, je ne lui en offre pas.) 8. Tu leur en laisses? Oui, je leur en laisse. (Non, je ne leur en laisse pas.) **Ex. 8.** *Answers will vary.* 1. Oui, elle/il nous en donne beaucoup. (Non, elle/il ne nous en donne pas beaucoup.) 2. Oui, elle/il nous en apporte. (Non, elle/il ne nous en apporte pas.) 3. Oui, elle/il nous les rend promptement. (Non, elle/il ne nous les rend pas promptement.) 4. Oui, elle/il nous les lit.

(Non, elle/il ne nous les lit pas.) 5. Oui, elle/il nous en envoie beaucoup. (Non, elle/il ne nous en envoie pas beaucoup.) **Ex. 9.** 1. le plus 2. le plus, le moins 3. le plus 4. les plus, les moins 5. les plus, les plus 6. le plus **Ex. 10.** *Answers may vary.* 1. Le polyester coute le moins cher. 2. Le nylon se lave le mieux. 3. Les diamants coutent le plus cher. 4. La porcelaine se casse le plus facilement. 5. Le cuir s'utilise le moins dans les vêtements pour enfants. **Ex. 11.** 1. Le Cameroun a le plus d'habitants francophones. Le Mali en a le moins. 2. La Belgique a le plus d'habitants francophones. Le Luxembourg en a le moins. 3. Le Québec a le plus d'habitants francophones. La Louisiane en a le moins. **Ex. 12.** *Answers may vary.* 1. Laquelle de ces montres préfères-tu? d. Celle en or parce que... 2. Laquelle de ces bagues préfères-tu? c. Celle avec une turquoise parce que... 3. Lequel de ces portefeuilles préfères-tu? a. Celui en cuir marron parce que... 4. Lequel de ces foulards préfères-tu? e. Celui en soie parce que... 5. Lequel de ces vases préfères-tu? b. Celle en terre cuite parce que... **Ex. 13.** *Responses to questions may vary.* 1. ceux, ceux / Moi, je préfère ceux qui ont beaucoup de fonctions. 2. celles, celles / Moi, je préfère celles qui sont comiques. 3. celles, celles / Moi, je préfère celles qui sont plus discrètes. 4. ceux, ceux / Moi, je préfère ceux en cuir. 5. ceux, ceux / Moi, je préfère ceux qui sont confortables.

CHAPITRE 11

Ex. 1. *Answers will vary.* 1. aurait / Oui, c'est vrai, parce qu'on n'aurait pas d'exemples de crimes violents. (Non, ce n'est pas vrai...) 2. lirais / Oui, c'est vrai, parce que je ne serais pas aussi distrait(e) par la télévision. (Non,...) 3. seraient / Oui, c'est vrai, parce qu'ils passeraient plus de temps à faire de l'exercice. (Non,...) 4. connaitrait / Non, ce n'est pas vrai, parce qu'on pourrait lire des journaux et des livres. (Oui,...) 5. feraient / Oui, c'est vrai, parce qu'il n'y aurait pas de publicité. (Non,...) 6. iraient / Non, ce n'est pas vrai, parce qu'ils loueraient des DVD. (Oui,...) 7. coucherait / Oui, c'est vrai, parce qu'on ne regarderait pas d'émissions à minuit. (Non,...) 8. dépenseraient / Oui, c'est vrai, parce qu'elles n'auraient pas les mêmes possibilités offertes par la télévision. (Non,...) **Ex. 2.** 1. Pourriez 2. auriez 3. voudrais 4. pourriez 5. devrais 6. pourrais 7. Sauriez **Ex. 3.** 1. ... , on pourrait toujours croire ce qu'on vous dit. 2. ... , nous ne serions pas influencés par des messages subtils ou subliminaux. 3. ... , on ne profiterait jamais de la crédulité des gens. 4. ... , les gens ne dépenseraient pas beaucoup d'argent pour des produits inutiles. 5. ... , le travail n'occuperait pas une très grande partie de notre vie. 6. ... , il y aurait assez d'emplois pour tous ceux qui veulent travailler. 7. ... , mentir ne serait jamais utile. **Ex. 4.** 1. C'est le magazine dont je parlais l'autre jour. 2. C'est une appli dont je me sers souvent. 3. C'est un metteur en scène dont je connais d'autres films. 4. C'est un réalisateur dont j'ai vu tous les films.

5. C'est un titre dont je ne me souviens jamais. **Ex. 5.** 1. Ce qui: c 2. Ce qui: f 3. Ce que: d 4. Ce qui: e 5. Ce qu': b 6. Ce qu': a 7. Ce qui: f 8. Ce qu': e **Ex. 6.** 1. ce qu' 2. ce qui 3. Ce qui 4. ce qui 5. ce qu' 6. ce qui 7. ce qui 8. ce dont **Ex. 7.** 1. Aie quelque chose à dire sur ta page web. (Informe et intéresse le visiteur.) 2. Ne fais pas une/de liste de listes. 3. Rappelle-toi que tes visiteurs n'ont pas tous une connexion puissante. (Et ne fournis pas trop d'informations sur la même page.) 4. Vérifie tes liens pour éliminer les liens inactifs. 5. Permets les commentaires par mail sur ta page. 6. Améliore constamment tes connaissances en HTML. 7. Sois créatif/créative malgré toutes ces directives. **Ex. 8.** 1. Montrez-leur donc comment l'utiliser. 2. En cas d'invasion de très jeunes, rangez le clavier et mettez la souris en cage. 3. N'apportez votre travail à la maison qu'en cas de nécessité absolue. 4. Asseyez-vous souvent avec vos enfants quand ils utilisent l'ordinateur. 5. Si les enfants sont branchés en ligne, sachez où ils vont. 6. Donnez-leur une chaise confortable. Essayez aussi de placer l'ordinateur dans un endroit facile d'accès. **Ex. 9.** 1. C'est une bonne idée. Posez-en. (Ce n'est pas nécessaire. N'en posez pas.) 2. C'est une bonne idée. Vérifiez-la. (Regardez-le.) (Ce n'est pas nécessaire. Ne la vérifiez pas. [Ne le regardez pas.]) 3. C'est une bonne idée. Appréciez-la. (Évaluez-la.) (Ce n'est pas nécessaire. Ne l'appréciez pas. [Ne l'évaluez pas.]) 4. C'est une bonne idée. Vérifiez-le. (Ce n'est pas nécessaire. Ne le vérifiez pas.) 5. C'est une bonne idée. Groupez-les. (Ce n'est pas nécessaire. Ne les groupez pas.) 6. C'est une bonne idée. Parlez-en. (Ce n'est pas nécessaire. N'en parlez pas.) **Ex. 10.** 1. Si je voulais vraiment acheter quelque chose, je serais (je ne serais pas) très impatient(e). 2. Si j'étais déprimé(e), j'aurais (je n'aurais pas) envie de faire des achats. 3. Si j'avais envie de faire des achats, je laisserais (je ne laisserais pas) mes cartes de crédit à la maison. 4. Si je faisais beaucoup d'achats, je serais encore plus (je ne serais plus) déprimé(e). 5. Si j'achetais quelque chose de cher, j'irais (je n'irais pas) dans tous les magasins pour trouver le meilleur prix. 6. Si je n'aimais pas quelque chose, je le rendrais (je ne le rendrais pas) au magasin.

CHAPITRE 12

Ex. 1. 1. Oui, il/elle voudrait que je fasse plus de sport. (Non, il/elle ne voudrait pas que je fasse...) 2. Oui, il/elle voudrait que je dorme moins. (Non, il/elle ne voudrait pas que je dorme...) 3. Oui, il/elle voudrait que je passe moins de temps sur mon portable. (Non,...) 4. Oui, il/elle voudrait que je sois plus sérieux/sérieuse dans mes études. (Non,...) 5. Oui, il/elle voudrait que je dépense moins d'argent. (Non,...) 6. Oui, il/elle voudrait que je devienne médecin. (Non,...) 7. Oui, il/elle voudrait que je puisse le/la voir plus souvent. (Non,...) **Ex. 2.** *Answers will vary.* 1. Oui, je demanderais qu'on enlève... (Non, je ne demanderais pas qu'on enlève...) 2. Je désire qu'on

serve… (Non, je ne désire pas qu'on serve…)
3. J'aimerais qu'on installe… (Non, je n'aimerais pas qu'on installe…) 4. Je préférerais que l'université dépense… (Non, je ne préférerais pas que l'université dépense…) 5. Oui, je voudrais que les cours ne commencent pas… (Non, je ne voudrais pas que les cours ne commencent pas…) 6. Oui, je demanderais que les examens de fin d'année soient… (Non, je ne demanderais pas que les examens de fin d'année soient…) **Ex. 3.** 1. n'avais pas, n'ai rien mangé 2. avais, me suis endormie 3. me sentais, ai dû 4. devais, n'ai pas pu 5. n'avais pas, n'ai pas téléphoné 6. voulais, ai dû **Ex. 4.** 1. c / On peut soulager les yeux irrités en y mettant des gouttes. Oui, c'est vrai. (Non,…) 2. a / On peut transmettre des microbes en toussant et en éternuant. Oui, c'est vrai. (Non,…) 3. b / On peut éviter les rhumes en prenant beaucoup de vitamine C. Oui, c'est vrai. (Non,…) 4. e / On peut guérir une grippe en mangeant de la soupe au poulet. Oui, c'est vrai. (Non,…) 5. d / On peut arrêter le hoquet en se mettant un sac sur la tête. Non, ce n'est pas vrai. (Oui,…) **Ex. 5.** 1. viennent d' 2. venez de 3. venons d' 4. vient d' 5. viennent d' **Ex. 6.** 1. C'était l'hiver, il ne faisait pas froid et il y avait un beau clair de lune. 2. Sylvie et moi, nous avons décidé d'aller faire une randonnée à ski. 3. Nous avons mis nos skis et nous sommes partis. 4. La neige était couverte d'une couche de glace et nos skis glissaient très vite. 5. Après une demi-heure, nous sommes arrivés en haut d'une colline très abrupte. 6. En descendant la colline, je suis tombé et un de mes skis s'est cassé. 7. Heureusement, je n'avais rien de cassé. 8. Ensuite, nous avons dû marcher longtemps pour rentrer, mais nous étions

contents de notre soirée. **Ex. 7.** 1. était 2. avais 3. ai pris 4. étais 5. n'ai pas trouvé 6. ai pris 7. était 8. avait 9. était 10. s'avançait 11. ai mal estimé 12. a touché 13. cherchais 14. ai entendu 15. était 16. pensait 17. allais

CHAPITRE 13
Ex. 1. 1. se sont rencontrés 2. se sont détestés 3. se revoir 4. se sont rencontrés 5. se sont aidés 6. se quitter 7. s'entendre **Ex. 2.** 1. nous disons 2. vous écoutez 3. se parlent 4. se téléphonent 5. nous invitons 6. s'écrivent **Ex. 3.** 1. patiemment 2. sérieusement 3. nerveusement 4. attentivement 5. élégamment 6. (très) calmement 7. discrètement **Ex. 4.** *Expressions of opinion will vary.* 1. C'est étonnant que les jeunes et les vieux ne s'entendent pas bien. 2. C'est naturel que les jeunes ne fassent pas attention aux conseils de leurs parents. 3. C'est inévitable que les jeunes ne puissent pas profiter de l'expérience de leurs aînés. 4. C'est regrettable que nous soyons obligés de répéter les erreurs de nos parents. 5. C'est rare qu'un jeune Américain ait envie d'habiter longtemps chez ses parents. 6. C'est regrettable que les personnes âgées ne croient plus pouvoir contribuer à la société. 7. C'est honteux qu'un certain nombre de personnes âgées soient abandonnées par leurs enfants. **Ex. 5.** *Expressions of emotion will vary.* 1. Je suis triste que tes parents soient séparés. 2. Je suis désolée que ton grand-père soit à l'hôpital. 3. C'est dommage que tu n'aies pas encore ton baccalauréat. 4. Il est regrettable que tu doives repasser tes examens le mois prochain. 5. Je suis heureuse que tous tes amis partent à l'étranger cet été. 6. Je

regrette que toi, tu ne puisses pas y aller. 7. Je suis désolée que tu te sentes vraiment triste. **Ex. 6.** 1. b / avait perdu 2. e / avait oublié 3. a / avait bu 4. d / avait oublié 5. c / avait mangé **Ex. 7.** 1. était parti 2. avait oubliée 3. avait vendu 4. avait vu 5. s'était déjà couchée **Ex. 8.** *Answers will vary.* 1. La mienne est propre (sale). La sienne est propre (sale). 2. La mienne est en ordre (en désordre). La sienne est en ordre (en désordre). 3. Les miens sont chic (pratiques). Les siens sont chic (pratiques). 4. Le mien / La mienne est facile (difficile) à vivre. Le sien / La sienne est facile (difficile) à vivre. 5. Les miennes sont chargées (tranquilles). Les siennes sont chargées (tranquilles).

CHAPITRE 14
Ex. 1. 1. auraient dû 2. aurions dû 3. auriez dû 4. aurait dû 5. aurais dû 6. aurais dû **Ex. 2.** 1. n'aurais pas acheté 2. aurait été 3. n'aurait pas jeté 4. aurais pu 5. ne serais pas rentré 6. te serais rendu compte **Ex. 3.** 1. à moins que 2. à condition que 3. Bien que 4. jusqu'à ce que 5. quoique 6. pour que **Ex. 4.** *Answers may vary.* 1. a. C'est possible que les étudiants de mon université suivent… b. C'est impossible que les étudiants de mon université suivent… 2. a. C'est impossible que tous les Américains parlent… b. C'est probable que tous les Américains parleront… 3. a. Je crois que nous éliminerons… b. C'est peu probable que nous éliminions… 4. a. Je pense que tout le monde travaillera… b. Ce n'est pas possible que tout le monde travaille… 5. a. C'est peu probable que toutes les familles du monde aient… b. C'est possible que toutes les familles du monde aient…

Lexique

Vocabulaire français-anglais

This vocabulary contains French words and expressions used in this book, with their contextual meanings. The gender of nouns is indicated by the abbreviations *m.* and *f.* Both masculine and feminine forms of adjectives are shown.

All words and expressions from chapter vocabulary lists are included, with the exception of exact cognates. Conjugated verb forms, present participles, and regular past participles are not included. In general, regular adverbs do not appear if the adjectives upon which they are based are included (*e.g.*, **lent[e], lentement**); regular past participles used as adjectives do not appear if the verbs upon which they are based are included (*e.g.*, **varier, varié[e]**). Words beginning with aspirate *h* are preceded by an asterisk (*).

Abbreviations

A.	archaic	*gram.*	grammar term	*p.p.*	past participle
ab.	abbreviation	*interj.*	interjection	*prep.*	preposition
adj.	adjective	*intr.*	intransitive (verb)	*pron.*	pronoun
adv.	adverb	*inv.*	invariable	*Q.*	Quebec usage
art.	article	*irreg.*	irregular (verb)	*s.*	singular
conj.	conjunction	*lit.*	literary	*s.o.*	someone
f.	feminine	*m.*	masculine	*s.th.*	something
fam.	familiar, colloquial	*num.*	number	*subj.*	subjunctive
fig.	figurative	*pl.*	plural	*trans.*	transitive (verb)

à *prep.* to; at; in; with

abandonner to drop (*a course of study, a class*); to give up; to abandon, desert

abbaye *f.* abbey

abimer to damage; to spoil

abolir (*like* **finir**) to abolish, do away with

abonnement *m.* subscription; service contract

s'abonner (à) to subscribe (to)

aborder to approach; to tackle (*a difficult subject*)

abréger (j'abrège, nous abrégeons) to abbreviate, shorten

abri *m.* shelter; **mettre à l'abri de** to shelter from, shield from

abricot *m.* apricot

abriter to shelter; **s'abriter** to take shelter

abrupt(e) *adj.* abrupt; steep

absence *f.* absence; lack

absolu(e) *adj.* absolute

s'abstenir (*like* **tenir**) (**de**) *irreg.* to abstain (from)

abstrait(e) *adj.* abstract

absurde *adj.* absurd

abuser de to misuse, abuse; **abuser des règlements** to break the rules

académie *f.* academy

Acadie *f.* Acadia (Nova Scotia)

acadien(ne) *adj.* Acadian; **Acadien(ne)** *m., f.* Acadian (*person*)

accéder (j'accède) (à) to access

accélérateur *m.* accelerator

accélérer (j'accélère, nous accélérons) to accelerate

accent *m.* accent; stress; **mettre l'accent sur** to stress, emphasize

accentué(e) *adj.* accentuated, stressed

accentuer to increase; to emphasize

accepter (de) to accept; to agree (to)

accès *m.* access; **accès limité** limited access

accessoires *m. pl.* accessories

accommoder to accommodate

accompagner to accompany

accomplir (*like* **finir**) to accomplish, fulfill, carry out

accord *m.* agreement; **d'accord** all right, okay; **être d'accord** to agree, be in agreement; **se mettre d'accord** to reconcile, come to an agreement

accorder to grant, bestow, confer; **s'accorder avec** to agree with

accoutrement *m.* outfit

accroché(e) *m., f.,* (*fam.* **accro**) addict, fanatic; **accro de Facebook** Facebook addict

s'accrocher à to hang on to; to cling to

s'accroupir (*like* **finir**) to squat; to stoop over

accueil *m.* greeting, welcome; **page** (*f.*) **d'accueil** home page

accueillant(e) *adj.* welcoming; hospitable

accueillir (*like* **cueillir**) *irreg.* to welcome, greet

accusé(e) *m., f.* accused, defendant; **défendre les accusés** to defend the accused

achat *m.* purchase; **faire des achats** to go shopping

acheter (j'achète) to buy; **acheter des provisions** to buy groceries

acide *adj.* acid; tart, sour; *m.* acid; **pluie** (*f.*) **acide** acid rain

acier *m.* steel

acquérir (*p.p.* **acquis**) *irreg.* to acquire, obtain

acte *m.* act

acteur/actrice *m., f.* actor/actress

actif/active *adj.* active; working

action *f.* action, gesture

activiste *m., f.* activity

activité *f.* activity

actualité *f.* piece of news; news; current event; **suivre les actualités** to keep up with the news

actuel(le) *adj.* present, current; **à l'heure actuelle** at the present time

actuellement *adv.* currently, now, at the present time

acuponcture *m.* acupuncture

adaptateur *m.* adaptor

adapter to adapt; **s'adapter** to adapt (oneself)

addition *f.* bill, tab (*restaurant*)

adepte *m., f.* follower

adieu *interj.* farewell; **soirée** (*f.*) **d'adieu** farewell party, going-away party

adjectif *m.* adjective

adjoint(e) *m., f.* assistant; **adjoint(e) au maire** deputy mayor

admettre (*like* **mettre**) *irreg.* to admit, accept

administrateur/administratrice *m., f.* webmaster

administratif/administrative *adj.* administrative

administrer to administer

admirer to admire; **s'admirer** to admire oneself, one another

adolescent(e) *m., f.* (*fam.* **ado**) adolescent

adopter to adopt

adorer to adore, worship; to admire; to be fond of

adresse *f.* address; **adresse électronique** e-mail address

adresser to address, speak to; **s'adresser à** to speak to; to appeal to; to inquire

adulte *m., f.* adult

adverbe *m.* adverb

adversaire *m., f.* opponent, adversary

aérobic *f.* aerobics; **faire de l'aérobic** to do aerobics

aéroport *m.* airport

affaire *f.* affair; (business) matter; *pl.* belongings; business; **chiffre** (*m.*) **d'affaires** total sales; **homme** (*m.*) **d'affaires / femme** (*f.*) **d'affaires** businessman/businesswoman

affecter to affect

affectueux/affectueuse *adj.* affectionate

affiche *f.* poster

affirmatif/affirmative *adj.* affirmative

affirmation *f.* statement

affirmer to affirm, assert

affronter to confront, deal with, face

afin de *prep.* to, in order to; **afin que** *conj.* so, so that

africain(e) *adj.* African; **Africain(e)** *m., f.* African (*person*)

Afrique *f.* Africa

agapes *f. pl.* feast

âge *m.* age; **le Moyen Âge** Middle Ages; **personne** (*f.*) **du troisième âge** senior citizen; **quel âge avez-vous / as-tu?** how old are you?

âgé(e) *adj.* aged; old; elderly

agence *f.* agency; **agence bénévole** volunteer agency, organization; **agence de voyages** travel agency; **agence matrimoniale** marriage/dating service

agenda *m.* appointment book; agenda

agent *m.* agent; **agent conservateur** (food) preservative; **agent de police** police officer; **agent de voyages** travel agent; **agent immobilier** real estate agent

aggraver to aggravate, worsen; **s'aggraver** to grow worse

agir (*like* **finir**) to act, take action; **s'agir: il s'agit de** it is a question/matter of; it is about

agité(e) *adj.* agitated; hectic; **heures** (*f.*) **agitées** troubled times

agneau *m.* lamb; **gigot** (*m.*) **d'agneau** leg of lamb

s'agrandir to increase

agréable *adj.* pleasant, nice, agreeable

agréer to accept; **je vous prie d'agréer l'expression de mes sentiments distingués** yours truly

agressif/agressive *adj.* aggressive

agricole *adj.* agricultural, farming

agriculteur/agricultrice *m., f.* cultivator, farmer

ah bon? / ah oui? *interj.* really? is that right? (*expression of skepticism*)

aide *f.* help, assistance

aider (à) to help (to); to provide aid; **aider à la maison** to help around the house; **s'aider** to help one another

aigle *m.* eagle; **aigle royal** golden eagle

aigre *adj.* sour

aigu(ë) *adj.* acute; **accent** (*m.*) **aigu** acute accent

ail *m.* garlic

ailleurs *adv.* elsewhere; **d'ailleurs** *adv.* moreover; furthermore

aimable *adj.* likeable, friendly

aimer to like; to love; **aimer bien** to like; **aimer mieux** to prefer; **j'aime ça** I like that/them

aîné(e) *adj.* older, oldest (*child*)

ainsi *conj.* thus, so, such as; **ainsi que** *conj.* as well as, in the same way as

air *m.* air; look; tune; **avoir l'air (de)** to seem, appear; **en plein air** outdoors, in the open air; **hôtesse** (*f.*) **de l'air** flight attendant

aise *f.* ease, comfort; **être mal à l'aise** to be uncomfortable; **se sentir à l'aise** to feel at ease

aisé(e) *adj.* comfortable; well-off; easy, effortless

ajouter to add

alcool *m.* alcohol; alcoholic beverage

alcoolisé(e) *adj.* alcoholic, containing alcohol

Algérie *f.* Algeria

algérien(ne) *adj.* Algerian; **Algérien(ne)** *m., f.* Algerian (*person*)

algue *f.* seaweed

aliment *m.* food, nourishment; food item

alimentaire *adj.* alimentary, pertaining to food; **chaine** (*f.*) **alimentaire** food chain

alimentation *f.* food, feeding, nourishment; **magasin** (*m.*) **d'alimentation** food store

allécher (j'allèche, nous alléchons) to tempt; to attract

allégé(e) *adj.* light, low-fat

allégorie *f.* allegory

allégorique *adj.* allegorical

Allemagne *f.* Germany

allemand(e) *adj.* German; *m.* German (*language*); **Allemand(e)** *m., f.* German (*person*)

aller *irreg.* to go; **aller** + *inf.* to be going to + *inf.*; **aller-retour** *m.* round-trip (*ticket*); **allons-y!** let's go!; **comment allez-vous?** how are you?; **s'en aller** to leave

allergie *f.* allergy

allergique *adj.* allergic

alliance *f.* union; wedding ring

s'allier (à) to be/become united, allied (with)

allo *interj.* hello (*phone greeting*)

allongé(e) *adj.* stretched out, lying (down)

allumer to light (*a cigarette, a fire*); **allumer la télé** to turn on the TV

alors *adv.* then, in that case, therefore; **alors que** *conj.* while, whereas

Alpes *f. pl.* the Alps

alpin(e) *adj.* alpine; **ski** (*m.*) **alpin** downhill skiing

alpiniste *m., f.* mountaineer, climber

Alsace *f.* Alsace (*eastern French province*)

alsacien(ne) *adj.* Alsatian, from Alsace; *m.* Alsatian (*language*); **Alsacien(ne)** *m., f.* Alsatian (*person*)

altérer (j'altère, nous altérons) to alter, change

alternance *f.* alternation; **des cours en alternance** cooperative-education courses

alternatif/alternative *adj.* alternative

alterner to alternate

amaigrissant(e) *adj.* slimming; reducing

amande *f.* almond

amateur *m.* **(d'art)** (art) lover

amazonien(ne) *adj.* Amazonian, from/of the Amazon

ambassade *f.* embassy

ambiance *f.* atmosphere; surroundings

ambitieux/ambitieuse *adj.* ambitious

ambulant(e) *adj.* able to walk; traveling

améliorer to improve, better; **s'améliorer** to improve (oneself), get better

aménagement *m.* planning, development; **aménagement du territoire** national and regional development

amende *f.* fine, penalty
amener (j'amène) to bring; to take (*a person*)
amer/amère *adj.* bitter
américain(e) *adj.* American; **Américain(e)** *m., f.* American (*person*)
Amérique *f.* America; **Amérique centrale** Central America; **Amérique du Nord (du Sud)** North (South) America
ami(e) *m., f.* friend; **petit(e) ami(e)** boyfriend/girlfriend
amitié *f.* friendship; **amitiés** your friend, best wishes (*in correspondence*)
amour *m.* love
amoureux/amoureuse *adj.* in love; **tomber amoureux/amoureuse (de)** to fall in love (with)
amphithéâtre *m.* (*fam.* **amphi**) amphitheater; **cours** (*m.*) **d'amphi(théâtre)** *a course held in a large lecture hall*
amplifier to amplify
ampoule *f.* (light) bulb; blister
amusant(e) *adj.* amusing, fun
amuser to entertain, amuse; **s'amuser (à)** to have fun, have a good time
an *m.* year; **avoir (20) ans** to be (20) years old; **jour** (*m.*) **de l'An** New Year's Day; **nouvel an** New Year('s); **par an** per year, each year; **tous les ans** every year
analgésique *adj.* pain-killing, analgesic
anarchiste *adj., m., f.* anarchist
ancêtre *m., f.* ancestor
anchois *m.* anchovy
ancien(ne) *adj.* old, antique; former; ancient
andouille *f. sausage made from pork tripe*
anesthésie *f.* anesthesia
anglais(e) *adj.* English; *m.* English (*language*); **Anglais(e)** *m., f.* English (*person*)
Angleterre *f.* England; **Nouvelle-Angleterre** New England
angoisse *f.* anguish; anxiety
animal (*m.*) **de compagnie** pet
animateur/animatrice *m., f.* host/hostess (*radio, TV*)
animation *f.* animation; **film** (*m.*) **d'animation** animated film
animé(e) *adj.* animated; lively; motivated; **dessins** (*m. pl.*) **animés** (*film*) cartoons
animer to animate; to run, present (*a festival, show*)
anis *m.* anise
année *f.* year; **l'année dernière** last year; **l'année prochaine** next year; **l'année scolaire** academic, school year; **les années cinquante (soixante)** the fifties (sixties)
anniversaire *m.* anniversary; birthday

annonce *f.* announcement, ad; **petites annonces** classified ads, classifieds
annoncer (nous annonçons) to announce, declare
annuaire *m.* phone book; directory
annuel(le) *adj.* annual, yearly
anonyme *adj.* anonymous
anorak *m.* windbreaker; ski jacket
antarctique *adj.* antarctic
antérieur(e) *adj.* previous, anterior; **futur** (*m.*) **antérieur** *gram.* future perfect (tense)
antibiotique *m.* antibiotic
anticiper to expect, anticipate
antidouleur *adj.* pain-alleviating; **médicament** (*m.*) **antidouleur** pain medication
Antilles *f. pl.* the West Indies
antique *adj.* ancient; antique
antiquité *f.* antiquity; **magasin** (*m.*) **d'antiquités** antique store
antiseptique *adj.* antiseptic
anxiété anxiety, worry
aout August
apercevoir (*like* **recevoir**) *irreg.* to catch a glimpse of
apéritif *m.* (*fam.* **apéro**) before-dinner drink, aperitif
apothicaire *m.* apothecary, pharmacist
apparaitre (*like* **connaitre**) *irreg.* to appear
appareil *m.* apparatus; device; appliance; **appareil photo (numérique)** *m.* (digital) camera
apparemment *adv.* apparently
apparence *f.* appearance
apparenté(e) *adj.* related; **mot** (*m.*) **apparenté** related word, cognate
apparition *f.* appearance
appartement *m.* (*fam.* **appart**) apartment
appartenance *f.* belonging, membership
appartenir (*like* **tenir**) **à** *irreg.* to belong to
appel *m.* call
appelé(e) *adj.* called; named
appeler (j'appelle, nous appelons) to call; to name; **s'appeler (je m'appelle, nous nous appelons)** to be named, called; **comment s'appelle-t-il/elle?** what's his/her name? **comment vous appelez-vous?** what's your name? **je m'appelle...** my name is . . .
appendicite *f.* appendicitis
applaudir (*like* **finir**) to applaud
appliqué(e) *adj.* applied
s'appliquer à to apply to
apporter to bring; to furnish
apprécier to appreciate; to value
apprendre (*like* **prendre**) *irreg.* to learn; to find out; to teach; **apprendre à** to learn (how) to
apprentissage *m.* apprenticeship; learning, training

s'approcher de to approach, draw near
approfondir (*like* **finir**) to deepen; to increase
approprié(e) *adj.* appropriate, proper, suitable
approximativement *adv.* approximately
appuyer (j'appuie) to lean; to press; **appuyer sur les freins** to step on the brakes
après *prep.* after; **après avoir (être)...** after having (being) . . . ; **après tout** after all; **d'après** *prep.* according to
après-midi (*m. or f.*) afternoon
arabe *adj.* Arabic, Arab; *m.* Arabic (*language*); **Arabe** *m., f.* Arab (*person*)
arbitre *m.* referee, umpire; arbitrator
arbitrer to referee; to arbitrate
arbre *m.* tree
arc *m.* arch
archipel *m.* archipelago
architecte *m., f.* architect
arête *f.* fish bone; **avaler une arête** to swallow a fish bone
argent *m.* money; silver; **argent de poche** allowance, pocket money; **argent liquide** cash; **déposer de l'argent** to deposit money
Argentine *f.* Argentina
argot *m.* slang
argumenter to argue
aride *adj.* dry; barren
arithmétique *f.* arithmetic
arme *f.* weapon; **armes** (*pl.*) **à feu** firearms; **armes nucléaires** nuclear weapons
armée *f.* army
armement *m.* armament, arms
armer to arm; to equip
aromatisé *adj.* flavored
arranger (nous arrangeons) to arrange; to accommodate
arrêt *m.* stop; **arrêt d'autobus** bus stop; **sans arrêt** incessantly, nonstop
arrêter to stop; to arrest; **s'arrêter de** to stop (oneself)
arrière-grands-parents *m. pl.* great-grandparents
arrivée *f.* arrival
arriver to arrive; to happen; **arriver à** (+ *inf.*) to manage to, succeed in
arrondissement *m.* ward, section, district
arroser to water (*plants*)
art *m.* art; **art dramatique** theater; **arts du spectacle** performing arts; **beaux-arts** *m. pl.* fine arts; **œuvre** (*f.*) **d'art** work of art
artère *f.* artery
artichaut *m.* artichoke
articulation *f.* joint (*limb*)
artifice *m.* artifice, scheme, strategy; **feu** (*m. s.*) **d'artifice** fireworks display

artificiel(le) *adj.* artificial; synthetic
artiste *m., f.* artist
artistique *adj.* artistic
ascenseur *m.* elevator
asiatique *adj.* Asian
Asie *f.* Asia
aspirateur *m.* vacuum cleaner; **passer l'aspirateur** to vacuum
aspirine *f.* aspirin
assaisonner to season
assemblée *f.* assembly; **Assemblée nationale** French national assembly
assez (de) *adv.* enough; rather; quite; **j'en ai assez pris** I've had enough; **merci, j'ai assez mangé/bu** I've had enough, thanks
assiette *f.* plate
assistant(e) *m., f.* assistant; helper; teaching assistant
assister à to attend, go to; to be present at (*concert, etc.*)
associer to associate
assoir (*p.p.* **assis**) *irreg.* to seat; **asseyez-vous** sit down; **s'assoir** to sit down
assurance *f.* insurance; **assurance maladie** health insurance
assuré(e) *adj.* insured; assured
assurer to insure; to assure; **s'assurer** to make sure, check
astronaute *m., f.* astronaut
astronome *m., f.* astronomer
astronomie *f.* astronomy
atelier *m.* workshop, studio
Athènes Athens
athlétisme *m.* track and field; athletics
Atlantide *f.* Atlantis (*legendary Greek island*)
atlantique *adj.* Atlantic; **Atlantique** *m.* Atlantic Ocean
atome *m.* atom
atomique *adj.* atomic
attacher to tie; to attach; to buckle
attaque *f.* assault, attack; **attaque à main armée** armed robbery
attaquer to attack; **s'attaquer à** to attack; to tackle (*a problem*)
atteindre (*like* **craindre**) *irreg.* to attain; to reach, arrive at
atteint(e) *adj.* affected (by); stricken; **atteinte** *f.* attack
attendre to wait; to wait for; to expect
attente *f.* wait; expectation; **salle** (*f.*) **d'attente** waiting room
attentif/attentive *adj.* attentive
attention *f.* attention; **attention (à)** *interj.* watch out (for); **attirer l'attention** to attract attention; **faire attention à** to pay attention to
atterrir (*like* **finir**) to land; to touch down (*storm*)
attirer to attract; to draw; **attirer l'attention** to attract attention
attrait *m.* attraction; charm
attraper to catch; **attraper un rhume** to catch a cold

attribuer to attribute
atypique *adj.* atypical
auberge *f.* inn; **auberge de jeunesse** youth hostel
aubergine *f.* eggplant
aucun(e) (ne... aucun[e]) *adj., pron.* none; no one, not one, not any; **aucune idée!** I've no idea!
au-delà *adv.* beyond
augmentation *f.* increase, raise
augmenter to increase, raise; to rise
aujourd'hui *adv.* today; nowadays; at present; **aujourd'hui encore** still
auprès de *prep.* with, for
aussi *adv.* too, also; so; as; **aussi... que** as . . . as; **moi aussi** me too
aussitôt *adv.* immediately, at once; **aussitôt que** *conj.* as soon as
austral(e) *adj.* southern, austral
Australie *f.* Australia
australien(ne) *adj.* Australian; **Australien(ne)** *m., f.* Australian (*person*)
autant *adv.* as much, so much, as many, so many; **autant de** as many . . . as; **autant que** *conj.* as much as, as many as; **d'autant plus** all the more
auteur(e) *m., f.* author
authentique *adj.* authentic, genuine
auto *f.* car, auto; **auto-école** *f.* driving school; **salon** (*m.*) **de l'auto** auto show
autobus (*fam.* **bus**) *m.* bus; **arrêt** (*m.*) **d'autobus** bus stop; **ligne** (*f.*) **d'autobus** bus line
autocar *m.* (interurban) bus
automatique *adj.* automatic; **distributeur** (*m.*) **automatique (de billets)** ATM; **pilotage** (*m.*) **automatique** autopilot
automne *m.* autumn, fall; **en automne** in autumn
autonomie *f.* autonomy
autopartage *m.* car-sharing
autoriser to allow; to authorize
autoritaire *adj.* authoritarian
autorité *f.* authority; **faire autorité** to be authoritative, be accepted as an authority
autoroute *f.* freeway
autour (de) *prep.* around
autre *adj., pron.* other; another; **autre chose** *f.* something else; **d'autres** other(s); **l'un(e) l'autre** one another; **ni l'un(e) ni l'autre** neither one; **quelqu'un d'autre** somebody, someone else
autrefois *adv.* in the past; **d'autrefois** of the past; past
autrement *adv.* otherwise
Autriche *f.* Austria
autrichien(ne) *adj.* Austrian; **Autrichien(ne)** *m., f.* Austrian (*person*)

autrui *pron.* others
avaler to swallow
avance *f.* advance; **à l'avance** beforehand; **d'avance** in advance; **en avance** early
avancement *m.* promotion; advancement
avancer (nous avançons) *intrans.* to approach; *trans.* to advance, move up
avant *adv.* before (*in time*); *prep.* before, in advance of; *m.* front; **avant de** *prep.* before; **avant que** *conj.* before; **av. J.-C. (avant Jésus-Christ)** B.C.E.
avantage *m.* advantage, benefit; **avantages** (*pl.*) **sociaux** benefits (*employment*)
avec *prep.* with
avenir *m.* future; **à l'avenir** in the future, henceforth
aventure *f.* adventure; **film** (*m.*) **d'aventure(s)** adventure movie
avertir (*like* **finir**) to warn
avertissement *m.* notice, warning
aviateur/aviatrice *m., f.* pilot, aviator
avion *m.* airplane; **en avion** by plane
avis *m.* opinion; **à son (mon, votre) avis** in his/her (my, your) opinion
avocat *m.* avocado
avocat(e) *m., f.* lawyer; **cabinet** (*m.*) **d'avocats** lawyers' practice
avoir (*p.p.* **eu**) *irreg.* to have; to be; *m. s.* holdings, assets; **avoir à** to have to, be obliged to; **avoir (20) ans** to be (20) years old; **avoir besoin de** to need; **avoir chaud (froid)** to be warm (cold); **avoir raison (tort)** to be right (wrong)
avoisinant(e) *adj.* neighboring
avortement *m.* abortion
avouer to confess, admit
avril April; **poisson** (*m.*) **d'avril** April Fool's joke
azur *m.* azure, blue; **Côte** (*f.*) **d'Azur** the French Riviera

bac *m.* bin; container
baccalauréat (*fam.* **bac**) *m.* French secondary school degree
bagages *m. pl.* luggage; **bagages en soute** checked luggage; **enregistrer les bagages** to check in luggage; **l'excédent** (*m.*) **de bagages** excess baggage
bagagiste *m.* porter
bague *f.* ring (*jewelry*)
baguette *f.* baguette (*long thin loaf of French bread*); wand, baton
baie *f.* bay (*geography*)
baigner to bathe; **se baigner** to take a bath; to swim
baignoire *f.* bathtub; **baignoire balnéo** Jacuzzi tub
bâiller to yawn
bain *m.* bath; **prendre un bain** to take a bath; **salle** (*f.*) **de bain(s)** bathroom

baisser to lower

bal *m.* dance, ball

balade: faire une balade to go for a walk; to go for a ride

se balader to stroll

balai *m.* broom, brush; **balai d'essuie-glace** windshield wiper blade

balcon *m.* balcony

ballon *m.* ball (*inflated*); balloon

banane *f.* banana

bancaire *adj.* bank, banking

bande *f.* group; gang; **bande dessinée** comic strip; *pl.* comics; **en bande** in a group

banderole *f.* banner

banlieue *f.* suburbs; **en banlieue** in the suburbs

banni(e) (de) *adj.* banished, banned (from)

banque *f.* bank

banquier/banquière *m., f.* banker

baptiser to baptize, christen

barbant(e) *adj., fam.* boring; **c'est barbant** *fam.* it's really boring

barbe *f.* beard

barman *m.* bartender

barrière *f.* wall; fence; **barrière de sécurité** firewall; **récif-barrière** *m.* barrier reef

bas(se) *adj.* low; *m.* stocking(s); **bas (*m. pl.*) de nylon** nylon stocking(s); **en bas** at the bottom, below; **là-bas** *adv.* over there; **Pays-Bas** *m. pl.* Holland, the Netherlands; **table (*f.*) basse** coffee table

base *f.* basis; base; **à base de produits naturels** made of natural products; **base de données** database

basilic *m.* basil (*herb*)

basket *m., fam.* basketball; **jouer au basket** to play basketball; **baskets** *f. pl.* sneakers, athletic shoes

basque *adj.* Basque; *m.* Basque (*language*); **Basque** *m., f.* Basque (*person*); **pays (*m.*) Basque** the Basque country

bataille *f.* battle

bateau *m.* boat; **en bateau** by boat, in a boat; **faire du bateau** to go boating

bâtiment *m.* building

bâtir (*like* **finir**) to build

batterie *f.* battery (*car*)

battre (*p.p.* **battu**) *irreg.* to beat; **se battre (avec)** to fight (with)

baume *m.* ointment, balm

bavarder to chat; to talk

beau (bel, belle [beaux, belles]) *adj.* beautiful; handsome; **il fait beau** it's nice (weather) out

beaucoup *adv.* much, many

beau-fils *m.* son-in-law; stepson

beau-frère *m.* brother-in-law

beau-père *m.* father-in-law; stepfather

beauté *f.* beauty

beaux-arts *m. pl.* fine arts

bébé *m.* baby

bec *m.* beak; spout

belge *adj.* Belgian; **Belge** *m., f.* Belgian (*person*)

Belgique *f.* Belgium

belle-fille *f.* daughter-in-law; stepdaughter

belle-mère *f.* mother-in-law; stepmother

belle-sœur *f.* sister-in-law

Bénin *m.* Benin

benne *f.* bin (*trash*)

béquille *f.* crutch

berbère *adj.* Berber

besoin *m.* need; **avoir besoin de** to need

bête *adj.* silly; stupid, dumb; *n. f.* beast, animal; **bête puante** *Q.* skunk

bêtise *f.* foolishness; foolish thing; **quelle bêtise** *interj.* how silly

Beur/Beurette *m., f., fam. young French person of North African descent*

beurre *m.* butter; **beurre de cacahuètes** peanut butter

beurré(e) *adj.* buttered

bibelot *m.* trinket

bibliothèque *f.* library

biculturel(le) *adj.* bicultural

bicyclette *f.* bicycle; **faire de la bicyclette** to ride a bike; **promenade (*f.*) à bicyclette** bicycle ride

bidon *m.* can, tin

bien *adv.* well, quite; comfortable; *m. pl.* goods, belongings; **bien que** *conj.* (+ *subj.*) although; **bien sûr** *interj.* of course; **eh bien!** *interj.* well!; **merci bien** thanks a lot; **ou bien** or else

bien-être *m.* well-being; welfare

bientôt *adv.* soon; **à bientôt!** *interj.* see you soon!

bienveillance *f.* benevolence; kindness

bienvenu(e) *adj.* welcome; **être le/la bienvenu(e)** to be (most) welcome; **bienvenue** *f.* welcome

bière *f.* beer

bifteck *m.* steak

bijou *m.* jewel

bijouterie *f.* jewelry

bijoutier/bijoutière *m., f.* jeweler

bilingue *adj.* bilingual

bilinguisme *m.* bilingualism

billard *m. s.* billiards, pool; **jouer au billard** to play pool

billet *m.* ticket; **billet aller-retour** roundtrip ticket

biodégradable *adj.* biodegradable

biodiversité *f.* biodiversity

biologie *f.* biology

biologique (*fam., inv.* **bio**) organic, natural (*foods, etc.*); biological

biscotte *f.* rusk (*cracker*)

biscuit (sec) *m.* cookie

bise *f.* kiss

bisous *interj., fam.* love; 'bye

blague *f.* joke; **sans blague!** *interj.* no kidding!

blanc(he) *adj.* white; **blanc (*m.*) de poulet** chicken breast; **blanc (*m.*) d'œuf** egg white; **case (*f.*) blanche** blank square, box (*on form*)

blessé(e) *adj.* wounded, injured; *m., f.* wounded person

blesser to injure; **se blesser** to get injured

blessure *f.* wound

bleu(e) *adj.* blue

bloc *m.* block; **en bloc** as a whole

blocage *m.* block, blockage

bloguer to blog

blogueur/blogueuse *m., f.* blogger

blond(e) *adj.* blond

bloquer to block

blotti(e) *adj.* nestled, huddled up

blouson *m.* windbreaker; jacket

bocal *m.* jar, bottle

bœuf *m.* beef; ox; **bœuf haché** ground beef; **côte (*f.*) de bœuf** rib roast; **rôti (*m.*) de bœuf** roast beef

boire (*p.p.* **bu**) *irreg.* to drink; **merci, j'ai assez mangé/bu** I've had enough, thanks

bois *m.* wood; forest; **en bois** wooden, made of wood

boisé(e) *adj.* wooded, woody

boisson *f.* drink, beverage; **boisson énergisante** energy drink; **boisson gazeuse** soft drink

boite *f.* box; can; **boite de nuit** nightclub

bol *m.* bowl

bolognais(e) *adj.* from Bologna (Italy); **spaghettis (*m. pl.*) à la bolognaise** spaghetti with meat sauce

bombe *f.* bomb

bon(ne) *adj.* good; right, correct; **ah bon?** is that so? really?; **bon** well, okay; **bon anniversaire** happy birthday; **bon chic bon genre (BCBG)** preppy; **bon marché** *adj. inv.* cheap, inexpensive; **bonne chance** good luck; **bonne journée** (have a) good day; **bonne nouvelle** good news; **bon(ne) vivant(e)** *m., f.* person who enjoys life; **c'est bon pour (le café), merci** no more (coffee), thanks; **de bonne heure** early; **de bonne humeur** in a good mood; **en bonne forme** fit, healthy; **en bonne santé** in good health

bonbon *m.* (piece of) candy

bonheur *m.* happiness

bonhomme (*m.*) de neige snowman

bonjour *interj.* hello; good morning

bonnet (*m.*) phrygien Phrygian cap (*worn by French revolutionaries of 1789*)

bonsoir *interj.* good evening, good-bye

bonté *f.* kindness, goodness

bord *m.* edge; **à bord** on board (*a ship*); **au bord de la mer** at the beach (seashore); **sur les bords de** on the banks of

bordelais(e) *adj.* of/from Bordeaux

bordure *f.* border, edge; **en bordure de** on the edge of

bosser *fam.* to work (hard)

botanique *adj.* botanical

botte *f.* boot

bouche *f.* mouth

bouché(e) *adj.* plugged up; **nez** (*m.*) **bouché** stuffy nose

boucher to block; to fill; **se boucher les oreilles** to plug one's ears

boucherie *f.* butcher shop

boucle *f.* curl; loop; buckle; **boucle d'oreille** earring

boue *f.* mud

bouffe *f.* food; meal

bouffer *fam.* to eat

bouger (nous bougeons) to move

bougie *f.* candle

bouillabaisse *f.* bouillabaisse (*fish soup from Provence*)

bouillir (*p.p.* **bouilli**) *irreg.* to boil; **faire bouillir** to boil, bring to a boil

bouilloire *f.* kettle; **bouilloire-électrique** electric kettle

bouillon *m.* broth

boulanger/boulangère *m., f.* baker

boulangerie *f.* bakery

boule *f.* bowl; ball; **boule de glace** scoop of ice cream; ball of ice; **boule de sorbet** scoop of sorbet

bouleverser to disrupt, change drastically

boulot *m., fam.* job; work; **au boulot!** (let's) get to work!

bouquin *m., fam.* book

bouquiner *fam.* to read

bourgeois(e) bohème (*fam.* **bobo**) *n., m., f.* person with an affluent lifestyle but a nontraditional attitude

Bourgogne *f.* Burgundy (*French province*)

bourse *f.* scholarship; **Bourse** stock exchange

bousculade *f.* jostling, crush; rush

bousculer to push, bump against; **se bousculer** to jostle each other

bout *m.* end; **au bout (de)** at the end (of)

bouteille *f.* bottle

boutique *f.* store

bouton *m.* button; *pl.* acne

boxe *f.* boxing

bracelet *m.* bracelet; **bracelet connecté** fitness tracker

branche *f.* branch

branché(e) *adj., fam.* hip, cool, trendy, in fashion; connected (*technology*)

brandir to brandish; to wave (about)

bras *m.* arm

brasserie *f.* pub, bar

bref/brève *adj.* short, brief; **(en) bref** in short

Brésil *m.* Brazil

brésilien(ne) *adj.* Brazilian; **Brésilien(ne)** *m., f.* Brazilian (*person*)

Bretagne *f.* Brittany (*region of France*)

breton(ne) *adj.* from Brittany (*French province*); *m.* Breton (*language*); **Breton(ne)** *m., f.* Breton (*person*)

breuvage *m., Q.* boisson

brevet *m.* diploma; certificate

bricolage *m.* do-it-yourself home projects

bricoler to putter around the house

brièvement *adv.* briefly

brillant(e) *adj.* brilliant; shining

briller to shine, gleam

briser to break; to shatter; to wreck, ruin

britannique *adj.* British

brocolis *m.* broccoli

broderie *f.* embroidery

bronzer to tan, sunbathe; **se faire bronzer** to get tanned

brosse *f.* brush; chalkboard eraser; **brosse à cheveux** hairbrush; **brosse à dents** toothbrush

brosser to brush; **se brosser les cheveux** to brush one's hair; **se brosser les dents** to brush one's teeth

brouillard *m.* fog; **il y a du brouillard** it's foggy

se brouiller (avec) to quarrel, break up (with)

brousse *f.* bush, wilderness; **taxi-brousse** *m.* bush (interurban) taxi

bruit *m.* noise

bruler to burn (up); **bruler le feu rouge** to run a red light; **se bruler** to get burned

brun(e) *adj.* brown; dark-haired

brunir (*like* **finir**) to tan

brutalement *adv.* brutally

Bruxelles Brussels

bruyant(e) *adj.* noisy

buffet *m.* buffet (*furniture, self-serve meal*)

buissonnière: faire l'école buissonnière to play hooky

bulle *f.* bubble

bulletin (*m.*) **météorologique** weather forecast

bureau *m.* office; (teacher's) desk; **bureau de change** (*foreign*) currency exchange; **bureau de poste** post office

buste *m.* bust

but *m.* goal

ça this, that; it; **à quoi ça sert?** what's that/it used for?; **ça fait penser** it makes one think; **ça m'est égal** it's all the same to me; **ça te va?** is that O.K. with you?; **ça va?** *fam.* how's it going?; **ça va** fine; it's going well; **comme ci, comme ça** so-so; **j'aime ça** I like that/them

cabine *f.* cabin; booth; **cabine à cartes** *phone booth accepting calling cards*; **cabine téléphonique** phone booth

cabinet *m.* practice; office; **cabinet d'avocats** lawyers' practice

câble *m.* cable (*TV*)

câblé(e) *adj.* wired (up)

cacahouète *f.* peanut; **beurre** (*m.*) **de cacahouètes** peanut butter

cache-cache *m.* hide-and-seek; **jouer à cache-cache** to play hide-and-seek

cacher to hide (*s.th.*); **se cacher les yeux** to cover one's eyes

cadavre *m.* corpse, cadaver

cadeau *m.* present, gift; **offrir un cadeau** to give a present

cadenas *m.* padlock

cadien(ne)/cadjin(e) *adj.* Cajun; Acadian; **Cadien(ne)/Cadjin(e)** *m., f.* Cajun, Acadian (*person*)

cadre *m.* frame; setting; (business) executive, manager; **cadre de vie** lifestyle

café *m.* coffee; café; **café au lait** coffee with milk; **café en poudre** instant coffee; **café-tabac** *m.* café-tobacconist (*government-licensed*); **c'est bon pour (le café), merci** no more (coffee), thanks; **cuillère** (*f.*) **à café** teaspoon

caféine *f.* caffeine

cafétéria *f.* cafeteria; dining hall; self-service restaurant

cafetière *f.* coffeepot; **cafetière espresso** espresso maker

cahier *m.* notebook, workbook

caille *f.* quail

caillou *m.* **(poli)** (polished) stone, pebble

Caire (Le) *m.* Cairo

caissier/caissière *m., f.* cashier

calcul *m.* calculation; calculus; **faire les calculs** to do arithmetic, calculations

calculatrice *f.* calculator

calculer to calculate, figure

caleçon *m. s.* boxer shorts

calendrier *m.* calendar

Californie *f.* California

câlin *m.* cuddle, hug

calme *adj., m.* calm

camarade *m., f.* friend, companion; **camarade de chambre** roommate; **camarade de classe** classmate, schoolmate

Cameroun *m.* Cameroon

camerounais(e) *adj.* Cameroonian; **Camerounais(e)** *m., f.* Cameroonian (*person*)

caméscope *m.* camcorder

camomille *f.* chamomile

campagne *f.* countryside, country; campaign; **à la campagne** in the country; **en pleine campagne** out in the country
camper to camp
campeur/campeuse *m., f.* camper
camphre *m.* camphor
camping *m.* camping; campground; **faire du camping** to go camping; **terrain** (*m.*) **de camping** campground
canadien(ne) *adj.* Canadian; **Canadien(ne)** *m., f.* Canadian (*person*)
canal *m.* channel; canal
canapé *m.* sofa, couch
canard *m.* duck; **canard à l'orange** duck with orange sauce
candidat(e) *m., f.* candidate; applicant
candidater to apply (*for a job*)
candidature *f.* candidacy; **dossier** (*m.*). **de candidature** application; **poser sa candidature** to apply; to run (*for office*)
canette *f.* can
canicule *f.* scorching heat
canne *f.* cane; **canne à sucre** sugarcane
canoë *m.* canoe; **faire du canoë** to canoe, go canoeing
cantine *f.* cafeteria (*school*)
caoutchouc *m.* rubber
capacité *f.* ability; capacity
capitaine *m.* captain
capital(e) *adj.* capital, chief; **capitale** *f.* capital (*city*)
capitalisme *m.* capitalism
capot *m.* hood (*of car*)
capricieux/capricieuse *adj.* capricious; erratic
captif/captive *m., f.* captive, prisoner; *adj.* captive
captivité *f.* captivity; bondage
capturer to capture
car *conj.* for, because
car *m.* (interurban) bus
caractère *m.* character; nature
caractériser to characterize
Caraïbes *f. pl.* Caribbean (*islands*)
caramel *m.* caramel; **crème** (*f.*) **caramel** caramel custard
caramélisé(e) *adj.* caramelized
carbone *m.* carbon
carburant *m.* fuel
cardiaque *adj.* cardiac; **crise** (*f.*) **cardiaque** heart attack
Carême *m.* Lent
caricaturer to caricature
carnaval *m.* carnival
carnet *m.* booklet; **carnet d'adresses** address book
carotte *f.* carrot
carré(e) *adj.* square; *m.* square; scarf; **kilomètre** (*m.*) **carré** square kilometer
carrière *f.* career
carriole *f., Q.* sleigh

carte *f.* card; map; menu; playing card; **carte à puce** smart card; **carte bancaire** bank card, credit card; **carte cadeau** gift card; **carte de crédit** credit card; **carte de débit** debit card; **carte d'embarquement** boarding pass; **carte de vœux** greeting card; **carte d'identité** identification card; **carte mémoire** memory card; **carte postale** postcard; **carte prépayée** prepaid card; **jouer aux cartes** to play cards
cas *m.* case; **cas d'urgence** emergency; **en cas de** in case of, in the event of; **en tout cas** in any case; **le cas échéant** should this happen
casbah *f.* casbah (*old part of an Arab city*)
case *f.* square, box (*in a board game, puzzle, form*)
casque *m.* helmet; **casque Blue Tooth** Blue Tooth headset
casquette *f.* cap
cassé(e) *adj.* broken
casse-croûte *m. inv.* snack
casse-pieds *m., f., inv., fam.* bore; pain in the neck
casse-tête *m. inv.* puzzle, brainteaser
casser *trans.* to break; **se casser le bras (la jambe)** to break an arm (a leg)
catalan *m.* Catalan (*language*)
catastrophe (*fam.* **cata**) *f.* catastrophe; **quelle cata!** *fam.* what a disaster!
catastrophique *adj.* catastrophic, disastrous
catégorie *f.* category, class
catégoriser to categorize
cathédrale *f.* cathedral
catholicisme *m.* Catholicism
cause *f.* cause; **à cause de** *prep.* because of
causer to cause
cave *f.* cellar; wine cellar; **cave à vins** winery
ce (cet, cette, ces) *adj.* this, that; these, those; *pron.* it, this; **c'est** he/she/it is
ceci *pron.* this
céder (je cède, nous cédons) to give up; to give away
cédille *f.* cedilla
ceinture *f.* belt; **ceinture de sécurité** seat belt, safety belt
cela *pron.* that
célèbre *adj.* famous
célébrer (je célèbre, nous célébrons) to celebrate
célébrité *f.* celebrity
célibataire *adj., m., f.* single, unmarried
celte *adj.* Celtic
celtique *adj.* Celtic
celui (celle, ceux, celles) *pron.* the one, the ones; this one, that one; these, those
cendrier *m.* ashtray
cent one hundred

centaines *f. pl.* hundreds
centenaire *m., f.* hundred-year-old person
central(e) *adj.* central, main; **centrale** (*f.*) **nucléaire** nuclear power plant
centre *m.* center; **centre commercial** shopping center, mall; **centre-ville** *m.* downtown
cependant *conj.* yet, still, however, nevertheless
cercle *m.* circle
céréales *f. pl.* cereal(s); grains
cérémonie *f.* ceremony
cerise *f.* cherry
cerisier *m.* cherry tree
certain(e) *adj.* certain; **d'un certain âge** middle-aged
certes *adv.* admittedly, of course
cerveau *m.* brain
cesse *f.* cease; **sans cesse** *adv.* constantly
cesser (de) to stop, cease, end
chacun(e) *pron.* each, each one, every one
chaine *f.* TV or radio channel; chain
chaise *f.* chair
chaleur *f.* heat; warmth
chaleureux/chaleureuse *adj.* warm, welcoming
chaleur *f.* heat; warmth
chambre *f.* bedroom; room; **camarade** (*m., f.*) **de chambre** roommate; **chambre à coucher** bedroom
champignon *m.* mushroom
champion/championne *m., f.* champion
chance *f.* luck; possibility; opportunity; **avoir de la chance** to be lucky; **bonne chance** good luck; **pas de chance!** *interj.* no way! out of luck!
Chandeleur *f.* Candlemas (*Catholic festival on February 2*)
chandelle *f.* candle
changement *m.* change; **changement climatique** climate change
changer (nous changeons) (de) to change; to exchange; **changer de direction** to change direction; **changer de l'argent** to exchange currency; **changer de vitesse** to change gears
chanson *f.* song
chant *m.* song; birdsong
chanter to sing
chanteur/chanteuse *m., f.* singer
chapeau *m.* hat
chapitre *m.* chapter
chaque *adj.* each, every
char *m., fam., Q.* car
charcuterie *f.* cold cuts; deli; pork butcher's shop, delicatessen
chargé(e) *adj.* busy; full; **chargé(e) de** in charge of, responsible for
charger (nous chargeons) to load
chargeur *m.* charger; **chargeur solaire** solar charger

charmant(e) *adj.* charming

charme *m.* charm

charmeur/charmeuse *m.* charmer; **charmeur de serpents** snake charmer

charriot *m.* pushcart (*at airport, supermarket*)

chasse *f.* **(au bison)** (bison) hunting

chassé(e) *adj.* driven out, expelled

chat(te) *m., f.* cat

châtain *adj. inv.* chestnut-colored (*hair*)

château *m.* castle

chaud(e) *adj.* warm; hot; **avoir chaud** to feel warm, hot; **il fait chaud** it (the weather) is warm, hot

chauffage *m.* heat; heating system

chauffant(e) *adj.* warming, heating

chauffer to heat; **faire chauffer** to warm up, heat up; **se chauffer** to get warm

chauffeur/chauffeuse *m., f.* chauffeur; driver; **chauffeur de taxi** taxi(cab) driver

chaussée *f.* pavement; **chaussée glissante** slippery pavement

chaussettes *f. pl.* socks

chaussures *f. pl.* shoes

chauvesouris *f.* bat

chauvin(e) *adj.* chauvinistic; prejudiced; *m., f.* chauvinist

chef *m., f.* leader; head; *fam.* boss; **chef de cuisine** (head) chef; **chef de gouvernement** head of government; **chef d'État** head of state; **chef d'orchestre** conductor; **chef-lieu** *m.* county seat (*town*)

chemin *m.* way; road; path; **chemin de fer** railroad; **demander le/son chemin** to ask for directions; **montrer le chemin** to show the way/route

cheminée *f.* chimney; fireplace

chemise *f.* shirt

chemisier *m.* blouse

cher/chère *adj.* dear; expensive; **couter (se vendre) cher** to be expensive

chercher to hunt for; to go get; to look for; to pick up; **chercher à** to try to

chercheur/chercheuse *m., f.* researcher

chéri(e) *m., f., fam.* darling

cheval *m.* horse; **monter à cheval** to ride a horse, go horseback riding

cheveu *m.* (strand of) hair; **cheveux** *pl.* hair; **laque** (*f.*) **(à cheveux)** hair spray

cheville *f.* ankle; **se fouler la cheville** to sprain one's ankle

chez *prep.* at, to, in (*the house, family, business, or country of*)

chic *adj. inv.* stylish

chien(ne) *m., f.* dog

chiffre *m.* digit, number; **chiffre** (*s.*) **d'affaires** total sales

chimérique *adj.* fanciful

chimie *f.* chemistry

chimiste *m., f.* chemist

Chine *f.* China

chinois(e) *adj.* Chinese; *m.* Chinese (*language*); **Chinois(e)** *m., f.* Chinese (*person*)

chirurgien(ne) *m., f.* surgeon

chlorophylle *f.* chlorophyll

chocolat *m.* chocolate

chœur *m.* chorus

choisir (*like* **finir**) **(de)** to choose (to)

choix *m.* choice

cholestérol *m.* cholesterol

chômage *m.* unemployment

chômeur/chômeuse *m., f.* unemployed person

choquant(e) *adj.* shocking

choquer to shock

chose *f.* thing; **autre chose** something else; **pas grand-chose** not much; **quelque chose** something; **quelque chose de cher (d'intéressant)** something expensive (interesting)

choucroute *f.* sauerkraut

chouette *adj. inv., fam.* cool, great

chrétien(ne) *adj.* Christian; *m., f.* Christian (*person*)

chroniqueur/chroniqueuse *m., f.* commentator; columnist; chronicler

chronologique *adj.* chronological

chute *f.* **(d'eau)** (water)fall

-ci: celui-ci/celle-ci *pron.* this one; **ceux-ci/celles-ci** these

ciao! *interj.* ciao!, 'bye! (*Italian*)

cicatrice *f.* scar

ci-contre *adv.* opposite

ci-dessous *adv.* below

ci-dessus *adv.* above

cidre *m.* (apple) cider

ciel *m.* sky, heaven; **gratte-ciel** *m. inv.* skyscraper

cigogne *f.* stork

cil *m.* eyelash

ciment *m.* cement

cimetière *f.* cemetery

cinéaste *m., f.* film director, filmmaker

cinéma (*fam.* **ciné**) *m.* cinema, movies; **salle** (*f.*) **de cinéma** movie theater

cinématographie *f.* cinematography; filmmaking

cinématographique *adj.* film, cinema

ciné-parc *m.* drive-in cinema

cinq five

cinquantaine *f.* about fifty

cinquante fifty

cinquième *adj.* fifth; **j'habite au cinquième** I live on the sixth floor (*fifth floor above ground level*)

circonflexe *adj.* circumflex; **accent** (*m.*) **circonflexe** circumflex accent

circonstance *f.* circumstance; occurrence

circuit *m.* tour

circulation *f.* traffic

circuler to circulate; to travel

cirque *m.* circus

ciseaux *m. pl.* scissors

citadelle *f.* citadel

cité *f.* (area in a) city; (housing) project; **cité universitaire** (*fam.* **cité-U**) university residential complex

citer to quote, cite

citoyen(ne) *m., f.* citizen

citron *m.* lemon; **citron pressé** lemonade

civière *f.* stretcher

civil(e) *adj.* civil; civilian; **génie** (*m.*) **civil** civil engineering; **guerre** (*f.*) **civile** civil war; **pacte** (*m.*) **civil de solidarité (PACS)** domestic partnership agreement, civil union; **vie** (*f.*) **civile** civilian life

civilisation *f.* civilization

clair(e) *adj.* light, bright; light-colored; clear; evident

clarté *f.* clarity

classe *f.* class; classroom; **salle** (*f.*) **de classe** classroom

classer to classify

classique *adj.* classical; classic; *m.* classic; **musique** (*f.*) **classique** classical music

clavier *m.* keyboard

clé (clef) *f.* key; **moment-clé** *m.* key, crucial moment; **mot clé** *m.* key word

client(e) *m., f.* customer, client

clientèle *f.* clientele, customers

clignotant *m.* turn signal; blinker

climat *m.* climate

climatique *adj.* climatic; **changement** (*m.*) **climatique** climate change

climatisation *f.* air-conditioning

clinique *f.* clinic; private hospital

clip *m.* video(clip), video segment

cliquer (sur) to click (on)

clou *m.* (metal) nail; **clou de girofle** clove (*spice*)

coca *m., fam.* cola (*soft drink*)

coccinelle *f.* ladybug; beetle

cochon *m.* pig

coco *m.* coconut

cocotier *m.* coconut tree

code *m.* code; **code de la route** highway regulations; **code personnel** PIN; **code postal** postal code, zip code

cœur *m.* heart; **au cœur de** at the center (heart) of; **avoir mal au cœur** to feel sick, nauseous; **courrier** (*m.*) **du cœur** "lonely hearts" advice column

coffre *m.* trunk (*of car*)

cohabiter to live together

coiffé(e) *adj.* **(d'un bonnet)** wearing (a cap)

coiffer to style, do s.o.'s hair

coiffeur/coiffeuse *m., f.* hairdresser

coiffure *f.* hairdo, hairstyle

coin *m.* corner; **coin de la rue** street corner

coincé(e) *adj.* stuck

coïncidence *f.* coincidence; **quelle coïncidence!** *interj.* what a coincidence!

coïncider to coincide

colère *f.* anger; **se mettre en colère (contre)** to get angry (at)

colibri *m.* hummingbird

collaborer to collaborate, work together
collectionner to collect
collectif/collective *adj.* public, group, collective
collectivité *f.* group; community; organization
collège *m. French school for junior high school age students*
collégien/collégienne *m., f.* student (*in a French junior high school*)
collègue *m., f.* colleague
collier *m.* necklace
colline *f.* hill
colocataire (*fam.* **coloc**) *m., f.* fellow tenant, housemate
colocation *f.* apartment/house sharing
colombe *f.* dove
colon *m.* settler, colonist, colonial
colonial(e) *adj.* colonial
colonie *f.* colony; **colonie de vacances** (*fam.* **colo**) summer camp
colonisateur/colonisatrice *m., f.* colonizer
coloniser to colonize
colonne *f.* column
coloré(e) *adj.* colorful; colored
combattre (*like* **battre**) *irreg.* to fight
combien (de) *adv.* how much; how many; **combien de temps?** how long?
combinaison *f.* combination; woman's slip
combiner to combine
combustibles fossiles *m. pl.* fossil fuels
comédie *f.* comedy; theater; **comédie sentimentale** romantic comedy
comique *adj.* funny, comical, comic
commande *f.* order; **passer la commande** to place an order
commandement *m.* command; commandment
commander to order (*a meal, product, etc.*); to give orders
comme *adv.* as, like, how; **comme ci, comme ça** so-so; **comme d'habitude** as usual
commémorer to commemorate
commencer (nous commençons) (à) to begin (to); **pour commencer** first of all
comment *adv.* how; **comment allez-vous?** how are you?; **comment ça va?** how are you? how's it going?; **comment est-il/elle?** what's he/she like?; **comment s'appelle... ?** what's . . .'s name?; **comment t'appelles-tu / vous appelez-vous?** what's your name?
commentaire *m.* commentary, remark
commentateur/commentatrice *m., f.* commentator
commentaire *m.* commentary, remark
commenter to comment on
commerçant(e) *m., f.* merchant, storekeeper
commerce *m.* trade, business

commettre (*like* **mettre**) *irreg.* to commit
commissariat (de police) *m.* police station
commode *f.* dresser; *adj.* convenient, comfortable
commun(e) *adj.* ordinary, common, usual; popular; shared, common; **avoir en commun** to have in common; **transports** (*m. pl.*) **en commun** public transportation
communautaire *adj.* community (*shared by a community*)
communauté *f.* community
commune *f.* village, town
communiquer to communicate; to adjoin
compagnie *f.* company
compagnon/compagne *m., f.* companion; spouse
comparaison *f.* comparison; **en comparaison (avec)** in comparison (with); **par comparaison (à)** compared to
comparer to compare
compatriote *m., f.* compatriot
compensé(e) *adj.* offset
compétences *f. pl.* expertise; **dépasser ses compétences** to exceed one's expertise
compétent(e) *adj.* competent, able
compétiteur/compétitrice *m., f.* rival, competitor
compétition *f.* competition
complet/complète *adj.* complete; full; **pain** (*m.*) **complet** whole-grain bread
complément *m.* supplement
compléter (je complète, nous complétons) to complete, finish
compliqué(e) *adj.* complicated
comportement *m.* behavior
comporter to include; **se comporter** to act, behave
composé(e) *adj.* compound; **composé(e) de** composed of; **passé** (*m.*) **composé** *gram.* present perfect
composer to compose (*music, a letter, etc.*); **se composer de** to be made up of, be composed of
compositeur/compositrice *m., f.* composer (*music*)
composter to compost; to date stamp, punch (*a ticket*)
compote *f.* stewed fruit, compote
compréhensif/compréhensive *adj.* understanding
comprendre (*like* **prendre**) *irreg.* to understand; to comprise, include
comprimé *m.* tablet, pill
compris(e) *adj.* included; **service** (*m.*) **compris** tip included
comptabilité *f.* accounting
comptable *m., f.* accountant
compte *m.* account; **à votre compte** in your opinion, according to you; **se rendre compte de/que** to realize (that)

compter (sur) to plan (on); to intend; to count; to count (*on s.o., s.th.*); to have; **ce qui compte pour moi** what counts for me
comptine *f.* nursery rhyme
comptoir *m.* counter, bar (*in café*)
se concentrer (sur) to concentrate (on)
concerner to concern
conclure (*p.p.* **conclu**) *irreg.* to conclude
concombre *m.* cucumber
concours *m.* competition; contest
concurrent(e) *m., f.* rival, competitor
condition *f.* condition; **à condition que** *conj.* (+ *subj.*) provided that
conditionnel *m., gram.* conditional (*mood*)
conducteur/conductrice *m., f.* driver
conduire (*p.p.* **conduit**) *irreg.* to drive; to take (*s.o. in a car*); to conduct; **permis** (*m.*) **de conduire** driver's license; **se conduire** to behave
conduite *f.* behavior; conduct
confectionner to prepare; to make
conférence *f.* lecture; conference
confiance *f.* confidence
confier to confide; **se confier à** to confide in
confirmer to confirm
confisquer to confiscate, seize
confit *adj.* candied; pickled; **citron confit** preserved lemon
confiture *f.* jam, preserves
conflit *m.* conflict
se conformer à to conform to
conformiste *adj.* conformist
confort *m.* comfort; amenities
confortable *adj.* comfortable
confus(e) *adj.* embarrassed
congé *m.* vacation, leave (*from work*), time off
congelé(e) *adj.* (deep) frozen
conjointement *adv.* jointly
conjonction *f., gram.* conjunction
conjugal(e) *adj.* conjugal, married; **conseiller/conseillère** (*m., f.*) **conjugal(e)** marriage counselor
conjuguer *gram.* to conjugate
connaissance *f.* knowledge; acquaintance; consciousness; **connaissances** *pl.* knowledge; acquaintances; **faire connaissance** to get acquainted; **faire la connaissance de** to meet (*for the first time*); **sans connaissance** unconscious
connaître (*p.p.* **connu**) *irreg.* to know; to be acquainted with; **se connaître** to get to know one another; to meet
connecté(e) *adj.* connected; **bracelet** (*m.*) **connecté** fitness tracker; **enceinte** (*f.*) **connectée** smart speaker; **montre** (*f.*) **connectée** smartwatch
connecter to connect; **se connecter à** to connect oneself to

connexion *f.* connection
connu(e) *adj.* known; famous
conquérant(e) *m., f.* conqueror
consacré(e) à *adj.* devoted to, used for
consacrer to devote, use
conscience *f.* consciousness; **prendre conscience de** to become aware of
conscient(e) *adj.* conscious
conseil *m.* (piece of) advice; council; **donner (suivre) des conseils** to give (follow) advice
conseiller (de) to advise (to); to counsel
conseiller/conseillère *m., f.* advisor; counselor; **conseiller/conseillère conjugal(e)** marriage counselor
conséquence *f.* consequence
conservateur/conservatrice *adj.* conservative; **agent** (*m.*) **conservateur** (food) preservative; **conservateur/ conservatrice** (*m., f.*) **de musée** museum curator
conserver to keep; to conserve; to preserve
considérablement *adv.* considerably; significantly
considérer (je considère, nous considérons) to consider
consigne *f.* baggage check
consister (à, en) to consist (in, of)
consolider to consolidate; to strengthen
consommateur/consommatrice *m., f.* consumer
consommation *f.* consumption; consumerism
consommer to consume; to spend; **consommer de l'essence** to use gas(oline)
consonne *f.* consonant
constamment *adv.* constantly
constant(e) *adj.* constant, unceasing
constater to state; to notice
constituer to constitute
constructeur/constructrice *m., f.* builder
construire (*like* **conduire**) *irreg.* to construct, build
consulat *m.* consulate
consultatif/consultative advisory
consulter to consult
contact *m.* contact; **lentilles** (*f. pl.*) **de contact** contact lenses
contacter to contact
conte *m.* tale, story; **conte de fées** fairy tale
contempler to look at
contemporain(e) *adj.* contemporary
contenir (*like* **tenir**) *irreg.* to contain, hold
content(e) *adj.* content; happy
contenu *m. s.* contents
contexte *m.* context
continu(e) *adj.* continuous, uninterrupted

continuellement *adv.* continually
continuer (à, de) to continue (to)
contraire *adj.* opposite; *m.* opposite; **au contraire** on the contrary
contrat *m.* contract
contravention *f.* speeding ticket, traffic ticket
contre *prep.* against; contrasted with
contredire (*like* **dire**, *but* **vous contredisez**) *irreg.* to contradict
contribuer to contribute
contrôle *m.* control; checkpoint; **contrôle de police** police checkpoint; **contrôle des passeports** passport check; **contrôle de sureté** security check
contrôler to control
contrôleur/contrôleuse *m., f.* conductor; inspector
controverse *f.* controversy
controversé(e) *adj.* controversial
convaincre (*p.p.* **convaincu**) *irreg.* to convince
convenir (*like* **venir**) *irreg.* to be suitable, to fit
convive *f.* guest (*at a meal*), fellow diner
convivial(e) *m., f.* convivial, friendly
coopératif/coopérative *adj.* cooperative
coopération *f.* cooperation
coordonnées *f. pl.* coordinates, contact information
copain/copine *m., f., fam.* close friend, pal; boyfriend/girlfriend
copeau *m.* shaving, chip; **copeaux de bois** wood shavings
copie *f.* copy, replica
copieux/copieuse *adj.* copious, abundant
coq *m.* rooster; **coq au vin** *chicken prepared with* (*red*) *wine*
corbeau *m.* crow; raven
corde *f.* string; rope
cordée *f.* roped team (*mountaineering*)
cordialement *adv.* cordially
cordonnier/cordonnière *m., f.* shoemaker, cobbler
corporel(le) *adj.* corporal, body, bodily
corps *m.* body; **parties** (*f.*) **du corps** parts of the body
correcteur/correctrice *m., f.* examiner, grader; proofreader
correspondant(e) *m., f.* correspondent; pen pal
correspondre to correspond
corriger (nous corrigeons) to correct
Corse *f.* Corsica
costume *m.* man's suit; costume
côte *f.* coast; rib; side; **Côte d'Azur** French Riviera; **côte de bœuf** rib roast; **Côte d'Ivoire** Ivory Coast; **côtes de porc** pork chops
côté *m.* side; **à côté (de)** *prep.* beside, by, near, next to; at one's side; **de l'autre côté (de)** from, on the other side (of); **mettre de côté** to set aside

coton *m.* cotton; **en coton** (made of) cotton
côtoyer (je côtoie) to rub shoulders with; to be close to
cou *m.* neck
couchage *m.* bed; bedding; **sac** (*m.*) **de couchage** sleeping bag
couche *f.* layer; stratum; baby diaper; **couche d'ozone** ozone layer; **couches pl. (jetables, lavables)** (disposable, washable) diapers
coucher to put to bed; **chambre** (*f.*) **à coucher** bedroom; **coucher** (*m.*) **du soleil** sunset; **se coucher** to go to bed; to lie down; to set (*sun*)
coude *m.* elbow
coudre (*p.p.* **cousu**) *irreg.* to sew
couler to flow, run
couleur *f.* color; **de quelle couleur est... ?** what color is . . . ?
couloir *m.* corridor, hallway; passage
coup *m.* blow; coup; (gun)shot; influence; **coup de chaleur** heatstroke; **coup de fil** *fam.* phone call; **coup de foudre** lightning bolt; *fig.* love at first sight; **coup de téléphone** telephone call; **du coup** thereupon; suddenly; **tout à coup** *adv.* suddenly; **tout d'un coup** *adv.* all at once
coupe *f.* (**du monde; Davis; Stanley**) (World; Davis; Stanley) cup; **coupe de (fruits)** (fruit) cup
couper to cut; to divide; **se couper à la main** to cut one's hand; **se faire couper les cheveux** to have one's hair cut
cour *f.* court; courtyard
courageux/courageuse *adj.* courageous
couramment *adv.* fluently; commonly
courant(e) *adj.* frequent; general, everyday; **se tenir au courant** to keep informed, up to date
coureur/coureuse *m., f.* runner
courgette *f.* zucchini (*squash*)
courir (*p.p.* **couru**) *irreg.* to run
couronne *f.* crown
courriel *m., Q.* e-mail (message)
courrier *m.* mail; **courrier du cœur** "lonely hearts" advice column
cours *m.* course, class; rate; price; **au cours de** during the course of, over; **cours d'amphi(théâtre)** *a course held in a large lecture hall*; **cours d'eau** waterway, river, stream; **cours des changes** foreign exchange rate; **donner des cours particuliers** to give private lessons; to tutor; **sécher un cours** (*fam.*) to cut class, play hooky; **suivre un cours** to take a course
course *f.* race; errand; **faire des/les courses** to go grocery shopping; to do errands

court(e) *adj.* short (*not used for height of a person*)
cousin(e) *m., f.* cousin
coussin *m.* cushion
cout *m.* cost; **cout de la vie** cost of living
couteau *m.* knife
couter to cost; **couter cher** to be expensive
coutume *f.* custom
couture *f.* fashion; *haute couture* high fashion
couturier/couturière *m., f.* tailor/ seamstress; **grand couturier / grande couturière** fashion designer
couvercle *m.* lid, cover
couvert(e) *adj.* covered; cloudy; *m.* table setting; **couvert(e) de** covered with; **le ciel est couvert** it's cloudy; **mettre le couvert** to set the table
couverture *f.* blanket; covering
couvrir (*like* **ouvrir**) *irreg.* to cover
covoiturage *m.* carpooling; **faire du covoiturage** to carpool
craindre (*p.p.* **craint**) *irreg.* to fear
crâne *m.* skull
cravate *f.* necktie
crayon *m.* pencil
créateur/créatrice *adj.* creative; *m., f.* creator
créatif/créative *adj.* creative
création *f.* creation
crèche *f.* day care center
crédit *m.* credit
crédule *adj.* gullible
crédulité *f.* gullibility
créer to create; **créer une page Web** to make a web page
crème *f.* cream; **crème caramel** caramel custard; **crème Chantilly** whipped cream
crémeux/crémeuse *adj.* creamy; smooth
créole *adj.* Creole; *m.* Creole (*language*)
crêpe *f.* crêpe, French pancake
crépuscule *m.* twilight, dusk
crevé(e) *adj.* punctured; *fam.* exhausted; **pneu** (*m.*) **crevé** flat tire
crevette *f.* shrimp
crier to cry out; to shout
criminel(le) *m., f.* criminal
crise *f.* crisis; recession; depression; **crise cardiaque** heart attack; **crise économique** recession; depression
cristal *m.* crystal
critère *m.* criterion
critique *m., f.* critic, reviewer; *f.* critique, review; *adj.* critical
critiquer to criticize
croire (*p.p.* **cru**) *irreg.* to believe
croisé(e) *adj.* crossed; **mots** (*m. pl.*) **croisés** crossword puzzle
croisière *f.* cruise; **partir en croisière** to go on a cruise
croissance *f.* growth

croissant(e) *adj.* growing, increasing
croix *f.* cross
croustillant(e) *adj.* crusty, crunchy
croute *f.* crust; **en croute** in pastry; breaded
cru(e) *adj.* raw
crudités *f. pl.* raw vegetables served as appetizer
cruel(le) *adj.* cruel
cuillère (cuiller) *f.* spoon; **cuillère à café** teaspoon
cuir *m.* leather; **en cuir** (made of) leather
cuire (*p.p.* **cuit**) *irreg.* to cook; to bake; **cuire à feu vif** to cook on high heat; **cuire à la vapeur** to steam; **faire cuire** to cook
cuisine *f.* cooking; cuisine; kitchen; **chef** (*m.*) **de cuisine** (head) cook, chef; **faire la cuisine** to cook; **livre** (*m.*) **de cuisine** cookbook
cuisiner to cook
cuisinier/cuisinière *m., f.* cook; **cuisinière** *f.* **(à gaz, électrique)** (gas, electric) stove, range
cuisse *f.* thigh; leg
cuit(e) *adj.* cooked; **terre** (*f.*) **cuite** clay, terra cotta (pottery)
cuivre *m.* copper; **en cuivre** (made of) copper
culinaire *adj.* culinary
culotte *f. s.* women's panties
culte *m.* cult
cultivable *adj.* arable; farmable
cultiver to cultivate, grow
culture *f.* culture; cultivation, growing
culturel(le) *adj.* cultural; **manifestation** (*f.*) **culturelle** cultural event
Cupidon *m.* Cupid
curieux/curieuse *adj.* curious
curseur *m.* cursor (*computer*)
cyclisme *m.* cycling, bicycle riding
cycliste *m., f.* cyclist
cynique *adj.* cynical

d'abord *adv.* first, first of all
Dahomey: royaume (*m.*) **du Dahomey** Dahomey Kingdom (*17th–19th- century West Africa*)
d'ailleurs *adv.* besides, moreover
dame *f.* lady, woman
Danemark *m.* Denmark
dangereux/dangereuse *adj.* dangerous
dans *prep.* in; within
danse *f.* dance; dancing
danser to dance
danseur/danseuse *m., f.* dancer
dater de to date from
davantage *adv.* more, a greater amount
de *prep.* from, of, about
débarquer to disembark; to get off
débarrasser to clear; **débarrasser la table** to clear the table
débat *m.* debate

débit *m.* debit; **carte** (*f.*) **de débit** debit card
déboisement *m.* deforestation; clearing
déboiser (les forêts) to deforest, clear away trees
se déboucher (le nez) to unclog (one's nose)
débrancher to unplug
débrouiller to disentangle; **se débrouiller** to manage, get along, cope
début *m.* beginning; **au début (de)** in, at the beginning (of)
décembre December
décevoir (*like* **recevoir**) *irreg.* to disappoint
décharge *f.* (trash) dump
décharger (nous déchargeons) to unload
déchets *m. pl.* (*industrial*) waste(s); debris; garbage, trash
déchiffrer to decipher, figure out
déchirer to tear apart
décider (de) to decide (to)
décisif/décisive *adj.* decisive
décision *f.* decision; **prendre une décision** to make a decision
déclaration *f.* declaration, statement; **déclaration de douane** customs declaration
déclarer to declare
déconcerté(e) *adj.* upset, disconcerted
décontracté(e) *adj.* relaxed
décor *m.* (film) set
décorer (de) to decorate (with)
découpé(e) *adj.* cut up
décourager (nous décourageons) to discourage
découvert(e) *adj.* discovered; **découverte** *f.* discovery
découvreur/découvreuse *m., f.* discoverer
découvrir (*like* **ouvrir**) *irreg.* to discover, learn
décret *m.* decree
décrire (*like* **écrire**) *irreg.* to describe
déçu(e) *adj.* disappointed
dédain *m.* contempt, scorn
dedans *adv.* inside; **là-dedans** in here/ there
défait(e) *adj.* defeated
défaite *f.* defeat
défavorisé(e) *adj.* at a disadvantage; disadvantaged, underprivileged
défendre to defend; to forbid
défendu(e) *adj.* prohibited; **rien de défendu** nothing illegal
défilé *m.* procession, parade
défini(e) *adj.* definite; defined
définir (*like* **finir**) *irreg.* to define
définitivement *adv.* for good, permanently
déformation *f.* misrepresentation, distortion

dégagement *m.* passage; hall
dégager to clear out
dégoutant(e) *adj.* disgusting
dégradation *f.* degradation
dégré *m.* degree
déguisement *m.* costume, disguise
se déguiser to dress up; to wear a costume
dehors *adv.* out-of-doors; outside; **en dehors de** outside of; besides
déjà *adv.* already
déjeuner to have lunch; *m.* lunch; **petit déjeuner** breakfast
délicat(e) *adj.* delicate
délicatesse *f.* delicacy
délicieux/délicieuse *adj.* delicious
délirer to be delirious; **on délire ou quoi?** are you crazy or what?
délivrer to give (*medication*); to rescue, liberate
deltaplane *m.* hang gliding
demain *adv.* tomorrow; **à demain** *interj.* see you tomorrow
demande *f.* request; application
demander to ask (for); to require; **demander le chemin** to ask for directions; **demander pardon à** to apologize to
démarche *f.* (*necessary*) step, action
démarrage *m.* start (*car*)
démarrer to start (*a car*); to start off; to boot up (*computer*)
démêlant(e) *adj.* detangling; **shampooing** (*m.*) **démêlant** conditioning shampoo
déménager (nous déménageons) to move out (*of a house*)
demeure *f.* residence
demi(e) *adj.* half; **il est minuit et demi** it's twelve-thirty A.M.
demi-douzaine *f.* half-dozen
demi-frère *m.* half-brother; stepbrother
demi-heure *f.* half an hour
demi-sœur *f.* half-sister; stepsister
démission *f.* resignation
démocratie *f.* democracy
démocratique *adj.* democratic
démographe *m., f.* demographer
demoiselle *f.* young lady; single (unmarried) woman; **demoiselle d'honneur** bridesmaid
démolir (*like* **finir**) to demolish, destroy
démonstratif/démonstrative *adj.* demonstrative
démontrer to demonstrate
densément *adv.* densely
dent *f.* tooth; **brosse** (*f.*) **à dents** toothbrush; **se brosser les dents** to brush one's teeth
dentifrice *m.* toothpaste
dentiste *m., f.* dentist
dénudé *adj.* bare, unclothed
déodorant *m.* deodorant
départ *m.* departure

département *m.* French administrative district; **départements et territoires** (*pl.*) **d'Outre-mer (D.O.M.-T.O.M.)** French overseas departments and territories
dépasser to go beyond; to pass, surpass; **dépasser la limite de vitesse** to exceed the speed limit
se dépêcher (de) to hurry (to)
dépeindre (*like* **craindre**) *irreg.* to depict
dépendance *f.* dependency
dépendant(e) *adj.* dependent
dépendre to depend; **ça dépend** that/it depends
dépens *m. pl.* expense(s); **aux dépens de** at the expense of
dépense *f.* expenditure, expenses
dépenser to spend
dépit *m.* disappointment, chagrin; **en dépit de** *prep.* in spite of
déplacement *m.* moving around, relocation
déplacer (nous déplaçons) to displace; to shift; to remove; **se déplacer** to move from place to place; to go someplace
déplorable *adj.* deplorable, lamentable
déporté(e) *adj.* deported
déposer to deposit; **déposer de l'argent** to deposit money
dépôt *m.* deposit
déprimé(e) *adj.* depressed; **être déprimé(e)** to be depressed
depuis *prep.* since; for; **depuis combien de temps** for how long; **depuis que** *conj.* since, now that
député(e) *m., f.* representative
déranger (nous dérangeons) to disturb; to bother
dérivé(e) (de) *adj.* derived (from)
dernier/dernière *adj.* last, most recent
derrière *prep.* behind
dès *prep.* from (then on)
désaccord *m.* disagreement
désagréable *adj.* disagreeable, unpleasant
désastre *m.* disaster
désastreux/désastreuse *adj.* disastrous
descendre *intr.* to go down; *trans.* to take, bring down; **descendre de** to get out of
descriptif/descriptive *adj.* descriptive
désert(e) *adj.* deserted; **désert** *m.* desert; wilderness
désertique *adj.* desert, pertaining to the desert
désespoir *m.* hopelessness, despair
se déshabiller to undress
désigner to designate; to indicate
désir *m.* desire
désirer to want, desire
désolé(e) *adj.* sorry; **être désolé(e)** to be sorry

désordre *m.* disorder; **en désordre** disorderly, untidy
désorganisé(e) *adj.* disorganized
désorienté(e) *adj.* bewildered
désormais *adv.* henceforth, from now on
dessin *m.* drawing; **dessin animé** (*film*) cartoon; **dessin graphique** graphic arts
dessinateur/dessinatrice *m., f.* illustrator
dessiné(e) *adj.* drawn, sketched; **bande** (*f.*) **dessinée** comic strip; *pl.* comics
dessiner to draw; to design
dessous *adv.* under, underneath; **au-dessous de** *prep.* below, underneath; **ci-dessous** *adv.* below
dessus *adv.* above; over; on; **au-dessus de** *prep.* above; **ci-dessus** *adv.* above, previously; **par-dessus** *prep.* over, above
destin *m.* fate, destiny
destiné(e) à *adj.* designed for, aimed at; intended to, for
détail *m.* detail
se détendre to relax
détenir (*like* **tenir**) *irreg.* to hold, possess
détériorer to deteriorate
déterminer to determine
détester to detest; to hate
détourner to change, modify
détresse *f.* distress, anxiety
détritus *m. pl.* rubbish, refuse
détruire (*like* **conduire**) *irreg.* to destroy
deux two; **tous/toutes** (*m., f.*) **les deux** both (of them)
deuxième *adj.* second
deux-pièces *m.* two-room apartment
deux-points *m.* colon (*punctuation*)
devant *prep.* before, in front of
développement *m.* development
développer to spread out; to develop; **se développer** to expand; to develop
devenir (*like* **venir**) *irreg.* to become
deviner to guess
devise *f.* slogan, motto
devoir (*p.p.* **dû**) *irreg.* to be obliged to, have to; to owe; *m.* duty; *m. pl.* homework; **faire ses devoirs** to do one's homework; **rendre un devoir** to turn in a homework assignment
d'habitude *adv.* usually
diable *interj.* goodness!
diagnostic *m.* diagnosis; **faire un diagnostic** to make a diagnosis
dialecte *m.* dialect
diamant *m.* diamond
dictée *f.* dictation
dictionnaire (*fam.* **dico**) *m.* dictionary
diététique *adj.* dietary; healthy
dieu *m.* god; **croire en Dieu** to believe in God

différer to differ, vary; to defer, postpone

difficile *adj.* difficult

difficulté *f.* difficulty

diffuser to broadcast

diffusion *f.* broadcast; distribution

digérer (je digère, nous digérons) to digest

digestif *m.* after-dinner drink (*brandy, etc.*)

digne (de) *adj.* worthy (of)

dimanche *m.* Sunday

diminuer to lessen, diminish, go down

dinde *f.* turkey; **dinde rôtie** roast turkey

diner to dine, have dinner; *m.* dinner

dingue *adj., fam.* crazy; **être dingue de** to be crazy about

diplôme *m.* diploma

diplômé(e) *m., f.* graduate; *adj.* holding a diploma

dire (*p.p.* **dit**) *irreg.* to tell; to say; to speak; **c'est-à-dire** that is to say, namely; **vouloir dire** to mean

direct(e) *adj.* direct; through; **en direct** live (*broadcasting*)

directeur/directrice *m., f.* director; school principal

direction *f.* direction; management; leadership; **changer de direction** to change direction

dirigeant(e) *m., f.* leader

diriger (nous dirigeons) to direct; to govern, control

disc-golf *m.* disc golf, Frisbee golf

discipliner to discipline

discours *m.* discourse; speech

discret/discrète *adj.* discreet

discrimination (*f.*) **positive** affirmative action

discuter (de) to discuss; to argue (about)

disparaitre (*like* **connaitre**) *irreg.* to disappear

disparition *f.* extinction, disappearance; **disparition des espèces** extinction of species

disparu(e) *adj.* gone, extinct

se disperser to disperse

disponible *adj.* available

disposer de to have (available); to dispose, make use of

dispositif *m.* device

dispute *f.* quarrel

se disputer (avec) to quarrel (with)

disque *m.* record, recording; **disque vinyle** vinyl LP

dissertation *f.* essay, term paper

dissimulation *f.* concealment, covering

dissolution (*f.*) **d'un mariage** breakup of a marriage

distingué(e) *adj.* distinguished

distinguer to distinguish; **se distinguer** to distinguish oneself

se distraire (*p.p.* **distrait**) *irreg.* to have fun, amuse oneself

distrait(e) *adj.* absentminded; inattentive

distribuer to distribute

distributeur/distributrice *m., f.* distributor; **distributeur** *m.* vending machine; **distributeur automatique (de billets)** ATM

divers(e) *adj.* changing; varied; diverse

diversifié(e) *adj.* varied

diversité *f.* diversity

diviser to divide

divorcer (nous divorçons) to divorce

dix ten

dizaine *f.* about ten, ten or so

docteur *m.* doctor

doctorat *m.* doctoral degree, Ph.D.

documentaire *m.* documentary

dodo *fam.* beddy-bye; **fais dodo** *fam.* go to sleep

doigt *m.* finger

domaine *m.* domain; specialty

domestique *adj.* domestic; **animal** (*m.*) **domestique** pet

domicile *m.* domicile, place of residence; **sans domicile fixe (SDF)** homeless

dommage *m.* pity, shame; **c'est dommage** it's too bad; **quel dommage** what a shame

don *m.* donation, gift

donc *conj.* then; therefore, so

donjon *m.* dungeon

données *f. pl.* information, facts; data

donner to give; **donner des conseils** to give advice; **se donner rendez-vous** to make a date, an appointment

dont *pron.* whose, of whom, from whom; of which, about which; including; **ce dont** that (of) which

dorée *adj.* golden

dormir (*like* **partir**) *irreg.* to sleep; **dormir tard** to sleep late

dos *m.* back; **sac** (*m.*) **à dos** backpack

dossier *m.* file (*computer*); **dossier de candidature** (job) application

douane *f. s.* customs; **déclaration** (*f.*) **de douane** customs declaration, duty

douanier/douanière *m., f.* customs officer

doubler to pass (*another vehicle*); to double

douche *f.* shower (*bath*)

se doucher to take a shower

doué(e) *adj.* talented, gifted; bright; **être doué(e) pour** to be talented in

douleur *f.* pain

douloureux/douloureuse *adj.* painful; aching

doute *m.* doubt; **sans doute** probably, no doubt

douter (de) to doubt

douteux/douteuse *adj.* doubtful, uncertain, dubious

doux/douce *adj.* sweet; mild; **eau** (*f.*) **douce** fresh water

douzaine *f.* dozen; about twelve

douze twelve

douzième *adj.* twelfth

doyen/doyenne *m., f.* most senior member

dramatique *adj.* dramatic; **art** (*m.*) **dramatique** theater

drame *m.* drama

drapeau *m.* flag

dresser une liste to make, draw up a list

drogue *f.* drug

se droguer to take drugs

droit *m.* law; right; **avoir droit à** (+ *noun*) to have a right to; **avoir le droit de** (+ *inf.*) to be allowed to, to have the right to

droit *adv.* straight on; **tout droit** straight ahead

droite *f.* right; right-hand side; the right (*politics*); **à droite** on/to the right

drôle (de) *adj.* droll, funny, amusing; **faire une drôle de tête** to make a funny face

duc *m.* duke

dur(e) *adj.* hard; **travailler dur** to work hard

durable *adj.* lasting

durée *f.* duration

durer to last, continue; to endure

DVD *m. inv.* DVD

dynamique *adj.* dynamic

dynamiser to energize

eau *f.* water; **cours** (*m.*) **d'eau** waterway, river, stream; **eau chaude** hot water; **eau douce** fresh water; **eau minérale** mineral water; **eaux** *pl.* waters, bodies of water

ébloui(e) *adj.* dazzled

écarquiller les yeux to stare wide-eyed

écart *m.* distance, gap; **se mettre à l'écart** to move, to stand out of the way

échange *m.* exchange

échanger (nous échangeons) to exchange

échappement *m.* leak; car exhaust; **échappement d'hydrocarbures** hydrocarbon emissions

échapper to escape

écharpe *f.* scarf

échéant: le cas échéant should this happen

échecs *m. pl.* chess; **jouer aux échecs** to play chess

échelle *f.* ladder

échouer (à) to fail, flunk

éclair *m.* flash of lightning

éclairer to light

éclater to explode, burst; **s'éclater** *fam.* to have a ball, blast

école *f.* school; **école maternelle** preschool, kindergarten; **école primaire (secondaire)** primary (secondary) school; **faire l'école buissonnière** to skip school, play hooky

écologie *f.* ecology

écologique (*fam.* **écolo**) *adj.* ecological

écologiste (*fam.* **écolo**) *m., f.* ecologist (*in politics*)

économie *f.* economy; *pl.* savings; **faire des économies** to save (*money*)

économique *adj.* economic, financial; economical; **crise** (*f.*) **économique** recession, depression

économiser to save

écouter to listen (to)

écouteurs *m. pl.* headphones

écran *m.* screen; **grand écran** cinema; **petit écran** television; computer monitor

écrire (*p.p.* **écrit**) *irreg.* to write

écrit(e) *adj.* written

écriture *f.* handwriting; writing

écrivain(e) *m., f.* writer, author

éditer to publish

éducateur/éducatrice *m., f.* teacher; youth leader

éducatif/éducative *adj.* educational

éducation *f.* upbringing; breeding; education

éduquer to bring up; to educate

effectuer to carry out; to complete

effet *m.* effect; **effet de serre** greenhouse effect; **effets spéciaux** special effects; **en effet** as a matter of fact, indeed

efficace *adj.* useful, efficacious; efficient

effort *m.* effort, attempt; **faire un (des) effort(s) pour** to try, make an effort to

effrayé(e) *adj.* frightened

égal(e) *adj.* equal; **ça lui est égal** he/she doesn't care, it's all the same to him/her

également *adv.* equally; likewise, also

égalité *f.* equality

église *f.* church

égoïsme *m.* egotism, selfishness

égoïste *adj.* selfish; *m., f.* selfish person

Égypte *f.* Egypt

égyptien(ne) *adj.* Egyptian

eh! *interj.* hey!; **eh bien!** well! now then!

électricité *f.* electricity

électrique *adj.* electric; **torche** (*f.*) **électrique** flashlight

électronique *adj.* electronic; *f. s.* electronics; **adresse** (*f.*) **électronique** e-mail address

élégant(e) *adj.* elegant, stylish

élément *m.* element

élève *m., f.* pupil, student

élevé(e) *adj.* high; (*children*) raised; brought up

élever (**j'élève**) to bring up, raise; to lift up; **s'élever** to rise, go up

éliminer to eliminate

élire (*like* **lire**) *irreg.* to elect

elle *pron., f.* she; her; **elle-même** herself

elles *pron., f.* they; them

élocution *f.* elocution; **cours** (*m.*) **d'élocution** speech class

éloignement *m.* distance; estrangement

s'éloigner to go away, distance oneself

élu(e) *adj.* elected; chosen

emballage *m.* packaging; **emballage ménager** everyday packaging materials

emballé(e) *adj.* wrapped

embarcation *f.* small boat, watercraft

embarqué(e) *adj., fam.* carted off

embarquement *m.* boarding; loading; **carte** (*f.*) **d'embarquement** boarding pass

embarrasser to embarrass

embéguiner *fig.* to be infatuated

embellir to make prettier; to embellish

embêtant(e) *adj.* annoying

emblème *m.* symbol

embouteillage *m.* traffic jam

embrasser to kiss; to embrace; **s'embrasser** to kiss one another

s'émerveiller to wonder, be amazed

émettre (*like* **mettre**) *irreg.* to emit, give off

émigré(e) *m., f.* expatriate, émigré

émigrer to emigrate

émission *f.* program; broadcast; emission; **émission de télé-réalité** reality television show; **émission toxique** toxic waste; **réduction** (*f.*) **d'émissions** reduction in emissions

emmener (**j'emmène**) to take along; to take (*s.o. somewhere*); **emmener quelqu'un à l'hôpital** to take s.o. to the hospital

émotion *f.* emotion

empêcher (de) to prevent; to preclude

empereur *m.* emperor

emploi *m.* use; job; employment; **emploi du temps** schedule; **marché** (*m.*) **de l'emploi** job market

employé(e) *m., f.* employee

employer (**j'emploie**) to use; to employ

employeur/employeuse *m., f.* employer

emporter to take with one, carry (away)

empreinte *f.* footprint

emprisonner to imprison

emprunt *m.* borrowing; loan

emprunter to borrow

en *prep.* in; to; within; into; at; like; in the form of; by; *pron.* of it, of them; some of it; any

encadré(e) *adj.* supervised

enceinte *adj.* pregnant; **enceinte** *f.* speaker (*audio*); **enceinte connectée** smart speaker

enchanté(e) *adj.* delighted; enchanted; pleased

encombré(e) *adj.* congested, clogged up; overloaded

encore *adv.* still; again; yet; even; more; **ne... pas encore** not yet

encourager (nous encourageons) (à) to encourage (to)

endolori(e) *adj.* sore, painful

s'endormir (*like* **partir**) *irreg.* to fall asleep

endroit *m.* place, spot

énergie *f.* energy

énergique *adj.* energetic

énergisant(e) *adj.* energizing; **boisson** (*f.*) **energisante** energy drink

énerver to irritate; **s'énerver** to get upset, annoyed, irritated

enfance *f.* childhood

enfant *m., f.* child

enfermer to lock up

enfin *adv.* finally, at last

engager (nous engageons) to hire; **s'engager (à)** to commit (to)

engrais *m.* fertilizer

enjeu *m.* stake, ante

enlever (**j'enlève**) to take away; to remove, take off; **enlever de force** to remove forcibly, by force

ennemi(e) *m., f.* enemy

ennui *m.* trouble, worry; boredom; **avoir des ennuis** to have problems

ennuyer (**j'ennuie**) to bother; to bore; **s'ennuyer** to be bored, get bored

ennuyeux/ennuyeuse *adj.* boring; annoying

énorme *adj.* huge, enormous

énormément (de) *adv.* a great deal; a great many; enormously

enquête *f.* inquiry; investigation; opinion poll

enregistrement *m.* recording; registration; airport check-in

enregistrer to record; to check (*luggage*)

enrichir (*like* **finir**) to enrich; **s'enrichir** to get rich

enseignant(e) *m., f.* teacher, educator

enseignement *m.* teaching; education

enseigner to teach

ensemble *adv.* together; *m.* ensemble; whole; **ensemble multimédia** multimedia center; **ensemble résidentiel** residential complex; **tous ensemble** all together

ensuite *adv.* next; then

entendre to hear; **entendre parler de** to hear about; **s'entendre (bien, mal) avec** to get along (well, badly) with

enthousiasme *m.* enthusiasm

enthousiasmé(e) *adj.* thrilled

enthousiaste *adj.* enthusiastic

entier/entière *adj.* entire, whole, complete

entorse *f.* sprain

entourage *m.* circle of friends, set

entouré(e) de *adj.* surrounded by

entourer (de) to surround (with)

entraide *f.* helping each other, mutual aid

s'entraider to help one another

entrainement *m.* (*athletic*) training, coaching

s'entrainer to work out; to train

entraineur/entraineuse *m., f.* trainer, coach

entre *prep.* between, among

entrée *f.* entrance, entry; admission; first course (*in a meal*)

entreprendre to undertake

entreprise *f.* enterprise, business

entrer (dans) to go into, enter

entretenir (*like* **tenir**) *irreg.* to maintain, keep up

entretien *m.* conversation; interview; maintenance

envahir (*like* **finir**) to invade

enveloppe *f.* envelope

envelopper to wrap

envers *prep.* toward, to; **à l'envers** backward, reversed

envie *f.* desire; **avoir envie de** to want; to feel like

environ *adv.* about, approximately; **environs** *m. pl.* neighborhood, surroundings; outskirts

environnement *m.* environment; milieu

environnemental(e) *adj.* environmental

envoyer (j'envoie) to send; **envoyer un texto** to text, send a text message

éolien(ne) *adj.* wind; **éolienne** *f.* windmill

éparpillé(e) *adj.* scattered

épater to impress, astonish

épaule *f.* shoulder

épicé(e) *adj.* spicy

épicerie *f.* grocery store; grocery items

épices *f. pl.* spices

épinards *m. pl.* spinach

éplucher to peel

époque *f.* epoch, period, era; time

épouser to wed, get married to

épouvante *f.* terror; **film** (*m.*) **d'épouvante** horror film

époux/épouse *m., f.* spouse; husband/wife; *m. pl.* married couple

épreuve *f.* proof; trial; test; part of an exam

équateur *m.* equator

équilibrage *m.* balancing; **faire l'équilibrage des pneus** to balance the tires

équilibre *m.* equilibrium, balance

équilibré(e) *adj.* balanced, even; well-balanced

équilibrer to balance

équipe *f.* team; working group; **équipe rédactionnelle** editorial team

équipé(e) *adj.* equipped

équipement *m.* equipment; gear; **équipement ménager** household furnishings

équitable *adj.* fair; fair trade

équitation *f.* horseback riding

équivalent(e) *adj.* equivalent; **équivalent** *m.* equivalent

équivoque *adj.* ambiguous; dubious, questionable

érable *m.* maple; **sirop** (*m.*) **d'érable** maple syrup; **sucre** (*m.*) **d'érable** maple sugar

ère *f.* era

ergonomie *f.* ergonomics

erreur *f.* error, mistake

érudit(e) *adj.* erudite, scholarly

éruption *f.* eruption, blast

escalade *f.* climbing; **faire de l'escalade** to go rock climbing, mountain climbing

escalier *m.* stairs, staircase; **rampe** (*f.*) **de l'escalier** stair banister

escargot *m.* snail; escargot

esclavage *m.* slavery

esclave *m., f.* slave

escrime *f.* fencing; **faire de l'escrime** to do fencing, to fence

espace *m.* space

espacé(e) *adj.* spaced out, made less frequent

espadon *m.* swordfish

Espagne *f.* Spain

espagnol(e) *adj.* Spanish; *m.* Spanish (*language*); **Espagnol(e)** *m., f.* Spaniard

espèce *f.* type, kind; **disparition** (*f.*) **des espèces** extinction of species; **espèces d'animaux** animal species; **une espèce de** a kind of

espérance (*f.*) **de vie** life expectancy

espérer (j'espère, nous espérons) to hope

espoir *m.* hope

esprit *m.* spirit; **garder l'esprit ouvert** to keep an open mind

essayer (j'essaie) (de) to try (to)

essence *f.* gasoline, gas; essence; **consommer de l'essence** to use gas(oline); **faire le plein d'essence** to fill up with gas

essentiel(le) *adj.* essential

essuie-glace *m.* (*pl.* **essuie-glaces**) windshield wiper

essuyer (j'essuie) to wipe

est *m.* east

esthétique *adj.* esthetic

estimer to value; to estimate

estomac *m.* stomach

et *conj.* and

établir (*like* **finir**) to establish, set up

établissement *m.* settlement; establishment

étage *m.* floor (*of building*); **premier étage** second floor (*U.S.*)

étagère *f.* shelf, shelving

étang *m.* pond

étape *f.* stage; stopping place

état *m.* state; condition; **l'État** state, nation; **chef** (*m.*) **d'État** head of state; **en bon (mauvais) état** in good (bad) condition; **état civil** civil status; marital status; **garder en bon état** to maintain; **homme/femme** (*m., f.*) **d'État** statesman/stateswoman

États-Unis *m. pl.* United States (of America)

été *m.* summer; **en été** in summer

éteindre (*like* **craindre**) *irreg.* to put out; to turn off; **éteindre la lumière** to turn out the light; **éteindre un incendie** to put out a fire; **s'éteindre** to go out (*light*); to die

éteint(e) *adj.* extinguished; dead; extinct

s'étendre to stretch out; to extend; to spread; to expand

étendu(e) *adj.* extensive, wide, large; **étendu(e) par terre** lying down flat, stretched out; **étendue** *f.* expanse, area

éternuer to sneeze

ethnique *adj.* ethnic

étiquette *f.* label; tag

s'étirer to stretch out

étoffe *f.* fabric

étoile *f.* star

étonnant(e) *adj.* astonishing, surprising

s'étonner de to be surprised, astonished at

étourdir (*like* **finir**) to stun, make dizzy

étrange *adj.* strange

étranger/étrangère *adj.* foreign; *m., f.* stranger; foreigner; **à l'étranger** abroad, overseas

être (*p.p.* **été**) *irreg.* to be; *m.* being; **être à la mode** to be in style; **être en train de** to be in the process of

étroit(e) *adj.* narrow

étude *f.* study; research; *pl.* studies; **faire des études** to study

étudiant(e) *m., f.* student

étudier to study

euh *interj.* uh, um

européen(ne) *adj.* European; **Européen(ne)** *m., f.* European (*person*); **Union** (*f.*) **européenne (UE)** European Union (EU)

eux *pron., m. pl.* them; **eux-mêmes** *pron.* themselves

s'évanouir (*like* **finir**) to faint

évènement *m.* event

éventail *m.* fan (*accessory*)

éventuellement *adv.* possibly

évidemment *adv.* evidently, obviously

évident(e) *adj.* obvious, clear

évier *m.* (kitchen) sink

évitable *adj.* avoidable

éviter to avoid

évolution *f.* evolution, development

évoquer to evoke, call to mind

exactement *adv.* exactly

exagération *f.* exaggeration

exagérer (j'exagère, nous exagérons) to exaggerate

examen *m.* test, exam; **(re)passer un examen** to (re)take an exam; **préparer un examen** to study for a test; **rater un examen** to fail a test; **réussir à un examen** to pass a test

examiner to examine

excentricité *f.* eccentricity

excentrique *adj.* eccentric

exceptionnel(le) *adj.* exceptional

excessif/excessive *adj.* excessive

exclusivement *adv.* exclusively

excursion *f.* excursion, outing; **faire une excursion** to go on an outing

s'excuser (de) to excuse oneself (for); to apologize; **excusez-moi** excuse me, pardon me

exécuter to execute

exécution *f.* carrying out; execution

exemplaire *m.* copy (*of book, magazine*)

exemple *m.* example; **par exemple** for example

exercer (nous exerçons) to exercise; to practice; **exercer un métier** to work at a particular job

exercice *m.* exercise; **faire de l'exercice** to do exercise(s), to work out

exigeant(e) *adj.* demanding

exiger (nous exigeons) to require; to demand

exister to exist; **il existe** there is, there are

exotique *adj.* exotic; foreign

expéditeur/expéditrice *m., f.* sender

expédition *f.* shipping; expedition; **expédition de colis** sending packages

expérience *f.* experience

explication *f.* explanation

expliquer to explain

exploitation *f.* working, operating; exploitation; **système** (*m.*) **d'exploitation** operating system (*computer*)

exploiter to make use of, make the most of

explorateur/exploratrice *m., f.* explorer

explorer to explore

exploser to explode

exporter to export

exportateur/exportatrice *adj.* exporting

exposé(e) *adj.* exposed; set forth

exposer to exhibit; **exposer une œuvre** to exhibit a piece of work

exposition *f.* exhibition; show

exprimer to express; **s'exprimer** to express oneself

expulser to expel

exquis(e) *adj.* exquisite

extérieur(e) *adj., m.* exterior; outside; **à l'extérieur** (on the) outside, out-of-doors

extrait(e) (de) *adj.* excerpted, extracted (from); **extrait** *m.* excerpt; extract

extraordinaire *adj.* extraordinary

extraverti(e) *adj.* extroverted

extrême *adj.* extreme; intense; **l'extrême droite** *f.* far right (*politics*)

extrêmement *adv.* extremely, exceedingly

extrémiste *adj., m., f.* extremist

fabricant/fabricante *m., f.* manufacturer

fabriquer to manufacture, make

fabuleux/fabuleuse *adj.* fabulous; incredible

face *f.* face; façade; **en face (de)** *prep.* opposite, facing, across (from); **face à** in the face of; **faire face à** to confront

fâché(e) *adj.* angry, annoyed

fâcher to anger; to annoy; **se fâcher** to get angry

facile *adj.* easy; **facile à vivre** easy to get along with

façon *f.* way, manner, fashion; **de façon (bizarre)** in a (funny) way; **de toute façon** anyhow, in any case

facteur *m.* factor; **facteur/factrice** *m., f.* mail carrier

faculté *f.* ability; university department or school (*fam.* **fac**); **en fac** at the university

faiblesse *f.* weakness

faim *f.* hunger; **avoir faim** to be hungry

faire (*p.p.* **fait**) *irreg.* to do; to make; to form; to be; **faire beau (il fait beau)** to be nice out, good weather (it's nice out); **faire des/les courses** to do errands; to go grocery shopping; **faire la fête** to party; **faire la sieste** to take a nap; **faire le plein** to fill it up (gas tank); **faire les valises** to pack one's bags; **faire les vitrines** to go window-shopping; **faire une balade** to go for a walk; to go for a ride

fait(e) *adj.* made; *m.* fact; **en fait** in fact; **fait(e) à la main** handmade

falaise *f.* cliff

falloir (*p.p.* **fallu**) *irreg.* to be necessary; to be lacking; **il me faut** I need

fameux/fameuse *adj.* famous

familial(e) *adj.* family

famille *f.* family; **en famille** with one's family; **famille monoparentale** single-parent family; **famille nombreuse** large family; **famille recomposée** blended family

farine *f.* flour

fascinant(e) *adj.* fascinating

fasciner to fascinate

fastfood *m.* fast-food restaurant; fast food

fatigant(e) *adj.* tiring

fatigué(e) *adj.* tired

fatiguer to tire; **se fatiguer** to get tired

fauché(e) *adj., fam.* broke, out of money

faut: il faut one must, it is necessary to

faute *f.* fault, mistake

fauteuil *m.* armchair

faux/fausse *adj.* false; **faux témoignage** *m.* perjury

faveur *f.* favor; **en faveur de** supporting, backing

favori(te) *adj.* favorite

favoriser to encourage, favor

fée *f.* fairy; **conte** (*m.*) **de fées** fairy tale

féliciter to congratulate; **se féliciter** to congratulate oneself

féminin(e) *adj.* feminine

féministe *adj., m., f.* feminist

femme *f.* woman; wife; **femme d'affaires** businesswoman

fenêtre *f.* window

fer *m.* iron; **chemin** (*m.*) **de fer** railroad; **fer à repasser** (*clothes*) iron

férié(e) *adj.* holiday; **jour** (*m.*) **férié** public holiday

ferme *adj.* firm; *f.* farm

fermé(e) *adj.* closed

fermer to close

fermeture *f.* closing; closure; **fermeture annuelle** annual closing

fermier/fermière *adj.* farm, from a farm; *m., f.* farmer

féroce *adj.* ferocious

fesse *f.* buttock

festif/festive *adj.* festive

festin *m.* feast, banquet

fête *f.* celebration, holiday; party; **faire la fête** to party; **fête des Mères (des Pères)** Mother's (Father's) Day; **fête des Rois** Feast of the Magi, Epiphany; **fête nationale** French national holiday, Bastille Day (July 14)

fêter to celebrate; to observe a holiday

feu *m.* fire; traffic light; **à feu doux** on low heat; **armes** (*f. pl.*) **à feu** firearms; **bruler le feu rouge** to run a red light; **cuire à feu vif** to cook on high heat; **feu d'artifice** *s.* fireworks display

feuille *f.* leaf; sheet; **feuille de papier** sheet of paper; **feuille d'érable** maple leaf

feuilleton *m.* soap opera; TV series

fève *f.* bean; party (cake) favor

février February

fiançailles *f. pl.* engagement

fiancé(e) *m., f.* fiancé(e), betrothed

se fiancer (nous nous fiançons) to become engaged

fichier *m.* (computer) file; **fichier joint** e-mail attachment

fictif/fictive *adj.* fictional

fier/fière *adj.* proud; **être fier/fière de** to be proud of

fierté *f.* pride

fièvre *f.* fever; **faire tomber une fièvre** to lower a fever

figure *f.* face; figure

figurant(e) *m., f.* extra (*in a film*)

figurer to appear

fil *m.* thread; cord; **passer un coup de fil** *fam.* to make a phone call; **sans fil** wireless

filet *m.* net; string bag; fillet (*beef, fish, etc.*)

filière *f.* channel, path; track, major (*in school*)

fille *f.* girl; daughter; **école** (*f.*) **de filles** girls' school; **jeune fille** girl, young woman; **petite fille** little girl; **petite-fille** granddaughter

film *m.* film; movie; **film d'animation** animated film; **film d'épouvante** horror film; **passer un film** to show a movie; **tournage du film** filmmaking, film shooting

fils *m.* son; **petit-fils** grandson

filtrage *m.* filtering; screening

fin(e) *adj.* fine; thin; *f.* end; purpose; **à la fin de** at the end of; **au fin fond de** in the depths of; **en fin d'après-midi** in the late afternoon; **fin de siècle** end of the century

final(e) *adj.* (*pl.* **finaux**) final

finalement *adv.* finally

financé(e) *adj.* financed, backed

financier/financière *adj.* financial; *m., f.* financier

finir (de) to finish; **finir par** to end up by (*doing s.th.*)

firme *f.* firm, company

fixe *adj.* fixed, permanent; **sans domicile fixe (SDF)** homeless; **téléphone** (*m.*) **fixe** landline

flamand *m.* Flemish (*language*); **Flamand(e)** *m., f.* Flemish (*person*)

flamant *m.* flamingo

flamme *f.* flame; **en flammes** *adj.* ablaze

Flandre *f.* Flanders (*Dutch-speaking Belgium*)

flatterie *f.* flattery

flatteur/flatteuse *adj.* flattering; **flatteur** *m..* flatterer; sycophant

fleur *f.* flower

fleuriste *m., f.* florist

fleuve *m.* river (*flowing into the sea*)

flic *m., fam.* cop, fuzz

Floride *f.* Florida

fluvial(e) *adj.* river; fluvial

foie *m.* liver; **pâté** (*m.*) **de foie gras** goose liver pâté

foire *f.* fair

fois *f.* time, occasion; **à la fois** at the same time, simultaneously; **chaque fois** each time; **des fois** *adv.* sometimes; **la dernière (première) fois** the last (first) time; **une fois par semaine** once a week; **une (seule) fois** (only) once

folie *f.* madness, folly

folklorique *adj.* traditional; folk (*music, dance*)

foncé(e) *adj.* dark (*color*)

fonction *f.* function; use, office; **voiture** (*f.*) **de fonction** company car

fonctionnaire *m., f.* government employee, civil servant

fonctionnement *m.* working order, functioning

fonctionner to function, work

fond *m.* bottom; back, background; **au fond** basically; **au fin fond de** in the depths of

fondamental(e) *adj.* fundamental, basic

fonder to found; **fonder un foyer** to start a home and family

fondu(e) *adj.* melted

fontaine *f.* fountain; spring

football (*fam.* **foot**) *m.* soccer

footballeur/footballeuse *m., f.* soccer player

force *f.* force; **enlever de force** to remove forcibly, by force

forcément *adv.* inevitably

forcer (nous forçons) to force

forêt *f.* forest; **déboiser (les forêts)** to deforest, clear away trees; **forêt tropicale humide** tropical rainforest

formation *f.* formation; education, training

forme *f.* form; shape; figure; **en (bonne, pleine) forme** physically fit; **en forme de** in the form (shape) of; **être (rester) en forme** to be (stay) in shape

former to form, shape; to train; **se former** to form, get organized

formidable *adj.* great

formule *f.* formula; form

formuler to formulate

fort *adv.* loudly, loud; hard

fort(e) *adj.* strong; heavy; plump; high (*heat*)

fortifié(e) *adj.* fortified

fortuné(e) *adj.* rich, wealthy; fortunate, blessed

fou (fol, folle) *adj.* crazy, mad; **fou (folle)** *m., f.* crazy person

foudre *f.* lightning; **coup** (*m.*) **de foudre** thunderbolt; *fig.* love at first sight

fouiller to search; to look through (*luggage*)

foulard *m.* (head) scarf

foule *f.* crowd; **foule de gens** crowd of people

se fouler la cheville to sprain one's ankle

foulure *f.* light sprain

four *m.* oven; **four à micro-ondes** microwave oven

fourchette *f.* fork

fournir (*like* **finir**) to provide, supply

fourrure *f.* fur; **commerce** (*m.*) **des fourrures** fur trading

foyer *m.* home

fracturé(e) *adj.* fractured

frais/fraiche *adj.* fresh; cool; **il fait frais** it's chilly

frais *m. pl.* expenses; **frais d'inscription (de scolarité)** school, university tuition

fraise *f.* strawberry

framboise *f.* raspberry

franc(he) *adj.* frank; truthful; honest

franc (*m.*) **suisse** Swiss franc (*currency*)

français(e) *adj.* French; *m.* French (*language*); **Français(e)** *m., f.* French (*person*)

Francfort Frankfurt

franchement *adv.* frankly

francophone *adj.* French-speaking, of the French language; *m., f.* French-speaking person

Francophonie *f.* French-speaking world

frapper to strike; to knock

fraternité *f.* brotherhood

frein *m.* brake

freiner to brake

fréquemment *adv.* frequently

fréquence *f.* frequency

fréquent(e) *adj.* frequent

fréquenter to frequent, visit frequently

frère *m.* brother; **beau-frère** brother-in-law; **demi-frère** half-brother; stepbrother

friand(e) de *adj.* fond of

frigo *m., fam.* fridge, refrigerator; **frigo-congélateur** *m.* refrigerator-freezer combination

frisé(e) *adj.* curly

frisson *m.* shiver, chill

frit(e) *adj.* fried; **frites** *f. pl.* French fries; **steak-frites** *m. s.* steak with French fries

froid(e) *adj.* cold; *m.* cold; **avoir froid** to be cold; **il fait froid** it's cold (*weather*)

fromage *m.* cheese

front *m.* forehead; front

frontière *f.* frontier; border

frotter to rub

fruit *m.* fruit; **fruits** (*pl.*) **de mer** seafood; **jus** (*m.*) **de fruits** fruit juice

frustrant(e) *adj.* frustrating

frustré(e) *adj.* frustrated

fumé(e) *adj.* smoked

fumée *f.* smoke

fumer to smoke

fureur *f.* fury; **faire fureur** to be all the rage

furieux/furieuse *adj.* furious

futur(e) *adj.* future; **(temps) futur** *m., gram.* future (*tense*); future (*time*)

gagner to win; to earn; **gagner sa vie** to earn a living

galette *f.* puff pastry cake; **galette des Rois** special cake for Epiphany

gamme: haut de gamme high-end, upscale; premium

gants *m. pl.* gloves

garagiste *m., f.* garage owner; mechanic

garanti(e) *adj.* guaranteed; **garantie** *f.* guarantee; safeguard

garantir (*like* **finir**) to guarantee

garçon *m.* boy; **garçon d'honneur** best man

garde *f.* guard duty; call; *m., f.* guard; **pharmacie** (*f.*) **de garde** all-night (emergency) pharmacy; **Prenez garde!** Watch out!

garder to keep, retain; to take care of; to guard

gardien(ne) *m., f.* caretaker

gare *f.* station (*train, bus*); **gare routière** bus station, depot

garer to park; **garer la voiture** to park the car

gaspillage *m.* waste

gaspiller to waste

gastro-entérite *f.* stomach flu

gastronomie *f.* gastronomy

gâteau *m.* cake; **morceau** (*m.*) **de gâteau** slice of cake; **petit gâteau** cookie

gâter to ruin, spoil; to spoil (*a child*); to have a harmful effect on

gauche *adj.* left; *f.* left; **à gauche** on the left, to the left; **de gauche** leftist; **l'extrême gauche** *f.* extreme left (*politically*)

gaulois(e) *adj.* Gallic

gaz *m.* gas; **gaz carbonique** carbon dioxide

gazon *m.* lawn; **tondre le gazon** to mow the lawn

géant(e) *adj.* gigantic, giant

gelé(e) *adj.* frozen

gélule *f.* capsule

gêné(e) *adj.* embarrassed; annoyed, bothered

généralement *adv.* generally

généralisation *f.* generalization

se généraliser to become generalized, common

généreux/généreuse *adj.* generous

génétique *adj.* genetic; **modification** (*f.*) **génétique** genetic modification

génétiquement *adv.* genetically; **organisme** (*m.*) **génétiquement modifié (OGM)** genetically modified organism (GMO)

Genève Geneva

génial(e) *adj.* brilliant, inspired; *fam.* nice, cool, great

génie *m.* spirit; genius; genie; engineering; **génie civil** civil engineering; **génie mécanique** mechanical engineering

genou *m.* (*pl.* **genoux**) knee

genre *m.* gender; kind, type

gens *m. pl.* people; **foule** (*f.*) **de gens** crowd of people; **jeunes gens** young men; young people

gentil(le) *adj.* nice, kind

gentillesse *f.* kindness, niceness

géographie *f.* geography

géographique *adj.* geographic

géologie *f.* geology

Géorgie *f.* Georgia

gérant(e) *m., f.* manager, director

gérer to administer, to manage

germanique *adj.* Germanic

geste *m.* gesture

gestion *f.* management; **gestion des ressources** resource management

gigot *m.* (**d'agneau**) leg of lamb

gilet *m.* vest

gingembre *m.* ginger

girofle *m.* clove (*spice*); **clous** (*m. pl.*) **de girofle** cloves

gîte *f.* cottage; **gîte rurale** bed-and-breakfast cottage

givre *m.* frost

glace *f.* ice cream; ice; mirror; **boule** (*f.*) **de glace** scoop of ice cream; **essuie-glace** *m.* windshield wiper; **faire du patin à glace** to ice-skate

glissant(e) *adj.* slippery

glisser to slide; to slip; to skid

global(e) *adj.* global

golfe *m.* gulf; **petit golfe** bay

gomme *f.* eraser

gondole *f.* gondola

gonflement *m.* swelling

gorge *f.* throat; gorge; **mal** (*m.*) **à la gorge** sore throat; **soutien-gorge** *m.* bra, brassiere

goudronné(e) *adj.* paved

goulument *adv.* greedily

gousse (*f.*) **d'ail** clove of garlic

goût *m.* taste; flavor; preference

goûter to taste; *m.* (*afternoon*) snack

goutte *f.* drop; **gouttes pour le nez** nose drops

gouvernement *m.* government

gouvernemental(e) *adj.* government, governmental

gouverneur *m.* governor

grâce *f.* grace; pardon; **grâce à** *prep.* thanks to

grammaire *f.* grammar

gramme *m.* gram

grand(e) *adj.* great; large, big; tall; **grand-chose (pas grand-chose)** *pron. m.* much (not much); **grand magasin** *m.* department store; **grandes occasions** *f. pl.* special occasions; **grande surface** *f.* large supermarket; superstore; shopping mall; **grandes vacances** *f. pl.* summer vacation; **Train** (*m.*) **à grande vitesse (TGV)** French high-speed bullet train

grand-mère *f.* grandmother

grand-père *m.* grandfather

grands-parents *m. pl.* grandparents

gras(se) *adj.* fat; oily; rich; **gras** *m.* fat; **le Mardi gras** Mardi Gras; **matière(s)** (*f.*) **grasse(s)** fat content (*of food*); **pâté** (*m.*) **de foie gras** goose liver pâté

gratte-ciel *m. inv.* skyscraper

gratter to scratch

gratuit(e) *adj.* free (*of charge*)

grave *adj.* grave, serious

graveur/graveuse *m., f.* engraver

gravité *f.* seriousness

gré: au gré de by means of

grec(que) *adj.* Greek; *m.* Greek (*language*); **Grec(que)** *m., f.* Greek (*person*)

Grèce *f.* Greece

grêle *adj.* spindly, thin; *f.* hail

grenouille *f.* frog

grève *f.* (labor) strike

grignoter to eat, have a snack

grille *f.* grid

grille-pain *m. inv.* toaster

griller to broil, toast, grill

grimper to climb

griot(te) *m., f.* griot (*traditional singer-storyteller from West Africa*)

grippe *f.* flu; **attraper la grippe** to catch the flu; **grippe intestinale** stomach flu

gris(e) *adj.* gray

grogne *f.* dissatisfaction, discontent

gros(se) *adj.* big; fat; great; serious

grossesse *f.* pregnancy; **interruption** (*f.*) **volontaire de grossesse (IVG)** abortion

grossir (*like* **finir**) to gain weight

groupe *m.* group

se grouper to gather

gruyère *m.* Gruyere (*Swiss cheese*)

guêpe *f.* wasp; **piqure** (*f.*) **de guêpe** wasp sting

guérir (*like* **finir**) to cure; to heal; to recover; **guérir un(e) malade** to cure a sick person

guerre *f.* war; **Seconde/Deuxième Guerre mondiale** Second World War; **guerre de Sécession** American Civil War

guichet *m.* ticket window

guide *m., f.* guide; *m.* guidebook; instructions

guillemets *m. pl.* French quotation marks (« »)

Guinée *f.* Guinea

guitare *f.* guitar

Guyane *f.* Guyana

gymnase *m.* gymnasium

gymnastique *f.* (*fam.* **gym**) gymnastics; exercise; **faire de la gymnastique** to do gymnastics (exercises)

habiller to dress; **s'habiller** to get dressed

habitant(e) *m., f.* inhabitant; resident

habitation *f.* lodging, housing; **Habitation à loyer modéré (HLM)** *French public (subsidized) housing*

habiter to live, dwell

habitude *f.* habit; **comme d'habitude** as usual; **d'habitude** *adv.* usually, habitually; **prendre l'habitude de** (+ *inf.*) to get used to (*doing s.th.*)

*haché(e) *adj.* ground; chopped (*meat*); **bœuf** (*m.*) **haché** ground beef

Haïti *m.* Haiti

haïtien(ne) *adj.* Haitian

*hammam *m.* Arab-style sauna or bath

*hanche *f.* hip; haunch

*Hanoukka *f.* Hanukkah

*haricot *m.* bean; ***haricots verts** green beans

harmonie *f.* harmony

harmonieux/harmonieuse *adj.* harmonious

*haut(e) *adj.* high; **à *haute voix** out loud; **en *haut (de)** at the top (of); ***haute couture** *f.* high fashion; ***haut de gamme** high-end, upscale; premium; ***hautparleur** *m.* (loud)speaker

héberger (nous hébergeons) to lodge, house

*hein? *interj.* eh? what?

hémisphère *m.* hemisphere

herbe *f.* grass

héritage *m.* inheritance; heritage

*héros *m.* hero

hésiter to hesitate

hétéroclite *adj.* heterogeneous

heure *f.* hour; time; **à la même heure** at the same time; **à l'heure** on time; per hour; **à l'heure actuelle** at the present time; **à quelle heure** (at) what time; **de bonne heure** early; **demi-heure** *f.* half hour; **il est... heure(s)** it's . . . o'clock; **quelle heure est-il?** what time is it?; **tout à l'heure** just a moment ago; soon

heureusement *adv.* fortunately

heureux/heureuse *adj.* happy; fortunate

se *heurter contre to hit, bump against

hexagone *m.* hexagon; **l'Hexagone** (metropolitan) France

hier *adv.* yesterday; **hier après-midi** yesterday afternoon; **hier matin** yesterday morning; **hier soir** yesterday evening

histoire *f.* history; story

historique *adj.* historical, historic

hiver *m.* winter; **en hiver** in the winter

HLM: Habitation (*f.*) **à loyer modéré** *French public (subsidized) housing*

*hockey *m.* hockey; ***hockey sur glace** ice hockey

*hollandais(e) *adj.* Dutch; **sauce** (*f.*) ***hollandaise** Hollandaise sauce (*butter, eggs, lemon juice*); ***Hollandais(e)** *m., f.* Dutch (*person*)

*homard *m.* lobster

homéopathie *f.* homeopathy

homme *m.* man; **homme d'affaires** businessman; **homme d'État** statesman

homogène *adj.* homogeneous

homosexualité *f.* homosexuality

*Hongrie *f.* Hungary

honnêteté *f.* honesty

honneur *m.* honor; **demoiselle** (*f.*) **d'honneur** bridesmaid; **garçon** (*m.*) **d'honneur** best man; groomsman

*honte *f.* shame; **avoir *honte de** to be ashamed of

*honteux/honteuse *adj.* shameful; ashamed

hôpital *m.* hospital

*hoquet *m.* hiccup

horaire *m.* schedule, timetable

horloge *f.* clock

horreur *f.* horror; **avoir horreur de** to hate, detest

horrifié(e) *adj.* horrified

*hors de *prep.* out of, outside of; ***hors-piste** off-trail; ***hors saison** off-season

*hors-d'œuvre *m. inv.* appetizer

hospitalité *f.* hospitality

hôtel *m.* hotel; public building, hall; **hôtel de ville** city hall; **maitre** (*m.*) **d'hôtel** maître d'; headwaiter

hôtellerie *f.* hotel trade

hôte/hôtesse *m., f.* host/hostess; **hôtesse de l'air** flight attendant; **hôtes des bois** *lit.* denizens of the woodlands

huile *f.* oil; **changer l'huile** to change the oil

*huit eight

huitante eighty (*Swiss*)

huitres *f. pl.* oysters

humain(e) *adj.* human; **être** (*m.*) **humain** human being

humanitaire *adj.* humanitarian

humanité *f.* humanity

humeur *f.* temperament, disposition; mood; **être de mauvaise (bonne) humeur** to be in a bad (good) mood

humide *adj.* humid; damp; **forêt** (*f.*) **tropicale humide** tropical rainforest

humoriste *m., f.* humorist

humoristique *adj.* humoristic

humour *m.* humor; **sens** (*m.*) **de l'humour** sense of humor

*hurler to scream; to shout; to howl

hygiène *f.* hygiene; health

hypermarché *m.* superstore

hypothèse *f.* hypothesis

ici *adv.* here

icône *f.* icon

idéal(e) *adj.* ideal; **idéal** *m.* ideal

idéaliste *adj.* idealistic; *m., f.* idealist

idée *f.* idea; **aucune idée** I've no idea

identifier to identify

identité *f.* identity; **carte** (*f.*) **d'identité** identification card

idiot(e) *adj.* idiotic, foolish

idyllique *adj.* idyllic

ignorer to not know; to be ignorant of; to ignore

il *pron., m.* he; it; there; **il y a** there is, there are; **il y a** (+ *period of time*) ago; **il y a... que** (+ *period of time*) it's been . . . since

ile *f.* island; **Île-de-France** Île-de-France region (*surrounding Paris*)

illégal(e) *adj.* illegal

illimité(e) *adj.* unlimited

illustré(e) *adj.* illustrated; **illustré** *m.* comic book, picture book

illustrer to illustrate

ilot *m.* small island, islet

ils *pron., m. pl.* they

image *f.* picture; image

imaginaire *adj.* imaginary, made-up

imaginer to imagine

immatériel(le) *adj.* intangible

immatriculation *f.* registration; **plaque** (*f.*) **d'immatriculation** license plate

immédiat(e) *adj.* immediate

immense *adj.* huge, immense

immeuble *m.* (apartment or office) building, high-rise

immigré(e) *m., f.* immigrant

immigrer to immigrate

immobilier *m.* real estate (business); **agent** (*m.*) **immobilier** real estate agent

immobilisé(e) *adj.* stopped

imparfait *m., gram.* imperfect (*verb tense*)

s'impatienter to grow impatient, lose patience

impensable *adj.* unthinkable

impératif *m., gram.* imperative, command

impoli(e) *adj.* impolite, rude

important(e) *adj.* important; large, sizeable

importé(e) *adj.* imported

importer to be important; to matter; **n'importe où** anywhere; **n'importe quel(le)** no matter which; **n'importe quoi** anything (at all)

impossibilité *f.* impossibility

impressionnant(e) *adj.* impressive

impressionner to impress

imprimante *f.* (electronic) printer

imprimer to print

inactif/inactive *adj.* inactive, idle; **lien** (*m.*) **inactif** broken link

incendie *m.* fire, house fire

incivilité *f.* rudeness; disrespect

inclus(e) *adj.* included

incompétent(e) *adj.* incompetent

inconnu(e) *adj.* unknown; *m., f.* stranger

inconvénient *m.* disadvantage

incroyable *adj.* unbelievable, incredible

Inde *f.* India; **Indes** *f. pl.* West Indies

indéfini(e) *adj.* indefinite; **article** (*m.*) **indéfini** *gram.* indefinite article

indépendance *f.* independence

indépendant(e) *adj.* independent

indicatif *m., gram.* indicative (*mood*)

indien(ne) *adj.* Indian; **Indien(ne)** *m., f.* Indian (*person*)

indifférent(e) *adj.* indifferent

indigène *adj.* indigenous, native

indice *m.* indication; clue, hint

indiqué(e) *adj.* indicated

indiquer to indicate; to point out; to signal (*in a car*)

individu *m.* individual, person

individualiste *adj.* individualistic, nonconformist

individuel(le) *adj.* private, personal

industrie *f.* industry

industriel(le) *adj.* industrial

inédit(e) *adj.* unpublished

inévitable *adj.* unavoidable

inexistant(e) *adj.* nonexistent

inférieur(e) *adj.* inferior; lower

infinitif *m., gram.* (verb) infinitive

infirmier/infirmière *m., f.* nurse

influencer (nous influençons) to influence

influent(e) *adj.* influential

information *f.* information, data; *pl.* (*fam.* **infos**) news (*broadcast*)

informatique *f.* computer science; *adj.* computer; **virus** (*m.*) **informatique** computer virus

informer to inform; **s'informer** to find out information

ingénieur(e) *m., f.* engineer; **ingénieur(e) informaticien(ne)** computer engineer; **ingénieur(e) mécanicien(ne)** mechanical engineer

ingrédient *m.* ingredient

inhaler to inhale, breathe in

initial(e) *adj.* initial, first; **initiale** *f.* initial (*letter*)

initiative *f.* initiative; **syndicat** (*m.*) **d'initiative** (local) chamber of commerce, tourist office

s'initier (à) to become initiated (into)

injuste *adj.* unjust, unfair

innombrable *adj.* countless

inoffensif/inoffensive *adj.* harmless

inondation *f.* flood

inoubliable *adj.* unforgettable

inquiet/inquiète *adj.* worried, anxious

inquiétant(e) *adj.* disturbing, worrying

inquiéter (j'inquiète, nous inquiétons) to worry (*s.o.*); **s'inquiéter (de) (je m'inquiète, nous nous inquiétons)** to become uneasy; to be worried (about)

inquisiteur/inquisitrice *adj.* inquisitive, prying

inscription *f.* matriculation; registration; **frais** (*m. pl.*) **d'inscription** school, university tuition

inscrire (*like* **écrire**) *irreg.* to write down; to register; **s'inscrire (à)** to join; to enroll; to register

inscrit(e) *adj.* registered

insecte *m.* insect

inséparable *adj.* inseparable

insister to insist; **insister sur** to stress

insolite *adj.* unusual, strange

insomniaque *m., f.* insomniac

insomnie *f.* insomnia

inspecter to inspect

inspirer to inspire; **s'inspirer de** to be inspired by

installer to install; to set up; **s'installer (à)** to settle down, settle in

instantanément *adv.* instantaneously

instauration *f.* institution, foundation

instituteur/institutrice *m., f.* elementary school teacher

insuffisant(e) *adj.* insufficient

insulter to insult

insupportable *adj.* unbearable

intégration *f.* integration

intégrer (j'intègre, nous intégrons) to integrate, enter; **s'intégrer (je m'intègre, nous nous intégrons) (à)** to integrate oneself, get assimilated (into)

intellectuel(le) *adj., m., f.* (*fam.* **intello**) intellectual

intensif/intensive *adj.* intensive

interdire (*like* **dire**, *but* **vous interdisez**) **(de)** *irreg.* to forbid (to); to prohibit

interdit(e) *adj.* forbidden, prohibited; **stationnement** (*m.*) **interdit** no parking

intéressant(e) *adj.* interesting

intéresser to interest; **s'intéresser à** to be interested in

intérêt *m.* interest; concern

intérieur(e) *m.* interior; **à l'intérieur** inside

intermédiaire *m.* intermediary; **par l'intermédiaire de** through

internaute *m., f.* Internet user

interpréter (j'interprète, nous interprétons) to perform; to interpret

interrogatoire *m.* interrogation, examination

interroger (nous interrogeons) to interrogate; to ask questions of

interrompre (*like* **rompre**) *irreg.* to interrupt

intervenir (*like* **venir**) *irreg.* to intervene

interviewer to interview

intestinal(e) *adj.* intestinal; stomach

intitulé(e) *adj.* entitled, called

intrigue *f.* plot

introverti(e) *adj.* introverted

intrus *m.* intruder; **cherchez l'intrus** pick the one that doesn't fit (*game*)

inutile *adj.* useless

inventer to invent

inventeur/inventrice *m., f.* inventor, discoverer

inversé(e) *adj.* opposite, inverted

investir (*like* **finir**) to invest

investissement *m.* investment

invité(e) *adj.* invited; *m., f.* guest

inviter to invite

ironique *adj.* ironic

irrégulier/irrégulière *adj.* irregular, uneven

irriter to irritate

islamique *adj.* Islamic

Israël *m.* Israel

Italie *f.* Italy

italien(ne) *adj.* Italian; **Italien(ne)** *m., f.* Italian (*person*)

itinéraire *m.* itinerary

ivoire *m.* ivory; **Côte** (*f.*) **d'Ivoire** Ivory Coast

jadis *adv.* long ago, in the past

jalousie *f.* jealousy

jaloux/jalouse *adj.* jealous

jamais (ne... jamais) *adv.* never; ever

jambalaya *m. traditional Cajun rice stew*

jambe *f.* leg; **jambe cassée** broken leg

jambon *m.* ham

janvier January

Japon *m.* Japan

japonais(e) *adj.* Japanese; *m.* Japanese (*language*); **Japonais(e)** *m., f.* Japanese (*person*)

jardin *m.* garden; **jardin public** public park

jardinage *m.* gardening; **jardinage naturel** organic gardening

jardiner to garden

jaune *adj.* yellow

jaunir (*like* **finir**) to turn yellow

je *pron., m., f.* I

jean *m. s.* (blue) jeans

jetable *adj.* disposable

jeter (je jette, nous jetons) to throw; to throw away, toss; **jeter des déchets** to toss out trash; **jeter par terre** to throw down (on the ground); **se jeter (dans)** to flow (into)

jeu *m.* game; **jeu vidéo** video game; **Jeux olympiques (JO)** Olympic games; **salle** (*f.*) **de jeux** game room; **vieux jeu** *adj.* old-fashioned

jeudi *m.* Thursday

jeune *adj.* young; *m. pl.* young people, youth; **jeune fille** *f.* girl, young woman; **jeunes gens** *m. pl.* young men; young people

jeûne *m.* fast; **le jeûne du Ramadan** the fasting at Ramadan

jeunesse *f.* youth

joie *f.* joy

joli(e) *adj.* pretty

joue *f.* cheek

jouer to play; **jouer à** to play (*a sport or game*); **jouer de** to play (*an instrument*)

jouet *m.* toy

joueur/joueuse *m., f.* player

jour *m.* day; **à jour** up to date; **de nos jours** these days, currently; **il y a deux jours** two days ago; **jour de l'An** New Year's Day; **jour de Pâques** Easter; **jour férié** public holiday; **par jour** per day, each day; **plat** (*m.*) **du jour** today's special (*restaurant*); **tous les jours** every day

journal *m.* newspaper; journal, diary

journaliste *m., f.* reporter, newscaster, journalist

journée *f.* day, duration of a day; **toute la journée** all day

juge *m., f.* judge

juger (nous jugeons) to judge; to consider

juif/juive *adj.* Jewish; *m., f.* Jew, Jewish (*person*)

juillet July

juin June

jumeau/jumelle *m., f.* twin

jupe *f.* skirt

jupon *m.* (woman's) slip, petticoat

juridique *adj.* legal

jus *m.* juice; **jus de fruits** fruit juice; **jus (de pomme, d'orange)** (apple, orange) juice

jusqu'à *prep.* until, up to; **jusqu'à ce que** *conj.* (+ *subj.*) until; **jusqu'à présent** up to now, until now

juste *adj.* just, fair; right, exact; *adv.* just, precisely; **tout juste** barely, hardly; only just

justement *adv.* exactly

justifier to justify; to give proof

Kabyle *m., f.* Kabyle (*indigenous person from mountainous region of Algeria*)

kanak *m.* Kanak (*indigenous language of New Caledonia*)

kilogramme (*ab.* **kg**) *m.* kilogram

kilomètre *m.* (*ab.* **km**) kilometer; **kilomètres** (*pl.*) **à l'heure** kilometers per hour

kinésithérapeute *m., f.* (*fam.* **kiné**) physical therapist

kiosque *m.* newsstand

kippa *f.* kippa, yarmulke (*skullcap worn by religious Jewish males*)

klaxon *m.* (*car*) horn

klaxonner to blow the (*car*) horn

la *art., f.* the; *pron., f.* it, her

là *adv.* there; **là-bas** *adv.* over there; **là-dedans** in here/there; **oh, là là!** *interj.* good heavens! my goodness!

laboratoire *m.* (*fam.* **labo**) laboratory

lac *m.* lake

lâcher to let go of; **lâcher l'accélérateur** to take one's foot off the gas

laid(e) *adj.* ugly

laine *f.* wool; **en laine** (made of) wool

laïque *adj.* nonreligious, secular

laisser to let, allow; to leave, leave behind; **laisser tomber** to drop (*s.th.*)

lait *m.* milk; **café** (*m.*) **au lait** coffee with hot milk

laitier/laitière *adj.* pertaining to milk; **produits** (*m. pl.*) **laitiers** dairy products

laitue *f.* lettuce

lampe *f.* lamp; light fixture; **lampe à huile** oil lamp

lancer (nous lançons) to launch; to throw; to drop; **se lancer (dans)** to jump (into)

langage *m.* language; jargon; specialized vocabulary

langagier/langagière *adj.* linguistic, of language

langue *f.* language; tongue; **langue étrangère** foreign language; **langue maternelle** mother tongue; **tirer la langue** to stick out one's tongue

lapin *m.* rabbit

laque *f.* hair spray

lardon *m.* piece of diced bacon

large *adj.* wide

lasagnes *f. pl.* lasagna

latin(e) *adj.* Latin

lavable *adj.* washable

lavabo *m.* (*bathroom*) sink

laver to wash; **machine** (*f.*) **à laver** washing machine

laveur/laveuse *adj.* cleaner, washer; **raton laveur** *m.* raccoon

lave-vaisselle *m.* (automatic) dishwasher

lavomatic *m.* laundromat

le *art., m.* the; *pron., m.* it, him

leçon *f.* lesson; **leçon particulière** private lesson

lecteur/lectrice *m., f.* reader; **lecteur** *m.* **de streaming** streaming device; **lecteur DVD** DVD player

lecture *f.* reading

légal(e) *adj.* legal

légende *f.* legend

léger/légère *adj.* light; fluffy; delicate

légionnaire *m.* legionary; legionnaire

législation *f.* legislation

législature *f.* legislature

légume *m.* vegetable; **soupe** (*f.*) **aux légumes** vegetable soup

lendemain *m.* next day, day after, following day

lent(e) *adj.* slow

lequel/laquelle (lesquels/lesquelles) *pron.* which, which one; who, whom

les *art., pl.* the; *pron., pl.* them

lessive *f.* laundry; **faire la lessive** to do the laundry

lettre *f.* letter; **boite** (*f.*) **aux lettres** mailbox; **lettre de motivation** cover letter

leur *adj.* their; *pron.* to them; **le/la/les leur(s)** *pron.* theirs

lever (je lève) to raise, lift; **lever** (*m.*) **du soleil** sunrise; **levez la main** raise your hand; **se lever** to get up, stand up; to get out of bed

levier *m.* lever; **levier de vitesse** gear shift

lèvres *f. pl.* lips; **rouge** (*m.*) **à lèvres** lipstick

lexicographique *adj.* lexicographical

libération *f.* freedom; liberation

libérer (je libère, nous libérons) to free, liberate

libertaire *m., f.* libertarian

liberté *f.* freedom

librairie *f.* bookstore

libre *adj.* free; available; open; vacant; **en libre-service** self-service; **temps** (*m.*) **libre** leisure time; **union** (*f.*) **libre** living together, common-law marriage; **vente** (*f.*) **libre** open sale

Libye *f.* Libya

licence *f. French university degree awarded upon completion of third-year university exams, equivalent to BA/BS; license; permission*

licorne *f.* unicorn

lié(e) *adj.* linked, tied

lien *m.* link, tie, bond

lieu *m.* place; **au lieu de** *prep.* instead of, in the place of; **avoir lieu** to take place

ligne *f.* line; bus line; figure; **en ligne** online

limite *f.* limit; boundary; **dépasser la limite de vitesse** to exceed the speed limit

limiter to limit

limonade *f.* soft drink (*citrus-flavored*)

lingette *f.* babywipe

linguistique *adj.* language; linguistic

liquide *m.* liquid; **argent** (*m.*) **liquide** cash; **payer (je paie) en liquide** to pay in cash

lire (*p.p.* **lu**) *irreg.* to read

liseuse *f.* e-book reader

liste *f.* list

lit *m.* bed; **faire son lit** to make one's bed

litre *m.* liter

littéral(e) *adj.* literal

littérature *f.* literature

livraison (*f.*) **des bagages** baggage claim area

livre *m.* book; *f.* pound (*half-kilo*); **demi-livre** *f.* half pound; **livre** (*m.*) **de cuisine** cookbook

livrée *f.* (professional) uniform or clothing

loa (*or* **lwa**) *m.* voodoo spirit

local(e) *adj.* local

locataire *m., f.* renter, tenant

locuteur/locutrice *m., f.* speaker

logement *m.* housing, lodgings

loger (nous logeons) to house; to dwell; to lodge

logiciel *m.* program (*computer*); software

logique *adj.* logical

loi *f.* law

loin (de) *adv., prep.* far (from), at a distance (from)

loisirs *m. pl.* leisure-time activities

Londres London

long(ue) *adj.* long; slow; **de longue durée** long-term; **tout au long de** throughout

longtemps *adv.* (for) a long time; **il y a longtemps** a long time ago

longuement *adv.* for a long time

lors *adv.* then; **lors de** *prep.* during, at the time of

lorsque *conj.* when

louanger (nous louangeons) to praise

louer to rent; to reserve; **à louer** for rent; **louer une voiture** to rent a car

Louisiane *f.* Louisiana

lourd(e) *adj.* heavy

loyer *m.* rent (*payment*)

lucratif/lucrative *adj.* lucrative

lui *pron.* he; it; to him; to her; to it; **lui-même** himself

luisant(e) *adj.* shining

lumière *f.* light

lumineux/lumineuse *adj.* luminous; **signal** (*m.*) **lumineux** flashing road sign

lunaire *adj.* lunar

lundi *m.* Monday

lune *f.* moon; **lune de miel** honeymoon

lunettes *f. pl.* eyeglasses

lutte *f.* struggle, battle

lutter to struggle, fight

luxe *m.* luxury

luxueux/luxueuse *adj.* luxurious

lycée *m. French secondary school* (*senior high school*)

lycéen(ne) *m., f.* secondary-, high-school student

ma *adj., f. s.* my

mâcher to chew

machine *f.* machine; **machine à laver** washing machine

madame (Mme) *f.* (*pl.* **mesdames**) Madam, Mrs.

mademoiselle (Mlle) *f.* (*pl.* **mesdemoi-selles**) Miss

magasin *m.* store; **grand magasin** department store; **magasin d'alimentation** food store

mage *m.* magus, sorcerer; **les Rois** (*m. pl.*) **mages** the Three Wise Men, the Magi

Maghreb *m.* Maghreb (*French-speaking North Africa*)

maghrébin(e) *adj.* from French-speaking North Africa; *m., f.* person from the Maghreb

magicien/magicienne *m., f.* magician

magique *adj.* magic

magnifique *adj.* magnificent

mai May

maigre *adj.* thin; fat-free; **manger maigre** to eat meatless meals

maigrir (*like* **finir**) to grow thin, lose weight

maillot *m.* sports jersey; bathing suit

main *f.* hand; **fait(e) à la main** hand-made; **se serrer la main** to shake hands

maintenant *adv.* now

maintenir (*like* **tenir**) *irreg.* to maintain; to keep up

maire *m., f.* mayor

mairie *f.* town hall

mais *conj.* but; **mais oui** *interj.* of course

maïs *m.* corn

maison *f.* house; company, firm; **à la maison** at home; **maison de la presse** newsstand

maitre/maitresse *m., f.* master/mistress; elementary school teacher; **maitre d'hôtel** maître d'; headwaiter

maitrise *f.* mastery

majestueux/majestueuse *adj.* majestic; stately

majeur(e) *adj.* major; main

majoritaire *adj.* of/in the majority

majorité *f.* majority

majuscule *adj.* capital; *f.* capital letter

mal *adv.* badly; *m.* (*pl.* **maux**) evil; pain; **aller mal** to not be well; **avoir du mal à** to have a hard time; **avoir le mal du pays** to be homesick; **avoir mal à la gorge** to have a sore throat; **mal de l'air** airsickness; **mal de mer** seasickness; **mal de tête** headache; **se faire (du) mal** to hurt oneself

malade *adj.* ill; *m., f.* sick person; **rendre malade** to make (*s.o.*) sick; **tomber malade** to get sick

maladie *f.* illness, disease; **assurance** (*f.*) **maladie** health insurance; **guérir (traiter) une maladie** to cure (treat) an illness

malbouffe *f., fam.* junk food

maléfique *adj.* evil

malgré *prep.* in spite of

malheureusement *adv.* unfortunately

malheureux/malheureuse *adj.* unhappy

Mali *m.* Mali; **empire** (*m.*) **du Mali** Mali empire (*13th–15th-century Senegal*)

mallette *f.* briefcase

malsain(e) *adj.* unhealthy

maman *f., fam.* mom, mommy

mammifère *m.* mammal

mamy (mamie) *f., fam.* grandma

manche *f.* sleeve; **la Manche** the English Channel; **faire la manche** to beg

mandat *m.* mandate; **mandat postal** postal money order

manger (nous mangeons) to eat; **merci, j'ai assez mangé/bu** I've had enough, thanks; **salle** (*f.*) **à manger** dining room

mangue *f.* mango

manière *f.* manner, way

manifestant/manifestante *m., f.* demonstrator, protester

manifestation (*fam.* **manif**) *f.* (political) demonstration; manifestation; **manifestation culturelle (sportive)** cultural (sporting) event

manifester to show, display

manipulateur/manipulatrice *m., f.* manipulator

manque *m.* lack, shortage

manquer to miss; **manquer à (quelqu'un)** to be missed by (*s.o.*); **manquer de** to lack

manteau *m.* coat, overcoat

manuel(le) *adj.* manual; *m.* manual; textbook

manuscrit(e) *adj.* handwritten

maquillage *m.* makeup

se maquiller to put on makeup

marais *m.* swamp, marsh

marchand(e) *m., f.* merchant, shop-keeper; **marchand** (*m.*) **de vins** wine seller; liquor store; **marine** (*f.*) **marchande** merchant marine

marchander to bargain, haggle

marchandise *f.* merchandise

marche *f.* walk; walking, hiking; (stair) step; **mettre en marche** to start, put into action (*device*)

marché *m.* market; **bon marché** *adj. inv.* inexpensive; **marché aux puces** flea market; **marché de l'emploi** job market

marcher to walk; to work, run (*device*)

mardi *m.* Tuesday; **le Mardi gras** Mardi Gras, Shrove Tuesday, Fat Tuesday

marguerite *f.* daisy

mari *m.* husband

mariage *m.* marriage; wedding

marié(e) *m., f.* groom/bride; *adj.* married; **nouveaux mariés** *m. pl.* newlyweds

se marier (avec) to get married (to)

marin *m.* sailor; mariner

marine *adj.; f.* marine (*shipping*); **marine marchande** merchant marine; **plongée** (*f.*) **sous-marine** scuba diving, deep-sea diving

maritime *adj.* coastal, maritime

Maroc *m.* Morocco

marocain(e) *adj.* Moroccan; **Marocain(e)** *m., f.* Moroccan (*person*)

marque *f.* brand

marquer to mark; to indicate, denote

marre: en avoir marre *fam.* to be fed up (with)

marron *adj. inv.* brown; maroon; *m.* chestnut

mars March

masculin(e) *adj.* masculine

masque *m.* mask

masse *f.* mass (*volume, form*)

masser to massage

massif/massive *adj.* massive

Master *m. French university degree awarded for two years of study beyond the licence*

match *m.* game; **match de football (de rugby)** soccer (rugby) game

matérialiste *adj.* materialistic

matériel *m.* apparatus, equipment; **matériel électronique** electronic equipment

maternel(le) *adj.* maternal; **l'école** (*f.*) **maternelle** preschool; **langue maternelle** mother tongue

mathématiques *f. pl.* (*fam.* **maths**) mathematics

matière *f.* academic subject; material; matter; **matière(s) grasse(s)** fat content (*of food*)

matin *m.* morning; **hier matin** yesterday morning

matinée *f.* morning (*duration*); **faire la grasse matinée** to sleep late

matrimonial(e) *adj.* marriage; **agence (***f.***) matrimoniale** marriage/dating service

mauvais(e) *adj.* bad; wrong; **en mauvais état** in bad condition; **il fait mauvais** it's bad weather out; **la mauvaise réponse** the wrong answer

maximum *m.* maximum; **au maximum** as much as possible; at the most, at the maximum

me (m') *pron.* me; to me

mécanicien(ne) *m., f.* mechanic; technician

mécanique *adj.* mechanical, power; **génie (***m.***) mécanique** mechanical engineering

mécontent(e) *adj.* disgruntled, dissatisfied

médecin *m.* doctor; **femme (***f.***) médecin** female doctor

médecine *f.* medicine (*study, profession*)

médias *m. pl.* media

médical(e) *adj.* medical

médicament *m.* medication; drug

médina *f. the old part of an Arab city*

Méditerranée *f.* Mediterranean (Sea)

méditerranéen(ne) *adj.* Mediterranean

se méfier de to be wary of

meilleur(e) *adj.* better; best

mélange *m.* blend; mixture

mélanger (nous mélangeons) to mix, blend

mêlé(e) *adj.* (**à, de**) mixed (with)

se mêler de to meddle, interfere in/with; to get mixed up in

membre *m.* member

même *adj.* same; *adv.* even; **à même** from; right into; **de même** the same, likewise; **en même temps** at the same time, simultaneously; **même si** even if; **quand même** anyway; even though; **soi-même** oneself, himself, herself, itself

mémoire *f.* memory; *m. pl.* memoirs

menacé(e) *adj.* threatened; **animaux (***m. pl.***) menacés** endangered animals

menacer (nous menaçons) (de) to threaten (to)

ménage *m.* housekeeping; household; **faire le ménage** to do the housework

ménager/ménagère *adj.* pertaining to the home; housekeeping; **équipement (***m.***) ménager** household furnishings; **tâches (***f. pl.***) ménagères** household tasks

se ménager (nous nous ménageons) to arrange, plan for oneself

mener (je mène) to take; to lead; **mener une vie équilibrée (sédentaire)** to lead a balanced (sedentary) life

mensonge *m.* lie, falsehood

mentalité *f.* metality; mindset

mention *f.* grade, evaluation, distinction (*school, university*)

mentionné(e) *adj.* mentioned

mentir (*like* **partir**) *irreg.* to lie, tell lies

menton *m.* chin

menuiserie *f.* carpentry

menuisier *m.* carpenter

mer *f.* sea; **au bord de la mer** at the seashore; **département (***m.***) d'Outre-mer** French overseas department; **fruits (***m. pl.***) de mer** seafood

merci *interj.* thanks; **merci bien** thanks a lot; **merci, j'ai assez mangé/bu** I've had enough, thanks

mercredi *m.* Wednesday

mère *f.* mother; **belle-mère** mother-in-law; stepmother; **fête (***f.***) des Mères** Mother's Day; **grand-mère** grandmother

mériter to deserve; to be worth

merveille *f.* marvel; delight; **à merveille** perfectly, marvelously

merveilleux/merveilleuse *adj.* marvelous

mes *adj. m., f., pl.* my

mésaventure *f.* misadventure

messe *f.* (Catholic) Mass

mesure *f.* measure; **prendre des mesures** to take measures

métal *m.* metal

météorologie (*fam.* **météo**) *f.* weather forecasting

météorologique *adj.* meteorological, weather; **bulletin (***m.***) météorologique** weather forecast

méthode *f.* method

métier *m.* trade, profession, job, occupation; **exercer un métier** to work at a particular job

mètre *m.* meter

métro *m.* subway (*train, system*); **plan (***m.***) du métro** subway map; **prendre le métro** to take the subway

métropole *f.* metropolis; mainland France

métropolitain(e) *adj.* metropolitan; referring to the mainland; **métropolitain (métro)** *m.* subway (*train, system*)

mets *m. inv.* dish; delicacy

metteur/metteuse en scène *m., f.* producer; director (*film, theater*)

mettre (*p.p.* **mis**) *irreg.* to put, place; to put on; to turn on; to take (*time*); **mettre à l'abri de** to shelter from, shield from; **mettre de côté** to set aside; **mettre des vêtements** to put

on clothes; **mettre (le) feu à** to set fire to; **mettre l'accent sur** to stress, emphasize; **mettre le couvert (la table)** to set the table; **se mettre à** to begin to; **se mettre à la place de** to put oneself in the place of; **se mettre à table** to sit down at the table; **se mettre au volant** to get behind the steering wheel; **se mettre d'accord** to reach an agreement; **se mettre en colère** to get angry

meuble *m.* piece of furniture

meublé(e) *adj.* furnished

meurtre *m.* murder

Mexique *m.* Mexico

mi- *prefix* half, mid-; **cheveux (***m. pl.***) mi-longs** medium-length hair

microbe *m.* germ

micro-onde *f.* microwave; **four (***m.***) à micro-ondes** microwave oven

micro-trottoir *m.* man-on-the-street interview

midi *m.* noon; **Midi (***m.***)** south-central France; **à midi** at noon; **après-midi (***m. or f.***)** afternoon

miel *m.* honey; **lune (***f.***) de miel** honeymoon

mien(ne) (le/la) *pron., m., f.* mine

mieux *adv.* better; **aimer mieux** to prefer; **il vaut mieux** it's better; **le mieux** the best

mijoter to simmer; *fam.* to cook

milieu *m.* environment; background; milieu; middle; **au milieu de** in the middle of

militaire *m.* serviceman, soldier; *adj.* military

mille one thousand

milliard *m.* one billion

milliardaire *m., f.* billionaire

millier *m.* (around) a thousand

mince *adj.* thin; slender

minéral(e) *adj.* mineral; **eau (***f.***) minérale** mineral water; **minéral** *m.* mineral

minime *adj.* minimal

ministère *m.* ministry; department

ministériel(le) *adj.* ministerial

ministre *m., f.* minister; **Premier ministre** Prime Minister

Minitel *m. French personal communications terminal*

minoritaire *adj.* minority

minorité *f.* minority

minuit *m.* midnight; **à minuit** at midnight

minuscule *adj.* tiny, small; lower-case

miraculeusement *adv.* miraculously

miroir *m.* mirror

mise *f.* putting; **mise en scène** direction, production (*theater, film*)

mixeur *m.* (*food*) mixer

mnémotechnique *adj.* mnemonic

mobile *adj.* mobile; *m.* cellular phone

mobilité *f.* mobility

moche *adj.* ugly; rotten
mode *f.* fashion, style; **à la mode** in style; *m.* mode; method; **mode** (*m.*) **de vie** lifestyle
modèle *m.* model; pattern
modéré(e) *adj.* moderate; **Habitation** (*f.*) **à loyer modéré (HLM)** *French public housing*
moderne *adj.* modern
modifié(e) *adj.* modified, altered; **organisme** (*m.*) **génétiquement modifié (OGM)** genetically modified organism (GMO)
modifier to modify, alter
moi *pron.* I, me; **à moi** mine; **moi aussi (moi non plus)** me too (me neither); **moi-même** myself; **moi non** not me
moins *adv.* less; **à moins que** *conj.* (+ *subj.*) unless; **au moins** at least; **de moins en moins** less and less; **le moins** the least; **moins de/que** fewer/less than; **plus ou moins** more or less
mois *m.* month
moitié *f.* half
mollet *m.* calf (*of leg*)
moment *m.* moment; **à tout moment** always; **au moment de** at the time when; **en ce moment** now, currently; **le moment où** the time when (*s.th. occurred*); **pour le moment** for the moment; **un petit moment** just a moment
monarchie *f.* monarchy
monde *m.* world; people; society; **Coupe** (*f.*) **du monde** World cup (*soccer*); **faire le tour du monde** to go around the world; **tout le monde** everyone
mondial(e) *adj.* world; worldwide; **Seconde (Deuxième) Guerre** (*f.*) **mondiale** Second World War
mondialisation *f.* globalization
moniteur/monitrice *m., f.* camp counselor; instructor; group leader
monnaie *f.* change; coins; currency; **petite monnaie** small change
monolingue *adj.* monolingual
monoparental(e) *adj.* single-parent
monoski *m.* snowboard(ing); **faire du monoski** to snowboard
monsieur (M.) *m.* (*pl.* **messieurs**) Mister; gentleman; sir
montagne *f.* mountain(s); **à la montagne** in the mountains
montagneux/montagneuse *adj.* mountainous
montant(e) *m.* amount; sum, total
monter *intr.* to go up; to climb up (onto, into); *trans.* to set up, organize; to carry up; **monter à cheval** to ride a horse, go horseback riding; **monter dans un autobus** to get on a bus; **monter un spectacle (une émission)** to put on, perform a play; to produce a show

montgolfière *f.* hot-air balloon
montre *f.* watch; wristwatch; **montre connectée** smartwatch
montrer to show; **montrer le chemin** to show the way (*route*)
se moquer de to make fun of; to mock
moquette *f.* wall-to-wall carpeting
moqueur/moqueuse *adj.* mocking; **oiseau** (*m.*) **moqueur** mockingbird
moral(e) *adj.* moral; psychological; **moral** *m.* state of mind, morale, spirits; **remonter le moral** to cheer up (*s.o.*)
morale *f.* moral (*of a story*)
morceau *m.* piece
morcelé(e) *adj.* divided up
mordre to bite
mordu(e) *adj.* bitten
mort(e) *adj.* dead, deceased; *m., f.* dead person; **mort** *f.* death
mortalité *f.* mortality; **mortalité évitable** preventable deaths
Moscou Moscow
mosquée *f.* mosque
mot *m.* word; note; **mot apparenté** related word, cognate; **mot clé** keyword; **mot de passe** password; **mots croisés** crossword puzzle; **petit mot** note, brief letter
moteur *m.* motor; engine; *fig.* driving force, mainspring
motivation *f.* motivation; **lettre** (*f.*) **de motivation** cover letter
motocyclette (*fam.* **moto**) *f.* motorcycle, motorbike
motoneige *f.* snowmobile
motorisé(e) *adj.* motorized
mouche *f.* fly; **oiseau** (*m.*) **mouche** hummingbird
se moucher to blow one's nose
mouchoir *m.* handkerchief
mouffette *f.* skunk
mouillage *m.* anchoring (*boat*)
mouiller to wet
moules *f. pl.* mussels; **moules marinières** *mussels cooked in white wine*
moulin *m.* mill
mourir (*p.p.* **mort**) *irreg.* to die
mousse *f.* foam; suds; **mousse au chocolat** chocolate mousse
moustache *f.* mustache
moutarde *f.* mustard
mouvement *m.* movement
moyen(ne) *adj.* average; **moyen** *m.* means; way; **de taille moyenne** of average height; **en moyenne** on average; **le Moyen Âge** *m.* Middle Ages
muguet *m.* lily of the valley
multiculturel(le) *adj.* multicultural
multinational(e) *adj.* multinational
multiplier to multiply; **se multiplier** to grow in number, increase, multiply
municipal(e) *adj.* municipal
mur *m.* wall

muscler to develop the muscles of; to strengthen
musculation *f.* bodybuilding, weight training
musée *m.* museum
muséifier to turn into a museum piece
musicien(ne) *m., f.* musician
musique *f.* music; **musique classique** classical music
musulman(e) *adj.* Muslim; *m., f.* Muslim (*person*)
myrtille *f.* blueberry
mystère *m.* mystery
mystérieux/mystérieuse *adj.* mysterious
mythe *m.* myth
mythique *adj.* mythical

nager (nous nageons) to swim
nageur/nageuse *m., f.* swimmer
naïf/naïve *adj.* naïve
naissance *f.* birth
naître (*p.p.* **né**) *irreg.* to be born
nappe *f.* tablecloth
narrateur/narratrice *m., f.* narrator
natal(e) *adj.* native, by birth
natation *f.* swimming
natif/native *adj.* native
national(e) *adj.* national; **fête** (*f.*) **nationale** French national holiday, Bastille Day (July 14)
nationalité *f.* nationality
naturel(le) *adj.* natural
nautique *adj.* nautical; **faire du ski nautique** to go waterskiing
navette *f.* shuttle; **navette spatiale** space shuttle
navigateur/navigatrice *m., f.* navigator; *m.* search engine
naviguer to navigate
navire *m.* ship; large boat
né(e) *adj.* born
nécessaire *adj.* necessary; **le nécessaire** what's necessary
nécessité *f.* necessity
néfaste *adj.* harmful
négatif/négative *adj.* negative
neige *f.* snow; **bonhomme** (*m.*) **de neige** snowman
neiger (il neigeait) to snow; **il neige** it's snowing
nerveux/nerveuse *adj.* nervous
nettoyer (je nettoie) to clean
neuf nine
neuf/neuve *adj.* new, brand-new; **quoi de neuf?** what's new?
neuvième *adj.* ninth
neveu *m.* nephew
nez *m.* nose
ni neither; nor; **ne... ni... ni** neither . . . nor
niçois(e) *adj.* from Nice; **salade** (*f.*) **niçoise** Niçoise salad (*salad with tomatoes, other raw vegetables, tuna, anchovies, boiled potatoes, and hard-boiled eggs*)

nid *m.* nest
nièce *f.* niece
niveau *m.* level; level of achievement; **niveau de tension** stress level
noces *f. pl.* wedding; **voyage** *(m.)* **de noces** honeymoon trip
nocturne *adj.* nocturnal, night
Noël *m.* Christmas; **père** *(m.)* **Noël** Santa Claus
noir(e) *adj.* black
nom *m.* noun; name; **nom de jeune fille** maiden name
nomade *adj.* nomadic; *m., f.* nomad
nombre *m.* number; quantity
nombreux/nombreuse *adj.* numerous; **famille** *(f.)* **nombreuse** large family
nommer to name; to appoint
non *interj.* no; not; **moi non plus** me neither, nor I
nord *m.* north; **Amérique** *(f.)* **du Nord** North America; **nord-africain(e)** *adj.* North African; **nord-américain(e)** *adj.* North American, **nord-est** *m.* Northeast; **nord-ouest** *m.* Northwest
normal(e) *adj.* normal
Normandie *f.* Normandy
nos *adj., m., f., pl.* our; **de nos jours** these days, currently
notamment *adv.* notably; especially
note *f.* grade *(in school)*; bill
noter to notice; **à noter** worth remembering
notre *adj. m., f., s.* our
nôtre (le/la) *pron.* ours; our own; **les nôtres** *pl.* ours; our people
nourrir *(like finir)* to feed, nourish; **se nourrir (de)** to eat; to live (on)
nourrissant(e) *adj.* nutritious
nourriture *f.* food
nous *pron., m., f.* we; us
nouveau (nouvel, nouvelle) *adj.* new; different; **à nouveau** once more; **de nouveau** again; **nouveaux mariés** *m. pl.* newlyweds; **nouveaux venus** *m. pl.* newcomers; **nouvel an** New Year('s); **nouvelle cuisine** *f.* French low-fat cooking
Nouveau-Brunswick *m.* New Brunswick
Nouveau-Mexique *m.* New Mexico
nouvelle *f.* piece of news; short story; **nouvelles** *pl.* news, current events; **bonne(s) nouvelle(s)** good news
Nouvelle-Calédonie *f.* New Caledonia
Nouvelle-Orléans (La) *f.* New Orleans
novembre November
nuage *m.* cloud
nuageux/nuageuse *adj.* cloudy
nucléaire *adj.* nuclear; **centrale** *(f.)* **nucléaire** nuclear power plant
nuit *f.* night; **table** *(f.)* **de nuit** night table
nul(le) *adj.* hopeless, useless; **c'est nul** *fam.* it's awful
numérique *adj.* digital; numerical; **appareil** *(m.)* **photo numérique** digital camera

numéro *m.* number; **numéro de téléphone** telephone number; **numéro d'urgence / des urgences** emergency phone number
nutritionnel(le) *adj.* nutritional
nylon *m.* nylon; **bas** *(m. pl.)* **de nylon** stockings, nylons

obéir (à) *(like finir)* to obey
obéissant(e) *adj.* obedient
objectif *m.* objective
objet *m.* objective; object; **bureau** *(m.)* **des objets trouvés** lost-and-found office; **pronom** *(m.)* **d'objet direct/ indirect** *gram.* direct/indirect object pronoun
obligatoire *adj.* obligatory; mandatory
obligé(e) *adj.* obliged, required; **être obligé(e) de** to be obliged to
observateur/observatrice *m., f.* observer
observer to observe
obtenir *(like tenir) irreg.* to obtain, get
occasion *f.* opportunity; occasion; bargain; **à l'occasion de** on the occasion of; **les grandes occasions** special occasions
occidental(e) *adj.* western, occidental
occitan *m. group of dialects spoken in the south of France*
occupé(e) *adj.* occupied; held; busy
occuper to occupy; **s'occuper** to keep oneself busy; **s'occuper de** to look after, be interested in, take care of
océan *m.* ocean, sea
océanographie *f.* oceanography
octobre October
odeur *f.* odor, smell
œil *m.* (*pl.* **yeux**) eye; look; **coup** *(m.)* **d'œil** glance; **mon œil!** *interj.* I don't believe it!
œuf *m.* egg; **blanc** *(m.)* **d'œuf** egg white; **œuf de Pâques** Easter egg; *pl.* **œufs miroir** *eggs fried in butter*
œuvre *f.* work; artistic work; **exposer une œuvre** to exhibit a piece of work; **hors-d'œuvre* *m. inv.* hors-d'oeuvre, appetizer; **œuvre d'art** work of art
offert(e) *adj.* offered
officiel(le) *adj.* official
officier *m.* officer
offre *f.* offer
offrir *(like ouvrir) irreg.* to offer; **offrir des cadeaux** to give presents
ognon *m.* onion
oie *f.* goose
oiseau *m.* bird; **oiseau moqueur** mockingbird; **oiseau-mouche** hummingbird; **oiseau rapace** bird of prey
olive *f.* olive; **huile** *(f.)* **d'olive** olive oil
olivier *m.* olive tree
olympique *adj.* Olympic; **Jeux** *(m. pl.)* **olympiques (JO)** Olympic games
ombre *f.* shadow

omelette *f.* omelet
on *pron. s.* one, they, we
oncle *m.* uncle
onde *f.* wave; **four** *(m.)* **à micro-ondes** microwave oven
ongle *m.* fingernail; toenail
ONU (Organisation [*f.*] **des nations unies)** U.N. (United Nations)
onze eleven
opéra *m.* opera
opérateur/opératrice *m., f.* operator
opérer (j'opère, nous opérons) to operate
opinion *f.* opinion; *pl.* editorials; **quelle est votre opinion sur... ?** what's your opinion of . . . ?
opposé(e) *adj.* opposing, opposite; *m.* opposite
s'opposer à to be opposed to; to clash with, conflict with
opter to opt, choose
optimiste *adj.* optimistic; *m., f.* optimist
or *m.* gold
orage *m.* storm
oral(e) *adj.* oral; **oral** *m.* oral exam
orange *adj. inv.* orange (*color*); *f.* orange (*fruit*); **canard** *(m.)* **à l'orange** duck with orange sauce; **jus** *(m.)* **d'orange** orange juice; **passer à l'orange** to turn yellow (*traffic light*)
orateur *m.* orator, speaker
orchestre *m.* orchestra
ordinaire *adj.* ordinary
ordinateur *m.* computer
ordonnance *f.* prescription
ordonner to order, command
ordre *m.* order; command; **en ordre** orderly, neat; **le bon ordre** correct order
ordure *f.* filth; garbage; **ramassage** *(m.)* **des ordures** garbage collection; **vider/sortir les ordures** to empty / take out the garbage
oreille *f.* ear; **boucles** *(f. pl.)* **d'oreilles** earrings
oreillette *f.* earphone; earpiece
orfèvrerie *f.* gold art
organe *m.* (*body*) organ; organ (*instrument*)
organisateur/organisatrice *m., f.* organizer
organisation *f.* organization
organisé(e) *adj.* organized; **voyage** *(m.)* **organisé** guided tour
organiser to organize; **s'organiser** to get organized
organisme *m.* organism; **organisme génétiquement modifié (OGM)** genetically modified organism (GMO)
oriental(e) *adj.* eastern; oriental
s'orienter to find one's bearings, get oriented; to turn toward
originaire de *adj.* originating from; **être originaire de** to be a native of
original(e) *adj.* eccentric; original

origine *f.* origin; **à l'origine** originally, to begin with; **d'origine française (italienne)** of French (Italian) extraction

orme *m.* elm

orphelin/orpheline *m., f.* orphan

orteil *m.* toe

orthographe *f.* spelling

os *m.* bone

ostentatoire *adj.* ostentatious

OTAN *f.* NATO (North Atlantic Treaty Organization)

ou *conj.* or; either; **ou bien** or else

où *adv.* where; *pron.* where, in which; **d'où vient-il?** where does he come from?; **où est... ?** where is . . . ?

oublier (de) to forget (to)

ouest *m.* west; **nord-ouest** *m.* northwest; **sud-ouest** *m.* southwest

oui *interj.* yes; **ah oui?** is that so?, really?; **mais oui** of course

ouragan *m.* hurricane

ours *m.* bear

outre *prep.* beyond, in addition to; **outre-mer** *adv.* overseas

ouvert(e) *adj.* open

ouvrier/ouvrière *m., f.* worker, factory worker

ouvrir (*p.p.* **ouvert**) *irreg.* to open

OVNI (Objet [m.] volant non identifié) UFO

oxygène *m.* oxygen

oxygéner (j'oxygène, nous oxygénons) to oxygenate; to get some fresh air into

ozone *m.* ozone; **couche** (*f.*) **d'ozone** ozone layer

Pacifique *m.* Pacific; **Pacifique Sud** South Pacific

PACS (pacte civil de solidarité) *m.* domestic partnership agreement, civil union

se pacser to enter into a PACS (**pacte civil de solidarité**), sign a PACS agreement

pacte *m.* pact; **pacte civil de solidarité (PACS)** domestic partnership agreement, civil union

page *f.* page; **page d'accueil** home page

paie *f. s.* wages, payment; **toucher sa paie** to get paid

pain *m.* bread; **pain au chocolat** chocolate-filled roll; **pain complet** whole-grain bread; **petit pain** dinner roll

paix *f.* peace

palais *m.* palace

pâlir (*like* **finir**) to turn pale

pancarte *f.* sign; placard

panier *m.* basket

paniquer to panic

panne *f.* (*mechanical*) breakdown; **panne d'électricité** power failure; **tomber en panne** to have a (*mechanical*) breakdown

panneau *m.* road sign; billboard

pansement *m.* bandage

pantalon *m. s.* (pair of) pants

papi *m., fam.* grandpa

papier *m.* paper; **papier à lettres** letter paper, stationery; **papier d'emballage** wrapping paper

papillon *m.* butterfly

Pâque *f.* Passover

Pâques *f. pl.* Easter; **fête** (*f.*) **de Pâques** Easter

paquet *m.* package

par *prep.* by, through; **par ailleurs** in other respects, incidentally; **par an** per year, each year; **par jour** per day, each day; **par rapport à** with regard to, in relation to; **par semaine** per week; **par terre** on the ground

paracétamol *m.* acetaminophen (*pain medication such as Tylenol*)

parachute *m.* parachute; **faire un saut en parachute** to do a parachute jump

parachutisme *m.* parachuting

paradis *m.* paradise, heaven

paragraphe *m.* paragraph

paraître (*like* **connaître**) *irreg.* to appear, seem

parapente *m.* paragliding; **faire du parapente** to hang glide, paraglide

parapluie *m.* umbrella

parc *m.* park

pardon *interj.* pardon me; *m.* forgiveness, pardon

pare-brise *m. inv.* windshield

pareil(le) *adj.* similar; **pareil** *adv.* the same; **faire pareil** to do the same thing

parenté *f.* blood relationship, family ties

parenthèse *f.* parenthesis

paresseux/paresseuse *adj.* lazy

parfait(e) *adj.* perfect

parfaitement *adv.* perfectly

parfois *adv.* sometimes; now and then; often

parfum *m.* perfume

parfumé(e) *adj.* fragrant

parfumerie *f.* perfume store

parisien(ne) *adj.* Parisian; **Parisien(ne)** *m., f.* Parisian (*person*)

parité *f.* parity

parlement *m.* parliament

parler to speak; to talk; **entendre parler de** to hear about; **parler au téléphone** to talk on the phone; **parler de** to talk about; **se parler** to speak to one another; **tu parles!** you don't say!

parmi *prep.* among

parole *f.* word

parrain *m.* godfather

parsemer (je parsème) to sprinkle, strew

part *f.* piece, portion; share; role; **de la part de** from, on behalf of; **part de pizza** slice of pizza

partager (nous partageons) to share

partenaire *m., f.* partner

parti *m.* (*political*) party

participe *m., gram.* participle; **participe passé/présent** past/present participle

participer à to participate in

particulier/particulière *adj.* particular; **en particulier** *adv.* particularly; **leçon** (*f.*) **particulière** private lesson; **signe** (*m.*) **particulier** distinctive characteristic, sign, peculiarity

particulièrement *adv.* particularly

partie *f.* part; game, match; outing; **faire partie de** to be part of, belong to

partir *irreg.* to depart, leave; **à partir de** *prep.* starting from; **partir à l'étranger** to go abroad; **partir en vacances** to leave on vacation

partout *adv.* everywhere

parvenir (*like* **venir**) **à** *irreg.* to succeed in

pas (ne... pas) not; **ne... pas du tout** not at all; **pas grand-chose** not much; **Pas possible!** No way! You're kidding!

passable *adj.* passable, tolerable

passage *m.* passage; passing; **être de passage** to be passing through

passager/passagère *m., f.* passenger

passant(e) *m., f.* passerby

passe *f.* (*sports*); *m.* passkey; **mot** (*m.*) **de passe** password

passé(e) *adj.* past, gone, last; spent; **passé** *m.* past

passeport *m.* passport; **contrôle** (*m.*) **des passeports** passport control

passer *intr.* to pass; to stop by; to pass by; *trans.* to pass; to cross; to spend (*time*); to take (*exam*); **qu'est-ce qui se passe?** what's going on?; **se passer** to happen, take place; **se passer de** to do without

passetemps *m.* pastime, hobby

passionnant(e) *adj.* exciting, thrilling

passionné(e) *adj.* passionate; **être passionné(e) de (pour)** to be very excited by (interested in)

passionnel(le) *adj.* passionate; **crime** (*m.*) **passionnel** crime of passion

passionner to fascinate, grip; **se passionner (pour)** to be excited (about)

pastis *m.* pastis, anise-flavored liqueur

pâté *m.* liver paste, pâté; **pâté de foie gras** goose liver pâté

pâtes *f. pl.* pasta, noodles

patient(e) *adj.* patient; *m., f.* (*hospital*) patient

patin *m.* (ice, roller) skate; **faire du patin à glace** to ice-skate

patinage *m.* skating; **patinage sur glace** ice-skating

patiner to skate
patins (*m. pl.*) **en ligne** in-line skates
pâtisserie *f.* pastry; pastry shop
patrimoine *m.* heritage
patriotisme *m.* patriotism
patron(ne) *m., f.* boss, employer
pauvre *adj.* poor, needy; wretched, unfortunate
pauvreté *f.* poverty
pavillon *m.* pavilion; small house
payant(e) *adj.* paying, requiring payment
payer (je paie) to pay, pay for; **payer (je paie) en liquide** to pay in cash
pays *m.* country; land; **avoir le mal du pays** to be homesick
paysage *m.* landscape, scenery
Pays-Bas *m. pl.* Holland, the Netherlands
PDG *m., f.* (**Président-directeur général / Présidente-directrice générale**) CEO
peau *f.* skin
pêche *f.* fishing; peach
pêcher to fish
pêcheur/pêcheuse *m., f.* fisherman/fisherwoman
pédaler to pedal, ride a bike
pédiatre *m., f.* pediatrician
peindre (*like* **craindre**) *irreg.* to paint
peine *f.* effort, trouble; **à peine** hardly, barely; **ça vaut la peine** it's worth the effort; it's worth it
peintre *m.* painter; **artiste-peintre** *m., f.* artist, painter
peinture *f.* paint; painting
pelure *f.* peel, skin, rind (*of a fruit or vegetable*)
pendant *prep.* during; for; **pendant que** *conj.* while; **pendant un mois (une semaine)** for a month (a week)
pénible *adj.* painful; hard, difficult
péninsule *f.* peninsula
Pennsylvanie *f.* Pennsylvania
penser to think; to reflect; to expect, intend; **c'est ce que je pense** that's what I think; **faire penser à** to make one think of; **penser à** to think about; **penser de** to think about, have an opinion about
percevoir (*like* **recevoir**) *irreg.* to perceive
perché(e) *adj.* perched
perdre to lose; to waste; **perdre du poids** to lose weight; **perdre du temps** to waste time; **perdre intérêt dans** to lose interest in
perdu(e) *adj.* lost; wasted
père *m.* father; **beau-père** stepfather; father-in-law; **fête** (*f.*) **des Pères** Father's Day; **grand-père** grandfather; **père Noël** Santa Claus
performant(e) *adj.* high-performing, outstanding
période *f.* period (*of time*)
perle *f.* pearl; bead

permanent(e) *adj.* permanent
permettre (*like* **mettre**) (**de**) *irreg.* to permit; **permettre (de + inf.)** to allow to; (**à** + *person*) to allow s.o. (**de**) . . . (*to do s.th.*); **se permettre** to allow oneself, indulge oneself in
permis(e) *adj.* allowed, permitted; **permis** *m.* license; **permis de conduire** driver's license
Pérou *m.* Peru
perpétuel(le) *adj.* perpetual, everlasting
persan *adj.* Persian; **Persan(e)** *m., f.* Persian (*person*); **tapis** (*m.*) **persan** Oriental carpet
persil *m.* parsley
persistant(e) *adj.* persistent
persister to persist; to continue, remain
personnage *m.* (*fictional*) character; personage
personnaliser to personalize
personnalité *f.* personality; personal character
personne *f.* person; *pron. m.* **ne... personne** nobody, no one; **personne ne...** nobody, no one
personnel(le) *adj.* personal; **personnel** *m.* personnel (*staff*); **rapports** (*m. pl.*) **personnels** personal relationships; **soins** (*m. pl.*) **personnels** personal care
persuader to persuade, convince
perte *f.* loss; **perte de temps** waste of time
pessimiste *adj.* pessimistic; *m., f.* pessimist
pétanque *f.* lawn or outdoor bowling (*south of France*)
pétard *m.* firecracker
petit(e) *adj.* little; short; small; very young; **petite-fille** *f.* granddaughter; **petites annonces** *f. pl.* classified ads, classifieds; **petit-fils** *m.* grandson; **petits** *m. pl.* young ones, little ones; **petits-enfants** *m. pl.* grandchildren
pétrole *m.* crude oil, petroleum
peu *adv.* little, not much; few, not many; not very; **à peu près** roughly, approximately; **il est peu probable que** it's doubtful that; **peu à peu** little by little; **très peu** very little; **un peu (de)** a little; **un peu de tout** a little bit of everything
peuple *m.* nation; people (*of a country*)
peuplé(e) *adj.* populated, inhabited
peur *f.* fear; **avoir peur** to be afraid; **faire peur à** to scare
peut-être *adv.* perhaps, maybe
phare *m.* (*car*) headlight; lighthouse
pharmacie *f.* pharmacy, drugstore; **pharmacie de garde** all-night (emergency) pharmacy
pharmacien(ne) *m., f.* pharmacist
phénix *m.* phoenix (*mythical bird*)

phénomène *m.* phenomenon
philosophe *m., f.* philosopher
philosophie (*fam.* **philo**) *f.* philosophy
photo *f.* picture, photograph; **photo numérique** digital photo
photographe *m., f.* photographer
photographie (*fam.* **photo**) *f.* photograph; photography
phrase *f.* sentence
phrygien(ne) *adj.* Phrygian (*bronze age culture of Anatolia*); **bonnet** (*m.*) **phrygien** Phrygian cap (*worn by 1789 French revolutionaries*)
physicien(ne) *m., f.* physicist
physique *adj.* physical; *m.* physical appearance; *f.* physics
pic *m.* woodpecker
pièce *f.* (*theatrical*) play; piece; coin; room (*of a house*); **deux-pièces** *m.* two-room apartment (*in France*); **pièce de théâtre** (*theatrical*) play
pied *m.* foot; **à pied** on foot, walking
piège *m.* pitfall; trap
pierre *f.* stone
piéton(ne) *adj., m., f.* pedestrian; **rue** (*f.*) **piétonne** pedestrian-only street
pile *f.* pile; battery
piler to crush; to grind
pilotage: pilotage automatique autopilot
pilote *m., f.* pilot
piloter to pilot
pilule *f.* pill
piment *m.* chili paste
pin *m.* pine (*tree*)
pingouin *m.* penguin
piquenique *m.* picnic; **faire un piquenique** to have a picnic
piqueniquer to have a picnic
piquer to prick; *fam.* to steal
piqûre *f.* shot, injection; **piqûre de guêpe** wasp sting
pirate (*m.*) **informatique** (*computer*) hacker
pire *adj.* worse
piscine *f.* swimming pool
piste *f.* path, trail; course; slope; **piste cyclable** bicycle path
pisteur-secouriste *m.* emergency ski patrol worker
pistolet *m.* pistol
pitié *f.* pity; **avoir pitié de quelqu'un** to feel pity for; to pity s.o.
pitre *m.* idiot; clown; **faire le pitre** to act silly
pittoresque *adj.* picturesque
placard *m.* cupboard, cabinet; closet
place *f.* place; position; seat (*theater, train*); public square; **à ta place** in your place, if I were you; **sur place** on the spot/scene
plafond *m.* ceiling
plage *f.* beach
se plaindre (*like* **craindre**) (**de**) *irreg.* to complain (about)
plaine *f.* plain

plaire (*p.p.* **plu**) **à** *irreg.* to please; to be pleasing, attractive (to); **s'il te (vous) plaît** *interj.* please

plaisant(e) *adj.* pleasant

plaisir *m.* pleasure; **quel plaisir** *interj.* what a pleasure

plan *m.* plan; diagram; **plan de la ville** city map

planche *f.* board; **faire de la planche à voile** to go sailboarding/windsurfing

plancher *m.* floor

planète *f.* planet

plante *f.* plant

planter to plant; to set

plaque *f.* plate; tablet; **plaque d'immatriculation** license plate

plastique *m.* plastic

plat(e) *adj.* flat; *m.* dish; course; **plat du jour** today's special (*restaurant*); **plat principal** main course

plateau *m.* tray, platter

platine *m.* platinum; *f.* turntable

plâtre *m.* cast (*for broken limb*)

plein(e) *adj.* **(de)** full (of); **en plein air** (in the) open air, outdoor(s); **en pleine campagne** out in the country; **faire le plein (d'essence)** to fill up (with gasoline)

pleurer to cry, weep

pleuvioter *fam.* to rain lightly, sprinkle (*rain*); **il pleuviote** it's sprinkling

pleuvoir (*p.p.* **plu**) *irreg.* to rain; **il pleut** it's raining

plier *m.* to fold; **plier ses affaires** to pack up and go

plongée *f.* diving; **faire de la plongée sous-marine** to scuba dive

pluie *f.* rain

plume *f.* feather

plupart: la plupart (de) most (of); the majority (of)

pluriel *m.* plural

plus (de) *adv.* more; (-er); plus; **de plus** in addition; **de plus en plus** more and more; **en plus (de)** in addition (to); **le/la/les plus** + *adj. or adv.* the most; **le plus près** the closest; **moi non plus** me neither; **ne... plus** no longer, not anymore; **non plus** neither, not . . . either; **plus... que...** more . . . than . . . ; **plus tôt** earlier

plusieurs *adj., pron., pl. inv.* several

plutôt *adv.* more; rather; sooner

pneu *m.* tire

poche *f.* pocket; **argent** (*m.*) **de poche** pocket money, allowance

poché(e) *adj.* poached (*in cooking*)

poêle *f.* frying pan, skillet

poème *m.* poem

poète *m.* poet

poétique *adj.* poetic

poids *m.* weight; **excédent** (*m.*) **de poids** excess weight (*luggage*); **mettre/perdre du poids** to gain/lose weight; **soulever des poids** to lift weights

poignet *m.* wrist

poil *m.* (body) hair; bristle

point *m.* point; period (*punctuation*); **ne... point** *neg. adv.* not; **point de vue** point of view

pointe *f.* peak; point; **heures** (*f. pl.*) **de pointe** rush hour(s)

pointeur *m.* pointer; **pointeur tactile** touchpad; touchscreen

pointu(e) *adj.* sharp, pointed

pointure *f.* shoe size

point-virgule *m.* semicolon

poire *f.* pear

pois *m.* pea; **petits pois** *pl.* green peas

poisson *m.* fish; **poisson d'avril** April Fool's joke, hoax

poisson-chat *m.* catfish

poissonnerie *f.* fish market

poitrine *f.* chest; breasts

poivre *m.* pepper; **bifteck** (*m.*) **au poivre** pepper steak

poivrer to (add) pepper

poivron *m.* green pepper

polémique *adj.* controversial; **polémique** *f.* controversy, argument

poli(e) *adj.* polite; polished

police *f.* police; **agent** (*m.*) **de police** police officer; **commissariat** (*m.*) **de police** police station; **contrôle** (*m.*) **de police** police checkpoint

policier/policière *adj.* pertaining to police; **policier** *m.* police officer; **roman** (*m.*) **policier** detective novel

poliment *adv.* politely

politesse *f.* politeness; good breeding

politique *adj.* political; *f. s.* politics; policy; **homme/femme politique** *m., f.* politician

polluer to pollute

Polynésie *f.* Polynesia

pommade *f.* ointment, salve

pomme *f.* apple; **jus** (*m.*) **de pomme** apple juice; **pomme de terre** potato; **pommes vapeur** *f. pl.* steamed potatoes

pompier *m.* firefighter

ponctuel(le) *adj.* punctual

pondre to lay (*eggs*)

pont *m.* bridge; extra day(s) off (*taken between two holidays or a weekend and a holiday*)

populaire *adj.* popular; common

popularité *f.* popularity

porc *m.* pork; **côtelette** (*f.*) **de porc** pork chop

porcelaine *f.* porcelain; china

port *m.* port, harbor; postage

portable *adj.* portable; *m.* cell phone

porte *f.* door

portefeuille *m.* wallet

porter to carry; to wear; **se porter volontaire** to volunteer

portier (*m.*) **électronique** "electronic doorman" (*with video surveillance*)

portière *f.* car door

portugais(e) *adj.* Portuguese; **Portugais(e)** *m., f.* Portuguese (*person*)

poser to put (down); to state; to pose; to ask; **poser sa candidature** to apply; to run (*for office*); **poser une question** to ask a question

positif/positive *adj.* positive

position *f.* position; stand

posologie *f.* dosage

posséder (je possède, nous possédons) to possess

possessif/possessive *adj.* possessive

possibilité *f.* possibility

possible possible; **Pas possible!** No way! You're kidding!

postal(e) *adj.* postal, post; **carte** (*f.*) **postale** postcard; **code** (*m.*) **postal** postal code, zip code; **mandat** (*m.*) **postal** postal money order

poste *m.* position; job; post; station; television, radio set; *f.* post office, postal service; **bureau** (*m.*) **de poste** post office; **poste** (*f.*) **restante** general delivery

postuler to apply for

pot *m.* pot; jar; **prendre un pot** *fam.* to have a drink

potentiel(le) *adj.* potential, possible

poterie *f.* pottery

potiron *m.* pumpkin

poubelle *f.* garbage can; **jeter/mettre à la poubelle** *fam.* to throw away

poudre *f.* powder

poudré(e) *adj.* powdered

poulet *m.* chicken; **blanc** (*m.*) **de poulet** chicken breast

pouls *m. s.* pulse; **prendre le pouls** to take (*s.o.'s*) pulse

poumon *m.* lung

poupée *f.* doll

pour *prep.* for; on account of; in order; for the sake of; **pour que** *conj.* so that, in order that

pourboire *m.* tip, gratuity

pourquoi *adv., conj.* why

poursuivre (*like* **suivre**) *irreg.* to pursue

pourtant *adv.* however, yet, still, nevertheless

pourvu que *conj.* (+ *subj.*) provided that

pousser *intr.* to grow

pouvoir (*p.p.* **pu**) *irreg.* to be able; *m.* power, strength

pratique *adj.* practical; **pratique** *f.* practice; use

pratiquer to practice, exercise

précaution *f.* precaution

précédent(e) *adj.* preceding

précéder (je précède, nous précédons) to precede, come before

précieux/précieuse *adj.* precious

se précipiter (dans) to hurry, rush over; to run, speed; to hurl oneself (into)

précis(e) *adj.* precise
précisément *adv.* precisely, exactly
préciser to specify
précision *f.* precision, preciseness
prédire (*like* **dire**, *but* **vous prédisez**) *irreg.* to predict, foretell
prédit(e) *adj.* predicted, foretold
préféré(e) *adj.* preferred, favorite
préférer (**je préfère, nous préférons**) to prefer; to like better
préjugé *m.* prejudice, preconception
se prélasser to bask; to lounge
premier/première *adj.* first; principal; **la première fois** the first time; **le premier avril** April Fool's Day; **le premier étage** the second floor (*in France*); **le premier / la première** the first one
prendre (*p.p.* **pris**) *irreg.* to take; to catch, capture; to choose; to have (*s.th. to eat or drink*); **j'en ai assez/ trop pris** I've had enough / too much; **prendre les clés** to get the keys
prénom *m.* first name
préoccupation *f.* worry, preoccupation
se préoccuper de to concern oneself with, worry about
préparatifs *m. pl.* preparations; **préparatifs de voyage** travel preparations
préparatoire *adj.* preparatory
préparer to prepare; **préparer un examen** to study for a test; **se préparer à** to prepare oneself, get ready for (to)
prépayé(e) *adj.* prepaid
près *adv.* by, near; **à peu près** roughly, approximately; **de près** closely; **le plus près** the closest; **près de** *prep.* near, close to; almost
prescrire (*like* **écrire**) *irreg.* to prescribe; to order, command; **prescrire un traitement** to prescribe a treatment
présence *f.* presence
présent(e) *adj.* present; **présent** *m.* present; **à présent** presently, now; **jusqu'à présent** until now
présenter to present; to introduce; to put on (*a performance*); **je vous (te) présente...** I want you to meet . . . ; **se présenter (à)** to present, introduce oneself (to); to appear; to arrive at
présidence *f.* presidency
président(e) *m., f.* president; **Président-directeur général (PDG)** CEO
présidentiel(le) *adj.* presidential
presque *adv.* almost, nearly
presqu'île *f.* peninsula
presse *f.* press (media); **maison** (*f.*) **de la presse** newsstand
pressé(e) *adj.* in a hurry, rushed; squeezed; **être pressé(e)** to be in a hurry

se presser à to rush to
pression *f.* pressure; **vérifier la pression des pneus** to check the tire pressure
prestigieux/prestigieuse *adj.* prestigious
prêt(e) *adj.* ready; **prêt** *m.* loan, lending
prêter to lend, loan; **se prêter** to lend to one another
prêtre *m.* priest
preuve *f.* proof; **ça fait preuve...** that shows . . . , proves . . .
prévoir (*like* **voir**) *irreg.* to foresee; to anticipate
prier to pray
primaire *adj.* primary; **école** (*f.*) **primaire** primary/elementary school
primitif/primitive *adj.* primitive
principal(e) *adj.* principal, most important; **plat** (*m.*) **principal** main course
principe *m.* principle
printemps *m.* spring, springtime
priorité *f.* right of way; priority
pris(e) *adj.* taken; occupied; busy; caught; **prise** *f.* taking (*of medication*); take (*in filmmaking*)
prisonnier/prisonnière *m., f.* prisoner
privation *f.* deprivation
privé(e) *adj.* private
privilégié(e) *adj.* privileged
prix *m.* price; prize
probablement *adv.* probably
problème *m.* problem; **problèmes sociaux** societal issues
procédé *m.* process
procéder (**je procède, nous procédons**) to proceed
prochain(e) *adj.* next; near; following; **semaine** (*f.*) **prochaine** next week
proche *adj.* near, close; **proches** *m. pl.* close relatives
proclamer to proclaim
produire (*like* **conduire**) *irreg.* to produce
produit *m.* product; **produits laitiers** dairy products
professeur(e) (*fam.* **prof**) *m., f.* professor; teacher
professionnel(le) *adj.* professional; *m., f.* professional
profil *m.* profile
profiter de to take advantage of
profond(e) *adj.* deep
programmation *f.* programming (*TV, radio*)
programme *m.* program; course program; design, plan
programmeur/programmeuse *m., f.* programmer; program planner
progrès *m.* progress; **faire des progrès** to make progress
progresser to progress
proie *f.* prey
projecteur *m.* projector (*film*)

projet *m.* project; plan; **faire des projets** to make plans; **projets d'avenir** plans for the future
prolonger (**nous prolongeons**) to prolong; to extend; **se prolonger (il se prolongeait)** to go on, extend
promenade *f.* promenade; walk; stroll; drive; excursion, pleasure trip; **faire une promenade (en voiture)** to go on an outing (car ride); **promenade à bicyclette** bicycle ride
se promener (**je me promène**) to take a walk, drive, ride
promettre (*like* **mettre**) (**de**) *irreg.* to promise (to)
promotion *f.* promotion; offer; **de promotion** *adj.* on sale
promotionnel(le) *adj.* promotional
prononcer (**nous prononçons**) to pronounce
se propager (**il se propageait**) to spread; to propagate
proportionnel(le) *adj.* proportional
propos *m.* talk; *pl.* words; **à propos de** *prep.* with respect to, about
proposer to propose
propre *adj.* own; proper; clean
propreté *f.* cleanliness
propriétaire *m., f.* property owner; landlord/landlady
propriété *f.* property
prospère *adj.* prosperous
prospérité *f.* prosperity
protecteur/protectrice *adj.* protective
protéger (**je protège, nous protégeons**) to protect; **se protéger contre** to protect oneself against
protéine *f.* protein
protestataire *m., f.* protester
protester to protest; to object
prouver to prove; **ça ne prouve rien** that doesn't matter, prove anything
provençal(e) *adj.* from Provence (*France*)
Provence *f.* Provence region (*southeastern France*)
provenir (*like* **venir**) **de** *irreg.* to proceed, result, arise from
proviseur *m.* head teacher; principal
provision *f.* supply; **provisions** *pl.* groceries; **faire/acheter les provisions** to buy groceries
provocateur/provocatrice *adj.* provocative
provoquer to provoke
proximité *f.* proximity, closeness; **à proximité** near, close by
prudemment *adv.* prudently, carefully
prudent(e) *adj.* prudent, cautious, careful
psychiatre *m., f.* psychiatrist
psychologie *f.* psychology
puant(e) *adj.* stinking; **bête** (*f.*) **puante** skunk (*Q.*)
public/publique *adj.* public; *m.* public; audience

publicitaire *adj.* pertaining to advertising
publicité *f.* (*fam.* **pub**) publicity; advertising; ad, commercial
publier to publish
puce *f.* flea; **carte** (*f.*) **à puce** smart card; **marché** (*m.*) **aux puces** flea market
puer to stink
puis *adv.* then, afterward, next; besides; **et puis** and then; and besides
puisque *conj.* since, as, seeing that
puissance *f.* power
puissant(e) *adj.* powerful, strong
pull-over (*fam.* **pull**) *m.* pullover
pulmonaire *adj.* pulmonary, lung
punir to punish
punition *f.* punishment
pupitre *m.* (*school*) desk; desk chair
pur(e) *adj.* pure
purée *f.* purée; **purée de pommes de terre** mashed potatoes
pyjama *m. s.* pajamas
pyramide *f.* pyramid
Pyrénées *f. pl.* Pyrenees

quai *m.* quai; platform (*subway stop, train station*)
qualité *f.* (good) quality; personal characteristic
quand *adv., conj.* when; **depuis quand?** since when? (for) how long?; **quand même** even though; anyway
quantité *f.* quantity
quarante forty
quart *m.* quarter; quarter of an hour; fourth (*part*)
quartier *m.* neighborhood
quatorze fourteen
quatre four
quatre-quatre (4×4) *m.* all-terrain vehicle, 4-wheeler; SUV
que *conj.* that; than; *pron.* whom; that; which; what; **ne... que** *adv.* only; **qu'est-ce que c'est?** what is it?
Québec *m.* Quebec (*Canadian province, city*)
québécois(e) *adj.* from, of Quebec; **Québécois(e)** *m., f.* person from Quebec
quel(le)(s) *adj.* what, which; what a
quelque(s) *adj.* some, any; a few; **quelque chose** *pron.* something; **quelque chose d'important** something important
quelquefois *adv.* sometimes
quelqu'un *pron.* someone, somebody; **passer chez quelqu'un** to stop by s.o.'s house
queue *f.* tail; line (*of people*); **faire la queue** to stand in line
qui *pron.* who, whom, that which; **qui est-ce?** who is it?
quinze fifteen
quitter to leave; to abandon, leave behind; **se quitter** to separate

quoi (à quoi, de quoi) *pron.* which; what; **à quoi ça sert?** what's that/it used for?; **de quoi vivre** something to live on; **je ne sais pas quoi faire** I don't know what to do; **n'importe quoi** anything; no matter what; **sans quoi** otherwise; **quoi de neuf?** what's new?
quoique *conj.* (+ *subj.*) although, even though
quotidien(ne) *adj.* daily, everyday
quotient *m.* quotient; **quotient intellectuel (QI)** intelligence quotient (I.Q.)

raccourci(e) *adj.* shortened
race *f.* breed, type; race
racine *f.* root
racisme *m.* racism
raconter to tell; to relate
radiateur *m.* radiator
radical(e) *adj.* radical, extreme
radio *f.* radio; **écouter la radio** to listen to the radio
radio-réveil *m.* clock radio
radis *m.* radish
raffiné(e) *adj.* refined, sophisticated
raisin *m.* grape(s)
raison *f.* reason; **avoir raison** to be right
raisonnable *adj.* reasonable; rational
raisonnement *m.* reasoning, argument
raisonner to reason
ralenti(e) *adj.* slowed down; **au ralenti** at a slower pace
ralentir (*like* **finir**) to slow down
ralentissement *m.* slowdown; slowing down
Ramadan *m.* Ramadan (*Muslim holy period*)
ramage *m.* birdsong; foliage
ramassage *m.* collection; **ramassage des ordures** garbage collection
ramasser to gather up, pick up
ramener (je ramène) to bring back
randonnée *f.* hike; **faire une randonnée** to go on a hike; to take a trip, tour
ranger (nous rangeons) to put in order; to arrange, categorize
rapace *adj.* rapacious; **oiseau** (*m.*) **rapace** bird of prey
rapide *adj.* rapid, fast; **rapides** *m. pl.* rapids (*in river*)
rapidité *f.* speed
rappeler (je rappelle, nous rappelons) to remind; to recall; **se rappeler** to recall; to remember
rapport *m.* connection, relation; report; **rapports** *m. pl.* relations; **par rapport à** concerning, regarding, in relation to
rapporter to bring back, return; to report; **se rapporter à** to relate to; to be in relation to
raser to shave; **se raser** to shave

rasoir *m.* razor
se rassembler to gather together
rassurer to reassure
ratatouille *f.* Provençal vegetable stew (*tomatoes, onions, eggplant, squash, peppers*); ratatouille
rater to miss (*a class, a bus*); to fail (*a test*)
raton (*m.*) **laveur** raccoon
ravi(e) *adj.* delighted
rayé(e) *adj.* striped
réaction *f.* reaction
réactiver to reactivate
réagir (*like* **finir**) to react
réalisateur/réalisatrice *m., f.* (*TV, film*) producer; director
réalisation *f.* production; fulfillment
réaliser to achieve, accomplish; to realize; to carry out, fulfill; to produce
réaliste *m., f.* realist; *adj.* realistic
réalité *f.* reality; **en réalité** in reality
rebours *m.* wrong way, reverse; **à rebours** *adv.* in reverse, backwards
recalé(e) *adj.* failed
récemment *adv.* recently, lately
réception *f.* reception desk; welcome
réceptionniste *m., f.* receptionist
recette *f.* recipe
recevoir (*p.p.* **reçu**) *irreg.* to receive
recharger (nous rechargeons) to recharge
réchauffement *m.* warming; **réchauffement de la planète** global warming
réchauffer to warm (up)
recherche *f.* (piece of) research; search; **faire des recherches** to do research; **moteur** (*m.*) **de recherche** search engine
rechercher to seek; to search for
récif *m.* reef
récipient *m.* container
réciproque *adj., gram.* reciprocal; **verbes** (*m. pl.*) **pronominaux réciproques** reciprocal reflexive verbs
récit *m.* account, story
réclamer to claim
recommandation *f.* recommendation
recommander to recommend
recommencer to start again; to resume
recomposé(e) *adj.* reconstructed; **famille** (*f.*) **recomposée** blended family
reconnaissant(e) *adj.* grateful, thankful, appreciative
reconnaître (*like* **connaître**) *irreg.* to recognize
reconstitué(e) *adj.* reconstructed, reconstituted
reconstruire to reconstruct
recours *m.* recourse
recouvert(e) (de) *adj.* covered (with), recovered
recouvrir (*like* **ouvrir**) *irreg.* to cover up

récréation (*fam.* **récré**) *f.* recess (*at school*); recreation

recrutement *m.* recruiting

recruter to recruit

reçu(e) *adj.* received; **être reçu(e)** to pass an exam; **reçu** *m.* receipt

récupérer (**je récupère, nous récupérons**) to retrieve; to get back

recyclage *m.* recycling

recycler to recycle

rédacteur/rédactrice *m., f.* writer; editor

rédaction *f.* essay, composition

rediffuser to rerun (*TV program, etc.*)

rédiger (**nous rédigeons**) to write, compose

redouter to fear, dread

réduction *f.* reduction; **réduction d'émissions** reduction in emissions

réduire (*like* **conduire**) *irreg.* to reduce

réel(le) *adj.* real, actual

refaire (*like* **faire**) *irreg.* to redo

référence *f.* reference; **faire référence à** to refer to

référer (**je réfère, nous référons**) to refer

réfléchir (*like* **finir**) to reflect; to think; **ça fait réfléchir** that makes one think

refléter (**je reflète, nous reflétons**) to reflect, mirror

réforme *f.* reform

reformuler to reformulate

réfrigérateur *m.* (*fam.* **frigo**) refrigerator

se réfugier (de) to take refuge, shelter

refuser (de) to refuse (to)

regard *m.* glance; gaze, look

regarder to look at; **se regarder** to look at oneself (each other)

régime *m.* diet; system (of government); **faire un régime** to be on a diet

région *f.* region; area

régional(e) *adj.* local, of the district

règle *f.* rule

règlement *m.* rule, regulation; **abuser des règlements** to break the rules

régler (**je règle, nous réglons**) to regulate, adjust; to settle; **régler l'addition** to pay one's bill

régner (**je règne, nous régnons**) to reign

regretter to regret; to be sorry for; to miss

regrouper to regroup; to contain

régulier/régulière *adj.* regular

rein *m.* kidney

reine *f.* queen

réintroduire (*like* **conduire**) *irreg.* to reintroduce, introduce again

rejoindre (*like* **craindre**) *irreg.* to join; to rejoin

relais *m.* inn

relatif/relative *adj.* relative; **pronom** (*m.*) **relatif** *gram.* relative pronoun

relation *f.* relation; relationship

relaxe *adj.* relaxed; laid back

se relaxer to relax

relève *f.* changing, take over

relié(e) *adj.* tied, linked

relier to join, link together

religieux/religieuse *adj.* religious

relire (*like* **lire**) *irreg.* to reread

relogement *m.* relocation

remarquable *adj.* remarkable

remarque *f.* remark

remarquer to notice; to remark

remboursement *m.* reimbursement

rembourser to reimburse

remède *m.* remedy; medication

remercier (de) to thank (for)

remettre (*like* **mettre**) *irreg.* to hand in; to put back; to postpone

remonter to go back (up); to get back in; **remonter le moral** to cheer up (*s.o.*)

remplacer (**nous remplaçons**) to replace

remplir (*like* **finir**) to fill (in, out, up); **remplir un formulaire** to fill out a form

remporter to carry (*s.th.*) home; to win

rémunération *f.* pay, salary

renaissance *f.* renaissance, rebirth

renard *m.* fox

rencontre *f.* meeting, encounter

rencontrer to meet, encounter; **se rencontrer** to meet each other

rendez-vous *m.* meeting, appointment; date; meeting place; **prendre rendez-vous** to make a date, an appointment

rendre to give (back); to submit; **rendre malade** to make (*s.o.*) ill; **rendre visite à** to visit (*people*); **se rendre (à, dans)** to go to; **se rendre compte de/que** to realize (that)

renfermer to incorporate; to enclose

renforcer (**nous renforçons**) to reinforce

renouvelable *adj.* renewable

renseignement *m.* (piece of) information

se renseigner (sur) to ask for, get information (about); to find out (about)

rentrée *f.* start of new school/academic year

rentrer *intr.* to return (*home*)

renverser to overturn, upset (*s.th.*); to run over; **être renversé(e)** to be knocked over

répandu(e) *adj.* widespread

réparer to repair; **réparer un pneu crevé** to fix a flat tire

repas *m.* meal, repast

repasser to iron (*clothes*); to retake an exam; **fer** (*m.*) **à repasser** (*clothes*) iron

repérer (**je repère, nous repérons**) to discover

répéter (**je répète, nous répétons**) to repeat

réplique *f.* replica; reply, retort

répondre (à) to answer, respond

réponse *f.* answer, response

reportage *m.* reporting; commentary

repos *m.* rest

reposer to put down again; to rest; **se reposer** to rest

reprendre to resume; to rework

représentant(e) *m., f.* (sales) representative

représenter to represent; to present again

reproduire (*like* **conduire**) *irreg.* to reproduce

république *f.* republic

réputé(e) *adj.* well-known

réseau *m.* net; network

réseauter to network

réservation *f.* reservation

réserve *f.* reserve; preserve; **sans réserve** without reservation, unhesitatingly

réserver to reserve, keep in store

réservoir *m.* reservoir; gas tank

résidence *f.* residence; apartment building

résidentiel(le) *adj.* residential; **ensemble** (*m.*) **résidentiel** residential complex

résister (à) to resist

résolu(e) *adj.* determined, resolute

résolution *f.* resolution; **prendre des résolutions** to resolve; to make resolutions

résoudre (*p.p.* **résolu; résout**) *irreg.* to resolve

respecter to respect, have regard for

respectivement *adv.* respectively

respectueux/respectueuse *adj.* respectful

respiration *f.* respiration, breathing

respirer to breathe

responsabilité *f.* responsibility

responsable *adj.* responsible

ressembler à to resemble

ressources *f. pl.* resources; funds

ressuscité(e) *adj.* brought back to life, resuscitated

restant(e) *adj.* remaining; **poste** (*f.*) **restante** general delivery mail

restauration *f.* restoration; restaurant business; **restauration rapide** fast-food industry

restauré(e) *adj.* restored

reste *m.* rest, remainder

rester to stay, remain; to be remaining; **rester à la maison** to stay home; **rester en forme** to stay in shape

resto-U *m., fam.* university restaurant

résultat *m.* result

résumer to summarize

rétablir (*like* **finir**) to restore, reestablish

retard *m.* delay; **en retard** late

retarder to be slow (*watch*)

retenir to retain

retirer to withdraw

retour *m.* return; **billet** (*m.*) **aller-retour** round-trip ticket

retourner to return

retraite *f.* retirement; **prendre la retraite** to retire

retraité(e) *adj.* retired; *m., f.* retired person

retraverser to re-cross, cross back over

retrouver to find (again); to regain; **se retrouver** to find oneself, each other (again); to meet (by prearrangement)

réunion *f.* meeting; reunion

réussi(e) *adj.* successful, good

réussir (*like* **finir**) (**à**) to succeed (in); to pass (*an exam*)

réussite *f.* success

réutilisable *adj.* reusable

réutiliser to reuse

rêve *m.* dream; **une maison de rêve** an ideal house

réveil *m.* alarm; **radio-réveil** *m.* clock radio; **réveil-matin** *m.* alarm clock

se réveiller to wake up

réveillon *m. Christmas Eve dinner*

révéler (**je révèle, nous révélons**) to reveal

revendre to (re)sell

revenir (*like* **venir**) *irreg.* to return, come back

rêver (de) to dream (of)

révérer (**je révère, nous révérons**) to revere

réviser to review

revoir (*like* **voir**) *irreg.* to see (again); **au revoir** good-bye, see you soon

révolter to revolt, rebel

révolutionnaire *m., f., adj.* revolutionary

rez-de-chaussée *m.* ground floor

rhum *m.* rum

rhume *m.* cold (*illness*); **attraper un rhume** to catch a cold

riche *adj.* rich

richesse *f.* lushness, richness; *pl.* wealth

rideau *m.* curtain

ridicule *adj.* ridiculous

ridiculiser to ridicule

rien (ne... rien) *pron.* nothing; **ça ne prouve rien** that doesn't matter, doesn't prove anything; **de rien** you're welcome; **rien de défendu** nothing illegal

rigoler *fam.* to laugh; to have fun

rigolo(te) *adj.* funny; **c'est rigolo** *fam.* that's funny

rigoureux/rigoureuse *adj.* harsh, severe

rire (*p.p.* **ri**) *irreg.* to laugh

risible *adj.* laughable

risque *m.* risk

risqué(e) *adj.* risky

risquer (de) to risk

rituel(le) *adj.* ritual, religious; *m.* ritual

rivière *f.* river

riz *m.* rice

robe *f.* dress

robinet *m.* water faucet

robuste *adj.* robust, sturdy

rocher *m.* rock, crag

roi *m.* king; **fête** (*f.*) **des Rois** Feast of the Magi, Epiphany; **galette** (*f.*) **des Rois** Twelfth Night cake; **les Rois mages** the Three Wise Men, Magi

rôle *m.* role

romain(e) *adj.* Roman; **Romain(e)** *m., f.* Roman (*person*)

roman *m.* novel; **roman policier** detective novel

roman(e) *adj.* Romance; **langue** (*f.*) **romane** romance language

romancier/romancière *m., f.* novelist

rond(e) *adj.* round; **rond** (*m.*) **de fumée** smoke ring

rondelle *f.* slice; **couper en rondelles** to slice into rounds

rosbif *m.* roast beef

rose *f.* rose; *adj.* pink

rosée *f.* dew

rôti(e) *adj.* roast(ed); *m.* roast; **rôti de bœuf/porc** beef/pork roast

roue *f.* wheel

rouge *adj.* red; **bruler un feu rouge** to run a red light; **rouge** (*m.*) **à lèvres** lipstick

rougeole *f. s.* measles

rougeur *f.* rash, redness

rougir (*like* **finir**) to blush, turn red

rouler to drive; to travel along; to roll (up)

rouspéter (**je rouspète, nous rouspétons**) *fam.* to resist, protest, grumble

routard(e) *m., f.* backpacker

route *f.* road, highway; **code** (*m.*) **de la route** traffic code; **en route** on the way, en route

routier/routière *adj.* pertaining to the road; **signalisation** (*f.*) **routière** system of road signs

roux/rousse *adj.* red-haired; *m., f.* redhead

royal(e) *adj.* royal; **aigle** (*m.*) **royal** golden eagle

royaume *m.* kingdom

rubis *m.* ruby

rubrique *f.* headline; newspaper column

rue *f.* street; **coin** (*m.*) **de rue** street corner; **rue piétonne** pedestrian-only street

ruine *f.* ruin; decay; collapse; **en ruines** in ruins

ruisseau *m.* stream, brook

ruminer to ruminate, chew cud

rupture *f.* breakup; breakdown

rural(e) *adj.* rural

russe *adj.* Russian; *m.* Russian (*language*); **Russe** *m., f.* Russian (*person*)

Russie *f.* Russia

rythme *m.* rhythm

rythmé(e) *adj.* rhythmic

sabbatique *adj.* sabbatical

sable m. sand; **château** (*m.*) **de sable** sand castle

sac *m.* sack; bag; handbag; **sac à dos** backpack; **sac de couchage** sleeping bag; **sac (de) poubelle** garbage bag

sacré(e) *adj.* sacred, holy

sacrifier to sacrifice

saignant(e) *adj.* rare (*meat*); bleeding

sain(e) *adj.* healthy; healthful

saint(e) *adj.* holy; **Saint-Domingue** Saint Domingue (*former name of Haiti*); **Saint-Laurent** *m.* St. Lawrence (*river*); **Saint-Sylvestre** *f.* New Year's Eve; **Saint-Valentin** *f.* Valentine's Day

sais: je ne sais pas I don't know

se saisir (*like* **finir**) **de** to seize, grab

saison *f.* season; **hors saison** off-season

salade *f.* salad; lettuce; **salade niçoise** Niçoise salad (*salad with tomatoes, other raw vegetables, tuna, anchovies, boiled potatoes, and hard-boiled eggs*)

salaire *m.* salary; paycheck; **Salaire minimum interprofessionnel de croissance (SMIC)** *minimum wage in France*

salarié(e) *m., f.* wage earner

sale *adj.* dirty

salé(e) *adj.* salted, salty

saler to salt

saleté *f.* dirtiness; dirt; excrement (*euphemism*)

salle *f.* room; auditorium; **salle à manger** dining room; **salle d'attente** waiting room; **salle de bain(s)** bathroom; **salle de cinéma** movie theater; **salle de classe (de cours)** classroom; **salle de jeux** game room; **salle d'entraînement** workout room; **salle de séjour** living room, family room

salon *m.* (formal) living room; **salon de l'auto** auto show; **salon des jeux** betting, gambling area of casino

saluer to greet

salut! *interj.* hi!; 'bye!

salutation *f.* greeting; closing (*letter*)

samedi *m.* Saturday

sandale *f.* sandal

sang *m.* blood

sans *prep.* without; **sans arrêt** incessantly, nonstop; **sans cesse** constantly; **sans que** *conj.* (+ *subj.*) without; **sans quoi** otherwise

santé *f.* health

sapeurs-pompiers *m.* fire brigade

sapin *m.* fir (*tree*)

satisfait(e) *adj.* satisfied

sauce *f.* sauce; gravy; salad dressing; **sauce hollandaise** Hollandaise sauce (*butter, eggs, lemon juice*)

saucisse *f.* sausage; sausage link

saucisson *m.* hard (dry) sausage, salami

sauf *prep.* except

saumon *m.* salmon; **terrine** (*f.*) **de saumon** salmon terrine (*casserole*)

saut *m.* jump; **faire un saut en parachute** to do a parachute jump

sauter to jump; **faire sauter des crêpes** to flip crêpes

sauvage *adj.* wild

sauvegarde *f.* protection; **faire la sauvegarde de** to save (*a computer file*)

sauvegarder to safeguard, protect

sauver to save

savant(e) *adj.* learned, scholarly

savoir (*p.p.* **su**) *irreg.* to know (how); to find out; **savoir-faire** *m.* ability, know-how; tact

savon *m.* soap

savoureux/savoureuse *adj.* tasty

scandale *m.* scandal

scandinave *adj.* Scandinavian

scénario *m.* scenario, script

scène *f.* stage; scenery; scene; **metteur/metteuse** (*m., f.*) **en scène** stage director; **mise** (*f.*) **en scène** setting, staging (*of a play*)

science *f.* science; **sciences** (*pl.*) **humaines** social sciences; **sciences naturelles/sociales** natural/social sciences

scientifique *adj.* scientific; *m., f.* scientific researcher

scolaire *adj.* pertaining to schools, school, academic; **année** (*f.*) **scolaire** school year; **semaine** (*f.*) **scolaire** school week

sculpteur *m.* sculptor (*male or female*)

SDF (sans domicile fixe) *m., f., pl.* homeless (*people*)

se (s') *pron.* oneself; himself; herself; itself; themselves; to oneself, etc.; each other

séance *f.* meeting, session; **séance d'orientation** orientation meeting

sec/sèche *adj.* dry

sécession *f.* secession; **guerre** (*f.*) **de Sécession** American Civil War

sèche-cheveux *m.* hairdryer

sécher (je sèche, nous séchons) to dry; to avoid; **sécher un cours** to cut class, play hooky; **se sécher** to dry oneself

second(e) *adj.* second; **seconde** *f.* second (*unit of time*); **Seconde Guerre** (*f.*) **mondiale** Second World War

secours *m.* help; **au secours!** *interj.* help!

secret/secrète *adj.* secret, private

secrétaire *m., f.* secretary

secteur *m.* sector

sécurité *f.* security; safety; **ceinture** (*f.*) **de sécurité** safety belt; **Sécurité sociale (SECU)** *French social security system*

sédentaire *adj.* sedentary

séduire (*like* **conduire**) *irreg.* to seduce; to attract

séduisant(e) *adj.* attractive, seductive, appealing

sein *m.* breast, bosom; **allaiter au sein** to breastfeed, nurse; **au sein de** at the heart of

seize sixteen

séjour *m.* stay, sojourn; **salle** (*f.*) **de séjour** living room, family room

séjourner to spend time, stay

sel *m.* salt

sélectionné(e) *adj.* chosen

selon *prep.* according to

semaine *f.* week; **la semaine dernière** last week; **la semaine prochaine** next week; **la semaine scolaire** school week

semblable (à) *adj.* like, similar (to)

sembler to seem; to appear; **ça me semble** it seems to me

semestre *m.* semester

séminaire *m.* seminary

Sénégal *m.* Senegal

sénégalais(e) *adj.* Senegalese; **Sénégalais(e)** *m., f.* Senegalese (*person*)

sens *m.* meaning; sense; way, direction; **dans les deux sens** in both directions

sensibiliser to raise awareness in

sensiblement *adv.* appreciably, noticeably

sentiment *m.* feeling

sentimental(e) *adj.* sentimental; mawkish

sentir (*like* **partir**) *irreg.* to feel; to smell; to smell of; **se sentir à l'aise** to feel at ease; **se sentir bien/mal** to feel good/bad

séparer to separate; **se séparer** to separate (*couple*)

sept seven

septembre September

série *f.* series

sérieux/sérieuse *adj.* serious

serpent *m.* snake

serre *f.* greenhouse; **effet** (*m.*) **de serre** greenhouse effect

serrer to tighten; to grip; **se serrer la main** to shake hands

serveur/serveuse *m., f.* waiter/waitress

service *m.* service; service charge; favor; **service compris** tip included; **station-service** *f.* service station, filling station

serviette *f.* table napkin; towel; briefcase

servir (*like* **partir**) *irreg.* to serve; to wait on; to be useful; **à quoi ça sert?** what's that/it used for?; **servir à** to be of use in, be used for; **servir de** to serve as, take the place of; **se servir** to help oneself (*to food*); **se servir de** to use

ses *adj., pl.* his; her; its; one's

seul(e) *adj.* alone; single; only; **tout(e) seul(e)** all alone

seulement *adv.* only

sévère *adj.* severe, stern, harsh

sexe *m.* sex

sexiste *adj.* sexist

shampoing *m.* shampoo; **shampoing démêlant** conditioning shampoo

short *m. s.* shorts

si *adv.* so; so much; yes (*response to negative*); *conj.* if; whether; **même si** even if; **s'il vous (te) plaît** please

sida *m.* AIDS

sidéen(ne) *m., f.* person with AIDS

siècle *m.* century

siège *m.* seat

sien(ne) (le/la) *m., f. pron.* his/hers

sieste *f.* nap; **faire la sieste** to take a nap

sigle *m.* acronym, abbreviation

signaler to point out, draw one's attention to

signalisation *f.* system of road signs; **feu** (*m.*) **de signalisation** traffic light

signe *m.* sign, gesture; mark; **signe particulier** distinctive characteristic, sign, peculiarity

signer to sign

signification *f.* meaning

signifier to mean

SIM: carte (*f.*) **SIM** SIM card (*smart card inside a cell phone*)

simplement *adv.* simply

simultanément *adv.* simultaneously

sincère *adj.* sincere

sinon *conj.* if not, otherwise, or else

sirop *m.* syrup; **sirop d'érable** maple syrup

situé(e) *adj.* situated, located

se situer to be situated, located

sketch *m.* skit

ski *m.* skiing; **skis** *pl.* skis; **faire du ski** to ski; **ski alpin** downhill skiing; **ski nautique** waterskiing; **station** (*f.*) **de ski** ski resort

skier to ski

slip *m.* men's/women's briefs, underwear

SMIC (Salaire [*m.*] **minimum interprofessionnel de croissance)** *minimum wage in France*

smoking *m.* tuxedo

SMS *m.* text message

social(e) *adj.* social; **avantages** (*m. pl.*) **sociaux** benefits (*job*)

société *f.* society; organization; firm

sociologie *f.* sociology

sœur *f.* sister; **belle-sœur** sister-in-law; **demi-sœur** half-sister; stepsister

soi (soi-même) *pron.* oneself

soie *f.* silk; **en soie** made of silk

soif *f.* thirst; **avoir soif** to be thirsty

soigner to take care of; **se soigner** to take care of oneself

soin *m.* care; **soins** (*pl.*) **médicaux** medical care

soir *m.* evening; **à ce soir** farewell, until this evening; **demain (hier) soir** tomorrow (yesterday) evening; **du soir** in the evening

soirée *f.* party; evening; **soirée d'adieu** farewell party

soixante sixty

soixante-dix seventy

sol *m.* soil; ground; floor; **sous-sol** *m.* basement, cellar

solaire *adj.* solar; **système** (*m.*) **solaire** solar system

soldat/soldate *m., f.* soldier

solde *m.* balance; remaining goods; **en solde** on sale

soleil *m.* sun; **coucher** (*m.*) **du soleil** sunset; **il fait du soleil** it's sunny; **lever** (*m.*) **du soleil** sunrise; **lunettes** (*f. pl.*) **de soleil** sunglasses

solennel(le) *adj.* solemn

solidaire *adj.* connected, interdependent; **être solidaire** to show solidarity, stick together

solidarité *f.* solidarity; unity; **pacte** (*m.*) **civil de solidarité (PACS)** domestic partnership agreement, civil union (*France*)

solide *adj.* sturdy; *m.* solid

solidifié(e) *adj.* solidified

sombre *adj.* dark, somber

sommeil *m.* sleep; **avoir sommeil** to be sleepy

sommelier/sommelière *m., f.* wine steward

sommet *m.* summit, top

somnifère *m.* sleeping pill

somptueux/somptueuse *adj.* sumptuous

son *adj., pron. m.* his/her, its; *m.* sound

sondage *m.* opinion poll

sonner to ring (*a bell*)

sorbet *m.* sorbet, sherbet; **boule** (*f.*) **de sorbet** scoop of sorbet

sorcier/sorcière *m., f.* sorcerer/witch

sorte *f.* sort, kind; manner

sortie *f.* going out; evening out; exit

sortir (*like* **partir**) *irreg., intr.* to go out, come out; *trans.* to bring, take out

souci *m.* worry; **sans souci** *adj.* carefree

soucieux/soucieuse *adj.* worried

soudain *adv.* suddenly

souffrir (*like* **ouvrir**) **(de)** *irreg.* to suffer (from)

souhaiter to desire, wish for

souk *m.* souk (*Arab market*)

soulager (nous soulageons) to ease, comfort, make feel better

soulever (je soulève) to lift; **soulever des poids** to lift weights

souligner to underline

soupe *f.* soup; **soupe aux légumes** vegetable soup

souper *m.* supper; *v.* to have supper

soupirer to sigh

source *f.* spring; spa; source

sourcil *m.* eyebrow

souriant(e) *adj.* smiling

sourire (*like* **rire**) *irreg.* to smile; *m.* smile

souris *f.* mouse; **chauvesouris** *f.* bat

sous *prep.* under, beneath

sous-marin(e) *adj.* underwater; **sous-marin** *m.* submarine; **faire de la plongée sous-marine** to go scuba-diving; **vie** (*f.*) **sous-marine** marine life

sous-sol *m.* basement, cellar

sous-vêtements *m. pl.* underwear

soute *f.* (baggage) hold; **bagages** (*m. pl.*) **en soute** checked luggage

soutenir (*like* **tenir**) *irreg.* to support, aid; to sustain

souterrain(e) *adj.* underground

soutien *m.* support; **soutien-gorge** *m.* bra, brassiere

souvenir *m.* memory, remembrance, recollection; souvenir; **je ne me souviens pas** I don't remember; **se souvenir de** (*like* **venir**) *irreg.* to remember

souvent *adv.* often; **aussi souvent que possible** as often as possible

souverain(e) *adj.* sovereign; *m., f.* sovereign, monarch

spacieux/spacieuse *adj.* spacious

spaghettis (*m. pl.*) **à la bolognaise** spaghetti with meat sauce

spatial(e) *adj.* spatial, space; **engin** (*m.*) **spatial** spacecraft

spécial(e) *adj.* special; **effets** (*m. pl.*) **spéciaux** special effects

spécialisé(e) *adj.* specialized

se spécialiser (en) to specialize (in)

spécialité *f.* specialty; major (*subject*)

spectacle *m.* show, performance; spectacle; **arts** (*m. pl.*) **du spectacle** performing arts; **monter un spectacle** to put on (perform) a program

spectaculaire *adj.* dramatic, spectacular

spectateur/spectatrice *m., f.* spectator; member of the audience

splendide *adj.* splendid, magnificent

spontané(e) *adj.* spontaneous

sport *m.* sport(s); **faire du sport** to do, participate in sports; **voiture** (*f.*) **de sport** sports car

sportif/sportive *adj.* athletic; sports-minded; *m., f.* athlete; sportsman/sportswoman; **manifestation** (*f.*) **sportive** sporting event

stade *m.* stadium

stage *m.* training course; practicum, internship

station *f.* (vacation) resort; station; **station de métro** subway station; **station de ski** ski resort; **station-service** *f.* (*pl.* **stations-service**) service station, filling station

stationnaire *adj.* stationary, fixed

stationnement (interdit) *m.* (no) parking

stationner to park

statistique *f. s.* statistic(s)

statut *m.* status

steak *m.* steak; **steak-frites** *s.* steak with French fries

stéréo *adj., m., f.* stereo(phonic); **chaine** (*f.*) **stéréo** stereo system

stéréotypé(e) *adj.* stereotyped

steward *m.* flight attendant

stimulant(e) *adj.* stimulating

stimuler to stimulate

stratégie *f.* strategy

stressé(e) *adj.* stressed

strict(e) *adj.* strict; severe

studieux/studieuse *adj.* studious

style *m.* style

stylo *m.* pen, ballpoint

subir (*like* **finir**) to undergo; to be subject(ed) to

subjonctif *m., gram.* subjunctive (*mood*)

subliminal(e) *adj.* subliminal

substantif *m., gram.* noun

subtil(e) *adj.* subtle

subventionné(e) *adj.* subsidized, funded, supported financially

succès *m.* success

succomber to succumb; to die

sucre *m.* sugar; **canne** (*f.*) **à sucre** sugarcane; **sucre d'érable** maple sugar

sucré(e) *adj.* sugared, sweetened

sud *m.* south; **Amérique** (*f.*) **du Sud** South America; **sud-est** *m.* Southeast; **sud-ouest** *m.* Southwest

Suède *f.* Sweden

suffire (*like* **conduire**) *irreg.* to suffice; **ça suffit** that's enough

suffisamment (de) *adv.* sufficiently, enough (of)

suggérer (je suggère, nous suggérons) to suggest

Suisse *f.* Switzerland; *m., f.* Swiss (*person*); **suisse** *adj.* Swiss

suite *f.* continuation; series; result; **à la suite de** following; **tout de suite** immediately

suivant(e) *adj.* following

suivre (*p.p.* **suivi**) *irreg.* to follow; **suivre les actualités** to keep up with the news; **suivre un cours** to take a class

sujet *m.* subject; topic; **au sujet de** concerning

superbe *adj.* superb, magnificent

supérette *f.* minimarket

superficie *f.* (surface) area

superflu(e) *adj.* superfluous

supérieur(e) *adj.* superior; upper

superlatif *m., gram.* superlative

supermarché *m.* supermarket

supplément *m.* extra charge, fee, supplement

supplémentaire *adj.* additional, extra

supporter to tolerate, bear, stand

sur *prep.* on, on top of; upon; concerning; about; **sur les bords de** on the banks of

sûr(e) *adj.* sure; unerring, trustworthy; safe; **bien sûr** *interj.* yes, of course

surchargé(e) *adj.* overloaded, overworked

surcharger (nous surchargeons) to overload

surement *adv.* certainly, surely

surf *m.* surfing; **faire du surf** to go surfing

surface *f.* surface

surfer (sur Internet) to surf (the Internet)

surgelé(e) *adj.* frozen (*food*)

surnommé(e) *adj.* nicknamed

surpopulation *f.* overpopulation

surprenant(e) *adj.* surprising

surprendre (*like* **prendre**) *irreg.* to surprise

surpris(e) *adj.* surprised

surtout *adv.* above all, chiefly, especially

surveiller to watch over

survivre (*like* **vivre**) *irreg.* to survive

syllabe *f.* syllable

symbole *m.* symbol

symbolique *adj.* symbolic

symboliser to symbolize

sympathique (*fam. inv.* **sympa**) *adj.* nice, likeable

symphonie *f.* symphony

symptôme *m.* symptom

syndicat (*m.*) **d'initiative** (*local*) chamber of commerce, tourist office

systématiquement *adv.* systematically

système *m.* system; **système d'exploitation** operating system (*computer*); **système solaire** solar system

ta *adj., f. s.* your

tabac *m.* tobacco; tobacco shop; **café-tabac** *m.* café-tobacconist (*government-licensed*)

tabarnouche *interj., fam., Q.,* a mild expletive

table *f.* table; **débarrasser la table** to clear the table; **mettre la table** to set the table; **se mettre à table** to sit down at the table; **table basse** coffee table; **table de nuit** bedside table

tableau *m.* picture; painting; chart; **tableau d'affichage** schedule display board; **tableau** board, chalkboard

tache *f.* stain; spot

tâche *f.* task; **tâches** (*pl.*) **ménagères** household tasks

taille *f.* size; waist; **de taille moyenne** average height; **de très grande taille** very tall

tajine *f.* tajine (*North African stew*)

talon *m.* heel

tant *adv.* so much; so many; **en tant que** as, in (my) capacity as; **tant de** so many, so much; **tant mieux** so much the better; **tant pis** too bad; **tant que** as long as; **tant... que** as much . . . as

tante *f.* aunt

tapenade *f. purée of chopped olives, capers, and anchovies in olive oil*

taper to type; to tap

tapis *m.* rug; **tapis persan** Oriental carpet

tard *adv.* late; **dormir tard** to sleep late; **plus tard** later

tarif *m.* tariff; fare, price

tarte *f.* tart; pie; **tarte aux pommes** apple tart

tartine *f. slice of bread with butter*

tas *m.* pile, heap

tasse *f.* cup

taux *m.* level; rate, statistic

taxi *m.* taxi; **chauffeur** (*m.*) **de taxi** cab driver; **taxi-brousse** *m.* bush (inter-urban) taxi

te (t') *pron.* you; to you

technicien(ne) *m., f.* technician

technique *adj.* technical

technologie *f.* technology

tel(le) *adj.* such; **tel(le) que** such as, like

télécharger (nous téléchargeons) to download

télécommande *f.* remote (control)

téléphone *m.* telephone; **numéro** (*m.*) **de téléphone** telephone number; **parler au téléphone** to talk on the phone; **téléphone fixe** landline; **téléphone mobile (portable)** cellular phone

téléphoner (à) to phone, telephone; **se téléphoner** to call one another

téléphonique *adj.* telephonic, by phone; **annuaire** (*m.*) **téléphonique** phone book

télé-réalité *f.* reality TV; **émission** (*f.*) **télé-réalité** reality (television) show

téléspectateur/téléspectatrice *m., f.* television viewer

téléviseur *m.* television set

télévision (*fam.* **télé**) *f.* television

tellement *adv.* so; so much

témoignage *m.* testimony, account; evidence; **faux témoignage** perjury

témoin *m.* witness

tempe *f.* temple (*head*)

tempérament *m.* temperament; constitution

température *f.* temperature

tempéré(e) *adj.* temperate (*climate*)

tempête *f.* tempest, storm; **lampe-tempête** *f.* hurricane lamp

temps *m.* time; weather; *gram.* tense; **depuis combien de temps** since when, how long; **de temps en temps** from time to time; **emploi** (*m.*) **du temps** schedule; **en même temps** at the same time, simultaneously; **gagner (perdre) du temps** to save (waste) time; **passe-temps** *m.* pastime, diversion; **perte** (*f.*) **de temps** waste of time; **quel temps fait-il?** what's the weather like?; **temps libre** leisure time; **tout le temps** always, the whole time

tendance *f.* tendency; trend; **avoir tendance à** to have a tendency to

tendinite *f.* tendinitis

tendre *adj.* tender, sensitive; soft

tenir (*p.p.* **tenu**) *irreg.* to hold; to keep; **tenir à** to care about; to be attached to; **tiens-moi au courant** keep me informed/up-to-date; **se tenir** to hold oneself; to behave

tension *f.* tension; blood pressure; **niveau** (*m.*) **de tension** stress level

tente *f.* tent

tenter (de) to tempt; to try, attempt (to)

terme *m.* term

terminé(e) *adj.* finished, terminated

terminer to end; to finish; **se terminer en** to end in

terminus *m.* last stop, terminus (*subway, bus, train*)

terrain *m.* ground; land; **faire du vélo tout-terrain** to go mountain-biking; **terrain de camping** campground

terrasse *f.* terrace, patio

terre *f.* land; earth; the planet Earth; **par terre** on the ground; **pomme** (*f.*) **de terre** potato; **terre cuite** clay, terra cotta (*pottery*)

Terre-Neuve *f.* Newfoundland

terrine *f.* terrine (*casserole*)

territoire *m.* territory; **aménagement** (*m.*) **du territoire** national and regional development

tes *adj., m., f., pl.* your

tester to test

tête *f.* head; mind; *fam.* face; **avoir mal à la tête** to have a headache; **faire la tête** to sulk; to make faces; **faire une drôle de tête** to make a funny (wry) face; **mal** (*m.*) **de tête** headache

texte *m.* text; passage

texter to send a text message, to text

texto *m.* text message; **envoyer un texto** to text, send a text message

Thaïlande *f.* Thailand

thé *m.* tea

théâtre *m.* theater; **pièce** (*f.*) **de théâtre** (*theatrical*) play
thème *m.* theme
thérapie *f.* therapy
thèse *f.* thesis; dissertation
thon *m.* tuna
tiède *adj.* warm
tien(ne) (le/la) *m., f., pron., fam.* yours; **les tiens** *m. pl.* your close friends, relatives
tiens! *interj.* well, well! (*expression of surprise*)
tiers *adj.* third; *m.* one-third
tigre *m.* tiger
timbre(-poste) *m.* (postage) stamp
timide *adj.* shy
tire-bouchon *m.* corkscrew
tirer to pull
tiret *m.* hyphen; dash; blank (*line*)
tisane *f.* herbal tea
tisser to weave
tissu *m.* material, fabric, cloth
titre *m.* title; degree
toast *m.* piece of toast
toi *pron.* you; **toi-même** yourself
toilette *f.* lavatory; grooming
toit *m.* roof
tomate *f.* tomato; **jus** (*m.*) **de tomate** tomato juice
tombée *f.* close; nightfall; **tombée de la nuit** nightfall
tomber to fall; **faire tomber une fièvre** to lower a fever; **laisser tomber** to drop; **tomber amoureux/amoureuse (de)** to fall in love (with); **tomber dans l'escalier** to fall down the stairs; **tomber en panne** to have a (*mechanical*) breakdown; **tomber malade** to become ill
ton *adj., m. s.* your
tondre to mow; **tondre le gazon** to mow the lawn
tonne *f.* ton
tonnerre *m.* thunder
tonton *m., fam.* uncle
topographie *f.* topography
torche (*f.*) **électrique** flashlight
tornade *f.* tornado
tort *m.* wrong; **avoir tort** to be wrong
tortue (*f.*) **de mer** (sea) turtle
tôt *adv.* early; **plus tôt** earlier
total(e) *adj.* total
touche *f.* key (*on a keyboard*)
toucher (à) to touch; to affect; **toucher sa paie** to get paid; *m.* (sense of) touch
toujours *adv.* always; still; **pas toujours** not always
tour *f.* tower; *m.* turn; tour; trick; **à ton tour** in turn, your turn; **faire un tour du monde** to go around the world; **Tour** (*m.*) **de France** *annual July bicycle race in and near France*
tourisme *m.* tourism
touriste *m., f.* tourist

touristique *adj.* tourist
tournage *m.* film shooting
tournée *f.* tour (*musicians, entertainers*)
tourner to turn; **tourner un film** to make, shoot a movie; **se tourner vers** to turn towards/to
tourte *f., Q.* pie (*often meat*)
Toussaint *f.* All Saints' Day (November 1)
tousser to cough
tout(e) *adj., pron.* (*pl.* **tous, toutes**) all; whole, the whole of; every; each; any; **tout** *adv.* wholly, entirely, quite, very, all; **en tout cas** in any case; **ne... pas du tout** not at all; **tous ensemble** all together; **tous les ans** every year; **tous/toutes les deux** both (of them); **tous les jours** every day; **tous les trois mois** every three months; **tout à coup** suddenly; **tout à fait** completely, entirely; **tout au long de** throughout; **tout de suite** immediately; **tout droit** straight ahead; **toute la journée** all day long; **toutes les deux semaines** every other week; **tout juste** barely, hardly; only just; **tout le monde** everyone; **tout le temps** all the time; **tout près** very near; **tout(e) seul(e)** all alone; **un peu de tout** a little bit of everything
toux *f.* cough
toxique *adj.* toxic; **déchets** (*m. pl.*) **toxiques** toxic waste; **échappements** (*m. pl.*) **toxiques** toxic exhaust
trace *f.* trace
traditionaliste *adj.* traditionalistic
traditionnel(le) *adj.* traditional
traduire (*like* **conduire**) *irreg.* to translate
trafiquant(e) *m., f.* trafficker
tragédie *f.* tragedy
tragique *adj.* tragic
trahir (*like* **finir**) to betray
train *m.* train; **en train** by train; **être en train de** to be in the process of; **Train à grande vitesse (TGV)** *French high-speed train*
traite *f.* (slave) trade, traffic
traité *m.* treaty; treatise
traitement *m.* treatment; **prescrire un traitement** to prescribe a treatment
traiter to treat; **traiter une maladie** to treat an illness
traitre/traitresse *m., f.* traitor
trajet *m.* trip; route
tranche *f.* slice (*of meat, cake*); block, slab
tranquille *adj.* tranquil, quiet, calm
tranquillité *f.* quietness; tranquility
transférer (**je transfère, nous transférons**) to transfer
transformer to transform; to change
transmettre (*like* **mettre**) *irreg.* to transmit, pass on

transport *m.* transportation; **moyen** (*m.*) **de transport** means of transportation; **transports en commun** public transportation
travail *m.* (*pl.* **travaux**) work; project; job; employment; **travail dirigé (TD)** practicum (*assignment*); **travaux ménagers** housework
travailler to work; **travailler dur** to work hard
travers: à travers (*prep.*) **(le monde)** throughout (the world)
traversée *f.* crossing
traverser to cross
treize thirteen
tréma *m.* dieresis (*two dots above a vowel*)
trente thirty
très *adv.* very; most; very much; **très bien, merci** very well, thank you
trésor *m.* treasure
tri *m.* sorting; **faire le tri** to sort
tribu *f.* tribe
trier to sort; **trier les déchets** to sort waste products (*for recycling*)
trimestre *m.* trimester; (*academic*) quarter
triomphe *m.* triumph
triste *adj.* sad
trois three
troisième *adj.* third; **personne** (*f.*) **du troisième âge** senior citizen
se tromper to be wrong; to be mistaken
trompette *f.* trumpet
trop (de) *adv.* too much (of), too many (of)
tropical(e) *adj.* tropical; **forêt** (*f.*) **tropicale humide** tropical rainforest
trottoir *m.* sidewalk
trou *m.* hole
troubler to disturb
troupe *f.* troop
trouver to find; to deem; to like; **se trouver** to be; to be located
truc *m., fam.* thing; gadget; trick
tu *pron., fam.* you
tuer to kill
tulipe *f.* tulip
Tunisie *f.* Tunisia
tunisien(ne) *adj.* Tunisian; **Tunisien(ne)** *m., f.* Tunisian (*person*)
type *m.* type; *fam.* guy
typique *adj.* typical

un(e) *art., num., pron.* a/an, one; **l'un(e) l'autre** one another; **un peu** a little
uni(e) *adj.* united; close; **États-Unis** *m. pl.* United States
uniforme *m.* uniform (*clothing*)
union *f.* union; marriage; **Union européenne (UE)** European Union (EU); **union libre** living together, common-law marriage
unique *adj.* only, sole, single

unir (*like* **finir**) to unite
unité *f.* unity
univers *m.* universe
universel(le) *adj.* universal
universitaire *adj.* of or belonging to the university; **cité** (*f.*) **universitaire** (*fam.* **cité-u**) student residence complex
urbain(e) *adj.* urban, city
urbanisme *m.* city planning
urgence *f.* emergency; **cas** (*m.*) **d'urgence** emergency; **d'urgence** *adv.* urgently; **numéro** (*m.*) **d'urgence** emergency number
usage *m.* use
ustensile *m.* (kitchen) utensil
utile *adj.* useful
utilisateur/utilisatrice *m., f.* user
utilisation *f.* use
utiliser to use, utilize

vacances *f. pl.* vacation; **colonie** (*f.*) **de vacances** (*fam.* **colo**) summer camp; **grandes vacances** summer vacation; **partir (aller) en vacances** to leave on vacation
vacancier/vacancière *m., f.* vacationer
vaccin *m.* vaccine
vacciner to vaccinate
vache *f.* cow
vague *f.* wave (*ocean*)
vaincu(e) *adj.* defeated
vaisselle *f. s.* dishes; **faire la vaisselle** to wash, do the dishes; **lave-vaisselle** *m.* (automatic) dishwasher
Valentin: Saint-Valentin *f.* Valentine's Day
valeur *f.* value; worth
valide *adj.* valid
valider to authenticate; to ratify
valise *f.* suitcase; **faire les valises** to pack (*luggage*)
vallée *f.* valley
valoir (*p.p.* **valu**) *irreg.* to be worth; **il vaut mieux** it is better
valoriser to value
valse *f.* waltz
vanille *f.* vanilla
vaniteux/vaniteuse *adj.* vain, conceited
vapeur *f.* steam; **cuire à la vapeur** to steam (*in cooking*); **pommes** (*f.*) **vapeur** steamed potatoes
variante *f.* variant, variation
varier to vary; to change
variété *f.* variety; **variétés** *pl.* variety show
vaste *adj.* vast, wide
vaudou *m.* voodoo
vedette *f.* star, celebrity (*male or female*)
végan(e) *m., f., adj.* vegan
végétarien(ne) *m., f., adj.* vegetarian
végétation *f.* vegetation
véhicule *m.* vehicle
véhiculer to transport

veille *f.* the day (evening) before; eve
veiller to watch over
veine *f.* vein
vélo *m.*, bike; **faire du vélo tout-terrain** to go mountain-biking
vendeur/vendeuse *m., f.* salesperson
vendre to sell; **se vendre** to be sold
vendredi *m.* Friday
venir (*p.p.* **venu**) *irreg.* to come; **venir de** to have just (*done s.th.*)
Venise Venice
vent *m.* wind; **faire du vent (il fait du vent)** to be windy (it's windy)
vente *f.* sale; selling; **vente en ligne** online sale
ventilateur *m.* (**électrique**) (electric) fan
se ventiler to fan oneself
ventre *m.* belly, stomach
verbe *m.* verb
verdir (*like* **finir**) to turn green
verglas *m.* black ice
vérifier to verify; **vérifier le niveau d'huile** to check the oil (*motor*)
véritable *adj.* true; real
vérité *f.* truth
verlan *m. young people's slang in France*
verre *m.* glass; **prendre un verre** to have a drink; **verre à vin** wineglass; **verres** (*pl.*) **de contact** contact lenses
vers *prep.* toward(s), to; about; *m.* verse
verser to pour (in); to dispense, spend
vert(e) *adj.* green; **vert** *m.* environmentalist, "green"; *****haricots** (*m. pl.*) **verts** green beans
vertige *m.* vertigo, dizziness; **avoir le vertige** to be dizzy
veste *f.* jacket; sport coat
vestiges *m. pl.* remains, vestiges
vêtement *m.* garment; *pl.* clothes, clothing
vétérinaire *m., f.* (*fam.* **véto**) veterinarian
se vêtir (*like* **finir**) to dress oneself, get dressed
veuf/veuve *m.* widower; *f.* widow
vexer to hurt, offend
viande *f.* meat; **viande hachée** ground meat
victime *f.* victim (*male or female*)
victoire *f.* victory, win
victorieux/victorieuse *adj.* victorious
vide *adj.* empty
vidéo *adj. inv.* video; *f.* video(cassette); **jeu** (*m.*) **vidéo** video game
vider to empty; **vider les ordures** to empty the garbage
vie *f.* life; **espérance** (*f.*) **de vie** life expectancy; **gagner sa vie** to earn one's living; **mener une vie sédentaire** to lead a sedentary life; **vie sous-marine** marine life

vieillir (*like* **finir**) to grow old
vieillissement *m.* aging
vietnamien(ne) *adj.* Vietnamese; **Vietnamien(ne)** *m., f.* Vietnamese (*person*)
vieux (vieil, vieille) *adj.* old; **vieux garçon** *m.* bachelor; **vieux jeu** *adj.* old-fashioned
vif/vive *adj.* lively, bright; **cuire à feu vif** to cook on high heat; **sur le vif** from/in real life
vigne *f.* vine; vineyard; **pied** (*m.*) **de vigne** (grape)vine
villa *f.* bungalow; single-family house; villa
ville *f.* city; **centre-ville** *m.* downtown; **en ville** in town, downtown; **plan** (*m.*) **de la ville** city map
vin *m.* wine; **cave** (*f.*) **à vins** winery; **coq** (*m.*) **au vin** *chicken cooked in* (*red*) *wine;* **marchand** (*m.*) **de vins** wine merchant; **verre** (*m.*) **à vin** wineglass
vinaigre *m.* vinegar
vingt twenty
viol *m.* rape
violent(e) *adj.* violent
violer to violate, break; to rape
violet(te) *adj.* purple, violet; *m.* violet (*color*)
violon *m.* violin; **jouer du violon** to play the violin
Virginie *f.* Virginia; **Virginie-Occidentale** West Virginia
virgule *f.* comma
virus *m.* virus; **virus informatique** computer virus
visage *m.* face, visage; **se laver le visage** to wash one's face
vis-à-vis (de) *prep.* opposite, facing
visionnaire *adj.* visionary
visite *f.* visit; tour; **rendre visite à** to visit (*people*)
visiter to visit (*a place*)
visiteur/visiteuse *m., f.* visitor
visuel(le) *adj.* visual
vitamine *f.* vitamin
vite *adv.* quickly, fast, rapidly
vitesse *f.* speed; **changer de vitesse** to change gears; **dépasser la limite de vitesse** to exceed the speed limit; **levier** (*m.*) **de vitesse** gear shift (*lever*)
vitre *f.* pane of glass; car window
vitrine *f.* display window, store window; **faire les vitrines** to window-shop, go window-shopping
vivant(e) *adj.* living; alive; **bon(ne) vivant(e)** *m., f.* bon vivant, person who enjoys life
vive... *interj.* long live . . . , hurray for . . . , three cheers for . . .
vivre (*p.p.* **vécu**) *irreg.* to live; **facile (difficile) à vivre** easy (difficult) to get along with
vocabulaire *m.* vocabulary

vœux *m. pl.* wishes, good wishes; **carte** (*f.*) **de vœux** greeting card

voici *prep., adv.* here, here now, here is, here are

voie *f.* way, road; course; lane; railroad track; **par voie de** by means of

voilà *prep., adv.* there, there now, there is, there are, that is

voile *f.* sail; veil; **faire de la planche à voile** to go windsurfing/sailboarding; **faire de la voile** to sail

voir (*p.p.* **vu**) *irreg.* to see; **aller voir** to go visit; **se voir** to imagine oneself, see oneself (one another)

voisin(e) *m., f.* neighbor

voisinage *m.* neighbors; neighborhood

voiture *f.* car, auto; **louer une voiture** to rent a car; **voiture de fonction** company car; **voiture de sport** sports car

voix *f.* voice; vote; **à haute voix** out loud, aloud

vol *m.* flight; theft; **vol d'identité** identity theft

volaille *f.* poultry

volant *m.* steering wheel; **volant(e)** *adj.* flying; **objet** (*m.*) **volant non-identifié (OVNI)** unidentified flying object (UFO)

volcan *m.* volcano

voler *intr.* to fly; to steal

volet *m.* (*window*) shutter

volleyball (*fam.* **volley**) *m.* volleyball

volontaire *adj.* voluntary; *m., f.* volunteer; **interruption** (*f.*) **volontaire de grossesse (IVG)** abortion; **se porter volontaire** to volunteer

volonté *f.* wish, will

vomissement *m.* vomiting

voter to vote

votre *adj., m., f., s.* your

vôtre (le/la) *m., f., pron.* yours

vouloir (*p.p.* **voulu**) *irreg.* to wish, want; **je veux bien** I'm willing; **se vouloir** to claim to be; **vouloir dire** to mean

vous *pron., m., f.* you; yourself; to you; **chez vous** where you live; **s'il vous plaît** please; **vous-même** yourself

voyage *m.* trip; journey; **agence** (*f.*) **de voyages** travel agency; **agent** (*m.*) **de voyages** travel agent; **chèque** (*m.*) **de voyage** traveler's check; **partir en voyage** to leave on a trip; **préparatifs** (*m. pl.*) **de voyage** travel preparations; **voyage de noces** honeymoon, wedding trip

voyager (nous voyageons) to travel

voyageur/voyageuse *m., f.* traveler

voyante *f.* fortune-teller

voyelle *f.* vowel

vrai(e) *adj.* true, real; **c'est vrai?** is that right/correct?

vraiment *adv.* truly, really

vue *f.* view; panorama; sight; **point** (*m.*) **de vue** point of view

wagon *m.* train car

wallon(ne) *adj.* Walloon (*from French-speaking Belgium*)

Wallonie *f.* Wallonia (*French-speaking Belgium*)

weekend *m.* weekend

wolof *m.* Wolof (*language*); **Wolof** *m. pl.* Wolof (*ethnic group of Senegal*)

y *pron.* there; (about) it; **il y a** *inv.* there is, there are; ago; **il n'y a pas de** there isn't, there aren't; **j'y pense** I'm thinking about it; **qu'est-ce qu'il y a dans... ?** what's in . . . ?; **y a-t-il... ?** is/are there . . . ?

yeux (*m. pl. of* **œil**) eyes; **écarquiller les yeux** to stare wide-eyed; **se cacher les yeux** to cover one's eyes

yogourt *m.* yogurt

Yorubas *m. pl.* Yorubas (*ethnic group of southwest Africa*)

zéro *m.* zero

zone *f.* zone; **stationner dans une zone interdite** to park in a no-parking zone

zut *interj., fam.* darn

Index

Note: This index contains three sections: Grammar, Vocabulary, and Cultural Topics. General topics appear in the Vocabulary section. Personal names, place names, and cultural features appear under Cultural Topics. Footnotes are indicated by "n" after the page number; "A–" followed by a page number refers to materials found in the Appendixes.

PARIS

La Défense

Aéroport Roissy
Charles de Gaulle

Aéroport d'Orly

Versailles

Bois de
Boulogne

Avenue Charles de Gaulle

Reine Marguerite

Allée de Longchamp
Avenue de la

Bd Suchet

Av. de Versailles

Stade
Roland-
Garros

Parc des
Princes

Bd Victor

Parc des
Expositions

Boulevard
Périphérique

Rue de Vaugirard

Av. Jean
Moulin

Cité internationale
universitaire de Paris

Bd Lefebvre

Rue de la Convention

Av. Émile Zola

Bd de Grenelle

16
Trocadéro

Av Victor Hugo

7

Arc de Triomphe

Pl. Charles
de Gaulle

Av. de la
Grande Armée

Av. Marceau

Pl. de l'Alma

Tour
Eiffel
Champ
de Mars

15

Rue de la Convention

Rue de Sèvres

Bd de Port Royal

Parc
Montsouris

Place d'Italie

14

Av. du Maine

Gare
Montparnasse

Tour
Montparnasse

Av. de
Ménilmontant

Bd de Clichy

Bd de Rochechouart

Bd Barbès

Sacré-
Coeur

Moulin
Rouge

Montmartre

18

Av. de St-Ouen

Av. de Clichy

Bd Malesherbes

Parc
Monceau

17

Bd
Haussmann

Gare Saint-
Lazare

Rue de Clichy

Rue d'Amsterdam

8

Place de
la Concorde

R. Royale

Opéra Garnier

Av. de l'Opéra

Av. des Champs-Élysées

Jardin des
Tuileries

Musée
d'Orsay

1

Le Louvre

Forum
des Halles

2

Bd des Italiens

Bd Montmartre
Rue du Faubourg
Rue du Faubourg Poissonnière

Gare
du Nord

Gare
de l'Est

10

Bd de la Chapelle

La
Fayette

Canal St-Martin

Place de la
République

3
Centre
Pompidou

Rue des
Francs-Bourgeois

Hôtel-
de-Ville

Place des
Vosges

4
Notre-
Dame

Rue de Rivoli

Bd de Sébastopol

Rue du Temple

Bd

Av. de la République

Belleville

Rue de

Buttes-
Chaumont

Av. Jean Jaurès

Rue de Flandre

Cité des Sciences
La Villette

19

20

Bd de Ménilmontant

Av. Gambetta

Cimetière du
Père-Lachaise

Av. Ph.-Auguste

Place de
la Nation

12

Av. Daumesnil

Palais
Omnisports

Quai de Bercy

Bibliothèque
nationale
de France

13

Bd de Tolbiac

Bd Masséna

Av. d'Italie

Rue d'Italie

Av. des
Gobelins

Rue de la Santé

Cité internationale
universitaire de Paris

Boulevard
Périphérique

Gare
de Lyon

Gare
d'Austerlitz

Bd Diderot

Opéra
Bastille

Rue du Faubourg St-Antoine

Place de la Bastille

Voltaire

11

Jardin des
Plantes

Institut du
monde arabe

Jardin du
Luxembourg

6

Église St-Germain-
des-Prés

Bd St-Germain

Sorbonne
Panthéon
Quartier
latin

5

Bd St-Michel

Bd Raspail

Bd St-Germain

Bd du Montparnasse

7
Invalides

Seine

Bois de
Vincennes

Marne

Seine

Seine

0   0.5   1.0 kilomètres

0   0.5   1.0 milles

N   E
O   S

L'ANGLETERRE *f*

Londres

la Tamise

LA MER DU NORD

Amsterdam

LES PAYS-BAS *m*

L'ALLEMAGNE *f*

LA MANCHE

Dunkerque
Calais
Boulogne
Lille

LA BELGIQUE
Bruxelles

la Meuse

LE LUXEMBOURG
Luxembourg

Guernesey
les îles Anglo-Normandes
Jersey

Cherbourg
Dieppe
Le Havre
la Seine
Rouen
Caen

HAUTS-DE-FRANCE
Amiens

Reims
la Marne

Verdun

Brest

NORMANDIE

Paris
Versailles
ÎLE-DE-FRANCE
Chartres

la Seine

GRAND EST
Nancy

la Moselle

Strasbourg

BRETAGNE
Rennes

PAYS DE LA LOIRE
Angers
la Loire
Nantes
Blois
Tours

Orléans

CENTRE-VAL DE LOIRE
Bourges

LES VOSGES *f*

le Rhin
le Danube

BOURGOGNE-FRANCHE-COMTÉ
Dijon

la Loire

Besançon
Berne

LE JURA

LA SUISSE

Poitiers

Limoges

la Saône

Lausanne
le Lac Léman
Genève

L'OCÉAN *m*
ATLANTIQUE

La Rochelle

Vichy

Clermont-Ferrand

le Rhône

Lyon

MONT BLANC
4808m

LE VAL D'AOSTE

NOUVELLE AQUITAINE

AUVERGNE-RHÔNE-ALPES
St-Étienne

Grenoble

LES ALPES *f*

Bordeaux
la Dordogne
Gironde
la Garonne

LE MASSIF CENTRAL

le Rhône

le Pô

L'ITALIE *f*

Bayonne
Pau

OCCITANIE
Toulouse

PROVENCE-ALPES-CÔTE d'AZUR

Avignon
Nîmes
Arles

Nice

MONACO *m*
Cannes

LES PYRÉNÉES *f*

Montpellier
Carcassonne

Aix-en-Provence
Marseille
St-Tropez

l'Ebro

L'ESPAGNE *f*

L'ANDORRE *f*

Perpignan

LA MER MÉDITERRANÉE

CORSE
Ajaccio

LA FRANCE

0	50	100	150 MILES
0	50 100 150	200	250 KILOMÈTRES

m = masculin   f = féminin

Altitude	
Mètres	Feet
3050	10000
1525	5000
610	2000
305	1000
152,5	500
0	0

Le français est la/une langue officielle ou administrative.

Présence importante de la langue française, sans statut particulier

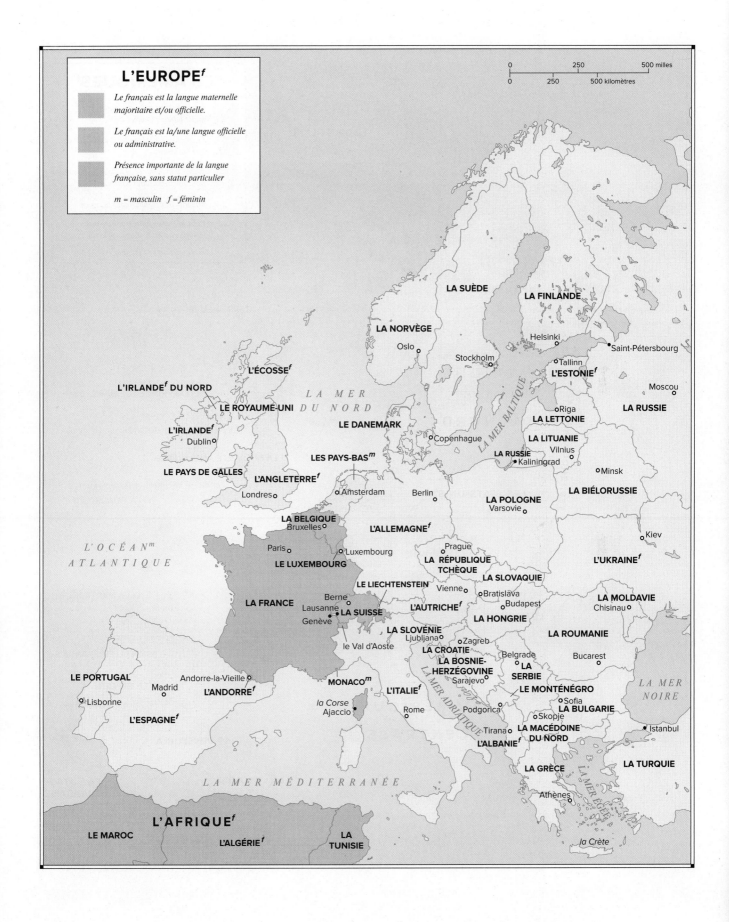

L'EUROPE[f]

Le français est la langue maternelle majoritaire et/ou officielle.

Le français est la/une langue officielle ou administrative.

Présence importante de la langue française, sans statut particulier

m = masculin   f = féminin

0   250   500 milles
0   250   500 kilomètres

LA SUÈDE

LA FINLANDE

LA NORVÈGE
Oslo
Helsinki
Stockholm
Tallinn
Saint-Pétersbourg
L'ESTONIE[f]
Moscou

L'ÉCOSSE[f]
L'IRLANDE[f] DU NORD
LE ROYAUME-UNI
LA MER DU NORD
Riga
LA LETTONIE
LA RUSSIE

L'IRLANDE[f]
Dublin
LE DANEMARK
Copenhague
LA MER BALTIQUE
LA LITUANIE
Vilnius
LA RUSSIE
Kaliningrad
Minsk

LE PAYS DE GALLES
LES PAYS-BAS[m]
L'ANGLETERRE[f]
Londres
Amsterdam
Berlin
LA POLOGNE
Varsovie
LA BIÉLORUSSIE

LA BELGIQUE
Bruxelles
L'ALLEMAGNE[f]
Prague
Kiev

Paris
Luxembourg
LA RÉPUBLIQUE TCHÈQUE
L'UKRAINE[f]

L'OCÉAN[m] ATLANTIQUE
LE LUXEMBOURG
LE LIECHTENSTEIN
Vienne
LA SLOVAQUIE
Bratislava
Budapest
LA MOLDAVIE
Chisinau

Berne
Lausanne
LA SUISSE
L'AUTRICHE[f]
LA HONGRIE

Genève
LA FRANCE
le Val d'Aoste
LA SLOVÉNIE
Ljubljana
Zagreb
LA ROUMANIE
Bucarest

LE PORTUGAL
Andorre-la-Vieille
MONACO[m]
LA CROATIE
LA BOSNIE-HERZÉGOVINE
Belgrade
LA SERBIE

Madrid
L'ANDORRE[f]
L'ITALIE[f]
Sarajevo
LE MONTÉNÉGRO
LA MER NOIRE

Lisbonne
la Corse
Ajaccio
Rome
Podgorica
Sofia
LA BULGARIE

L'ESPAGNE[f]
Tirana
LA MACÉDOINE DU NORD
Skopje
Istanbul

L'ALBANIE[f]
LA MER ADRIATIQUE
LA MER ÉGÉE
LA TURQUIE

LA MER MÉDITERRANÉE
LA GRÈCE
Athènes

L'AFRIQUE[f]

LE MAROC
L'ALGÉRIE[f]
LA TUNISIE
la Crète

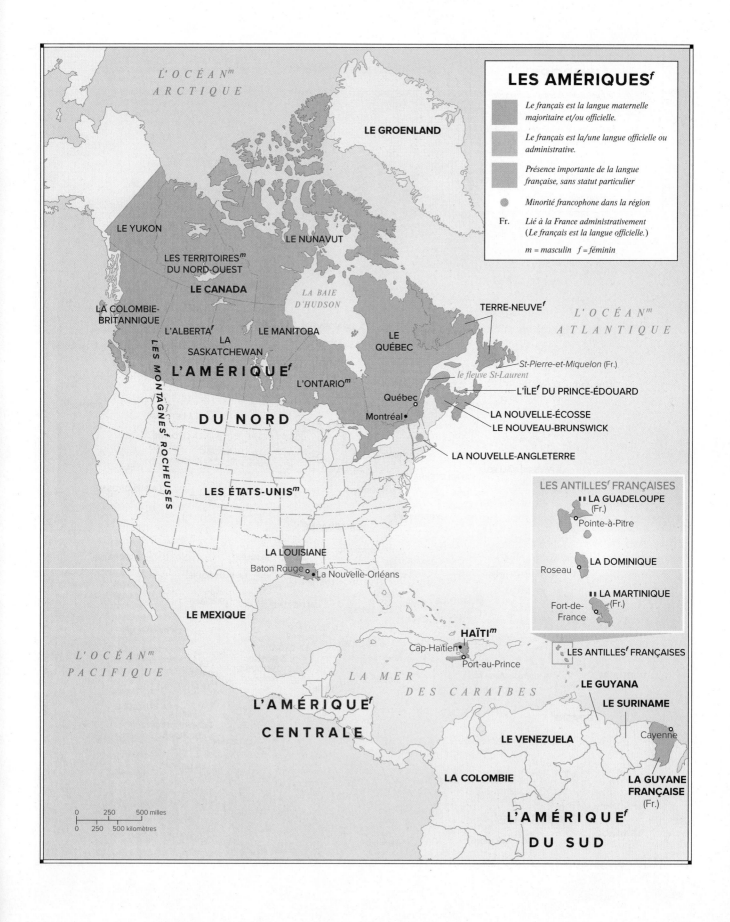

LES AMÉRIQUES*f*

Le français est la langue maternelle majoritaire et/ou officielle.

Le français est la/une langue officielle ou administrative.

Présence importante de la langue française, sans statut particulier

Minorité francophone dans la région

Fr.   Lié à la France administrativement (Le français est la langue officielle.)

m = masculin   *f* = féminin

L'OCÉAN*m* ARCTIQUE

LE GROENLAND

LE YUKON

LES TERRITOIRES*m* DU NORD-OUEST

LE NUNAVUT

LE CANADA

LA BAIE D'HUDSON

LA COLOMBIE-BRITANNIQUE

L'ALBERTA*f*   LE MANITOBA

LA SASKATCHEWAN

LES MONTAGNES*f* ROCHEUSES

L'AMÉRIQUE*f*

LE QUÉBEC

TERRE-NEUVE*f*

L'OCÉAN*m* ATLANTIQUE

St-Pierre-et-Miquelon (Fr.)

le fleuve St-Laurent

DU NORD

L'ONTARIO*m*

Québec○

Montréal●

L'ÎLE*f* DU PRINCE-ÉDOUARD

LA NOUVELLE-ÉCOSSE

LE NOUVEAU-BRUNSWICK

LA NOUVELLE-ANGLETERRE

LES ÉTATS-UNIS*m*

LA LOUISIANE

Baton Rouge●   ●La Nouvelle-Orléans

LE MEXIQUE

L'OCÉAN*m* PACIFIQUE

L'AMÉRIQUE*f*

CENTRALE

HAÏTI*m*

Cap-Haïtien●

Port-au-Prince●

LA MER DES CARAÏBES

LES ANTILLES*f* FRANÇAISES

LE VENEZUELA

LA COLOMBIE

LES ANTILLES*f* FRANÇAISES

■ LA GUADELOUPE (Fr.)

Pointe-à-Pitre○

LA DOMINIQUE

Roseau○

■ LA MARTINIQUE (Fr.)

Fort-de-France

LE GUYANA

LE SURINAME

Cayenne○

LA GUYANE FRANÇAISE (Fr.)

L'AMÉRIQUE*f*

DU SUD

0   250   500 milles
0   250   500 kilomètres

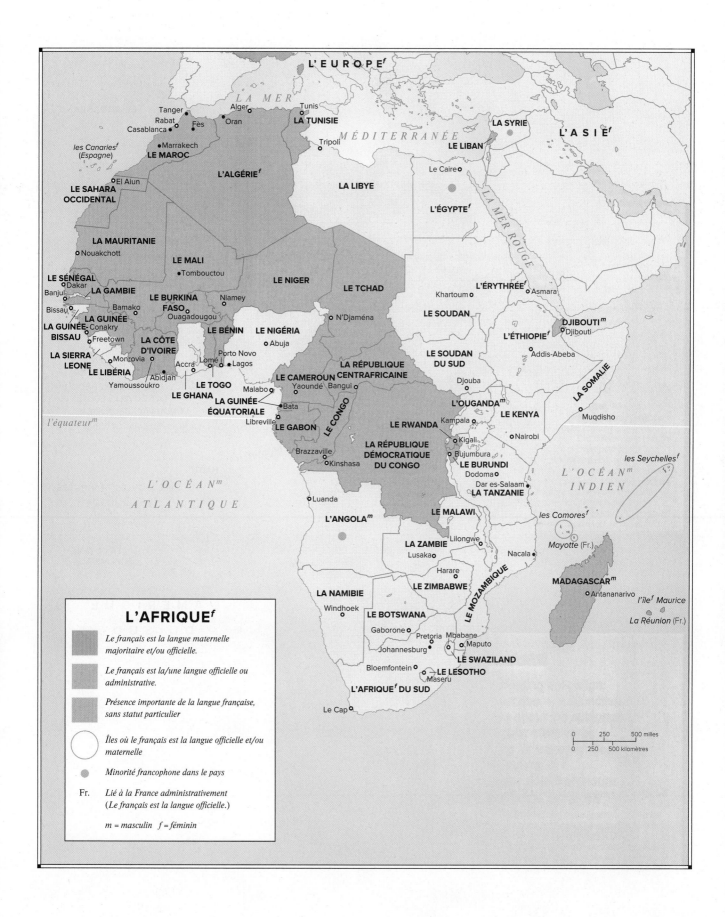

L'EUROPE*f*

Tanger
Alger   Tunis
Rabat   Oran   **LA TUNISIE**
Casablanca Fès
Tripoli
les Canaries f   Marrakech
(Espagne)   **LE MAROC**

MÉDITERRANÉE

LA SYRIE
LE LIBAN

L'ASIE*f*

El Aiun
L'ALGÉRIE*f*
LA LIBYE
Le Caire
LE SAHARA
OCCIDENTAL
L'ÉGYPTE*f*

LA MAURITANIE
Nouakchott
LE MALI
Tombouctou
LE NIGER
LE TCHAD
Khartoum
L'ÉRYTHRÉE*f*
Asmara

LE SÉNÉGAL
Dakar
LA GAMBIE
Banjul
Bissau
LA GUINÉE
Bamako
LE BURKINA
Niamey
FASO
Ouagadougou
N'Djaména
LE SOUDAN
DJIBOUTI*m*
Djibouti
L'ÉTHIOPIE*f*
Addis-Abeba

LA GUINÉE-
Conakry
BISSAU
Freetown
LA CÔTE
LA SIERRA
D'IVOIRE
Monrovia
LEONE
LE LIBÉRIA
Yamoussoukro
Abidjan
LE BÉNIN
LE NIGÉRIA
Abuja
Porto Novo
Accra
Lomé
Lagos
LE TOGO
LE GHANA
Malabo
LA CÔTE
LA RÉPUBLIQUE
CENTRAFRICAINE
LE CAMEROUN
Yaoundé Bangui
LA GUINÉE
Bata
ÉQUATORIALE
Libreville
LE GABON
LE CONGO
LE SOUDAN
DU SUD
Djouba
L'OUGANDA*m*
Kampala
LE KENYA
Nairobi
Muqdisho
LA SOMALIE

LE RWANDA
Kigali
l'équateur m
Brazzaville
LA RÉPUBLIQUE
Bujumbura
DÉMOCRATIQUE
LE BURUNDI
Kinshasa
DU CONGO
Dodoma
Dar es-Salaam
LA TANZANIE

L'OCÉAN*m*
les Seychelles f
L'OCÉAN*m*
ATLANTIQUE
INDIEN

Luanda
LE MALAWI
les Comores f

L'ANGOLA*m*
Lilongwe
Mayotte *(Fr.)*

LA ZAMBIE
Nacala
Lusaka
MADAGASCAR*m*
Harare
Antananarivo
l'île f Maurice
LE ZIMBABWE
La Réunion *(Fr.)*

LA NAMIBIE
Windhoek
LE BOTSWANA
Gaborone
Pretoria Mbabane
Johannesburg Maputo
LE SWAZILAND
Bloemfontein
LE LESOTHO
Maseru
L'AFRIQUE*f* **DU SUD**
Le Cap

L'AFRIQUE*f*

Le français est la langue maternelle
majoritaire et/ou officielle.

Le français est la/une langue officielle ou
administrative.

Présence importante de la langue française,
sans statut particulier

Îles où le français est la langue officielle et/ou
maternelle

Minorité francophone dans le pays

Fr.   Lié à la France administrativement
(Le français est la langue officielle.)

m = masculin f = féminin

0   250   500 milles
0   250   500 kilomètres

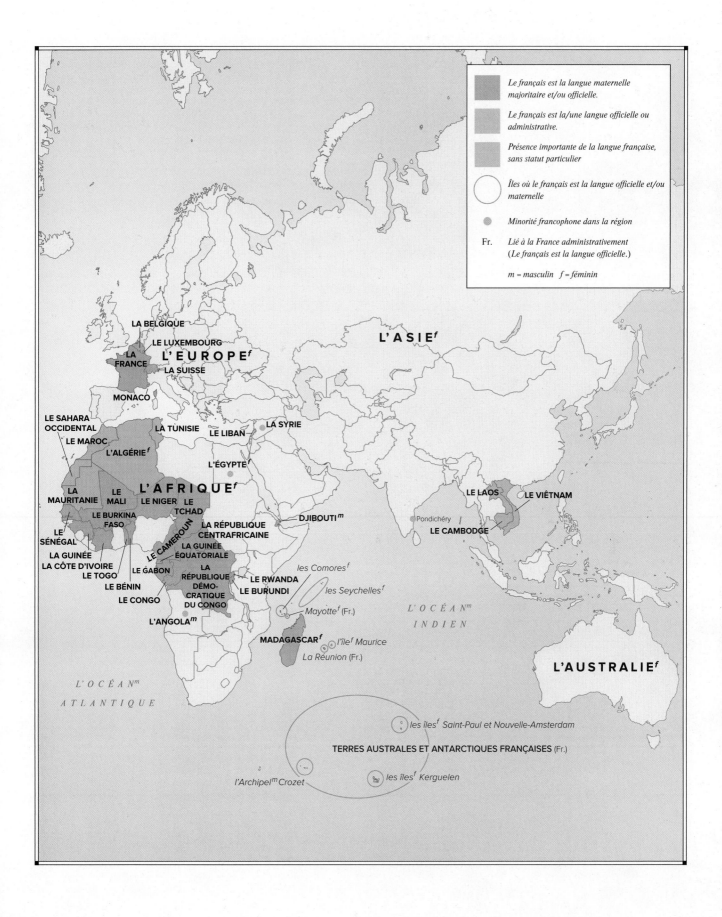

Légende:

Le français est la langue maternelle majoritaire et/ou officielle.

Le français est la/une langue officielle ou administrative.

Présence importante de la langue française, sans statut particulier

Îles où le français est la langue officielle et/ou maternelle

Minorité francophone dans la région

Fr. Lié à la France administrativement (*Le français est la langue officielle.*)

m = masculin   f = féminin

LA BELGIQUE
LE LUXEMBOURG
L'EUROPE*f*
LA FRANCE
LA SUISSE
MONACO

L'ASIE*f*

LE SAHARA OCCIDENTAL
LE MAROC
L'ALGÉRIE*f*
LA TUNISIE
LE LIBAN
LA SYRIE
L'ÉGYPTE*f*

LA MAURITANIE
LE MALI
LE NIGER
LE TCHAD
LE BURKINA FASO
LE SÉNÉGAL
LA GUINÉE
LA CÔTE D'IVOIRE
LE TOGO
LE BÉNIN
LE CAMEROUN
LE GABON
LE CONGO
LA GUINÉE ÉQUATORIALE
LA RÉPUBLIQUE DÉMO-CRATIQUE DU CONGO
L'ANGOLA*m*
L'AFRIQUE*f*
LA RÉPUBLIQUE CENTRAFRICAINE
DJIBOUTI*m*
LE RWANDA
LE BURUNDI

LE LAOS
LE VIÊTNAM
Pondichéry
LE CAMBODGE

les Comores*f*
les Seychelles*f*
Mayotte*f* (Fr.)
MADAGASCAR*f*
l'île*f* Maurice
La Réunion (Fr.)

L'OCÉAN*m* INDIEN

L'AUSTRALIE*f*

L'OCÉAN*m* ATLANTIQUE

les îles*f* Saint-Paul et Nouvelle-Amsterdam

TERRES AUSTRALES ET ANTARCTIQUES FRANÇAISES (Fr.)

l'Archipel*m* Crozet
les îles*f* Kerguelen